荣昌年鉴

（2018）

《荣昌年鉴》编纂委员会　编

方志出版社
Publishing House of Local Records

图书在版编目（CIP）数据

荣昌年鉴. 2018 / 《荣昌年鉴》编纂委员会编. --
北京 : 方志出版社, 2018.12
ISBN 978-7-5144-3500-9

Ⅰ. ①荣… Ⅱ. ①荣… Ⅲ. ①区（城市）—重庆—2018—年鉴 Ⅳ. ①Z527.193

中国版本图书馆CIP数据核字（2019）第013473号

荣昌年鉴（2018）

编　　者：《荣昌年鉴》编纂委员会
责任编辑：李志瑜
出 版 人：冀祥德
出 版 者：方志出版社
地址北京市朝阳区潘家园东里9号（国家方志馆4层）
邮编100021
网址http://www.fzph.org
发　　行：方志出版社图书经销中心
电话（010）67110500
经　　销：各地新华书店
印　　刷：中雅（重庆）彩色印刷有限公司
开　　本：889×1194　1/16
印　　张：23.5
字　　数：622千字
版　　次：2018年12月第1版　2018年12月第1次印刷
印　　数：0001～1300册

ISBN978-7-5144-3500-9　定价：198.00元

《荣昌年鉴》编纂委员会

顾　问：曹清尧　艾亚军　陈　震

主　任：李中武

副主任：赵天智　李劲渝

成　员：何　逸　黄　伟　蒋　胜　唐志强　黄忠新
郭永雄　徐　蓉　曾德富　张　凯　彭文树
刘志亮　刘友明　邬德德　邓贤凤　张志刚
陈朝权　吕咏权

《荣昌年鉴》编辑部

主　审：李劲渝

主　编：陈朝权

编　辑：肖富荣　曹文辉

年度十大新闻 2017

NIANDU SHIDA XINWEN

华森制药在深交所成功上市

10 月 20 日，重庆华森制药股份有限公司在深圳交易所中小板挂牌上市，成为荣昌区首家、全市第五十家成功登陆 A 股资本市场的企业。公司证券代码为“华森制药”，股票代码为“002907”，发行股票数量 4006 万新股，发行价格 4.53 元，募集资金净额 1.5 亿余元。重庆华森制药股份有限公司是一家集药品研发、生产、销售为一体的现代高科技股份制制药企业，“华森”商标被评为重庆市著名商标和全国重点保护品牌。2016 年，被中国医药研发创新峰会组委会评为“中国中药研发实力 50 强”和“中国药品研发品牌实力 50 强”，被中国医药工业信息中心评为“中国医药工业最具投资价值企业”。

荣昌区筹资 2000 万元发展农村集体经济巩固基层组织

2017 年年初，荣昌区正式启动扶持村（社区）集体经济发展试点。采取自主报名的方式，确定昌元街道白象社区、清升镇古佛山社区、吴家镇双流村等 15 个试点村（社区）。在市财政局支持下，荣昌区财政共筹集 2000 万元财政资金，用于各试点村（社区）的启动资金，每个试点村（社区）为 130 万元、140 万元不等。

救人英雄徐前凯

2017 年 7 月 6 日 15 时 49 分，正在车站进行调车作业的重庆车务段荣昌车站青年职工徐前凯，发现一位老人正要横穿铁路，却未注意到行进的列车已经靠近。他不顾危险，冲上铁轨，从列车车轮下拯救了老人的生命，自己却永远失去了右腿。徐前凯用自己的实际行动诠释了共产党员舍己救人、见义勇为的传统美德，展现了共产党员不怕牺牲、甘于奉献的优秀品质。

荣昌区农村便道工程获“中国十大民生决策奖”

12 月 16 日，“2017 第十二届中国全面小康论坛”颁奖盛典在北京举行。论坛揭晓了“2017 年度中国十大民生决

策”奖项，荣昌区“农村便民道户户通——农民出行第一个一百米”工程榜上有名，成为本届论坛中重庆市唯一获此殊荣的区（县）。2017年，全区共投入2940万元，建成农村便道326公里，21个镇街、80个村（社区）、10万余名群众从中受益。村民出门再也不用担心“晴天一身灰，雨天一身泥”，改善了农村生产生活条件，农村便道真正成了民心便道、村民致富路。

荣昌建国家生猪大数据中心方案通过专家论证

12月19日，全国第一个畜牧单产品国家数据平台——国家生猪大数据中心荣昌区建设方案，在北京通过专家论证。根据方案，国家生猪大数据中心将在国家级（荣昌）生猪交易市场的基础上，建设一套生猪大数据标准体系，形成生猪大数据资源、生猪大数据运营两个中心，打造云计算基础、生猪大数据应用两个平台，开放一个生猪大数据服务门户。建设目标是汇集生猪全产业链数据资源共享、推动农业大数据应用落地、构建生猪全产业监测体系、服务国家对生猪产业的监管及国民经济宏观调控、开发生猪大数据产品为政府和企业提供权威数据服务。

川渝13市区县齐聚荣昌共谋区域协调发展

11月2日，由荣昌区牵头主办的渝西川东经济社会发展协作会圆桌会议在区行政中心召开。来自四川省泸州、内江、遂宁、资阳4个地级市，以及所辖的安岳县、东兴区、隆昌市、泸县和重庆市荣昌区、大足区、铜梁区、潼南区、永川区，共13个市区县的领导齐聚一堂，围绕贯彻党的十九大精神，落实区域协调发展战略，探讨建立更加有效的区域协调发展新机制、新模式。

荣昌区全面推行河长制

荣昌区出台《荣昌区全面推行河长制工作方案》。根据《方案》，全区境内151条河流，89座水库全部推行河长制，并实现“四个全覆盖”。《方案》提出了四大目标：濑溪河、大清流河干流水质达到或优于Ⅲ类且不低于来水水质，其他河流达到水功能区水质目标的河流长度只增不减；辖区河道生态基流只增不减，河库水域面积只增不减；辖区内工业企业及污水处理厂污水达标排放；到2020年，全区河库生态安全得到保障，实现河畅、水清、坡绿、岸美。

荣昌区供给侧改革催生畜牧特色高新区

近年来，荣昌区通过深化农业供给侧结构性改革，催生了一大批农牧业新业态。荣昌正以建设全国首个以现代农牧为特色的高新区为抓手，加快当地经济结构优化和产业转型升级。三项亮点工作：“买卖全国”的网上猪市，“猪八戒”们的现代生活，“无边界”畜牧特色高新区。

中国“铁人三项”联赛重庆荣昌站开赛

9月9日，2017年中国铁人三项联赛重庆荣昌站在重庆市荣昌区举行，吸引了全国各地57个俱乐部400余名运动员，在“移民水乡”万灵镇展开激烈角逐。此次联赛首次落地西南地区，将西南地区的铁三爱好者纳入赛事体系中，促进西南地区铁人三项运动发展。“铁人”们在荣昌濑溪河中击水、在赛道上骑行、在古镇上奔跑，选手们奋勇拼搏的身姿与秀美的山水古镇得到完美融合，提升了荣昌的对外影响，助推了荣昌文体旅产业的融合发展。

荣昌安陶小镇开街

2017年12月30日，首届荣昌陶文化艺术节暨安陶小镇开街，传承历史文脉，打造特色小镇，安陶小镇探索“文化+旅游”融合发展新路子。活动以“千年古驿镇，一品荣昌陶”为主题，持续至2018年1月1日，有13项活动缤纷登场，为游客献上独具荣昌特色的文化盛宴。

编辑说明

一、《荣昌年鉴（2018年）》（总第23卷）以马克思列宁主义、毛泽东思想、邓小平理论、“三个代表”重要思想、科学发展观、习近平新时代中国特色社会主义思想为指导，坚持辩证唯物主义和历史唯物主义的立场、观点和方法。

二、年鉴全面、系统、详实地记载荣昌区2017年度政治、经济、文化、社会生活等方面的重大事项和基本情况，反映荣昌区在改革开放和现代化建设中的新情况和新成就，为各界人士认识了解荣昌提供了一部信息量大、准确度高的地情资料，为各级领导决策提供参考依据。

三、年鉴采用条目式记载体，分类编纂。基本结构为类目、分目、条目3个层次。

四、年鉴正文框架设计有特载、大事记、概况、区委、区人大、区政府、区政协、民主党派、社会团体、法治·军事、城建·环保、交通·邮电、农业、工业、商贸·旅游、财政·税务、金融、综合管理、科学技术、教育、文化·体育、卫生、人力资源和社会保障、社会民生、镇街、人物·先进集体、统计资料、附录28个类目。条目标题统一使用黑体字并加【 】表示。

五、年鉴采用的稿件由全区各镇街和部门提供，并经供稿单位领导审核，统计资料由区统计局提供。因统计口径等原因，个别单位报送的稿件中所用的数据与统计资料数据不尽一致的，采用时以统计局数据为准。

六、文中“年初”“年内”“年末”，指2017年年初、年内、年末，“上年”指2016年。

7月1日，市委常委、常务副市长吴存荣调研荣昌高新区产业发展情况　（黄绵荣）

7月6日，副市长刘桂平调研荣昌商贸物流等工作　（张飞龙）

8月11日，国家发改委国际合作中心“一带一路”研究院院长秦玉才调研天运麻艺夏布馆　　（张飞龙）

9月12日，工信部信息通信司司长闻库到清流镇验收电信普遍服务试点项目落地情况　　（钟　娟）

12月21日，区委书记曹清尧在重庆电视台演播室参加“把党的十九大精神全面落实在重庆大地上——新时代新气象作为　区县负责人系列访谈”栏目录制　（刘汪洋）

2月3日，区委书记曹清尧在高新区调研　（黄绵荣）

4月23日，区委副书记、区长李中武到万灵镇调研重点项目建设情况　（赵志玉）

9月6日，区人大常委会主任艾亚军在区公安局互联网监控中心调研　（李亚兰）

7月28日，区政协主席陈震看望慰问驻荣部队官兵　　（尹超平）

11月，国家级重庆（荣昌）生猪交易市场被农业部授予2017年度全国农业农村信息化示范基地和农业农村大数据实践案例　　（张　菁）

11月3日，渝西川东经济社会发展协作会在瑞尔酒店举行 （刘汪洋）

8月12日，荣昌区召开重庆市货运机场项目研讨会 （李黄琼）

6月22日至25日，第二十届中国（重庆）国际投资暨全球采购会在重庆国际博览中心举行。荣昌签约27个项目、资金300亿元 （张 菁）

9月9日，荣昌“香海棠”区域公共品牌发布暨优质农产品上行供应链签约会在北京人民大会堂重庆厅举行 （张 菁）

7月19日，重庆天鹰乐禾无人机有限公司在荣昌高新区正式投产（康　洪）

3月21日，重庆唯美陶瓷有限公司在荣昌高新区广富园举行投产仪式（康　洪）

10月20日，华森制药在深交所中小板正式上市（刘汪洋）

3月，重庆澳龙生物制品有限公司主要产品——国家一类新兽药羊棘球蚴（包虫）病基因工程亚单位疫苗纳入农业部强制免疫疫苗采购计划。图为公司研发人员进行化验（赵志玉）

5月10日，重庆唯美陶瓷有限公司第二条生产线投产（蒋坤红）

12月30日，首届荣昌陶文化艺术节暨安陶小镇开街活动在安富街道举行　　　　（肖富荣）

12月30日，中国艺术家摄影学会荣昌（安陶小镇）基地挂牌仪式　　　　（肖富荣）

12月30日，国际柴烧艺术家协会荣昌创作交流中心授牌仪式　　　　（荣昌微发布）

12月，荣昌国家级示范性综合实践基地竣工

7月16日，荣昌区陶商会在安富街道成立　　（黄绵荣）

6月16日，在第二届重庆市非物质文化遗产暨老字号博览会上，市民选购荣昌陶器产品　　（张　菁）

7月1日，安北陶瓷有限公司柴烧首窑烧制成功　　（廖国颖）

10月25日，市级非遗代表性传承人罗天锡创作的荣昌陶《三足多环彩釉瓶》在江苏省宜兴市举办的“首届中国四大名陶展”上获金奖　　（邓　惊）

（肖富荣）

3月10日，荣昌夏布折扇在2017CCTV星光大道重庆选手选拔活动新闻发布会暨“星光公益行”启动仪式上展示　（区文联）

11月2日，渝西川东互联网+名优特产推介会荣昌折扇展销　（肖富荣）

6月16日，第二届重庆非物质文化遗产暨老字号博览会——“非遗服饰大秀场”活动夏布专场秀在重庆市大坪龙湖时代天街举行　（张　菁）

1月3日，“荣耀中国草·昌盛巴渝根”荣昌夏布创意作品发布会在北京举行。图为荣昌夏布时装展示　（张飞龙）

9月25日，《夏布双面仿古山水》地屏获第六届文化产业博览会“工艺美术大师作品暨国际艺术精品‘工匠杯’”铜奖　（廖国颖）

荣昌区中国夏布小镇　（肖富荣）

6月18日，生猪产业发展与双创人才培养高峰论坛在西南大学荣昌校区举行　　（龚　淑）

12月27日，新华社中国经济信息社在北京发布国内首个“新华（荣昌）生猪价格指数”　　（张飞龙）

4月，品牌猪肉盛典暨全国优质品牌猪肉大赛（争霸赛）在京举行，荣牧科技有限公司的“荣牧”白猪获“食鲜猪肉奖”“营养猪肉奖”2个奖项 （龚　淑）

优良猪种——荣昌猪

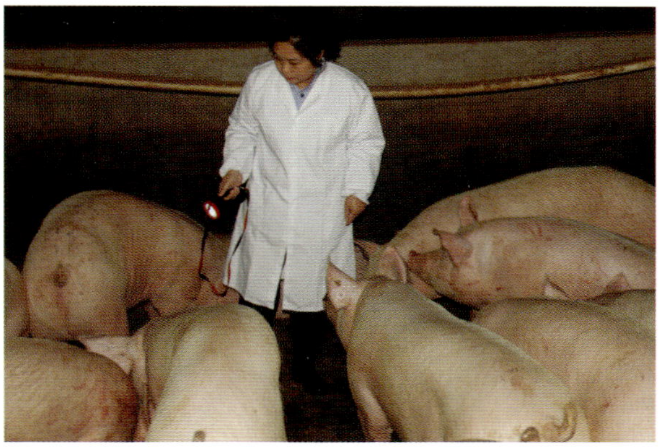

畜牧兽医检疫员开展检疫工作 （屈　婷）

现代化养猪模式（母猪） （陈文远）

古佛山风景区 （陈紫涵）

7月7日，梦幻万灵·迷妃湖水上主题乐园开园 （肖富荣）

7月，区重点建设项目——万灵福邸建成投入使用　　（肖富荣）

4月29日，荣峰河“荣昌八景园”竣工开园　　（肖富荣）

9曰30日，荣昌区首届卤鹅美食文化节活动在万灵古镇开幕　　（林　玲）

5月2日至30日，区第二届香草

8月26日，第四届万灵古镇七夕河灯旅游文化节开幕

仁义镇香草园景区举行

（王新莲）

（刘汪洋）

9月16日，清江镇河中岛第二届桂圆旅游文化节开幕　（王新莲）

3月，古昌镇举办风车节，市民游览花漾万灵　（古昌镇）

中国夏布小镇艺梦廊桥　（肖富荣）

重庆市美丽宜居示范村庄——万灵镇尚书二社 （陈　浩）

5月25日，货运机场气象观测站建设竣工 （李　莹）

12月20日，在全市率

全国美丽乡村示范村——古昌玉带村

2017年，荣昌区实施“河长制”，将境内的151条河流和89座水库全部纳入管理范围　　（肖富荣）

空气质量网格化监测系统
（薛晓霞）

8月，峰高街道实施二三级污水管网改造　　（张　潇）

（荣昌报社）

10月23日，大隆（大足至隆昌荣昌段）公路施工现场　　（向　华

新建的乡村公路　　（河包镇）

硬化后的村社便道　　（张　丹）

11月，升级改造后的清古路 （向　华）

公路硬化施工现场 （屈　婷）

12月22日，重庆长运集团宏达出租汽车分公司首批50辆新出租车投入运营 （魏　霞）

6月30日，城市公交110路、111路10辆公交车提档升级，更新为宇通和安凯车型 （廖国颖）

7月，荣昌区实现无人机喷洒农药　　（吕　雪）

清升镇古佛山樱桃　　（何　敏）

吴家镇脆莲花白　　（王新莲）

古昌镇台农园彩色番茄　　（车世红）

观胜镇银河村中药材基地　　（熊富英）

清流镇海棠香橙园　　（董存伟）

荣昌区开展防范和打击非法集资宣传活动 （唐连举）

12月5日，区司法局与区法院共同打造的“互联网+人民调解·司法确认”平台正式上线 （蒋坤红）

荣昌区全力创建国家食品
和质量管控力度，到镇街开

1月27日，区公安局民警与武警开展城区巡逻 （区公安局）

12月8日，“小公民法律课题”暨法院开放日活动启动　（殷贤兵）

范城市，加大食品安全检测
快速检测面对面活动
（刘小利）

3月19日，区食药监局执法人员开展“山寨食品”专项检查
（王　芳）

9月4日，区行政服务中心企业服务厅正式启用　（张　菁）

2月3日，2017年返乡人员就业创业服务暨送文化进基层活动在人民广场举行　　（黄绵荣）

6月13日，以“中国梦・劳动美”为主题的荣昌区第三届职业技能大赛在陶都安富举行　　（代　科）

10月10日，“荣昌区区域（远程）诊断平台建设暨营运合作协议”启动仪式　　（朱　波）

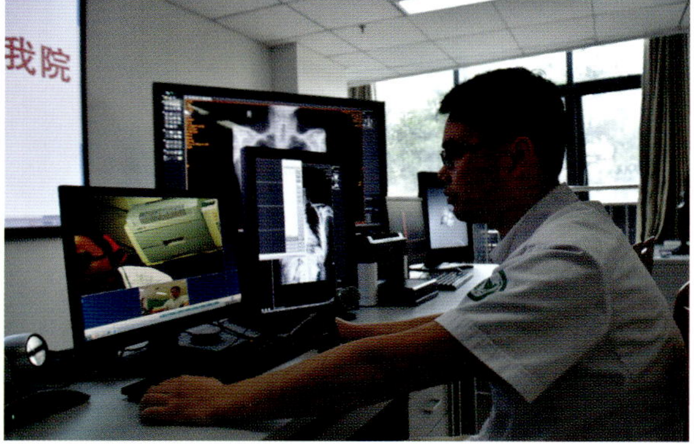

5月19日，区人民医院“区域影像会诊平台”启用，实现区域医疗机构间“互联互通、信息共享、资源整合”　　（蒋坤红）

5月31日，区卫计委开展家庭医生签约服务宣传　　（张　静）

9月22日，在市委宣传部、市文明办、市教委、市关工委联合开展的“寻找书香校园、书香班级、书香少年展示活动”中，桂花园小学 2012级四班获“重庆十佳书香班级”荣誉称号　　（张　菁）

区关工委开展关爱活动　　（古方慧）

区图书馆开展流动服务到社区活动　　（覃　菲）

11月19日，棠香小学在世界教育机器人大赛（上海）获5金1银。图为学生比赛现场　　（区教委）

9月9日，2017年中国铁人三项联赛——重庆荣昌站在万灵镇开赛　　（万灵山公司

11月18日至21日，2017年全国女子自由式摔跤冠军赛在荣昌体育馆举行　　（肖富荣）

9月27日至29日，2017年全国道馆俱乐部柔道锦标赛在荣昌体育馆举行　　（刘汪洋）

9月19日至22日，2017年全国武术套路冠军赛（传统项目赛区）在荣昌体育馆举行　　（肖富荣）

11月15日，区职业教育中心2017年体育节开幕式入场　　（薛晓霞）

11月11日，清升镇古佛山迷你马拉松比赛在古佛山景区举行　　（刘汪洋）

11月15日至16日，宣传贯彻十九大精神的民间文艺展演在海棠广场举行　（肖富荣）

9月28日，重庆市第七届老干部艺术节荣昌分会场开幕式在区广播电视台演播厅举行　（张　丹）

11月17日，荣昌区2017“来点”杯广场舞争霸赛在海棠广场举行　（肖富荣）

6月30日，荣昌区第六届消夏音乐会在海棠广场举行　（张　丹）

7月1日，荣昌区第二届青少年声乐大赛决赛在海棠广场举行　（张　丹）

10月26日，区老体协在区体育馆举办文艺演出，欢庆重阳节　（王新莲）

8月，天年公寓投入使用　　（盛玉霞）

1月，大润发超市开业　　（肖富荣）

目　录

特　载

把党的十九大精神全面落实在荣昌大地上
奋力开创"成渝城市群新兴战略支点"
建设新篇章……1
政府工作报告……9

大　事　记

1月……20
2月……20
3月……21
4月……22
5月……23
6月……23
7月……24
8月……25
9月……26
10月……27
11月……27
12月……28

荣昌概况

地情概要……30
地理位置……30
历史沿革……30
气候……30
环境质量……31
自然资源……32
行政区划……32
人文风情……33
人口……33
民族……34
宗教……34
旅游资源……34
革命遗址……35
地方产业……37
名特小吃……41
经济社会发展概况……42
经济发展……42
社会发展……44
精神文明建设概况……45
社会主义核心价值观宣传教育……45
思想道德建设……45
群众性精神文明创建……46
志愿服务活动……46

中共重庆市荣昌区委员会

重要会议……47
概况……47
区委第十四届二次全会……47
区委常委会会议……47

宣讲党的十九大精神暨传达市委五届三次全会精神干部大会……48
推进“两学一做”学习教育常态化制度化工作座谈会……48
2017年经济工作暨“实体经济振兴年”活动动员部署会……49
创建国家森林城市动员大会……49
重要决策……49
概况……49
把党的十九大精神全面落实在荣昌大地上……49
农业供给侧结构性改革……50
完善扶贫开发长效机制……50
濑溪河流域综合治理……50
大气污染综合治理……51
“健康荣昌2030”规划……51
重要活动……51
概况……51
深入学习宣传贯彻党的十九大精神……52
开展“实体经济振兴年”活动……52
“三件大事”取得重大突破……52
实施“街长制”“河长制”……52
开展“百名干部进企业”活动……52
实施“招才引智”工程……52
召开庆祝建党96周年暨“七一”非公党建工作座谈会……52
改革工作……53
概况……53
党的建设制度改革……53
农村“三变”改革……53
教育医疗改革……53
国有企业分类改革……53
深化“放管服”改革……53
深化科技制度改革……53
推进价格机制改革……53
督查工作……54
概况……54
中心工作督查……54
重要工作专项督办……54
作风建设督查……54
贯彻党的十九大精神督查……54
保密工作……54
概况……54
落实中央和市委有关保密工作决策部署……54
保密宣传教育……55
增强保密技术防范措施……55
涉密载体管理……55
保密专项检查……55
纪检监察……55
概况……55
落实“两个责任”……55
实践“四种形态”……56
四个专项治理……56
信访举报……56
纪律审查……56
队伍建设……56
组织工作……57
概况……57
“两学一做”学习教育……57
领导班子和干部队伍建设……57
基层党组织和党员队伍建设……58
人才工作……59
党代会常任制试点……59
党员电化教育……59
宣传工作……59
概况……59
意识形态……60
理论武装……60
思想政治教育……60
新闻宣传……60
网信建设……60
精神文明……61
文化事业……61
“最美巴渝·感动重庆”月度人物发布会在荣举行……61
统战工作……61

概况……61
召开各民主党派、工商联和无党派人士暑期谈心会……62
召开新的社会阶层人士统战工作会……63
机构编制工作……63
概况……63
行政审批制度改革……63
行政许可标准化建设……63
行政体制改革……64
事业单位分类改革……64
事业单位登记管理……64
区直机关工委工作……64
概况……64
机关工委思想政治建设……64
组织建设……65
党风廉政建设……65
党员干部联系服务群众……65
培训基层党支部书记……65
举办庆祝建党96周年演讲比赛活动……66
举办机关干部职工业余兴趣培训班……66
老干部工作……66
概况……66
离退休干部思想政治建设……66
离退休党支部建设……66
老干部政治待遇……66
老干部生活待遇……67
老干部活动……67
“四就近”服务工作……67
党校工作……67
概况……67
理论研究……68
理论宣讲……68
干部培训……68
党史研究与地方志工作……69
概况……69
党史研究……69
地方志工作……69

重庆市荣昌区人民代表大会

人大会议……70
区第十七届人民代表大会……70
区人大常委会会议……70
区人大常委会主任会议……71
依法监督……74
概况……74
监督财政运行……74
监督国民经济和社会发展计划……74
监督代表议案建议办理……74
审议与任免……75
审议工作……75
人事任免……75
执法检查……75
概况……75
农业技术推广法执法检查……75
反家庭暴力法执法检查……75
调查视察……76
概况……76
调研依法行政建设法治政府……76
调研卫生人才队伍建设……76
调研特色农产品深加工业……76
调研公共文化服务……76
调研生态环境保护……77
调研五大产业集群……77
调研重大事项决策信访稳定风险评估……77
视察城市管理……77
专题询问区政府重点交通项目推进……77

重庆市荣昌区人民政府

重要会议……79
区政府常务会议……79
渝西川东经济社会发展协作会……82
依法行政……82

概况……82
重大行政决策……82
政府规范性文件管理……83
行政监督……83
防范化解社会矛盾……83
法治教育……83
政务督查……83
概况……83
行政服务……84
概况……84
三级服务体系建设……84
群工系统……84
企业服务厅投入使用……84
行政审批服务进企业……84
信访……84
概况……84
信访工作制度改革……85
“3+5”突出信访问题专项治理……85
领导干部接访下访……85
机关事务管理……85
概况……85
办公用房管理……85
公共机构节能管理……86
节能宣传周活动……86
档案管理……86
概况……86
档案业务培训……86
档案宣传教育……86
精准扶贫档案管理……86
国有企业档案管理……87
重点建设项目档案管理……87

政协重庆市荣昌区委员会

政协会议……88
区政协十五届一次会议……88
区政协十五届常委会议……88
区政协十五届主席会……88
协商议政……90
概况……90
专题协商荣昌黄桷树广场建设规划……90
打造成渝城市群新兴战略支点协商……90
民主监督……90
概况……90
民主评议区城管局……90
参政议政……90
概况……90
关于在荣昌布局建设货运机场的建议”被列为市政协重点提案……91

民主党派

民盟荣昌区总支……92
概况……92
参政议政……92
服务社会……92
民进荣昌区委……92
概况……92
参政议政……93
社会服务……93
农工党荣昌区委……93
概况……93
参政议政……94
社会服务……94
农工党荣昌组织成立30周年庆祝大会……94
致公党荣昌区支部……94
概况……94
参政议政……94
社会服务……94

社会团体

工会……96
概况……96

职工帮扶救助……96
职工文体活动……96
互联网+工会服务……97
举办荣昌区第三届职工技能大赛……97
首届“情系职工清凉一夏”主题活动……97
团委……97
概况……97
青年教育……97
青年服务……98
共青团改革……98
共青团荣昌区第十七次代表大会……98
妇联……98
概况……98
妇儿权益维护……99
家庭文明建设……99
妇儿民生服务……99
妇女创业创新……100
妇女儿童活动中心建设……100
科协……100
概况……100
科协专项改革……100
科普宣传……100
侨联……101
概 况……101
侨法宣传周活动……101
第六次归侨侨眷代表大会召开……101
工商联（总商会）……101
概况……101
参政议政……102
会员服务……102
双评双促……102
区工商联被全国工商联确定为宣传信息工作直报点……102
残联……102
概况……102
康复服务……103
扶残助残……103
残疾人活动……103
区残联第七次代表大会换届……104
荣昌成功创建重庆市残疾人文化产业示范基地……104

法治　军事

政法委及社会综合治理……105
概况……105
平安建设……105
法治建设……106
社会治理……106
服务发展……107
队伍建设……107
公安……107
概况……107
公共安全管理……107
打击违法犯罪……108
治安管理……108
交通管理……108
服务群众……108
信息化建设应用……108
队伍建设……109
消防工作……109
《荣昌区消防事业发展“十三五”规划》出台……109
检察……110
概况……110
刑事检察……110
职务犯罪查办和预防……110
诉讼监督……110
司法责任制改革……111
法院……111
概况……111
刑事审判……111
民事审判……111
行政审判……111
执行工作……111

司法改革…………………………………… 112
司法公开…………………………………… 112
服务地方经济发展………………………… 112
多元化纠纷解决机制“荣昌模式” ………… 112
队伍建设…………………………………… 112
司法行政…………………………………… 113
概况………………………………………… 113
人民调解…………………………………… 113
社区矫正…………………………………… 113
安置帮教…………………………………… 113
法律援助…………………………………… 113
律师和基层法律服务管理………………… 113
公共法律服务体系………………………… 114
法治宣传…………………………………… 114
区公共法律服务中心运行………………… 114
吕继泽调解工作室成立…………………… 114
人民武装…………………………………… 115
概况………………………………………… 115
国防教育…………………………………… 115
征兵工作…………………………………… 115
军事训练…………………………………… 115
人民防空…………………………………… 115
概况………………………………………… 115
民防宣传教育……………………………… 115
储备物资管理……………………………… 115
概况………………………………………… 115
安全管理…………………………………… 116
物资管理…………………………………… 116
基础管理…………………………………… 116

城建　环保

城乡规划…………………………………… 117
概况………………………………………… 117
规划编制…………………………………… 117
规划管理…………………………………… 117
基础测绘…………………………………… 117
违法建筑整治……………………………… 117
城区建设…………………………………… 118
概况………………………………………… 118
城市道路建设……………………………… 118
村镇建设…………………………………… 118
概况………………………………………… 118
改善农村人居环境………………………… 118
棚户区改造工程…………………………… 118
5个村被评为国家级绿色村庄 …………… 119
万灵镇被评为重庆市特色小（城）镇……… 119
建设管理…………………………………… 119
概况………………………………………… 119
工程质量…………………………………… 120
建筑安全…………………………………… 120
工程档案管理……………………………… 120
建筑节能…………………………………… 120
智慧工地建设……………………………… 120
创新审批工作……………………………… 120
房地产开发………………………………… 121
概况………………………………………… 121
房屋预（销）售…………………………… 121
房地产重点工程建设……………………… 121
黄金坡新区开发建设与管理……………… 121
概况………………………………………… 121
规划设计…………………………………… 121
征地拆迁和安置点建设…………………… 121
工程项目建设……………………………… 121
安全生产…………………………………… 122
国企改革…………………………………… 122
环境保护…………………………………… 122
概况………………………………………… 122
环境质量…………………………………… 122
污染减排…………………………………… 122
生态文明建设……………………………… 122
“五大”环保行动………………………… 123
环境监管…………………………………… 123
环境执法…………………………………… 123
环境宣传教育……………………………… 123

公用事业……………………………………… 124
概况……………………………………… 124
供水……………………………………… 124
供电……………………………………… 124
供气……………………………………… 124
荣昌获批国家小康电示范县……………… 124
首个L-CNG加气站投入使用 ……………… 125
城市管理……………………………………… 125
概况……………………………………… 125
市政基础设施…………………………… 125
城镇管理………………………………… 126
城管执法………………………………… 126
城市绿化………………………………… 126
数字化城管……………………………… 127
城市管理街长制………………………… 127
区农村生活垃圾收运系统建设…………… 127

交通 邮电

交通……………………………………… 128
概况……………………………………… 128
公路建设………………………………… 128
交通运输………………………………… 128
交通管理………………………………… 129
潼荣高速公路…………………………… 129
邮政……………………………………… 130
概况……………………………………… 130
电信……………………………………… 130
概况……………………………………… 130
企业改革………………………………… 130
高翔创新工作室………………………… 131
电信普遍服务试点项目通过国家验收……… 131
分公司党建被市公司评为2017年年度
十大创新项目……………………… 131
移动通信……………………………………… 131
概况……………………………………… 131
联通通信……………………………………… 132
概况……………………………………… 132

农 业

综 述……………………………………… 133
农业开发……………………………………… 134
概况……………………………………… 134
农业综合开发…………………………… 134
农业扶贫开发…………………………… 135
产业扶贫………………………………… 135
农村经营管理………………………………… 135
概况……………………………………… 135
扶持村级集体经济发展………………… 135
农业项目财政补助资金股权化改革………… 136
农村集体资产管理……………………… 136
土地承包流转管理……………………… 136
农村土地“三权分置”改革……………… 136
农业服务业…………………………………… 136
概况……………………………………… 136
农业保险………………………………… 136
植保服务………………………………… 137
土壤保护………………………………… 137
农机服务………………………………… 137
农民培训………………………………… 137
农业环境监测…………………………… 137
种植业……………………………………… 138
概况……………………………………… 138
粮油作物………………………………… 138
特色经济作物…………………………… 138
贡米之乡建设…………………………… 138
渔业……………………………………… 139
概况……………………………………… 139
稻田综合种养工程……………………… 139
禁渔期管理……………………………… 139
畜牧业……………………………………… 139
概况……………………………………… 139
动物疫病防控…………………………… 140
畜牧监管………………………………… 140
畜禽养殖污染整治……………………… 140

成功创建畜牧业绿色发展示范县…………… 140
重庆海大饲料有限公司建成投产………… 141
全国畜牧业绿色发展
中国行（荣昌站）活动………………… 141
现代农业和畜牧业……………………… 141
概况……………………………………… 141
创业创新平台建设……………………… 141
国家生猪市场…………………………… 142
林业…………………………………… 142
概况……………………………………… 142
林业资源保护…………………………… 142
林业综合防治…………………………… 142
林业科技推广…………………………… 142
水利…………………………………… 143
概况……………………………………… 143
防汛抗旱………………………………… 143
水土保持………………………………… 143
水政执法………………………………… 143
农村饮水安全…………………………… 144
水利改革试点…………………………… 144
河长制工作……………………………… 144
荣昌八景园开园………………………… 144
大型纪录片《河长故事》在荣昌完成
首集拍摄……………………………… 144
2017年度“河长制”专题研讨会
在荣昌召开…………………………… 145
《荣昌河长“赶鸭”记》在央视纪录片
《还看今朝》播出……………………… 145

工　业

综述…………………………………… 146
装备制造……………………………… 149
概况……………………………………… 149
吴家阀门基地…………………………… 149
重庆瑞力比燃气设备有限责任公司……… 150
重庆凯歌电子股份有限公司…………… 150
重庆东矩金属制品有限公司…………… 150
重庆协旭机械有限公司………………… 150
食品医药……………………………… 150
概况……………………………………… 150
重庆华森制药股份有限公司…………… 151
重庆洽洽食品有限公司………………… 151
兽药饲料……………………………… 151
概况……………………………………… 151
兽药产业………………………………… 151
饲料产业………………………………… 152
西部饲料兽药专业市场………………… 152
重庆澳龙生物制品有限公司…………… 152
重庆方通动物药业有限公司…………… 152
重庆永健生物技术有限责任公司……… 153
轻工陶瓷……………………………… 153
概况……………………………………… 153
玻陶产业………………………………… 153
纺织产业………………………………… 153
眼镜产业………………………………… 153
重庆市永恒玻陶工艺有限公司………… 153
环保材料……………………………… 154
概况……………………………………… 154
重庆昌元化工集团有限公司…………… 154
重庆蓝洁广顺净水材料有限公司……… 154
煤炭工业……………………………… 154
概况……………………………………… 154
行业管理………………………………… 154
监管执法………………………………… 155
瓦斯利用………………………………… 155
荣昌高新区…………………………… 155
概况……………………………………… 155
招商引资………………………………… 155
唯美陶瓷正式投产……………………… 155
渝洽会荣昌签约成果丰硕……………… 156
天鹰乐禾无人机正式投产……………… 156
首家品牌孵化公司“落地”…………… 156
华森制药成功上市……………………… 156

商贸 旅游

商业…………………………………………………… 157
概况…………………………………………………… 157
市场主体培育……………………………………… 157
电子商务…………………………………………… 157
特色美食名城建设………………………………… 158
扩大消费需求……………………………………… 158
外贸进出口………………………………………… 158
商贸系统保供应急………………………………… 158
打造荣昌卤鹅公共品牌…………………………… 159
互联网+名优特产推介会 ………………………… 159
粮油…………………………………………………… 159
概况…………………………………………………… 159
粮食库存检查……………………………………… 159
推进放心粮油工作………………………………… 159
供销…………………………………………………… 159
概况…………………………………………………… 159
基层示范社建设与改造…………………………… 159
金融服务…………………………………………… 160
烟花爆竹管理……………………………………… 160
烟草专卖……………………………………………… 160
概况…………………………………………………… 160
专卖管理…………………………………………… 160
盐业…………………………………………………… 160
概况…………………………………………………… 160
体制改革…………………………………………… 160
市场布局…………………………………………… 160
旅游管理……………………………………………… 160
概况…………………………………………………… 160
旅游宣传…………………………………………… 161
旅游营销…………………………………………… 161
景区管理…………………………………………… 161
旅行社、饭店建设………………………………… 161
旅游产业运行监测及应急指挥
平台试运行……………………………………… 162
旅游开发……………………………………………… 162
概况…………………………………………………… 162
明确旅游业发展定位……………………………… 162
重点项目建设……………………………………… 163
文旅招商…………………………………………… 163
渝西旅游经济带区域协作………………………… 163

财政 税务

财政…………………………………………………… 164
概况…………………………………………………… 164
财政收入平稳增长………………………………… 164
支持实体经济发展………………………………… 164
提高资金使用效益………………………………… 164
完成新一轮财政体制改革………………………… 165
国家税务……………………………………………… 165
概况…………………………………………………… 165
深化税收征管体制改革…………………………… 165
税种管理…………………………………………… 165
依法治税…………………………………………… 165
纳税服务…………………………………………… 165
地方税务……………………………………………… 166
概况…………………………………………………… 166
深化“放管服”改革……………………………… 166
征管体制改革……………………………………… 166
强化内控…………………………………………… 166
建立涉税信息交换平台…………………………… 166

金 融

综述…………………………………………………… 168
银行…………………………………………………… 169
概况…………………………………………………… 169
中国工商银行股份有限公司荣昌支行……… 170
中国农业银行股份有限公司重庆荣昌
支行……………………………………………… 171
中国银行股份有限公司重庆荣昌支行……… 171

中国建设银行股份有限公司荣昌支行……… 172
重庆农村商业银行股份有限公司
荣昌支行…………………………………… 172
中国农业发展银行重庆市荣昌支行………… 172
重庆银行股份有限公司荣昌支行…………… 172
中国邮政储蓄银行股份有限公司
重庆荣昌区支行………………………… 173
重庆荣昌汇丰村镇银行有限责任公司……… 173
重庆三峡银行股份有限公司荣昌支行……… 173
重庆市首家科技支行落户重庆农商行
荣昌支行…………………………………… 173
重庆三峡银行荣昌支行开通天然气
手机缴费功能…………………………… 174
保险……………………………………… 174
概况………………………………………… 174
中国人寿保险股份有限公司
重庆市荣昌区支公司…………………… 175
中国人民财产保险股份有限公司
荣昌支公司……………………………… 175
中国人民人寿保险股份有限公司
重庆市荣昌区支公司…………………… 175
中国平安财产保险股份有限公司
荣昌支公司……………………………… 176
中国平安人寿保险股份有限公司
重庆市荣昌支公司……………………… 176
天安财产保险股份有限公司荣昌支公司…… 176
中国太平洋人寿保险股份有限公司
重庆市荣昌支公司……………………… 176
阳光财产保险股份有限公司重庆市
荣昌支公司……………………………… 176
富德生命人寿保险股份有限公司
重庆市荣昌支公司……………………… 176
中华联合财产保险股份有限公司
重庆分公司荣昌支公司………………… 177
中国太平洋财产保险股份有限公司
荣昌支公司……………………………… 177
中华财险荣昌支公司在全区率先开展
蔬菜收益保险…………………………… 177
证券……………………………………… 177
西南证券股份有限公司重庆荣昌证券
营业部…………………………………… 177

综合管理

宏观经济管理……………………………… 178
概况………………………………………… 178
政策制定…………………………………… 178
项目建设…………………………………… 178
项目稽查…………………………………… 178
招投标监管………………………………… 178
价格管理…………………………………… 178
概况………………………………………… 178
收费管理…………………………………… 179
价格管理…………………………………… 179
价格监督检查……………………………… 179
价格认定…………………………………… 179
国土资源和房屋管理……………………… 179
概况………………………………………… 179
耕地和基本农田保护……………………… 179
土地开发整理……………………………… 179
土地储备交易……………………………… 180
农村建设用地复垦………………………… 180
征地拆迁安置……………………………… 180
矿产资源管理……………………………… 180
地质灾害防治……………………………… 180
农村产权流转……………………………… 180
房地产权属管理…………………………… 180
保障性住房建设及管理…………………… 180
房屋住用安全管理………………………… 181
物业管理…………………………………… 181
土地房屋测绘管理………………………… 181
规范建设工程项目招投标管理…………… 181
助力荣昌高新区升级……………………… 181
公租房信息公开获表彰…………………… 181
审计……………………………………… 181
概况………………………………………… 181

国家重大政策措施贯彻落实跟踪审计……… 182
财政审计…………………………………… 182
经济责任审计……………………………… 182
固定资产投资审计………………………… 182
民生资金（项目）审计…………………… 182
企业审计…………………………………… 182
内部审计…………………………………… 182
审计科研与信息化建设…………………… 182
安全监督管理……………………………… 182
概况………………………………………… 182
风险研判和隐患治理……………………… 183
排查整治与执法…………………………… 183
企业安全生产标准化……………………… 183
安全教育与培训…………………………… 183
统计………………………………………… 183
概况………………………………………… 183
统计调查…………………………………… 184
统计数据质量……………………………… 184
统计监测与服务…………………………… 184
第三次全国农业普查……………………… 184
推进城乡住户电子记账…………………… 185
公共资源交易管理………………………… 185
概况………………………………………… 185
国有工程建设……………………………… 185
政府采购…………………………………… 185
土地交易…………………………………… 186
农村公路建设项目招标首次采用经评审的最低投标价法……………………… 186
工商行政管理……………………………… 186
概况………………………………………… 186
商事制度改革……………………………… 186
微企发展监管……………………………… 186
商标培育…………………………………… 186
事中事后监管……………………………… 187
网络市场监管……………………………… 187
消费维权…………………………………… 187
质量技术监督管理………………………… 187
概况………………………………………… 187
质量监管…………………………………… 187
计量监管…………………………………… 187
特种设备安全监管………………………… 187
认证认可工作……………………………… 188
食品药品监管 …………………………… 188
概况………………………………………… 188
食品安全监管……………………………… 188
保健品及化妆品监管……………………… 189
药品和医疗器械监管……………………… 189
全面推进国家食品安全示范城市创建工作………………………………… 189
住房公积金管理…………………………… 190
概况………………………………………… 190
住房公积金缴存管理……………………… 190
住房公积金使用管理……………………… 190
住房公积金增值收益管理………………… 190
住房公积金制度受益面进一步扩大……… 190

科学技术

科技培育…………………………………… 191
概况………………………………………… 191
科技活动…………………………………… 191
科技平台…………………………………… 191
概况………………………………………… 191
国家高新区通过科技部验收……………… 191
科技孵化器建设…………………………… 192
新型研发机构建设………………………… 192
企业研发平台建设………………………… 192
科技人才 ………………………………… 192
概况………………………………………… 192
科技特派员………………………………… 192
专家大院建设……………………………… 192
市级创新创业团队………………………… 192
“棠城英才”遴选工作……………………… 192
科技项目 ………………………………… 193
概况………………………………………… 193

区级科技项目…………………………………… 193
市级科技项目…………………………………… 193
国家级科技项目………………………………… 193
知识产权保护及科技成果转化……………… 193
概况……………………………………………… 193
科技金融………………………………………… 193
国家知识产权试点城区………………………… 193
高新技术产业………………………………… 194
概况……………………………………………… 194
农牧高新产业…………………………………… 195
生物制药产业…………………………………… 195
高端装备制造产业……………………………… 195
节能环保及新材料产业………………………… 195
现代服务业……………………………………… 195
气象事业……………………………………… 195
概况……………………………………………… 195
气象科普………………………………………… 195
气象服务………………………………………… 195
气象防灾减灾…………………………………… 196
货运机场自动气象站建成……………………… 196
防震减灾……………………………………… 196
概况……………………………………………… 196
区委常委会议研究地震灾后重建工作………… 196
荣昌区“十三五”防震减灾规划……………… 197
召开2017年防震减灾工作联席会议………… 197
防震减灾教育培训……………………………… 197
开展防震减灾应急综合演练…………………… 197
中国地震局防灾科技学院专家组
来荣调研……………………………………… 197
重庆市地震烈度速报与预警工程
建设项目落户荣昌…………………………… 197
荣昌区地震灾害预评估完成…………………… 198
地震灾害防治纳入改善农村人居
环境工作计划………………………………… 198
防震减灾科普宣传……………………………… 198
畜牧科学研究………………………………… 198
概况……………………………………………… 198
研发项目取得重大突破………………………… 198
成立畜牧科技创新创业联盟…………………… 199
公共研发平台建设……………………………… 199
人才团队建设…………………………………… 199
合作交流………………………………………… 199
科技服务………………………………………… 199

教　育

教育管理……………………………………… 201
概况……………………………………………… 201
教师队伍………………………………………… 202
教育督导………………………………………… 203
教研教科………………………………………… 203
学校德育………………………………………… 203
艺体活动………………………………………… 204
学生资助………………………………………… 204
基本建设………………………………………… 204
安全稳定………………………………………… 204
基础教育……………………………………… 205
学前教育………………………………………… 205
义务教育………………………………………… 205
普通高中教育…………………………………… 205
特殊教育………………………………………… 205
职业教育……………………………………… 205
区职业教育中心………………………………… 205
区教师进修学校………………………………… 205
社会教育……………………………………… 206
成人高考………………………………………… 206
自学考试………………………………………… 206
高等教育……………………………………… 206
概况……………………………………………… 206
本科和研究生培养……………………………… 206
学科和队伍建设………………………………… 206
科研和社会服务………………………………… 207
条件保障建设…………………………………… 207
举办生猪产业发展与双创人才
培养论坛……………………………………… 207

文化　体育

群众文化…………………………………………208
概况…………………………………………208
宣传《公共文化服务保障法》………………208
区直播卫星“户户通”通过
国家广电总局检查验收………………208
广场故事会…………………………………208
小康中国·富美乡村——2017年
“金鸡之春电影”放影活动…………209
送文化进基层活动…………………………209
建党96周年庆祝活动………………………209
重庆少年街舞精英挑战赛举行……………209
文化遗产保护……………………………………209
文物保护……………………………………209
非物质文化遗产……………………………210
梁先才获评重庆市十佳
非遗手工技艺传承人……………………210
以荣昌陶文化为主题的小说《烧王》
首发………………………………………210
文化产业管理……………………………………211
概况…………………………………………211
文化市场管理………………………………211
《荣昌区公益电影管理办法（试行）》
出台………………………………………211
文化阵地建设……………………………………211
概况…………………………………………211
区图书馆……………………………………212
区文化馆……………………………………212
清江镇河中岛村农家书屋获全国示范
农家书屋称号……………………………212
文学艺术…………………………………………213
概况…………………………………………213
文艺创作……………………………………213
协会活动……………………………………213
召开荣昌区文艺工作推进会………………214
电影《古镇情缘》开机仪式………………214
2017星光大道重庆选拔赛总决赛…………214
中国当代诗歌奖（2015—2016）颁奖
盛典在荣举行……………………………214
广播电视…………………………………………215
概况…………………………………………215
新闻报道……………………………………215
纪录片拍摄…………………………………215
新媒体………………………………………216
高清改造……………………………………216
报刊………………………………………………216
概况…………………………………………216
媒体管理……………………………………216
《荣昌日报》………………………………216
《荣昌手机报》……………………………217
《荣昌日报》微信平台……………………217
荣昌十大新闻评选…………………………217
体育………………………………………………218
概况…………………………………………218
青少年体育…………………………………218
群众体育……………………………………218
竞技体育……………………………………219
体育彩票……………………………………219
中国铁人三项竞赛——重庆·荣昌站………219
2017年全国武术套路冠军赛（传统项目）…219
2017年全国道馆俱乐部柔道锦标赛………220
2017年重庆市青少年摔跤锦标赛…………220
2017年重庆市青少年跆拳道锦标赛………220
重庆市武术段位制考试（第七期）………220

卫　生

医疗………………………………………………221
概况…………………………………………221
医疗队伍……………………………………221
医疗基础设施建设…………………………221
公立医院改革………………………………222
中医事业发展………………………………222

医疗市场整顿…… 222
医疗质量安全管理…… 223
医德医风建设…… 223
计划生育…… 223
概况…… 223
疾病预防与控制…… 224
概况…… 224
免疫工作…… 224
结核病防治…… 224
地方病防控…… 224
慢性病防控…… 224
精神卫生…… 225
妇幼保健…… 225
概况…… 225
供血用血…… 225
概况…… 225
农村卫生…… 225
概况…… 225
医疗卫生机构考核…… 226

人力资源和社会保障

人事人才…… 227
概况…… 227
技能人才培养…… 227
专业技术人才管理服务…… 227
公务员队伍建设…… 228
工资收入分配…… 228
就业创业…… 228
概况…… 228
重点群体就业…… 228
职业技能培训…… 229
创业创新…… 229
落实失业保险政策…… 229
劳动维权…… 229
概况…… 229
保障农民工工资支付…… 229
劳动人事争议仲裁调解…… 229
劳动保障监察…… 230
社会保障…… 230
概况…… 230
机关事业养老保险制度改革…… 230
医保支付方式改革…… 230
社保费率调整…… 230
医疗机构监管…… 230
落实关闭煤矿政策…… 231

社会民生

民政事务…… 232
概况…… 232
救济救助…… 232
慈善事业…… 233
婚姻和儿童收养登记…… 233
社会工作…… 233
殡葬管理…… 233
优抚安置…… 233
双拥活动…… 233
地名勘界…… 233
社会组织管理…… 234
基层政权与社区建设…… 235
概况…… 235
农村社区建设…… 235
城乡社区民主协商…… 235
老龄工作…… 235
概况…… 235
养老服务体系不断完善…… 235
老年维权服务…… 236
养老服务保障…… 236
关心下一代工作…… 237
概况…… 237
“中华魂”主题教育读书活动…… 237
青少年法治教育…… 238
青少年革命传统教育…… 238

关爱活动…… 238
民族宗教事务…… 238
概况…… 238
民族事务…… 239
宗教事务…… 239
召开全区宗教工作会议…… 239
人民生活 …… 239
概况…… 239

镇 街

昌元街道…… 240
概况…… 240
经济发展…… 240
社会发展…… 241
生态环境建设…… 242
开展“红色纽带”活动…… 242
昌州街道 …… 242
概况…… 242
经济发展…… 243
社会发展…… 244
生态环境建设…… 244
拆除违法建筑“百日攻坚”行动…… 245
街长制顺利推进…… 245
城市基层党建工作推进会在昌州街道召开…… 245
广顺街道…… 245
概况…… 245
经济发展…… 245
社会发展…… 246
广富工业园建设…… 246
唯美项目正式投产…… 246
峰高街道…… 247
概况…… 247
经济发展…… 247
社会发展…… 247
桃峰公园竣工验收…… 248
修建单跨拱桥…… 248
双河街道…… 248
概况…… 248
经济发展…… 248
社会发展…… 249
安富街道…… 250
概况…… 250
经济发展…… 250
社会发展…… 251
生态环境建设…… 251
举行首届陶文化艺术节暨“安陶小镇”开街活动…… 251
直升镇…… 251
概况…… 251
经济发展…… 252
社会发展…… 252
生态文明建设…… 253
全市玉米实割实测现场会在直升举行…… 253
万灵镇…… 253
概况…… 253
经济发展…… 253
社会事业…… 254
生态环境建设…… 254
成功创建市级特色小镇…… 255
清升镇…… 255
概况…… 255
经济发展…… 255
社会发展…… 256
古佛山景区建设…… 256
举行迷你马拉松赛…… 256
清江镇…… 257
概况…… 257
经济发展…… 257
社会发展…… 258
生态环境建设…… 258
荣隆镇…… 258
概况…… 258
经济发展…… 259

社会发展…… 259
生态环境建设…… 260
龙集镇…… 260
概况…… 260
经济发展…… 260
社会事业…… 261
生态环境建设…… 261
仁义镇…… 261
概况…… 261
经济发展…… 261
社会发展…… 262
举办第二届仁义文化旅游活动…… 263
河包镇…… 263
概况…… 263
经济发展…… 263
社会发展…… 263
粉条产业提档升级…… 264
真原堂列为重庆市优秀历史建筑…… 264
古昌镇…… 264
概况…… 264
经济发展…… 264
社会发展…… 264
生态环境建设…… 265
吴家镇…… 265
概况…… 265
经济发展…… 265
社会发展…… 266
生态环境建设…… 266
荣昌吴家脆莲白…… 266
观胜镇…… 267
概况…… 267
经济发展…… 267
社会发展…… 267
生态环境建设…… 267
黄桷滩库区生态绿化…… 268
银河村发展集体经济试点…… 268
铜鼓镇…… 268
概况…… 268
经济发展…… 268
社会发展…… 268
生态环境建设…… 269
清流镇…… 269
概况…… 269
经济发展…… 269
社会发展…… 270
盘龙镇…… 271
概况…… 271
经济发展…… 271
社会发展…… 271
生态环境建设…… 272
远觉镇…… 272
概况…… 272
经济发展…… 272
社会发展…… 272
生态环境建设…… 273

人物　先进集体

新闻人物…… 274
张　雪…… 274
张家勋…… 274
梁远平…… 275
郭　平…… 276
徐前凯…… 276
邓龙彬…… 276
张希良…… 277
何雪梅…… 277
梁先才…… 277
王　瑛…… 277
王德山…… 278
2017年荣昌区获市委、市政府及以上表彰先进集体一览表…… 278
2017年荣昌区获市委、市政府及以上表彰先进个人一览表…… 280
2017年荣昌区正高级技术

人才一览表…………………………………… 282

统计资料

2017年荣昌区国民经济和社会发展统计公报…………………………………… 284
2017年荣昌区地区生产总值一览表 ………… 291
2017年荣昌区农林牧渔业总产值和增加值一览表…………………………………… 292
2017年荣昌区规模以上工业总产值一览表…………………………………… 292
2017年荣昌区规模以上工业企业主要产品产量一览表…………………………………… 293
2017年荣昌区社会消费品零售总额及批零住餐业销售（营业）情况…………… 294
2017年荣昌区全社会固定资产投资完成情况…………………………………… 294
2017年荣昌区居民收入情况一览表 ………… 294

附 录

文件目录…………………………………… 296
2017年中共荣昌区委部分文件目录………… 296
2017年荣昌区人民政府部分文件目录……… 298
组织机构及其领导名录…………………………… 303
区级领导班子…………………………………… 303
区属机关及各部门…………………………… 303
其他单位…………………………………… 311
镇街…………………………………… 313

特　载

把党的十九大精神全面落实在荣昌大地上
奋力开创“成渝城市群新兴战略支点”建设新篇章

——在区委十四届二次全会第一次大会上的讲话

曹清尧

2017年12月7日

区委十四届二次全会的主要任务是深入学习贯彻党的十九大精神和市委五届三次全会精神，进一步统一思想、明确任务、狠抓落实，更好动员全区广大干部群众，拥抱新时代、践行新思想、实现新作为，把党的十九大精神全面落实在荣昌大地上，奋力开创“成渝城市群新兴战略支点”建设新篇章。

党的十九大是在全面建成小康社会决胜阶段、中国特色社会主义进入新时代的关键时期，召开的一次具有里程碑意义的大会。学习宣传贯彻党的十九大精神，是当前和今后一个时期首要的政治任务和长期的战略任务。市委召开五届三次全会对深入学习贯彻党的十九大精神作出全面部署，陈敏尔书记作了重要讲话，张国清市长对市委《关于把党的十九大精神全面落实在重庆大地上的决定》作了说明。会议审议通过了市委《决定》和全会《决议》，敏尔书记从“必须注重从政治上抓落实，坚决维护以习近平同志为核心的党中央权威和集中统一领导；必须注重从思想上抓落实，深学笃用习近平新时代中国特色社会主义思想；必须注重从战略部署和具体行动上抓落实，扎实推进重庆改革开放和社会主义现代化建设事业；必须注重从组织领导上抓落实，坚定不移推进全面从严治党”等四个方面提出了明确要求，为我们学习贯彻党的十九大精神，抓好当前和今后一个时期的工作指明了方向、提供了遵循。

党的十九大召开前，我们按照市委要求，把迎接党的十九大胜利召开作为首要政治任务和政治责任，多次召开区委常委会、专题工作会研究部署，扎实抓好思想动员、经济发展、安全稳定等工作，提前筹划学习培训、宣传宣讲、贯彻落实等事项，为党的十九大胜利召开营造了团结和谐的政治局面、积极向上的精神状态、安全稳定的社会环境。党的十九大召开期间，采取各种形式组织收看收听，全区干部群众关心十九大、关注十九大、热议十九大，政治热情、学习热潮、干事激情空前高涨。

党的十九大闭幕后，我们按照习近平总书记在中央政治局第一次集体学习时的重要讲话要求，在学懂上下功夫，在弄通上下功夫，在做实上下功夫，着手开展大学习、大宣讲、大反思、大落实系列活动。区委多次召开干部大会、常委（扩大）会进行学习，印发了《关于深入学习宣传贯彻党的十九大精神的通知》《荣昌区学习贯彻党的十九大精神宣讲工作方案》等文件，建立了区委常委会常委领学、中心组发言和周五集中学习日等制度，组建区委宣讲团和“六进”宣讲队，分系统、分类别开展宣讲450余场次，受众近20万人次，全区学习宣传贯彻党的十九大精神开好了头、起好了步。全区各级党组织要在前期学习宣传贯彻的基础上，按照中央“十个深刻领会”“六个聚焦”和市委工作要求，以更大的力度推动党的十九大精神与市委五届三次全会精神一体学习贯彻，实现学习原文全覆盖，党员群众宣讲全覆盖，以支部为单位开展专题讨论交流全覆盖，每项具体工作贯彻落实全覆盖。各级领导干部要带头走上讲台、走进基层、走向田坎，推动党的十九大精神走进群众心中、走进荣昌实际、走进各项工作，奋发有为地把党的十九大精神全面落实在荣昌大地上。下面，我代表区委常委会，讲四点意见。

一、从政治上抓落实，就要旗帜鲜明，坚决维护习近平总书记的核心权威和党中央的集中统一领导

旗帜鲜明讲政治是我们党作为马克思主义政党的根本要求。党的十九大最重大的政治成果，就是选举产生了以习近平同志为核心的新一届中央领导集体，进一步明确了习近平总书记在党中央、在全党的核心地位。学习贯彻党的十九大精神，首要的就是牢固树立“四个意识”，坚决维护以习近平同志为核心的党中央权威和集中统一领导。

（一）把坚决维护习近平总书记的核心地位作为第一位的政治要求。“万山磅礴、必有主峰”。一个国家、一个政党，领导核心至关重要。党的十八届六中全会确立了习近平总书记在党中央、在全党的核心地位，党的十九大把“坚定维护以习近平同志为核心的党中央权威和集中统一领导”写入党章，这是党中央着眼历史、现实和未来，从党和国家事业全局出发作出的英明决策，体现了全党的意志，是国家之幸、民族之幸。我们党一贯强调树立核心，维护核心，毛泽东同志曾指出，“中国共产党是全中国人民的领导核心。没有这样一个核心，社会主义事业就不能胜利”。邓小平同志也曾指出，“任何一个领导集体都要有一个核心，没有核心的领导是靠不住的”。党的十八大以来，党和国家事业取得的历史性成就，发生的历史性变革，最关键的是有习近平总书记这个核心，有以习近平同志为核心的党中央坚强领导。在十八大以来的伟大实践中，从“两个一百年”奋斗目标的提出到“中国梦”的引领，从“五位一体”总体布局到“四个全面”战略布局，从坚持稳中求进工作总基调到把握经济发展新常态，从提出新发展理念到推进供给侧结构性改革，习近平总书记精准把握党和国家前进方向，在改革发展稳定、内政外交国防、治党治国治军等各个方面展现出的卓越智慧、雄才大略、担当精神、务实作风、为民情怀和深厚文化底蕴，时时给我们以信仰的力量、真理的力量、人格的力量，是全党拥护、人民爱戴、当之无愧的党的领袖。习近平总书记在党中央、在全党的核心地位，是实践的选择、历史的选择，是全党的选择、人民的选择。逐梦前行，首在把舵导航。站在过去和未来交汇点上的中国，要决胜全面建成小康社会，夺取新时代中国特色社会主义伟大胜利、实现中华民族伟大复兴中国梦，必须也只能由习近平总书记这样杰出的领袖来引路领航。全区各级党组织和广大党员干部，要时时处处事事把维护习近平总书记的核心地位作为第一位的政治要求，思想上充分信赖、政治上坚决维护、组织上自觉服从、感情上深刻认同、行动上始终跟随，坚决做政治上的明白人、老实人。

（二）把自觉维护党中央权威和集中统一领导扎根在思想上、落实在行动中。“事在四方，要在中央”。坚持党的领导，首先是坚持党中央集中统一领导。历史和现实的正反两方面经验深刻地昭示，正是在党中央坚强领导下，我们在极端艰苦的条件下赢得了革命战争胜利，又在短时间内取得了改革开放伟大成就，中国实现了从站起来、富起来到强起来的伟大飞跃，中华民族从备受欺辱再次走到了世界舞台的中央。习近平总书记指出，“我们这么一个大党，这么大一个国家，如果没有党中央定于一尊的权威，公说公有理，婆说婆有理，不仅会误事，而且要乱套。”从薄熙来、孙政才等反面典型来看，他们身居高位却立场不稳、原则丧失，甚至野心膨胀、权欲熏心，背着中央另搞一套，严重破坏党的集中统一领导，给党和国家事业造成严重危害和损失，给重庆发展带来极大破坏，教训十分深刻！在维护党中央权威和集中统一领导的问题上，全区各级党组织和广大党员干部头脑要特别清醒，态度要十分鲜明，立场要始终坚定，既要坚定党的政治路线，在立场、方向、原则、道路上同党中央保持高度一致，更要深刻认识到，全党只有党中央权威，只有向习近平总书记看齐，向党中央看齐，向党的理论和路线方针看齐，向党中央决策部署看齐，除此别无其他。党和国家发展的重大方针政策、重大决策部署，只有党中央有权作出决定和解释，地方和部门决不允许擅作主张、擅自决定。对荣昌来讲，要做到党中央的号召坚决响应，党中央的决定坚决贯彻，党中央禁止的坚决不做，始终明向知进、明纪知规、明责知止，推动维护党中央权威和集中统一领导在思想深处扎根，在具体行动中落实。

（三）把从严从紧遵守党的政治纪律和政治规矩作为根本保障。“矩不正，不可为方；规不正，不可为圆”。我们党之所以能够带领人民从胜利走向胜利，靠的就是铁一般的纪律。这个铁一般的纪律，最基础的就是党的政治纪律和政治规矩，是维护党中央权威和集中统一领导的根本保证。习近平总书记指出，“如果党的政治纪律成了摆设，就会形成‘破窗效应’，使党的章程、原则、制度、部署丧失严肃性和权威性，党就会沦为各取所需、各行其是的‘私人俱乐部’”。薄熙来、孙政才严重违反党的政治纪律、政治规矩，危害极其严重，教训极其深刻！全区各级党组织和广大党员干部，必须时刻把纪律和规矩挺在前面，坚决防止“七个有之”，坚决做到“五个必须”，在任何时候、任何情况都严禁对习近平总书记在全党的核心地位有不同议论，严禁妄议中央决策，严禁传播政治小道消息，严禁对上级重大部署打折扣做选择搞变通。要坚决反对个人主义、分散主义、自由主义、本位主义、好人主义，坚决反对宗派主义、圈子文化、码头文化、坛子文化，坚决反对搞两面派、做两面人。要加强纪律教育，强化纪律意识，习惯纪律约束，严格执行重大问题请示报告制度，区委定期向市委报告重点工作和重要情况，全区各级党组织和领导干部该请示的及时请示，该报告的及时报告，决不能遮遮掩掩或先斩后奏，更不能隐瞒不报、欺骗组织。

（四）把不折不扣落实中央、市委市政府决策部署作为基本要求。“命严方可以肃兵威，令重始足于整纲纪”。贯彻党中央决策部署，确保中央政令畅通，不仅是维护党中央权威和集中统一领导的具体体现，也是最终实现荣昌科学发展的现实需要。党中央决策部署是从全局出发、集中各方智慧作出的。党的十九大对实现“两个一百年”奋斗目标进行了战略谋划，提出了重大战略安排和重大创新举措。敏尔书记强调，地方和部门的工作都是对中央决策部署的具体落实。全区各级党组织和广大党员干部要牢固树立全国“一盘棋”思想，正确认识局部和全局的关系，进一步增强大局意识，深刻反思薄熙来、孙政才严重错误教训，自觉对标对表中央和市委、市政府决策部署，作任何决策都从习近平新时代中国特色社会主义思想中找遵循、找依据，推进任何工作都要从“五位一体”总体布局和“四个全面”战略布局中找方位、找定位，开展任何具有地方和部门特点的工作都必须以贯彻落实中央精神和市委、市政府要求为前提，决不允许表里不一、阳奉阴违，决不允许自行其是、各自为政，决不允许搞“上有政策、下有对策”。要善于把中央精神和荣昌实际结合起来，在令行禁止的基础上创造性开展工作，努力把各方面的积极性引导好、保护好、发挥好，使我们的工作既为荣昌争光，又为全局添彩。

二、从思想上抓落实，就要听习近平总书记的话，深学笃用习近平新时代中国特色社会主义思想

思想是时代的声音，新时代有新思想、新理论。党的十九大最重要的理论成果，就是把习近平新时代中国特色社会主义思想确定为必须长期坚持的指导思想并写进党章，成为新时代党政军民学、东西南北中的思想武器和行动指南。以此为标志，中国特色社会主义建设冲过了“摸着石头过河”的阶段，只要全面、深刻、准确地掌握习近平新时代中国特色社会主义思想的理论脉搏、历史渊源、哲学方法、科学精神，在学思践悟中内化于心，在结合实际中外化于行，党和人民的事业必将在新时代迈向新辉煌。全区各级党组织务必增强对习近平新时代中国特色社会主义思想高度的政治认同、思想认同、理论认同，坚定地把习近平新时代中国特色社会主义思想作为做好各项工作的“定盘星”，自觉用新思想武装头脑、坚定信仰、引领方向、指导实践、推动工作。

（一）学懂是前提，做到学思践悟。习近平新时代中国特色社会主义思想是一个博大精深的理论体系，既是全党智慧的结晶，又集中展现了习近平总书记的巨大理论勇气、超凡政治智慧、远见卓识的独创思想，系统回答了新时代坚持和发展什么样的中国特色社会主义、怎样坚持和发展中国特色社会主义这个重大时代课题，开辟了马克思主义新境界、中国特色社会主义新境界、治国理政新境界、管党治党新境界。深学笃用习近平新时代中国特色社会主义思想，不仅要学习新思想的时代背景、理论渊源、科学体系、实践要求，更要紧紧围绕“八个明确”和“十四个坚持”,深刻领会新思想的重大意义、历史贡献、丰富内涵、基本方略，做到全面准确贯彻这一重要思想。要坚持科学的学习方法，注重遵循学习规律，坚持读原著、学原文、悟原理，原原本本、原汁原味研读党的十九大文件，研读习近平总书记《谈治国理政》一卷二卷等著作原文。坚持“学”“悟”结合、“学”“悟”统一,围绕十九大报告，围绕系列讲话，围绕“四个扎实”，常学常新、越学越深，在学思践悟中提高思想觉悟、政治觉悟和理论水平。要弘扬理论联系实际的学风，真正把自己摆进去，坚持问题导向，始终保持发现问题的敏锐、正视问题的清醒、解决问题的自觉，善抓关键点、敢啃硬骨头，自觉运用习近平新时代中国特色社会主义思想研究解决问题。问题解决得越多，学习效果就越好。全区各级党员领导干部要切实发挥“关键少数”带头作用，做到学在深处、谋在新处、干在实处。

（二）弄通是关键，要做到融会贯通。习近平新时代中国特色社会主义思想，是马克思主义、中华传统文化精髓、世界优秀文明和现代科学成果融会贯通的产物。深学笃用习近平新时代中国特色社会主义思想，要克服形式主义、实用主义，注重自觉用新思想改造主观世界。坚持同学习马克思主义基本原理贯通起来，深刻把握习近平新时代中国特色社会主义思想同马克思列宁主义、毛泽东思想、邓小平理论、“三个代表”重要思想、科学发展观一脉相承、与时俱进的逻辑关系，既看到贯穿其中的辩证唯物主义和历史唯物主义方法论，又看到其中适应世情国情党情发展变化不断创新的本质。坚持同把握“四个伟大”的实践贯通起来，习近平新时代中国特色社会主义思想深深植根于新时代鲜活实践，是党的十八大以来治国理政经验的总结和提升，必须把理论创新和实践创新结合起来，使之成为引领荣昌各项事业持续健康发展的“指南针”。坚持同把握党的十九大作出的各项战略部署贯通起来，既从总体上把握这一理论本身的科学体系和思想精髓，又结合党的十九大作出的战略安排，从各个领域深入理解其基本内涵和要求，在实践中不断提高驾驭复杂局面的能力，抢占工作制高点、下好荣昌先手棋；不断提高兼顾当前和长远的能力，精准选择各领域工作突破口；不断提高综合平衡的能力，力求实现决策效益最大化。

（三）做实是目的，要做到落地落细。“为学之实，固在践履”。习近平总书记反复强调，一分部署，九分落实，基层的主要工作就是抓落实。全区广大党员干部要立足思想实际、工作实际和岗位实际，坚持知行合一、学做结合、学以致用，真正把科学理论转化为指导实践的强大力量。要在战略部署上“扣扣子”，将习近平新时代中国特色社会主义思想作为指导全区改革发展的总依据总遵循，全面反思审视我们工作思路和举措，真正拿出务实管用的措施，落实中央的部署和市委的要求，确保荣昌各项工作符合中央精神、符合地方实际、符合群众意愿。要在责任履行上“担担子”，就是要保持战略定力和担当力，勇于担当、善于担当、敢作敢为、善作善成，各级领导干部既要当“指挥官”，又要当“战斗员”，还要做“店小二”，带着群众干、做给群众看，把中央和市委的战略部署转化为荣昌的奋斗目标和工作任务。要在任务落实上“钉钉子”，切实增强战术执行力，按照党的十九大确定的任务书、路线图、时间表，像钉钉子一样一锤接着一锤敲，在统一思想、凝聚力量上取得实效，在落实部署、付诸行动上取得实效，坚决把中央、市委各项工作落到实处。

三、从战略部署和具体行动上抓落实，就要对标对表，奋力开创“成渝城市群新兴战略支点”建设新篇章

新时代有新使命、新要求、新任务。为政贵在行。党的十九大最重要的实践成果，就是全面规划部署了到本世纪中叶建成富强民主文明和谐美丽的社会主义现代化强国的路线图和时间表，为实现中华民族伟大复兴提供了行动指南。市委五届三次全会根据党的十九大精神，对重庆长远发展做出“5+2”战略部署，对决胜全面小康提出“8+3”战略行动计划。中央有部署，重庆有行动，荣昌有落实。我们要紧紧围绕中央和市委市政府决策部署，对全区工作思路、目标任务、具体举措进行再次对标、再次研究、再次部署，既要保持符合上级要求和荣昌实际既定安排的战略定力，更要赋予“成渝城市群新兴战略支点”新的时代内涵，推动党的十九大和市委五届三次全会精神荣昌化、系统化、项目化、清单化，靠苦干实干把党的十九大精神落实在荣昌大地上。

（一）*在总体要求上对标对表。*牢固树立全国“一盘棋”思想，把握中央两步走战略安排，为如期实现“两个一百年”奋斗目标、实现中华民族伟大复兴中国梦做出荣昌贡献。一是对标根本保障，坚决维护习近平总书记核心地位和党中央权威，扎实推进“五位一体”总体布局、“四个全面”战略布局和“四个扎实”重要指示精神在荣昌的落实。二是对标思想引领，坚定自觉以习近平新时代中国特色社会主义思想为指引，全面落实“八个明确”“十四个坚持”的基本方略。三是对标工作安排，兼顾当前和长远，按照市委全会决定，明确各项重大工作和短期、中期、长期发展目标任务，加快建设“成渝城市群新兴战略支点”。四是对标破立并举，全面彻底干净清除孙政才恶劣影响和“薄、王”思想遗毒，增强工作的原则性、系统性、预见性、创造性。五是对标组织建设，坚持和加强党的全面领导，坚定不移推进全面从严治党，为全区改革发展提供坚强保证。

（二）*在长远发展上对标对表。*紧紧围绕“五位一体”总体布局和“四个全面”战略布局新的政策举措和工作要求，既全面推进，又突出重点，找准荣昌发展的着力点和主攻方向。一是在经济建设方面，深入贯彻新发展理念，以供给侧结构性改革为主线，突出质量第一、效益优先，建设现代经济体系，持续推进“三件大事”，更加注重科技创新，加快全区发展质量变革、效率变革、动力变革，打造渝西现代制造基地、现代畜牧业高地、环都市周末休闲旅游目的地、渝西内陆开放高地。二是在政治建设方面，完善人大组织制度和工作机制，优化协商民主实现形式，巩固最广泛的爱国统一战线，深化群团改革成果，深入推进全面依法治区。三是在文化建设方面，坚定文化自信，牢牢掌握意识形态工作领导权，抓好习近平新时代中国特色社会主义思想的学习宣传，推动中国特色社会主义核心价值观更加深入人心。实施精神文明建设工程，深化文化体制改革，促进文化事业和文化产业加快发展。四是在社会建设方面，始终坚持以人民为中心的发展思想，提高保障和改善民生水平，完善社会治理体制，维护社会大局稳定，促进社会公平正义，保障人民安居乐业，使全区人民的获得感、幸福感、安全感更加充实、更有保障、更可持续。五是在生态建设方面，坚定不移走生态优先、绿色发展新路，严格落实“共抓大保护、不搞大开发”要求，修复濑溪河生态，建设“深绿”城市，改善农村人居环境，构建生态环境保护和治理长效机制，筑牢渝西生态屏障。

把党的十九大精神全面落实在荣昌大地上，全面深化改革是根本动力。党的十九大立足党和国家事业发展新阶段，对全面深化改革提出了新要求，部署了一批力度更大、要求更高、举措更实的改革任务。我们既要狠抓中央、市委重大改革事项的承接落实，统筹抓好经济、政治、文化、社会、生态文明建设领域各项改革落地，也要坚持一切为了人民的改革初衷，结合实际积极探索创新，持续深化国企改革、商事制度、教育医疗、城乡融合等重点领域改革。要坚持一把手抓改革，各单位主要领导要坚持对标对表抓改革，亲力亲为抓改革，敢作敢为抓改革，善作善成抓改革，当好领头人，敢做“马前卒”，真正让改革方案落地“变现”，切实把改革的含金量转化为人民群众的获得感。

（三）在实施方案上对标对表。决胜全面建成小康社会，是我们必须集中精力、集中兵力如期完成的战略任务，也是建设“成渝城市群新兴战略支点”的重点工作。区委对标市委“八项战略行动计划”“三项攻坚战”，结合荣昌实际，突出抓重点、补短板、强弱项，按照“立足长远、三年见效”的要求，决定推进“十项实施方案”“三项攻坚战”。我们必须风雨兼程、勇往直前，一抓到底、抓出成效，确保到2020年如期建成得到全区人民认可，经得起历史检验的全面小康社会。

第一，以国家高新区为平台的智能化创新驱动发展战略实施方案。贯彻创新驱动发展战略，依托国家高新区建设，积极发展智能化农牧装备和产品，坚持以智能化改造提升传统制造业。坚持把科技创新的重点放在实体经济上，建立健全多层次创新平台，找准支柱产业创新方向和领域，做大装备制造、食品医药、轻工陶瓷产业集群能级，提高创新资源聚集转化能力。

第二，以国家货运机场为引擎的内陆开放高地建设战略实施方案。对接落实重庆建设内陆开放高地战略，全力争取国家货运枢纽机场获批，力争尽早启动建设。加快完善开放平台要件，构建多式联运交通物流体系。抢抓国家重大战略历史机遇，积极走出去、加快引进来。深化渝西川东区域合作，实现互利共赢、协同发展。坚持“抓小不放大”招商理念，围绕支柱产业招商，推动引资和引智并举。

第三，以国家生猪大数据中心为引领的数字经济发展实施方案。推动国家生猪交易市场向国家要素市场转型，加快建设国家生猪大数据中心，推动生猪大数据全产业链智能化转化运用，实施“畜牧振兴计划”，巩固“生猪看荣昌”国家品牌。

第四，以统筹城乡为要求的乡村振兴战略实施方案。充分发挥农业农村资源优势，围绕“三农”工作总要求，推进城乡融合发展。加快建立现代生产体系、经营体系、产业体系、服务体系、治理体系、人才体系，促进城乡资源自由流动，推动城乡区域协调发展，让农业成为有奔头的产业，让农民成为有吸引力的职业，让农村成为安居乐业的家园，让城市与乡村各美其美、美美与共。

第五，以骨干网络为支撑的基础设施建设提升战略实施方案。抢抓全市基础设施建设提升战略行动计划机遇，实施内畅外联行动，加快推进高速公路、骨干铁路前期工作，构建渝西交通枢纽。更加注重镇街道路和农村道路建设，建成“20分钟村镇”和“半小时荣昌”。统筹推进水、气、环保、信息基础设施建设，整体提升城乡基础设施保障水平。

第六，以产业联盟为先导的军民融合发展战略实施方案。把握国家实施军民融合发展战略机遇，盘活“三线建设”土地资源、厂房设备，发挥红宇公司军工实力，争取军工项目落地，改造提升制造业水平，鼓励优势企业进入军需采购序列，形成全要素多领域高效益军民融合发展格局。

第七，以激发活力为目标的科教兴区和人才强区战略实施方案。贯彻科教兴国战略和人才强国战略，大力发展科技事业，加快教育现代化，培养聚集一批高素质、专业化人才，为全区改革发展提供智力支持和人才支撑。

第八，以需求为导向的保障和改善民生战略实施方案。顺应人民群众对美好生活的向往，从解决群众最关心的医疗、生态、人居、就业、保障、文化等领域着手，持之以恒办好民生实事，特别要加快建设在全国有影响的体育基地，让荣昌动起来，不断满足人民日益增长的美好生活需要。

第九，以宜居美丽首善之区为统揽的生态优先绿色发展战略实施方案。贯彻可持续发展战略和习近平总书记提出的“走生态优先、绿色发展之路”的要求，推动形成人与自然和谐发展的现代化建设新格局，努力实现产业兴、百姓富、生态美有机统一。

第十，以素质提升为核心的精神文明建设战略实施方案。创建全国文明城区、国家卫生城区，因地制宜健全文明规范、村规民约，深化群众性精神文明创建工作，构筑好荣昌精神、荣昌力量，大力培养新时代荣昌人。

第十一，坚决打好防范化解重大风险攻坚战。深入贯彻落实总体国家安全观，增强忧患意识，统筹发展和安全，有效化解政治、经济、社会、生产、网络等重点领域风险，坚决守住不发生区域性、系统性风险底线。

第十二，坚决打好精准脱贫攻坚战。巩固脱贫攻坚成果，更多关心建卡外“六类人”生活，确保全面建成小康社会一个不少。

第十三，坚决打好污染防治攻坚战。坚持全民共治、源头防治，持续开展“碧水、蓝天、绿地、田园、宁静”五大环保行动，重点整治水环境、空气环境，切实解决群众关心的突出环境问题。

这里需要说明的是，“10+3”实施方案是一个开放的体系，不能等同于我区贯彻落实党的十九大精神的全部，区委将在实践中根据工作需要，相应调整增加重点工作事项，确保党的十九大精神在荣昌得到全面落实。各级各单位要准确把握区委工作要求，抓紧对接市级相关单位，尽快制定具体落实举措，尽快形成完善2018年目标、任务、措施、保障，把贯彻落实工作最终体现在工作成效上。

四、从组织上抓落实，就要党要管党，推动全面从严治党向纵深发展

打铁必须自身硬。全面从严治党永远在路上。习近平总书记指出，在全面从严治党这个问题上，不能有差不多了，该松口气、歇歇脚的想法，不能有打好一仗就一劳永逸的想法，不能有初见成效见好就收的想法。我们要准确把握新时代党的建设新要求，始终把抓好党建作为最大的政绩，全面推进党的政治建设、思想建设、组织建设、作风建设、纪律建设，把制度建设贯穿其中，深入推进反腐败斗争，为全区改革发展稳定各项事业提供坚强保证。

（一）各级党组织要落实责任，切实加强党的全面领导。中国特色社会主义最本质的特征是中国共产党领导，我们事业最大的优势是中国共产党领导。习近平总书记强调，坚持和完善党的领导，是党和国家的根本所在、命脉所在，是全国各族人民的利益所在、幸福所在。在坚持党的领导这个重大原则问题上，绝不能有任何含糊和动摇。一是加强政治领导。加强党的全面领导，首要是加强政治领导，要始终坚定正确的政治方向，确保全区上下始终自觉同以习近平同志为核心的党中央保持高度一致。要不断优化领导体制机制，完善党委工作机制，有效实施党对各个领域的领导。区委将加强对区人大、区政府、区政协及法检两院的领导，专题听取各班子党组汇报，支持保证各班子依法依章开展工作，推动各级班子成为各自领域事业发展的“主心骨”。二是注重分类指导。区委总揽全局、协调各方，推动各个方面、各个领域各司其职、各尽其责，相互配合、形成合力，带动全区上下形成“一张图谋发展、一个调抓工作”的局面。各级党委（党组）要认真贯彻地方党委工作条例和党组工作条例，加强班子自身建设，完善工作领导机制，不断提高政治领导力、思想引领力、群众组织力、社会号召力，坚持从各行业、各镇街、各部门实际出发，针对不同类型特征，尽可能做到精准了解情况、精准指导工作，提升工作的精准度和实效性。三是强化有效督导。千招万招，不落实都是空招。有部署有要求，就要有检查、有督促、有绩效评估。要着力建立有效的督查、评估和反馈机制，加大明察暗访、督促检查、追责问责力度，打通工作落实“最后一公里”。需要强调的是，各级党组织班子要始终把政治建设放在第一位，带头坚定理想信念，带头严守党规党纪，带头履行“两个责任”，带头增强能力素质，做到坚定清醒有作为、团结廉洁有实绩。党组织书记是党建工作第一责任人，要对党和人民高度负责，对本地区本单位政治生态负责，对干部的健康成长负责。

（二）全区上下要共同努力，守护好政治生态“绿水青山”。习近平总书记强调，“政治生态是检验我们管党治党是否有力的重要标尺”“做好各方面工作，必须有一个良好的政治生态”。政治生态涉及党的建设方方面面，这里重点强调四件事：一是严肃党内政治生活，全区各级党组织和广大党员干部要坚持以党章为根本遵循，严格落实新形势下党内政治生活若干准则，着力增强党内政治生活的政治性、时代性、原则性、战斗性，把党内政治生活严起来、实起来、活起来。二是涵养积极健康的党内政治文化。精心组织开展“不忘初心、牢记使命”主题教育，积极培养和践行社会主义核心价值观，弘扬忠诚老实、公道正派、实事求是、清正廉洁等价值观，坚决抵制和反对关系学、“潜规则”等庸俗政治文化，反对当面一套、背后一套的两面人做派，反对拉帮结派的圈子文化、码头文化，反对明哲保身的“官场哲学”，不断培厚良好政治生态的土壤。三是树立正确的选人用人导向。荣昌的干部，既跑不出来，也要不出来，更买不出来，是靠忠诚、靠真本事干出来的。各级党组织要坚持党管干部原则，坚持德才兼备、以德为先，坚持五湖四海、任人唯贤，坚持事业为上、公道正派，突出政治标准，真正把符合“二十字”好干部标准的好干部选出来、带出来、用出来、管出来，在全区上下营造风清气正的干事创业氛围，给广大干部以信心和正能量。四是持之以恒正风肃纪、反腐惩恶。各级各部门要认真学习贯彻中央政治局新修改的贯彻落实中央八项规定的实施细则，深入整治“四风”突出问题，谨防“四风”变异，持续用好监督执纪“四种形态”，推动党风政风持续好转。要深入推进反腐败斗争，坚持无禁区、全覆盖、零容忍，坚持重遏制、强高压、长震慑，不断巩固压倒性态势，夺取压倒性胜利。要加强对权力，特别是小微权力运行的制约及监督，深化落实村社“十公开”“九不准”和“‘小六长’作风建设‘八不准’”，让权力在阳光下运行。要更好发挥巡察利剑作用，建立健全巡察制度。区委已经出台了《党员干部干事创业容错纠错实施办法》，旗帜鲜明地让实干者实惠，为担当者担当，推动敢担当、敢创新、实干苦干成为全区风尚。

当前一项最紧迫的政治任务是坚决清除孙政才恶劣影响和“薄、王”思想遗毒。孙政才案件和“薄、王”案件，对党的形象和党的事业造成了很大危害，对重庆改革发展造成了重大损害，对全市广大干部群众造成了极大伤害，是重庆政治生态的“污染源”。我们要按照中央和市委要求，把清除孙政才恶劣影响与肃清“薄、王”思想遗毒结合起来，把“破”与“立”结合起来，把说清道理与多干实事结合起来，坚决彻底全面清除孙政才恶劣影响和“薄、王”思想遗毒，切实巩固荣昌政治生态的“绿水青山”。

（三）各级领导干部要不断提高能力素质，更好担当起新时代改革发展的重任。党的十九大报告提出，要建设高素质专业化干部队伍。衡量干部的能力素质，关键要看是不是符合好干部标准，首要是能否做到忠诚干净担当。全区广大党员干部要把忠诚作为第一要求，始终忠于党、忠于人民、忠于信仰，牢记自己党员身份，职责是为党工作，切实做到在党爱党、在党言党、在党忧党、在党为党。要把干净作为基本操守，始终敬畏组织、敬畏权力、敬畏人民，堂堂正正做人，干干净净做事，清清白白做官，保持“一身正气、两袖清风”。要把担当作为基本职责，工作按得下“快进键”，攻坚啃得下“硬骨头”，应急拿得下“烫手山芋”，以“说了算、定了干、马上办”的劲头推进工作，与时俱进增强学习本领、政治领导本领、改革创新本领、科学发展本领、依法执政本领、群众工作本领、狠抓落实本领、驾驭风险本领，鼓足“人一之我十之、人十之我百之”的干劲，夙兴夜寐，勤奋工作，撸起袖子加油干，合力推进各项事业发展。

同志们，中国特色社会主义进入了新时代，我们要拥抱新时代，践行新思想，实现新作为。让我们更加紧密地团结在以习近平同志为核心的党中央周围，深学笃用习近平新时代中国特色社会主义思想，深入贯彻党的十九大精神，为决胜全面建成小康社会、夺取新时代中国特色社会主义伟大胜利、实现中华民族伟大复兴的中国梦、实现人民对美好生活的向往不懈奋斗。

政府工作报告

——在重庆市荣昌区第十七届人民代表大会第三次会议上

重庆市荣昌区人民政府区长　李中武

2018年1月13日

一、2017年工作回顾

2017年，是党的十九大胜利召开之年。一年来，我们坚持把迎接和学习贯彻党的十九大精神作为首要政治任务，以习近平新时代中国特色社会主义思想为指导，在市委、市政府和区委的坚强领导下，在区人大、区政协的监督支持下，围绕实现“三高五新”宏伟蓝图，坚持“说了算、定了干、马上办”，全区经济社会各项事业持续健康发展，成渝城市群新兴战略支点建设迈出坚实步伐，全区27项工作得到国家级表彰，41项工作成为全市先进，7张“国字号”名片花落荣昌，涌现出“中国好人”徐前凯、全国农业劳动模范郭平等一批先进人物，被国务院表彰为“落实有关重大政策措施真抓实干成效明显地方”。全年预计实现地区生产总值407.9亿元，同比（下同）增长10%；工业增加值201.5亿元，增长10.5%；全社会固定资产投资592亿元，增长13.5%；一般公共预算收入25.9亿元，同口径增长5%；社会消费品零售总额125亿元，增长13%；城镇、农村常住居民人均可支配收入达到32141元和15700元，分别增长8.5%、9.6%。工作成效主要体现在以下七个方面。

（一）“三件大事”推进顺利

全力创建全国首个农牧特色国家高新区，已进入国务院最后审批阶段，规划建设面积由2平方公里核准为17.05平方公里。全力争取国家货运机场，得到原中央政治局常委，国务院常务副总理张高丽重要批示，陈敏尔书记、唐良智代市长积极推动，选址报告已完成编制，并成功纳入中新（重庆）战略性互联互通示范项目统筹推进。全力打造国家生猪大数据中心，并通过农业部专家评审；携手新华社发布全国首个新华（荣昌）生猪价格指数，国家生猪交易市场喜获“全国百家百亿市场”“全国农业农村信息化示范基地”“全国农业农村大数据实践案例”殊荣，全年交易额突破370亿元，占全国生猪年流通量的8%。

（二）改革开放创新协同发力

坚持以供给侧结构性改革为主线，向改革要活力，向创新要动力，向开放要空间，加快培育发展新动能。“三去一降一补”取得实效。关闭钢铁企业3家，处置“僵尸企业”“空壳公司”38户。盘活园区闲置厂房30.6万平方米。商品房销售面积突破100万平方米，消化商业用房库存6万平方米。发挥财政资金增信作用，“助保贷”“经保银贷”等累计贷款金额2.9亿元；为41户企业解决冲贷应急资金3.25亿元。落实“企业减负30条”，兑现财税扶持政策资金9.5亿元。企业水电气成本累计降低6200万元。重点改革推进有力。实施国企分类改革，71家国企整合重组形成“3＋2＋7”格局。完成镇街财政体制调整改革，推行“零基预算”。加强政府投资管理，政府性债务绿色可控。推进商事制度改革，整合涉企证照20项，新增市场主体7045户。整合涉农项目财政资金3210万元进行股权化改革；投入2000万元在15个村（社区）扶持集体经济发展试点，马草村“实体＋金融”、白象社区“集体经济＋物业管理”等模式初见成效。创新能力不断提升。全社会研究与试验发展经费支出占地区生产总值的2.1%，每万人发明专利拥有量达3.5件。组建重庆国农畜牧现代化研究院，加快建设动物实验基地。建立“人才战略合作联盟”，与北京大学、清华大学共建博士研究生实践基地。出台招才引智暨“百名高层次人才”引进计划。在全市率先成立科技银行，知识产权质押融资6000余万元。新增国家高新技术企业14家、国家知识产权示范和优势企业3家，新增市区级企业技术（研发）中心16家，两化融合贯标示范企业7家。华森制药荣获中国专利优秀奖。开放合作不断加强。开展招商引资“百日攻坚行动”，全年引进项目245个，合同资金264亿元，到位资金202亿元，亿元以上项目42个。其中，工业项目148个，到位资金110亿元。完成自营出口1.6亿美元，增长14.8%。成功举办渝西川东经济社会发展协作会，签署合作项目和协议79项。

（三）实体经济振兴见效

扎实开展“实体经济振兴年”活动，推动工业提质、商旅融合、农业增效，成功创建全国首批产业转型升级示范区。工业经济稳步提升。实现规上工业增加值183.4亿元，增长10.4%。平台基础不断夯实，“一区三园”平场3100亩、新建道路9.5公里，邮亭至荣昌天然气管道建成通气，节能环保、眼镜、夏布产业基地等加快建设。转型升级步伐加快，战略性新兴产业增加值增长22%，华森制药在深交所成功上市，唯美陶瓷全球先进生产线正式投产，昌元化工成为全市首个国家制造业单项冠军示范企业，其主导修订的工业高锰酸钾国家标准成功发布。主导产业持续壮大，推进重点工业项目45个，建成投产30个，装备制造、食品医药、轻工陶瓷集群规模达601.8亿元，占全区工业总产值的82.9%。工业用电量增长15%、用气量增长25.6%、入库税金增长14.7%。商贸旅游不断发展。坚持商旅、文旅、体旅融合发展，实现服务业增加值102.3亿元，增长11%。成功创建市级电子商务示范区，电商交易额达31亿元。红星美凯龙、康宁广场、西城天街等一批商业设施基本建成。建成万灵福邸、陶宝古街一期等旅游项目32个。开展首届惠民文化旅游消费季活动，举办七夕河灯旅游文化节、荣昌陶文化艺术节等系列商旅活动。荣昌夏布服饰再度亮相中国国际时装周，三大非遗走进北京奥林匹克博览会。成功举办中国铁人三项联赛等国家级、市级体育赛事6次。接待游客480万人次，增长34.1%，旅游总收入13.4亿元，增长37.1%。农业经济持续进步。坚持突出特色、打造精品、塑造品牌，成功创建首批中国特色农产品优势区，入选全国首批畜牧业绿色发展示范（区）县。“香海棠”农产品区域公用品牌在人民大会堂成功发布。打造“荣昌卤鹅”公用品牌并逐步推向全国。“荣昌猪肉”入选“中国百强农产品区域公用品牌”，“荣昌猪”品牌价值达27.7亿元。“三品一标”认证总数达218个。

（四）城乡面貌持续改善

坚持精准规划、精品建设、精细管理，推动城乡融合发展。城乡规划更趋完善。全面推进“多规合一”，编制完成美丽山水城市、物流布局等专项规划。按照智慧城市、海绵城市要求，编制完成《黄金坡组团城市发展战略研究》。划定永久性基本农田，增加用地空间47平方公里。完善土地利用总体规划，拓展城镇建设用地空间5平方公里。城乡建设富有成效。城市建成区面积达到31.48平方公里。启动黄桷树广场、濑溪河体育文化公园建设。实施濑溪河、荣峰河综合整治，整治河道4.2公里、河堤4.3公里。“荣昌八景”建成并向市民开放。投资16.3亿元，实施“潼荣”高速公路桥梁及路基工程，改造国省道51公里、农村公路240公里。争取用地指标4000亩。完成地票交易8.6亿元，新增耕地4235亩，建成高标准农田6.7万亩，整治山坪塘1000口，新建农村便道412公里。投资5亿元推进“宽带中国”示范城市建设。城乡管理提档升级。启动国家森林城市、国家卫生城区、全国文明城区“三城同创”。调整设置城市管理局、城市管理综合行政执法局。在全市创新推行“街长制”，111名“街长”对城区街道“包干”精细化管理。启动城区农贸市场整治和规范化建设。规范城区道路交通和停车收费管理，新增停车位1155个。筹资4亿元改善农村人居环境，实施农村改厕工程，成功创建国家级绿色村庄5个，打造市级美丽宜居村庄示范点3个。万灵镇荣膺“全国美丽宜居小镇”，清升镇获评“全市最美养生小镇”。

（五）生态文明建设扎实有效

深入践行绿水青山就是金山银山的理念，坚持问题导向、系统治理，推动生态环境持续改善。突出环境问题整治有力。强力推进中央环保督察反馈意见整改，全面完成年度整改任务。统筹资金15.6亿元，深入开展濑溪河流域及大气污染综合治理攻坚行动。全面推行“河长制”，建立区、镇（街）、村三级河长体系，在全市率先实现“河库、领导、责任、制度”四个全覆盖。建成投用城市污水处理厂（二期）、荣隆园污水处理厂，改造17个镇街污水管网81公里。开展濑溪河、大清流河跨区域联防联控联治。加强露天焚烧专项整治，超额完成500辆黄标车淘汰任务。环境监管执法不断加强。完成环保机构监测监察执法垂直管理改革。编制完成生态保护红线划定方案。严格执行产业准入“负面清单”，强化环保“三同时”制度。严格禁养区、适养区审批管理，依法取缔濑溪河干流、支流陆域200米范围内所有畜禽养殖场。

深入开展“蓝天百日攻坚”等专项行动，立案查处环境违法案件82件。区域环境质量得到改善。全面落实“大气十条”“水十条”“土十条”，扎实推进273项生态文明建设任务。围绕国家森林城市创建，统筹资金3.1亿元实施道路绿化、水系绿化等23项重点工程。濑溪河、大清流河出境断面水质稳定达到Ⅲ类标准。全年空气优良天数253天。城镇生活垃圾无害化处理率达100%，农村生活垃圾有效治理覆盖人口比例达97%。

（六）民生保障水平不断提升

筹集资金17.4亿元办好市区级40项重点民生实事，“农村便民道户户通”工程获得“中国十大民生决策”奖项。精准脱贫成效明显。出台巩固脱贫攻坚成果长效机制文件，建立脱贫攻坚“双组长”责任制。组织2000名干部进20万农户，准确掌握生产生活情况，推动实施精准脱贫。加强精准医疗救助和产业后续帮扶，整合资金1.43亿元促进脱贫户稳定脱贫。社会事业不断进步。出台提升教育、医疗水平实施方案，教育卫生系统新引进研究生75人。启动后西小学等4所学校改扩建工程。探索高初中联合体、强校带弱校、一长执多校等模式，与南岸区形成长期教育互助关系，荣昌中学与峰高中学实现深度融合办学。创新管理机制，实行校长目标责任制，授予校长管理自主权。全面推开公立医院综合改革，加强医联体建设，分级诊疗格局初步形成。区人民医院建成区域影像远程会诊中心。区妇幼保健院迁建、普众中医院改建项目推进顺利。成功创建国家慢性病综合防控示范区。新青少年活动中心、妇女儿童活动中心、区科技馆即将建成投用。社会保障持续加强。发放创业担保贷款1亿元，城镇新增就业1.75万人。落实各项社保待遇24.1亿元，发放城乡低保金5713万元。推行医疗救助“一站式”服务，支出医疗救助金2650万元。完成“12·27”地震灾后重建599户，危房改造1300户。完成城市棚改320户，新安置煤矿棚户区居民866户，新分配公租房、廉租房800户。4274名残疾人接受精准康复服务。社会治理全面提升。按照“七个坚决防止”要求，开展保十九大安全稳定“百日攻坚行动”，实现“五个零上访”、市级“零通报”和“两个百分百”目标。开展综治网格员专职化试点。在全市率先建立公共法律服务体系三级实体平台。加强社会治安防控体系建设，优化警务运行机制，刑事案件、可防性案件、侵财案件分别下降23.9%、38%、25.6%，破获公安部“部督”案件3起，命案破案率保持100%。开展“减存量、控增量”等专项行动，调处矛盾纠纷5210件。牢固树立安全生产“1＋0”理念，深化大排查大整治大执法，严格“日周月”隐患排查。加强基层食药监所规范化建设。全年无群众到市重复集访和进京非正常上访、无较大及以上生产安全事故发生。

（七）政府自身建设不断加强

坚定正确的政治方向。增强“四个意识”，坚决维护以习近平同志为核心的党中央权威和集中统一领导，深学笃用习近平新时代中国特色社会主义思想，推进“两学一做”学习教育常态化制度化。坚决清除孙政才恶劣影响和“薄、王”思想遗毒。依法行政深入推进。全面推进“双随机一公开”监管，严格行政规范性文件前置和备案审查。依法接受人大法律和工作监督，主动接受政协民主监督，自觉接受司法监督、舆论监督和社会监督，认真办理人大议案建议210件、满意率99.1%，政协提案232件、满意率98.7%。行政效能持续提升。深化“放管服”改革，加强行政许可标准化建设，制定规范和标准49个。清理规范中介服务、行业商会协会收费项目近60项，整体收费降低20%。推进“互联网＋政务服务”，网上行政审批6万余件，群工系统接办事项2.9万件，行政服务中心企业服务厅建成投用。加强审计监督，公共投资工程审减1.28亿元。推进公共资源阳光交易，增收节支1.94亿元。廉政建设得到加强。严格落实中央八项规定精神，深入贯彻市委、区委廉政建设部署。塑造喻茂坚“五个一”廉政文化品牌。切实发挥政府特邀监察员作用。深化“踢皮球”“中梗阻”等专项治理，开展优化服务发展环境活动及“双百评议”，建立“小六长”作风建设“八不准”机制。查处违反中央八项规定精神14件15人，侵害群众利益不正之风和腐败问题41件54人，行政问责5件22人。

过去一年，全区国防动员和民兵预备役工作扎实推进，机关事务、民族宗教、机构编制、妇女儿童、防震减灾工作实现新进步，工会、青少年、科协、老龄、关心下一代、工商联、文联、社科联、侨务、对台、人防、双拥、档案、人事、保密、修志、物价、气象、消防、应急等工作取得新成就。

一年来成绩的取得，是以习近平同志为核心的党中央英明领导的结果，是市委、市政府和区委坚强领导的结果，是历届老领导、老同志关心支持的结果，更是全区人民共同努力的结果。在此，我代表区人民政府，向全体人大代表、政协委员，向所有关心支持荣昌发展的各级领导、各界人士，向全区人民表示衷心的感谢！

在肯定成绩的同时，必须清醒地看到，对标人民群众日益增长的美好生活需要，我们的工作还存在许多不足，发展不平衡不充分的问题依然突出。一是发展水平还不高。经济规模相对不大，制造业整体水平偏低，市场竞争力较弱。二是产业结构不优。主导产业支撑效益尚未形成，新产业、新业态、新商业模式发展不充分，服务业短板明显。三是新兴动能不足。传统产业升级缓慢，高新技术产业带动作用不够，科技进步对经济增长的贡献率不高。四是环保压力较大。资源性、工程性缺水矛盾突出，环境承载力有限，给发展带来巨大挑战。五是民生事业有待提高。教育、医疗、文化、养老等领域仍有短板，基础设施欠账较多，城乡发展还不平衡。六是自身建设仍需加强。少数干部缺乏创新精神，存在不愿担当、不敢担当、不善担当的现象；一些单位存在“表态多、调门高，行动少、落实差”等问题。对此，我们将高度重视，不回避、不推诿、不怠慢，采取有力措施，认真加以解决。

二、2018年工作指导思想及总体目标

深入贯彻落实党的十九大精神，是我们首要的政治任务和长期的战略任务。必须把牢固树立“四个意识”，坚决维护以习近平同志为核心的党中央权威和集中统一领导作为第一位的政治要求。坚定自觉地用习近平新时代中国特色社会主义思想武装头脑、指导实践、推动工作，确保党的十九大精神在荣昌大地上落地生根。

2018年是贯彻党的十九大精神的开局之年，是改革开放40周年，是决胜全面建成小康社会、实施“十三五规划”承上启下的关键一年，更是推进“三件大事”、建设成渝城市群新兴战略支点攻坚突破的一年。当前，荣昌既面临区域竞争日趋激烈、自身短板亟待补齐、防风险压力加大等诸多挑战，同时也迎来了许多发展机遇。一是我国经济已由高速增长阶段转向高质量发展阶段，改革红利渐次释放，结构调整步伐加快，有利于荣昌培育经济发展新动能。二是重庆深度融入“一带一路”建设和长江经济带发展，直辖体制优势更加凸显，为荣昌加快发展提供了重大机遇。三是荣昌地处成渝城市群发展主轴黄金结合点，具备承接成渝两地相向发展政策红利的巨大优势，为荣昌提质发展注入了新的动力。面对新形势新任务，保持定力非常重要，抢抓机遇尤其紧迫，我们要树立强烈的历史责任感，切实增强忧患意识、机遇意识和创新意识，努力开创荣昌经济社会高质量发展新局面。

今年政府工作的指导思想是全面贯彻落实党的十九大精神，以习近平新时代中国特色社会主义思想为指导，坚持稳中求进工作总基调，坚持新发展理念，紧扣社会主要矛盾变化，按照高质量发展要求，统筹推进“五位一体”总体布局，协调推进“四个全面”战略布局，认真落实中央经济工作会议、市委五届三次全会、区委十四届二次三次全会精神，以“不忘初心、牢记使命”主题教育为引导，以供给侧结构性改革为主线，坚持以人民为中心的发展思想，按照成渝城市群新兴战略支点的目标定位和发展路径，扎实开展“党建深化年”“干部实干年”“质量提升年”三大主题年活动，务实推进“十项实施方案”“三项攻坚战”，突出抓重点、补短板、强弱项，加快推动质量变革、效率变革、动力变革，为如期全面建成小康社会而努力奋斗。

今年经济社会发展主要预期目标是地区生产总值增长 9.5% 左右；工业增加值增长 9.9%；服务业增加值增长 10.7%；全社会固定资产投资增长 10%；一般公共预算收入增长 5%，税收占比达到 58% 以上；社会消费品零售总额增长 12%；城镇和农村常住居民人均可支配收入分别增长 8.5%、9.2%；单位地区生产总值能耗下降 4%，主要污染物总量减排达到约束性要求。

实现上述目标，我们必须深刻认识“我国经济已由高速增长阶段转向高质量发展阶段”这个基本特征，要坚持“好中求快、量质齐增、彰显特色”的要求，将高质量发展贯穿政府工作始终，切实把握好五个关键：

一要把贯彻新发展理念作为高质量发展的核心。坚持以新发展理念推动高质量发展，提高统筹贯彻新发展理念的能力和水平，让创新成为第一动力、协调成为内生特点、绿色成为普遍形态、开放成为必由之路、共享成为根本目的，努力实现更高质量、更有效率、更加公平、更可持续的发展。二要把坚持稳中求进作为高质量发展的前提。整体把握“稳”与“进”的节奏和力度，坚持稳增长与防风险并重，确保经济社会大局稳定，推动从“量”的扩张转向“质”的提高。在稳的前提下勇于进取，努力在转变发展方式、优化经济结构、转换增长动能等关键领域取得新进展。三要把供给侧结构性改革作为高质量发展的主线。围绕提高供给体系质量，坚持问题导向、效益导向，以市场化手段推动优质资源向重点产业、重大项目、重要工作集聚，优化存量资源配置，扩大优质增量供给，实现供需动态平衡。四要把建设现代化经济体系作为高质量发展的着力点。坚持以国家高新区、国家货运机场、国家生猪大数据中心“三件大事”为引领，着力打造渝西现代制造基地、现代畜牧业高地、渝西内陆开放高地、成渝都市周末休闲旅游目的地，推动互联网、大数据、人工智能与实体经济的深度融合，加快构建现代化经济体系。五要把满足人民对美好生活的需要作为高质量发展的目标。坚持以人民为中心的发展思想，坚持从荣昌区情和现实出发，着力解决公共服务、城乡建设等领域不平衡不充分的突出问题，不断增强人民群众获得感、幸福感、安全感。

习近平总书记在新年贺词中讲到“幸福都是奋斗出来的”。我们必须以昂扬向上的精神状态、舍我其谁的豪迈气概，一天也不耽搁、一刻也不懈怠，奋力谱写成渝城市群新兴战略支点建设新篇章！

三、2018 年重点工作任务

（一）举全区之力推进“三件大事”。“三件大事”是引领荣昌实现质量变革、效率变革、动力变革的平台和引擎，我们要拿出逢山开路的闯劲、甩开膀子的干劲、久久为功的韧劲，全力推动“三件大事”取得决定性突破，加快构筑荣昌发展新优势。

着力加快荣昌国家高新区建设。积极落实以国家高新区为平台的智能化创新驱动发展战略实施方案，加快荣昌国家高新区挂牌成立，健全管理体制，完善产业规划，优化空间布局。做好“高”“新”两篇文章，壮大装备制造、食品医药、轻工陶瓷和农牧高新“3＋1”产业规模，大力发展战略性新兴产业，以智能化引领产业转型升级，形成区域性高新产业集聚平台。争取市委、市政府出台支持高新区建设指导性文件，发挥国家高新区政策优势，大力引进高新技术企业、高附加值项目。新引进高新技术企业 10 家，新发展认定高新技术企业 10 家、市级科技型企业 50 家，高新企业和科技型企业占比达到 47% 以上。新开工项目 70 个，推进购地自建项目 25 个，建成投产项目 50 个。唯美陶瓷 3 号生产线建成投产、2 号厂房基础完工。新培育产值亿元以上的企业 10 个，高新区工业增加值达到 165 亿元，增长 10.5%，工业集中度达到 75% 以上，工业税收增长22%以上。新建标准厂房15万平方米，建成区面积扩大1.5平方公里。

全力争取国家货运机场布局规划。积极落实以国家货运机场为引擎的内陆开放高地建设战略实施方案。坚持以中新（重庆）战略性互联互通示范项目政策创新为突破口，完成飞行程序预先研究报告，开展项目预可研，协调空域管理部门支持，选定管理运营合作企业、基地航空公司，积极对接国家部委，力争货运机场项目纳入国家规划布局、机场选址报告通过评审。启动临空产业园规划编制，开展机场铁路、高速公路等基础设施规划前期工作，推进与果园港、朱沱港等港口合作。加快打造渝西内陆开放高地，深度融入重庆自贸区发展，积极争取海关、检验检疫机构在荣昌布局保税仓。认真落实渝西川东经济社会发展协作会各项协议，推动区域合作取得实效。

大力推进国家生猪大数据中心建设。积极落实以国家生猪大数据中心为引领的数字经济发展实施方案。争取农业部尽快命名"国家生猪大数据中心"，引入战略伙伴组建运营公司。围绕生猪全产业链，突出数据资源汇聚、数据开发利用、市场监测预警三大功能，建设生猪大数据资源、运营两大中心，打造生猪大数据云计算、应用两大平台，建立生猪大数据开放门户，服务政府宏观调控和市场主体需求。利用好新华（荣昌）生猪价格指数，打造全国生猪产业权威信息发布平台。引进轻资产智能化生产性服务企业，发展畜牧智能化数字经济。加快国家生猪交易市场向国家生猪要素市场转型，探索形成生猪价格发现机制，力争年交易额突破500亿元，巩固"全国生猪看荣昌"品牌。

（二）深化供给侧结构性改革。推动经济高质量发展，必须坚持以供给侧结构性改革为主线，深入实施创新驱动发展战略，充分发挥投资对优化供给的关键性作用，促进新动能快速成长。

提升科技创新能力。加快推进以科技创新为核心的全面创新，完善激励扶持政策体系。引进知名高校、科研院所来荣建立研发创新平台，与天津大学合作共建陶瓷产业研究院。深化与市畜科院、西南大学的合作，推进重庆国农畜牧现代化研究院、微生物研究院建设，打造国家动物实验基地、全国畜牧检验检测认证中心。发挥现代畜牧创新中心、创新发展中心、"重牧硅谷"等平台作用，科技孵化器入驻企业150家以上。鼓励企业新建独立法人研发机构、技术（工程）中心等创新平台10个。支持企业加大研发投入，工业企业研发投入增长20%以上，新认定市级高新技术产品30个以上。设立1亿元风险补偿金，推进知识价值信用贷款试点。发挥校地"人才战略合作联盟"优势，集聚一批创新人才。全社会研究与试验发展经费支出占地区生产总值的2.2%，每万人发明专利拥有量达4件以上。

狠抓招商引资攻坚。坚持"抓小不放大"，紧盯重点区域，强化产业分析，形成优质企业目录库，汇集政策、资源集中攻坚，增强招商精准度。加强与商会、协会等平台的合作，利用市场化手段推进专业招商。健全"一竿子插到底"的全过程招商机制，提高招商签约率、落地率、履约率。加快推动惠达卫浴、金意陶瓷、上海坤孚、广东润色、大族激光等一批优质企业签约落地，积极引进一批电子信息、汽摩配套、眼镜等精品企业入驻标准厂房；加快促成重庆交运集团、川粮集团等现代物流企业落户；加强万灵福邸、古佛山景区、夏布时尚小镇等商旅项目招商。吸引一批优质企业来荣发展总部经济。全年新引进项目合同资金200亿元以上，到位资金150亿元以上，亿元以上项目40个。其中，工业项目合同资金100亿元以上，到位资金80亿元以上。完善企业绩效评价体系，建立健全工业开发集约节约用地机制。

突出重点项目支撑。坚持项目引领，抢抓十九大后国家重大战略实施机遇，紧盯市委"八项战略行动计划"，积极策划争取一批事关全局的重大项目。健全项目争取激励和考核机制，设立重大项目前期专项资金，编制"三年滚动投资计划"，建立向上争取资金项目库，重点谋划渝西水资源配置、成渝高速扩能永川至荣昌、成渝铁路扩能改造、重庆铁路二环线等重大项目。强化PPP项目策划包装，为社会投资破除障碍，确保社会投资占总投资的70%以上。强化用地保障，获批土地3000亩以上。加强区领导联系重点项目工作，实行重点项目

“三级调度”机制。全年拟实施重点项目150个以上，年度计划投资150亿元以上。

提高供给体系质量。大力破除无效供给，突出处置“僵尸企业”“空壳公司”，关闭烧结砖企业22家，严控过剩产业新上产能。采取出售、租赁、招商合作等方式推进企业兼并重组，盘活闲置资产。积极探索商改住房、商改租赁房，引入教育、医疗、文创、康养等业态，力争商业地产去库存10万平方米，严控房地产项目商业面积。全面停止新征地拆迁划地自建、统建安置，实行货币化安置。完善区领导联系重点企业和困难企业制度，深化“百名干部进企业”活动，开展金融服务实体经济转型升级试点行动，培育3家上市挂牌后备企业。继续清理规范行政事业性收费、中介服务收费。认真落实社保费优惠等政策，减税降费8000万元。推进资源要素配置市场化改革，深化售电侧改革，大用户直供电价格控制在0.65元/度以内。

深化重点领域改革。深化“放管服”改革。加大简政放权力度，推进权力清单“瘦身”。严格落实“两集中、两到位”，确保审批事项“应入全入”行政服务中心。推进“最多跑一次”改革，深化“互联网+政务服务”，让数据多跑路，群众少跑腿。加强“双随机一公开”监管，严格规范公正文明执法。深化商事制度改革。推行经营场所登记申报承诺制、个体工商户免予登记，新增市场主体5500户。深化国企改革。明确国企发展主攻方向，将兴荣、棠城公司打造成为推进城市发展和新区开发的平台，将宏烨、棠广公司打造成为支撑高新区建设的平台，将万灵山公司打造成为统筹全区旅游发展的平台。支持国企通过资本注入、联合投资等方式进入创新领域，推动国有资本做优做强。完善国企现代企业管理制度，健全国企领导干部选拔任用机制，理顺财政与国企关系。深化财政体制改革。开展财税六大增收行动，建立财政资金整合长效机制，加强财政资金管理绩效评价和预算项目管理。

（三）着力推动实体经济发展。坚持把发展经济的着力点放在实体经济上，以智能化、集群化、特色化促进产能升级和产业转型，提升经济发展质量和效益。

加快发展先进制造业。围绕主导产业，重点攻坚智能农牧装备、智能医疗器械、电子信息、汽摩智能配套等智能装备制造业，积极发展功能食品、植物食品、保健类药品、动物疫苗、抗体等食品医药产业，聚力发展纺织、眼镜、特种陶、建卫陶等轻工陶瓷产业，加快培育扶持龙头企业，加快形成产业集群。加快制造业智能化、信息化、精益化建设，争创国家、市级两化融合贯标示范企业5家以上。分行业评选20户以上精益化管理示范企业，以点带面提升企业经营效益。支持夏布、粉条、阀门等传统产业技改升级，运用先进适用技术革新生产工艺。落实以产业联盟为先导的军民融合发展战略实施方案，积极引进红宇国防科工项目，发挥军工企业先进技术、精密机械等优势，开展军民设备共享、人才合作，提高本地企业生产水平。

加快发展休闲旅游业。围绕打造成渝都市周末休闲旅游目的地，制定全域旅游发展实施意见。突出万灵古镇、荣昌陶文创园、古佛山景区三大重点，推进旅游项目建设，建成濑溪河体育文化公园、古镇景区连接线工程，开工建设陶宝巷子，青少年综合实践基地投入运营，实施古佛山栈道、人行索桥等项目。启动万灵古镇市级旅游度假区创建工作，加快创建荣昌陶文创园、古佛山AAAA级景区。坚持体旅、文旅、农旅融合。积极发展体育经济，打造一批水上运动、环濑溪河马拉松等精品项目。提升荣昌年猪节等节庆旅游品牌，继续开展惠民文化旅游消费季活动。突出移民文化、农耕文化特色，建设一批精品农家乐，提速乡村旅游发展。构建智慧旅游服务体系，实现旅游景区免费WiFi全覆盖。打响“融巴蜀灵气、兴天下荣昌”品牌，提升荣昌旅游知名度。全年旅游经济总收入增长28%以上，接待游客突破570万人次。

加快发展商贸服务业。转型提升传统商贸业，优化城区专业市场功能定位，实现错位发展。积极引进韩国商贸城，满足中高端消费需求。深度挖掘荣昌美食文化，打造全猪宴、全羊宴、全鹅宴等“荣昌菜系”，创建中国卤鹅美食文化之乡。重点培育滨河商业特色街、西城天街、康宁广场、万灵福邸等一批美食街区，打造享誉川渝的美食名城。培育发展现代服务业，整合做强互联网+电商产业园、农特电商产业园等平台，争创国家电子商务示范基地。积极打造生猪物流平台、综合物流信息发布平台，实现物流仓储信息化标准化智能化。引进资产管理公司，积极发展融资租赁、金融租赁等新业态。支持引导共享经济发展，提高社会资源利用效率。支持渝西国际建设保税仓，打造辐射川渝的海产品集散中心。深挖夏布、兽药、高锰酸钾等传统优势产品潜力，自营进出口总额增长18%。

加快发展农牧高新产业。加强荣昌猪品种资源保护和开发，开展荣昌猪核心群选种选育，打造荣昌猪“华系”种猪育种供种高地。瞄准高端消费需求，培育以荣昌猪为代表的优质安全无抗猪。积极引进畜牧装备企业，生产电子饲喂、温控等设施设备。发展动物精准营养产业，加快新兽药研发及产业化。依托人源化抗体转基因鼠（猪）、无菌猪等顶尖科技成果，吸引新药研发企业、科研团队开发生物医药产品，促进农牧高新产业集聚发展。

（四）坚定实施乡村振兴战略。积极落实以城乡融合发展为要求的乡村振兴战略实施方案，按照产业兴旺、生态宜居、乡风文明、治理有效、生活富裕的总要求，推动农业全面升级、农村全面进步、农民全面发展。

深化农业农村改革。建立健全城乡融合发展体制机制和政策体系。深化农业供给侧结构性改革，宜农则农、宜林则林、宜游则游，引领资源要素走质量兴农、绿色兴农之路。开展农村资源变资产、资金变股金、农民变股东“三变改革”试点，完善承包地“三权分置”制度，推进农村土地确权登记颁证。常态化整合涉农项目资金，继续推进财政资金股权化改革。深化“集体经济发展试点”，投入3000万元再扩面30个村（社区）。引导工商资本参与乡村振兴，鼓励社会各界参与乡村建设。有效利用“助农贷”“险资直投”等贷款产品，开展普惠金融试点，拓宽农业农村融资渠道。深化供销合作社综合改革，完善为农服务体系。

构建现代农业体系。积极构建现代农业产业体系、生产体系、经营体系，促进农业从增产转向提质。大力发展种猪、麻竹、生姜、茶叶、晚熟柑橘、优质稻等特色优势产业。提升“香海棠”公用品牌影响力，着力打造绿色优质农产品。完善农业安全生产技术标准体系，新增农产品“三品一标”认证30个以上。加快现代农业园区建设，打造农业标准化生产基地15个。健全农业社会化服务体系，农业生产社会化服务达到55万亩。大力培育新型职业农民，鼓励兴办家庭农场、农民合作社和农业企业，新培育家庭农场20个以上，核心农民合作社20个以上。健全“公司+农户”“合作社+农户”利益联结机制，支持农民通过土地入股、股份合作等方式参与适度规模经营。创新农产品经营服务体系，积极发展“在村头”等电商平台。鼓励农民就业创业，促进劳动力转移就业，拓宽农民增收渠道。

加快建设美丽乡村。坚持人与自然和谐共生，走乡村绿色发展之路。制定中长期美丽乡村建设规划，开展改善农村人居环境三年行动计划，让农民出行更方便、如厕更舒心、洗澡更安心、用水更放心。启动实施农村小康路、便民路三年建设计划，全年修建小康路410公里、便民路1000公里，努力打通“最后一公里”和解决出行“第一个一百米”。实施“厕所革命”，完成农村卫生改厕600户。建设集中连片高标准农田1.9万亩、整治病险水库2座。农村垃圾有效治理行政村达到100%。实施畜禽废弃物资源化利用整县推进项目，推广“猪—沼—竹”等生态循环种养模式。加大传统村落修缮保护力度，引入社会资本建设新型农民社区、打造田园综合体，积极发展民宿经济。提升农民精神风貌，培育文明乡风、良好家风、淳朴民风。

（五）打造宜居美丽首善之区。积极落实以宜居美丽首善之区为统揽的生态优先绿色发展战略实施方案，坚持城市规划建设“一张图”“一盘棋”，像绣花一样精细管理城市，像保护眼睛一样保护生态环境。

提升城市品质。严格临山、临河及城市主干道建筑退让标准，管控好城市天际线、水际线和建筑红线，让城市“显山露水”。着力构建城市新型生态格局，加快玉带河生态文化公园、黄金坡城市休闲公园建设，建成黄桷树广场、何家坡公园，融城市、河流、公园、湿地于一体，提升城市颜值和品质。打造“海棠香国”城市品牌，制定政府、社会、市场共同参与种植海棠办法。推进装配式建筑、绿色建筑试点，支持城市立体绿化改造。高标准开发黄金坡新区，规划高端教育医疗集群、城市商业综合体，建设一批高品质住宅小区，满足群众改善性住房需求。树立“经营城市”理念，优先完善生态、服务、配套功能，科学把握供地规模和节奏，合理确定商住比，提升城市整体价值。支持万灵古镇创建中国特色小镇。

提档城市管理。加快“智慧城市”建设，拓展数字化城市管理平台功能，提升城市管理智能化水平。深化“街长制”改革，加大权力下放力度，推进网格化管理、信息化服务。推广社区集体经济组织+物业管理模式，促进老旧小区、安置小区物业管理服务市场化。完善城市公交线路经营权竞争、退出等机制，实现城市公交规范化运营。科学布局城区农贸市场，完成水口寺蔬菜批发市场搬迁，建成投用邦德广场、仁和小区农贸市场，加强临时菜市场综合整治，新增一批农超市场，完善农副产品市场体系。全面升级改造、修缮城区公厕。加大生态停车位建设力度，引进城区智能化停车收费系统，实现城区临时停车收费全覆盖。推进城市交通畅通工程，增加交通智能设施，规范货运车辆通行路径。加强市容环境卫生管理，促进城乡环卫一体化。

完善基础设施。积极落实以骨干网络为支撑的基础设施建设提升战略实施方案，统筹推进交通网、水利网、环保网、信息网为重点的基础设施建设。启动成渝高速扩能永川至荣昌段前期工作，新开工“大内”高速荣昌段，加快推进“潼荣”高速荣昌段建设。实施“潼荣”高速正华互通连接线项目，升级改造S446盘龙至吴家段。启动G348峰高至安富（一期）、香国大道西延段、玉带路西段、代家坡路项目建设。继续推进濑溪河、荣峰河、玉带河堤防整治，完成玉滩水库至万福寺水库连通工程，启动黄桷滩—三奇寺—高升桥水库水系连通工程。建成投用生活污水处理厂污泥无害化处置项目、广富工业园污水处理厂，实施7个镇街污水处理厂技术改造。完成垃圾处理场渗滤液处理设施建设，改造城区雨污管网16公里。扎实推进“宽带中国”示范城市建设，城域出口带宽指标达到中西部地区领先水平。

保护生态环境。严守生态保护红线、永久基本农田、城镇开发边界三条控制线。成功创建国家森林城市，启动国家森林公园创建工作，全区森林面积达到59万亩，森林覆盖率提升到36%。加强高升桥水库等城镇集中式饮用水源地保护和管理。实施土地整理项目10个，新增耕地2700亩。强化矿产资源管理，严厉打击私挖滥采陶土资源，实施矿山生态修复工程。严格执行环境准入清单，完善生态环境监测网络。开展节约型机关、绿色家庭、绿色学校、绿色社区创建活动，推动形成简约适度、绿色低碳的生活方式。

（六）全力增进民生福祉。积极落实以需求为导向的保障和改善民生战略实施方案，紧扣人民最关心、最直接、最现实的利益问题，统筹17.1亿元，滚动实施十大民生工程。

实施科教兴区人才强区战略。积极落实以激发活力为目标的科教兴区和人才强区战略实施方案。实施“教育提升”工程，优化教育资源布局，启动“黄金坡优质学校集群”计划，积极引进优质教育资源来荣办学；推进教育培训中心建设，加快后西小学改建工程，支持大成中学扩建。启动第三期学前教育行动计划、高中阶段教育普及攻坚计划。深化教育综合改革，促进城乡学校一体化发展。推进职业教育校企融合、双向定制，提升就地就近就业率。加强师德师风建设，培养高素质教师队伍。实施科普惠农兴村计划，持续开展社区科普活动。实施“招才引智”工程，落实“百名高层次人才”引进计划，引进一批高水平管理、科技、金融人才，建设知识型、技能型、创新型劳动者大军。弘扬劳模精神和工匠精神，开展第二届“棠城工匠”评选。

推进“健康荣昌”建设。实施“医疗惠民”工程，认真落实《“健康荣昌”2030规划》。启动人民医院创“三甲”，实施中医院迁建工程，加快妇幼保健院迁建、残疾人康复中心建设。推动区内医院与市内外知名医院开展医联体建设。积极发展中医药事业，推进中韩荣昌项目在医药、健康领域开展合作。纵深推进医疗卫生体制改革，建立现代医院管理制度，探索建立基层全科医生培养机制，提升基层卫生机构服务能力。发展“智慧健康服务”“远程健康服务”等新业态，推进健康体检、数字化诊疗。鼓励社会资金进入养老、医疗等领域，支持棠城医院改扩建。积极创建国家卫生城区，力争通过市级评估验收。加强食品药品安全监管，争创国家食品安全示范城市。

推动文化体育事业发展。积极落实以素质提升为核心的精神文明建设战略实施方案，扎实推进全国文明城区创建工作，培育和践行社会主义核心价值观。开工建设区文化馆、图书馆、美术馆、规划展览馆、老干部活动中心、全民健身中心。抓好“一带一路”陶瓷博物馆、夏布传统工艺工作站建设，成功申报一批市级非遗名录，挖掘和传承荣昌文化，打造“非遗之城”。实施“精神文化惠民”工程，实现荣昌电视台自办节目高清播出。协同发展竞技体育和群众体育，全年承办全国、市级赛事10次以上，建设全国有影响力的体育基地，打造“运动之城”。

加强就业创业和社会保障。推进大众创业、万众创新，发放创业担保贷款6600万元，新增创业6100人。统筹规范各类培训，就业技能培训3000人，城镇新增就业1.2万人，城镇登记失业率控制在3.4%以内。推进社保扩面征缴，强化基金监管，提升基层社保服务能力。精细化管理农民工工资，推行专户制、实名制和代发制。统筹慈善救助、临时救助、司法救助、稻草援助，形成全方位、立体化社会救助体系。启动养老机构服务标准化建设试点。扎实做好退役军人安置工作。

（七）坚决打好“三项攻坚战”。坚持把握关键、突破重点，啃下“硬骨头”，完成“硬任务”，确保“三战三捷”，为实现高质量发展、决胜全面小康提供坚实保障。

坚决打好防范化解重大风险攻坚战。坚决防范化解金融风险、债务风险、社会风险。健全金融风险防控机制，加强不良贷款风险化解，妥善处置遗留问题。严厉打击违法违规金融活动，营造良好金融生态环境，防范区域性、系统性风险。完善“借、用、还”管控机制，优化债务结构，严禁镇街举债建设，确保政府性债务绿色可控。深化“平安荣昌”建设，完善社会治安信息化立体化防控体系，落实依法处置、舆论引导、社会面管控“三同步”工作机制。推进“雪亮工程”、三级综治中心、综治信息系统、基层派出所、公安战训基地、消防应急救援指挥中心建设。依法严厉打击各类违法犯罪活动。加强特殊人群服务管理。充分发挥综调室的核心作用，建立人民调解＋警官、法官、律师、商会、村官等多元参与的人民调解体系。深入推进阳光信访、责任信访、法治信访，扎实开展“化存量、控增量、防变量”专项行动。加强矛盾纠纷源头防控，建立信访维稳、政法、公安、综调、网信＋涉事单位的常态化协同处突机制。牢固树立安全生产“1＋0”理念，健全安全生产责任体系，建立安全生产社会化服务体系，推进企业安全生产标准化建设，坚决遏制较大及以上生产安全事故发生。

坚决打好精准脱贫攻坚战。坚持精准扶贫、精准脱贫，突出贫困户、五保户、低保户、困难残疾人等特定贫困群众，重点锁定715户1806名贫困人口目标，对照“两不愁三保障一达标”要求，全面落实“六个精准”“十个一”到户政策措施。把提高脱贫质量放在首位，严格落实脱贫攻坚“双组长”责任制，确保人员、责任、工作、效果“四个到位”。注重扶贫与扶志、扶智结合，建立脱贫退出正向激励机制、脱贫荣誉制度，激发脱贫内生动力。深化产业精准扶贫，发展壮大集体经济，为困难群众提供更多就业机会。推进健康扶贫工程，落实精准医疗救助政策，发挥低保兜底作用。筹资5200万元做好脱贫户子女教育资助、危旧房改造、饮水安全等重点工作。

坚决打好污染防治攻坚战。坚持全民共治、源头防治，深化环保五大行动。严格落实“河长制”，深化“一河一策”综合治理，坚决把修复濑溪河生态环境摆在压倒性位置，确保濑溪河、大清流河出境断面水质稳定达到Ⅲ类标准。打赢“蓝天保卫战”，严厉查处露天焚烧行为，严格限制烟花爆竹燃放，严控工业废气、餐饮油烟、烟熏腊肉、城市扬尘等污染，确保城区空气质量优良天数达258天以上。开展重点区域土壤污染治理修复，加强重金属污染防控，建成一般工业固废处理场。完成第二次全国污染源普查，健全重点污染源数据库。深化“利剑执法”“铁腕督查”等专项行动，加强与毗邻市区县联防联控联治，确保不发生较大及以上突发环境事件。健全生态文明建设考核问责机制，严格执行一票否决制。

（八）加强政府自身建设。深入推进“两学一做”学习教育常态化制度化，扎实开展“不忘初心、牢记使命”主题教育，扎实推进“三大主题年”活动，加快转变职能、提升效能，努力建设人民满意的服务型政府。

旗帜鲜明讲政治。增强“四个意识”，坚定“四个自信”，坚决维护习近平总书记的核心地位，坚决维护党中央权威和集中统一领导，自觉在思想上政治上行动上同以习近平同志为核心的党中央保持高度一致。坚决服从区委领导、认真贯彻区委部署、严格落实区委要求，确保政令畅通、步调一致。

坚持依法全面履职。深入贯彻全面依法治国要求，严格遵守宪法，尊崇法治、敬畏法律、依法行政，建设法治政府。坚持重大行政决策法定程序，提高依法科学民主决策水平。坚持行政负责人出庭应诉，加强行政复议工作。严格执行区人大及其常委会的决议、决定，认真办理人大代表议案建议和政协委员提案。依法接受人大法律监督和工作监督，主动接受政协民主监督，自觉接受监察监督、司法监督、舆论监督、社会监督和人民群众监督。

始终保持廉洁本色。坚定不移全面从严治党，严格落实中央八项规定实施细则精神。持续深化政府系统廉政建设，坚决纠正“四风”新表现。牢固树立“过紧日子”思想，严控“三公”经费支出。加强招投标事前事中事后监管，维护招投标市场公平秩序。推进审计全覆盖，建立针对公共项目审减率过高的问责机制。

勤勉尽责干事创业。坚持实字当头、干字为先，既要埋头苦干、又要真抓实干、更要创新巧干。大力弘扬“说了算、定了干、马上办”，倡导“今日事、今日毕”。实行政府工作项目化管理、日历化推进、节点化考核，以工作高效率推动工作高质量。强化督查问责，严肃整治庸政、懒政、怠政行为。健全激励机制，落实容错纠错机制，让实干者实惠、为担当者担当。大兴调查研究之风，完善学习调研制度。加强公务员队伍建设，增强“八项本领”，努力打造一支对党忠诚、敢于担当、主动作为、为民实干、清正廉洁的人民公仆队伍。

使命重在担当，实干铸就辉煌。让我们更加紧密地团结在以习近平同志为核心的党中央周围，以习近平新时代中国特色社会主义思想为指导，在市委、市政府和区委的坚强领导下，在区人大、区政协的监督支持下，在全区广大干部群众的共同努力下，不忘初心、牢记使命，砥砺前行、奋勇拼搏，为建设成渝城市群新兴战略支点、实现人民对美好生活的向往而努力奋斗！

大事记

1月

4日　万灵镇入选住房和城乡建设部公布的第四批美丽宜居小镇示范。

7日至10日　政协荣昌区第十五届委员会第一次会议召开。

8日至11日　荣昌区第十七届人民代表大会第一次会议召开。

9日　重庆市兴昌辉腾旅游产业发展有限公司和中华游股份有限公司在区政府七楼电视电话会议室签订合作协议。根据协议，中华游股份有限公司将派出5位陶艺大师到荣昌驻点创作、开展培训教学、开发新产品，助推荣昌陶产业转型升级。

13日　科技部农村司司长兰玉杰到荣昌考察创建国家级高新区情况。

18日　市国土房管局下发《重庆市国土房管局关于2016年度市级农村土地整治大项目立项的通知》，同意荣昌区清升镇市级农村土地整治大项目立项。该项目位于清升镇古佛山社区，实施规模约300公顷，预计市级投资5000万元。

23日　以“春满棠城”为主题的春节联欢晚会在区广播电视台演播大厅举行。

同日　《荣昌区“十三五”体育事业发展规划（2016—2020年）》出台。荣昌将打造成渝西川东地区体育高地，使荣昌群众体育活动事业领先渝西川东并跨入全国先进行列。

2月

1日　中国非物质文化遗产“荣昌夏布”设计作品参展在西澳大利亚州珀斯举行的“首届中国春节时尚庆典”。

5日　区政府出台《“十三五”科技发展和技术创新规划》（以下简称《规划》）。根据《规划》，到2020年，国家高新区建设取得重大进展，努力建成国家农牧科技创新高地、成渝城市群科技开放新城和重庆创新驱动发展示范区。

13日　荣昌区2017年村（社区）党组织书记专题培训班在区委党校开班。区委书记曹清尧为参训学员讲授题为《精准落实全面从严治党责任，为打造成渝城市群新兴战略支点提供坚强保障》的首堂课程。

同日　区政府办公室下发《2016—2020年最严格水资源管理制度实施方案》（以下简称《方案》。《方案》表示，到2020年，荣昌区将建立覆盖全区用水总量、用水效率和水功能区限制纳污控制的“三条红线”指标体系，全区用水总量控制在20100万立方米以内，万元工业增加值用水量控制在33立方米/万元以内，农田灌溉水有效利用系数提高到0.503，水功能区水质达标率达到85%。

15日　区政府下发《关于表彰“实体经济发展深化年”活动突出贡献奖单位的通报》，华森制药、昌元化工、洽洽食品、明珠塑料、鸿全兴业金属制品、凡雪服装司、凯歌电子、三大伟业制药、永恒玻陶工艺、方通动物药业、中国移动荣昌分公司、荣昌供电分公司、农信生猪交易、三惠餐饮文化、梅江园旅游开发集团15家企业各获得10万元的奖励。

同日　区政府出台《关于推动餐饮业转型升级打造特色美食名城的意见》（以下简称《意见》）。《意见》称，到2020年，全区餐饮业营业额突破60亿元；培育亿元级龙头企业1家、千万级龙头企业10家、跨区域连锁经营企业10家、特色美食街区3条。基本建成以美食文化为底蕴、美食街区为载体、名特美食为内涵，满足多元消费需求的特色美食名城。

17日　荣昌区国家森林城市规划编制汇报会在区行政中心召开。会议专题听取《荣昌区城市森林建设总体规划（2016—2025）》编制情况。

20日　荣昌成功引进首个农业植保无人机项目重庆乐禾无人机有限公司入驻高新区。

同日　荣昌区人民政府与中国农业大学信息与电气工程学院等签订合作协议，组建中国畜牧现代化研究院。

同日　2017年经济工作暨“实体经济振兴年”活动动员部署会在区委礼堂举行。

21日　市政府办公厅印发2017年重点项目名单，荣昌区16个重点项目被列入。其中，新开工类项目7个：G348（荣昌段）南迁建设项目、重庆云梦泽生物科技有限公司菊粉提取生产加工项目、中国（重庆）眼镜产业园项目、重庆佳利乐包装有限公司塑料木材纸箱泡沫包装生产项目、古昌弘道游乐园项目、医药健康产业园项目、模具产业园项目；续建类项目5个：苏州高新技术环保产业园基础设施建设项目、高新区基础设施建设项目、重庆华森制药GMP生产基地项目、万灵山旅游景区项目、重庆渝西国际商贸物流港项目；完工类项目4个：荣昌区承兴纸业有限公司包装生产项目、唯美集团陶瓷产业基地建设项目（一期）、格格乐食品（一期）、荣昌区农业示范区。

22日　重庆市规划局、地理信息中心推出《重庆油菜花观赏地图》。清流镇、盘龙镇上榜。

23日至25日　国家肉鸡产业技术体系2016年总结大会在荣昌举行。

24日　荣昌货运枢纽机场专题会在区行政中心举行。

25日　荣昌区第二届风筝文化艺术节在清流镇开幕。

27日　由河北波仔文化传播有限公司和重庆市荣昌区万灵影视文化传媒有限公司合资拍摄的现代情感喜剧电影《古镇情缘》，在安陶小镇举行开机仪式暨媒体见面会。

28日　荣昌与重庆银行在区行政中心签订“双创基金”战略合作框架协议，双方将通过合作组建城镇化基金和产业引导基金，以市场化方式开展股权投资和债权融资，促进区域经济发展和产业升级。

3月

1日　区委中心组举行“2017年经济形势分析”专题报告会，国家发改委《宏观经济管理》主编宋承敏作“2017经济形势分析”专题报告。

同日　中华预防医学会副会长孔灵芝带领国家调研专家组到荣昌调研健康信息化、电信普遍服务试点、慢病链式服务试点建设等工作。

1日起　荣昌将慢性乙型肝炎病毒（HBV）感染、肺移植术后抗排异治疗2类病种纳入职工医保和居民医保的特病管理。至此，职工医保特病病种增加到23种，居民医保特病病种增加到28种。

1日至6月30日　荣昌区天然水域禁渔。

2日　《重庆市荣昌区国家森林城市建设总体规划（2016—2025）》评审会召开。《规划》获得中国科学院、国家林业局、国家林业局城市林业研究中心、四川省林业科学研究院等专家组成的评审专家委员会一致通过。

3日　荣昌国家森林城市创建工作动员大会在区行政中心召开。荣昌正式启动国家森林城市创建工作，力争2018年创建成功。

5日　水利部规划计划司副司长张祥伟带领水利部督导检查组到荣昌督查“河长制”工作实施情况。

8日　重庆榆荣股权投资基金（简称“榆荣基金”）揭牌，标志着荣昌区首支产业引导基金正式成立。榆荣基金由重庆市兴荣控股集团与重庆股份转让中心控股子公司——重庆榆钱儿股权投资基金管理有限公司共同发起成立，是重庆股份转让中心首次与区县合作共设基金，首期规模为1亿元。将发挥政府引导基金的撬动效应，主要投向区重点发展的农业食品、生物医药、大环保等行业，以扩大企业直接融资渠道，优化中小微企业发展环境，促进区域经济转型升级。

10日　科技部高新司副司长曹国英带领科技部高新区创建评审专家组到荣昌指导荣昌国家高新区创建工作。

13日　美国亚利桑那州皮马社区学院副校长黎嘉道·卡斯特罗·萨拉查（Ricardo Castro-Salazar）一行到荣昌考察职业教育发展情况，并就在荣开设航空器维修、护理护工、家政养老等特色专业作深入交流。

14日　重庆华森制药股份有限公司获第六届重庆市市长质量管理奖提名奖。

15日　中国（重庆）眼镜产业园入选“重庆市特色产业示范基地和建设基地”13个特色产业建设基地之一。

16日　荣昌区政府与西南大学在北碚签署《关于共建西南大学荣昌校区战略合作协议》。根据协议内容，双方将共同支持荣昌校区建设成为国内知名的产学研紧密结合、培养具有创新精神和实践能力的高素质人才基地，牧渔业管理与技术创新的阵地和国家现代畜牧业示范区的重要支撑单位、服务牧渔业产业及区域经济社会发展高地。

19日至22日　“中国体育彩票杯”2017年重庆市青少年跆拳道锦标赛在区体育馆举行。来自全市各区县的35支代表队550余名运动员参加。

21日　重庆唯美陶瓷有限公司在荣昌高新区广富工业园举行投产仪式，一号主车间生产线正式投产运行。

29日　荣昌通过市卫计委关于消除疟疾工作检查评审，评定结果达到国家“消除疟疾标准”。

同日　“最美巴渝·感动重庆”月度人物发布会暨第三批重庆市岗位学雷锋示范点和标兵表彰仪式在区广播电视台演播大厅举行。区大学生村官杨媚因帮助乡亲脱贫致富的事迹上榜2月“最美巴渝·感动重庆”月度人物。

31日　农业部总农艺师、农村改革实验区办公室主任孙中华到荣昌调研现代农业发展情况。

4月

2日　以“万蝶飞舞‘樱’约而来”为主题的荣昌区第三届樱花文化节在万灵古镇清迈园·樱花岭开幕。

7日　由中国优质农产品开发服务协会、中华美食频道共同主办，中国畜牧业协会、新华社全媒体和《优质农产品》杂志协办，中国品牌农业网承办的“品牌猪肉盛典暨全国优质品牌猪肉争霸赛”在北京举行，重庆市荣牧科技有限公司的“荣牧”白猪获“食鲜猪肉奖”和“营养猪肉奖”两个奖项。

12日　《荣昌区街长制实施办法》出台。

14日　全区干部大会在区行政中心召开。市委组织部干部一处处长周永刚宣读市委决定，程晓阳不再担任区委副书记、常委、委员和区长职务，李中武任区委委员、常委、副书记，提名为区长候选人。

15日　古佛山第二届樱桃采摘节开幕式在清升镇古佛山举行。

16日　停靠荣昌北站的列车，成都东（内江北）——重庆北方向由7个车次增加到10个车次，重庆北——成都东（内江北）方向由8个车次增加到10个车次。

25日　荣昌首个城市社区集体经济组织——重庆香垣物业有限公司在昌元街道白象社区挂牌成立。该社区为荣昌首批14个扶持村级集体经济发展试点村社之一。

同日　由重庆籍作家熊明国撰写的长篇小说《铜鼓山剿匪记》在荣昌举行首发式。该部小说通过纪实的手法，讲述了1950年2月在荣昌铜鼓山发生的剿匪大战中，解放军同负隅顽抗的匪徒斗智斗勇的故事。

28日　荣昌“西城天街·舌尖道美食街”开街。美食街占地2.47公顷，总投资1亿元，其中美食街装修投资约2200万元。

4月　区政府与阿里巴巴集团成签订为期3年的农村电子商务合作协议。协议本着“政府推动、市场运作、合作共赢”的原则，共同打造荣昌区农村电子商务综合服务体系，完善物流配送；普及电商意识，培育电商人才，发展电商企业，促进区域农村电子商务发展；利用乙方资源优势，推进农产品上行，引入电商生态，建设智慧农村。

5月

5日　区首届旅游故事创作大赛颁奖仪式在区广播电视台三楼演播厅举行。

9日上午10时30分　市级重点项目中贵线（从宁夏中卫，经甘肃、陕西、四川、重庆，止于贵州贵阳）邮亭至荣昌天然气管道工程，在荣昌高新区板桥园正式打火动焊，标志着该管线正式进入铺设阶段。

11日至15日　荣昌夏布非遗文化园代表重庆市参加在深圳会展中心举行的第十三届中国（深圳）国际文化产业博览交易会，成功入围“中国传统工艺振兴百强榜”，并集结成业内首部《中国传统工艺振兴蓝皮书》。

26日　由《中国当代诗歌导读》编委会、国际诗歌翻译研究中心等单位主办，重庆大成教育集团承办的“易华仑书画作品展”在荣昌大成小学开幕，展出中国当代著名画家、书法家、诗人易华仑书画作品20余幅。

同日　中国当代诗歌奖（2015—2016）颁奖盛典暨“全国著名诗人作家看大成”采风活动在大成中学举行。

6月

2日　2017年渝西旅游经济带第一次区域协作会在荣昌召开。

5日至6日　新疆驻渝工作组党委书记、组长李伟到荣昌调研新疆籍务工经商人员服务管理工作。

8日　市人大常委会副主任沈金强率领市人大常委会执法检查组到荣昌检查贯彻实施《中华人民共和国著作权法》情况。

12日至13日　荣昌区第三届职业技能大赛在区青少年示范性综合实践基地体育馆举行。大赛设置陶瓷手工拉坯开片成型、陶瓷品装饰、陶瓷雕塑、陶瓷品点画花装饰4个竞赛项目，有176名从业者和爱好者参赛，其中32名选手获奖，4名选手获得“荣昌区技术能手”称号。

15日　荣昌区国家级非遗产品夏布、折扇、陶器等受邀参加在北京劳动人民文化宫（太庙）举行的2017北京奥林匹克博览会。

15日至16日　区第十七届人大二次会议在瑞尔酒

店举行，李中武当选为区长。

16日至18日　以“传承发展的生动实践”为主题的第二届重庆非物质文化遗产暨老字号博览会在渝中区大坪龙湖时代天街举行，荣昌区的重庆鸦屿陶瓷、钟鸣陶艺、福宝斋陶瓷、至乐陶艺、木措陶艺、加兴陶艺、壹秋堂夏布坊、腾达袜艺、倪牛角工艺品、黄二姐卤白鹅10家非遗企业参加。

17日　荣昌区与航天凯天环保科技股份有限公司在区行政中心四楼举行项目签约仪式，标志着渝西地区最大最现代化的报废汽车回收拆解及资源化利用项目正式落户荣昌。

18日　荣昌区“相约康宁·乡约美食”美食文化论坛在康宁广场营销中心举行。

21日　区首届大学生村官论坛之“我谈村级集体经济发展”在区行政中心举行，来自全区21个镇街的21位大学生村官、选调生、本土人才代表参加。

同日　“江·海·岛”县市区新闻传媒服务发展联盟成立大会在浙江省舟山市普陀区召开，荣昌区委外宣办当选副会长单位。

22日　市政协副主席、致公党市委主委张玲到荣昌调研致公党在荣工作开展情况。

同日　荣昌区文艺爱好者沈治鹏作品《夜宿扒昔加》获中国散文网、华夏博学国际文化交流中心主办的第四届中外诗歌散文邀请赛一等奖。

23日　西南大学党委书记舒立春到荣昌洽谈校地合作共建。

同日　中国（重庆）眼镜产业园——眼镜之都、“这款眼镜”APP传媒联合主办的“中国眼镜商业模式创新论坛”在荣昌举行，来自全国各地的60多家眼镜企业近100人参加论坛。

24日至25日　2017年中国第六届品牌农商发展大会在首都北京丽景湾国际酒店召开，“荣昌猪”被评为2017最受消费者喜爱的中国农产品区域公用品牌。

25日　重庆唯珍眼镜产业发展有限公司与天津职业大学签订战略合作框架协议书，并举办天津职业大学“西南培训中心”“应用技术研发中心（西南）”授牌仪式。

28日　广东省重庆荣昌商会在深圳市宝安区金至尊酒店举行成立大会，重庆荣盾保安公司深圳分公司董事长秦贤志当选首届广东荣昌商会会长。

30日　中央网信办主办的“共舞长江经济带——探访长江经济带区域协同生态发展之路”网络主题活动媒体采访团到荣昌参观访问国家级重庆（荣昌）生猪交易市场、重庆澳龙生物制品有限公司、荣昌天运麻艺纺织有限公司等。

6月　全国第一首传颂河长制的歌曲《房前屋后护水人》在荣昌录制完成。

7月

1日至2日　市委常委、常务副市长吴存荣调研荣昌区、大足区产业发展和城市建设。

5日　市人大常委会副主任、农工党重庆市委主委杜黎明到荣昌开展“主委接待日”活动，了解区农工党基层组织建设工作情况。

6日　副市长刘桂平到荣昌调研商贸物流、金融等工作。

19日至20日　农业部信息中心主任王小兵到荣昌调研信息化进村入户工程发展情况。

19日　重庆天鹰乐禾无人机有限公司在荣昌高新区正式投产，并将首台荣昌造农用“无人机”交付使用。该公司的投产运营，填补了西南地区农用无人机制造领域无知名品牌的空白。

21日　区委全面深化改革领导小组第十八次会议召开。会议研究审议《荣昌区提升教育发展水平的工作方案》《荣昌区提升医疗卫生服务能力的工作方案》《关于设立荣昌区区级公立医院管理委员会的方案》《荣昌区关于深化律师制度改革的实施方案》。

26日　荣昌革命烈士陵园列入《重庆国防教育基

地地图》。

28日 荣昌首家以专业品牌孵化为核心的创新型公司“重庆易维品牌营销策划有限公司”在古思特创客空间落户。

29日 渝西国际商贸物流港与驻巴基斯坦瓜达尔港的新疆宇飞国际渔业有限公司签订战略合作协议，双方就海产品加工、运输、中转、储藏、销售等领域开展合作。

同日 “探秘重庆特色小镇”入岛宣传专题片到万灵古镇拍摄。

31日 重庆华森制药股份有限公司生产的威地美（铝碳酸镁片）和痛泻宁颗粒，重庆澳龙生物制品有限公司生产的羊棘球蚴（包虫）病基因工程亚单位疫苗被市经济信息委认定为2016年度重庆市重大新产品。

8月

1日起 高铁荣昌北站停车场周边路段实行社会车辆、出租车分道通行措施，以规范该区域的交通秩序，保障车辆、人员通行安全。

2日 荣昌召开创建“国家食品安全示范城市”工作推进会。

3日 区黄金坡新区马鞍山路（黄金大道至玉带路段）工程开工建设。该道路为双向四车道，全长约387米，路幅宽26米，由江西中联建设集团有限公司中标，中标价907万元。

同日 新加坡国际企业发展局副司长符安琪到荣昌考察荣昌货运枢纽机场项目建设情况，洽谈构建中新项目合作平台、推动货运枢纽机场建设等事宜。

8日 荣昌名小吃——荣昌卤鹅公共品牌商标设计评审会召开。

9日 区政府表彰9名企业负责人和24户企业。其中，华森制药游洪涛获“杰出企业家”称号，昌元化工李守昌等8人获“优秀企业家”称号，三大伟业等3户企业获“成长型新兴企业”称号，明珠塑料等13户企业获“成长型企业”称号，广电网络公司荣昌分公司等4户企业获“通讯建设先进单位”，荣昌区供电分公司等4户企业获“要素保障奖”。

10日 区昌元街道人民调解委员会驻昌元派出所人民调解工作室成立，标志着荣昌首个驻公安派出所人民调解工作室正式诞生。

11日 国家发改委国际合作中心“一带一路”研究院院长秦玉才到荣昌调研货运机场项目建设、特色产业发展、荣昌融入“一带一路”国家发展战略进展情况。

15日 中国致公党重庆市荣昌区支部成立大会在区行政中心四楼举行。

同日 中央环保督察反馈意见整改工作专题督办会召开。

16日 荣昌全面推开公立医院综合改革启动会召开。

23日 区委全面深化改革领导小组第二十一次会议召开。会议传达学习市委改革办《关于深入学习贯彻习近平总书记关于全面深化改革重要讲话扎实抓好市委全面深化改革领导小组第十九次会议精神落实的通知》、市委市政府《关于推进防灾减灾体制机制改革的实施意见》，听取区委全面深化改革领导小组第十八次、十九次、二十次会议精神落实情况的汇报，以及区委全面深化改革领导小组各专项小组深化改革工作情况的汇报等。

同日 荣昌火车站职工徐前凯入选“重庆好人榜”之见义勇为好人。

24日 市水利学会2017年度“落实绿色发展理念、因地制宜全面推行河长制、推进水生态文明建设”专题研讨会在荣举行。

同日 新加坡盛裕集团国际总裁张永昌到荣昌考察货运枢纽机场项目建设、临空产业发展等。

25日 区首届农村致富人才创新创业大赛决赛在市畜牧科学院举行，安富街道通安村的《三产融合助力强村富民项目》、鹅制造公司的《荣昌白鹅全产业链项目》，分获集体经济组和私营经济组的一等奖。

26日　区首届惠民文化旅游消费季启动仪式在万灵古镇举行。“消费季”将持续到2018年2月，历时7个月。共设计有中国（荣昌）国际艺术摄影大赛、七夕河灯旅游文化活动、中国铁人三项联赛、全国武术套路冠军赛、荣昌卤鹅美食文化节等18项分项活动。

29日　荣昌“三惠卤鹅”入驻重庆机场T3航站楼3楼候机厅和4楼出发厅。

31日　区委全面深化改革领导小组第二十二次会议召开。会议传达学习习近平总书记对群团改革工作的重要指示精神、中央全面深化改革领导小组第三十八次会议精神，研究审议《荣昌区区属国有企业整合重组及分类改革总体方案》等。

同日　区政府与新华社中国经济信息社签订战略合作协议，合作开发“新华（荣昌）生猪价格指数”项目。

9月

1日起　荣昌区下调非居民用气价格，全区工业用气价格从2.09元/立方米下调为1.98元/立方米，商业用气由2.65元/立方米下调为2.52元/立方米。

2日　德国慕尼黑膝髋关节研究所副教授、运动学、骨关节专家阿尔敏凯西米到区人民医院进行交流访问。

4日　首场《荣昌区提升教育发展水平实施方案》解读暨2017年教师节先进事迹宣讲报告会在荣昌中学举行。

5日　重庆华森制药股份有限公司通过中国证监会第136次发审会，获准在深交所中小板发行上市，成为荣昌区首家、重庆市第50家主板上市企业。

6日　重庆方通动物药业有限公司、重庆布尔动物药业有限公司入选2017年技术创新示范企业。

7日　荣昌卤鹅行业协会成立。

同日　中国美术家协会会员、军旅画家胡智林夏布画《万灵古镇图》在宣传文化中心展出。该图宽1米、长4米，画上老街、石滩、石桥、水车交相辉映。

9日　“农业品牌与农业供给侧改革荣昌实践论坛”在北京举办。

同日　荣昌“香海棠”区域公共品牌发布暨优质农产品上行供应链签约会在北京人民大会堂重庆厅举行。启动以荣昌猪肉、荣昌麻竹笋、荣昌卤鹅等为核心的全品类、全产业、全品种的农产品区域公共品牌。

同日　2017年中国铁人三项联赛重庆荣昌站比赛在万灵镇开幕，30个组别400名运动员参赛。

同日　荣昌区全面推开公立医院综合改革。区内所有公立医院全部取消药品加成（中药饮片除外）并执行439项新的医疗服务项目价格。

12日　工信部、财政部、中国电信、中国移动、中国联通相关负责人组成检查组到荣昌区清流镇马草村检查验收重庆市第一批电信普遍服务试点项目建设及运行情况。

14日至17日　第六届重庆文博会在重庆国际博览中心举行，国家级非物质文化遗产荣昌夏布、荣昌陶在博览会上成交20余万元。

16日　以“龙眼承百年　文化游清江”为主题的2017年荣昌第二届桂圆旅游文化节在清江镇河中岛开幕。

19日至22日　2017年全国武术套路冠军赛在荣昌体育馆举行，来自全国46支代表队733名选手参加3大类37个传统竞赛项目的比赛。比赛共产生70枚金牌、70枚铜牌、70枚银牌。

23日至24日　荣昌籍柔道选手肖芸代表重庆市柔道队参加在台北体育馆举行的2017东亚青年暨青少年柔道公开赛上获得金牌，这是重庆市柔道队获得的唯一一枚金牌。该公开赛有中国、日本、韩国三个国家和中国香港、澳门、台湾地区共11支代表队181名运动员参赛。

26日　区交巡警启动摩托车交通安全违法行为专项整治活动。

27日至29日　全国道馆俱乐部柔道锦标赛在荣昌

开赛，来自全国各省市的41支代表队300余名运动员参赛。

28日至29日　2017年重庆市渝西片区教师技能大赛决赛在铜梁区举行，荣昌区玉屏实验小学教师陈逾获小学综合一等奖、书法单项一等奖，被重庆市总工会授予“重庆五一劳动奖章”。

30日至10月2日　首届荣昌卤鹅美食文化节在万灵古镇举行。

10月

10日　荣昌区区域（远程）诊断平台建设暨营运合作协议签约仪式在区人民医院举行，标志着荣昌区区域（远程）诊断平台正式启动。

13日　荣昌区国家级非物质文化遗产——荣昌折扇、荣昌陶器、荣昌夏布参展在武汉国际会展中心举行的第二届长江非物质文化遗产展。

14日　区2017年“国培计划”中西部及幼师国培项目送教下乡培训启动，全区国培基地校的校长、各学科辅导教师和各乡镇的小学语文、小学数学、小学英语和学前教育的300名教师参加培训。

20日　重庆华森制药股份有限公司在深圳交易所中小板挂牌上市。

21日　在江西景德镇举行的2017年中国技能大赛——“高岭杯”第三届全国陶瓷职业技能竞赛总决赛暨全国职业院校陶瓷专业学生技能竞赛上，荣昌选手李加兴获中国陶瓷工业协会、中国财贸轻纺烟草工会授予的“全国陶瓷行业技术能手”称号。

21日至22日　畜牧业绿色发展中国行活动（第三站）暨第四期全国畜禽养殖废弃物资源化利用培训班在荣昌举办。重庆日泉农牧有限公司等17家企业被授予“畜禽养殖废弃物资源化利用种养结合示范基地”、云南省家畜改良工作站等8个省级畜牧站被授予“畜禽养殖废弃物资源化利用技术推广示范站”。

23日　“彭年光明行动”重庆健康扶贫项目启动仪式在区人民医院举行。

24日　2017动物环境与福利化养殖国际研讨会开幕式在市畜科院学术报告厅举行，来自全球16个国家、300余名专家、学者及企业负责人参加。

同日　中国艺术摄影学会摄影基地授牌仪式暨2017荣昌艺术摄影作品展启动仪式在区行政中心四楼举行。

10月　区旅游产业运行监测及应急指挥平台试运行。

11月

1日　荣昌首个车用L-CNG加气站投入试运行。该项目将为汽车提供低碳排放、绿色环保的清洁能源，保障LNG（液化天然气）、CNG（压缩天然气）车辆加注，改善荣昌城市交通燃料结构、降低环境压力。

2日至3日　以“合作共赢 开放共享——构建成渝城市群区域协调发展新格局”为主题的渝西川东经济社会发展协作会在荣昌召开。四川省泸州市、内江市、遂宁市、资阳市、安岳县、东兴区、隆昌县、泸县，重庆市荣昌区、大足区、铜梁区、潼南区、永川区13个市区县参会。会议签署《渝西川东经济社会发展协作会框架协议》等79项涉及交通、文化、旅游等行业或领域的双边、多边协作协议。

3日　“荣耀中国草·昌盛巴渝根”荣昌夏布创意作品发布会在北京举行。

6日　北欧致公协会代表团到荣昌考察生物医药健康产业发展。

同日　湖南省浏阳市政协副主席廖伟平、谢鹤林一行到荣昌考察夏布产业发展情况。

7日　在云南省临沧市举行的第五届亚洲微电影艺术节“金海棠”奖颁奖典礼上，荣昌区拍摄的微电影《无悔的青春》获“金海棠”奖。

8日至11日　在四川省峨眉山市举行的第七届世

界传统武术锦标赛上，荣昌区选手获得1枚金牌、1枚银牌、7枚铜牌，并获集体项目三等奖。

9日至12日　在苏州国际博览中心举办的首届全国“互联网+”现代农业新技术和新农民创新创业博览会上，国家级重庆（荣昌）生猪交易获得2017年度全国农业农村信息化示范基地和农业农村大数据实践案例，荣昌通安益农信息社、新民益农信息社、舌之恋果蔬股份合作社益农信息社入选全国益农信息社百佳案例。

11日　以“绿水青山间 乐跑古佛山”为主题的2017古佛山迷你马拉松赛在古佛山生态休闲旅游区开幕，来自市内外跑团、马拉松专业选手及跑步爱好者1100人参加。

14日　2017年本土人才市级示范培训班在荣昌开班，来自万州、梁平、城口、丰都等8个区县的100名优秀本土人才参加培训。

15日　在重庆最美小镇网络海选活动中，万灵镇获重庆十大最美小镇称号，清升镇获重庆最美养生小镇称号。

16日至17日　区中医院通过二级甲等中医院复评。

17日　荣昌举行宣讲党的十九大精神暨传达市委五届三次全会精神干部大会，区委书记曹清尧作学习贯彻党的十九大精神和市委五届三次全会精神专题宣讲报告，并为“六进”（进企业、农村、机关、校园、社区、军营）宣讲队授旗。

同日　在北京召开的全国精神文明建设表彰大会上，万灵镇沙堡村获中央文明委表彰的第五届全国文明村镇称号、区地方税务局获第五届全国文明单位称号。

18日至21日　2017年全国女子自由式摔跤冠军赛在区体育馆举行，来自北京、河北、山西、内蒙古等36支队伍215名运动员参赛。

19日　荣昌区《计工分，强考核——重庆市荣昌区量化管理村医公共卫生服务》入选《中国慢性病防治最佳实践特色案例》一书，成为最佳实践特色案例之一。

24日　“贯彻十九大 踏上新征程”文艺小分队首场宣讲活动在昌元街道正式启动。

30日　《荣昌区陶瓷土资源保护利用管理办法（试行）》出台。《办法》规定，开采陶瓷土资源必须拥有许可证，陶瓷土实行每年限量开采，陶粒用黏土、陶粒页岩、陶瓷用砂岩限定开采量。

12月

1日　中贵线邮亭至荣昌输气管通气运行。

2日　荣昌区第三届“皓沧杯”冬泳邀请赛在清流镇举行。

5日　区司法局与区法院共同打造的“互联网+人民调解·司法确认”平台正式上线，这是全市首个在线司法确认平台。

13日　重庆农商行荣昌支行科技支行现场授牌仪式举行，这是荣昌设立的首家科技支行。

14日　重庆大成教育集团与新加坡三和集团在荣昌举行合作办学项目协议签订仪式，标志着荣昌区首个国际联合办学项目正式落地。

15日　荣昌区夏布行业协会成立。

16日　在北京举行的“2017第十二届中国全面小康论坛”上，荣昌区“农村便民道户户通——农民出行第一个100米”工程获“2017年度中国十大民生决策”奖，成为本届论坛中重庆市唯一获此荣誉的区（县）。

17日　2017年荣昌区武术套路、散打（综合）锦标赛在区体育馆开赛。

18日　国家卫生计生委办公厅下发《关于公布2016—2017年度国家慢性病综合防控示范区建设评估和复审结果的通知》，荣昌被确定为第四批国家慢性病综合防控示范区。

19日　荣昌申报的国家生猪大数据中心建设方案专家论证会在北京召开并通过专家论证。

同日　重庆市政府办公厅出台《关于大力发展装配式建筑的实施意见》（以下简称《意见》）。《意见》确定从2018年3月1日起，主城各区及涪陵区、永川区、南川区、綦江区、荣昌区为大力发展装配式混凝土结构、钢结构及现代木结构建筑的重点发展区域。

同日　昌元街道海棠社区人民调解委员会吕继泽调解工作室设立，标志着荣昌区首家以调解员个人名字命名的调解工作室正式成立。

25日　荣昌区铜鼓核桃山核桃专业合作社、重庆市渝西奶牛专业合作社和直升镇升发渔业股份合作社入选2017年重庆市农民合作社市级示范社名单。

27日　中国麻纺织行业协会会长董春兴到荣昌调研夏布产业。

同日　“新华（荣昌）生猪价格指数”正式上线。该指数由中国经济信息社与荣昌联合编制发布，旨在监测国家生猪市场运行状况，为产业提供价值参考。

28日　2017年度重庆市区县优秀规划设计及实施项目评选结果公布，黄桷树广场获规划设计类一等奖、安富陶宝古街获规划实施类一等奖。

30日　首届荣昌陶文化艺术节暨安陶小镇开街活动在安富街道举行。

同日　荣昌区农村产业融合发展示范园入选国家发展改革委、农业部、工业和信息化部、财政部、国土资源部、商务部和国家旅游局七部门联合公布的首批国家农村产业融合发展示范园创建名单。　（曹文辉　肖富荣）

荣昌概况

地情概要

【地理位置】 荣昌区位于重庆市西部。区域介于北纬29°15'~29°41'，东经105°17'~105°44'之间，全境南北长约44.2公里，东西宽约39.1公里。辖区面积1079.01平方公里。东邻重庆市大足区、永川区，西接四川省内江市隆昌县，南邻四川省泸州市泸县，北与四川省资阳市安岳县、内江市东兴区接壤。距重庆市主城区94公里，距四川省成都市区246公里。

（曹文辉）

【历史沿革】 唐乾元元年（758年），朝廷批准划出泸州、普州、渝州、合州、荣州、资州六州部分辖地，设置昌州，同时分置昌元、大足、静南3县。昌元县的设置，是今荣昌地域正式建县的开始。建县以来曾两度废置，直到大历十年（775年）五月，方复置昌州及昌元等县。到元朝世祖至元二十年（1283年），朝廷又撤销昌州，昌元县并入大足，稍后又随大足撤县并入合州铜梁县。元至正二十三年（1363年），明玉珍在重庆称帝，建国号为大夏，改元天统，在原昌元县部分地新置昌宁县。明洪武六年（1373年）十二月，朱元璋在原昌元县大部地区改置荣昌县，为重庆府领属的3州17 县之一。洪武七年（1374年），省昌宁县并入荣昌县。清朝建立统治以后，仍设置荣昌县，为四川承宣布政使司重庆府的辖县。民国时期，荣昌县先后隶属于川东道（后改东川道）、省长公署、四川省第三行政督察区。中华人民共和国时期，荣昌县先后隶属于四川省璧山专署、川东行署璧山专区（后改江津专区）。1952年9月，恢复四川省的建制后，荣昌县隶属四川省江津专区（后改江津地区）。1981年7月，江津地区更名永川地区， 荣昌县隶属未变，为地区8个辖县之一。1983年4月，撤销永川地区，所辖8县全部划入重庆市，荣昌县为重庆市属 9区12县的郊县之一。1997年3月14日，荣昌县成为重庆直辖市的西部辖县。2015年4月28日，国务院正式批复荣昌“撤县设区”，5月14日，中共重庆市委、重庆市人民政府撤销荣昌县，设立重庆市荣昌区，6月18日，重庆市荣昌区正式挂牌。1257年置县历史结束。

（曹文辉）

【气候】 2017年，荣昌区气温略偏高，降水略偏少，日照偏多。汛期晴热高温天气明显。冬季气温偏高，强冷空气影响少；春季前期阴雨明显，无倒春寒，无春旱；大雨开始期较历年显著推迟；区域性暴雨次数较历年偏少，高温强度较大，35℃以上高温日数较常年偏多；入秋时间正常，无秋季高温，秋季中期出现明显的连阴雨天气过程。影响荣昌的主要气象灾害有连阴雨、强降温、暴雨、晴热高温、干旱、雷电，大风等。

气温　全年平均气温18.4℃，比常年偏高0.8℃，年内各季平均气温均较历年同期偏高，各月平均气温有明显波动，除10月平均气温略偏低以外，其余各月平均气温均偏高，其中1月、7月、8月平均气温显著偏高2℃以上，4月平均气温偏高1.0℃以上，2月、9月、11月平均气温偏高0.5℃以上，3月、5月、6月、10月、12月平均气温接近常年。极端最高气温为40.8℃（7月28日），较历年极端最高气温偏低1.2℃，极端最低气温为1.5℃（12月20日），较历年最低气温偏高3.3℃。

降水　全年降雨量873.4毫米，比历年偏少18%，全年降雨日数152天，较历年同期偏少43天；10月累计降雨量显著偏多，其余各月累计降雨量均偏少，5月显著偏少50%以上，秋季连阴雨天气明显，汛期内干旱明显，7月中旬中期开始出现了严重伏旱天气。全区共出现暴雨16个站次，大暴雨3个站次，年内一日最大降雨量为56.0毫米（8月25日），最长连续降雨日数为9天（10月7至17日），过程降雨量为55.7毫米。

日照　全年日照时数1111.6小时，比历年偏多13%。3月、6月、9月、10月日照偏少，其余各月日照时数偏多；特别是4月、5月、7月、8月日照显著偏多。

气象灾害　暴雨：暴雨开始期较历年推迟，暴雨强度较弱，暴雨次数较历年偏少1.8次。全区有22个区域站，共出现暴雨16站次，大暴雨3站次；南部镇街暴雨站次多于北部镇街暴雨站次，主要出现“7·05”“7·14”“8·8”区域性暴雨3场。强降温：全年出现1次强降温天气过程，2月19日至2月23日，过程降温8.1℃。连阴雨：连阴雨较历年略偏重，全年出现10月3日至15日重度连阴雨1段，3月9日至15日，8月31日至9月5日，11月15日至23日一般性连阴雨3段。干旱：全年无春旱、夏旱和冬旱。伏旱从7月中旬中期开始，持续高温少雨，直至8月下旬，伏旱天数39天，达到重度伏旱标准。晴热高温：高温开始时间提前，高温日数为有气象记录以来第三多年。共出现7月10日至11日、7月15日至18日、7月21日至8月7日、8月14至23日、8月26至28日区域高温天气过程5段。全年日极端最高气温≥35℃的高温日数39天，较历年同期偏多23.5天，其中≥37℃的高温日数22天，较历年同期偏多18.1天，为当地有气象记录以来第三多年，≥40℃的高温日数1天，接近历年同期值，高温过程持续时间达39天，综合强度达特重等级，是近五年来的最强高温过程。秋季阴雨：华西秋雨开始早，结束晚。华西秋雨开始于8月29日，开始期较常年（9月7日）偏早10天；结束于11月22日，结束期较常年（11月14日）偏晚8天。华西秋雨维持时长86天，强度偏强，为2000年以来第三位，仅次于2014年和2004年。雾：全年出现大雾42次。12月出现14次，1月、10月、11月为次多都是6次，6月3次，2月、3月、4月各2次，5月1次，7月、8月、9月没有出现大雾。大风：全年出现大风1次，出现时间5月3日，瞬时风速18.8米每秒。　（李家川）

【环境质量】　大气环境质量　2017年，荣昌城区环境空气中二氧化硫、二氧化氮、可吸入颗粒物、细颗粒物年均浓度分别为17微克/立方米、23微克/立方米、76微克/立方米、60微克/立方米。与上年相比，二氧化硫、二氧化氮、可吸入颗粒物年均浓度变化不大。全年共报出空气质量日报365期，其中优良天数254天，优良天数占全年天数比例为69.6%。全年城区环境空气月平均降尘量4.146吨/平方公里，与上年基本持平，月平均降尘量达到全市参考标准。全年降水酸雨频率下降，全年降水pH值范围为4.14～7.58，均值为5.47，酸雨频率为19.4%。与上年相比，降水pH升高0.32，酸雨频率下降19.2%，改善明显。

水环境质量　荣昌河流地表水、高升桥水库及镇街水源地取水点水环境质量评价统计采用《地表水环境质量标准》（GB 3838－2002）Ⅲ类水标准进行。河流地表水：2017年濑溪河荣昌段出境断面高洞电站的水质达标率为54.5%，综合污染指数为1.464；清流河入境断面李家碥水质达标率为91.7%，出境断面大埂水质达标率为100%，综合污染指数为1.49；渔箭河出境断面长岭水质达标率为16.7%，综合污染指数为4.179；马鞍河出境断面天皇水质达标率为33.3%，综合污染指数为4.067。河流水首要污染物为高锰酸盐指数、化学需氧量、总磷等生化指标，表明地表水污染仍以生活源污染为主。集中式饮用水源：2017年高升桥水库取水点水质达标率为100%；7月濑溪河沙堡取水点断面调整为在用地表水型饮用水源地，水质达标率为100%，水质稳定达国家Ⅲ类水质标准。镇街饮用水源：2017年镇街饮用水源取水点水质达标率均值为93.5%。

声环境质量 2017年，荣昌城区区域环境噪声昼间平均等效声级为52.2分贝，达到国家二类区环境噪声标准，网格达标率为100%，声源构成仍以社会生活噪声为主。2017年城区道路交通噪声平均等效声级为62.7分贝，与上年相比上升1.5分贝，交通干线道路交通噪声全线达标。2017年城区功能区昼间等效声级为52.4分贝，夜间等效声级为41.2分贝，均达到相应功能区标准。（唐 韬）

【自然资源】 *土地资源* 荣昌区地质构造和地貌类型简单，区内地势起伏变化不大，除螺罐山、古佛山外，整个地势北高南低，由东北向西南倾斜。按构造分区，西北部属川中平缓褶皱区，中部和南部为川东条形折皱区永川帚状褶皱带。以低丘宽谷地貌面积最大，占辖区面积的40.6%。区内有水稻土、紫色土、冲积土、黄壤土4个土类。其中水稻土占耕地面积的52.4%，紫色土面积占耕地面积45.7%，黄壤土占耕地面积的1.4%，冲积土占耕地面积的0.5%。

矿产资源 荣昌区发现的矿产资源有10多种，主要是煤炭、天然气、页岩气、陶土、页岩、石灰岩、建材砂岩、黏土（陶粒用、砖瓦用）和矿泉水等。已开发利用的矿产主要有煤炭、天然气、陶土、石灰岩和建筑砂岩。煤炭主要分布于华蓥山帚状结构带上，可采煤层主要为须家河组第三段和第五段，煤层可采总厚0.87米~1.89米，全区探明资源储量16689万吨，已开发煤矿2个，涉及生产能力42万吨/年。石灰岩矿体呈似层状，矿石呈致密块状，以方解石为主，含生物碎屑，总储量1300万吨，已开发石灰岩矿山10个，年生产能力136万吨。黏土主要为陶瓷黏土，是荣昌区的优势矿种之一，储量丰富，探明地质储量为3亿吨，可作日用陶、工艺美术陶等原料，也可用作高档优质建筑陶瓷产品的原料，新建陶瓷土矿山5个，年生产能力40万吨。建筑用砂岩荣昌区境内分布广，资源量丰富，总储量438万吨，地方开采利用广泛，年产量36万吨以上，主要用于建筑材料。天然气产于二叠系、三叠系，分布于河包场地区。探明地质储量222.37亿立方米，河包场气场日产气达15万~30万立方米。

野生动（植）物资源 全区野生动物资源有兽类5目8科9种，鸟类9目14科17种，两栖爬行类8种，其中国家保护的野生动物有灰鹤、岩鹰、鹞鹰、长脚秧鸡4种。野生植物资源有木本植物76科177属344种，珍稀濒危树18种，其中Ⅰ级5种、Ⅱ级10种、Ⅲ级3种。国家一级珍稀濒危树有苏铁、银杏、珙桐、红豆杉、水杉5种，国家二级珍稀濒危树有福建柏、香樟、鹅掌楸、桢楠、厚朴、水青树、喜树、黑桫椤、杜仲、秃杉10种，国家三级珍稀濒危树有任豆、核桃、龙眼3种。珍贵乡土树种有四川蒲桃、马林光等。

（蓝天华 印泾经 赵 洋）

【行政区划】 2017年，区人民政府驻地昌元街道迎宾大道26号，辖6个街道，15个镇，75个社区、92个村。年内，荣昌区的行政区划无调整。

（李长江）

2017年荣昌区行政区划一览表

表1

镇街名称	面积	总户数	总人口	城镇人口	村委会		社区居委会		备注
					村	组	社区	组	
	平方千米	（户）	（人）	（人）	（个）	（个）	（个）	（个）	
昌元街道	59.87	47074	123880	112162	2	22	8	99	含矿属社区1个
昌州街道	68.17	40734	88493	61499	4	41	6	62	

续表1

镇街名称	面积	总户数	总人口	城镇人口	村委会		社区居委会		备注
					村	组	社区	组	
	平方千米	（户）	（人）	（人）	（个）	（个）	（个）	（个）	
广顺街道	39.16	19611	49931	28839	6	66	8	31	含矿属社区5个
峰高街道	61.14	14105	40830	12627	8	53	3	23	
安富街道	54.30	18645	49931	28787	6	52	9	37	含矿属社区4个
双河街道	87.10	21782	57560	33032	1	10	14	88	含矿属社区6个
直升镇	29.82	6369	16850	2982	4	30	1	6	含城镇和农村居民混合社区1个
万灵镇	24.97	5831	16613	3784	3	24	1	7	含城镇和农村居民混合社区1个
清江镇	17.79	4947	14659	3913	3	26	1	11	含城镇和农村居民混合社区1个
仁义镇	85.38	18290	54312	24027	5	49	4	43	
河包镇	68.30	13737	42817	12864	3	38	3	35	含城镇和农村居民混合社区1个
古昌镇	35.37	8532	23842	12534	5	37	1	2	
吴家镇	81.51	16932	48332	23650	5	56	3	34	
观胜镇	42.52	7291	19714	3732	3	35	2	23	含城镇和农村居民混合社区1个
铜鼓镇	38.77	5857	16764	4077	3	25	1	8	含城镇和农村居民混合社区1个
清流镇	26.14	5016	15246	7770	3	27	1	8	含城镇和农村居民混合社区1个
盘龙镇	118.00	24475	77272	17462	12	128	4	47	含城镇和农村居民混合社区1个
远觉镇	27.10	5211	14289	2405	4	32	1	5	含城镇和农村居民混合社区1个
清升镇	27.91	6638	19717	3915	2	19	2	20	含城镇和农村居民混合社区1个
荣隆镇	64.22	14548	41647	14717	7	64	2	19	
龙集镇	21.47	5248	16863	4592	3	22	1	8	含城镇和农村居民混合社区1个
合计	1079.01	310873	849562	419370	92	849	75	609	含矿属社区16个

说明：国土面积由区国土房管局提供，户数、人口数据由区公安局提供

人文风情

【人口】 年末，全区户籍总户数310873户，比上年减少865户，下降0.3%；户籍总人口849562人，比上年减少1053人。其中城镇人口398937人，占总人口的47.0%；乡村人口450625人，占总人口的53.0%；分性别看，男性人口433368万人，占51.0%，女性人口416194万人，占49.0%，人口性别比（以女性为1，男性对女性的比例）为1.04。全年出生人口11685人（入户数），其中男5915人，女5770人，出生人口性别比为1.03，出生率为13.7‰，比上年同期提高0.3个千分点；死亡人口10356人，死亡率为12.2‰，比上年同期提高6.2个千分点；自然增长率为1.6‰。从年龄结构看，0~17岁人口150986人，占17.8%；18~34岁人口191008人，占22.5%；35~59岁人口327758万人，占38.6%；60岁及以上人口179810人，占21.2%。2017年全区常住人口71.00万人，比上年增加0.57万人；其中城镇人口38.92万人，增加1.64万人；农村人口32.08万人，比上年减少1.07万人；城镇化率

54.82%，比上年提高1.89个百分点。

【民族】 第六次全国人口普查数据显示，荣昌区常住人口中有38个民族的人口，另外有1个未识别民族。除汉族外，有蒙古族、回族、藏族、维吾尔族、苗族、彝族、壮族、布依族、朝鲜族、满族、侗族、瑶族、白族、土家族、哈尼族、傣族、黎族、傈僳族、佤族、拉祜族、水族、纳西族、土族、羌族、仡佬族、布朗族、德昂族、京族、景颇族、黎族、毛南族、仫佬族、怒族、普米族、畲族、锡伯族、基诺族37个少数民族，未识别民族是川青人。荣昌区少数民族的人口共1903人，人口在100人以上的少数民族有4个，其中回族人口610人，为最多，占少数民族总人数的32.1%，主要分布在盘龙镇和清流镇；土家族284人，占少数民族总人数14.9%，主要分布在昌元街道；彝族199人，占少数民族总人数10.5%，主要分布在昌元街道；苗族197人，占少数民族总人数10.4%，主要分布在昌元街道。在少数民族中，10人以上100人以下的民族有：布依族90人、壮族74人、白族51人、傣族46人、哈尼族43人、藏族42人、佤族37人、满族36人、侗族33人、仡佬族20人、纳西族17人、羌族15人、瑶族15人、蒙古族14人、傈僳族12人、拉祜族10人；10人以下的民族有黎族、土族、畲族、朝鲜族、景颇族、毛南族、怒族、水族、布朗族、京族、仫佬族、维吾尔族、德昂族、普米族、锡伯族、基诺族等17个民族和其他未识别民族，锡伯族、普米族、德昂族、基诺族这4个少数民族人数最少。 （蒙淑文）

【宗教】 荣昌有佛教、伊斯兰教、天主教、基督教四大宗教，设有佛教协会、天主教爱国会、基督教三自爱国运动委员会宗教团体3个。经批准开放的宗教活动场所10处，其中佛教6处、伊斯兰教1处、天主教2处、基督教1处。

佛教 荣昌佛教活动始于742年至755年（唐大宝年间），在宋、明、清各时期，境内佛教活动均极其兴盛，民国时期逐渐衰落。“文化大革命”期间，佛教活动停止，中共十一届三中全会后，贯彻“宗教信仰自由”的政策，境内佛教才正式恢复活动。2017年年底，全区开放佛教寺庙主要有法云寺、云峰寺、龙兴寺、灵泉寺、经山寺、白马寺。

伊斯兰教 清初，有海姓教徒从湖北麻城县迁来荣昌落户清流镇（原清流乡）。1896年，以阿訇海安治为首，在原清流乡今清流社区建清真寺1所。2014年，为解决和满足穆斯林群众过宗教生活需求，经各方建言，投入资金128余万元，在清流镇清流社区1组新建清真寺1所，占地面积2870平方米，建筑面积1200平方米。2017年，全区以回族为主的穆斯林群众1000余人。

天主教 1769年前，荣昌就有艾司铎等天主教徒的活动。荣昌现有天主堂、真原堂2处开放宗教活动场所。昌元街道天主堂始建于1913年，1915年竣工，以若望主保为本堂，是一座典型的欧式教堂，具有西方哥特式建筑特征，也是重庆和西南地区保存最完好的天主教堂；河包真原堂始建于1903年，1905年竣工，是重庆市唯一一座砖木结构，西南地区少有的西方罗马式双钟楼建筑琼楼教堂。两处教堂系市级文物保护单位。2017年，全区有天主教信众5000余人。

基督教 1899年，美籍传教士到荣昌传教。1910年，成立荣昌基督教。中华人民共和国成立前，荣昌基督教分昌元、安富、吴家、盘龙4个牧区，有牧师4人，各牧区创办教会学校11所。2017年，全区有基督教活动场所1处，信众1000余人。 （张 凡）

【旅游资源】 荣昌是“湖广填四川”的重要聚集地，历史源远流长，文化厚重古朴，旅游资源丰富，潜力巨大。拥有万灵古镇、安陶小镇、清流镇等旅游名镇和移民文化资源，拥有佛教、天主教、伊斯兰教等宗教文化资源，拥有卤白鹅、铺盖面、黄凉粉、羊肉汤等“中国名菜”“中华名小吃”“重庆名特小吃”风味美食资源，充分满足游客吃住行游购娱需求。2017年，荣昌区有A级景区4处，其中AAAA级景区1处，AAA级景区3处，全国休闲农业与乡村旅游示范点1个，全国美丽乡村创建示范点1个。

万灵古镇 万灵古镇作为荣昌区以丰厚的历史文化底蕴和旖旎的水乡风光而闻名的名胜区，位于荣昌区东部，距城区13公里，距世界文化遗产大足石刻38公里。古镇依山傍水，层层叠叠、错落有致,既有山城风貌,又含水乡韵味。是“两湖”“两广”填四川集散地，为全国特色景观旅游名镇、中国历史文化名镇、国家AAAA级旅游景区。年内，首个旅游综合配套项目万灵福邸建成。万灵福邸位于濑溪河湿地公园腹地，临近梦幻万灵水上主题乐园、移民文化公园、万灵影视基地、花漾万灵等旅游配套项目。总建筑面积约11万平方米，其中地上建筑面积8万平方米，地下建筑面积3万平方米，由商业、办公、酒店、展览馆和地下车库组成。建筑容积率为0.9，建筑密度36.3%，绿地率18.6%。展览馆区域和接待中心区域设有出入口5个，停车数量826辆，地上大巴车停车数量15辆。万灵福邸集景区商业服务、特色文化展示、移民文化展览为一体，建筑风格在涵盖明清风格和充满时代感的基础上，大胆运用色彩，与古镇其他建筑沿濑溪河呈二级台地分布，形成“山、水、城”交相辉映的三维立体空间结构形态，体现出“天人合一”的中国传统自然观和环境观。2017年，古镇接待游客231.62万人次，比上年增长18.6%。

荣昌陶博物馆 荣昌陶博物馆是由安富街道筹资建设的公益性博物馆，属国家AAA级景区，是集中展示国家级非物质文化遗产（荣昌陶）安陶的重要平台，集收藏、展示、交流、体验、互动、科普以及研发、制作、销售等于一体。总占地面积近1万平方米，其中核心区4000余平方米。荣昌陶博物馆以“传承·发展·创新”为展示主题，馆内设有荣昌陶历史文物、生产场景模拟、陶器发展简史、陶艺精品展示、休闲文化长廊、陶艺制作体验、大师工作室、研发中心、陶器加工及烧制等主题展厅。馆内收藏有近3000件自汉代以来的“安陶”文物和精品，其中常年展出1000多件。荣昌陶博物馆通过科教展览、学生实作、科技培训等形式和途径，增强陶艺制作的互动性、趣味性、观赏性，使其成为体验荣昌陶（安陶）古老制作技艺的平台，启迪荣昌陶艺术创作魅力的殿堂，展示荣昌陶文化产业发展的窗口，开展科普教育的阵地。2017年，荣昌陶博物馆接待游客68.75万人次。

昌州故里 昌州故里位于荣昌城区西北侧的濑溪河畔，为国家AAA级旅游景区。景区始建于1981年，总面积34万平方米，是一条集生态旅游、景观长廊、历史文化、风情餐饮、宅院酒店于一体的“明清风貌古街”。昌州故里背靠海棠公园，由独具特色的19幢四合院组成，重现古昌州“九宫十八殿，三千七百磉”的繁华景象。景区内一年四季花木繁茂，景色宜人，有张培爵纪念馆、荣昌烈士陵园、春晖亭、荷塘三叠、香霏楼等主要景点。2017年，昌州故里景区接待游客101.39万人次，比上年增长8.1%。

清流民俗风情小镇 清流民俗风情小镇景区位于荣昌区西北角，距城区47公里。景区面积1.33平方公里，国家AAA级旅游景区，是重庆市回民民风民俗保存最为完整的地区。小镇内有荣昌清真大寺、回民民俗文化展览厅、通林花海、闸子门花湖、海棠铜鼓桥、老清真寺等主要景点。在清流您可以观赏独具特色的回民风情建筑、游览历史悠久的清真老寺、体验传统的民风民俗、品尝鲜香的清真美食。2017年，清流民俗风情小镇接待游客33.04万人次。（代丹梅）

【革命遗址】 辛亥革命以来，荣昌人民投入到反帝反封建的革命中，书写了可歌可泣的历史，1927年中共荣昌支部成立后，荣昌地方党组织团结和带领荣昌人民进行长期英勇斗争，这些革命斗争历史在全区各地留下珍贵的革命遗址，成为对广大人民群众特别是青少年进行爱国主义教育和革命传统教育的重要阵地，是一笔宝贵的革命历史文化遗产。区内革命遗址有柳乃夫故居、赵家花房子——赵宗燠故居、吕家祠堂——吕玉久故居、十烈碉、荣昌县革命烈士陵园、铜鼓山英烈园、安富“誓死抗日”抗战遗迹、余际唐故居、郑经武墓、张培爵纪念馆、路孔船闸、清江屈义林故居12处。

柳乃夫故居 荣昌县级爱国主义教育基地。柳乃夫（1910—1939年），本名赵宗麟，号玉书，荣昌县路孔乡（今万灵镇）人，三十年代全国知名

的 爱国抗日文化战士，中共党员，革命烈士。1939年 6月牺牲于山西平陆县茅津渡抗日前线。柳乃夫故居又名赵家新房子，位于万灵大荣寨社区2组。故居初建于清道光年间，具有当地民居建筑风格。故居坐北朝南，东西长26米，南北宽14米，占地面积364平方米。

赵家花房子——赵宗燠故居 赵宗燠（1904—1989年），荣昌县路孔乡（今重庆市荣昌区万灵镇）人，国家科委原副主任、中科院学部委员、国务院环保领导小组副组长、国家科委自然科学发明奖评委会成员、煤化学专业组负责人；是国内外著名的燃料化工专家，能源和环境保护专家。由于赵宗燠在人造石油方面的卓越贡献，被人们称誉为“人造石油之父”。赵家花房子位于万灵镇大荣寨社区2组，始建于清代晚期，与古镇大荣寨相距1公里，距荣昌城 区15公里，又名大夫第，赵宗燠出生在这里。赵家花房子为四合院建筑，原建筑形制，是渝西川东传统的宅邸建筑风格。

吕家祠堂——吕玉久故居 吕玉久（1931—1953年），荣昌县油菜乡凉风村（今荣隆镇玉久村）人，革命烈士，伟大的国际主义战士，特等功臣，二级爱民模范。1951年吕玉久参加中国人民志愿军，为187师后勤担架三连战士。1953年4月21日，美国飞机在朝鲜北部黄海道平泉郡境内的金钢山上掷下燃烧弹引燃大火，吕玉久在烈火中为救8位朝鲜姑娘英勇牺牲。中国人民志愿军某部党委按照吕玉久烈士生前要求，追认他为中共产党员，其出生地凉风村命名为“玉久村”。吕家祠堂位于荣昌区荣隆镇玉久村2社，建于清代。祠堂坐南朝北，东西长5.2米，南北进深20.3米，占地面积106平方米。

十烈碉 位于荣昌区吴家镇十烈社区办公地（原十烈中学）内，为民国时期建筑，是新建乡一刘姓地主为防御匪患所建。1951年，为纪念1950年2月28日在新建乡征粮剿匪中牺牲的11位烈士，在十烈碉身上镶嵌纪念碑。碉通高11.5米，占地面积30平方米。

荣昌区革命烈士陵园 位于荣昌区昌元街道玉屏社区海棠公园内，是为纪念辛亥革命以来的革命烈士而建。1991年1月动工，1992年12月竣工。烈士陵园占地2万余平方米，安葬80余人。有纪念碑、碑刻、烈士合葬墓、活动广场等设施，是全区人民凭吊先烈、弘扬爱国主义精神的活动场所。

铜鼓山英烈园 位于荣昌区铜鼓镇刘骥村1组，为纪念解放初在铜鼓山剿匪战斗中牺牲的解放军连长刘骥等革命烈士修建。英烈园占地面积2284.26平方米，建有纪念碑、烈士群雕、活动广场、讲话台和管护房等设施。

安富“誓死抗日”抗战遗迹 位于荣昌区安富街道火神庙巷内。1940年，抗战积极分子杨光耀书写。“誓死抗日”四个字总长1.9米，宽0.9米；每字宽35厘米，高40厘米。

余际唐故居 余际唐（1888—1964年），原名余星耀，字蕴兰，荣昌县安富镇人。余际唐早年留学日本学习军事，1907年加入同盟会。1911年年初，广州黄花岗起义时，余际唐在南洋运送军火。1913年，余际唐参加孙中山发动的讨袁“二次革命”。后在军界和政界任职多年。故居位于荣昌区安富街道通安村余家河坝，坐南朝北，为二进三重堂及左右厢房构成，有房屋32间，土墙木结构，占地面积2500平方米，土改时已分给农民居住，现有部分重建，有少部分保留，对近现代建筑有一定参考价值。

郑经武墓 郑经武（1890—1950年），荣昌县五福人（现安富街道），16岁加入同盟会，曾参加过辛亥革命和讨袁革命，先后任四川护国讨逆军第一军司令、护国军第一梯团团长、靖国军第十一军右翼游击司令、汉军统领兼松、理、懋屯殖总办、四川陆军十四师师长、重庆警卫总司令，成都解放时曾率部起义，后为四川省政协委员。郑经武墓位于荣昌区安富街道斑竹村4社，为条石围成的圆形丘状封土墓，长5.6米，宽3.8米，占地面积21.3平方米。该墓对研究近代人文历史有一定的价值。

张培爵纪念馆 张培爵（1876—1915年），字列五，荣昌县荣隆镇人，重庆蜀军政府都督。1906年，张培爵加入同盟会，次年与熊克武等党人联络新军与会党，发动成都等地起义。1911年11月22日，张培爵与同盟会领导人发动重庆起义，重庆宣布独立，他被推举为重庆蜀军政府都督。1913年7月，孙中山发动“二次革命”，张培爵立即潜赴上海积极参加反袁斗争，事败后张培爵卜居天津英租界。1915 年 2 月 20 日，因反对袁世凯窃国称帝遭诱捕，同年 4 月 17 日被害于北京宛平。纪念馆位于荣昌区昌元街道海棠公园旁，2011 年 10 月 9 日落成开馆。张培爵纪念馆由“张培爵与重庆辛亥革命”展览馆和张培爵墓、张培爵铜像、张培爵纪念广场四部分构成，占地面积 1 万余平方米，馆舍面积 1460 平方米，是融园林、生态景观、历史文化、名人雕塑为一体的革命传统教育基地。2012 年评为重庆市级爱国主义教育基地。

路孔船闸　路孔船闸位于重庆市荣昌区万灵镇外大荣桥下，建于 1942 年，为保障陪都重庆的物资供给，特修建此船闸，是抗日战争时期物资流通的生命线。船闸采用水涨船升，水降船降的原理，加快运送速度，提高了每日的货物通行量，为重庆输送了大批粮食，缓解了斯地粮荒，为抗战的胜利作出了贡献。因而,路孔船闸又被称作“抗战船闸”，亦称“陪都粮道”。船闸历经了七十余年的风吹雨打，历史原貌并未改变，船闸上的设施依然如故，如今还在发挥通航作用。

清江屈义林故居　清江屈义林故居位于重庆市荣昌区清江镇分水社区滨河路，建于清代，屈义林故居建筑占地面积 1300 平方米，悬山顶，建有前厅、宗堂、上厅、是一处四合院建筑。屈义林（1908—2004 年），国画家，生于重庆市荣昌县（今荣昌区）清江镇，籍贯四川省泸州市，曾师从徐悲鸿、张大千。曾任四川徐悲鸿、张大千艺术研究院院长，四川省文史研究馆馆员，四川中山诗词书画研究社副社长，成都吴芳吉研究会会长，泸州诗书画院名誉院长，曾获“当代中华诗神”“中华诗星”“中华首届诗词大赛奖”等荣誉。建筑保留基本完整，属名人故居，2014 年定为荣昌县级文物保护单位。（张良安）

【地方产业】　*荣昌夏布*　荣昌夏布生产源远流长。夏布由葛、大麻演变而来，用苎麻线经过多道手工工序编织而成。早在汉代，就有“蜀布”记载，其上品在唐代就已成为贡品。唐《元和郡县志》载有“昌州贡筒布、斑布”。“筒布”即中细布，因为它往往卷成筒形，装入竹筒，便于运输，故称“筒布”，又根据它的形色特点，称为“斑布”。《太平环宇记》亦载“昌州产斑布、筒布”。既是特产，又作为贡布，说明昌州自唐宋以来麻布的编织技术是比较发达的。夏布“轻如蝉翼，薄如宣纸，平如水镜，细如罗绢”，成为皇室和达官贵族喜爱的珍品。清初，随湖广移民带来种麻（苎麻）、织布技术，与当地织造技术相融合，至清康熙后期荣昌夏布才形成商品生产。清光绪《荣昌县志》记载，县内“各乡遍地种麻，妇女勤绩成布，白细轻软较甚于葛。山陕直隶客商，每岁必来荣采买，运至京都发卖”。亦转销朝鲜、日本及南洋一带，夏布开始成为荣昌有名的传统特产。民国时期，全县有麻织户2000多户，从业人员4000多人，绩麻妇女5万多人。民国19年（1930年）全年产夏布56万匹，出口17万匹。后因通货膨胀等原因，从业人员减少，1946年全县有织麻户1561户，从业人员2231人，年产量10万匹左右。中华人民共和国成立后，夏布由分散的生产组织为集体生产，至1956年，陆续组成合作社9个，生产小组3　个，社员1167人，年产量5.51万匹，加上个体户产量，共计12.32万匹。1958年，合并成立6个地方国营夏布厂，有职工1105人，年产量8.32万匹。1961　年精简下放职工后，1963年有职工272人，产量降至2.85万匹。1974年个体户曾发展到1400户，织布　机1300台。1978年区乡5个夏布社划归企业局，城关夏布社划归二轻系统，全县产夏布1.89万匹。20世纪80年代，因生产方式及消费结构的变化，企业亏损，夏布社相继解体。20世纪90年代初，荣昌积极推广夏布产业建设，形成“基地加乡镇，家家织布声”的格局，建成盘龙、远觉、大建等苎麻生产基地。1998年，荣昌被农业部授予夏布加工基地。2007年，荣昌夏布织造技艺被列入重庆市第一批省级非物质文化遗产名录，2008年6月，荣昌夏布织造技艺成功申报为国家级非物质文化遗产。2011年，荣昌夏布苎麻项目被商务部批准为国家外贸转型升级示范基地。2013年3月，“荣昌夏布”成功注册国家地理标志证明商标。2017年，荣昌夏布企业有173家，其中拥有自营出口权的企业26家，实现工业总产值30.6亿元，比上年增长12.9%，实现出口创汇8100万美元，增长7%。

荣昌折扇　荣昌折扇又称“聚头扇”“撒扇”，是与苏杭折扇齐名的三大名扇之一。清光绪《荣昌县志》记载：“撒扇始于永乐中，因朝鲜进撒扇，上喜其舒展之便，命工如式为之，邑中职此业者不下千家万户。每年春间各郡县客商云集于斯，贩往他处发卖。”又据明清史学家谈迁《枣林杂俎》记载：顺治十二年（1655年），皇上命四川布政司造进贡扇，并开列折扇式样如龙凤舟船扇、七夕银河会扇等，荣昌折扇已成朝廷贡品。1979年在荣昌县城发现的“颖风公所”碑考证，清道光二十二年（1842年）荣昌折扇业成立“颖风公所”（颖风会），这标志着荣昌折扇的生产由家庭副业转向专业生产。光绪年间，县城中有专业扇铺40多家、生产半成品的摊子户100余户，年产各种折扇400万把，远销云、贵、陕等地，是荣昌折扇生产的鼎盛时期。材料上采用棕竹和楠竹，制成棕竹扇或全楠扇，折扇生产进入高潮。民国时期，经营商号有60余户，制扇量有所衰减，但工艺有所提高，绸面串子、水磨夹子、雕嵌、漆面、泥金、金粉写画等品种十分流行。辛亥革命成功后，折扇加工工艺日臻完美。漆、雕、嵌、刻、烫花、小磨、铁金、银粉写画等技艺广泛应用于串叶白扇生产，深受各界人士喜爱而风行一时。几年内，城内折扇经营店铺达100多家，加工摊子户500多户，专业生产工人3000人，年产折扇506万把，产品已远销东亚及欧洲等地区。中华人民共和国成立后，荣昌折扇走向了集体经济，于1955年成立了荣昌县折扇手工业合作社。折扇生产工艺在继承、发扬传统手工艺的同时，采用新工艺，推出绢面、绸面什色、喷花、彩印、手绘、扎染等扇面；扇夹制作有竹节、退漆、水磨、烫花、嵌牙、嵌玳瑁、香木、木雕、提空花喷漆等10余种；扇头造型工艺，传统有平刀指甲圆、分刀指甲圆、瓜米头等式样，创新有鸭方、红枣、扣子等新颖头式；扇心造型有排圆、平排、顺排、倒排、花排、双排、镂空花，折扇规格有5寸至15寸不等。随着时代变迁，荣昌折扇也不断推陈出新，工艺折扇渐成新宠，挂扇、夏布扇成为人们珍藏的艺术品。荣昌折扇制作工艺流程分16个工段、145个工序。折扇产品主要有全楠、正　棕、皮底、硬青、串子、全棕、檀香、绸面（白绸、色绸）、毛、胶质10大类345个品种。主要代表作是传统的黑纸扇、棕竹扇、绸扇、夏布扇。荣昌折扇线条美观，明快流畅，制作精细，工艺精湛，已不仅仅作驱热纳凉之用，而且还广泛用于书画载体、礼品赠送、强身健体及文艺演出道具、室内装饰、艺术收藏等方面。2008年6月，荣昌折扇成功申报为国家级非物质文化遗产。2017年，荣昌折扇厂年产各类折扇100余万把，实现年销售收入约800万元。

荣昌陶　荣昌陶由宋代兴旺发达至今已有800多年历史。随着清初“湖广填四川”移民到来，荣昌陶开始进入新的发展时期，清咸丰、光绪年间开始生产细陶、使用刻花和色釉装饰，是有记载的繁荣时期。“金竹山，瓦子滩，十里河床陶片片，窑公吆喝悍声远，窑火烧亮半边天……”这首流传了二三百年的民谣，再现了清代以来安富街道垭口村一带陶产业的兴盛景象。而另一民谣：“安富场，五里长，瓷窑里，烧酒坊，泥精壶壶排成行，烧酒滴滴巷子香……”则更加生动地证实安富古镇因为陶器，早已成为交易发达、商贸繁盛之地。荣昌陶主要分布于安富鸦屿山一带，这里山峦起伏，松林遍布，蕴藏有丰富的优质陶土和烟煤，陶土泥色为红色和白色，埋藏浅，泥料质地细腻，可塑性强，含水率低，烧失率低，是最佳的陶瓷原料，被誉为“泥精”。荣昌陶素以工艺精湛细致，体形优美典雅，色彩绚丽光洁，装饰古朴大方享有“薄如纸、亮如镜、声如磬”的美誉，与江苏宜兴紫砂陶、云南建水陶、广西钦州坭兴陶合称中国四大名陶。荣昌安富与江苏宜兴、广东佛山石湾是中国三大陶都。荣昌陶主要产品有日用陶、包装陶、工艺美术陶、园林建筑陶等四大类800余个品种。产品先后获国家、省、市奖150多个，远销世界30多个国家和地区，深受国内外客商喜爱。2009年，“荣昌安富陶器制作技艺”被国务院列入国家级非物质文化遗产。2011年5月，陶器烧制技艺（荣昌陶器制作技艺）成功申报为国家级非物质文化遗产，同年被评为重庆市首届“巴渝十二品”之一。2017年，荣昌陶（含陶瓷）产业有工人1万余人，陶艺工作室100余家，陶艺师52人，大师工作室38家，技术工人400余人，荣昌陶生产企业实现工业总产值22.3亿元，比上年增长55.1%。

荣昌猪　荣昌猪是国内三大地方良种猪、世界八大良种猪之一，400多年来荣昌猪以其独特的外貌特征（体型较大，两眼周围及头部有大小不等的黑斑，全身被毛白色，也有少数在尾根及体躯出现黑斑或全身纯白），良好的生产性能，绝佳的口感风味，超强的适应能力而驰名国内外。1957年被载入英国出版的《世界家畜品种及名种辞典》，纳入了联合国粮农组织重点保护猪种资源名录。农业部在“七五”规划中将荣昌猪列为国家级重点保护的优良地方猪种，在“九五”规划中被列为国家重点保护的19个地方保护良种猪资源之一，2000年8月再次被列为国家级重点保护的猪种资源之一。荣昌猪历经数代繁育，饲养区域不仅扩大至周边川渝10余县、市，而且推广到国内20多个省、市，并实现批量出口，跻身全国推广范围最广、影响力最大的三大名猪之列，被誉为畜牧行业中的“国宝”，并形成足以影响一方经济的荣昌猪文化。2005年9月29日，世界首例荣昌母猪可视化猪在荣昌现身。2006年荣昌猪列入国家级资源保护名录。2011年10月21日，荣昌建成全国首个区域交易中心——重庆农畜产品交易所荣昌交易中心，集中开展仔猪即期、种猪近期、生猪中远期电子竞拍交易。2011年11月21日，荣昌在全国率先开启仔猪电子竞拍交易，建成国家级重庆（荣昌）生猪交易市场，实现仔猪电子竞拍交易生猪活体电子挂牌交易，从而改变了传统　的仔猪和生猪交易方式。2012年2月14日，“荣昌猪”成功注册国家地理标志证明商标，10月13日，荣昌猪吉祥物被农业部评为全国休闲农业创意精品文化创意金奖。2014年荣昌猪品牌以23.21亿元人民币夺得全国地方猪品牌价值榜首。2015年，荣昌猪龙头企业重庆日泉农牧有限公司种母猪饲养量超6500头、重庆天兆畜牧科技有限公司国家级核心育种猪场主体工程建设全面完成。2017年，荣昌猪肉入选中国百强农产品区域公用品牌，获全国营养猪肉奖、全国食鲜猪肉奖。荣昌猪品牌价值达27.7亿元。年末有年出栏500头以上生猪标准化猪场105家、规模化率达65%。全年生猪出栏187.1万头，其中肥猪85.5万头、仔猪101.6万头。年末生猪存栏67.8万头，其中能繁母猪存栏10.6万头。

茶叶　据《荣昌县志》记载：1958年荣昌开始在岚峰林场种茶1.33公顷，1973年起全县大力发展茶叶生产，1976年试制红碎茶。经过几十年的发展，荣昌种茶和制茶业成为全国茶叶单产第一、全国红茶创汇第一、全国最大红碎茶集散地和主要出口基地，海关免检产品。区内茶树品种以国家级良种为主，荣昌早春绿茶，开采时间在2月10日左右，比同纬度的江苏、浙江茶区提早萌芽30天左右，比四川、重庆等其他茶区早10天左右。以早春幼嫩芽叶为原料，精细制作而成，其外形条索紧直细秀，翠绿鲜润。内质汤清碧绿，香气鲜嫩浓郁，滋味鲜醇回甘，叶底嫩绿明亮。荣昌红条茶（工夫红茶）以一芽一叶、一芽二叶初展鲜叶加工而成，条索紧细圆直，毫锋披露，色泽乌润，内质香气清新带蜜糖香，滋味醇厚鲜爽，汤色浓亮，叶底厚软红匀，是荣昌具有明显优势的大宗传统农业主导产品。2016年7月，“荣昌红茶”完成地理标志商标的申报注册工作。2017年，全区有茶园面积24.7平方公里，产茶3380吨，与上年基本持平。茶生产企业实现工业总产值12.7亿元，比上年增长27.0%。

盘龙生姜　20世纪70年代末，盘龙镇长岭社区居民张昌黎、周其尚等人到乐山、自贡学习生姜种植技术，购回姜种试种，在实践中将种植方法由露天种植改进为地膜覆盖种植，开启了盘龙生姜的种植历史。1980—2001年，盘龙生姜从零星种植发展到40公顷，生姜销售常年价格6元/公斤，产量37.5吨/公顷。2002年，成立盘龙镇生姜种植协会。2003年，成立荣昌县盘龙镇长岭仔姜专业合作社，为生姜种植户购种、新技术推广、无公害控制、产品销售提供专业化服务。至2005年，入社会员1860人，会员包括农艺师、种植能手、销售大户、新发展种植户，会员主要集中在原长岭村、昌州村、拱桥村、石田村。2006年，盘龙仔姜注册“昌州”牌商标，盘龙镇长岭村（现长岭社区）获无公害基地认证。2007年，长岭仔姜获无公害农产品认证。2010年，引进业主成立原生农业科技有限公司，在三合村建立生姜科技示范园，占地66.67公顷，实施生姜种植新技术、新方法的运用与推广。园区内建立反季节温室大棚1.4公顷，姜芽产量达40吨。2014年12月，引进勇庆华清公司新建种姜示范园33公顷，与重庆文理学院联合对脱毒姜种进行试生产，长岭仔姜专业合作社仔姜获“绿色食品认证”。2017年，盘龙生姜种植面积达1200公顷，产量45000吨，总产值3015亿元。

河包粉条　河包粉条产自区内河包镇，境内田少土多，地貌以浅丘为主，土壤和气候非常适合红薯生长。在生活困难的六七十年代，红薯成为当地农民的主食。由于当时的保鲜技术落后，贮存的红薯很容易腐烂，勤劳聪明的河包人便将新鲜的红薯打碎，采用磨浆、过滤、晾晒的办法将淀粉和薯渣分离，薯渣作为动物饲料或充饥食物，淀粉就按民间流传的传统工艺，通过选料提粉－配料打芡－加矾和面－手工打瓢－沸水漏条－冷浴晾条－打捆包装加工成粉条，作为逢年过节馈赠亲友的礼品和自食的佳肴。河包粉条富含碳水化合物、膳食纤维、蛋白质、烟酸和钙、镁、铁、钾、磷等多种矿物质；有良好的附味性，它能吸收各种鲜美汤料的味道，再加上粉丝本身的柔润嫩滑，更加爽口宜人，深受消费者青睐。从80年代末到2000年年初，河包镇有从事粉条加工的农户1000多户，每天在河包镇转龙桥市场粉条交易量达3万公斤，火锅粉条和酸辣粉当时占川渝两地份额的80%以上，占全国的40%以上，产品远销全国各地，是全国火锅粉条和酸辣粉的主产地。河包镇党委、镇政府打造的“中国粉条生产基地”先后被重庆市中小企业局命名为市特色产业基地、市中小企业基地、市农产品加工基地。2010年12月，河包镇被农业部命名为“全国农产品加工示范基地”。2016年与西南大学食品科学学院合作，通过产品研发，食品安全把控，优化工艺流程，创新营销模式等措施，研发出自带调料的“休闲湿态酸辣粉”在天猫、京东、淘宝等网店平台销售，月销售量达100万余份，产品出现供不应求的良好发展势头。2017年，河包粉条生产企业、个体户及其关联企业共有近70户，其中生产企业24户，2017年实现工业总产值22.3亿元，比上年增长5%，解决农村剩余劳动力1400余人。

观胜肉兔　观胜镇是渝西草食动物养殖基地重点镇之一，西南大学荣昌校区种肉兔养殖实验基地，著名的渝西“肉兔之乡”。全镇地势属中丘低谷地貌，气候宜人，草料品质鲜美且生长周期短，适宜草食动物养殖。2006年观胜镇开始肉兔养殖，现已形成专业合作社＋基地＋农户的新型产业发展模式，成为荣昌畜牧业中的一大亮点。2017年，“观胜肉兔”被评定为区级知名商标。镇内有荣昌区观胜镇正宇肉兔专业合作社、荣昌区观胜镇凉坪养兔专业合作社2个，重庆市肉兔科技专家大院1个，被区政府命名为荣昌区肉兔养殖特色产业园区。城区设有水口寺和东益当肉兔鲜销点2个。2017年，投资120万元建成自动化兔业种兔场。全镇有标准化兔场17个，标准化种公兔场1个。散养殖户500余户，其中种兔规模100只以上的养殖户50户，30只以上的养殖户300户。全镇存栏种兔2.5万只，年出栏商品兔80万只，全年实现产值3000余万元，人均增收2200元以上。

铜鼓蛋鸡　1996年四川安岳县李再宇到铜鼓镇租用原企办闲置厂房养殖蛋鸡开始，到2002年全镇蛋鸡养殖户有209户，养殖规模达到43万只，常年存栏达33万只左右。2005年9月6日，市农业局核定该镇为重庆市无公害蛋鸡产地。2006年10月26日，农业部农产品质量安全中心核准铜鼓山畜禽发展有限公司生产的铜鼓山牌鸡蛋使用“无公害农产品”标志。2009年高山养鸡专业合作社成立武哥食品厂并注册“武哥”牌商标，3月6日，农业部农产品质量安全中心核准四川圣迪乐商业发展有限公司荣昌分公司生产的“圣迪乐”“老南沟”鲜鸡蛋使用“无公害农产品”标志。2012年重庆永创养殖有限公司在万福桥社区建成3万只全自动恒温示范场1个、2万只中鸡养殖1个、5万只专业育雏室1个。该公司成为西南大学（荣昌校区）的科研教学示范基地，2015年，市农委批准为无公害蛋鸡产地、农业部农产品质量安全中心核准其鲜鸡蛋使用“无公害农产品”标志。2017年，蛋鸡养殖户21户，存栏蛋鸡16万只，全年产蛋1650吨，产值1320万元。

吴家阀门　吴家镇有阀门及配套企业近40户，常年务工人员3000余人。形成一个具有一定规模、一定集中度、一定影响力的阀门集中区。2017年，实现工业总产值47.2亿元，比上年增长24.5%。作为西南地区最大的低压阀门生产基地，其低压阀门产品远销东南亚，在全国同类市场的占有率高达66%。基地先后被重庆市批准命名为“重庆市中小企业特色产业基地”“重庆市小企业创业基地”。该基地的建成，将产业布局由原来的分散生产转变到现在的具有一定集约度的工业园，逐步形成集铸造、精加工、密封圈制造、组装检验包装为一体的全国最大的普通铸铁低压球阀产业链。阀门产品主要有铸铁球阀、法兰阀、马钢球阀和全铜闸板阀，规格比较齐全，广泛用于民用建筑，工业水、气、油等管道安装，产品销往全国各地，部分产品经边境贸易出口到东南亚国家、西北周边国家和地区。

（肖富荣　陈阳婧）

【名特小吃】　荣昌卤鹅　荣昌白鹅历史悠久，据县志记载，在清光绪年间，荣昌白鹅已被列为全县重要特产之一，是荣昌的重要宝贵资源。1989年荣昌白鹅被列入国家级保护鹅种，2006年荣昌白鹅列入国家级资源保护名录，2012年荣昌白鹅成功注册国家地理标志证明商标。荣昌卤鹅须选肉质上好的荣昌白鹅，去毛取出内脏洗净，再将陈年老卤水烧开，放入白鹅，加入山柰、八角、丁香、白蔻、茴香、香叶、白芷、草果、香草、橘皮、桂皮、筚拨、千里香、香茅草和排草等20多味中药材，卤至20分钟后翻面，一般一小时卤成。荣昌卤鹅色泽金黄发亮、五香味浓、粑软适中、骨质松脆、骨髓香滑、肉感香嫩，调料微辣、口感适宜，姜葱味齐备。荣昌卤鹅是荣昌一绝，且极其大众化，一只白鹅除了毛之外，全身上下皆可卤，卤鹅肉、卤鹅翅、卤鹅肝等等，每一样都有特别味道。荣昌卤鹅有300多年的历史，拥有百年美味之称，是荣昌最具特色，最有代表性的美食。2011年荣昌卤鹅制作技艺成功申报重庆市非物质文化遗产。“卤鹅卤鹅，盯一眼走不脱”这句荣昌当地的顺口溜可是老少皆知。在荣昌最出名的卤鹅品牌连锁店有小薛、小罗、陈老五、蔡八娃、三惠鹅府等，个体卤鹅店不计其数。其中小罗卤鹅、三惠鹅府在重庆等地开有分店。张鹅儿将卤鹅加工成小袋装，销往全国各地。除在本地销售以外，卤鹅也成为送礼佳品。将其真空包装并装入礼盒，延长了卤鹅保质期，成为外地游客必带特产之一。同时，各个品牌积极拓展网络销售渠道，在荣昌商城电商平台、淘宝、京东等第三方电商平台上销售荣昌卤鹅。陈老五卤白鹅2003年被中国饭店协会授予“中国名菜”称号，2006年10月被第二届中国重庆火锅美食文化组委会授予“重庆名菜”称号，2009年10月被第四届中国畜牧论坛组委会授予“荣昌名小吃”称号，2000年10月被荣昌县人民政府授予“荣昌名小吃”称号，2010年6月被中国饭店协会授予“中华名优食品”称号；李老四卤白鹅2002年被国内贸易局授予“中华名小吃”称号；邓氏卤鹅2010年被中国饭店协会授予“中国名菜”称号；三惠鹅府2009年6月被第四届中国畜科论坛组委会授予“荣昌名小吃”称号，2009年12月被中国名优品牌管理评价中心授予“中国餐饮名店”称号，2010年6月被中华饭店协会授予“中华名优食品”“中华名小吃”称号；小罗卤鹅2003年10月被中国饭店协会授予“中国名菜”“中华最佳小吃”称号；2007年11月被第三届中国畜科论坛组委会授予“荣昌县消费者喜爱产品”称号，2008年7月被荣昌县工商管理局授予“荣昌县知名商标”；小薛卤鹅被中国饭店协会授予“中国名菜”称号；张鹅儿卤鹅被中国饭店协会授予“中国名菜”称号；2016年12月，小罗卤鹅、三惠卤白鹅被评为荣昌区“十大名菜”，小薛卤鹅、黄二姐卤鹅被评为荣昌区“十大特色菜”。

黄凉粉　黄凉粉是荣昌本地特色小吃之一，必须是荣昌产的豌豆做出的才正宗。黄凉粉切成土豆样的细丝，成条不烂，软而不断，调成咸鲜、微辣带麻，姜、葱、蒜香味突出的味道，吃起来有粉质感，且口里有股豌豆的清香味。黄凉粉的摊点在荣昌城内随处可见，最为集中的为南门桥一带，最有名气的有李氏黄凉粉、张氏黄凉粉和胖姐黄凉粉。黄凉粉作为荣昌特色小吃，多次参加各种美食展会，在

2015 年召开的重庆各区县特色小吃展上备受市民喜爱，产品被一抢而空。不过受“只适合现买现吃、隔夜之后变味”的特点影响，导致其销售范围局限在产地，无法远销他地。敖氏黄凉粉被中国饭店协会授予“中华名小吃”称号；李氏黄凉粉 2002 年被国内贸易局授予“中华名小吃”称号，被中国饭店协会授予“中华名小吃”称号；胖姐黄凉粉被中国饭店协会授予“中华名小吃”称号；张氏黄凉粉 2005 年 1 月被中国名吃博览会组委会授予“中华名小吃”称号，2006 年 10 月被中国饭店协会授予“中国名店”称号。

铺盖面　原名“鸡婆头”。骨汤乳白，豌豆打底，加炸酱；面块皮薄均匀，块大不烂；再放上油条，形似鸡头，因此得名“鸡婆头”。20 世纪初，陈有权师傅在荣昌昌元镇街边卖的面块即为铺盖面的前身。1933 年，15 岁的安岳人兰海云前来学徒，三年学成出师后，在敖家巷开了馆子。1982 年兰海云承包了原来的敖家巷店堂。依据面块“大、薄，呈长方形，似铺盖”的特点，将此品更命为“铺盖面”。兰海云内弟林昌元在传统制作技艺上发展创新：增加鸡和海鲜同煨，使底汤更香更鲜；臊子除保留原来用豌豆、炸酱外，增加了红烧肥肠、红烧牛肉、红烧羊肉、清炖肚条等。经改进后林昌元及其徒弟在全国供应，颇受欢迎。铺盖面是荣昌人公认的“地方风味小吃”。2000 年底起，该品在“大型酒家”制作小碗供应。荣昌最出名的当属黄二娃鸡汤铺盖面，其被中国饭店协会授予“中华名小吃”称号，2004 年 1 月被重庆国际火锅文化节组委会授予“重庆特色小吃”、荣昌县政府授予“荣昌名小吃”；2005 年 1 月被中国名吃博览会组委会授予“中国名吃金奖”。2003 年 10 月兰氏铺盖面被中国饭店协会授予“中华最佳小吃”称号；荣昌铺盖面被中国饭店协会评为“中国金鼎奖”。

羊肉汤　荣昌羊肉汤是荣昌人的骄傲，用它作为早餐招待亲朋好友，是最为高档的标准和礼节。羊肉汤最早起源于中华人民共和国成立前，据说是一个叫陶镀光的人无意中发明的。经过几十年的发展演变，羊肉汤已今非昔比，其汤汁乳白，咸鲜味正，香味浓郁，肉质细嫩，无腥膻味及药料味，是四季皆宜特别是冬令时节滋补佳品。羊肉汤系列中最为出色的当为羊杂汤，其他的如“蚂蚁上树”“干码羊肉”“粉蒸羊肉”、妙羊肝、腊排等菜品味道很受喜爱。荣昌城区出名的羊肉汤馆有敖家巷羊肉汤、刘老六羊肉汤、颜记羊肉汤等，除专门的羊肉汤馆以外，近年来各个农家乐纷纷在冬季推出烤全羊系列菜系，因此也可在农家乐品尝羊肉汤锅的美味。1999 年 11 月胖娃羊肉汤被重庆市商业委员会授予“重庆地方风味菜”，2001 年被重庆市商业委员会授予“重庆美食名店”，2004 年 10 月被荣昌县人民政府授予“荣昌名小吃”；颜记羊肉汤馆 2004 年 10 月被荣昌县人民政府授予“荣昌名小吃”称号，被中国饭店协会授予“中国名菜”称号；敖家巷羊肉汤在 2015 年被评选为“荣昌十佳最受欢迎餐馆”之一，2016 年　12 月被评为荣昌区“十大名菜”；敖家巷喻氏羊肉馆制作的“粉蒸羊肉”在 2016 年 12 月被评为荣昌区“十大特色菜”。　（陈　莹）

经济社会发展概况

2017 年，面对错综复杂的宏观经济环境，荣昌区委、区政府以习近平新时代中国特色社会主义思想为指导，坚持稳中求进工作总基调，积极推进供给侧结构性改革，统筹推进“五位一体”总体布局，协调推进“四个全面”战略布局，围绕实现“三高五新”宏伟蓝图，坚持“说了算、定了干、马上办”，全区经济实现持续稳定增长，经济发展质量和效益提升，各项社会事业取得全面进步，经济社会发展呈现持续健康发展的良好态势。

【经济发展】　2017年，荣昌区地区生产总值414.79亿元，比上年增长9.2%。按产业分：第一产业增加值50.58亿元，增长3.6%；第二产业增加值263.83亿元，增长10.4%；第三产业增加值100.38亿元，增长8.9%。第一产业增加值占地区生产总值的比重为12.2%，下降1.1个百分点；第二产业增加值比重为63.6%，上升1.3个百分点；第三产业增加值比重为24.2%，下降0.2个百分点。按常住人口计算，人均生产总值为5.87万元，增长8.5%。有各类市场主体5.04万户，增长15.1%。其中内资企业9690户，外资企业35户，个体工商户4.01万户，农民专业合作社508户。新发展微型企业384户，年末微型企业4763户。一般公共预算收入25.92亿元，比上年同口径增长5%，其中税收收入14.36亿元，增长7%。一般公共预算支出61.67亿元，增长11.8%。其中，城乡社区支出4.44亿元，下降11.9%；社会保障和就业支出7.07亿元，增长9.9%；教育支出12.92亿元，增长6.3%；一般公共服务支出7.88亿元，增长8.8%；医疗卫生与计划生育支出6.68亿元，增长12.6%。金融业增加值8.86亿元，增长15.1%，占全区生产总值的2.1%，不良贷款率0.68%。金融机构各项存款余额336.1亿元，比年初增加41.3亿元，增长14%。其中住户存款余额239.91亿元，增长11.9%。金融机构贷款余额226.88亿元，比年初增加39.45亿元，增长21.1%。其中，个人消费贷款85.06亿元，增长92.2%。保险机构保费收入7.61亿元，增长9.7%。理赔金额3.25亿元，增长9.1%。

农业总产值 73.6 亿元，增长 3.6%。全年粮食播种面积 4.74 万公顷，减少 1.2%；油料播种面积 1.19 万公顷，增长 1.5%；蔬菜播种面积 1.86 万公顷，增长 3.2%。主要农产品产量：粮食 31.02 万吨，减少 0.2%；蔬菜 52.8 万吨，增长 4.5 %；肉类 7.39 万吨，增长 0.7%；生猪出栏 72.63 万头，减少 1.2%；羊出栏 1.47 万头，增长 5.6%；家禽出栏 1050.51 万只，增长 1.1%；禽蛋 1.09 万吨，增长 0.2%；牛奶产量 3550 吨，4.6 增长 %。

工业增加值 208.76 亿元，增长 10.5%；规模以上工业增加值增长 10.5%；规模以上工业企业总产值 686.21 亿元，同比增长 14.7%。规模以上工业企业主要产品产量：原煤 123.57 万吨，减少 46.2%；洗煤 204.31 万吨，减少 29.7%；发电量 1.31 亿千瓦时，减少 22.2%；饲料 79.45 万吨，增长 22.4%；鲜、冷藏肉 6.7 万吨，增长 17.2 %；精制茶 8.4 万吨，增长 9.4%；苎麻布（含苎麻≥ 55%）4291.36 万米，增长 2.1%；纸制品 26.68 万吨，减少 14%；不锈钢日用制品 1.72 万吨，增长 13.4%；阀门 17.75 万吨，减少 2.9%；电子元件 35.59 亿只，增长 64.6%；印制电路板 63.36 亿平方米，增长 20.3%；兽用药品 1443 吨，减少 8.3%；日用玻璃制品 4.65 万吨，减少 19.1%。

建筑业增加值 55.07 亿元，增长 9.9%。年末在荣昌注册具有资质等级的总承包和专业承包的独立核算建筑业法人企业 47 家，建筑业总产值 131 亿元，增长 34.8%。建筑企业房屋施工面积 567.1 万平方米，下降 0.7%；房屋建筑竣工面积 361.1 万平方米，增长 22.7%。

交通运输、仓储和邮政业增加值 14.09 亿元，增长 10.4%，占全区生产总值的比重为 3.4%。公路客运量 4361 万人，增长 22.9%；公路旅客周转量 19.76 亿人公里，增长 11.6%；公路货运量 803 万吨，增长 5.9%；公路货物周转量 7.98 亿吨公里，增长 13.5%。有营运汽车 7626 辆，其中货车 6812 辆、客车 594 辆（含公交车）、出租汽车 220 辆。有民用车辆 12.73 万辆，增长 12%，其中私人汽车 5.7 万辆，增长 19.1%。民用轿车 2.9 万辆，增长 18.8%，其中私人轿车 2.9 万辆，增长 18.8%。全区公路总里程 2360.67 公里。按行政等级划分：国道（高速公路）63.44 公里，省道 209.18 公里，县道 136.59 公里，乡道 295.92 公里，专用公路 10.76 公里，村道 1644.79 公里。按技术等级分：高速公路 29.8 公里、一级公路 25 公里、二级公路 191.9 公里、三级公路 79.35 公里、四级公路 1943 公里，等外公路 91.6 公里。邮电业务总量 4.85 亿元，增长 10.4%。其中，邮政业务收入 1.03 亿元，增长 18.6%；电信业务总量 3.82 亿元，增长 8.3%。年末固定电话用户数 7.64 万户，下降 10.9%；移动电话用户 63.93 万户，增长 10.2%。固定互联网宽带接入用户 13.69 万户，增长 45.8%；手机上网用户 50.29 万户，增长 12.3%；互联网用户 57.44 万户。

固定资产投资 561.25 亿元，增长 13.5%。其中基础设施建设投资 151.27 亿元，增长 53.4%，占全区固定资产投资的 27%。从投资主体看，国有投资 111.33 亿元，增长 28.1%；民间投资 448.05 亿元，增长 10.2%，占全区固定资产投资的比重为 79.8%。从三次产业投资看，第一产业投资 14.46 亿元，增长 18.8%；第二产业投资 364 亿元，增长 12.7%；

第三产业投资182.79亿元，增长14.9%。工业投资364亿元，增长12.7%，占全区固定资产投资总额的64.9%。房地产开发投资22.25亿元，增长11.5%，占全区固定资产投资总额的4%。其中住宅投资16.36亿元，增长26.7%。商品房施工面积361.9万平方米，下降10.3%；竣工面积88.5万平方米，增长8.9%。商品房销售面积109.44万平方米，增长9.1%。其中住宅销售面积98.19万平方米，增长6.9%。销售额45.79亿元，增长19.8%。城市棚户区改造8.65万平方米，农村危旧房改造10.68万平方米，下降63.3%。

批发和零售业销售额250.04亿元，增长21.2%；增加值23.95亿元，增长11.2%，占全区生产总值的5.8%。住宿和餐饮业营业额45.94亿元，增长18.5%；增加值8.6亿元，增长9.8%，占全区生产总值的2.1%。社会消费品零售总额125.45亿元，增长13.3%。限额以上法人企业主要商品零售额中，汽车类增长25.8%，粮油、食品类增长23.4%，家用电器、音响器材类增长25%，石油及其制品类增长15.4%。外贸进出口总值22.81亿元，下降47.7%。其中，出口22.6亿元，下降47.5%；进口2029万元，下降64.9%。实际使用外资金额4692万美元，增长6.4%，其中外商直接投资320万美元。实际利用内资项目767个，下降28.5%。实际利用内资金额278.63亿元，增长20.5%，其中5000万元以上项目183个，5000万元以上项目实际利用内资252.79亿元，增长20.8%。

有A级旅游景区4个，其中AAAA级景区1个，AAA级景区3个。全年接待游客492万人次，增长34.6%；旅游总收入13.78亿元，增长40.2%。

【社会发展】 2017年，荣昌区有高新技术企业37家，高新技术产品173个。受理专利申请767件，下降69.1%；获得专利授权905件，增长7.4%。有中国驰名商标3件、著名商标20件、地理标志量7件。

有区属各类学校310所。其中，普通中学20所（含4所高完中），中等职业学校2所，小学128所，幼儿园159所，特殊学校1所。普通初中招生8793人，在校生2.39万人，毕业生7668人；普通高中招生4699人，在校生1.35万人，毕业生4443人；小学招生6934人，在校生4.86万人，毕业生8803人；中等职业学校招生1900人，在校生4790人，毕业生1334人；学前教育招生9787人，在校生2.1万人，毕业生8184人；特殊学校招生34人，在校生186人，毕业生11人。初中、小学入学率100%。

有文化馆1个、图书馆1个、乡镇文化站21个。有线电视用户13.33万户，其中数字电视用户9.89万户。

有各级各类卫生机构442个（含村卫生室），其中，医院11个，乡镇卫生院15个，社区卫生服务中心5个，诊所（门诊部、医务室）136个，村卫生室271个，疾病预防控制中心1个，卫生监督局1个，中心血库1个，卫生计生培训学校1所。医院卫生机构有床位4246张，卫生技术人员4292人，其中执业医师和执业助理医师1851人，注册护士1852人。

常住居民人均可支配收入2.44万元，增长11.8%。城镇常住居民人均可支配收入3.22万元，增长8.8%。其中，人均工资性收入1.91万元，增长8.4%；人均经营净收入3524元，增长10.7%；人均财产净收入2310元，增长8.3%；人均转移净收入7310元，增长9.1%。城镇居民恩格尔系数32.89%，下降0.91个百分点。城镇居民人均住房面积41.06平方米，增加3.96平方米。农村常住居民人均可支配收入1.57万元，增长9.5%。其中，人均工资性收入5415元，增长10.5%；人均经营净收入5421元，增长8.1%；人均财产净收入218元，增长6.3%；人均转移净收入4632元，增长10.2%。农村常住居民人均生活消费支出1.04万元，增长7.1%。其中，衣着647元，增长15.3%；居住1951元，增长6.4%；生活用品及服务941元，增长9.9%；交通通信1178元，增长9.2%；教育文化娱乐959元，增长8.0%；医疗保健805元，增长21.3%。农村居民恩格尔系数36.66%，下降1.64个百分点。农村居民人均住房面积45.72平方米，减少0.08平方米。

城镇新增就业人员1.8万人，增长3.6%。新增转移农村劳动力1173人。年末城镇登记失业人数3570人，增长6.5%。城镇登记失业率3.09%，上升 0.08 个百分点。城镇企业职工基本养老保险参保人数 9.88 万人，增长 7.5%；城乡居民社会养老保险参保人数 34.24 万人，下降 0.3%。城镇职工基本医疗保险参保人数 8.61 万人，增长 4.6%；城乡居民合作医疗保险参保人数 68.08 万人，下降 1.2%；城乡居民合作医疗基金总支出 4.06 亿元。工伤保险参保人数 8.83 万人，增长 21.1%；生育保险参保人数 4.56 万人，增长 18.4%。领取失业保险金人数 1778 人，增长 6.6%。

有 7959 户 1.36 万人享受城乡居民最低生活保障，增加 216 人，增长 1.6%。其中，城镇居民最低生活保障 3691 户、增加 198 户，人数为 5883 人、增加 106 人；农村居民最低生活保障 4268 户、增加 172 户，人数为 7667 人、增加 110 人。救助城乡低保对象 1.36 万人，发放低保金 5713 万元，其中农村低保发放 2791 万元，城镇低保发放 2922 万元。农村特困人员救助供养人数 5510 人。城市居民最低生活保障标准为 500 元 / 月，农村居民最低生活保障标准为 350 元 / 月，分别增长 8.7%、16.7%。

全年降水量 757.5 毫米，下降 19%。濑溪河、大清流河出境断面水质稳定达到Ⅲ类标准，地表水达标率 62.5%，酸雨频率 19.4%。空气优良天数 254 天 。空气中二氧化硫年日均值 17 微克 / 立方米，空气中二氧化氮年日均值 23 微克 / 立方米，空气中可吸入颗粒物年均浓度 76 微克 / 立方米。森林面积 3.87 万公顷，森林覆盖率 35.9%。建成区园林绿化覆盖面积 1376 公顷，建成区绿化覆盖率 43.34%。

全社会用电量 10.21 亿千瓦时，增长 12.2%；城乡居民生活用电 3.67 亿千瓦时，增长 8.9%。用水总量 1.73 亿立方米，下降 1.1%。（肖富荣）

精神文明建设概况

2017 年，荣昌区精神文明建设各项工作高效有序扎实推进。年内，成功创建全国文明单位 1 个、全国文明村镇 1 个，4 个全国文明单位和 1 个全国文明村通过中央文明办复查，救人英雄徐前凯获评中国好人，开展“文明在行动 · 荣昌更洁净”等活动 300 余场，举办“我们的节日”等主题活动 120 余场次。全区成立志愿服务团体 531 个，注册志愿者 12.4 万余人。

【社会主义核心价值观宣传教育】 弘扬优秀传统，突出元宵逛灯会、清明祭英烈、端午忆忠魂、中秋盼团圆、重阳话敬老等主题，举办“我们的节日”主题活动10余场次，打造万灵古镇“七夕河灯文化节”节日活动品牌。大力践行社会主义核心价值观，开展“讲文明树新风”公益广告活动，突出抓好“爱国、敬业、诚信、友善”个人层面价值准则的实践养成，组织文明礼仪、文明餐桌、文明交通、文明旅游行动。开展“诚信荣昌”建设，开展“道德讲堂”“向日葵工程”“田间课堂”等专题讲座，印发《关于倡导绿色生活、反对铺张浪费的工作方案》。

【思想道德建设】 常态化开展我推荐我评议身边好人的推荐评议工作，选树重大宣传典型，全年推荐“身边好人”线索1500余条，徐前凯获评“中国好人”，黄廷刚、赖光勇、郑光勇、林宗华、徐前凯、李巧英和马成万、蒋坤菊夫妇获评“重庆好人”。举办区级微访谈活动6次，建立“身边先进典型人物”“道德模范”关怀关爱帮扶机制，联合区人力社保局、重庆农村商业银行荣昌支行为2016年荣昌区“身边先进典型人物”21名获奖人物颁奖。建立未成年人思想道德建设部门联动机制，认真抓好乡村学校少年宫建设，全区建设11所乡村学校少年宫。常态化开展“我的中国梦”主题教育实践活动，创新开展“九童圆梦 · 非遗行动”项目活动，将非遗文化带入11所乡村学校少年宫。获评“重庆市十佳美德少年”1名、“重庆市美德少年”2名。峰高中心小学承办市文明办《亮色——重庆市乡村学校少年宫创新案例》编写。10月，全面完成全国乡村学校少年宫项目管理平台信息录入。11月，承办全国乡村学校少年宫项目管理平台信息录入培训会，渝西10个区县103所乡村学校少年宫信息录入人员参加培训；在安富中心小学成功举办“寻根乡愁 · 留住美味”重庆市乡村学校少年宫留住美味现场展示活动。创新采用“区文明办+社会组织+志愿者”的工作模式，开展“爱在身边”“情暖童心·相伴成长”等关爱困境儿童和特殊家庭志愿活动120余次。安富中心小学和峰高中心小学在2016年度乡村学校少年宫述职考评中获评一等奖。

【群众性精神文明创建】 3月，召开创建全国文明城区指挥部会议，下发《全国文明城区测评体系任务分解》。印发《重庆市荣昌区创建“全国文明城区”“国家森林城市”“国家卫生区”宣传工作方案》，开展“创文明城区·建幸福家园”“提升市民素质·共创文明城区”“创建全国文明城区·志愿者在行动”“创全国文明城区·争做文明荣昌人”等系列活动20余次，制作“三城同创”户外大型T型广告牌5块、灯杆广告牌100余块。做好国家级、市级文明单位的培育、日常管理和申报工作。区地税局将受到第五届全国文明单位表彰。成功创建全国文明单位5个，市级文明单位73个，区级文明单位311个。区地税局、万灵镇沙堡村入选第五届全国文明单位、文明村镇。深化农村精神文明建设，印发《关于深化荣昌区农村精神文明建设工作的实施方案》和《荣昌区开展移风易俗树立文明乡村专项行动的实施方案》，向广大村民发出倡议书，倡导大家婚事新办、丧事简办、喜事俭办，树立勤俭节约的社会文明新风尚。开展家风润万家活动，开设家庭教育讲座，举办家风大家谈。万灵镇沙堡新村将受到第五届全国文明村镇表彰。

【志愿服务活动】 3月，开展“创建全国文明城区·志愿者在行动”学雷锋活动，组织60余名志愿者开展“三无小区”治理志愿服务。8月，印发《荣昌区“我是志愿街长”城市管理文明行动工作方案》，使志愿服务推进城市精细化管理。10月，开展文明交通劝导志愿服务培训会，开展“礼让斑马线线·文明我点赞”文明劝导志愿服务和进校园活动，通过“小手拉大手”，提高学生和家长的文明出行意识。以“你帮我帮大家帮”志愿服务行动为牵引，常态化开展“荣昌区志愿服务季”“我们一起奔小康”“爱心进农家”等主题志愿服务活动150余场。成立志愿服务团体531个，注册志愿者11万余人，设计重点志愿服务项目20个。重点打造“田间课堂”“城市三无小区治理”2个品牌。确定区图书馆、区文化馆、荣昌陶博物馆、张培爵纪念馆等首批公共文化设施开展志愿服务示范单位10个。结合“七一”“八一”“十一”、国际博物馆日等节点，组织开展讲解导览、专题讲座、信息咨询等志愿服务活动20余场次。（邓克翔）

中共重庆市荣昌区委员会

重要会议

【概况】 12月7日召开区委第十四届二次全会。全年区委召开常委会会议37次，全区干部大会5次，各类专题会议79次。

【区委第十四届二次全会】 12月7日，召开区委第十四届二次全会。全会深入学习贯彻党的十九大精神和市委五届三次全会精神，进一步统一思想、明确任务、狠抓落实，更好动员全区广大干部群众，拥抱新时代、践行新思想、实现新作为，把党的十九大精神全面落实在荣昌大地上，奋力开创"成渝城市群新兴战略支点"建设新篇章。全会听取和讨论了曹清尧代表区委常委会作的讲话和工作报告，审议通过《中共重庆市荣昌区委关于把党的十九大精神全面落实在荣昌大地上的实施意见》和决议，并对区第十四次党代会以来的工作作了总结。全会强调，要从政治上抓落实，就要旗帜鲜明，坚决维护习近平总书记的核心权威和党中央的集中统一领导；要从思想上抓落实，就要听习近平总书记的话，深学笃用习近平新时代中国特色社会主义思想；要从战略部署和具体行动上抓落实，就要对标对表，奋力开创"成渝城市群新兴战略支点"建设新篇章；要从组织上抓落实，就要党要管党，推动全面从严治党向纵深发展。全会要求，全区各级党组织和广大党员干部要大兴学习之风，把学习贯彻党的十九大精神不断引向深入，做到入脑入心学、融会贯通学、联系实际学。大行务实之举，奋力开创"成渝城市群新兴战略支点"建设新篇章，对标对表抓落实，紧盯关键抓落实，示范带头抓落实，久久为功地推动党的十九大精神在荣昌落地生根、开花结果。大抓全年冲刺，集中精力做好当前各项工作，把学习贯彻党的十九大精神同推动当前工作紧密结合起来，转化为推动改革发展的现实动力，强化运行调度，对照年初目标任务抓落实；做好工作谋划，及早思考谋划明年工作思路、目标任务、重点举措；关心困难群众，加大对建卡外生活困难群众的关心帮扶力度，着力做好农民工讨薪维权等工作；抓好安全稳定，抓好岁末食品药品监管，强化交通安全和生产安全监管，确保社会大局和谐稳定。全会号召，全区各级党组织及广大党员要更加紧密地团结在以习近平为核心的党中央周围，深学笃用习近平新时代中国特色社会主义思想，深入贯彻党的十九大精神，不忘初心、牢记使命，扬鞭奋蹄、苦干实干，奋力书写"成渝城市群新兴战略支点"建设新篇章，更快更好地满足人民群众日益增长的美好生活需要。

【区委常委会会议】 区委全年共召开区委常委会会议37次，研究审议了《中共重庆市荣昌区第十四届委员会常务委员会工作规则》《荣昌区党委（党组）意识形态工作述职述责办法（试行）》《荣昌区民族宗教工作联席会议制度》《关于在推进国有企业改革发展中落实全面从严治党的实施意见》《加强和规范基层党的组织生活十条规定（试行）》《重庆市荣昌区加强干部队伍纪律和作风建设“十不准”》《荣昌区落实中央巡视“回头看”对意识形态反馈意见的整改实施方案》《荣昌区意识形态工作责任制考核办法》《荣昌区招才引智暨“百名高层次人才”引进计划》《荣昌区关于加强新的社会阶层人士统战工作的实施意见》《关于将党的十九大精神全面落实到荣昌大地上的实施意见》《重庆市荣昌区深化国家监察体制改革试点工作实施方案》《荣昌区新的社会阶层人士列名联系工作制度》《中共重庆市荣昌区委关于坚决维护党中央集中统一领导的规定》《中共重庆市荣昌区委常委会贯彻落实中央八项规定精神实施意见》等重要议题内容。

【宣讲党的十九大精神暨传达市委五届三次全会精神干部大会】 11月17日，召开宣讲党的十九大精神暨传达市委五届三次全会精神干部大会。区委书记曹清尧作学习贯彻党的十九大精神和市委五届三次全会精神专题宣讲报告，并为区“六进”宣讲队授旗。会议要求，落实党的十九大精神首先看态度，关键看行动，最终看效果。全区各级党组织和广大党员干部一要迅速开展大学习活动，抓好各级中心组学习、集中学习日、各级干部培训及专题研讨，并结合工作实际，谈认识、找不足、明方向。迅速开展大宣讲活动，精心组织区级宣讲，广泛开展基层宣讲，大力开展面上宣传，让党的十九大精神随处可见、无处不在。迅速开展大反思活动，快速坚决彻底清除孙政才恶劣影响和“薄、王”思想遗毒，在思想政治领域深挖根源、锤炼党性、修好“心学”，时时处处事事同以习近平为核心的党中央保持高度一致。迅速开展大落实活动，始终把坚决维护以习近平为核心的党中央权威和集中统一领导放在首位，始终一体坚持、一体贯彻五大发展理念，始终践行以人民为中心的发展理念，始终准确把握新时代荣昌发展的历史方位，始终坚定不移推进全面从严治党，把思想和行动统一到党的十九大和市委五届三次全会精神上来，切实把党的十九大精神不折不扣落实在荣昌大地上。

【推进“两学一做”学习教育常态化制度化工作座谈会】 5月5日召开。会议深入学习习近平总书记关于推进“两学一做”学习教育常态化制度化的重要指示精神，贯彻中央和市委工作座谈会精神，抓实抓细抓严荣昌区“两学一做”学习教育，并对相关工作进行重要部署。全体在家市管领导出席会议。昌元街道、直升镇、区交委、宏烨公司、仁义中学、重庆三叶家具公司有关负责人作交流发言。会议要求，推进“两学一做”学习教育常态化制度化，重在“做表率，有标杆”。一要深入学、扎实做、持续改。各级党组织要推动形成常态化制度化的学习机制，明确具体的学习内容、学习任务和学习方式，做到年度有安排、月月有计划，真正学有所悟、学有所获、学能致用，增强贯彻落实的自觉性、坚定性。二要找方向、找差距、找动力。要巩固拓展荣昌区“两学一做”基层党建重点任务成果，结合中央巡视“回头看”和市委巡视整改要求、区委对照检查列出的整改措施，统筹推进各领域党建工作。三要扎实干、精细干、亲自干。实干、细干应从本职工作抓起，要把学习教育同做好改革发展稳定各项工作结合起来，同完成本地区本部门本单位重点任务结合起来，同党员、干部的职责结合起来，切实加以推进。会议要求，持续开展“两学一做”学习教育，必须“有底线，严查处”。强化典型引路。要结合迎接党的十九大和学习宣传贯彻党的十九大和市第五次党代会精神，把选树、宣传、学习先进典型作为重要抓手，使党员干部群众学有标杆、做有榜样。强化底线意识。党员干部要牢记法律红线不可逾越、法律底线不可触碰，要尊崇和维护党章、守住政治纪律底线，要遵守党的路线方针政策、守好政策底线，要坚守最基本、最朴素的做人做事道德底线。强化严管严查。要坚持从严管理，党员领导干部要如实报告个人有关事项，接受组织监督。要坚持从严查处，突出落实“两个责任”和贯彻中央八项规定精神，持之以恒纠正“四风”，注重执纪监督，敢于较真逗硬，重点审查不收敛不收手，问题线索反映集中、群众反映强烈的领导干部。

【2017年经济工作暨“实体经济振兴年”活动动员部署会】 2月20日，在区委礼堂召开2017年经济工作暨“实体经济振兴年”活动动员部署会，全体在家市管领导干部参加会议。会议要求，荣昌开展“实体经济振兴年”活动，必须紧扣“工业为主导、投资打主力、企业作主攻”主线抓着力点和突破口。一要突出工业为主导。增强园区平台资源集聚能力，推动国土、规划、建设、科技、交通、市政等行政资源向园区聚集，完善园区配套设施，全面提升园区招商条件和承载能力。二要突出投资打主力。坚持以项目为载体，放大“量”的扩张，继续强化招商引资、向上争取，推动一批重大产业项目、基础设施项目落地；提升“效”的水平，继续强化项目落地、开工、竣工、投用节点控制，各项目牵头单位和所在镇街主要领导要积极做好项目争取和服务，确保完成固定资产投资580亿元，工业投资212亿元，招商到位资金180亿元以上。三要突出企业作主攻。突出供给侧结构性改革主线，以成长企业为基准点，改变行政资源碎片化现状，形成推动企业做大做强的合力；盘活资产，充分运用各种手段，重组闲置资源、优质资源，推动企业转型升级，引导企业瞄准主导产业发展方向大胆走进去；强化支持，努力营造最佳发展环境和清亲的政商关系，充分激发企业家的创业精神和冒险精神，加快构建“行业领军企业+科技成长企业+核心配套企业”为特征的主导产业集群。

【创建国家森林城市动员大会】 3月3日，在区行政中心召开创建国家森林城市动员大会。国家林业局森林城市建设办、宣传办主任、新闻发言人程红，市林业局巡视员杜士才，区四大班子在家领导出席会议。会议指出，创建国家森林城市是落实“四个扎实”的重要举措，是打造成渝城市群新兴战略支点的关键保障，是实现以人民为中心发展的现实选择，各级各部门要提高政治站位，进一步增强“创森”工作的责任感、紧迫感，立足荣昌实际，全力推进“创森”各项重点任务、重点工作，确保2018年创建成功。会议要求，一要坚持创新为要。在定位上从荣昌实际出发，建设山水相融的森林城市；规划上明确主要树种，原则上多选用木棉、海棠、黄桷树等本土树种，以提高成活率，降低建设及维护成本。要明确建设重点和建设时序，保障城市森林量，提高创建有效性；统筹整合资金项目，确保“创森”工作实实在在的投入。二要坚持协调为重。推动多规合一，“创森”规划要与国土、城市等规划紧密衔接、同步实施；推动三创合一，创建国家森林城市与全国文明城区、国家卫生城区要互为基础、相互促进；推动建设与现状统一，充分利用现有绿化，深入挖掘增绿潜力，提高原有绿化水平和品质。三要坚持绿色为特，更加注重复层绿化、节点绿化、和特点绿化，特别重视提高高速路口两旁，高铁站周边，城区至广顺、安富公路，城区重点街区的绿化。各镇街要参照中心城区做法，选择1～2个绿化重要节点，加快绿化进度。城区的主要街道要突出行道树的景观效益，建设一批以主要树种为街名的特色街道。四要坚持开放为先，动员社会各界力量广泛参与。坚持森林绿化与产业发展并重，坚持森林绿化与休闲旅游并重，坚持“大地种绿”与“心中播绿”并重。五要坚持共享为本。把实现以人民为中心的发展理念贯穿创建工作始终，着力加强“森林进城”“森林环城”“森林村庄”建设力度，坚持城乡一体、统筹推进。 （黄　勇　汪　娅）

重要决策

【概况】 全年区委召开常委会会议37次，各类专题会议79次。区委、区政府联合发文14份，区委发文16份。重要决策涉及深入推进农业供给侧结构性改革加快培育农业农村发展新动能、推进价格机制改革、法治政府、完善扶贫开发长效机制等方面。

【把党的十九大精神全面落实在荣昌大地上】 12月15日，区委下发《关于把党的十九大精神全面落实在荣昌大地上的实施意见》，要求全区党员干部一要把牢固树立“四个意识”，坚决维护以习近平为核心的党中央权威和集中统一领导作为第一位的政治要求，切实把“四个意识”落实在思想上、落实在岗位上、落实在行动中，时时处处事事听从习近平总书记的号召、服从习近平总书记的指挥。二要坚持知行合一，深学笃用习近平新时代中国特色社会主义思想，深刻理解把握习近平新时代中国特色社会主义思想的时代背景、科学体系、精神实质、实践要求，坚定自觉地用党的创新理论武装头脑、统一思想、指导实践、推动工作。三要全面落实中央、市委战略部署，扎实推进全区改革发展各项事业，按照“五位一体”总体布局和“四个全面”战略布局，坚定不移落实新发展理念，深入贯彻“四个扎实”要求，努力打造“成渝城市群新兴战略支点”，实现更高质量、更有效率、更加公平、更可持续的发展。四要突出抓重点、补短板、强弱项，紧密结合全面建成小康社会的实际，按照“立足长远、三年见效”的要求，实施以国家高新区为平台的智能化创新驱动发展实施方案、以国家货运机场为引擎的内陆开放高地建设实施方案、以国家生猪大数据中心为引领的数字经济发展实施方案、以城乡融合发展为要求的乡村振兴战略实施方案、以骨干网络为支撑的基础设施建设提升实施方案、以产业联盟为先导的军民融合发展实施方案、以激发活力为目标的科教兴区和人才强区实施方案、以需求为导向的保障和改善民生实施方案、以宜居美丽首善之区为统揽的生态优先绿色发展实施方案、以素质提升为核心的精神文明建设实施方案“十项实施方案”，打好防范化解重大风险、精准脱贫、污染防治“三项攻坚战”，确保全面建成小康社会得到人民认可、经得起历史检验。五要坚定不移落实全面从严治党各项要求，按照新时代党的建设总要求，不断提高党的执政能力和领导水平。各级党组织要切实担负起全面从严治党主体责任，坚持和加强党的全面领导，坚持党要管党、全面从严治党，以加强党的长期执政能力建设、先进性和纯洁性建设为主线，以党的政治建设为统领，以坚定理想信念宗旨为根基，以调动全党积极性、主动性、创造性为着力点，全面推进党的政治建设、思想建设、组织建设、作风建设、纪律建设，把制度建设贯穿其中，深入推进反腐败斗争，坚决清除孙政才恶劣影响和“薄、王”思想遗毒，把坚定不移全面从严治党见诸实效。

【农业供给侧结构性改革】 3月13日，区委、区政府联合下发《关于深入推进农业供给侧结构性改革加快培育农业农村发展新动能的实施意见》。要求全区农业农村工作要以农业供给侧结构性改革为主线，以优化供给、提质增效、农民增收为目标，以绿色发展为导向，以改革创新为动力，着力培育新动能、打造新业态、扶持新主体、拓宽新渠道，加快推进农业转型升级，促进农村繁荣稳定、农业提质增效、农民稳定增收，示范、辐射效应进一步增强，努力成为成渝经济区农业农村发展典范。

【完善扶贫开发长效机制】 9月5日，区委、区政府联合下发《关于巩固脱贫攻坚成果完善扶贫开发长效机制的实施意见》。提出要深入贯彻党中央、国务院关于脱贫攻坚决策部署，落实陈敏尔书记在石柱调研脱贫攻坚的讲话精神，进一步统一思想、凝聚力量，聚焦深度贫困人口，更加坚定精准有效地推进脱贫攻坚工作，围绕2020年稳定脱贫的总体目标，坚持精准扶贫精准脱贫基本方略，统筹抓好全力攻坚、巩固成果和持续提升，着力完善机制制度、增强发展能力，以更准、更实、更严的要求，坚决防止边脱贫边返贫。到2020年，在现行标准下农村贫困人口脱贫、贫困村脱贫的基础上，贫困人口（含建档立卡已脱贫人口、新致贫返贫人口，下同）实现稳定脱贫，脱贫村自我发展能力明显增强，防止致贫返贫机制制度基本形成，与全区同步进入全面小康社会。

【濑溪河流域综合治理】 11月3日，区委、区政府联合印发《荣昌区濑溪河流域综合治理实施方案的通知》，提出为切实解决好重庆市环境监察办《关于挂牌督办7个环境问题的通知》（渝环监察〔2017〕2号）涉及荣昌区的生态环境问题，进一步加大濑溪河流域综合整治力度，切实改善濑溪河水环境质量，确保出境断面水质长期稳定达标。必须要牢固树立和践行“绿水青山就是金山银山”的理念，实行最严格的生态环境保护制度，认真执行《环境保护法》《中华人民共和国水污染防治法》《水污染防治行动计划》《党政领导干部生态环境损害责任追究办法（试行）》《重庆市环境保护条例》等规定，像对待生命一样对待生态环境，统筹山水林田湖草系统治理，坚定走生产发展、生活富裕、生态良好的文明发展道路，建设美丽荣昌。2017年年底，实现濑溪河出境断面水质各项考核指标年度平均值达到Ⅲ类标准，29条主要支流监测断面水质达到或优于Ⅳ类标准。2018年6月底，实现濑溪河干流每个跨镇街界断面和出境断面水质每月稳定达到或优于Ⅲ类标准；2018年年底，29条主要支流监测断面水质达到河流功能要求。巩固综合治理成果，实现濑溪河水质长期稳定达到或优于Ⅲ类标准，为全区人民创造天蓝、地绿、水净的良好生产生活环境。

【大气污染综合治理】 11月3日，区委、区政府联合印发《荣昌区大气污染综合治理实施方案的通知》，提出为落实重庆市环境监察挂牌督办的7个环境问题通知中涉及荣昌区的生态环境问题，进一步推进全区大气污染防治攻坚行动，改善辖区环境空气质量，必须要牢固树立责任意识和担当意识，认真执行《中华人民共和国环境保护法》《中华人民共和国大气污染防治法》、国务院《大气污染防治行动计划》、中央办公厅国务院办公厅《党政领导干部生态环境损害责任追究办法（试行）》《重庆市大气污染防治条例》等规定，以问题为导向，持续深入开展大气污染防治攻坚行动。2017年11月30日前，力争优良天数达到240天以上，PM2.5平均浓度控制在62微克/立方米以内；2017年12月31日前，确保优良天数达到250天以上，PM2.5年均浓度控制在62微克/立方米以内。2018年1月起，按照《荣昌区空气质量达标规划》和市环保局相关要求，进一步降低各项大气污染物年均浓度，持续改善空气质量，努力为全区人民创造良好的大气环境。

【“健康荣昌2030”规划】 11月17日，区委、区政府联合印发《“健康荣昌2030”规划》的通知，要求坚持以人民为中心的发展思想，牢固树立和贯彻落实新发展理念，坚持正确的卫生与健康工作方针，坚持把人民健康放在优先发展的战略地位，落实健康中国、健康重庆战略，以提高人民健康水平为核心，以普及健康生活、优化健康服务、完善健康保障、建设健康环境、发展健康产业为重点，以科技、人才、法治为支撑，扎实推进健康荣昌建设，全方位、全周期维护和保障人民健康，大幅提高健康水平，显著改善健康公平。到2020年，成功创建全国文明城区、国家卫生区、国家森林城市、国家食品安全示范城市、全国武术之乡。基本建立覆盖城乡居民的基本医疗卫生制度和健康促进制度体系，居民健康素养水平持续提高，环境污染得到有效控制，生态建设和健康产业稳步发展，社会保障和健康保障水平不断提高，人人享有基本医疗卫生和基本体育健身服务，推进全民及高危个体健康生活方式行动，健康公平性稳步提升。主要健康指标高于全市平均水平，其中，人均期望寿命达到78.5岁，健康服务产业产值实现70亿元。到2030年，健康融入所有政策，建立健全促进全民健康的制度体系，形成人人注重健康、人人追求健康的社会氛围。开发推广促进健康生活的适宜技术和用品，全方位保障全民健康，健全覆盖全区的健康素养和生活方式监测体系，提高健康教育服务能力，强化健康科学知识宣传，大幅度提高健康水平，显著改善健康公平；主要健康指标居于全市中上水平。

（黄　勇　汪　娅）

重要活动

【概况】 2017年，以创建国家高新技术产业开发区、国家货运枢纽机场、国家生猪大数据中心建设，是荣昌创造新供给、释放新需求、拓展新空间，共同构成迈向高质量发展的总体体系。开展“实体经济振兴年”活动，全力打造成渝城市群新兴战略支点。荣昌是全国第一批实施“河长制”区县，“街长制”先进经验成为全市典型，多次被中央、市级媒体宣传报道，获得国家相关部委表扬。荣昌是全国首批产业转型升级示范区，被国务院表彰为“落实有关重大政策措施真抓实干成效明显地方”。

【深入学习宣传贯彻党的十九大精神】 11月10日，区委成立由区委书记曹清尧任团长，区委副书记、区长李中武，区委副书记黄晏任副团长，区委常委、区级有关部门负责人和区委党校、社科理论界的专家学者组成的区委宣传团，并组建了6支队伍开展党的十九大精神宣讲进企业、进农村、进机关、进校园、进社区、进网络。切实引导全区广大党员干部群众把思想统一到党的十九大精神上来，把力量凝聚到落实党的十九大确定的各项任务上来。

【开展“实体经济振兴年”活动】 2月20日，在区委礼堂召开2017年经济工作暨“实体经济振兴年”活动动员部署会。要求开展“实体经济振兴年”活动，必须紧扣“工业为主导、投资打主力、企业作主攻”主线抓着力点和突破口。打一场实体经济发展的攻坚战、大会战、持久战，为全力打造成渝城市群新兴战略支点插上腾飞的翅膀。

【“三件大事”取得重大突破】 全国首个农牧特色国家高新区——荣昌高新技术产业开发区，于2018年3月正式获国务院批准。国家货运枢纽机场得到中共中央政治局原常委、国务院原副总理张高丽亲笔批示，得到市委、市政府高度重视，成功举办荣昌货运机场项目研讨会，先后与新加坡CPG集团、中交集团、海航集团、顺丰快递等签订设计、建设、运行、临空产业园战略合作协议。国家生猪大数据中心建设通过农业部评审，同新华社联合发布生猪价格（荣昌）指数，与阿里巴巴、九次方等知名企业签订战略合作协议，加快推动国家生猪交易市场向大数据、要素市场转型。

【实施“街长制”“河长制”】 整合全区21个部门327项城市管理职能为128项，下沉109项部门职责到镇街；落实111名干部“街长”、对城区街道实行“包干”精细化管理；强化街道、社区主体作用，深入推进“大联动·微治理”，努力实现小事不出社区、大事不出镇街。“街长制”先进经验成为全市改革典型。在全市率先出台“河库、领导、责任、制度”四个全覆盖河长制工作方案，统筹各类资金15.6亿元，突出濑溪河流域和大气污染综合治理，启动黄桷树、濑溪河、玉带河三大生态文化主题公园建设，成为全国第一批实施“河长制”区县，多次获得国家相关部委表扬。

【开展“百名干部进企业”活动】 4—12月，在全区开展“百名干部进企业”活动。抽调100名中层及以上干部，分为25个工作组，每组设组长1名、成员3名，帮助协调解决企业发展中面临的实际困难和突出问题，重点是帮助企业“减负、解难、融资、保产”；引导和促进企业积极应对当前危机，提升加快工业发展的信心和动力；形成“干部向工业集中、资源向工业投入、政策向工业倾斜”的浓厚氛围，实现重点项目保建设、工业企业保生产、经济发展保增长的目标，推动荣昌经济发展再上新台阶。

【实施“招才引智”工程】 完善收入分配和激励政策，建立人才一站式服务“绿色通道”，配套硕博奖励、“拎包入住”人才公寓等机制，在荣昌连续工作五年的，给予硕士一次性奖励4万元、博士一次性奖励20万元。在全市率先与清华、北大建立“人才战略合作联盟”，认定首批35名工业高层次人才，引进研究生以上人才48人，与190名硕士以上人才达成引进意向，超过去3年总和，有131名硕博人才享受到奖励。

【召开庆祝建党96周年暨“七一”非公党建工作座谈会】 6月30日在区行政中心四楼召开。曹清尧会见了10名“最美党员标兵”，观看了“最美党员标兵”事迹微视频，“最美党员标兵”代表、全区非公经济和社会组织党员负责人代表、党支部书记

代表，就如何加强支部建设、如何以党建带经建等进行了交流发言。（黄　勇　汪　娅）

改革工作

【概况】 2017年，荣昌区严格对标对表中央、市委要求，坚持新发展理念，聚焦发展不平衡不充分的问题，以供给侧结构性改革为主线，全面深化改革贯穿政治、经济、文化、社会、生态和党的建设等各个方面。完善会议议事规则、汇报、督查等17个制度，主持召开区委深改组会议17次、工作现场会5次，研究审议重点改革事项41项，听取改革工作专题汇报16次，调研改革重点工作44次，开展现场工作督查37次，其他形式部署改革工作142次，全区14大领域、32个专项、93件改革事项总体推进顺利。

【党的建设制度改革】 区委出台实施全面从严治党“三级责任清单”，为三级党组织开具差异化“处方”。扎实开展党员“百分百工程”“非公党建提升年活动”，非公党建实现调查完成率、党组织覆盖率、党的工作覆盖率、党建指导员覆盖率100%。改革完善考核机制，确保“板子打在人身上、钉子钉在硬墙上”，对慢作为、不作为和考核靠后的5名领导干部给予免职或诫勉组织处理。建立93个单位606名区管领导干部、166名专职纪检干部电子廉政档案，实现监督执纪全程纪实、“四种形态”实时监控、廉政审查一键生成。深化落实村干部享受惠农惠民政策“十公开”和村组干部农村项目建设“九不准”，创新出台实施村、社等“六小长”作风建设“八不准”，进一步约束“小微权力”。

【农村“三变”改革】 启动农村“资源变资产、资金变股金、农民变股东”三变改革，探索建立“基层党组织+自治组织+集体经济组织”乡村振兴机制。全年投入财政资金2000万元作为股本金扶持15个“空壳村”发展集体经济试点。年末有4个村纯收入超过10万元，党支部组织力、号召力明显提升。中央党校将此作为教学案例到荣昌专题调研。

【教育医疗改革】 创新教育、卫生两个系统人才和分配激励机制，启动区委党校、人民医院、荣昌中学等改扩建，探索开展名校建分校、强校带弱校、一长执多校、中心校负责制等办学模式；全面推开公立医院综合改革，人民医院、中医院分别与三甲医院和20个基层医疗机构组建医联体，教育、医疗软硬件同步提升。

【国有企业分类改革】 全年国有企业从母公司剥离2个，关闭、注销27个，对9个进行改制。建立完善资本管理、主营业务、工资薪酬等配套办法，推动国有平台公司向实体转型，着力形成3个国有集团公司、2个公益性项目建设单位、7个其他国有企业的“3+2+7”格局，积极防范化解债务风险。

【深化“放管服”改革】 行政服务中心新建的2000平方米企业服务大厅投入使用，进一步推动集中办公、集成服务。全面实行网上审批、六段式并联审批、一站式审批，政府定价类涉企收费由62项减少至28项，一般项目办件、建设领域审批分别提速75%、70.2%，一般项目平均承诺办结时限压缩为3.6个工作日，服务效率居全市前列。

【深化科技制度改革】 大力实施高新技术企业培育计划，出台实施科技项目资金管理、专利资助办法，选聘西南大学、市畜科院50名知名专家建立科技特派员制度，组建重庆国农畜牧业现代化技术研究院。荣昌正式纳入市科技型企业知识价值信用贷款改革试点，成为全市六个试点区县之一。

【推进价格机制改革】 4月5日，区委、区政府联合下发《关于推进价格机制改革的实施意见》。要求进一步解放思想、开拓创新、转变职能，大力推进供给侧结构性改革，全面深化价格改革，加快建立完善主要由市场决定价格的机制，注重发挥政府价格调控作用，扎实推进依法治价，努力为荣昌区经济发展和社会和谐稳定营造良好的价格环境。

（黄　勇　汪　娅）

督查工作

【概况】 2017年，区委督查工作按照“围绕中心，突出重点，狠抓落实”的工作思路，紧紧围绕市委、区委中心工作和重大决策部署以及市委督查工作领导小组第一次会议精神要求，拓展督查工作内涵，提高督查服务质量，认真开展督促检查，狠抓工作落实，取得了较好成效。

【中心工作督查】 根据《区委工作报告》分解的工作任务，采取每季度全面督查，季中重点抽查的方式，对标对表，逐项查清查实。对区委常委会会议审议的各项议题内容，建立定期督办制度，会议结束后15天内，督办一次初步落实情况，3个月后对重点议题实施“回头看”督查，详细了解各承办单位落实常委会会议要求的效果、存在的问题。全年督办325项议题落实情况，报送《区委常委会会议议题落实情况表》33次，开展重点议题“回头看”督查7次53项。对学习宣传贯彻党的十九大精神、习总书记视察重庆讲话精神贯彻落实情况、区委第十四届党代会工作报告任务分解、区委主要领导批示件办理情况、中央环保督察反馈问题、“12·27”地震灾后恢复重建，以及重点项目、民心工程、重大改革攻坚、精准扶贫、安全维稳、工作纪律、会风会纪等工作进行督查。先后组织开展各类督查86次，编写《督查专报》35期，印发《督查通报》10份，督查区委主要领导批示件（525—1642号）办理情况320件。做好市委督查组到荣昌的迎检工作，牵头和配合接待市委督查组6次，受检工作得到各督查组高度评价，圆满完成各项迎检工作。

【重要工作专项督办】 采取重点问题领导督查、热点问题现场督查、难点问题联动督查、疑点问题暗访督查、焦点问题专项督查的“五点督查法”，对重点民生项目、生态文明建设、创建国家森林城市等重要工作开展专项督办。

【作风建设督查】 对全区贯彻落实中央八项规定及市委、区委实施意见，《党政机关厉行节约反对浪费条例》情况，多次进行集中督查。对全区各级各部门在工作纪律、因公出国（境）管理、公务接待、公车改革、办公用房清理等方面的情况多次明察暗访，共查处违反中央八项规定精神问题14件15人，侵群众利益的不正之风和腐败问题41件54人，“踢皮球”“中梗阻”问题14件14人，较好地转变了机关作风，树立“风清气正”的机关形象。

按照全区重大会议要求，开展会风会纪督查，对迟到、早退、不按规定请假、代会等违反会议纪律的单位进行通报批评，严肃会议纪律，提高会议质量和效果。

【贯彻党的十九大精神督查】 区纪委、区委办公室、区委组织部、区委宣传部组成督查组，对全区30个单位学习宣传贯彻党的十九大精神的开展情况进行督查。督查组采取随机抽查方式，对昌州街道、双河街道、吴家镇等17个镇街，区安监局、区供销合作社、仁义中学等13个单位进行督查。通过查阅资料、现场查看和延伸走访等方式，督查各单位党委（党组）中心组专题学习、党支部集中学习以及组织宣讲、新闻宣传等七个方面的内容。从督查的情况反映，各级党组织对学习宣传贯彻党的十九大精神行动迅速、氛围浓厚、形式多样、措施到位、成效明显、亮点突出，着力在真学、真懂、真信、真用上下功夫，全面掀起了学习宣传和贯彻落实党的十九大精神热潮。（黄勇 汪娅）

保密工作

【概况】 2017年，全区保密工作全面落实市委保密委员会2017年工作部署，深入开展保密宣传教育，加强保密队伍建设，持续推进定密、涉密人员及网络保密“三大管理”工作，不断提升保密技术防护能力，切实加大保密督查力度，确保党和国家秘密安全，充分发挥“保安全，保发展”的作用。

【落实中央和市委有关保密工作决策部署】 在区

委机要保密局加挂荣昌区国家保密局牌子，任命了区国家保密局局长和副局长。区委机要保密局新增加行政编制1名，新录用人员1人。加强涉密人员管理，区国家保密局与全区涉密人员和离岗涉密人员签订了《保密承诺书》。同时，严格遵守涉密人员脱密期管理规定，明确规定涉密人员工作期间因公、因私出国（境）必须经人事部门保密审查，进行保密教育。

【保密宣传教育】 组织订购《胜利之盾》《泄密窃密案例警示录》等保密警示教育系列片，并组织领导干部和涉密人员观看。把保密教育培训纳入区委党校主体教学计划，时间在1周以上的各类干部培训班做到保密教育培训不少于1个学时，对各级领导干部进行经常性的保密教育，全年授课6次，培训400余人次。积极拓展《保密工作》杂志的宣传覆盖面，认真组织开展了杂志征订和学刊用刊工作，全区共计征订《保密工作》杂志109份。通过教育学习，进一步增强全区保密干部和涉密人员的业务水平，更新知识结构，提高了综合素质。

【增强保密技术防范措施】 加强机关单位要害部门部位、涉密信息系统、保密会议室的技术防护装备和保密部门的技术检查检测装备的配备。配备了一批手机信号干扰器、手机屏蔽柜和文件保密柜，为区内召开涉密会议等提供了科技保障。结合区行政中心搬迁实际，为确保第三批单位搬迁过程中不发生失泄密事件，下发《关于在办公地点搬迁过程中做好保密工作的通知》，对拟搬迁单位在办公地点启动搬迁前、搬迁过程中、搬迁入驻后都提出明确的保密工作和纪律要求，同时加强督促检查，彻底消除泄密隐患。

【涉密载体管理】 认真贯彻落实《国家秘密载体销毁管理规定》，将涉密载体销毁管理、保密防范和检查技术培训纳入专题学习和培训计划，强化涉密人员的秘密载体销毁意识，规范通信、办公自动化和计算机信息系统涉密载体的声、光、电、磁的销毁管理工作。8月23日，将全区需销毁的各类涉密文件、内部刊物等涉密载体，其中，纸质文件资料9.72吨、磁介质6千克、硬盘5个、U盘7个，集中运至市涉密载体销毁中心进行销毁。

【保密专项检查】 以保密监督检查为抓手持续推进全区保密管理规范化、常态化建设。全年分3批次对全区30个机关、单位开展各类保密工作专项检查，掌握情况，梳理问题，提出整改意见建议，并要求立即整改。落实国家统一考试监管，对试卷保密室进行专项检查，确保了2017年全国普通高考、成人高考，大学英语四、六级考试等国家统一考试期间的安全保密。 （黄　勇　汪　娅）

纪检监察

【概况】 2017年，区纪委监察局牢固树立“四个意识”，保持坚强政治定力，把迎接党的十九大和学习贯彻党的十九大精神作为重大政治任务，认真贯彻落实中央、市、区关于全面从严治党以及党风廉政建设和反腐败工作的新部署、新要求，聚焦主业强化监督执纪问责，深入推进党风廉政建设和反腐败工作，全区党风廉政建设和反腐败工作成效明显。纪检监察信息、宣传、调研、信访等工作名列全市区县前茅，荣昌连续2年获全市区县党风廉政考核第一名，获全市区县纪委工作情况考核一等奖。

【落实“两个责任”】 对21个镇街和部分重点部门开展拉网式“政治体检”，深入了解掌握基层管党治党政治责任落实情况、党风廉政建设和反腐败工作进展情况、党内政治生活开展情况等，对基层党组织和纪检组织在履行“两个责任”方面存在的问题和不足逐一进行差异化指导，对发现的8大类问题责成相关部门、镇街整改落实。认真落实定期报告、述责述廉等工作制度，建立集中督查和随机抽查机制，督促抓好“两个责任”的落实，3名镇街、部门党政主要负责人和1名派驻纪检组长在纪委全会上述责述廉。认真落实《中国共产党问责条例》和重庆市实施办法，结合荣昌实际，制定出台

《全面从严治党责任倒查工作办法（试行）》《全面从严治党责任倒查跟踪问效“五查五看”工作机制》，推进责任倒查、责任追究制度化、规范化。全年实施党风廉政责任追究34件41人，行政问责5件22人。

【实践“四种形态”】 在认定错误事实的基础上，根据情节轻重，严格依据党纪要求，准确运用“四种形态”开展执纪审查、执纪审理。全年纪检监察组织运用“四种形态”处理376人次。其中，第一种形态批评教育、谈话函询256人次、占68.08%，使红脸出汗成为常态；第二种形态纪律轻处分、组织处理84人次、占22.34%；第三种形态纪律重处分、重大职务调整18人次、占4.79%，有力维护了纪律的严肃性；第四种形态严重违纪涉嫌违法立案审查18人次、占4.79%，被开除党籍、移送司法机关的成为极少数。

【四个专项治理】 制定“1+4+1”工作方案，专项整治“四风”问题，开展“踢皮球”“中梗阻”专项治理，开展扶贫涉农领域专项督查，重拳整治发生在群众身边的不正之风和腐败问题。核查市纪委交办的“四风”问题8件，给予党纪政纪处分2人，诫勉谈话3人；查处违反中央八项规定精神问题14件15人；查处侵害群众利益的不正之风和腐败问题41件54人；查处“踢皮球”“中梗阻”问题14件14人。坚持点名道姓通报曝光，发文实名通报违规违纪典型问题16起，棠城清风“曝光台”栏目实名曝光本地典型案例23起，转载各地曝光案例329起，坚决防止不正之风反弹回潮。

【信访举报】 畅通信访举报渠道，建立健全统一规范的来信、来访、电话、网络“四位一体”的立体信访举报网络，举报电话实行24小时接听。建立健全信访举报台账。在监督执纪问责系统信访举报子系统电子化管理的基础上，建立手工管理台账，落实专人负责，实行一信一登，对信访举报件的去向、时限和结果进行表格化管理。全年受理信访举报292件，收到检控类初信初访问题178件，办结率在95%以上。

【纪律审查】 有效推进执纪审查安全管理，严格落实执纪审查安全责任制。新增“走读式”谈话室19个，建立落实相关管理制度，从软硬件上保障执纪审查安全。充分发挥区委反腐败协调小组成员单位作用，与区法院、区检察院、区审计局等单位相互移送案件（线索）47件，全区纪检监察组织处置问题线索315件，新立案91件109人，结案94件，处分111人，查处县处级以上干部7人。加强对区“三会”期间换届风气监督，严肃查处违反换届纪律行为，全方位、多形式、多手段加强监督检查，与主责部门联动形成监督合力，“联动式”开展作风督查，紧抓重要时间节点开展明察暗访、交叉暗访、集中督查16批次，严查公车私用、公款消费、乱发钱物等问题。

【队伍建设】 不断完善派驻机构改革，协调解决派驻纪检组人员、编制问题，落实派驻纪检组编制70名，已到位50名。继续深化“三转”，对落实“三转”情况开展监督检查50次，确保“三转”到位。认真开展国家监察体制改革试点工作，严格按照中央和市委确定的时间表和路线图，蹄疾步稳有序推进，全面完成人员转隶、监委班子组建、监察委员会挂牌工作。采取走出去“看”、请进来“讲”、跟班“训”和模拟“练”四类方式，提升执纪审查能力，共培训纪检监察干部850人次。制定《派驻纪检组管理办法》《派驻纪检组工作办法》《基层纪检组织负责人向区纪委报告工作制度》等内控机制，强化对纪检监察组织和纪检监察干部的日常监督管理。扎实开展廉政风险防控，各部室查找岗位廉政风险点96个，建立健全防控措施117条。认真落实《重庆市纪检监察干部“八条禁令”》，对执纪违纪的坚决查处、失职失责的严肃问责，严防“灯下黑”。8月起，区纪委结合推进“两学一做”学习教育常态化制度化，举办“监督执纪大讲堂”，为全区纪检监察干部提供了一个交流和提升的课堂。至年底共举办12期，培训纪检监察干部775人次。 （吴毅飞）

组织工作

【概况】 2017年年底，全区有党员30320人，其中正式党员30154人、预备党员166人。全年增加党员3948人，其中发展党员131名、转入组织关系2817名。减少党员911名，其中出党57名、停止党籍11名、死亡311名、转出组织关系531名。有基层党组织1229个，其中党委64个、党总支部86个、党支部1079个，党工委13个。全年，新设立党委9个，其中区属医院3个、区属中学6个；新成立党总支部8个，撤销11个；新成立党支部29个（非公领域16个），撤销25个（非公领域20个）。年底，有处级以上领导干部644人，其中女干部135人，占20.1%；非中共党员45人、占7%，大专以上644人，占100%。完成全市组织工作调研课题《深化联建共建互补凝聚城市党建合力》，并获得全市组织工作重点调研成果三等奖，市委组织部采用上报信息排名列全市第四位。全年出版《荣昌组工信息》39期、《荣昌党代表心语》9期，在《荣昌日报》出版“非公党建提升年”专版20期。

【“两学一做”学习教育】 调整充实全区“两学一做”学习教育协调小组，印发《全区“两学一做”学习教育常态化制度化实施方案》《学习教育书目》清单。按季度印发督查工作要点，5个督导组通过党建季度督查、学习教育专项督导，采取随机暗访、痕迹查验、现场提问等方式，加强日常督导检查，对存在问题的基层党组织进行逐一反馈，限期整改后再及时“回头看”。全区党组织查找问题3161个、党员个人查找问题59518个，已全部整改完成。

制定区委领导班子成员、镇街和区级部门党组织书记、党支部书记落实全面从严治党责任三级清单，以上率下，层层示范压实责任。出台《加强和规范基层党的组织生活十条规定》，对“三会一课”、民主生活会等10项组织生活制度，提出分级备案、考勤记载、程序步骤等具体要求，着力解决部分党支部组织生活不会抓、抓不实等问题。印发《关于全面推广支部主题党日的通知》，将每月8日固定为支部主题党日统一时间，围绕“两学一做”制订全区主题党日指导性年度计划。各基层党组织在深入学习的基础上，组织党员开展联系服务群众和志愿服务活动，全区党员参加志愿服务21576人次，为群众办实事好事5030件。

制定《重庆市荣昌区党的组织生活质量及党支部书记履职尽责测评办法（试行）》，全区各基层党支部开展测评，党的组织生活质量、党支部书记履职尽责的满意度平均值分别为99.55%、99.69%，共收集意见建议87条。汇编《习近平总书记系列重要讲话摘录》《全面从严治党名词手册》，组织三级考学，确保学习入脑入心。汇编《党课可以这样上——荣昌区优秀党课课案（一）》，选取全区近年来村（社区）、镇（街道）、部门、国企、教育、卫生、非公七大行业领域、35篇优秀党课课案。举办“贯彻十九大·跨入新时代”微党课大赛，提升党课质量。制作《一图看懂十九大报告》宣传海报发放到基层党支部，辅导党员干部群众深入学习理解十九大报告。

【领导班子和干部队伍建设】 全年区委共召开14次常委会研究干部调配工作，调整区管领导干部共152人（不含非领导职务晋升、机构更名、纪检组派驻干部调整、兼职、改非、调离、组织处理免职等）。其中，提拔50人，平职交流86人，平级重用5人，调任2人，军转安置1人，内部转任8人。在提拔的50人中，年龄40岁及以下有21人，45岁及以上有12人，女干部17人。组建6个日常联系组，采取召开测评会议、个别谈话、实地查看等方式，对区管领导班子全覆盖开展班子回访和日常考核。严格落实“凡提四必”等规定制度，严防干部“带病提拔”。全年因个人事项漏报、隐瞒不报等原因批评教育13人，诫勉10人，取消考察对象资格1人。强化提醒、函询、诫勉等组织措施，防止干部“小毛病”变成“大问题”，全年开展提醒谈话55人，函询35人，诫勉23人。出台《荣昌区党员干部干事创业容错纠错实施办法（试行）》，鼓励干部敢闯敢试、敢作敢为、为公为民，鼓励“有棱有角”干部干事创业。开展部门、镇街干部互派挂职锻炼和“百名干部进企业”活动，强化年轻干部培养。出台《机关事业单位内设机构重要岗位人员轮岗交流工作办法（试行）》，对具有行政审批、执纪执法、工程建设、招投标等重要职能的科室负责人开展轮岗或交流。出台《区管领导干部经济责任审计问题整改工作制度》《关于加强公共投资审计成果运用的通知》，从严规范领导干部从政行为，增强审计工作威慑力。举办区管领导干部进修班、中青班、实体经济发展班等主体班和专题班27期，培训各级各类党员干部4250余人次，选派干部参加市级调训110余人次。组织300余名党政干部到北京大学、复旦大学、浙江大学、重庆大学参加培训。选派高校、科研机构6名博士到党政机关挂职，选派镇街、部门20名优秀年轻干部开展互派挂职锻炼，为年轻干部成长搭建平台。全年党内一次性帮扶17人，走访慰问老干部及遗孀、建初人员802人次，看望生病住院、易地安置、异地居住老干部34名，对39名老干部给予困难帮扶。

【基层党组织和党员队伍建设】 紧紧抓住党组织书记这一“关键少数”，下发“三级责任清单”，压紧压实全面从严治党责任，使其切实承担和履行党建工作第一责任人职责。制定下发《关于全面加强城市基层党建工作的十条意见》，落实党建工作联席会议制度，构建条块结合、齐抓共管的城市基层党建工作新格局。持续开展后进基层党组织整顿工作，全年排查出的13个后进基层党组织，通过“五包一”工作措施，在12月底全部实现转化，平均满意度达98.08%。每季度成立4～5个工作小组，对基层党组织干部值班情况、村（居）务公开情况、党建重点工作推进情况、党内政治生活开展情况等进行督查，督查结果向镇街当面反馈并在全区范围内通报，通报结果纳入党建年度考核。深入实施“领头雁”工程，加强村（社区）干部队伍、后备人才队伍的建设力度，认真落实相关保障和激励措施，确保农村干部队伍、人才队伍良性循环。围绕基层党组织工作重点和实际需求，采取“1+N”的模式，即：1个主题班，N项特色班，开展“点餐式”培训，全年共培训各级组织书记、党务工作者1083人次，切实提升其理论素质和业务能力。创新开展党员“百分百工程”，把党员按时足额缴纳党费、参加组织生活、完成党组织交办工作任务、日常道德品行、发挥表率作用等情况等纳入计分内容，年终根据计分情况确定优秀、合格、不合格三个等次，凡是不合格的党员，其所在党组织书记要对其进行谈话，加强思想教育，并要求限期整改，通过以上方式，切实提高党员队伍管理科学化水平。扎实开展党员冬训，根据各领域党员特点，邀请行业专家、先进典型做客冬训课堂，提升党课质量。全年共培训党员2万余人次。深入开展入党积极分子、发展对象分层分类培训，保障党员队伍源头活力，全年培训入党积极分子264名、发展对象175名。在全区非公领域开展“非公党建提升年”活动。实施“夯基、提质、聚力、增效”四大工程；开展“最美党员标兵”评选和“共产党员示范经营户”评选活动，张立武、邓兴智等10人被评选为“最美党员标兵”，王列勋、邓昌德等10户被评选为全区“三亮之星”（党员亮身份、亮职责、亮承诺）；建成并投入使用荣昌高新区、广富工业园、荣隆工业园、吴家阀门产业园等4个党群服务中心，面向非公党组织、群团组织和党员职工群众免费开放；开展“双强双带”（党建强、发展强，带头创业、带动创新）、“双亮双争”（共产党员亮身份、亮承诺，争当创业创新先锋）主题活动等80余次，参加党员群众近万余人次，在荣昌高新区党群服务中心建立业余党校3所；全年共分类分批举办非公企业和社会组织党支部书记培训班3期，培训党支部书记279名；实施“非公党建指导员全覆盖行动”，共选派非公党建指导员92名、非公党建联络员125名；至年末，全区非公领域已成立党委2个、党总支14个、党支部299个；非公企业党组织覆盖率89.56%、列全市第8位，党组织单建率25.09%、列全市第2位；社会组织党组织覆盖率83.50%、列全市第7位，党组织单建率8.75%、列全市第13位，党的组织组建率和党的工作覆盖率均为100%。《非公有制企业党建》《中国工商报》等报道荣昌非公党建工作累计共5次；市委《每日要情》、市委组织部《重庆组工信息》《重庆非公党建工作简报》《重庆日报》等市级刊物报道荣昌非公党建工作累计共19次。

【人才工作】 出台落实《重庆市荣昌区招才引智暨“百名高层次人才”引进计划》《荣昌区建设新兴工业城市人才支持政策》《重庆市荣昌区高层次人才“一站式”服务工作实施方案》三大人才政策，与北京大学、清华大学、中央党校、天津大学分别建立研究生荣昌社会实践基地，在课题合作、技术服务、宏观指导等方面强化交流，现已有19名研究生来荣开展社会实践调研，撰写了具有参考价值的实践报告。投资400余万元，建立了63套人才公寓，实现高层次人才拎包入住。认定区内现有工业类高层次人才33名，包括“国家万人计划”人选、享受国务院特殊津贴、国家科技进步奖二等奖获得者、俄罗斯国际工程院院士等B类高层次人才5人，D类高层次人才9人，E类高层次人才19人。重点围绕引进能够突破关键技术、发展高新技术产业、教育医疗以及创新创业人才，至年底，全区已引进工业类高层次人才10名、机关事业单位急需紧缺人才80余名，引进的人才硕士研究生及副高职称以上学历占100%。兑现硕博奖励、购房补贴、租房补贴、税收返还、健康体检等优惠政策资金达300余万元。开展全区首届致富人才创新创业大赛，评选出17个人才项目，获得66万元经费资助。开展“棠城英才”遴选活动，评出3名“棠城英才”，每人给予10万的人才奖励。举办首届人才年会活动，对全区各级各类优秀人才进行表彰。全年新招录选调生14人、大学生村官23人。承办重庆市农村电商人才专题培训班3期，全市共计350名大学生村官、本土人才参训。

【党代会常任制试点】 全年，累计组织党代表学习培训53次、调研视察46次、宣讲教育84次。大力推行“党代表预约履职”活动，全年共协调区级机关各部门组织党代表参加三级服务体系建设视察、行政审批观摩、环境保护、观光旅游建设、基层党建工作、法院公开日等各类履职活动20项，累计参加338人次。创办党代表建言献策专刊《荣昌党代表心语》，全年收集到党代表意见建议54条，推出专刊9期。深入开展党代表调查研究，形成调研报告19篇；区第十四次党代会共收到提案31件，经提案审查委员会审查，立案22件，转建议7件，不予立案2件。提案和建议交由12个主办单位、32个协办单位办理。至年底，提案和建议已全部办结并反馈提案人，办结率100%，满意率100%。全年，有5人被停止执行代表职务或终止代表资格，其中，2人因调离荣昌、辞去公职被停止执行党代表职务，3人因违法违纪被立案调查或受党内处分被终止党代表资格；共补选2人为区第十四届党代会代表，年末实有区党代表313名。

【党员电化教育】 1—6月，荣昌党建网共采用发布各镇街、部门稿件65篇。3月底，全面完成部机关大组工网建设，实现中组部、市委组织部、区委书记办公室和部机关各科室的组工信息网络平台互连。4—10月，制作推出5期系列微访谈《党支部书记谈党建》党建视频专题节目。向市委组织部选送8部参赛党员电教片，其中微视频《匠心筑梦》和PPT课件《破壳行动》获全市“三等奖”。6—12月，“荣昌党建网”开展并完成升级改版工作，正式全新上线运行。至年末，全区136个远程教育站点全部完成全年学习任务，完成率100%，在全市排名第一。《重庆党建》栏目采用党员教育视频专题片2部，采用电视新闻17条；与区广播电视台联合制作并播放《荣昌党建》10期。推荐3名专家到市委组织部党员教育中心面向全市基层站点视频互动教学授课。“棠城组工”微信平台策划推出“迎接十九大·凝聚正能量”为主题的学习专栏，推出“做合格党员”微感悟20期、“棠城先锋”微图片3期和“身边的共产党员”微故事10期，共编发微信170余期。组织网宣员撰写发布原创网评文章300余篇。

（王雅文）

宣传工作

【概况】 2017年，区委宣传部按照“突出重点、打造亮点、形成品牌”要求，各项工作扎实推进。

年内，救人英雄徐前凯获评中国好人。人民日报等中央媒体采用16篇，重庆日报等市级媒体采用349篇（条）。推送荣昌农村便民道工程获中国十大民生决策奖，荣昌三大非遗产品走进2017北京奥林匹克博览会和中国国际时装周、并赠送国际奥委会官员。“荣昌微发布”获评“重庆市最具地方特色政务头条号”，长篇小说《开埠》获重庆市第十四届“五个一工程奖”，纪录片《无悔的青春》获第五届亚洲微电影节“金海棠”奖。

【意识形态】 落实意识形态工作责任制，年内形成意识形态“1+12”制度体系。全年召开区意识形态工作联席会议4次，开展意识形态工作专项巡察、意识形态工作专项督查，对督查中发现的问题，开出整改清单，明确整改要求。严格执行涉意识形态场所类的论坛、报告会的申报审批。

【理论武装】 全年区委理论学习中心组开展集中学习21次，全区党委（党组）理论学习中心组采取“精读原文+交流发言”方式，开展集中学习累计862次，创新制定“周五集中学习日”制度。全年组建市党代表宣讲团、区委宣讲团、“六进”宣讲队、文艺宣讲队、“榜样面对面”宣讲队等45支队伍，培养基层宣讲骨干110名，培育先进宣讲典型20名。11月，荣昌区安富街道党政办主任、通安村党总支书记、2016年10月获“敬业奉献”中国好人张雪入选市级宣讲队。全年以党的十九大精神和《习近平谈治国理政》第二卷内容为重点，累计宣讲820场，受众50万余人次；制作宣讲短视频，推出H5动漫宣讲，开设“微党课”、举办“微宣讲”等活动，阅读量突破100万次。围绕中央、市委的重大战略和区委重要部署，区级领导带头撰写理论与调研文章，在《人民日报》《重庆学习论坛》和区级媒体、理论刊物发表文章86篇。

【思想政治教育】 全年围绕党的十九大精神和社会主义核心价值观，创作“中国梦”“十八大成就”“工匠精神”等系列公益广告15支，媒体刊播和社会媒介发布5845条次。持续推进“做有梦想有追求的重庆人”主题活动，全年累计开展“梦想”系列活动860余场次，征集“梦想自然笔记”作品600余件，评选表彰60件。深入开展家风润万家活动，全年征集“我的家风家教故事”征文64篇，评选表彰20篇。全年制作反映核心价值观内容的茶杯、年画30万份；持续开展“点赞公民·千万市民学法律、做公益”主题实践活动264场次；开展“点赞公民·千万市民升国旗”活动，固定每月1日举行升国旗仪式，增强市民爱国意识。3月，建成通安村宣传思想文化市级示范点。全年承办“最美巴渝·感动重庆”月度人物发布会2次，徐前凯、杨媚、邓龙彬被评为感动重庆月度人物。12月，开展2017“振兴荣昌”十大年度人物评选表彰活动。

【新闻宣传】 全年围绕迎接十九大、学习宣传贯彻十九大精神，区属媒体开设“把党的十九大精神全面落实在重庆大地上·荣昌篇”栏目26个，组织渝西川东经济社会发展协作会等主题采访活动14次，刊播稿件316篇。加强重大新闻报道选题，全年向中央、市级媒体报送新闻线索161条，人民日报等中央媒体采用16篇，重庆日报等市级媒体采用349篇（条），12月，推送“农村便民道户户通—农民出行第一个一百米”工程获得2017年度中国十大民生决策奖。4月，朱彬入选逐梦他乡重庆人报道。全年策划荣昌夏布·张义超创意作品发布等7场新闻发布会。完善刊播安全制度，落实责任制，加强督促检查，全年刊播安全零事故。10月，组织40幅摄影作品在北京国际摄影周展出。10月24日，中国艺术摄影学会摄影基地授牌仪式暨2017荣昌艺术摄影作品展启动仪式在荣昌区政府大楼举行。1月，在重庆卫视2017年春节晚会推出荣昌夏布和折扇。2月，荣昌夏布服饰亮相澳洲时尚艺术展。6月，荣昌折扇、陶器、夏布走进2017北京奥林匹克博览会，荣昌折扇赠送给国际奥委会官员。11月，在2017中国国际时装周上专场发布。

【网信建设】 年内，以“重庆荣昌”APP为龙头，整合区属新媒体资源，打造“新兴党媒”矩阵。全年“重庆荣昌”APP、“荣昌微发布”、微信公众号、官方微博、手机报、手机电视台等新媒体总阅读量近2000万次。4月，全市APP现场会在荣昌召开，6月，“荣昌微发布”获评“重庆市最具地方特色政务头条号”。年内制定《网络安全事件应急预案》《网络信息安全管理实施方案》，与属地21家单位签订关键信息基础设施网络防护安全责任书，对83家单位开展关键信息基础设施检查，全区829家网站无安全事故。11月，建立江海岛区域新闻传媒协作机制，构建渝西川东区县网信协作体。年内建立全区网络舆情月度分析例会制度，加强网络舆情信息研判。

【精神文明】 年内，荣昌区地税局成功创建全国文明单位，万灵镇沙堡村成功创建全国文明村镇，4个全国文明单位和1个全国文明村通过中央文明办复查，72个市级文明单位和10个市级文明村镇通过市级复查。开展“衣食住行游”“文明出游·人人有礼”“创全国文明城区·争做文明荣昌人”“文明在行动·荣昌更洁净”等活动300余场，举办“七夕河灯文化节”“我们的节日”等主题活动120余场次。全区成立志愿服务团体531个，注册志愿者12.4万余人。全年设计重点志愿服务项目20个，组织志愿者开展十九大知识抢答赛等各类志愿活动600场次。安富街道通安村志愿服务站获评2017年“重庆最美志愿服务站”，“情暖童心·相伴成长”获得重庆市最佳志愿服务项目。推荐“身边好人”线索1500余条，徐前凯获评“中国好人”，黄廷刚、赖光勇、郑光勇、林宗华、徐前凯、李巧英和马成万、蒋坤菊夫妇获评“重庆好人”。建设乡村学校少年宫11所，承办市文明办乡村学校少年宫创新案例编写工作，创新开展“九童圆梦·非遗行动”项目活动，峰高中心小学少年宫、安富中心小学少年宫获市级考核一等奖。

【文化事业】 2月，大型纪录片《记住乡愁》之《万灵镇——守本心 行正道》在央视国际频道播出。全年创作家风家训歌曲《海棠流香》、长篇小说《铜鼓山剿匪记》《碑》《烧王》、电影《古镇情缘》等重点文艺精品13件，《海棠文艺》之《英雄徐前凯特辑》专刊广受好评。4月，长篇小说《开埠》获重庆市第十四届“五个一工程奖”。11月，纪录片《无悔的青春》获第五届亚洲微电影节“金海棠”奖。全年46名文艺工作者的174件作品获扶持，电视剧剧本《南泥湾》等4件作品列入全市重点扶持项目；建立民间文艺节目库，遴选200个优秀文艺节目入库。成立文艺志愿服务分队，文艺“结对子”80对，评选表彰首届“荣昌区十佳文艺创作者”，4月命名第三批荣昌区文艺创作基地。6月举办央视“星光大道”重庆总决赛，5月举办中国当代诗歌奖颁奖盛典。全年举办特色文化活动12场和文化惠民活动18项，开展“中国梦·巴渝风”、送文化下乡等群众文化活动196场次，参加市级以上展演展播31次。

【“最美巴渝·感动重庆”月度人物发布会在荣举行】 7月14日，2017年第五期“最美巴渝·感动重庆”月度人物发布会在荣昌区举行。发布会现场揭晓了舍身勇救老人的荣昌火车站徐前凯等10名2017年第五期“最美巴渝·感动重庆”月度人物。活动现场，徐前凯单位的领导、同事以及父亲分享了徐前凯的感动故事。（罗能美）

统战工作

【概况】 2017年，区统一战线围绕“大团结、大联合”这条主线，坚决贯彻落实中央、市委和区委关于统一战线一系列重大决策部署。

政治思想引领工作。全年区委常委会 7 次研究 9 个统战工作议题。区委主要领导亲自参加统一战线重要活动 9 次。建立完善意识形态工作领域工作制度，与相关责任人签订了责任书，印发《荣昌区统一战线领域意识形态工作责任清单》。按照 2017 年政党协商计划，组织协商座谈会 9 次，收集梳理出建议意见 180 余条。党外人大代表、政协委员在区“两会”上共提出议案、意见建议 47 件，占议案、意见建议总数的 23.0%；提出提案 136 件，占提案总数的61.0%。深入学习宣传贯彻党的十九大精神，组织统战系统开展“贯彻十九大、我们怎么干”和“进入新时代、展现新作为”工作座谈会，领导干部深入统战系统单位、镇街、区级部门等17个单位宣讲十九大精神。指导各民主党派区委（总支、支部）、区知联会开展“不忘合作初心、继续携手前进”主题教育。举办统战干部、党外干部、非公经济代表人士等各类培训班5期，参训人员500余人次。完成市级及以上调训任务21人次。组织60余人次民营企业家先后到北京大学、中央社会主义学院等高校培训。分别邀请对外经济贸易大学、北京大学等高校知名教授来荣作专题报告。编辑出版《荣昌统一战线》季刊4期，免费赠阅3000册。《中国统一战线》、人民网、《重庆统一战线》等媒体采用统战信息稿件205篇次，市委统战部《党外人士建言》采用20篇，其中《建议为华侨办理华侨证》得到了市领导的批示。参与完成市委统战部重点课题《党外后备人才岗位适用匹配性培养研究》。

党外人士工作。推荐肖建东当选为全国工商联第十二次代表大会代表。推荐程昌耀等17人为市级党外代表人士后备人选。推荐刘治中等8人为党外市五届人大代表候选人建议人选。推荐程昌耀等6人为市五届政协委员建议人选。推荐华森制药游洪涛成功当选为市工商联第五届副会长。推荐2名在荣青年台胞担任市台联理事。推荐赵久刚担任市第二届欧美同学会理事。推荐荣隆镇副镇长宾魏到渝中区电子商务和创意产业管委会挂职锻炼，推荐铜鼓镇综治办副主任唐春桥到市委统战部挂职锻炼。与区委组织部联合开展区级部门、镇街互派挂职锻炼工作。指导成立中国致公党荣昌区支部，选举产生主委1名，委员2名。协助民进区委增补1名副主委。协助农工党区委开展农工党荣昌组织成立30周年纪念活动。指导协助区侨联圆满完成换届工作。

非公经济工作。组织召开2016年度“双评双促”工作反映问题现场集中交办会，针对47个职能部门存在的143个问题进行了集中交办。建立企业反映问题收集办理工作机制，建立工商联机关干部每周下基层调研制度，帮助企业解决困难和问题100余件。协助华森制药成功上市，实现本土民营企业A股上市零的突破。成立荣昌区陶行业商会、广东省重庆荣昌商会。组织区内30家民营企业、6家商会积极开展“荣商集团”组建筹备工作。投入12万元支持基层商会改善办公设施。借助商会平台已签约招商引资项目20个，其中亿元以上项目5个，合同金额24.45亿元，固投金额16.24亿元。

港澳侨台工作。争取将安富街道、万灵古镇纳入国台办和市台办《探秘重庆特色小镇》宣传活动，于10月底至11月中旬分4集先后在中央四台《海峡两岸》栏目播出，台湾中视、凤凰卫视及相关网络媒体陆续播放台湾版本。接待台胞30余人参加第九届“重庆·台湾周”荣昌区活动。协调解决涉及企业发展、经济纠纷、子女入学、交通、购房等侨台人员来访11起。

民生统战工作。区委统战部“同心互助基金”，帮助解决困难统战对象5人，共发放互助金0.9万元；荣昌统一战线“181”（一帮一）逐梦互助基金，帮助贫困大中小学生53人，共发放助学金4.6万元。区民宗委争取民族宗教类项目资金196.5万元。区工商联组织非公经济人士参与捐资助学、扶危救困、扶贫攻坚等公益事业。区侨联在传统节日走访慰问侨眷侨属。民进区委春节前夕组织7名会员到广顺街道开展“春联万家”活动。农工党区委每季度组织党员到昌元昌州敬老院开展义诊咨询活动，免费为4位孤寡老人做了白内障手术，赠送价值0.4万元的慰问品。民盟区总支发起并组织盟员自愿捐款，建立“荣盟之春”爱心助学基金，每年资助荣昌中学10名贫困学生，首次发放助学金2万元，资助3名困难大学新生0.6万元，协助符合条件的在校生争取到各类助学金、生活补助金2.3万元。区知联会帮扶观胜镇10户贫困户，每户资助0.2万元用于购买仔猪。

【召开各民主党派、工商联和无党派人士暑期谈心会】 7月17日，区各民主党派、工商联和无党派人士暑期谈心会召开，区委书记曹清尧参加会议并讲话。区长李中武通报荣昌区上半年经济社会发展情况，区领导黄晏、王忠荣、秦启光参加会议。区领导分别与各民主党派、工商联和无党派人士代表进行了分组谈话，深入交流，听取意见和建议。

【召开新的社会阶层人士统战工作会】 10月31日，荣昌区新的社会阶层人士统战工作会召开。区委书记曹清尧出席会议并讲话。区委常委、统战部部长秦启光传达全市新的社会阶层人士统战工作会议精神，并就《荣昌区关于加强新的社会阶层人士统战工作的实施意见》作起草说明。曹清尧要求，要紧紧围绕全区新的社会阶层人士开展调查研究，及时摸清情况、全面掌握动态，采取政治培训、理论研讨、座谈交流等多种形式，扎实开展中国特色社会主义主题教育活动。要在切实加强新的社会阶层组织党建工作的基础上，以教育引导为主线，以培养使用为重点，以组织起来为依托，以健全制度为支撑，以更大的力度、更实的举措，加强组织领导，健全工作机制，切实做好新时代新的社会阶层人士统战工作。（陈国应）

机构编制工作

【概况】 至年末，全区党政群机构设置为区委工作部门8个、区委工作部门管理机构2个，区政府工作部门27个（不含监察局）、区政府派出机构4个、局馆合一机构1个、其他机构1个（重庆市荣昌区供销合作社联合社），区人大常委会机关设综合办事机构2个和工作委员会3个、区人大专门委员会办事机构3个，区政协机关设综合办事机构1个和区政协专门委员会办事机构4个，区法院和区检察院各1个，区工商联和群团机构11个，街道6个、镇15个；事业单位426个（其中，正处级12个、副处级14个）。党政机关行政编制1467人，实有1327人，缺编140人；事业单位编制11952人，实有10752人，缺编1200人；全区机关后勤服务人员事业编制58人，实有58人。调整机构名称1个，区市政园林管理局更名为区城市管理局；新增挂牌机构1个，区城市管理局加挂区城市管理综合行政执法局牌子；安置军队转业干部增核区级行政编制1名。撤销清江镇初级中学、吴家镇高坝中心小学、仁义镇三星完全小学、安富安北中心小学、安富安南中心小学、安富杨市完全小学、荣隆镇青峰完全小学、双河白云完全小学、双河川主完全小学、昌州八角井完全小学、铜鼓镇巩固完全小学、荣隆镇油菜完全小学、广顺高桥完全小学、盘龙镇龙腾完全小学、盘龙镇脚盆完全小学、盘龙镇新福完全小学、盘龙镇藕塘完全小学、广顺初级中学、许溪处级中学、峰高建设中心小学等20个事业单位，新设拓新玉屏小学、盘龙镇第二中心小学、区人大信息中心3个事业单位。

【行政审批制度改革】 年内，根据《区县行政许可通用参考目录（2017年版）》对区级行政审批事项进行了清理，对应承接行政审批事项3项，取消和调整行政审批事项4项，全区行政审批事项由338项规范调整为350项，区政府印发《关于公布重庆市荣昌区2017年行政审批事项清单的决定》。进一步优化流程，针对69个项目的承诺时限再次压缩掉607个工作日，全区所有事项总法定时限为10454个工作日，总承诺时限为2980个工作日，压缩率71.5%。4—12月，区行政审批制度改革领导小组办公室印发《关于做好行政审批改革事项和中介服务事项对应清理取消和规范工作的函》和《关于清理行政审批中介服务事项的函》，对行政审批中介服务存在的问题进行全面清理，清理规范行政审批前置中介服务事项38项。

【行政许可标准化建设】 3月，区政府组织召开全区行政许可标准化建设工作推进会，对相关工作人员进行业务培训，全面推进行政许可标准化建设。6月，区政府组织召开传达全市行政许可标准化渝西片区会议精神暨中期检查筹备工作会，安排部署行政许可标准化建设后续工作。同月，行政许可标准化建设工作顺利通过市行政许可标准化建设工作督查组的专项督查，办事指南自助查询打印系统和税务24小时自助办理终端系统得到了市督查组的肯定，并免于对荣昌区进行中期检查。9月，荣昌区企业服务大厅建设完工并投入使用。全年共组织召开15次行政许可标准化建设联席会议，编制了

491项服务指南，总结归纳了首问负责、定岗补位等行政审批服务工作制度，拟定了荣昌区行政许可档案管理规范等49个相关服务规范和行政许可监督检查规范等监督评价制度，并以区行政审批制度改革领导小组办公室名义印发了《关于印发〈重庆市荣昌区行政许可标准化规范文本〉的通知》，圆满完成行政许可标准化建设工作。

【行政体制改革】 5月，完善了区残联、区科协、区工商联等群团机构的机构编制方案。8月，完善了区社科联、区文联、区红十字会、区计生协会、区侨联等群团机构的机构编制方案。9月，在区安监局独立设置安全生产巡查科，将镇街安监办独立设置为综合办事机构，在荣昌高新区管委会设立了安全生产科，配合区安监局明确各部门、镇街安全生产监管职责和人员编制，完成安全生产监管体制改革。10月，印发了区城管局“三定”规定和区城市管理综合行政执法支队机构编制方案，将区市政园林管理局更名为区城市管理局，挂城市管理综合行政执法局牌子，将区市政园林管理监察大队更名为区城市管理综合行政执法支队，明确了城市管理局与相关职能部门、各镇街城市管理及执法权限划分，完成城市管理综合执法体制改革。年内，配合做好审计管理体制改革、环保监管体制改革和监察体制改革。区审计局机构编制顺利上收由市级统一管理，对区环保局主要职责和内设机构进行了优化调整，将区环境监察执法大队更名为区环境行政执法支队、将环境监测站更名为生态环境监测站，并配合区纪委起草了区纪委区监委“三定”方案，做好了编制划转和人员转隶等工作。

【事业单位分类改革】 2017年，撤销整合了一批职责相近或职能弱化的事业单位，事业单位由上年的441个减少到424个。在区妇幼保健计划生育服务中心深入开展事业单位法人治理结构试点，完成调研、试点实施方案的制定、理事会筹建、章程制定等改革工作。

【事业单位登记管理】 至年末，完成机关、群团、事业单位统一社会信用代码存量转换、初始赋码和变更登记等相关工作，对荣昌永荣中学校等22个事业单位法人公示信息进行抽查，并将抽查情况在区政府公众信息网上进行公布，接受社会监督。完成事业单位法人年度报告公示，对登记管理的事业单位全部进行事业单位法人年度报告，并按要求对事业单位年度报告在政府公众信息网上予以公示。（陈登伟）

区直机关工委工作

【概况】 2017年年底，区直机关工委下属机关党组织234个。其中，机关党委20个，党总支部9个，党支部205个（直属党支部69个），其中在职支部166个、退休支部39个。共有党员3505名，其中在职党员2526名、退休党员979名。2017年度荣获市直机关工委“机关党建信息工作先进单位”“机关党建优秀调研成果三等奖”。

【机关工委思想政治建设】 机关支部以中心组学习、主题党日、周五集中学习日为平台，重点学习党的十八大精神、十八届历次全会、十九大精神、《习近平谈治国理政》、习总书记系列重要讲话精神、习近平视察重庆重要讲话精神、市委和区委历次全会精神等，加强意识形态工作。利用中心组和“两学一做”集中学习，对习总书记在意识形态领域的七次重要讲话进行学习。组建意识形态工作领导小组，制定方案，落实责任，将意识形态工作纳入对各基层党组织的年终党建目标考核以及对基层党组织书记的考核。工委与98个基层党组织签订《2017年意识形态工作目标责任书》，明确各基层党组织负责人为第一责任人，把意识形态工作纳入每季度党建工作的督查内容，对存在的不足提出整改意见。12月，组织18名基层党组织书记“进机关”宣讲党的十九大精神74场次，听课人员4000余人。从严落实《关于新形势下党内政治生活若干准则》，认真组织召开工委及领导班子党员干部民主生活会，主动开展批评和自我批评，班子共查找问题3个，完成整改2个，长期整改的 1个。落实党员领导干部“双重组织生活”制度，工委领导班子成员自觉参加机关支部的集中学习26次，专题组织生活会1次，民主评议党员1次，“百分百工程”现实表现季度测评4次。

【组织建设】 理顺组织关系。3月17日，设立区民政局机关党总支部，下设机关党支部、退休党支部、殡仪馆党支部3个支部；4月21日，设立区林业局机关党总支部，下设机关党支部、退休党支部、岚峰林场党支部3个支部；4月27日，设立区文化委员会机关党总支部，下设机关党支部、文化馆党支部、图书馆党支部3个支部；5月，将兴荣公司党支部、宏烨公司党支部、万灵山公司党支部、惠荣集团公司党支部移交给区财政局党委管理。机关党组织换届65个，调整直属党组织书记、副书记21名，补选委员47名。审批新发展党员17名，转正党员13名。夯实基层党建工作。组织开展机关党支部书记全覆盖培训3期，培训党支部书记317名，提高党支部书记党建业务能力和工作水平；举办入党积极分培训1期，培训入党积极分子55名；与区委组织联合举办发展对象培训2期，培训机关发展对象25名。组织78名党组织负责人和党建员观摩区国土房管局第一党支部组织生活。完成农业大厦、兴荣大厦楼宇党建试点工作。后进基层党组织整顿见实效。针对岚峰林场原支部班子凝聚力不强，原党支部书记对党建工作的认识不到位，部分党员党性意识不强等问题，通过实地走访、慰问一线党员、召开座谈会等方式，听取党员群众意见，认真制定整顿方案，加强帮扶力度，11月底，完成岚峰林场党支部整顿并取得实效，群众满意度测评已达到85%以上。

【党风廉政建设】 严格执行廉洁自律各项制度。严格执行中央八项规定和十不准及市区廉政各项规定；坚持民主集中制，凡重大事项、人事任免、大额资金使用等都坚持集体研究决定。建立健全责任约谈制度。对3名试用期满转正任职干部进行廉政谈话并签订廉洁履职承诺书。对基层党组织书记采取集中或个别谈话56人次。加强廉政宣传。工委副书记李旭参加区纪委组织的《棠城廉政讲坛》节目录制，于5月在荣昌电视台、荣昌纪检监察网、棠城清风等媒体进行播出，收到了较好的效果。认真督促责任落实。通过QQ提醒、电话联系、签订党风廉政建设责任书等方式，让“四风”专项整治、“踢皮球”和“中梗阻”专项治理等工作顺利推进。加强基层纪检组织建设。20个机关党委已全部设立机关纪委，9月20—21日，对112名机关纪检干部进行了为期2天的业务培训。组织机关工委党员到喻茂坚陈列馆接受清廉家风家训的教育；及时通报各种违纪典型案例，时刻敲响警钟；组织协作组成员单位到重庆铁山坪监狱接受警示教育，筑牢思想防线。

【党员干部联系服务群众】 城乡联建党组织。根据区委要求，年内调整和新设立城乡联建党支部54个，5月19日，区直机关工委机关支部与龙集镇清河村党支部成立联合党支部，原与铜鼓镇刘骥村联合党支部自然消失；工委支持联建党支部龙集镇清河村便民服务中心建设资金10万元；8月30日，组织工委所属各基层党组织在清流镇马草村召开“城乡联建共创”现场会，区委组织部、区城乡建委、区人力社保局、区水务局、区安监局分别作了经验交流发言。慰问贫困党员，全年走访慰问贫困党员70名，发放慰问金3.8万元。继续开展了铜鼓镇刘骥村脱贫帮扶，6月工委与龙集镇清河村建立联合党支部，帮扶工作调在龙集镇清河村。全年区直机关工委为贫困户送去8500元资金，帮助解决他们的生产、生活中和子女学习等方面的困难和问题。

【培训基层党支部书记】 为进一步提高基层党组织书记谋划带动和组织推进教育实践活动的思想自觉、认知水平和能力素质，为深入贯彻“两学一做”学习教育常态化制度化要求，推动全面从严治党向纵深发展，进一步规范基层党支部建设，提升党支部书记履职能力，4月25—27日，5月3—5日，5月9—11日，区直机关和镇街机关基层党支部书记进行全覆盖培训，区级机关234个和镇街机关38个基层党组织的319名党支部书记，在区委党校分3期参加了培训。

【举办庆祝建党96周年演讲比赛活动】 6月，为了隆重纪念中国共产党建党96周年，区直机关工委组织所属各基层党组织参加“颂党恩、跟党走、爱荣昌”的演讲比赛。演讲的内容为结合“两学一做”学习教育，以讴歌建党96年伟大成就，颂扬先进典型人物事迹、展示机关党员干部风采、喜迎党的十九大为主要内容。演讲以协作组为单位，6月10日前由各协作组组织演讲预赛选拔优秀选手，6月12日前，每个协作组报送2名优秀选手参加决赛。6月13日上午9—12时，在区广播电视台三楼演播大厅举行决赛，13名选手参加决赛。比赛结果：区司法局陈美桦获一等奖，区卫计委张娅、区科委周雪获二等奖，区电视台张璟彤、区公安局傅莉莎、区地税局侯渝乐获三等奖，其余7名获优秀奖。

【举办机关干部职工业余兴趣培训班】 3月13日—7月12日，由区直机关工委牵头，区总会、区文化委、区团委、区妇联共同组织开展干部职工业余兴趣培训班，设有瑜伽班6个、太极班4个、中医班2个、舞蹈班1个、摄影班2个、书法班3个，共计18个班，912名职工参加培训。7月中旬，各业余兴趣班圆满结束。8月，对6名优秀教师、8名优秀班干部、32名优秀学员进行了表彰。 （吕玉兰）

老干部工作

【概况】 年末，区委老干局管理服务的离退休干部有306人，其中离休干部22人、市管处级以上退休干部42人、区管处级以上退休干部242人。所属老干部活动中心、老年大学、区关工委3个事业单位。

【离退休干部思想政治建设】 全年组织老干部集中理论学习7次，参学500余人次。10月，在党的十九大召开期间，组织老干部和离退休党支部书记集中观看开幕式并进行讨论。老年节前夕，区委、区政府召开老干部学习党的十九大精神暨老年节慰问座谈会，市管退休老干部30余人参会。对卧病在床、行动不便的老干部，开展送学上门20余人次。对8名思想有“疙瘩”的老干部，通过上门走访、谈心谈话、交流思想，帮助理顺思想情绪，消除心理“疙瘩”，确保思想稳定。认真做好坚决清除孙政才恶劣影响和“薄、王”思想遗毒工作，引导老干部在大是大非面前坚定信心、站稳立场，时刻与党中央、市委和区委保持高度一致。

【离退休党支部建设】 年内，指导督促区纪委、永荣中学、玉屏实验小学建立了离退休党支部，并选好配强支部班子。对全区离退休党组织的基础信息进行了动态维护，至年末，区离退休干部党工委有72个离退休党支部，其中镇街21个、区级部门及下属事业单位35个、在荣市级部门直属机构6个、教育系统9个、直属医疗机构1个，离退休党员1658人。分别于5月、11月举办2期离退休干部党工委暨老年党校培训班，共培训离退休党支部书记、委员170余人次。培训期间，组织参训人员开展座谈交流，到江津、北碚进行了现场教学。6月，选派12名离退休干部党支部书记到永川参加市委老干部党校第73期培训班学习。年内，到盘龙、荣隆、清江、仁义镇、区民政局等单位开展调研，对离退休干部党支部班子建设相对薄弱的区民政局、仁义镇等离退休党支部加强指导协调，督促强化支部班子建设。“七一”前夕，对59名老党员和生病、家庭困难等离退休党支部书记进行了慰问。

【老干部政治待遇】 坚持为老干部订阅《党员文摘》《当代党员》《老同志生活》等党报党刊和老年期刊。分别于5月、10月、11月，分别举办了“切实加强‘两项建设’，坚定不移为党和人民事业增添正能量”“推进‘两学一做’学习教育常态化制度化”“党的十九大会议精神”“落实主体责任，发挥核心作用，把离退休干部党支部建设成为坚强战斗堡垒”等专题报告会4场。1月、6月，区领导向老干部通报全区工作情况2次。年内，组织老干部参加全区党代会、人代会、政协会、学习党的十九大精神报告会、干部大会、新春晚会等各类重大会议、重大活动9次。4月，组织100余名老干部到江津参观规划展览馆和聂荣臻陈列馆。11月，组织30余名老干部到仁义参观工农业生产。春节、元旦、五一、国庆、老年节等重大节庆，走访慰问老干部、建初人员、老干部遗孀1250余人次，发放慰问金95.6万余元。春节前夕，区委、区人大、区政府、区政协四大家主要领导集中慰问了老干部10人。

【老干部生活待遇】 10月，组织全区30余名离休干部和厅级退休干部进行健康体检。到山西、四川看望易地安置、异地居住老干部8名。夏天为老干部送清凉用品300余份。对39名长期生病、家庭困难、失独的老干部给予困难帮扶7.8万元。为26名过大生的老干部开展上门祝寿活动，看望慰问生病住院老干部32人，吊唁去世老干部2名。年内，报销护理费19人次，报销金额2.6万元。为302名老干部购买了“孝老安康”意外保险。为居住在荣的15名离休干部提供打扫卫生、家具和电器除尘等家政服务。对老干部因公、看病等急需用车，给予优先保证。

【老干部活动】 全年组织离休干部、市管退休干部开展文体竞赛活动7次，参加500余人次。丰富老干部兴趣小组项目和内容。参加门球、钓鱼、沙弧球、柔力球、乒乓球、步行、棋牌、拳剑、书画电脑、舞蹈等11个兴趣小组的老干部达500余人次。年内，各兴趣小组组织开展活动50余场次。先后组织离休干部和四大家实职正职退休干部开展学习、参观等活动6次。3月、11月，组织50余名老干部开展2场门球比赛。5月，分2批组织全区150余名市管退休干部、区管退休干部开展钓鱼比赛。组织20余名老干部参加全市及渝西片区老干部门球、棋牌、钓鱼等比赛活动。9月，组织18名老干部到重庆市老干部活动中心参加重庆市第七届老干部艺术节主会场开幕式文艺演出。精心筹备了重庆市第七届老干部艺术节荣昌分会场系列活动，组织开展荣昌分会场艺术节开幕式暨“庆国庆·迎中秋”文艺演出和老干部乒乓球、门球、棋牌、钓鱼等系列比赛活动，参加老干部500余人次。9月，组织300余名老干部在青少年活动中心观看红色电影，进行红色教育。10月，组织老干部兴趣小组开展文艺节目展演。组织开展了“畅谈、展望和建言”主题征文、摄影比赛、讲故事比赛，收集征文36篇、摄影作品87件，参加讲故事老干部10人。春节、国庆等重大节庆和十九大胜利召开期间，通过老年大学、关工委、老体协、老年书画研究会等平台，组织老干部到镇街开展送教下乡、公共文化演出60余场次，参与人数3000余人。

【“四就近”服务工作】 在玉屏、板桥、桂花社区开展利用社区资源做好老干部服务试点工作，组建网格员志愿服务者队伍分片负责所辖网格内的老干部服务工作，并为老干部建立了基本情况、身体状况等档案。社区为老干部订阅党报党刊、时事新闻报、图书等学习资料220余份。各社区结合实际，组织辖区内的老干部集中学习20余次。年内，邀请专业人士为老干部开展智能手机、微信、群工系统等使用培训，开展防范网络诈骗、食品药品安全及老年病防治等知识讲座8场次，并利用科普大学开展防传销知识宣传。组织老干部开展党建知识竞赛、讲抗战故事、书画义展、送春联、家德家风等主题活动6场次。在重大节庆和老干部生日，组织开展为老干部包粽子、包饺子、过集体生日等活动。社区专职服务人员上门为空巢、独居、病残、年迈体弱、卧病在床的老干部开展陪聊、精神慰藉、维修家电、办理医保和送医、送学等个性化、亲情化服务500余次。（黄　勇）

党校工作

【概况】 2017年全年，党校承办各类常规班、专题班和其他短训培训班共计36期，培训各类干部3442人次，培训班次是上年20期的1.8倍，培训人数是上年1570人次的2.2倍。承接外办班5期，培训学员317人。干部职工发表文章25篇，完成课题16项，其中市级部门课题2项、区级课题6项和校级课题8项，教研人员获得5项科研成果奖励。向市委党校、市行政学院门户网站“探索网”投稿5篇，全部被采用。区委理论刊物《渝西论坛》每月定期出版；资政刊物《荣昌党校》编发26期；承担或参与区内资政工作6项，其中区委领导签批6项；在区委常委会上讲微党课9次，开展宣讲58场次；为部门、单位上党课28次。

【理论研究】 组建"成渝城市群新兴战略支点"研究团队，撰写了《成渝城市群新兴战略支点2016年度发展状况研究》《把"成渝城市群新兴战略支点"目标定位落实到党校教学科研资政工作中去》等调研文章5篇。开设"努力打造成渝城市群新兴战略支点"教学专题，并组织学员参与讨论与研究。将喻茂坚德廉文化列入理论研究，围绕"喻茂坚家风的内涵探析""喻茂坚家风教育对干部队伍建设的启迪"开展研究并形成相应研究成果。

【理论宣讲】 党校教师紧紧围绕习近平新时代中国特色社会主义思想形成《不忘初心、牢记使命，深入学习贯彻党的十九大精神》《党的十九大精神解读》等教学专题，并在主体班上进行专题授课。全年更新34个教学专题，专题库超过100个专题。将喻茂坚德廉文化引入干部教育培训，组织教师编写了《喻茂坚家风教育》《从喻茂坚的家风看为官之德》2个教案并在主体班授课5次。将喻茂坚陈列馆定为现场教学基地，组织相应班次进行现场教学。

【干部培训】 6月19日—8月18日，举办荣昌区2017年中青年干部培训班，参训57人。主要培训内容包括政治理论、党性修养、能力建设、素质培养、实岗锻炼等相关知识，紧紧围绕经济和社会发展中遇到的重大现实问题，采取"课堂教学+实岗锻炼+网络自学"三位一体的教学模式，其中教学课堂采取"两段式"课堂教学，即在区委党校培训3周，在市内高校（重庆大学）培训1周，让学员在课堂中学理论、在实践中促认知、在网络中长见识，激发干部学员学习教育的积极性和主动性，提升培训实效。

3月16日—4月14日，区管副职领导干部进修班一期和内设机构负责人培训班一期同时开班，共计参训98人，其中，区管副职领导干部进修班48人，内设机构负责人培训班50人。采取先同班教学后分开教学的方式，既整合教学资源又因材施教。两个培训班既有相同又有侧重，均采取"课堂教学＋网络自学＋实地调研"三位一体的教学模式，其中区管副职领导干部进修班采取"两段式"课堂教学，即在区委党校培训10天，在市内高校（重庆大学）培训7天。培训班重点学习《关于新形势下党内政治生活的若干准则》《中国共产党党内监督条例》等党纪党规、《努力打造成渝城市群新兴战略支点》《加强环境保护和生态文明建设》等知识，夯实理论基础、提升党性修养，增强"四个意识"，坚定"四个自信"，提高学员的思想政治素质，进一步提升学员宏观管理能力和领导决策水平。

10月25日—11月24日，区管副职领导干部进修班、内设机构负责人进修班暨"互联网＋政务服务"示范培训班同时开班，参训98人，其中，区管副职领导干部进修班48人，内设机构负责人培训班50人。进修班重在学习贯彻党的十九大精神，深刻领悟新时代中国特色社会主义思想，紧紧围绕市委、市政府和区委、区政府重大决策部署，立足荣昌改革发展的新形势新实践，帮助党政领导干部夯实理论基础，培养战略思维，拓展发展眼光，加强党性修养，提高综合素质和实际工作能力。内设机构负责人培训班遵循内设机构负责人成长的规律和特点，重点进行政治理论、党纪法规、管理科学、业务知识等培训，提高理论素养和业务能力，提升解决实际问题的能力。

4月24日—5月19日，为认真贯彻落实全面从严治党要求，推动机关党的建设走在全区基层党组织建设的前头，按照市委组织部全覆盖培训基层党支部书记的要求和区委组织部的统一安排，党校举办了6期全区党支部书记培训班，参训570人。培训班紧紧围绕如何当好党支部书记、如何做好党支部工作，按照"缺什么、补什么"原则，通过分级分类、全覆盖培训，切实解决党支部书记理论上的困惑、能力上的短板、方法上的欠缺，着力把党支部书记建设成为一支对党忠诚，有坚定的政治定力、纪律定力、道德定力、抵腐定力，敢担当、讲奉献、能力强、作风实的坚强战斗队伍。

11 月 22 日—12 月 29 日，认真落实中组部有关县处级以上领导干部开展学习贯彻党的十九大精神集中轮训工作的要求，区委党校积极配合区委组织部和市委党校，以市委党校视频系统为载体，举办全区副处级以上干部的荣昌区学习贯彻党的十九大精神专题培训班 6 期，参训 441 人。（雷　静）

党史研究与地方志工作

【概况】 2017年，区委党史地方志办公室干部职工真抓实干、积极作为，全年在重庆党史网、重庆地情网、中国报道网、荣昌党史网和《巴渝人文》《红岩春秋》《重庆历史名人》等杂志媒体采用稿件160多篇。七一前后，开展“庆祝建党96周年暨中共荣昌支部建立90周年”荣昌党史图片展览，设计制作展板24块，在城区人民广场、桂花园社区等地展出。完成红色家园党史陈列室的改陈布展和陈列室内外的粉刷翻新工作，完成张培爵纪念馆外墙的装饰修缮，排除房屋建筑安全隐患。张培爵纪念馆全年接待各级各部门领导、干部群众、大中小学生上万人次。12月，地方志工作获评重庆市先进单位。

【党史研究】 年内，党史“五个一”工程取得新进展，开展《荣昌县党史大事记》（1927—2006年）文稿修改、增补工作，完成民主革命时期荣昌大事记的撰写修改工作。开展荣昌“改革开放实录”专题文章的资料征集、编撰工作，向市委党史研究室报送有关荣昌解放的文字资料1万余字。开展党史资料数字化工作，向区档案局电子档案系统上传《中国共产党荣昌县地方党史资料选集（1926—1949）第一集》《荣昌县解放四十周年纪念专辑（1949—1989）》《中国共产党四川省荣昌县组织史资料（1927.2—1987.10）》《四川省荣昌县政军统群系统组织史资料（1949.12—1987.10）》《荣昌县革命烈士陵园纪念册》《中共共产党荣昌县历史资料选集（1949年12月至1956年12月）第二集》《荣昌革命风云录》《荣昌县改革开放二十年大事记——纪念党的十一届三中全会召开二十周年（1978年—1998年11月）》《黎明烽火——荣昌县解放初期剿匪斗争》《新生命的乐章》《中共共产党荣昌县历史大事记》《沧桑巨变50年》《中国共产党荣昌县历次党代会文件资料汇编》《光辉的历程 伟大的成就》《荣昌县历届人民代表大会文件资料汇编》《红色印记·荣昌英模人物》《中国共产党重庆历史·荣昌县卷》《荣昌党史人物（第一集）》《二野军大人在荣昌——荣昌二野军大校友回忆录》等地方党史书籍的电子档案资料。开展《荣昌党史人物（第二集）》的征编工作，完成何锡铭、邓克文、唐皎、刘骥、徐麟阁等5人的资料收集，完成何锡铭、邓克文、史昌田传记约4万字初稿。

【地方志工作】 4月，区政府办公室印发《重庆市荣昌区2016—2020年地方志书编修规划》（简称规划）。《规划》提出到2020年，编修镇街志21部、部门志80部、特色志4部、荣昌区志（2006—2015年）1部、综合年鉴5部。年内，进一步修改完善《荣昌县志（1986—2005年）》复审稿，送交出版社编审。继续推进特色志编修工作，2月，《荣昌陶器志》印刷出版；10月，《荣昌猪志》《折扇志》完成初稿。镇志编修有序推进，《清流镇志》已印刷出版，《广顺镇志》《仁义镇志》进入印刷出版程序，《直升镇志》《铜鼓镇志》编纂工作启动。《城乡建设志》3月印刷出版，《统战志》《政协志》编纂工作已经起步。精心编辑《荣昌年鉴（2017卷）》，12月公开出版。（曹文辉）

重庆市荣昌区人民代表大会

人大会议

【区第十七届人民代表大会】 年内，区十七届人民代表大会召开会议2次。

第一次会议 1月8日至11日召开。应到会代表282人，实到278人。会议听取和审议区人大常委会工作报告、区人民政府工作报告、区人民法院工作报告、区人民检察院工作报告；审查和批准区政府2016年国民经济和社会发展计划执行情况及2017年计划草案的报告；批准区政府2017年国民经济和社会发展计划；审查和批准区政府2016年财政预算执行情况和2017年财政预算草案的报告；批准2017年区级财政预算报告；书面审议区政府关于区第十六届人民代表大会第八次会议代表议案、建议办理情况的报告。收到代表议案63件、建议144件，主席团审议确定议案3件，议案转建议60件。会议选举艾亚军为荣昌区第十七届人大常委会主任，潘英、刘著江、石世清、邓启才、谢业林为副主任，文立坤、艾为学、代昂、吕玉珊、朱汉春、李廷成、李章白、杨宏庆、张先兵、张志元、陈克轩、罗树年、罗富菊、周林春、郑国荣、殷贤华、郭永雄、郭荣宽、郭清先、唐铀镧、黄万忠、黄勇、黄家能、盘晓燕、彭锐、曾德超、赖文礼为委员；选举程晓阳为荣昌区政府区长，唐毅、李雅洁、程昌耀、徐利敏、李劲渝、刘菊华、李皓为副区长；选举向前为荣昌区法院院长，欧彬荣昌区检察院检察长。会议通过荣昌区第十七届人民代表大会各专门委员会组成人员名单。

第二次会议 6月15日至16日召开。应到会代表274人，实到258人。会议补选李中武为荣昌区人民政府区长。

【区人大常委会会议】 年内，区十六届人大常委会召开常委会议1次，十七届人大常委会召开常委会会议11次。

区十六届人大常委会第54次会议 1月4日召开。听取和审议区2016年国民经济和社会发展计划执行情况及2017年计划草案的报告，听取和审议区2016年财政预算执行情况和2017年财政预算草案的报告，听取和审议区第十七届人民代表大会第一次会议相关事宜。

区十七届人大常委会第1次会议 3月9日召开。听取和审议并表决区政府办理区人大常委会关于荣昌区2015—2016年生态环境保护工作审议意见情况的报告，测评结果为满意；听取和审议并表决通过区人大常委会关于开展第七个五年法治宣传教育的决议草案；听取和审议并表决李雅洁等64人人事任免事项。

区十七届人大常委会第2次会议 4月6日召开。听取和审议并表决区政府关于提请撤销原荣昌县人大常委会作出的荣人发〔2014〕37号、荣人发〔2014〕39号、荣人发〔2014〕41号3个决定的议案，听取和审议并表决区政府关于2016年新增地方政府债券资金安排调整方案的报告，区检察院检察长欧彬向宪法宣誓，书面传达十二届全国人大五次会议精神。

区十七届人大常委会第 3 次会议　4 月 27 日召开。听取和审议并决定接受程晓阳辞去区政府区长职务、决定任命李中武为区政府副区长、决定李中武区政府代理区长，代理区长李中武进行宪法宣誓。

区十七届人大常委会第 4 次会议　5 月 10 日召开。听取和审议并表决区人大常委会关于接受程晓阳辞去荣昌区第十七届人大代表职务请求的决定草案。

区十七届人大常委会第 5 次会议　5 月 15 日召开。听取和审议区政府关于 2016 年度依法行政建设法治政府工作情况的报告，听取和审议区政府关于荣昌区卫生人才队伍建设情况的报告，听取和审议区政府关于国家农业改革与建设试点区建设情况的报告，听取和审议区政府关于 2017 年新增地方政府债券资金及外债转贷额度安排情况草案的报告并表决相关决定草案，听取和审议区十七届人大二次会议相关事宜并表决相关决定草案，表决区第十七届人大常委会代表资格审查委员会关于区第十七届人民代表大会第二次会议代表资格审查的报告。

区十七届人大常委会第 6 次会议　7 月 27 日召开。听取和审议区政府关于 2017 年国民经济和社会发展计划 1—6 月执行情况的报告，听取和审议区政府关于特色农产品深加工业发展情况的报告，听取和审议区政府关于公共文化服务工作情况的报告。

区十七届人大常委会第 7 次会议　9 月 26 日召开。听取和审议并表决海敏等 82 人人事任免事项，任命人员向宪法宣誓，听取和审议区政府关于 2017 年 1—7 月财政预算执行情况的报告、2016 年财政决算草案的报告、2016 年度区级预算执行和其他财政收支审计工作的报告，审查批准 2016 年区级财政决算，听取和审议并表决区政府关于区第十七届人民代表大会第一次会议代表议案建议办理情况的报告，听取和审议并表决区政府办理区人大常委会关于 2016 年依法行政建设法治政府工作情况审议意见的报告，听取和审议并表决区政府关于区人大常委会对卫生人才队伍建设审议意见办理情况的报告，以上报告测评结果为满意。书面听取和审议区政府关于区人大常委会对荣昌区国家农业改革与建设试点区建设审议意见办理情况的报告。

区十七届人大常委会第 8 次会议　10 月 25 日召开。听取和审议并表决钟世国、刘萍的人事任免议案，听取和审议并表决皮荣刚等 13 名区人大代表辞职的议案。

区十七届人大常委会第 9 次会议　11 月 23 日召开。听取和审议并表决张丽蓉人事免职事项，听取和审议区政府关于 2017 年生态环境保护工作情况的报告，听取和审议区政府关于重大事项决策信访稳定风险评估工作情况的报告，听取和审议区政府关于五大产业集群发展情况的报告；听取和审议区政府关于办理区人大常委会对荣昌区特色农产品深加工业发展情况审议意见情况的报告，审议意见办理情况测评结果为满意；听取和审议区政府关于办理区人大常委会对公共文化服务工作情况审议意见的报告，审议意见办理情况测评结果为基本满意。

区十七届人大常委会第 10 次会议　12 月 8 日召开。听取和审议并表决徐利敏等 6 人人事任免事项；听取和审议区政府关于 2017 年区级财政预算调整方案草案的报告，听取和审议并表决区十七届人大三次会议事宜。

区十七届人大常委会第 11 次会议　12 月 12 日召开。听取和审议并表决刘鑫等 7 人人事任免事项，听取和审议并表决区十七届人大三次会议相关事宜。

【区人大常委会主任会议】　2017年，区十六届人大常委会召开主任会议1次，十七届人大常委会召开主任会议19次。

区十六届人大常委会第 123 次主任会议　1 月 3 日召开。讨论区人大常委会经工委关于区 2016 年国民经济和社会发展计划执行情况及 2017 年计划草案的调查报告，讨论区人大常委会预算工委关于区 2016 年财政预算执行情况和 2017 年财政预算草案情况的调查报告。

区十七届人大常委会第 1 次主任会议　2 月 9 日召开。讨论区人大常委会 2017 年审议议题、视察、执法检查和调研工作安排，讨论区人大常委会2017年工作要点，讨论区第十七届人大常委会第一次会议事宜。

区十七届人大常委会第2次主任会议　3月1日召开。讨论陈克轩等35人人事任免事项，讨论区人大城环委关于区人民政府办理关于荣昌区2015—2016年生态环境保护工作情况报告审议意见的调查报告，讨论区人大常委会关于开展第七个五年法治宣传教育的决议草案，讨论《区人大常委会关于区人大代表列席区人大常委会会议和参加常委会活动的办法》等6个制度办法，讨论区第十七届人大常委会第一次会议分组审议方案。

区十七届人大常委会第3次主任会议　3月8日召开。讨论郭永雄等29人人事任免事项。

区十七届人大常委会第4次主任会议　4月6日召开。讨论区政府关于提请废止原荣昌县人大常委会做出的荣人发〔2014〕37号、荣人发〔2014〕39号、荣人发〔2014〕41号3个决定的议案，讨论区政府关于2016年新增地方政府债券资金安排调整方案的报告，研究医药产业发展现状及建议专题调研方案，研究区人大代表企业服务队建议方案，研究2017年区人大常委会领导牵头督办、区政府领导牵头领办重点建议方案，讨论区人大常委会2017年开展“走基层、察民情，谋发展、建支点”代表主题活动的指导意见，研究区人大代表报名参加2017年区人大常委会会议活动方案，研究区人大常委会增拨换届选举经费方案，研究区十七届人大代表培训建议方案，研究区人大2017年宣传信息工作会建议方案，研究镇街人大工作暨换届选举工作总结会建议方案，讨论区第十七届人大常委会第二次、第三次会议相关事宜。

区十七届人大常委会第5次主任会议　4月27日召开。讨论程晓阳人事辞职、李中武任职决定草案。

区十七届人大常委会第6次主任会议　4月27日召开。讨论李中武人事任职决定草案。

区十七届人大常委会第7次主任会议　5月8日召开。研究区人大常委会党组关于召开区第十七届人民代表大会第二次会议方案，研究区人大常委会党组关于成立重庆市荣昌区第十七届人民代表大会第二次会议临时党委及临时党支部相关事宜，讨论接受人事辞职决定草案，讨论区人大常委会党组关于补选区第十七届人大代表相关事宜。

区十七届人大常委会第8次主任会议　5月16日召开。传达区委常委会精神，讨论区人大常委会党组2017年党建工作要点及区人大常委会党组班子及成员落实全面从严治党主体责任清单，讨论区人大法制委关于区政府2016年度依法行政建设法治政府情况的调查报告，讨论区人大常委会教科文卫工委关于荣昌区卫生人才队伍建设情况的调查报告，讨论区人大常委会农工委关于荣昌区国家农业改革与建设试点区县工作情况的报告，讨论关于召开重庆市荣昌区第十七届人民代表大会第二次会议的决定，讨论区十七届人大二次会议组织组相关材料，讨论区第十七届人大代表法律宣传服务队工作方案，讨论关于专题询问区政府重点交通项目推进情况的实施方案。

区十七届人大常委会第9次主任会议　5月24日召开。讨论区政府关于2017年新增地方政府债券资金及外债转贷额度安排情况草案的报告及区人大常委会决定草案，讨论区第十七届人大常委会代表资格审查委员会关于区第十七届人民代表大会第二次会议代表资格审查的报告，研究区第十七届人大代表农技服务队工作方案。

区十七届人大常委会第10次主任会议　6月6日召开。讨论区人大常委会关于荣昌区卫生人才队伍建设情况的审议意见，讨论区人大常委会关于区政府2016年依法行政建设法治政府工作情况的审议意见，讨论区人大常委会关于荣昌区国家农业改革与建设试点区建设情况的审议意见，讨论关于赴南川等区学习人大工作的调研报告，讨论区人大常委会关于完善区人大代表联系人民群众制度的实施意见，研究区人大常委会关于成立荣昌区人大信息中心的建议方案，研究区十七届人大常委会第六次会议事宜。

区十七届人大常委会第11次主任会议　7月14日召开。传达近期区委常委会议精神，传达全区机关事业单位带薪年休假工作会议精神，讨论区人大财经委关于2017年国民经济和社会发展计划1—6月执行情况的调查报告，讨论区人大常委会农工委关于荣昌区特色农产品深加工业发展情况的调查报告，讨论区人大常委会教科文卫工委关于荣昌区公共文化服务工作情况的调查报告，研究区人大法制委开展青少年违法犯罪现状及建议专题调研工作方案，讨论重庆市荣昌区人民代表大会法制委员会议事规则，讨论荣昌区医药产业发展现状及建议的专题调研报告，讨论区人大城环委关于重点交通建设项目推进情况的调查报告，讨论区人大常委会关于在区人大代表中开展“双亮双做”活动的实施意见，讨论区人大常委会关于完善区人大代表联系人民群众制度的实施意见。讨论区人大常委会关于监督对象报告履职情况进行满意度测评的实施办法，研究区人大常委会人事代表工委关于开展区十七届人大一次会议代表议案建议办理情况调研的工作方案。

区十七届人大常委会第12次主任会议　8月9日召开。传达近期区委常委会议精神，讨论关于荣昌区2017年国民经济和社会发展计划1—6月执行情况报告的审议意见，讨论关于区特色农产品深加工业发展情况的审议意见，讨论关于区公共文化服务工作情况的审议意见，研究监督对象报告履职情况进行满意度测评工作相关事宜，研究区人大常委会第七次会议相关事宜，通报上半年机关财务情况。

区十七届人大常委会第13次主任会议　9月19日召开。讨论海敏等82人人事任免事项，讨论区人大财经委关于荣昌2016年区级财政决算和2017年1—7月财政预算执行情况的审查结果的报告及区人大常委会关于批准2016年区级财政决算的决议草案，讨论区人大人代工委关于区第十七届人大一次会议代表议案建议办理情况的调查报告，讨论区人大法制委关于区政府2016年依法行政建设法治政府审议意见办理情况的调查报告，讨论区人大农工委关于区国家农业改革与建设试点区县工作审议意见办理情况的调查报告，讨论区人大教科文卫工委关于区卫生人才队伍建设工作审议意见办理情况的调查报告，讨论关于区医药产业发展现状及建议的专题调研报告，讨论区人大常委会关于专题询问区政府重点交通建设项目推进情况的审议意见，传达市人大代表换届选举工作会议精神，研究区人大常委会第七次会议相关事宜。

区十七届人大常委会第14次主任会议　10月17日召开。研究区十七届人大三次会议相关事宜，讨论区人大常委会关于2017年1—7月财政预算执行情况的审议意见，讨论关于区十七届人大一次会议代表议案建议办理情况的审议意见，研究区人大常委会视察区白鹅产业发展情况活动方案，研究2017年测评监督对象履职情况的工作方案，研究关于开展区重大决策事项信访稳定风险评估工作情况调研的相关事宜，研究区人大代表首届运动会方案，研究区十七届人大常委会第八次会议相关事宜。

区十七届人大常委会第15次主任会议　10月24日召开。讨论钟世国等15人人事任免事宜，研究补选区十七届人民代表大会代表的工作方案。

区十七届人大常委会第16次主任会议　11月16日召开。研究张丽蓉人事免职事宜，讨论区人大城环委关于2017年生态环保工作的调查报告，讨论区人大信访办关于荣昌重大事项决策信访稳定风险评估工作情况的调查报告，讨论区人大财经委关于“五大产业集群”发展情况的调查报告，讨论区人大农工委关于区政府办理区特色农产品深加工业发展情况审议意见情况的调查报告，讨论区人大教科文卫工委关于区政府办理公共文化服务工作情况审议意见的调查报告，研究区人大常委会开展“关注森林、助推国家森林城市创建”专题活动方案，研究区十七届人大三次会议相关事宜，讨论关于重庆市荣昌区第十七届人民代表大会第三次会议代表资格审查的报告。

区十七届人大常委会第17次主任会议　12月8日召开。研究徐利敏等6人人事任免事宜，讨论关于接受徐利敏辞去重庆市荣昌区人民政府副区长职务请求的决定草案，讨论区人大财经委关于对荣昌区2017年区级财政预算调整的调查报告，讨论区人大常委会关于区重大事项决策信访稳定风险评估工作情况的审议意见,讨论区人大常委会关于“五大产业集群”发展情况的审议意见，研究区十七届人大三次会议相关事宜，研究区十七届人大四次会议相关事宜，研究人大代表议案建议办理工作考核细则。

区十七届人大常委会第 18 次主任会议　12 月 19 日召开。研究区十七届人大三次会议事宜，研究区人大常委会关于监督对象报告履职情况进行满意度测评相关事宜，讨论区人大常委会、区人大法制委、区人大财经委、区人大城环委 2017 年工作报告，研究区十七届人大常委会第十一次、第十二次会议相关事宜。

区十七届人大常委会第 19 次主任会议　12 月 22 日召开。研究刘鑫等 7 人人事任免事宜。

依法监督

【概况】　2017年年初，全区有区十七届人大代表282名。年内，调离荣昌区行政区域代表3名，接受代表辞去职务14名，补选代表12名。至年末，有区十七届人大代表277名。区十七届人大一次会议后，区人大及其常委会依法履行宪法和法律赋予的各项职责，围绕推进“三件大事”、推动经济稳健运行、推动产业提档升级等全区中心工作，积极作为，全力推动荣昌经济社会发展。区人大及其常委会全面开展各项监督活动61次，区人大代表参与150余人次。

【监督财政运行】　1月4日，区人大常委会听取和审议区政府2016年财政预算执行情况和2017年财政预算草案的报告；4月6日，听取和审议并表决区人民政府关于2016年新增地方政府债券资金安排调整方案的报告；5月15日，听取和审议区政府关于2017年新增地方政府债券资金及外债转贷额度安排情况草案的报告，表决相关决定草案；9月26日，听取和审议区政府关于2017年1—7月财政预算执行情况的报告、2016年财政决算草案的报告、2016年度区级预算执行和其他财政收支审计工作的报告，审查批准2016年区级财政决算；12月8日，听取和审议区政府关于2017年区级财政预算调整方案草案的报告，表决相关报告决议。

【监督国民经济和社会发展计划】　1月4日，区人大常委会听取和审议区2016年国民经济和社会发展计划执行情况及2017年计划草案的报告；7月27日，听取和审议区政府关于2017年国民经济和社会发展计划1—6月执行情况的报告。审议指出：要认真贯彻落实中央、市委、区委的决策部署，坚持稳中求进工作总基调，切实按照“实体经济振兴年”主题活动要求，促进经济增长；要抓大引强，全力抓好项目建设，切实发挥投资拉动经济增长的作用，以项目为抓手，推动经济社会事业健康发展；要切实转换发展动力，促进创新发展、开放发展；要以24项重点民生实事作为突破口，将服务民生作为第一目标，全力维护社会安全稳定。

【监督代表议案建议办理】　1月8日至11日，召开区十七届人大一次会议，收到人大代表议案63件，建议、批评和意见144件。经主席团审议作为议案办理的3件，议案转建议60件，建议144件，大会闭会期间收到人大代表建议2件，共计收到建议206件。

3 月 15 日，组织召开区十七届人大一次会议代表议案建议交办会。8 月上旬，区人大对区十七届人大一次会议代表议案建议办理情况进行走访、调研、座谈并开展问卷调查，206 件议案、建议全部办理完毕，议案建议复函率和复函回执率均为100%。9 月 26 日，区人大常委会第七次会议听取和审议区政府关于办理区十七届人大一次会议代表议案、建议情况的报告。会议认为，区政府高度重视代表议案、建议办理，做到领导重视，责任落实，办理认真，督办有力，答复规范，效果明显，有效提高办理效率和质量，主要表现在交办有方，组织保障有力度；协调有效，调研沟通有深度；督办有力，重点把控有强度；办理有为，部分落实有高度等四大特点。针对政府高度重视，但部门响应不一；交办时间充足，但答复时间匆忙；答复态度诚恳，但落实效果不佳等问题。建议：在办理态度、流程执行、强化奖惩等方面再下功夫，促进代表议案、建议办理工作再上新台阶。

审议与任免

【审议工作】 2017年，区人大常委会听取和审议专项工作报告22项，开展调研26项、专题询问1项、集中视察7次，配合开展执法检查5项，形成调查报告19篇、调研报告3篇、考察报告3篇、视察报告1篇。主要有：1月4日，听取和审议区政府关于2016年国民经济和社会发展计划执行情况及2017年计划草案的报告、关于2016年财政预算执行情况及2017年财政预算草案的报告；5月15日，听取和审议区政府2016年度依法行政建设法治政府工作情况的报告、区卫生人才队伍建设情况的报告、区国家农业改革与建设试点区县工作情况的报告；7月27日，听取和审议区政府关于2017年国民经济和社会发展计划1—6月执行情况的报告、荣昌区特色农产品深加工业发展情况的报告、荣昌区公共文化服务工作情况的报告；9月26日，听取和审议区政府关于2017年财政预算1—8月执行情况的报告、2016年财政决算草案的报告、2016年财政预算执行及其他财政收支审计工作报告、审查批准2016年区级财政决算，听取和审议并表决区政府办理区十七届人大一次会议代表议案、建议情况的报告；11月23日，听取和审议区政府关于荣昌区2016—2017年环境保护工作情况的报告、关于重大决策事项开展信访稳定风险评估工作情况的报告、关于“五大工业集群”发展情况的报告等。调研成果《关于我区卫生人才队伍建设情况的调查报告》《关于我区医药产业发展现状及建议的专题调研报告》和《关于在区人大代表中开展“双亮双做”活动的实施意见》等得到市人大领导、区委主要领导的肯定性批示18条。

【人事任免】 全年区人大常委会依法任免国家机关工作人员110人次，接受辞去区人大常委会委员职务1人次，接受辞去区十七届人大代表职务14人次，接受辞去区人民政府区长职务1人次，接受辞去区人民政府副区长职务1人次，补选区人民政府区长。

执法检查

【概况】 2017年，区人大常委会配合市人大对《中华人民共和国农业技术推广法》《中华人民共和国反家庭暴力法》法律法规在荣昌的贯彻实施情况进行执法检查，推进依法治区和“一府两院”依法行政、公正司法。

【农业技术推广法执法检查】 3月至4月，区人大常委会配合市人大开展全区贯彻实施《中华人民共和国农业技术推广法》情况进行执法检查。执法检查组对政府涉农部门、重点镇街及村社和部分农业龙头企业、种养大户、家庭农场、专业合作社，采取座谈、查阅资料、现场走访等形式进行。针对农业法律意识不强、农技服务水平不高、农技人员积极性较差、农业生产能力较弱、农技推广效果欠佳等查找出来的问题，提出：稳定队伍，充分发挥农技人员的作用；加大投入，不断提升农技推广效果；勇于创新，大胆探索农技推广新机制；多措并举，促进农业科技普及运用等建议。提出法律条文修改建议1条。

【反家庭暴力法执法检查】 7月4日，市人大常委会委员、内司委副主任委员游智明一行来荣检查《中华人民共和国反家庭暴力法》实施工作情况。执法检查组对昌元街道桂花社区、区法院、昌州派出所及区妇联贯彻实施《反家庭暴力法》情况进行执法检查。检查组认为，荣昌在《反家庭暴力法》颁布以来，以宣传好、贯彻好、执行好《反对家庭暴力法》为己任，出台《婚姻家庭纠纷人民调解工作机制》等工作机制，形成“党委领导、人大监督、政府主导、部门协作、社会参与、合力维权”工作局面。区《反家庭暴力法》实施工作有思考、探索与创新，工作透明，亮点突出。检查组建议：荣昌区能继续执行好该法律，对实际发生的问题要认真研究并解决；要加强宣传，营造遵守法守法学法用法的社会氛围；加大法治培训力度，真正落实好《反家庭暴力法》进学校、社区的要求；加大执法力度，规范好执法工作，完善好相关法律文书；

加大落实《中华人民共和国反家庭暴力法》保障力度，防止家庭暴力事件发生。

调查视察

【概况】　2017年，区人大常委会围绕区委中心工作及人民群众普遍关心的热点、难点问题，集中组织开展视察活动7次，调查55次，专题询问1次，形成视察报告1篇，调查报告19篇，收集代表建议和社情民意600余条。

【调研依法行政建设法治政府】　2月至5月，区人大常委会调研组先后到广顺街道、区司法局、区法院等单位走访调研依法行政工作。调研组认为，区政府及其工作部门切实履行职责，依法行政能力和水平不断提高，全区依法行政法治政府建设总体良好。主要体现在法治意识不断增强，工作机制不断完善，简政放权服务质量有效提升，行政执法不断规范，更加重视监督工作等五个方面。针对调研中发现的意识和能力有待继续加强、委托执法存在困难、法治建设监督机制有待进一步健全等问题，建议区政府及其工作部门要持之以恒的提高依法行政意识和能力；要优化政务环境，有效服务群众；要规范执法行为，探索综合执法模式；要完善监督机制，强化责任追究。

【调研卫生人才队伍建设】　4月至5月，区人大组成调研组对荣昌区卫生人才队伍建设情况进行调研。调研组集中听取区卫生计生委等单位关于区卫生人才队伍建设情况的报告；走访区级医院、公共卫生机构、部分镇街卫生院（卫生服务中心）、民营医院、周边区县。采取听取汇报、实地调研、召开座谈会、问卷调查、查询有关资料、外出考察等方式，对区公立医疗机构卫生人才队伍建设情况进行调研。针对调研中发现的编制总量不足，结构不优、政策不明，机制不活；政策缺陷，卫生人才队伍不稳、积极性不高；主管部门作用发挥不够等问题，建议在重新核定医务工作人员、赋予用人单位自主权、分门别类解决报酬、提高余编使用效率等方面创新卫生机构编制管理方式；从吸引人才、招揽人才、使用人才等方面强化政府卫计人才宏观管理；充分发挥卫生计生行政主管部门统揽全局的作用及各医疗机构的主体作用，用好人才，关心人才，留住人才，提升医疗水平，为全区人民提供良好的健康服务。

【调研特色农产品深加工业】　5月至7月，区人大农工委在委托各镇街人大对本辖区特色农产品加工业发展情况进行全面调研的同时，组建专题调研组到河包镇、区农委、包黑子食品公司等镇街、职能部门、特色产业加工龙头企业开展调研。调研组肯定全区农产品加工业近年取得的成绩和积累的宝贵经验，也指出存在加工企业层次较低，用工难、地紧张、缺乏资金等制约要素依然存在，自主品牌不多，缺少知名企业品牌，品牌创建效果不佳，政府扶持力度不够，质量安全隐患依然存在、环境污染现象不容乐观等问题。建议：要科学谋划、积极争取高新区建设；要加大资金投入，做大做强特色品牌；要立足荣昌的农业资源和招商优势，着力搞好招商引资；要不断优化政府服务，帮助企业解决用地问题，继续深化融资改革，加大基础设施建设，整合项目资金，认真务实地帮助解决企业面临的实际问题；要认真抓好质量安全；要在发展的同时切实保护生态环境。

【调研公共文化服务】　8月至9月，区人大教科文卫工委牵头组成调研组，对区公共文化服务工作进行调研。调研认为，经过近10年的努力，区公共文化服务体系和基础设施逐步完善、产品和文化活动日益丰富、政策和投入保障基本落实，公共文化服务工作取得较好成绩，也存在公共文化设施规模较小、设备配备不足、政府购买文化服务的效果还不够理想以及公共文化服务人员偏少、年龄偏大和经费投入不足等问题。建议：区政府要宣传实施好《中华人民共和国公共文化服务保障法》《重庆市荣昌区区域公共服务设施布局规划（2016—2030）》和《重庆市荣昌区文化（体育）

发展“十三五”规划》，进一步完善公共文化服务功能，充分发挥其作用；要依靠群众、顺应民意，进一步提升公共文化服务能力，提升群众满意度；要增添新鲜血液，增加财政投入，不断增强全区人民群众的幸福感和获得感。

【调研生态环境保护】 1月至3月，区人大城环委深入区环保局、安富街道等单位镇街开展环境状况和环境目标完成情况专题调研。调研认为区政府高度重视生态环保工作，以创建“全国文明城区、国家森林城市、国家卫生区”为抓手，坚持绿水青山就是金山银山的发展理念，大力实施“环保五大行动”，以打造“舒适健康之区、宜居首善之地和成渝城市群新兴战略支点”为目标，按照党的十九大关于生态文明建设要求，强力推进全区生态环保工作。同时针对调研中发现的环保职责不清、合力不足、监管能力不足、督查问题棘手进度偏慢，环保设施不全运行不畅等问题，建议区政府要着力强化宣传，提升全社会环保意识；要不断健全机制，加大环保执法力度；要齐抓共管，改善区域环境质量；要加大投入，从源头治理环境污染；要严格监管，推进生态文明建设。

【调研五大产业集群】 10月至11月，区人大财经委就“五大产业集群”发展情况到荣隆镇、区发展改革委等镇街和单位进行调研。调研认为，区政府及有关部门认真贯彻落实五大发展理念，坚持“稳中求进”的总基调，坚持“强兴工业”战略，着力培育装备制造、食品医药、轻工陶瓷、饲料兽药、环保材料5个300亿级产业集群，扎实开展“实体经济振兴年”主题活动，五大产业集群平稳较快发展。针对调研中发现的龙头企业少、战略性新兴产业占比低、缺科技创新人才、研发投入不足、基础设施不够完善等问题，建议区政府要认真贯彻落实中央、市委、区委的决策部署，用好规划，政策支持，促进产业集群发展；要创新驱动，技改升级，切实做强现有企业；要强力招商，推进项目，增强产业发展后劲；要全力补足短板，强化服务，健全产业配套保障。

【调研重大事项决策信访稳定风险评估】 9月至10月，区人大信访办及部分区人大代表到安富街道、区国土房管局等镇街单位，就区政府2015年以来开展重大事项决策信访稳定风险评估工作进行专题调研。针对业务培训有待加强、评估制度有待坚持、评估制度需要完善等问题，建议区政府要统一思想，强化评估意识；完善机制，推进制度运行；突出重点，加强业务培训；加强监督，促进协调发展等方面下功夫，促进稳定风险评估工作全面深入，推进全区各项事业协调发展。

【视察城市管理】 10月12日，区人大常委会就城市管理工作开展专题视察。视察组先后视察环境卫生、市容秩序、园林绿化、市政基础设施建设与维护等城市管理情况。针对城市管理工作，建议要以创建“全国文明城区、国家森林城市、国家卫生区”为抓手，以打造“舒适健康之区、宜居首善之地和成渝城市群新兴战略支点”为目标，坚持“高规格规划、高质量建设、高水平管理”，争取城市管理工作在全市的考核排位中名列前茅；要重视城市规划、注重城市风貌、强化城区三化、深化城管改革，着力解决好停车难等热点问题，加大市容市貌整治力度；要进一步理顺城市管理体制机制，建立督促检查机制；要加大对城市管理的投入，促使城市管理上档升级，打造城市新名片。

【专题询问区政府重点交通项目推进】 9月8日，区人大常委会召开全区重点交通建设项目推进情况专题询问会议，听取和审议区政府关于全区重点交通建设项目推进情况的报告、区人大城环委关于重点交通建设项目推进情况的调查报告，并就全区重点交通建设项目推进情况从8个方面开展专题询问。针对询问存在的主要问题，建议区政府要加强领导，加大重大项目争取力度。特别是货运枢纽机场项目要积极跟进对接国家部委，继续跟进选址报告及相关规划调研报告编制，要广泛接触引资引智，寻求政策支持和大力招商引资；要加大与市级部门的沟通协调力度，加强重大交通项目的信息收集、跟踪对接，争取把荣昌纳入城市轨道交通规划；要加大力度推进重点项目实施，对已规划实施的项目要增添措施，积极推进；要强化监管，严把重点交通项目质量；要不断增加投入，确保公路建设养护效果；要抢抓全市交通建设“三年会战”机遇，主动对接重点项目，切实做好重点交通项目的中长期规划，全力推进全区重点交通项目建设。

（李亚兰）

重庆市荣昌区人民政府

重要会议

【区政府常务会议】 2017年，荣昌区第十七届人民政府共召开19次常务会议（第1次至第19次），审议并原则通过政策性文件及有关事项290余项。

第1次常务会 1月12日召开。审议并原则通过《荣昌区综合交通运输“十三五”发展规划》《荣昌区城市公共交通“十三五”发展规划》《荣昌区气象事业发展“十三五”规划》《荣昌区健康扶贫工程实施方案》《荣昌区文化体育“十三五”发展规划》《荣昌区眼镜产业集群发展扶持办法》《荣昌区万灵古镇“万灵福邸”商业特色街培育办法》《区人大常委会对2015—2016年生态环境保护工作情况审议意见的办理落实工作方案》《关于聘请招商引资顾问的实施办法》《2016年新增地方政府债券资金安排调整方案》《荣昌区区属国有企业投融资管理暂行办法》《农村公路建设资金补助标准调整方案》《建设领域农民工工资专户管理办法》；研究通过进一步完善引进购地自建工业类项目相关政策、出租汽车有偿使用费返还事宜、引进重庆达兴建筑科技有限公司钢结构装配式建筑生产项目事宜、返还东邦城市广场奖励容积率部分项目补缴土地综合价金事宜以及兴荣公司、万灵山公司、宏烨公司2017年投融资事宜、第十七届区政府班子分工事宜。

第2次常务会 2月9日召开。审议并原则通过《荣昌区2017年招商引资工作目标任务分解及考核办法》《关于加快剥离市属国有企业办社会职能和解决历史遗留问题的通知》《关于推动餐饮业提档升级打造特色美食名城的实施意见》《荣昌区2016—2020年最严格水资源管理制度实施方案》《中国畜牧现代化研究院共建协议及共建方案》《荣昌区离岗乡村医生养老和医疗补助工作实施方案》；研究通过重庆百旦生物有机肥有限公司担保贷款有关事宜、表彰2016年“实体经济发展深化年”活动突出贡献奖事宜、对获得国家科技进步二等奖及杰出青年农业科学家荣誉单位和个人进行奖励事宜、2016年“心系群众、服务基层、推动发展”考核和社会评议百名科所长事宜、安富街道特色小镇建设项目利用新开发银行贷款相关事宜、创建国家森林城市有关事宜。

第3次常务会 3月8日召开。审议并原则通过《关于推进价格机制改革的实施意见》《荣昌区2017年政府集中采购目录及限额标准》《荣昌区财政资金审批管理暂行办法》《荣昌区消防事业发展“十三五”规划》《2017年荣昌区安全生产工作要点》《荣昌区创建国家级慢性非传染性疾病综合防控示范区实施方案》《荣昌区2017年主要经济指标预期任务分解方案》《荣昌区公共租赁住房和廉租住房并轨管理实施细则》《荣昌区阿里巴巴农村电子商务合作协议》。

第4次常务会 3月22日召开。审议并原则通过《关于加强政府投资项目审计工作的通知》《荣昌区“十三五”节能和控制能源消费总量重点工作》《荣昌区工程建设项目招标投标实施细则》《荣昌区首批人才公寓建设方案》《荣昌区政府领导2017年党风廉政建设和反腐败工作任务分工》《荣昌区“十三五”防震减灾规划》；研究通过建立居民生活用气阶梯价格制度方案、兴荣公司2017年第2批拟融资项目方案、降低非居民用水价格方案、帮扶益峰公司脱困发展有关事宜、公务员平时考核相关事宜、重庆美作实业有限公司欠缴土地出让综合价款及配套费处置事宜、弘禹公司调整人员编制及内设机构相关事宜、联合建设“荣昌区残疾人康复中心”事宜、引进重庆熙妮服饰有限公司和重庆美搏尔实业有限公司项目事宜。

第5次常务会　4月18日召开。审议并原则通过《荣昌区分散式供水工程建设管理办法》《荣昌区2017年钢铁行业去产能工作实施方案》《荣昌区原清退林业员养老和医疗补助实施方案》，研究通过成立荣昌货运机场项目法人公司事宜、废止部分区政府规范性文件事宜、收储重庆拓望实业有限公司原三中校2014—RC-1-08号地块土地使用权和重庆渝荣水务有限公司北门水厂C地块RC-1-45号土地使用权事宜、将濑溪河滨水组团B020和G002/01地块明确为钢结构建筑示范小区事宜、兴荣公司2017年第3批拟推进融资项目事宜、2016年外贸公司异地出口财政补贴事宜。

第6次常务会　5月8日召开。审议并原则通过《荣昌区法治政府建设实施方案(2017—2020年)》《荣昌区城区交通综合治理工作方案》《荣昌区路内临时停车服务收费管理办法》《荣昌区国家森林城市建设总体规划(2016—2025年)》《荣昌区林业“十三五”发展规划》《荣昌区水利发展“十三五”规划》《荣昌区贯彻落实中央环境保护督察反馈意见整改方案》《荣昌区区属国有企业资金计划安排监管暂行办法》《2017年“服务发展环境”和“百名行政执法人员百名窗口服务人员”考评工作方案》《第四届区政府特邀监察员换届工作方案》；研究兴荣公司为重庆布典实业有限公司提供担保事宜、创建国家森林城市相关事宜、广顺街道檬梓河和陈家河市政管网建设相关事宜、设立互联网小额贷款公司相关事宜。

第7次常务会　5月25日召开。审议并原则通过《关于2017年新增地方政府债券资金及外债转贷额度安排情况草案的报告》。

第8次常务会　6月12日召开。审议并原则通过《荣昌区2017—2021年审计项目五年轮审规划》《荣昌区城市黑臭水体整治工作方案》《荣昌区“十三五”农业和农村经济发展规划》《荣昌区教育事业发展“十三五”规划》《荣昌区土壤污染防治工作方案》《重庆荣昌高新区“十三五”发展规划》《永荣煤矿棚户区改造第四期安置方案》《荣昌区银行机构支持地方经济发展考核办法》《关于进一步加强困境儿童保障工作的通知》；研究通过违法建筑集中拆除“百日攻坚”有关事宜、荣昌区2017年规划编制项目计划相关事宜、参加全市小微企业贷款风险补偿合作项目事宜、引进江苏宜兴陶源金龙琉璃瓦有限公司项目有关事宜、引进重庆利永纸制品包装有限公司、重庆市瑞荣金驰科技有限公司、浙江台州伯利恒仪器有限公司项目有关事宜。

第9次常务会　7月14日召开。审议并原则通过《荣昌区人民政府工作规则(修订稿)》《荣昌区人民政府常务会会议规则》《荣昌区2017年上半年国民经济和社会发展计划执行情况报告》《区人大常委会对区政府2016年依法行政建设法治政府工作情况报告审议意见的办理落实工作方案》《荣昌区区域医疗联合体工作实施方案》《荣昌区引进培育银行业金融机构管理办法》《区人大常委会对区政府国家农业改革与建设试点区建设情况审议意见的办理落实工作方案》《区人大常委会对区政府卫生人才队伍建设情况审议意见的办理落实工作方案》《荣昌区“十三五”加快残疾人小康进程规划》《荣昌区2017年烟花爆竹经营安全专项治理和许可证办理工作方案》；研究通过部分行政审批事项调整事宜、调整特殊岗位值班补助事宜、重庆永荣矿业有限公司地块收购储备事宜、2016年度土地矿产卫片执法检查有关事宜、开展荣昌区“多规合一”相关事宜、支持重庆市荣昌区吉鹏建材有限公司发展事宜、基层医疗卫生机构网络建设工程项目资金安排事宜、调整义务教育阶段学生营养改善计划事宜、调整新建青少年活动中心建设概算和缺口资金出处及老中心让渡相关事宜、调整部分区政府领导分工事宜。

第10次常务会　8月9日召开。审议并原则通过《荣昌区政府性债务风险应急处置预案》《荣昌区道路货物运输规模以上企业培育方案》《荣昌区地质灾害防治项目及专项资金管理办法》《荣昌区医疗机构设置规划（2016—2020年）》《荣昌区2017—2018学年度学校资源整合建议方案》《重庆国农畜牧现代化技术研究院有限公司合作协议书》《共建重庆国农畜牧现代化技术研究院有限公司领导小组名单》《荣昌陶文化创意产业园战略合作补充协议》《荣昌安陶小镇旅游景区项目招商引资补充协议》；研究通过重庆拓新控股（集团）有限公司资产处置相关事宜、安富鸦屿水街（陶宝水巷子）项目用地相关事宜、创建国家森林城市重点建设项目事宜、表彰2016年度工业经济发展优秀企业和个人事宜。

第11次常务会　8月25日召开。审议并原则通过《荣昌区区属国有企业整合重组及分类改革总体方案》《荣昌区2017年深入推进简政放权放管结合优化服务改革工作方案》《关于巩固脱贫攻坚成果完善扶贫开发长效机制的指导意见》《桂花园小学扩建工程方案》；研究通过兴荣公司2017年第4批拟推进融资项目事宜、迎接国家食品安全督查工作有关事宜等。

第12次常务会　9月13日召开。审议并原则通过《荣昌区2016年财政决算的报告》《荣昌区2017年1—7月财政预算执行情况的报告》《办理区人大常委会对我区2017年国民经济和社会发展计划1—6月执行情况审议意见的工作方案》《荣昌区专利资助办法（试行）》《办理区人大常委会对我区特色农产品深加工业发展情况审议意见的工作方案》；研究通过2017年重点项目相关事宜、帮扶重庆市蓝源机械制造有限公司脱困发展事宜。

第13次常务会　9月28日召开。审议并原则通过《荣昌区区级预算公开评审办法》《荣昌区区级预算零结转管理办法》《荣昌区区级预决算信息公开管理办法》《关于编制2018年区级预算及2018—2020年区级三年滚动财政规划的通知》《调整和完善区对镇街（管委会）财政管理体制方案》《荣昌区畜禽养殖污染专项整治方案》《荣昌区最低生活保障条件认定办法》《关于进一步健全特困人员救助供养制度的通知》《办理区人大常委会对我区公共文化服务工作审议意见的工作方案》《关于加强高升桥水库水环境保护的通告》；研究通过非居民用天然气价格调整事宜、宏烨公司2017年第2批拟融资项目方案事宜、储备峰高水泥厂片区土地相关事宜、单独设立拓新玉屏小学和盘龙镇第二小学相关事宜。

第14次常务会　10月16日召开。审议并原则通过《荣昌区重点项目管理办法》《关于2017年区级财政预算调整方案（草案）的报告》《重庆市荣昌区城市管理局（重庆市荣昌区城市管理综合行政执法局）主要职责内设机构和人员编制规定》《荣昌区陶瓷土资源保护利用管理办法（试行）》《“健康荣昌2030”规划》《荣昌区2017年民营经济发展转移支付资金使用实施细则》《全市上半年经济形势和做好下半年经济工作的建议》《荣昌区贯彻落实〈长江经济带发展规划纲要〉工作方案》《荣昌区高排放非道路移动机械禁止使用区域划定工作方案》；研究通过恢复和追加区公安消防支队2016年相关经费事宜、拨付吴家镇中心卫生院资产处置资金事宜、仁义镇、广顺街道部分城镇道路命名事宜、拨付区行政中心建设项目（BT融资部分）质量保证金事宜。

第15次常务会　11月17日召开。审议并原则通过《关于进一步规范外出参观学习考察活动的通知》《办理区人大常委会专题询问全区交通重点建设项目推进情况审议意见的工作方案》《关于优化建设工程防雷许可的实施意见》；研究通过区国税局相关资产置换事宜、2017年部分重点项目推进事宜、仁义镇人民政府借款事宜、终止北部新区太阳浩组团2015-RC-1-22号地块国有建设用地使用权出让事宜、宏烨公司推进荣隆工业园10.3万平方米标准厂房产权办理事宜、荣昌区城市生活垃圾处理场渗滤液处理工程PPP项目事宜、已交区财政国库的荣昌县集镇供水升级改造工程项目财政结余存量资金重新安排事宜、万灵山公司增加年度资金支出计划及对外借款事宜。

第16次常务会　11月27日召开。审议并原则通过《荣昌区农村土地承包经营权确权登记颁证工作方案》；研究通过万灵镇两笔已上交区财政国库资金重新安排事宜、荣昌区2016年外贸公司异地出口市级补助资金事宜、引进重庆盈田置业发展有限公司建设标准厂房项目事宜。

第17次常务会　12月6日召开。审议并原则通过《荣昌区农民工工资应急周转金使用管理办法》《荣昌区烧结砖企业削减现有产能关闭工作实施方案》《黄金坡新区城市发展战略研究》。

第18次常务会　12月22日召开。审议并原则通过《荣昌区政府投资项目前期工作管理办法》《中国·夏布小镇培育办法》《荣昌区公共机构节约能源资源“十三五”规划》《荣昌区自然灾害救助应急预案》《办理区人大常委会对我区生态环保工作审议意见的工作方案》《荣昌区空气重污染天气应急预案（2017年修订）》；研究通过2017年行政审批事项清理调整事宜、荣昌区2018年经济社会发展主要指标事宜、收购重庆拓新控股集团瑞尔酒店事宜、调整物业专项维修资金交存标准事宜、成立荣昌区老龄工作委员会事宜、引进上海紫燕食品集团、锐普科技集团公司、重庆好姑爷食品有限公司、浙江同德五金有限公司项目有关事宜、引进广东润色化纤有限公司、重庆盈田置业发展有限公司合资建设纺织产业基地事宜、表彰2016年度质量强区奖励获奖单位事宜。

第19次常务会　12月26日召开。专题审议并通过《2018年政府工作报告》《荣昌区2017年国民经济和社会发展计划执行情况及2018年计划草案报告》《荣昌区2017年财政预算执行情况和2018年财政预算草案报告》。

【渝西川东经济社会发展协作会】　11月2日至3日，由荣昌发起的渝西川东经济社会发展协作会在荣昌召开。参会人员有四川省泸州、内江、遂宁、资阳4个地级市及所辖安岳县、东兴区、隆昌市、泸县，和重庆市大足区、荣昌区、铜梁区、潼南区、永川区等13个市区县党政领导、相关部门负责人、企业家代表350余人，会议邀请国家发展改革委、国务院发展研究中心3位专家到会指导。会议以“合作共赢、开放共享——构建成渝城市群区域协调发展新格局”为主题，旨在全面贯彻落实党的十九大精神，深入实施区域协调发展战略，推动渝西川东区域协作迈向更深层次、更宽领域、更高水平，努力构建成渝城市群区域协调发展新格局。会议期间先后举行参观互联网+名优特产推介会、荣昌高新区技术成果展、国家生猪交易市场、荣昌城市建设活动，各市区县领导圆桌会议，各市区县部门十大研讨会议，主题大会，国家战略专题报告会等。会议讨论通过《渝西川东经济社会发展协作会圆桌会议荣昌共识》，签订《渝西川东经济社会发展协作会框架协议》等79项双边、多边合作项目和协议，涉及交通规划、文化旅游、生态环保、产业发展、警务联勤等10个重点领域。　（张科刚）

依法行政

【概况】　2017年，区法制办深入贯彻党中央国务院《法治政府建设实施纲要（2015—2020年）》和市委、市政府《法治政府建设实施方案（2016—2020年）》，编制出台《重庆市荣昌区法治政府建设实施方案（2017—2020年）》。全年全区行政审批346项，将69个项目承诺时限压缩607个工作日。清理规范中介服务和行业协会商会近200项。区市级网审平台受理事项61424件，办结60979件，办结率99.28%。全面推开“双随机一公开”工作，2017年实现全覆盖，全年共开展随机抽查9022次。深化商事制度改革，新增市场主体7045户。优化公共服务，出台提升教育、医疗水平实施方案，成功创建国家慢性病综合防控示范区，城镇新增就业1.75万人。落实各项社保待遇24.1亿元。强化生态环境保护，全年空气优良天数254天，城镇生活垃圾无害化处理率达100%，农村生活垃圾有效治理覆盖人口比例达97%。

【重大行政决策】　年内，修订完善《重庆市荣昌区人民政府工作规则》，由区政府定期召开政府常务会议、区长办公会议以及政府全体会议对重大决策进行集体讨论决定，区政府法制机构进行合法性审查。开展重大行政决策跟踪评估工作，按照“谁决策、谁负责”的原则，严格执行重大行政决策责任追究制度。充分发挥法律顾问在制定重大行政决策、推进依法行政中的重要作用，区政府及政府部门、各镇街共外聘法律顾问48名，全年参与合同审查448件次，审查规范性文件68件，参与行政复议、行政诉讼案60件次。区政府办公室出台《关于清理委托执法的通知》，理顺委托执法。推进城市执法体制改革，将城市管理中涉及市政、环保、交通、食品药品、水务、工商等部分执法工作划转到综合执法部门，集中统一开展，监督解决多头执法、重复执法等问题。按照《重庆市行政执法证件管理办法》规定，严格落实行政执法人员执法资格制度。

【政府规范性文件管理】 2017年，区政府办公室出台《关于进一步加强政府规范性文件合法性审查和备案工作的通知》，进一步明确规范性文件审查备案范围和程序，确保规范性文件“有件必备，有件必审，有错必纠，有件必公开”。全年前置审查政府规范性文件68件，以区政府和区政府办公室出台规范性文件37件并报区人大常委会和市政府备案。建议不予出台规范性文件9件，建议由区政府部门出台规范性文件15件，建议由区委、区政府名义出台的规范性文件7件。

【行政监督】 健全行政权力运行制约和监督制度，主动接受党内监督、人大监督、民主监督、司法监督、社会监督和舆论监督，全年办理人大议案建议210件、满意率99.1%，政协提案232件、满意率98.7%。严格行政问责，开展专项整治，严肃查处“不作为、乱作为”等行为，全年开展行政问责5件22人。加强政府信息公开工作，制定《政府信息依申请公开工作流程》，区政府公众信息网发布政务新闻和信息3263条，市政府网站采用区政府信息535条。在市政府信息公开平台发布信息3192条，受理区长信箱信件1396件，按时办结率100%，群众满意率100%。

【防范化解社会矛盾】 进一步强化行政复议工作，全年审理行政复议案件32件，区政府没有出现具体行政行为被上级行政复议机关撤销、变更、确认违法、责令履职的情况。加强和改进行政应诉工作，区政府办公室出台《关于加强和改进行政应诉工作的通知》。全年在区法院开庭审理的24件行政应诉案件中，行政负责人出庭应诉案件为16件，出庭率达66.67%。健全行政调解制度、大力发展人民调解，全年排查纠纷1200余次，调解各类矛盾纠纷5210件，成功调解5150件，成功调解率98.85%。全年建立信访稳定工作长效机制27项，受理人民群众信访事项1210件次、3263人次，全年未出现到市进京重复集访和非正常上访现象，未出现重大不稳定情况。

【法治教育】 全年举办法治专题培训班5期，培训干部600余人。举办法治讲座21场，开展普法宣讲21场次。抓实新提任领导干部法治理论考试和年度法治理论考试制度。组织140余名领导干部旁听有关职务犯罪案件、行政诉讼案件的法庭审判，以身边案例开展法治教育。印发《荣昌区关于进一步完善国家工作人员学法用法制度的实施意见》，发放《重庆市2017年重点普及法律知识问答》1000册。（李柯江）

政务督查

【概况】 2017年，区政府督查室开展各项督查工作150余次，印发各项督查通报、专报71期，较好地发挥督查抓落实促发展的“利器”作用，推动各项重大决策部署的落地生效。6月，制定印发《区政府常务会议议定事项督查办理工作实施办法》《区政府领导批示和交办事项督查办理工作实施办法》，对区政府常务会、区政府领导批示和交办事项督查办理的程序、要求及相关单位的工作职责等事宜作进一步明确。实施清单管理，对督查事项进行逐一登记，建立督查清单，对被督查的工作目标任务及完成情况也建立清单，完成一项、销号一项。全年区政府督查室纳入清单管理的督查事项50余件，涉及重要目标任务1000余项。强化情况通报，开展督查后及时形成督查报告或通报，向相关区领导报告和单位通报。对社会普遍关注的民生实事项目、重点工作、重大项目进展情况，通过新闻媒体适时进行报道。全年印发各项督查专报、通报71期。（潘世先）

行政服务

【概况】 2017年，区行管办以“为群众办好事、让群众好办事”为服务宗旨，按照“推标准服务、树窗口形象、提审批效率、让群众满意”的总思路开展工作，区行政服务大厅受理各类行政服务事项21.6674万件，按时办结率99.9%，群众满意率99.5%。全年清理规范350个区级行政审批事项。年内，区行政服务中心办事大厅分设企业服务厅和社会事务厅。企业服务厅位于畜科院裙楼，主要为企业提供“一站式”服务；社会事务厅为兴荣大厦裙楼的原办事大厅，主要办理人力社保、公交IC卡、房产交易、出入境登记、婚姻登记等社会民生事务。区行管办年内成功创建市级模范职工之家。

【三级服务体系建设】 区行管办利用电子监察视频系统对镇街、场镇村（社区）服务中心进行实时督查，不定期开展实地巡查，全年对镇街、场镇村（社区）两级服务中心实时督查48次，不定期实地巡查15次。采取南北镇街交流、三级上下联通的方式，开展区、镇、村（社区）服务中心管理。全年召开2轮镇街工作片会，参训单位100余个、人员400余人次，基本实现区、镇、村（社区）实地督导全覆盖。

【群工系统】 至年末，群工系统受理各类群众反映事项20638件，办结20491件，实时办结率99.2%，群众评价满意率99.9%。接办件数量较2016年增长45.2%。坚持定量回访、定件督办、定点办理，实现村（社区）、区级部门办件回访全覆盖。区指挥中心回访事项2500余件，跟踪督办事项847件，联席办理疑难事项26件，复查审核办结事项168件。年内教育卫生、旅游美食文化等领域成功上线重庆群工（阳光重庆）广播热线直播节目。

【企业服务厅投入使用】 9月4日，被区委、区政府列为2017年重点项目和重点民生实事的区行政服务中心企业服务厅正式投入使用。企业服务厅位于畜科院裙楼，总面积约4000平方米，总投资近1700万元。该厅主要为企业提供“一站式”服务。入驻涉企服务单位12个和综合窗口1个，其中一楼为区国税局、区地税局，二楼为区工商分局、区发展改革委、区城乡建委、区环保局、区公安消防支队、区城市管理局、区安监局、区水务局、区规划局、区国土房管局（审批职能）及综合窗口区地震局。服务厅设有自助办税电脑18台和自助办税机5台，开通24小时自助办税服务区，为企业提供“5+2”的24小时自助服务。至年末，企业服务厅办理审批事项24470件。

【行政审批服务进企业】 4月，区行管办牵头出台《荣昌区“行政审批服务进企业”行动方案》，组织区工商分局等16家相关职能部门的党员和业务骨干组成进企服务队，开展行政审批服务进企业活动。至年末，开展专题业务培训、政策宣讲、现场咨询、现场办公4次，累计服务企业近100家，发放宣传资料800余册，现场办理行政审批事项3件。（尹直亮）

信访工作

【概况】 2017年，区信访办以做好党的十九大安保维稳工作为主线，以开展信访工作“责任落实年”为抓手，以服务荣昌区“打造成渝城市群新兴战略支点”为中心，坚持目标导向和问题导向相统一，全年办理群众信访事项1374件次、2566人次，分别比上年上升19.48%、31.66%。其中，国家信访局登记转送信访件22件次、106人次，比上年下降

89.16%、50.93%；重庆市信访办登记转送信访件336件次、357人次，比上年下降13.25%、50.83%；区信访办登记办理信访件1016件次、2101人次，比上年上升80.6%、108.64%。全年群众到区集访80批次、682人次，比上年下降38.93%、44.05%；群众到市走访17件次、17人次，比上年下降69.64%、89.38%；群众进京正常上访4件次、4人次，比上年下降71.43%。办理区领导公开接待群众来访246件次、694人次，办结率100%。处置各类突发不稳定事件186起，累计排查矛盾纠纷问题43件，调处42件，调处化解率98%，区级启动风险评估项目32项，完成32项，组织召开各类信访协调会议214次，完成重大安保维稳任务9次。1月，区信访接待大厅搬迁至区行政中心。

【信访工作制度改革】 2017年，区信访办继续推进阳光信访、责任信访、法治信访建设，创新机制方法手段，不断提高信访工作的专业化、法治化、信息化、社会化水平。“阳光信访”建设重点抓好重庆市信访信息系统的完善和深度应用，规范网上信访业务的受理办理，实现信访事项处理全过程公开。至年末，全区建立网上信访代理点214个、代理信访事项195件，群众通过互联网投诉信访事项344件、比上年增长32.31%，群众满意率99.8%，信访事项全部实现网上办理。“责任信访”建设重点规范信访工作制度体系，完善及时就地解决问题机制，加大信访督查督办力度，全年由区领导带队开展3轮督导，督促信访稳定工作责任落到实处。“法治信访”建设完善法定途径分类处理信访投诉制度，全年分流涉法涉诉信访问题74件。

【“3+5”突出信访问题专项治理】 “3+5”即：市维稳办要求开展“房地产开发建设、非法集资、环境保护领域”3个方面信访突出问题专项治理，荣昌区结合实际开展“关闭煤矿职工安置、物业管理、企业拖欠民工工资、僵尸企业治理、安置房建设和办证”5个区域性、行业性方面的信访突出问题专项治理（统称“3+5”信访突出问题专项治理）。至年末，排查各类矛盾纠纷2558件、化解2536件，出动检查和执法人员1322人次。

【领导干部接访下访】 至年末，市管领导和区管领导参与接访下访群众6822次、18335件，化解各类矛盾纠纷8136件。领导包案252件，化解率98%，其中市管领导领导包案32件、区级部门主要领导包案106件、21个镇街党政及人大主要负责人包案114件。全年使用区级解决特殊疑难信访问题专项资金47万元，协调解决市信访办交办疑难信访问题11件，化解信访老户24名。 （肖　洪）

机关事务管理

【概况】 2017年，区机关事务管理中心制定和完善《物业管理服务标准》《物业管理考核制度》《食堂管理办法》《平台驾驶员管理制度》《区机要通信应急用车集中管理平台驾驶员量化考核细则表（试行）》，完成重庆荣昌货运机场研讨会、渝西川东经济社会发展协作会、2017年中国铁人三项联赛等237次会议、活动的后勤保障工作，接待科技部高新司副司长曹国英、市政府副市长刘桂平等市内外来宾8101人次。全年提供会议服务384次，参会人员44727人次，用车保障1000余次，完成区行政中心各类报修1000余次。全年审批购置公务用车10辆，车辆维修经费256万余元、比上年下降2.62%，保险费用115万余元、比上年下降29.85%，组织公务用车督查21次，查处违规行为8起。

【办公用房管理】 年内，完成区委巡察办、区民政局、区公安局等部门办公用房调剂工作。1月，牵头完成区行政中心整体搬迁，腾退办公用房23102.77平方米，督促入住单位严格按照《党政机关办公用房建设标准》使用办公用房，无超标使用办公用房现象。6月，与区委督查室、区政府督查室、区纪委监察局、区发展改革委、区财政局抽调26人组成4个督查组对全区党政机关及所属事业单位办公用房使用情况进行现场监督检查，共督查镇街21个、区级机关及事业单位67个，督查办公用房面积约8.7万平方米，核查各类资料、报表400余份，清理腾退办公用房5514.75平方米（含2017年搬迁单位腾退面积）。

【公共机构节能管理】 年内，编制完成《荣昌区“十三五”公共机构节能规划》。9月，通过合同能源管理模式投入230余万元对兴荣大厦和区行政中心（电梯和中央空调）进行节能改造，10月，兴荣大厦成功申报国家级节约型机关示范单位，启动荣昌区国家级节约型公共机构示范单位创建工作。配合区水务局投入93万元对区行政中心、农业大厦2个集中办公区和昌元街道等8个单位共50个公共机构实施节水改造，对农业大厦4.99万平方米办公楼进行能源审计。2017年，全区公共机构人均综合能耗、单位建筑面积能耗分别下降2.4%和2.1%，人均水耗下降3.5%。

【节能宣传周活动】 6月11日至17日，区机关事务管理中心利用节能宣传周，组织全区公共机构利用广场、公共橱窗、户内外电子显示屏和荣昌手机报等加强对公共机构节能的宣传，在楼前院内悬挂节能宣传横幅20余幅、张贴宣传画600多张，发放各类节能宣传手册和节能宣传画3万余份，制作节能温馨提示、小标识2300余张，进一步传播低碳、环保、绿色的发展理念，提高推进公共机构节能促进生态文明建设的重要性，营造公共机构积极带头参与生态文明建设的良好舆论氛围。（敖武霞）

档案管理

【概况】 年内，区档案馆接收34个单位10133卷（含市属国有企业退休职工档案）、105035件档案，收集46个单位已公开现行文件748份，完成馆藏档案开放鉴定756卷20396件。全年接收进馆档案数字化扫描目录111762条、全文扫描1386443页，整改完善馆藏档案873360条目录。至年末，有馆藏档案303个全宗116770卷、430052件。推行“电子查档+免费查档+预约查档+异地查档”便民服务，全年接待档案利用者12668人次，提供档案资料1.3万余卷（册），复制档案3.3万多页，利用已公开现行文件10人次。11月，与重庆西信天元数据资讯有限公司签订《重庆市档案资源在线利用服务平台——荣昌区档案局上线服务项目》合同；12月，完成环境搭建和数据导入服务，区档案馆可通过档案在线利用远程平台进行全市婚姻档案信息查询服务。2017年度获得重庆市区县档案工作目标管理考核先进单位。

【档案业务培训】 2月，为提升档案人员的业务素质，区档案局分三期对区内76个单位的专（兼）职档案工作人员139人举办档案业务专题培训。培训的主要内容是《档案管理违法违纪行为处分规定》、文件材料归档范围和保管期限的判定、《重庆市归档文件整理规则》（2016）、照片档案整理、电子文档管理系统操作、档案统计年报填报、档案移交相关工作等档案业务知识。年内分3次对远觉镇、盘龙镇、吴家镇、区教委、兴荣公司200余名档案人员开展业务培训。

【档案宣传教育】 6月7日，区档案局在吴家镇开展“国际档案日”宣传活动，发放宣传资料800余份，接待咨询300余人次，制作18块宣传展板在吴家中学、荣昌中学开展流动展览。12月4日，参与区委、区政府主办的“学习十九大精神、维护宪法权威”法制宣传活动，通过设置宣传展板、发放宣传资料、提供便民咨询服务等形式向社会广泛宣传档案法律法规，进一步提高群众档案法制观念。区档案馆爱国主义教育基地全年接待542人。编印《政府工作报告汇编（1965—1989年）》（内部资料），将荣昌区六届一次至十届三次人代会的政府工作报告汇集成册，以供研究参考。全年在《中国档案报》《中国档案网》《重庆档案》《重庆档案网》等新闻媒体上发表稿件100余篇，为档案事业发展营造良好舆论环境。

【精准扶贫档案管理】 3月24日，区档案局与区扶贫办联合成立精准扶贫档案工作领导小组，确定精准扶贫档案整理方式，印发《精准扶贫档案工作管理制度》和《精准扶贫档案工作实施方案》，明确归档范围和保管期限表。至年末，指导区扶贫办整理精准扶贫文书档案5901件，分户档案8107件，照片档案999张，项目档案148卷，录入目录15007条，原文扫描225288页。

【国有企业档案管理】 9月12日，举办市属国有企业退休人员社会化管理档案移交工作培训会，规范移交标准，明确移交时间。全年接收市属国有企业退休职工档案5761卷，其中永荣矿业公司5580卷、渝荣水务公司2卷、重盐集团荣昌分公司10卷、长运集团荣昌分公司30卷、农商行荣昌支行139卷。10月，区档案局与区国资金融办联合制发《荣昌区区属国有企业整合重组改革档案处置工作方案》，全年指导荣盾保安公司、棠城投资公司、兴荣集团公司等区属国有企业规范整理和保管档案。

【重点建设项目档案管理】 11月9日，验收S108荣昌安富（杜家岩至唐家庙村）段公路改造工程档案76卷。11月15日，组织召开全区重点建设项目档案工作推进会，通报荣昌区重点建设项目档案验收工作情况；全年指导S108荣昌安富（杜家岩至唐家庙村）段公路改造工程、黄桷滩水库工程、荣昌濑溪河昌州—万灵段防洪及水环境治理工程档案管理。（廖　军）

政协重庆市荣昌区委员会

政协会议

【区政协十五届一次会议】 1月7日至10日在区委礼堂召开。会议应出席委员268人，实到262人。会议听取并审议通过区政协主席颜三林代表区政协十四届常务委员会所作的工作报告和副主席段先明代表常务委员会所作的提案工作报告。大会选举产生政协重庆市荣昌区第十五届委员会主席、副主席、秘书长和常务委员。会议收到提案294件，立案232件。

【区政协十五届常委会议】 全年召开常委会4次，听取和审议各项工作23项，提出工作建议60余条。

第一次会议 3月30日召开。传达学习全国政协十二届五次会议精神，传达学习中共中央办公厅《关于加强和改进人民政协民主监督工作的意见》，审议通过《政协重庆市荣昌区委员会委员管理办法（草案）》，通报区政协2017年工作要点、区政协十五届一次会议提案审查情况和重点提案相关情况、区政协各专委会（社情民意信息中心）2017年工作安排。

第二次会议 8月8日召开。传达学习习近平总书记在省部级主要领导干部“学习习近平总书记重要讲话精神、迎接党的十九大”专题研讨班开班式上的重要讲话精神，听取《政协重庆市荣昌区委员会委员履职考核办法（试行）》相关工作情况通报，审议《政协重庆市荣昌区委员会反映社情民意工作实施办法（试行）》，听取区政府2017年上半年经济社会发展情况通报，听取区政府系统2017年提案办理情况通报，专题协商“打造成渝城市群新兴战略支点”相关工作。

第三次会议 10月30日召开。传达学习党的十九大精神，传达学习《区委办印发〈关于加强和改进人民政协民主监督工作的实施意见〉的通知》文件精神，听取区创森办关于创建国家森林城市工作情况的通报。

第四次会议 12月29日召开。传达学习《关于认真学习贯彻习近平总书记重要指示精神进一步纠正“四风”、加强作风建设的通知》《中共重庆市委常委会贯彻落实中央八项规定精神实施意见》，听取区政府2017年民生实事办理情况通报，听取区城管局《关于区政协民主评议问题整改落实情况的报告》，审议区政协十五届二次会议召开相关工作，审议区政协十五届常务委员会工作报告（草案）、提案工作报告（草案），审议通过有关人事事项。

【区政协十五届主席会】 全年召开主席会议12次，听取和审议各项工作41项，提出工作建议90余条。

第一次主席会议 1月30日召开。传达学习全国政协十二届五次会议精神、中共中央办公厅《关于加强和改进人民政协民主监督工作的意见》，审议通过《政协重庆市荣昌区委员会委员管理办法（草案）》，通报区政协2017年工作要点、区政协十五届一次会议提案审查情况和重点提案相关情况、区政协各专委会（社情民意信息中心）2017年工作安排。

第二次主席会议　2月6日召开。研究十五届一次会议期间提案审查、立案相关事宜，研究审议各专委会2017年工作计划和安排、2017年工作要点、界别及委员划分方案、各委室配备兼职工作人员方案。

第三次主席会议　2月15日召开。研究审议区政协2017年工作要点、外出考察学习相关事宜、重点提案建议方案。

第四次主席会议　3月8日召开。传达学习中共中央办公厅《关于加强和改进人民政协民主监督工作的意见》的通知、中共重庆市委关于《重庆市实施〈中国共产党问责条例〉办法》的通知、区委书记曹清尧在区委常委会贯彻落实中央第十一巡视组“回头看”反馈意见整改方案上的讲话、区委办公室、区政府办公室《关于进一步落实国内公务接待管理相关规定的通知》，研究审议市管领导班子专题民主生活会相关事宜、政协各委室区外市内考察学习工作安排相关事宜，通报“彭年光明行动”项目实施工作相关事宜，研究审议区政协十五届一次常委会筹备相关事宜。

第五次主席会议　5月4日召开。传达学习习近平总书记在文艺工作座谈会和新闻舆论工作座谈会上的重要讲话精神、区委书记曹清尧在区委常委会上关于全区一季度经济运行情况的讲话精神、《中共荣昌区委办公室关于落实全面从严治党责任清单的通知》《中共荣昌区委办公室关于加强和规范基层党的组织生活十条规定的通知》，研究审议《区政协民主评议区市政园林局工作方案（草案）》相关事宜、《区政协委员考核办法（试行）（草案）》相关事宜、《反映社情民意工作实施办法（试行）（草案）》、《反映社情民意工作考核办法（草案）》《十五届区政协反映社情民意特邀信息员名单（草案）》相关事宜、《〈荣昌政协志〉编纂工作实施方案（草案）》《〈荣昌印象〉编纂工作实施方案（草案）》相关事宜、区政协工作制度修订完善相关事宜。

第六次主席会议　5月31日召开。传达学习市第五次党代会精神，研究学习贯彻市第五次党代会精神相关事宜。

第七次主席会议　6月27日召开。传达学习区委书记曹清尧在区委中心组（扩大）“贯彻党代会·荣昌怎么干”务虚会上的讲话精神，传达区纪委转发《中共重庆市纪委关于严禁违规操办和参加“升学宴”“谢师宴”的通知》的通知、区委办公室区政府办公室《关于党政机关、人民团体、国有企事业单位及其工作人员主动申报、处置违法建（构）筑的通知》，听取区政协半年工作总结和下半年工作打算汇报，研究十五届二次常委会会议安排、“成渝城市群新型战略支点”宣传、荣昌历史文化挖掘、机关党建等工作。

第八次主席会议　7月24日召开。审议通过区政协《关于强化服务企业发展，助推招商引资工作方案》，听取区政协秘书长关于第二次常委会安排情况汇报。

第九次主席会议　9月5日召开。传达学习区委办、区政府办《关于开展党的十九大期间全区安全稳定工作专项督查的通知》，听取大足、荣昌、泸县三区县保护濑溪河助推工作情况通报，研究审议《民主评议工作实施办法》《委员调研视察工作实施办法》。

第十次主席会议　10月26日召开。原文传达学习党的十九大工作报告、学习《区委办印发〈关于加强和改进人民政协民主监督工作的实施意见〉的通知》，研究审议《区市政园林局对区政协民主评议意见建议整改方案》、重点提案民主评议及2018年提案工作，研究政协文史工作，听取区政协秘书长关于政协机关干部人事情况的通报，研究审议近期主席会议协商、通报、视察工作安排，听取区政协秘书长关于第三次常委会安排情况汇报。

第十一次主席会议　12月15日召开。听取区政协提案委负责人关于民主评议重点提案、提案考核指标、全委会提案征集相关工作开展的情况汇报，听取区政协办公室负责人关于区政协2017年工作开展情况的汇报、区政协办公室负责人关于区政协近期重点工作安排的情况汇报、区政协办公室负责人关于第四次常委会召开相关工作情况的汇报。

第十二次主席会议　12月29日召开。听取区委统战部就十五届区政协委员变动情况所作的说明，表决通过终止陈先平、李正敏、庄礼光三人委员资格，撤销唐震委员资格。

协商议政

【概况】　至年末，区十五届政协现有委员264人。界别分布为中共22人、民进8人、农工党8人、无党派10人、共青团8人、工会9人、妇联8人、工商联12人、科协7人、侨联8人、文化艺术5人、科技22人、经济21人、农业24人、教育20人、体育3人、新闻出版4人、医卫14人、社会福利和社会保障5人、少数民族4人、宗教5人、特邀37人。全年区政协围绕“三高五新”（发展水平更高、产业水平更高、收入水平更高，培育产业集群新模式、开创统筹发展新局面、开启生态建设新篇章、增强改革创新新动力、书写民生改善新成绩）目标任务，广泛征集协商议题，经充分协商，报请区委常委会审定确定15个方面的协商内容。开展全委会协商、常委会协商、主席会协商、提案办理协商、界别协商、专题协商和片区小组协商40余次，形成协商民主专报9期，协商工作情况报告2份。《关于医疗卫生与健康产业发展的视察协商建议》《关于创建国家食品安全示范城市的视察协商建议》协商民主专报得到高度重视和积极采纳。《关于荣昌黄桷树广场文化创意策划方案的建议》得到区委主要领导的批示。《关于推进我区稻田综合种养的建议》年内已在7个镇街开展试点。

【专题协商荣昌黄桷树广场建设规划】　2017年，为将荣昌黄桷树广场建设成为承载得住历史记忆、满足群众需求的高品质历史文化休闲广场，区政协组织区政协退休老领导、区政协委员、荣昌历史研究专家、文化专业人士等开展协商讨论5次，充分听取各方意见建议，初步形成《荣昌历史文化广场（黄桷树广场）文化创意策划方案》。

【打造成渝城市群新兴战略支点协商】　年内，区政协组织区政协常委、区政协组成界别、区政协委员、有关专家和有关职能部门召开协商座谈26次，发放征求意见函300份，收集到近800条协商意见建议，分析荣昌打造成渝城市群新兴战支点的有利条件、面临的困难问题，提出4个方面近20条工作建议。

民主监督

【概况】　全年，区政协认真贯彻落实区委《关于加强和改进人民政协民主监督工作的实施意见》，民主监督职能得到进一步强化。制定出台《民主评议工作实施办法》，对区城管局工作开展民主评议。开展走进镇街、走进村社、走进企业的“三走进”活动，组织委员围绕城乡规划建设、荣峰河水体治理、社会治安防控体系“五张网”建设、潼荣高速公路建设、职业教育服务高新区发展等开展监督性视察。组织委员开展百名行政执法人员、百名窗口服务人员“双百评议”集中考评活动，牵头开展安全稳定工作专项督查、濑溪河流域和大气污染综合治理专项督查。

【民主评议区城管局】　5月至12月，按照“三城同创”“街长制”、市容市貌整治“三结合”的工作原则，区政协开展民主评议区城管局工作。通过问卷调查、走访、召开座谈会、在《荣昌日报》设置公开邮箱、对群工系统数据进行分析等方式广泛收集意见建议，对区城管局提出整改意见14条。12月29日，区政协第十五届委员会常务委员会第四次会议对区城管局整改落实情况满意度进行测评，测评结果为“满意”。

参政议政

【概况】　年内，区政协组织委员围绕农业供给侧结构性改革、城市精细化管理等开展专题调研，围绕全区重点项目建设、防震减灾体系建设及灾后重建等开展专题视察90余次，提交《关于加快体育事业发展的调研报告》《关于加强污水处理厂和污水管网管理的建议》等调研视察报告15篇。其中，《关于页岩气勘探开采有关情况的调研报告》《关于教育卫生机制体制改革的调研报告》《关于农业社会化服务体系建设存在的问题及对策建议》分别得到区委、区政府主要领导和分管领导的批示。年内，区政协为协调联系的10个重点项目、18个重点和困难企业、8个镇街解决实际问题和困难50余个。区政协参与完成招商引资项目18个，协议投资22亿元。在委员中开展“我为打造成渝城市群新兴战略支点建言”活动，提出工作建议247条。《关于在荣昌布局建设货运机场的建议》列为市政协四届五次会议重点提案。

【“关于在荣昌布局建设货运机场的建议”被列为市政协重点提案】 1月，市政协委员荣昌组在重庆市政协四届五次会议上，提交集体提案《关于在荣昌布局建设货运机场的建议》，该提案被市政协列为重点提案，交由市交委主办、市发展改革委协办。提案从重庆布局货运机场的必要性、在荣昌布局货运机场的可行性、建议在荣昌布局货运机场3个方面进行阐述。年内，市政府及市级有关部门积极支持荣昌布局建设货运枢纽机场，积极争取其列入国家规划、开展重庆市航空货运机场布局规划研究并争取民航局支持。（陈相吉）

民主党派

民盟荣昌区总支

【概况】 年内，民盟荣昌区总支在各行业中青年知识分子和新阶层优秀党外人士中发展新盟员13人，培养考察入盟积极分子9人。至年末，民盟荣昌区总支有盟员80人，其中科研院所和高校有盟员28人。盟员中，有博士5人、硕士研究生13人；有重庆市人大代表1人、重庆市政协委员1人、荣昌区人大代表6人、荣昌区政协委员17人。民盟区总支被盟市委评为2017年度盟务工作创新奖、2017年度反映社情民意信息工作先进单位二等奖。盟员吴青、张大菊、张军分别被盟市委评为2017年度优秀盟员、优秀新盟员、优秀盟务工作者，周远鹏、张大菊分获盟市委参政议政和反映社情民意先进个人。

【参政议政】 全年民盟区总支上报社情民意信息50余条，采用18条，其中盟中央采用1条，转送转报1条，盟市委采用16条，在全市基层组织中名列第五。区委统战部采用建议30余条，转送两会信息2条，重庆信息专报1条，市委统战网采用1条，在区内统战系统信息报送单位中排名第一。全年上报宣传信息52条，被盟市委、区委统战部、荣昌报等采用宣传信息23条。主动承担盟市委调研课题，撰写《重庆市互联网+教育面临的困境及对策研究》；承担荣昌区委调研课题，撰写《荣昌区互联网+教育研究》《关于提升我区初高中阶段教育水平的建议》等调研报告被《渝西论坛》《荣昌政协》等刊物采用，并上报区委、区政府主要领导，为荣昌“补教育卫生短板”重点工作提出可行性建议。荣昌人代会、政协会期间，盟内人大代表和政协委员提交议案、提案、意见建议30余件。

【服务社会】 1月，建立“荣盟之春”爱心助学基金，筹集捐款39400元。5月，爱心基金为部分受助学生购买商业疾病保险1份，首次发放助学金2万元，资助荣昌中学10名贫困学子得到，并确立盟员结对帮扶对子。8月，总支资助3名考上大学的贫困应届毕业生每人2000元，并帮助她们各获得民政救助金3000元。全年为其他符合条件的受助学生争取到各类低保金、助学金、生活补助金25700元。西南大学荣昌校区盟员教授发挥专业特长，在仁义等镇街和养殖企业免费开展农村贫困残疾人养兔实用技术培训等送学下乡活动。（冯前君）

民进荣昌区委

【概况】 2017年，民进荣昌区委下设教育联合支部、文化科技支部、荣昌中学支部、荣昌初级中学支部、小学支部、职中支部、永荣支部、卫生支部、经济支部、综合支部10个基层支部。有会员197人，平均年龄50.7岁。会员中有中高级职称151人，有市人大代表2人、市政协委员2人、区人大代

表10人、区政协委员30人。5月，2名区委会委员当选为民进重庆市委委员，其中1名为民进重庆市委常务委员。5月，推荐15名会员成为新一届市委专委会委员，其中4名会员分别被聘为农业、科技、文化出版专委会主任、副主任。9月，届中增补区委会委员、副主委1名。年内，发展新会员7名，其中教师5名。选派骨干会员参加各类培训协商活动46人次，会员参加各类培训学习17人次。区委会被民进重庆市委评为2017年参政议政、组织建设和社会服务工作先进单位。全年获各级各类表彰的民进会员50余人次，其中国家级奖项7项、市级奖项16项。全年民进区委在市级以上刊物、网站上刊发稿件42篇。

【参政议政】 年内，民进荣昌区委在黄金坡新区建设、教育事业改革、荣昌高新区建设和壮大农村集体经济等专题协商会上，提出建设性意见建议22条。承办民进市委会科技专委会、农业专委会关于“科技创新发展对策研究”“建立农村土地流转退出机制”等调研活动，参与市委会关于《职业教育改革助推制造业发展》调研，完成市委会调研课题《区县全面推行河长制应解决好几个关键问题》《建立农村土地流转退出机制确保农村经济健康发展》，承担区科委重点课题《荣昌区科技协同创新中政府作用发挥对策研究》。会员完成《当前民主党派民主监督突出问题对策研究》《新常态下如何加强青少年学生法治教育》《荣昌区农村土壤污染调查及建议》等调研。1月，“关于促进我市农村电商可持续发展的建议”作为大会发言材料在市政协四届五次会议上交流。在荣昌区十七届人大一次会议上，区委会提交个人议案5件，其中议案《关于保护“荣昌卤鹅”地方品牌的议案》《关于拆除改建城区部分道路绿化设施提高道路通行能力的建议》被评为区人大代表优秀议案。在荣昌区政协十五届一次会议上，区委会提交集体提案15件，其中《关于保护“荣昌卤鹅”这一地方品牌的建议》被列为重点提案。全年上报社情民意信息15篇，其中市政协采用并转报1篇、市委统战部采用2篇、《重庆信息专报》采用1篇、民进中央网站发表3篇、市委会网站采用3篇、区政协采用4篇。

【社会服务】 11月，民进荣昌区委开展以“走进新时代，助享健康生活”为主题的医疗扶贫社会服务活动，组织区人民医院、区中医院、康惠中医院和易视眼科医院的民进会员为观胜镇50余名贫困户提供医疗帮扶；组织卫生支部会员在仁义镇开展义诊活动，为200余名群众提供内科、眼科等免费服务。区委会支持会员积极参与“领雁工程”，定期开展支教和教学研讨活动，为吴家中学教师提供先进教学经验；组织会内艺术大师前往荣昌安富中学指导艺术教育工作，对学生的素描基础技巧进行指导；组织会内书法家到广顺街道开展“春联万家”活动，义务写春联300余副。参加荣昌中学与峰高中学深度融合发展，定期组织会内骨干教师到峰高中学开展英语、数学、体育和生物等学科教学研讨活动。

（彭小玉）

农工党荣昌区委

【概况】 年末，农工党区委设有昌元医卫支部、农业支部、科技支部、西南大学校区支部、永荣矿业支部、人民医院支部、畜科院支部7个。年内，新发展党员6人。至年末，有农工党员161人。党员中具有高级职称的48人，中级职称的73人。党员中，重庆市人大代表1人，重庆市政协委员1人，农工党市委委员2人，荣昌区人大代表6人，荣昌区政协委员30人。党员中有博士4人，研究生18人。年内，畜科院支部被农工党中央评为社会服务工作先进集体，人民医院支部获在农工党重庆市委坚持和发展中国特色社会主义学习实践活动中获先进基层组织称号。唐晓莉获中国农工民主党开展坚持和发展中国特色社会主义学习实践活动先进个人称号、市政协宣传通联工作先进集体一等奖、市政协明星通讯员称号。人民医院支部党员在省级以上科研杂志上发表论文4篇，薛均、魏文东申请3项专利通过初期评审。

【参政议政】 年内，农工党区委依托农业支部和西南大学荣昌校区支部，积极发挥专家学者的智力优势，开展稻田种养循环调研活动。5月，农业支部专家党员一行3人到清江展开技术指导及情况调研。7月，主委刘治中带队到湖北潜江调研稻田养虾项目，为渝西地区的稻田种养循环取经。11月，农工党区委组织相关部门、清江镇有关负责人、业主代表及西南大学荣昌校区水产系专家20余人在清江镇河中村鑫稼源合作社召开稻田生态种养产业发展研讨会。11月，区委撰写调研报告《关于荣昌区医养结合事业发展的建议》上报区委统战部。党员张成聪撰写《渝西地区稻田综合利用存在的问题及对策研究》作为全市重点调研课题上报农工市委。在2017年荣昌区“两会”期间，农工党荣昌区委提交提案（议案）51件，其中集体提案13件。全年上报社情民意信息22条，其中农工中央采用1条、农工市委采用6条。唐晓莉撰写的《荣昌区农业社会化服务体系建设存在的问题及对策建议》《推进我区农业供给侧结构性改革的思考》两篇调研报告得到区委主要领导及分管领导的批示。

【社会服务】 年内，农工党区委新增帮扶点1个，开展免费义诊咨询活动1次，发放慰问品价值4000余元，免费为4位孤寡老人摘除白内障手术。6月，与区环保局、区发展改革委等10余家部门联合开展“节能宣传周”活动，制作“低碳出行，健康生活”展板3块，发放宣传资料500余份，为宣传低碳环保的可持续发展理念贡献农工党的一分力量。昌元医卫支部开展下乡支医活动12次，为困难群众和未成年人提供法律援助28次，为困难企业开展法律顾问服务18次，到板桥工业园区和荣隆园区法制培训4次，提供免费法律咨询600余人次。畜科院支部委派4名党员到重庆市开县、巫山、武隆、酉阳等地的养殖企业和13个贫困村，进行养殖技术培训服务。科技支部组织党员到清升镇、广顺街道调研，撰写《发展农业社会化服务，推进农业现代化进程》《改善生态环境，大力推进生态农业建设》两篇调研报告。人民医院支部完成义诊20余次，开展健康教育讲座4次，受惠群众及医务人员3000余人。

【农工党荣昌组织成立30周年庆祝大会】 8月16日，农工党荣昌区委在区广播电视台演播大厅举办荣昌组织成立30周年庆祝大会。会议由区委常委秦启光主持，市人大常委会副主任、农工党市委主委杜黎明、中共荣昌区委书记曹清尧出席并讲话，农工党市委副主委刘德绍、区人大常委会主任艾亚军，区委副书记黄晏，区领导段先明、肖建东、杨作芳，以及区兄弟党派领导等出席庆祝大会，农工党荣昌区委主委刘治中致辞。大会播放纪念农工党荣昌组织成立30周年宣传片，回顾农工党荣昌组织30年的发展历程。杜黎明、曹清尧等为邓荣光、傅涛、渝权光等14位优秀农工党党员颁发先进党员证书。民进区委主委徐蓉代表区各民主党派、工商联、知联会等致贺词。 （陈秀娟）

致公党荣昌区支部

【概况】 8月15日，致公党荣昌区支部正式成立。至年末，支部有致公党员17名，其中西南大学荣昌校区8名、区级机关6名、非公经济2名、其他1名。党员中有区政协副主席1名、区政协常委1名、区级部门领导3名；高级职称5名、中级职称5名，博士7名、硕士及EMBA共3名，平均年龄42岁。年内制定出台《致公党重庆市荣昌区支部规章制度（试行）》。支部被评为2017年度致公党重庆市委“参政议政先进集体”三等奖。

【参政议政】 致公党荣昌区支部配合致公党中央开展货运枢纽机场建设专题调研，形成的调研报告获国务院副总理张高丽批示。党员付树滨撰写的《关于切实保护博士研究生毕业权利的建议》获致公党市委采纳。参加区委统战部组织的补齐荣昌区教育短板、壮大集体经济等专题协商调研座谈会，《重庆市荣昌区人民政府2017年工作报告》征求意见座谈会，荣昌区2017年党风廉政情况通报会等，提出中肯的意见建议。

【社会服务】 年内，支部与致公党沙坪坝区委、重庆市肿瘤医院共同发起在荣昌区开展“千名基层医师肿瘤防治培训”，首批对200多名医师进行肿瘤防治专题培训，促成重庆市肿瘤医院和棠城医院、荣昌区人民医院分别签署肿瘤规范化诊疗基地、肿瘤内科的联建协议。与区科协在桂花园社区联合开展食品安全科普知识进社区宣讲活动，致公党员汪学荣教授做题为“日常生活中的食品安全隐患与认知误区”的专题讲座。刘安芳被聘为荣昌区2018—2019年度科技特派员，到清江开展新型职业农民培训。（杨作芳）

社会团体

工　会

【概况】 2017年年末，区总工会下辖镇总工会5个、街道总工会6个及荣昌高新技术产业开发区总工会1个，工会联合会22个。有基层工会2102个，其中独立工会1941个、联合工会161个，覆盖单位4143家。有工会会员180898人，其中农民工职工会员126307人。年内，新增工会组织18家，发展会员1320人。9月，区工会第十四次代表大会召开，选举产生区总工会第十四届委员会委员45名、经费审查委员会委员9名和区总工会主席、副主席［含兼（挂）职］、经审委主任。继续开展“千名律师进企业，服务职工在基层”工作，7名签约律师到高新区、广顺街道等镇街企业职工提供免费法律咨询、专题讲座、法律援助等活动6场次，服务职工1300多人次。全年开展基层工会干部培训2次，近300人参训。开展各具特色的劳动竞赛活动和群众性技术创新活动15场次。深化“争创模范职工之家、争做职工信赖娘家人”活动，区行政服务中心管理办公室工会成功创建市级模范职工之家，重庆宏博置业集团古昌建筑工程有限公司钢筋班工会小组、重庆澳龙生物制品有限公司人力资源部工会小组成功创建职工小家，重庆百君（荣昌）律师事务所工会成功创建重庆市基层工会改革市级示范单位。区地税局获评全国职工书屋示范点，区选手李加兴在第三届全国陶瓷职业技能竞赛总决赛获评全国陶瓷行业技术能手，梁先才、邓龙彬、张希良、王瑛、何雪梅、王德山获评重庆市第五届劳动模范（先进工作者），徐前凯、杨兰英、陈逾、凡时建获评重庆市五一劳动奖章。区总工会组织25名职工参加市内区县组织的劳动竞赛获评优秀组织单位。区总工会通过购买社会服务，聘请法律顾问和心理咨询师定期入驻职工服务中心，实现“零距离”服务职工。

【职工帮扶救助】 2017年，区总工会为1131名建档困难职工发放“六节”慰问金86万元，为22名因病致困的困难职工发放临时救助金6万多元，为76名困难职工子女发放金秋助学金22.9万元，为困难女职工发放救助金9万元。看望慰问高温一线工作的职工420余人，发放“炎夏送清凉”物品药品价值8.5万元。职工互助保障理赔305人次，理赔金额72.42万元。与区人力社保局、区职业教育中心联合开展“就业援助”活动，实现招聘用工信息与区人力社保局联网发布。与区人力社保局联合开展招聘活动3次，提供1000余个就业岗位。

【职工文体活动】 4月，区总工会与区体育局等部门联合举办“促‘三创’、建和谐、展风采”全区职工第九套广播体操比赛，66支队伍1200余人参赛。11月，与团区委等单位联合举办职工业余兴趣培训班，开设游泳、插花、茶艺、烘焙、烹饪、国画、国学、篮球等14个项目，参与职工2000余人。全年开展向一线职工送书屋7个，送电影24场次，送演出12场次，实现职工活动项目化、常态化。围绕引导职工“听党话、跟党走”，开展主题演讲比赛12场次，知识竞赛18场次，劳模进企业、进校园、进社区宣讲活动16场次。

【互联网+工会服务】 2017年，区总工会拓展门户网站、微信公众号等网络服务平台功能，开展“互联网+工会服务”进基层系列活动，组织职工参加市总第二届“巴渝工匠”网络评选、企业民主管理知识网上有奖竞答活动，达到“民主促双赢、渝工全参与”的积极效果。全年在市总工会门户网站、微信及区委媒体上报工会工作信息200多条，调研文章6篇。

【举办荣昌区第三届职工技能大赛】 6月13日，区总工会联合区人才办、区人力资源社保局在陶都安富举行以“中国梦·劳动美”为主题的荣昌区第三届职业技能大赛，竞赛围绕陶瓷手工拉坯开片成型、陶瓷品装饰、陶瓷雕塑、陶瓷品点画花装饰4个项目，176名从业者和爱好者参加竞赛。通过评委认真评审，拉坯开片成型选手陈维贵的《蒜头荷叶瓶》、陶瓷装饰选手钟佳言的《木兰》、陶瓷雕塑选手林诚忠的《沙漠之舟》、陶瓷点画花选手陈世莉的《荣昌折扇》分获项目一等奖，郭绍全等28名选手分获各项目二、三等奖，陈维贵等4名选手被区人社局、区总工会授予“荣昌区技术能手”称号。

【首届“情系职工 清凉一夏”主题活动】 7月31日至8月15日，区总工会联合区委网信办在网上举办首届“情系职工 清凉一夏”主题活动，通过“互联网+”展示在酷热条件下仍坚持在一线岗位的优秀劳动者，以引起社会各界人士对夏日劳动者的关注、关心、关爱，弘扬劳动精神，倡议群众以劳动为荣、劳动为美。参与者只需在指定网站上传3张及以上在高温条件下仍坚持工作的照片即可参选。主题活动得到47名一线劳动者的积极参与，包括交巡警、环卫工、园林绿化工、巡山护林员、停车收费员。市民通过区总工会官方微信、荣昌微发布线上投票。截止到8月15日，全区有9万多人次参与投票，根据投票数评选出一批最受欢迎的一线劳动者。区市政设施维护所维修队副队长赖邦才获一等奖，区园林绿化所工业园区片长肖士芳、区公安局仁义派出所民警张欣获二等奖，区路政大队巡查中队中队长李高明、区供销合作社工作人员马先德、区道路运输管理所运政执法人员王光志获三等奖，优秀奖20名。区总工会对获得一等奖人员奖励挂式空调1台、二等奖奖冷风机1台、三等奖电风扇1台，优秀奖清凉饮料1件。 （周 群）

团 委

【概况】 3月27日，经区编委会研究同意，团区委领导职数调整为书记1名、副书记2名，内设机构领导职数3名。年内，非公领域、社会组织新建团组织34个，新发展团员2400名。至年末，全区基层团组织777个，团员13016名。3所重庆市团校基层教学基地成功挂牌，荣昌陶青少年实训基地成功挂牌重庆市中小学社会实践综合教育基地。团区委承办重庆市2016年度校外教育建设工作述职现场会获全市校外教育建设一等奖，荣昌区西部计划志愿服务项目办获评2016—2017年度全国优秀项目办，荣昌青年徐前凯获评重庆市青年五四奖章，与邮储银行合作项目获2016—2017年度“银团合作”优秀项目奖，西部志愿者曾志获评全市优秀共青团员，区人民医院骨科获评全市共青团员先锋岗，区法院刑事审判庭获评全市青春倡廉文明示范岗。团区委工作稿件被中国共青团网站采用6篇，被重庆共青团、重庆志愿者网、华龙网等市级媒体采用53篇，被区级媒体采用62篇。

【青年教育】 年内，扎实开展“学习总书记讲话，做合格共青团员”教育实践，全区各级团组织开展专题团课500余场次，召开组织生活会1500余次，参加学习的团员青年7200余人次，撰写心得体会425篇。开展团干部骨干专题教育培训180余人次，开展主题团日活动120余场次。围绕传播弘扬“五四”精神，结合五四、六一、七一、八一、喜迎十九大、12·9等节日开展主题教育活动220余场次，开展主题演讲比赛2场。开展“童心向党”、重温入团誓词等活动70余场次，引领团员青年2万余名。“向上向善好青年”分享团到21个镇街的村（社区）开展宣讲活动28场次，参与人数390余人。开展青年读书汇、“青锋计划”、创客沙龙等活动，以座谈、走访等形式零距离服务青少年3300余名。开展法制宣传进校园4次、法制宣传进社区3次，开展禁毒宣传活动进校园2次，发放传单5000余份。

【青年服务】 年内，开展创业沙龙、创业培训等培训活动24场，带动240余名青年创业就业。开展报告会、青春创富故事会5场。帮助青年孵化入驻企业42家，参与创业科技大赛2次。“新芽计划”免费培训农村青年500余名，同邮储银行荣昌分行合作成立荣昌区农村青年创业金融服务站，通过“农业担保贷”项目，帮助55名农村创业青年贷款817万元。组织3000余名青年志愿者参与扶贫接力、“河小青”、志愿街长、“四点半课堂”等品牌志愿服务活动，打造“城乡市民学校”151家。开展“圆梦行动”“冬日阳光温暖你我”新春关爱行动、青春助力扶贫行动、“河小青”活动等，关爱留守儿童3000余名，实现爱心心愿1000余个，发放温暖包500个，资助贫困学生40余名。基本建成“2+1+X”（新旧活动中心+荣昌陶实训基地+乡镇活动中心分部）的青少年校外服务阵地网络，开设艺术教育培训项目26个，开展非遗传承陶艺体验和各类培训活动3万余场次。开展“共青团周末剧场”50余场次，免费观影惠及青少年和团员青年4000余人次。开展夏令营、冬令营活动12余场次，惠及青少年400余人次。联合区人民医院为2440名老人免费义诊，为120名老人免费进行白内障手术，为全区老年患者节省费用30余万元。

【共青团改革】 增设团区委领导班子挂（兼）职3名、书记助理1名，新增内设部室1个，新增编制2名。镇街团组织按照书记1名、专兼职副书记2—5名配备，村（社区）团支部书记由两委成员兼任并享受每月专职150元、兼职100元的工作补贴。明确各行业、系统团干部设置，实现镇街团（工）委书记按正科级领导干部选配。联手区总工会和区妇联，在板桥工业园区、万灵镇、昌元街道桂花园社区、荣隆工业园区、荣昌陶青少年实训基地建立群团服务站，在三级服务中心设立党群服务窗口，入驻“基础团务+市民学校”窗口服务事项；在昌元街道桂花园社区、荣昌陶青少年实训基地探索建立以市民学校为服务载体的综合性群团服务站示范点，成功创建重庆市团校首批基层教学基地3个。完善工作经费保障机制和合理增长机制，区财政按照每人1.1元标准拨付青少年事业发展资金，并逐年递增，品牌活动和重点项目以项目资金的形式给予支持和全额保障。2017年，团区委采取项目化方式向基层划拨经费16万元用于青年创新创业、市民学校建设等专项工作。

【共青团荣昌区第十七次代表大会】 9月26日至27日，共青团荣昌区第十七次代表大会在拓新瑞尔酒店三楼国际厅召开。会议应到代表225名，实到代表207名。会议选举产生共青团荣昌区第十七届委员会书记、副书记、委员、候补委员。兰秋爽当选为书记，吕芬、张家亮（挂职）、李彬（挂职）、龙水维（兼职）当选为副书记，邓婕、龙水维、兰秋爽、吕芬、吕晓凤、朱永鑫、刘力、刘倩、刘显龙、杨晓英、李彬、肖晖、肖济燕、何平、张辉、张家亮、陈曼曼、范强、周国华、孟月、赵雯雯、胡又丹、段绪军、秦波、唐瑶、彭翔、韩冰、谢开翠、潘蓝岚等当选为委员，刘思彬、李怡、罗家佳、兰荣密、胡婷、童雨、杨翼筝、黄倩、胡青、曾南江、薛妮娜、车世红、段佐必、曾理雪、方丽娟、李承江、梁津旗等当选为候补委员。（冯　超）

妇　联

【概况】 年内，召开镇街妇联主席业务工作会4次，通过学习+座谈交流的方式，增强妇联主席的工作针对性。组织20名妇联干部分3批到市妇联参加培训，对全区500余名专兼职妇联主席分片区开展6期轮训，实现培训全覆盖。通过“提升年”活动，增强基层妇联干部服务妇女群众的能力和水平。区妇联获评全国巾帼建功先进集体。

【妇儿权益维护】 3月8日，举办“情系妇女·与爱同行”女性健康专题讲座，重医附一院厉红元教授、大坪医院杨英如教授为全区各镇（街道）村（社区）和机关企事业单位的400余名妇女开展乳腺癌和宫颈癌防癌、抗癌知识的宣传、普及。12月4日，区妇联联合富吉集团在宇麟包装厂内开展十九大精神暨法制宣传进企业活动，旺塑胶（重庆）有限公司、荣华茶厂，大恒消防，富吉集团，永立百货等非公企业妇女代表参加活动。活动期间发放十九大资料、《中华人民共和国反家庭暴力法》《重庆市家庭教育促进条例》等宣传资料1000余份。依托妇女之家阵地，组织开展“建设法治中国·巾帼在行动”系列主题活动；与西南大学荣昌校区签订妇女儿童法律服务项目合作协议，与西南大学荣昌校区法律援助中心在妇女儿童法律服务项目领域开展合作，安排专人担任法律顾问，举办妇女儿童权益保护讲座。联合区公安局在21个镇街派出所成立家庭暴力投诉站；联合区检察院切实推动“莎姐”维权工作，就妇女儿童权益保障工作建立协作机制、联席会议制度和信息通报制度，开展“守护花季”主题法治宣传及巡讲活动；与区法院紧密协作，对涉及侵害妇女儿童权益的婚姻家庭案件优先调处、优先立案、优先审理、优先执行；与司法局紧密协作，充分利用法律援助中心、律师事务所和基层法律服务所的资源，为贫困妇女提供法律援助。

【家庭文明建设】 年内，联合区教委等9个部门出台《关于指导推进荣昌区家庭教育的五年规划（2016—2020年）》，加强家庭教育指导服务。指导42个社区成功创建社区家长学校，并于10月26日举行授牌仪式。三级妇联组织根据社区、学校和家庭的需求，不定期对家长和儿童进行爱国主义教育、诚信教育、孝敬教育、勤俭节约教育、生态文明教育、安全教育、法治教育、心理健康教育等各类讲座200余场，3万余人参加。开展2017年寻找荣昌“最美家庭”“绿色家庭”活动，突出价值引领，吸引更多家庭参与活动，带动广大家庭移风易俗，尊老爱幼、科学养子，推动形成社会主义家庭文明风尚。寻找荣昌“最美家庭”32个，市级“最美家庭”5个，廖丹秋家庭获得“全国最美家庭”荣誉并作为重庆最美家庭代表到北京领奖。

【妇儿民生服务】 年初，联合区卫计委开展“两癌”免费检查督查工作，完成25名农村“两癌”患病妇女的数据采集入库工作；开展“情暖童心·相伴成长”儿童关爱服务活动，邀请重庆市涵容心理专家辅导团队对来自全区21个镇街的128名困境儿童和90名“爱心妈妈”进行心理疏导和专业培训。开展2017年“春蕾圆梦行动”，引导爱心企业和社会力量捐赠资金5.9万元，资助贫困女大（高中）学生32名完成学业。三级妇联组织利用“三八”、端午、“七一”等各类节日开展慰问活动，慰问困难妇女儿童2872名。围绕打赢脱贫攻坚战，帮扶引导贫困妇女脱贫，对600名农村留守妇女和特殊困难家庭妇女分别开展家庭服务技能和“情系妇女·传承夏布文化”致富培训，帮助建档立卡贫困妇女增强脱贫信心，提高脱贫技能，用自己勤劳的双手脱贫致富。以“情系妇女·与爱同行”关爱行动为载体，通过采取1+1+N（即妇联干部+巾帼志愿者+N个社会力量）相结合的方式，在推进全区计划生育特殊困难家庭关爱服务体系的建立上发挥妇联独特优势。在端午、中秋等传统佳节对全区建档立卡贫困户、计划生育特殊困难家庭、农村贫困母亲“两癌”救助项目等统计范围的450名妇女做到走访慰问全覆盖。9月20日，组织100余名农村留守妇女在清江镇开展桂圆采摘竞赛活动，推动农村妇女互助发展。12月20日，荣昌区永立百货非公妇委会、棠城爱心志愿者协会到清江镇河中村开展迎新年慰问活动，区妇联兼职副主席、永立百货董事长赵景丽为清江镇河中岛村50余名五保老人送去棉服、食物等慰问物资。

【妇女创业创新】 开展“春风行动”2017年返乡人员就业创业服务，以“夏布传承人·促进创业就业”工程为载体，承办市妇联“指尖话语”首场主题活动暨荣昌手工作品展活动，组织荣昌区民间手工艺者近400名妇女在市妇联巾帼园开展为期10天的展出活动，举办主题交流9场，展销商品上千件，实现销售额近7万元。通过“请上来”“走下去”两种方式，开展寻找夏布传承人纵深培训，培训学员32名。参与重庆市“渝创渝新”女性创业创新大赛等各类竞赛，其中陶英以“新型制造应用”项目入围复赛。卢春莉、马梅参加市首届“巾帼杯”茶艺技能大赛分获二等奖、优秀奖，展示了荣昌巾帼风采。2017年创建全国巾帼文明岗1个，市级巾帼文明岗6个、巾帼建功标兵1名，区级巾帼文明岗14个。

【妇女儿童活动中心建设】 儿童公园1#管理用房有建筑面积1554.09平方米，2014年9月划拨给区妇联作为妇女儿童活动中心阵地使用。区妇联先后进行结构安全性鉴定、装修初步设计和装修预算编制、消防整改等。2016年11月23日，按照群团改革要求，市妇联下发《关于充分发挥区县妇女儿童中心作用的意见》，区委、区政府高度重视改革中的群团阵地建设，分管区领导组织协调会，专题研究妇女儿童活动中心建设事宜，在相关单位积极配合下，2017年11月30日，区妇女儿童活动中心室内装修工程完工。（余 洁）

科 协

【概况】 2017年，根据《荣昌区群团改革实施方案》，区科协全力推进科协专项改革，完善相关制度和措施，改进工作方式方法，取得明显的成效。年内，成立农村专业技术协会2个，科普示范基地6个。申请中国科协基层科普行动计划项目1个、重庆市基层科普行动计划项目1个，获得国家级、市级奖补资金25万元，李德发院士专家工作站获市科协批准，有市级院士专家工作站3家，安装科普云终端20台。至年底，全区有内部审计学会、医药卫生学会、林学会、气象学会、中医药学会、建筑学会、税务学会、农学会区级学会8个，房地产开发协会、青辅协会、企业联合协会、蜂业协会4个，镇街基层科协21个。有社区科普大学教学点7个。选举产生区科协第五届委员会，设立重庆市荣昌区科协党组，启动荣昌区科技馆建设，开展学会助力发展活动。区科协表彰科普先进集体 24个、科普先进个人 16 人、优秀科技工作者 10人。4月，荣昌在全市青少年科技创新大赛上获得116项奖项，其中盘龙初级中学赖诗雨获第十一届重庆市青少年科技创新市长奖。

【科协专项改革】 年内，区科协完善领导班子的配备，实现专、兼、挂相结合的结构体系。对“荣昌区青少年科技创新区长奖”“荣昌区青少年科技创新培育奖”活动进行提档升级，提升品质内涵，扩大覆盖面，发挥更大引领作用。全区21个镇街均落实镇街科协主席和秘书长，科协主席原则上由分管农业的领导兼任，秘书长由农业服务中心主任兼任，各村（居）均落实1名村（居）干部担任科普员，实现全区镇街科协组织的全覆盖。开展学（协）会年度考核，每年评选10个优秀学（协）会。召开区科协第五次代表大会，修订并审议通过《荣昌区科学技术协会章程》（修订草案），进一步明确科协代表、委员、常委职责。研究制定《区科协干部联系工作制度》，明确领导班子成员定点联系区级学协会、镇街科协制度和工作人员联系基层科普示范基地、基层农技协制度，确保每个单位、学会、协会都有人联系。

【科普宣传】 5月，在全国“科技活动周”期间，开展以“科学生活创新圆梦”为主题的系列活动10余场，受益群众近3万人。组织科普大篷车进校区活动12次，近1万名学生受到教育。年内，区科委出资10万元实施“科普文化信息化资源系统集成与精准推送”项目，在科普示范学校、基地安装科普云终端20台，购买科普网络书屋方便社区居民，实现校园E站+社区E站+农村E站建设。订购

《科普惠农》《科技报》各300份发放给社区、基地、农技协。利用区内3处科普画廊、各单位LED显示屏、荣昌电视台、荣昌日报向老百姓宣传科普知识。全年更新4期科普画廊内容，购买科普图书5000册下发到各社区，印制科普宣传单50000份。与区广播电视台联合制作《科教天地》栏目，内容涉及养生保健，天文地理等知识，全年播放50次。全年到镇街开展科技下乡5次，镇街自行组织开展科技下乡活动17场次，发放科普资料、科普画册5万余份，开展畜牧养殖、枇杷种植、葡萄栽培技术培训课2次，受训人数达1000人，直接受益人5万余人次。（钟从彬）

侨　联

【概 况】 2017年，区侨联深入学习贯彻党的十九大精神，用科学发展观统领侨联工作，围绕全区中心工作，不断提高履行侨联各项职能的能力和水平。年内，区侨联在侨联干部、侨界群众中开展社会主义核心价值观教育，召开专题学习会4次。开展“送温暖、献爱心”走访慰问活动，全年入户走访侨界群众40余人次，发放慰问金1万余元。接待来信来访20余人次，全年信访办结率100%。组织侨界政协委员、人大代表深入基层、企业调研3次，上报提案、议案及社情民意25条。建立完善《重庆市荣昌区侨联深化改革实施方案》。组织开展“一带一路”沿线国家华人华侨华资、留学及留学归国人员的调查摸底，推荐3名代表任重庆欧美同学会（重庆留学人员联谊会）理事。7月，接待新加坡绿科集团中国区总经理廖红海、重庆高博商务责任有限公司总裁李昭先到荣昌投资考察。

【侨法宣传周活动】 3月，区侨联组织开展侨法宣传周活动，与区侨办密切配合，以镇街为基础，通过设立宣传点、发放宣传资料、展出展板挂图等多种形式开展侨法知识宣传，并采取集中辅导、座谈会等形式组织广大归侨侨眷学习涉侨法律法规，加深其对侨法的理解和掌握，并能依法自主维护自身的合法权益。组织举行或参与政策咨询、侨法专题讲座10余次，发放宣传资料500余份，侨法宣传受众面达600余人次。

【第六次归侨侨眷代表大会召开】 12月20日，荣昌区第六次归侨侨眷代表大会在区委统战部会议室召开，有30余名侨联代表参会。市侨联专职副主席刘松勇，区委副书记黄晏，区委常委、统战部部长秦启光，区人大常委会副主任潘英，区政府副区长刘菊华，区政协副主席王宏出席会议。会议选举刘彬为新一届侨联主席，郭荣宽、刘敏、张大菊为副主席。（张大菊）

工商联（总商会）

【概况】 年内，新建荣昌区陶行业商会、荣昌区高新产业商会和广东省重庆荣昌商会3个，发展会员448个。至年末，全区建有商会41个，其中镇商会15个、街道商会6个、行业商会16个、异地商会4个。有工商联会员单位4488个，其中企业会员1624个、团体会员41个、个人会员2823个。全年区工商联（教育卫生）系统组团主办（协办）招商引资推荐会10余次，签约项目20个，其中亿元以上项目5个，合同金额24.45亿元，固投16.24亿元。引进内资项目7个，实际利用内资16.39亿。全区民营企业参与精准扶贫、捐资助学、回馈社会374.72万元。撰写《打造“荣商集团”促进我区民营企业做大做强》《助推我区民营企业上市》等4篇调研文章得到区委区政府主要领导批示。年内昌元商会等11个商会被区工商联评为“四好”（“班子建设好、团结教育好、服务发展好、自律规范好”）商会，荣商联商会被市工商联评为“十佳”行业商会。区工商联连续四次被认定为全国“五好”（领导班子好、会员发展好、商会建设好、作用发挥好、工作保障好）县级工商联，在市工商联、市司法局、市普法办举办的“守法诚信法律知识竞赛”活动中获优秀组织奖。

【参政议政】 2017年，非公经济人士提出或联名提出提案近30件，提案转建议和意见12件，区工商联提出的《关于加大支持实体经济发展力度的建议》《关于我区实施创新驱动发展的建议》等6件集体提案得到区委、区政府和相关部门高度重视，所提出的合理化建议被采纳，其中《关于加大支持实体经济发展力度的建议》被区政协作为重点提案，由区政府副区长李晧领办，区政府牵头主办，区经信委、人社局等相关部门协办。推荐18名非公经济代表人士担任党代表，33名人大代表，43名政协委员。7月，华森制药董事长游洪涛当选市总商会副会长，蒋远彬当选常委，肖建东、林志华、陆龙海、王强进入执委。区政协副主席、区工商联主席（会长）肖建东当选为中国工商业联合会第十二次全国代表大会代表。

【会员服务】 继续加强与重庆农商行荣昌支行等13家金融机构的银企战略合作关系，多管齐下，多措并举，大力破解民营企业融资难题。辅导培育民营企业挂牌上市，9月5日，华森制药成功上市，实现本土民营企业A股上市零的突破。完善民商事调处机制，开展民商事纠纷调解工作，建立律师服务团服务企业和商会常态机制。帮助濒临破产的吉喜达食品成功重组，支持帮助重庆昌元化工在美国的反倾销案中成功应诉，帮助该企业获得市商务委反倾销专项补贴28万元。组织民营企业10余家外出6地学习取经，组织区内30家民营企业、6个商会召开调研座谈会20余次，发放调查问卷600余份，召开组建荣商集团筹备会，形成荣商集团筹建方案和荣商大厦建设方案。协调荣昌夏布、荣昌陶参加重庆第六届文化产业博览会。协调荣昌陶商会参加“首届中国四大名陶展”，获得“两金四银六铜”的佳绩。年内组织企业集中参展3次、企业自行参展32次、订购展位40个，商会自行组织会员到新马泰、台湾、港澳等地考察交流62人次。7月，组织52名非公经济人士到北京大学参加为期7天的教育培训。11月10日，邀请对外经济贸易大学教授彭向刚解读“工匠精神与执行力”，邀请北京师范大学政治学与国际关系学院教授杨世文作“十九大后中国政治经济形势分析”报告，350余名非公经济人士参训。2017年，组织15名民营企业家到深圳大学、中山大学、厦门大学、广西大学、中央社会主义学院等高校培训学习，提高非公经济人士综合素质。

【双评双促】 2017年，继续深化“双评双促”制度，将评议百名执法人员和百名窗口人员纳入同步进行。按照区委主要领导在《荣昌区2016年度“双评双促”工作情况分析报告》中“总结经验、完善办法、科学研判、继续推进，对反映的问题要逐条分析，对属实的问题要交办查处”的批示，2月17日，区“双评双促”领导小组组织召开2016年度“双评双促”反映问题集中交办会，对47个职能部门存在的143个问题集中交办，促进荣昌民营经济发展环境的优化。

【区工商联被全国工商联确定为宣传信息工作直报点】 9月，区工商联被全国工商联确定为宣传信息工作直报点。被确定为宣传信息工作直报点，撰写的有关调研报告、非公有制经济发展的有关问题及建议，工商联界别团体提案，本地非公有制经济领域新政，非公有制经济人士思想动态，工商联和商会工作实践等内容可直接报全国工商联网站。至年末，区工商联撰写新闻稿件60余篇，被《中华工商时报》采纳14篇，《重庆政协报》采纳1篇，《重庆统一战线杂志》2篇，《新渝商》采纳12篇，《荣昌报》采纳22篇，向市工商联报送信息127篇，编辑《荣昌商会信息》127期，居全市第二。

（谭血敏）

残　联

【概况】 年末，全区有持证残疾人21645人，其中视力残疾2936人、听力残疾964人、言语残疾198人、肢体残疾12088人、智力残疾1967人、精神残疾2638人、多重残疾854人，年内新增持证残疾人1671人。以区政府名义出台残疾人事业“十三五”

规划。完成区残联第七次代表大会、21个镇街残联及区五大专门协会的换届工作。残疾人事业“十三五规划”出台。区残疾人康复中心建设项目获区委区政府同意并启动前期工作。成功创建重庆市残疾人文化产业示范基地并获授牌。成功举行“集善仁美 共享芬芳”中国·重庆首届全国残疾人书画名家精品展。抓好群团改革，找准改革切入点，列出问题清单，逐项认真整改落实。处理来信来访406人次，做好党的十九大召开期间和重大节日期间的残疾人代步车及重点人群的稳控工作。年内，区残联获全市残疾人工作综合目标考核先进单位和2017年度残疾人稳定工作单项奖，信息宣传工作名列全市第三位，在2017年重庆市残疾人乒乓球锦标赛上获团体二等奖和优秀组织奖。

【康复服务】 年内，救助542名贫困精神病患者免费服药和免费住院救治。安装大小腿假肢48例，向上争取和购买各类辅具1563件，分配到各镇街残联进行精准适配。筛查矫治各类残疾儿童80名，转介74名到区内外各康复中心接受康复训练，转介率达92.5%。36名残疾儿童在各康复机构接受训练。“余彭年基金会”在荣昌区开展“彭年光明行动”项目，免费实施白内障复明手术340例。在25个村（社区）建立市级标准化示范康复站（室），训练各类残疾人690人次。对201名康复协调员开展市和区本级康复人才培训。加强残疾人康复服务管理，指导20个康复站和165个社区康复室残疾人档案填写。全面完成重庆市残疾人综合信息系统录入和精准康复系统数据录入采集工作，康复服务率达85.86%，辅具适配率达85.83%，均高于市残联康复服务率和辅具适配率。

【扶残助残】 2017年，区残联在元旦春节期间慰问贫困残疾人家庭1010户，发放慰问物品折合金额31万元。实施农村残疾人危房改造，补助148.8万元改造完成124户农村残疾人危房。帮助残疾人就业254人。全年发放重度残疾人护理补贴和贫困残疾人生活补贴742.97万元。为11402名持证残疾人购买合作医疗保障（一档）159.63万元，为6620名10至65周岁的一、二级重度持证残疾人购买人身意外伤害保险19.78万元。审核79家用人单位安置134名残疾人就业资料。残疾人就业和职业能力培训，拨付资金36万元到21个镇街，对600名农村残疾人开展种养业实用技术培训。补助3名残疾人种养业大户4.5万元。全年为453名居家托养残疾人发放补贴40.77万元；为44名残疾人实施“阳光家园”国家项目，每人补贴3000元共计13.2万元，通过购买服务为残疾人提供生活照料、康复训练等服务。资助残疾人大学生及残疾人子女大学生88名共16.1万元。完成青壮年文盲扫盲23人。开展残疾人需求信息数据动态更新区级培训260人，成立164个调查队，进村入户调查21071名残疾人的基本服务状况及需求信息，入户95%以上，为决策提供数据支撑。争取市残联资金20万元，为救人英雄徐前凯安装智能假肢。投资74万元完成156户残疾人家庭无障碍改造，针对残疾人的房屋结构和残疾程度不同，进行“量身定做”和“个性化”设计施工。17名取得C5驾照的残疾人获得培训补贴1.7万元。13名下肢残疾人获机动轮椅车燃油补贴0.34万元。完成62名下肢残疾人路桥费减免初审工作。发放164个村（社区）专职委员交通通讯费补贴29.52万元。

【残疾人活动】 5月，区残联与区五类协会及区特校全体师生一起开展第27次“全国助残日”系列活动。12月，在莲花广场举行第26次“国际残疾人日”系列庆祝活动。同月，中国残联在区文化馆开展为期3天的“集善仁美 共享芬芳”中国·重庆首届全国残疾人书画名家精品展，参展作品有知名残疾人书画家、享誉国内外的健全人书画名家及区内残疾人书画爱好者的作品100余幅，以艺术形式传播人道、仁爱、人文理念，是全社会了解残疾人精神世界，感受残疾人顽强拼搏、自强不息意志品质的重要窗口。11月，区残联参加市残联在万州区举行的2017年重庆市残疾人乒乓球锦标赛，何晓东获男子听力残疾组单打冠军，何晓东、吴廷俊获听力组双打冠军，吴廷俊获听力组单打第三名，肢体残疾组获双打第6名。在市残疾人职业技能竞赛中，肢残人何兴龙获“计算机组装”组第一名。

【区残联第七次代表大会换届】 11月22日至23日，区残联第七次代表大会在瑞尔酒店召开。参会人员有各界别的正式代表、特邀代表260人。市残联副理事长彭美云，区委副书记黄晏、区政府副区长刘菊华、区政协副主席王宏参加会议。会议总结过去五年荣昌区残疾人事业取得的成绩，规划未来五年残疾人事业发展的蓝图。选举产生区残联新一届主席团领导班子。刘菊华当选为主席，冉茂合、周远鹏、周林春、钟远芳、晏文牛、秦锦英、高鹏飞、黄河锡当选为副主席。第七届主席团第一次会议推举周林春为执行理事会理事长、古家兰为副理事长。

【荣昌成功创建重庆市残疾人文化产业示范基地】 12月，荣昌获市残联批准成功创建重庆市残疾人文化产业示范基地并授牌。2016年6月，荣昌区利用荣昌夏布、荣昌陶器和荣昌折扇三大国家非物质文化遗产着手创建重庆市残疾人文化产业示范基地。该基地依托重庆市荣昌区云宝夏布有限公司为残疾人就业创业搭建平台，将才艺价值转化成经济价值。区云宝夏布公司邀请专业老师对有绘画、剪纸、陶艺才艺的残疾人进行培训指导，并与刘显成、刘文或、任健康等有才艺的9名残疾人签订合作协议，将残疾人制作的艺术产品在公司平台销售，销售利润返还给残疾人。至2017年年末，实现销售收入9万余元。（李春梅）

法治　军事

政法委及社会综合治理

【概况】 2017年，全区政法综治战线认真学习贯彻党的十八大、十八届中央历次全会和十九大精神，紧紧围绕为党的十九大召开营造安全稳定的社会环境这一主线，以“说了算、定了干、马上办”的作风，牢固树立安全生产“1+0”理念和信访稳定“100-1”理念，按照“人要见、事要办、情要交”的信访稳定工作要求，深入推进平安建设、法治建设、队伍建设、三基建设，坚决打赢党的十九大安全稳定攻坚仗，取得“五个零上访”、市级“零通报”，涉稳重点人员在控率和重点群体稳控率“两个百分之百”的优异成绩；群众安全感、队伍满意度、司法公信力分别为96.60%、94.61分、94.92分，均创历史新高。区委、区政府被评为全市党的十九大安保维稳工作突出贡献单位，区委政法委被市人力社保局记二等功，区法院法官梁远平获评全国优秀法官、区司法局峰高司法所所长张家勋获评全国模范人民调解员、警察徐政峰获评重庆市特级优秀人民警察。

【平安建设】 坚决维护国家安全和政治稳定，牢固树立总体国家安全观，始终把维护国家政治安全特别是政权安全、制度安全放在第一位，严厉打击、严密防范境内外敌对势力捣乱破坏活动；及时搜集研判上报政治类情报信息，信息完成率、采用率两项指标位居全市前列；破获“法轮功”等邪教组织案件10余起，抓获嫌疑人20余名；开展在册邪教人员入户调查，为全市首批100%完成“敲门行动”的4个区县之一。落实全区13个重点目标反恐防范主体责任，督促整改安全隐患42处。完成重大活动、重要节点安保维稳任务，全力确保全国“两会”“一带一路”高峰论坛、市第五次党代会、“6·4”“6·17”、重庆直辖二十周年、渝西川东经济社会发展协作会及党的十九大期间等重大敏感时期社会政治大局稳定。重拳打击各类违法犯罪活动，开展“渝安2号”打击整治等专项行动，破获刑事案件1075起、起诉552人，其中破命案5起，现行命案破案率连续10年保持100%。成功打掉电信网络诈骗团伙2个，破获电信诈骗案件234起，起诉15人，比上年分别上升875%、150%。破获毒品案件64起，打击处理65人。推进6个挂牌社会治安重点地区综合整治，刑事发案平均比上年下降46.67%。2017年全区刑事立案、可防性案件、侵财案件分别比上年下降13.54%、6.11%、13.71%；受理各类案件18480件、上升17.65%，结案16441件、上升15.48%，审判执行案件结案率94%、上升2.4%，执行案件结案4211件、结案率90.17%，兑现标的金额4.8265亿元，“基本解决执行难”工作位居全市前列。批准逮捕237件293人、增长11.8%和7.7%，提起公诉505件645人、增长5.9%和1.4%。受理人民群众信访事项1210件次、3263人次，群众到市上访20件次、34人次。办理市级交办信访积案11件，办结率100%；区级领导公开接待群众来访246件次、694人次，办结率100%；处置各类突发不稳定事件186起，排查纠纷1200余次，调解各类矛盾纠纷5210件，成功调解率98.85%；集中开展“3+5”突出信访问题专项治理，梳理交办突出信访问题163件，化解84件。开展“减存量、控增量”专项行动，协调解决疑难信访问题8件。

【法治建设】　推进司法体制改革，完成法院、检察院两院人员分类管理、机构编制调整和法官、检察官助理选任，法院、检察院单独职务序列等级确定，实现人才队伍的科学配比、合理构建。全面推进以审判为中心的刑事诉讼制度改革和刑事案件认罪认罚从宽制度试点工作，推进鉴定人、被害人、侦查人员出庭作证，审结认罪认罚案件212件，证人出庭151件，分别占审结案件数的40.76%、29.04%。实施双重过渡减压增效并轨机制，诉前继续深化多元化纠纷解决机制，对社会矛盾纠纷进行过滤和减压，诉中建立完善繁简分流机制，实行简案快审、繁案精审，提高效率，2017年办结诉前纠纷3110件，成功化解2213件，化解率达66.86%。探索建立“互联网+”的多元化纠纷网络调解和司法确认模式，成立互联网+调解·司法确认室这一网络非诉调解组织，充分运用互联网、远程视频、手机微信、QQ视频等多种智能传媒手段，与多部门多镇街联动，实现网上调解、网上司法确认和远程视频接访三大功能，全年成功调解、确认案件300余件。推进律师制度改革和基层法律服务，引导律师开展公益法律服务，全年受理法律援助案件1381件，结案1110件，为受援人挽回损失共计1831.5万元。公共法律服务体系取得阶段性成效，探索公共法律服务体系三级实体平台的推广应用实践，率先在全市高标准建成区级中心1个、镇街服务站11个、村社服务点82个，落实8个镇街、58个村社法律顾问，提供司法全流程业务，实现服务对象向基层纵深发展。制定“七五”普法规划，构建“谁执法谁普法”格局，联合多部门集中开展法治宣传活动，利用法治电视栏目、手机报、荣昌报、法治长廊等新载体加强对领导干部、青少年、农民工等群体宣传，加快推进依法治区的实施进程，全年开展集中宣传1000余场次，解答法律咨询18万余人次，宣传资料100余万份，全社会法治观念明显增强。至年末，各镇街建成法治文化广场5个、法治公园3个、法治长廊2个。

【社会治理】　推进社会公共安全应急指挥联动工程（简称应指工程）二期建设，年内建成视频监控镜头470个、车载传输系统32套、治安布控球及人脸识别系统5个，完成2个小区试点建设智能门禁系统。将10家重点单位230余个公共视频镜头接入应指系统，推进公共安全视频图像信息接入与共享工作。全年通过视频侦查破案1450余起，捉获嫌疑人360余人，查获交通违法行为6.5万余起，服务群众2.1万余次，通过人脸识别比对及时发现并抓获在逃人员1名。成功创建全市首个二级电子物证实验室，区公安局互联网监控中心被公安部确定为全国区县级序列仅有的3个互联网舆情监控战略支撑点之一。在昌元街道桂花社区和清升镇试点开展网格员专职化，规范网格员运行，强化网格员作用。增强基层群防群治巡防力量，全年新配发电动巡逻车23辆。新建成渝铁路峰高、广顺下穿通道2处，15名专职铁路护路队员与铁路治安岗亭无缝对接，做到巡逻全覆盖，沿线51个高清探头全部接入区指挥中心和铁路派出所。1月，投资3000余万元的区精神卫生中心投入使用。3月，新建仁义、荣隆基层法庭投入使用。G85桑家坡武装检查站建成，双河派出所新建和昌州派出所扩建完工并投入使用，启动战训基地靶场建设。完成4个司法所改扩建工程。特殊人群帮扶救助不断深化，建立三级以上重症精神障碍患者联合服务小组，全部落实以奖代补政策，做到应治尽治。9月，组织对全区精神障碍患者进行全面排查评估，共排查评估3~5级严重精神障碍患者688人。建立社区矫正工作衔接配合机制、社区矫正考核制度、刑满释放人员安置帮教工作制度，把心理咨询引入社区矫正工作，在册社区服刑人员无脱管漏管现象和重大影响的案件发生。在册吸毒人员康复治疗管控实现全覆盖。建立青少年权利纠纷诉调对接机制，加强重点青少年群体服务管理和预防犯罪。

【服务发展】　重点排查防控风险隐患，梳理排查全区政治安全风险16项，社会稳定风险46项，其中已化解8项，平稳可控的21项，需密切关注并积极防控的33项。抽调5人成立困难企业法律服务联席会议办公室，继续推行政法领导干部联系帮扶企业制度，对39家困难企业逐一明确领导帮扶，通过降社保费、降水电气价、融资帮扶等措施帮助企业降成本。处置关闭煤矿遗留问题，安置职工4415人、占总人数97.6%，引导3家关闭煤矿盘活闲置资产，全区煤炭行业未发生大的群访和集访事件。开展打击整治涉众型经济犯罪、假币违法犯罪等系列专项行动，破获经济领域犯罪案件3起，打击处理8人。对全区111家投资类市场主体开展集中排查，责令停业57家。认真开展金融风险防控，开展投资咨询类市场主体全面排查工作，注销风险隐患企业2家，变更经营范围8家，纳入异常名录2家。通过发放资料、信息提醒、媒体宣传、流动宣传车及主题宣传日活动等方式，开展打击和防范涉众型经济犯罪集中宣传活动，提高群众防范意识。稳妥处置7起非法集资案件，无一起因非法集资集访的群体性事件或者20人以上重复非正常上访的情况，社会经济秩序较为稳定。

【队伍建设】　坚持把思想政治建设摆在首位，坚持党对政法工作的绝对领导，把坚决维护以习近平同志为核心的党中央权威和集中统一领导作为首要任务来抓，把学习宣传贯彻党的十九大精神和“两学一做”学习教育常态化制度化结合起来，用习近平新时代中国特色社会主义思想武装头脑，切实将思想和行动统一到中央、市委、区委的新部署新要求上来。组织召开全区政法队伍建设工作会议，签订政法系统党风廉政和队伍建设责任书。深化素能提升工程，坚持抓班子带队伍，以提高政法队伍专业化、职业化、正规化水平为重点，采取轮岗轮训、实战实训、分层分类的方式开展有针对性的培训，全区政法干警中获得法学专业本科以上文凭近50%，中干以上落实培训全覆盖。组织参加中央政法干部学习讲座3次，开展全区政法综治干部业务培训班、依法治区专题培训班，分片区分层级对近600余名政法综治干部开展业务培训，提升队伍的综合素质。强化先进典型示范机制，大力宣传张家勋、梁远平、范学进等政法系统涌现出来的先进模范，积极培育和践行政法职业精神，救人英雄徐前凯成功申报为市级见义勇为先进个人。开展多种形式的执法司法为民便民活动，加强服务窗口建设，坚持忠于职守、敬业爱业，深化警务公开、检务公开、审判公开，让政法工作在“阳光”下运行。针对政法干警出现苗头性、倾向性问题，及时约谈诫勉，打好预防针、增强免疫力，全区政法队伍未发生因执法司法的违法案件。（陈　晨）

公　安

【概况】　2017年，区公安局主动适应经济发展新常态和社会治理新要求，坚持底线思维、问题导向、科技支撑，全力维护社会治安秩序，全区社会大局持续稳定。全区刑事立案2958起、可防性案件686起、侵财案件2523起，分别比上年下降23.88%、37.99%、25.63%。上报《公安要情专报》23期，区四大班子主要领导予以肯定性批示39条。区公安局指挥中心升级为区应急联动中心，双河派出所新建和昌州派出所扩建投入使用，吴家派出所迁建项目完成主体工程建设。区公安局被评为重庆市优秀公安局、在全市警务指挥实战技能比武中获三等奖，法制支队获评“重庆市优秀公安基层单位”，治安支队（环保大队）获评“重庆市2012—2016年度生态文明建设先进集体”，刑侦支队政委徐政峰获评重庆市特级优秀人民警察、仁义派出所副所长向贤龙获评重庆市优秀人民警察，44个集体和220人次受到各级表彰。

【公共安全管理】　2017年，区公安局不断强化重点单位安全监管及枪爆危管理，严格落实大型活动安全监管措施，圆满完成了全区36次重要会议和群众性活动的安保工作。加强交通安全管理，开展春运等节假日道路交通安全、镇村道路交通安全、三轮车违法行为、客货车交通安全等系列专项整治，全区道路交通安全形势总体平稳，未发生较大以上道路交通事故和长时间、大面积交通堵塞现象。

【打击违法犯罪】 2017年，区公安局以“渝安2号”打击整治行动为牵引，组织开展“两打击一服务”（即打击涉恶、打击以入室盗窃为主的侵财犯罪和服务实体经济发展）行动，严厉打击“黑拐枪、盗抢骗、黄赌毒、食药环”等突出违法犯罪。破获刑事案件1224起，其中破获全部7起现行命案，现行命案连续十年保持100%破案率。严厉打击多发性侵财犯罪，破获侵财犯罪案件819起。破获电信网络诈骗案件234起，侦破1起荣昌区历年最大的系列电信诈骗案件，成功打掉2个电信网络诈骗团伙。开展打击整治侵犯公民个人信息犯罪专项行动，破获“黑客攻击案”“侵犯公民信息案”等案件220起。破获毒品案件71起，缴获毒品3308.84克；设立成渝高速公路桑家坡毒品检查站，破获运输毒品案件6起，抓获犯罪嫌疑人12人，捉获吸毒人员28人，缴获毒品2288.04克。打击经济民生领域犯罪，破获经济领域犯罪案件7起，其中破获非法持有、使用假币案1起，缴获假币5万余元；破获打击假冒伪劣商品案件12起，挽回经济损失200余万元；破获污染环境案件3起。

【治安管理】 2017年，区公安局坚持民意导向，充分发挥民意监测中心作用，采取“3+5”工作模式（3即：“两度一作为”现场民警处警态度、出警速度、现场是否积极作为；5即：询问报警人居住何处、小区是否有民警带队或治保力量巡逻、居住地是否安全、所住周边有什么治安问题、对公安机关有何意见建议）开展警务监测和民意调查。突出实战引领，以提高“见警率、知情率、管事率、满意率”为导向，整合充实城区基层防控警力，启动警车“亮灯巡防”模式。完善城区巡逻防控勤务机制，组建7支城区常态化巡逻队，实行“全面覆盖、突出重点、专群结合、等级控制”和“有警处警、无警巡逻”勤务模式。全年查处治安案件5024起，破获黄赌刑事案件25起，查处黄赌行政案件105起。对全区6个重点地区实施挂牌综合整治，全年重点地区刑事发案比上年下降46.67%。开展校园周边治安秩序专项整治行动，排查整改校园安全隐患2起。

【交通管理】 2017年，全区共发生交通事故2804起，其中一般以上交通事故124起，死亡40人、伤134人，直接经济损失1.84万元。查处交通违法行为10.96万起。办理机动车新车入户14127辆、办理驾驶证业务34169个，淘汰黄标车501辆。完善基础设施，建设交通管理卡口36套、红绿灯电子警察系统24处、违停抓拍系统95处，基本实现全区重点公共区域、主要路口、重要路段全覆盖，机动车守法率从原来的30%上升至94%。牵头组织相关部门对城区停车位进行调研，推动出台全区公用停车位收费管理办法，城区公用停车位占用率由原来的100%下降至70%，群众反映强烈的城区停车难问题得到极大缓解。城区交通整治作为区政协重点提案，办理成效被区政协测评为全区第一。

【服务群众】 2017年，区公安局深化落实市公安局《服务民营经济发展30条》和区局《便民利民十条措施》，走访企业234家次，上门服务62家次，解决涉企问题或调解处理涉企纠纷117起。及时帮助解决一名原荣昌籍留美归国创业、计划在荣投资的男子既未入美籍、在国内也无户口问题。深化落实便民利民措施，让辖区企业和老百姓少跑路、不跑路成为常态，在区行政服务中心、香国桥交巡警岗亭设立交通违法自助处理机，窗口单位全面推行延时服务、预约服务和上门服务举措。至年末，窗口单位延时服务受理办结各类户口、身份证986件，预约服务办证725件，上门服务办证送证354件，解决无户口人员户口登记2733人。建设并启用驾驶人科目二、三考场，开展驾驶员考试53832人次。

【信息化建设应用】 2017年，区公安局将公安智能化建设纳入全区智慧城市统一规划，开展“社会安全事件应急联动指挥系统”二期建设。全年新建视频监控镜头470个，试点建设小区智能门禁系统2

个。将固定视频监控镜头与现场4G移动监控镜头有机结合，实现大型群众性活动安保工作的全程可视化指挥。区公安局利用公安信息化系统破获刑事案件107起，交通纠违4.96万起，服务群众450人次。

【队伍建设】　2017年，区公安局完善《重庆市荣昌区公安局绩效考评办法》，坚持吃苦者吃香、实干者实惠、有为者有位的用人导向，选拔副科级领导干部3人，晋升副主任科员81人。突出“以点带面”，提升正规化建设水平，培养市级教官44人，公安部级教官1人，在全局范围内选拔小教员45人。突出“分层施训”，建立分层分类培训机制，开办特色教育品牌“荣昌公安大讲堂”23期，1500余人次接受系统的专业知识培训。突出“练在日常”，开展一事一总结，以实战促提高，组织77名民警开展警衔晋升训练、355名民警参加现场执法能力训练。

【消防工作】　2017年，区公安消防支队接处警865起，出动车辆1279台次、警力7674人次，疏散和抢救被困人员600余人，成功处置华绿肥皂加工点“1·19”爆燃事故。支队被市消防总队表彰为先进支队、支队党委被表彰为先进党委，支队所辖昌州中队被市消防总队评为先进中队并获重庆市杰出青年文明号称号。全年加强器材装备建设，投入资金390余万元采购抢险救援车1辆、器材1400余件（套），器材装备结构不断优化；投入资金470余万元装修改造营房和新增设施设备，执勤战备、生活工作环境进一步改善。区规委会审议通过消防应急救援指挥中心、培训基地及特勤消防站工程设计方案，确定建设用地36733平方米，总建筑面积13760平方米。年内，紧扣战斗力生成模式转变，深化全员执勤岗位练兵，强化实战合成化训练，累计开展熟悉调研209次、实战演练172次，修订完善预案79份，获得2017年首届春季运动会渝西片区比赛团体第三名。深化多元消防力量建设，招录20名专职消防员充实混编执勤力量；落实政府专职消防、微型消防联勤联训联动机制，分期分批开展岗位练兵培训1000余人次，万灵镇专职消防队获得全市专职消防队比武竞赛团体总分第12名。年内，利用消防微博、微信、短信平台发送消防常识、提示信息6万余条；开展消防知识“进军训”“119宣传月”等系列活动，联合区教委印发《中小学生消防安全教育读本》5万册，发放暑假消防安全作业9万余份、宣传资料11万余份；依托各类平台，组织中青年干部、公安派出所兼职消防民警、消防重点单位两类人员和企业员工开展法律法规、业务技能和“一懂三会”（懂得本场所用火、用电、用油、用气的消防危险性，会报警、会灭火、会逃生）培训1.2万人次，全民消防安全素质进一步提升。支队积极推动政府把消防工作常抓常议、全力推进、严格考评，促进各级消防安全责任落实。全年推动完成10栋老旧建筑消防设施改造、完成122个市政消火栓建设，按标准建成社区、重点单位微型消防站202个，完成城乡消防安全和59家火灾高危单位消防安全评估工作，安装消防给水压力实时监测系统51套、简易喷淋系统7套、独立式感烟探测器950个，火灾防控基础进一步夯实。组织各级各部门开展冬防夏防、高层建筑等13个专项治理，支队全年检查单位场所7852家，督改火灾隐患18233处，提请区政府挂牌督办重大火灾隐患3件、关停养老机构12家，消防安全环境进一步改善。

【《荣昌区消防事业发展“十三五”规划》出台】年内，区政府出台《荣昌区消防事业发展“十三五”规划》，以下简称《规划》，就“十三五”期间全区消防事业发展进行全面规划。《规划》明确消防事业由政府统一领导、部门依法监管、单位全面负责、公民积极参与的基本原则，确定全区火灾形势平稳可控、消防安全责任依法落实、“智慧消防”建设深度融合等8个主要目标以及建立健全齐抓共管的消防安全责任体系、完善全区消防基础建设、加强消防安全源头管控、创新消防安全管理工作机制等16项主要目标任务。《规划》的出台，为推进消防工作社会化奠定基础，为荣昌消防事业的发展提供有利的政策支撑。　（王　东　吴　飞）

检　察

【概况】　2017年，区检察院开展监察体制改革试点，增强转隶人员对改革的认同感，顺利完成改革试点各项前期工作。邀请人大代表、政协委员、人民监督员参加“防治校园欺凌，护航未成年人成长”“保障生态环境建设，大力开展公益诉讼”等为主题的检察开放日活动，听取人大代表、政协委员对检察工作的意见建议，主动接受社会各界监督。全年主动提请人民监督员监督拟撤案、拟不起诉案件7件，邀请人民监督员参加检察工作座谈6次，面向社会公布案件信息664条，法律文书公开498份，公开比例达96.14%。在生态环保、国有财产、国有土地使用权出让领域推进公益诉讼，发出诉前检察建议20份，促进荣昌区生态环境保护和行政机关依法尽责履职。年内，区检察院获评全国检察机关基层民事行政检察工作推进年专项活动先进基层检察院，连续三届获评全国一级规范化检察室，获评重庆市青年文明号，27人次获得区级以上先进个人称号，9名干警进入重庆市检察人才库。

【刑事检察】　全年受理提请审查批准逮捕案件278件351人，决定批准逮捕237件293人，分别比上年增长11.8%、7.7%；受理移送审查起诉案件545件709人，提起公诉505件645人，分别比上年增长5.9%、1.4%。其中，批准逮捕故意杀人、故意伤害、强奸等严重暴力犯罪22件25人、起诉25件33人，批准逮捕抢劫、盗窃、诈骗等多发性侵财犯罪138件180人、起诉189件270人，批准逮捕“黄赌毒”等妨害社会管理秩序犯罪68件78人、起诉118件158人。成功办理受害群众达200余人的李某某、梁某某等8人侵犯公民个人信息、电信诈骗案，有效遏制网络电信诈骗高发态势。推进以审判为中心的刑事诉讼制度改革，形成与公安机关办理重大疑难案件听取检察机关意见工作机制，全年提前介入引导侦查案件42件，启动非法证据排除程序12件，主动申请“四类人员”（证人、鉴定人、有专门知识的人、侦查人员）出庭作证112人次。开展认罪认罚从宽制度试点，与区法院、区公安局、区司法局联合出台《荣昌区开展刑事案件认罪认罚从宽制度试点工作实施细则（试行）》，全年办理认罪认罚案件225件264人，其中区检察院主动提起54件57人，提出精准量刑建议106件116人。设立未成年人刑事检察工作办案组，封存犯罪记录32件40人，发出保护未成年人权益检察建议5份。

【职务犯罪查办和预防】　全年立案查办职务犯罪案件11件15人，其中大案8件10人、要案2件4人。5名表现突出的职侦干警受到市检察院嘉奖。受最高人民检察院指派，派员配合侦办中铝集团、中煤平朔集团相关人员贿赂案；受市检察院安排，配合侦办南川区原区委常委王某某受贿、滥用职权、巨额财产来源不明案；查办荣昌区原水务局局长李某受贿案。开展集中整治和加强预防扶贫领域职务犯罪专项工作，突出查办虚报冒领、私分挪用扶贫资金、利用扶贫项目实施和资金分配职权索贿受贿等贪贿犯罪，立案查办清升镇原社保所所长唐某某、远觉镇张某某、刘某某贪污、挪用公款等案。开展职务犯罪预防工作，区检察院报送的《2012—2016年惩治和预防职务犯罪综合报告》得到区委、人大、政府、政协主要领导的批示肯定。结合办案剖析职务犯罪发案原因，向有关单位发出检察建议3份，均获采纳。年内到观胜镇、区人民医院、区工商分局等单位以及为区委党校干部培训班开展法制讲座26次。更新重庆市渝西预防职务犯罪警示教育基地内容，全年对市内外公职人员开展警示教育277批10572人。积极推动社会诚信体系建设，受理行贿档案查询230次。

【诉讼监督】　依法全面加强对立案、侦查、审判、执行等环节的法律监督，努力让人民群众在每一个司法案件中都感受到公平正义。强化侦查活动和刑事审判监督，全年监督侦查机关立案1件6人，监督撤案2件，追捕1人，书面纠正侦查活动违法25件，监督行政机关移送案件1件3人，追诉漏犯9人，追诉漏罪2条，抗诉5件。强化民事行政检察监督，全年受理民事行政申请监督等案件469件，办理农民工讨薪等支持起诉案件315件，向行政机关等相关单位发出改进工作检察建议131件，均获采纳。该院被最高人民检察院确定为民事行政检察工作联系点和信息直报点。强化刑事执行检察监督，全年办理服刑罪犯又犯罪案件审查逮捕5件8人、提起公诉8件14人，办理羁押必要性审查23件、采纳16件，办理看守所执法监督案件16件、监外执行监督案件12件、暂予监外执行监督案件1件。强化控告申诉检察监督，全年办理刑事申诉案件4件，其中3件息诉罢访、1件获再审改判，办理司法救助案件4件、提供救助金13.4万元，接待群众来信来访411件次，开展检察长接待日活动49次，开展重点矛盾纠纷排查5次，保持涉检群体性事件和进京到市非正常访"零目标"。

【司法责任制改革】　2017年，区检察院全面落实司法责任制改革，完成检察官单独职务序列等级确定和检察官助理、书记员单独职务序列套改工作。年内出台《重庆市荣昌区人民检察院检察官、检察辅助人员业绩考评实施细则（试行）》《重庆市荣昌区人民检察院检察官、检察辅助人员司法技能、职业操守考评办法（试行）》。按照"谁办案谁负责、谁决定谁负责"的原则，落实检察官权力清单，全年领导带头办案216件，检察官办案质量和效率大幅提高。　　（吕　明）

法　院

【概况】　2017年，区法院共受理各类案件18480件、比上年上升17.65%，结案16441件、比上年上升15.48%。受理的各类案件中审判执行案件有14700件、非诉调解案件有3780件；结案中有审判执行案件结案13818件、非诉调解结案2623件。审判执行案件结案率94%，比上年上升2.4%。员额法官人均结案421.6件，比上年上升16.46%。全年办理提案2件，满意率100%。年内，区法院获评全国维护妇女儿童权益先进集体、人民法院司法宣传工作先进集体，被区委、区政府授予维护党的十九大安全稳定集体三等功，在致人伤残赔偿执行案中获评全国法院十大执行案件，法治微电影《暖阳》获第四届全国法院微电影评选活动优秀奖和中央政法委第二届平安中国微电影微视频大赛优秀奖，梁远平获全国"我最喜爱的好法官"提名奖和全国优秀法官称号。

【刑事审判】　至年末，区法院共受理刑事案件540件，结案520件，结案率96.29%，判决罪犯662人。重点惩处盗窃、抢劫、诈骗、抢夺等多发性侵犯财产型犯罪案件199件。依法成功审结被害人数众多、涉案金额1500万余元的汤某某、郑某某非法吸收公众存款罪一案。审理毒品犯罪案件76件83人。创新未成年人案件审判工作，成立未成年人刑事审判工作组，审结未成年人刑事案件29件44人，结案率100%。

【民事审判】　至年末，区法院共受理民事案件9270件，结案8890件，结案率95.9%，一审案件调撤率62.19%。依法保护劳动者合法权益，构建和谐劳资关系，与区人力社保局建立荣昌区劳动者权益纠纷诉调对接机制，审结劳动争议案件489件。维护婚姻家庭关系和谐稳定，审结涉及抚养、赡养、离婚、继承等家事纠纷案件1316件。维护妇女儿童合法权益，办理妇女儿童维权案件2942件。

【行政审判】　至年末，区法院受理行政案件135件，审结123件，结案率91.11%，协调撤诉27件；审查非诉执行案件45件，结案45件，结案率100%。推进行政负责人出庭应诉，全年区行政机关负责人出庭应诉31件，其中法定代表人出庭应诉5件。2个案例入选全市法院"重庆行政诉讼十大典型案例"，审理并撰写的1篇裁判文书获最高人民法院第五届全国行政审判优秀业务成果裁判文书类二等奖。

【执行工作】　2017年末，区法院把"基本解决执行难"作为工作的重要任务。全年受理执行案件4670件、比上年增长6.62%，结案4211件、比上年增长4.67%，结案率90.17%，兑现标的金额48265万元。年内，区委、区政府专项支持区法院基本解决执行难工作，下发《关于支持人民法院基本解决执行难的通知》，区法院招聘20余名复员退伍军人和大学生充实执行队伍。拘留被执行人拒不申报、虚假申报130余人。区法院制定出台《执行备勤制度实施办法》，及时出警730次，执结案件410件。

【司法改革】 年内，完善组建运行“（1+1+1）×2”的审判团队，遴选第二批员额法官7名。院庭长带头办案7360件，占全院审执结案数的53.26%，其中院领导参与办结案件1922件。诉前运用多元化纠纷解决机制办理民事纠纷3780件，化解2623件，化解率69.39%；诉后自9月民事案件速裁中心成立以来，分流案件372件，调撤率89.79%。刑事案件适用简易程序审理291件，适用速裁程序审理90件，共占审结案件数的73.27%，简易案件平均审理时间10.5天，较上年同期缩短4.9天。开展以审判为中心的刑事诉讼制度改革，证人出庭案件151件，占审结案件数的29.04%。开展刑事案件认罪认罚从宽制度试点工作，审结认罪认罚案件212件，占审结案件数的40.76%。

【司法公开】 年内，区法院专设“荣昌执行”微信公众号发布执行动态，普及法律知识。全年发布审判、执行工作动态125条，微博动态98条，微信公众号动态41条。开展法院“开放日”活动，开展示范庭审5次，代表委员、社区群众、机关干部、执业律师、在校学生参加现场旁听400余人次，通过互联网直播庭审46次，发布裁判文书7207份。

【服务地方经济发展】 年内，区法院针对服务金融单位和规上企业发展开展“蓝天行动”，办理涉金融机构案件131件，为农商行荣昌支行等企业收回案款1亿余元。针对政府经济部门促进依法行政开展“润政行动”，建立与行政机关定期沟通联络协作制度，向行政执法人员宣讲56次，为潼荣高速、广富工业园区建设等重大项目进行事前法律指导18次，向行政机关发出司法建议6篇，均得到有效回复。针对全区重大项目和城市发展的强力推进开展“扫雷行动”，加大依法强制执行力度，水泥厂片区征地拆迁项目，区法院依法对4家“钉子户”成功实施强拆。针对市场经济发展环境和荣昌投资环境的优化开展“净化行动”，审结民间借贷、金融借款、合伙协议等经济纠纷2313件、涉案金额5.5亿元，审结房地产纠纷案件169件。针对僵尸企业、困难企业和涉诉重点企业摆脱困境开展“辅正行动”，建立破产案件联席会议制度，清理“僵尸企业”35家，审结破产案件4件，其中3件为10年以上案件。

【多元化纠纷解决机制“荣昌模式”】 年内，区法院增加非诉调解组，调解组从25个增加到52个，并与20个人民调解组织对接，合作单位（部门）从15个增加到25个。实现诉前对社会矛盾纠纷进行过滤和减压，诉中建立完善繁简分流机制，形成双重过滤减压增效并轨机制。在诉讼服务中心设置“区法律援助中心驻法院工作站”。与西南大学心理学部联合成立“心理辅导室”，对当事人心理及婚姻状况进行预测评估，提出当事人心理危机指数报告，促进纠纷有效化解。建立线上“棠城法律小精灵”和线下“棠城小法”机器人，提供法律预判服务。成立“互联网+调解・司法确认”网络非诉调解组织，运用智能传媒手段，与多部门、镇街联动，实现网上调解、网上司法确认和远程视频接访三大功能，全年成功调解、确认300余件。

【队伍建设】 2017年，区法院坚持从严治院方针，以零容忍态度惩治司法腐败。全年开展日常督察32次、专项审务督察2次。出具拟提拔晋升或表彰干部廉政司法意见32人次，开展干警谈心谈话81人次。审定查找风险点27条。制定并完善6项管理制度，建立以制度管人机制。解决70名年轻单身干警公租房问题。完成最高人民法院课题《劳动争议大数据分析》。成功承办“学习贯彻党的十九大精神・全面落实司法责任制改革”主题研讨会。自主拍摄微视频《约定》，参与法治廉政微电影《发小》的编剧、摄制工作。（任禄荣）

司法行政

【概况】 区司法局为区政府工作部门，内设政治处、办公室（挂审计科牌子）、财务科、法治宣传教育科、研究室、基层工作管理科、社区矫正科（挂重庆市荣昌区社区矫正管理局牌子）、法制科、法律服务管理科（挂行政审批服务科牌子）9个科室，辖派出机构基层司法所21个，下设区法律援助中心、荣昌公证处、区矫正帮教管理服务中心3个事业单位。设置政法专项编制61名，参公编制24名，事业编制9名，现有在编在职人员79名，其中局长1名、副局长3名、派驻纪检组长1名。2017年，区司法局坚持以人民为中心的发展思想，围绕“改革、发展、稳定”三大任务，以深化司法行政改革为突破口，以创新法律服务方式为手段，以服务人民群众为目标，统筹推进各项工作，公共法律服务体系初步建立，司法行政改革稳步推进，法律顾问工作逐步落实，特殊人群管控措施有力，“人民调解员+”模式优势显现，干部队伍健康发展，夯实基层基础建设成效明显，司法为民形象进一步提升，司法行政工作呈现出新的生机与活力。11月29日《法制日报》以“把事情办到了老百姓心坎上”为题、12月10日《重庆日报》又以“让群众在公共法律服务中获得更多实惠 荣昌区探索矛盾纠纷多元化解机制”为题对荣昌区司法行政工作进行专题报道。峰高司法所所长张家勋被评为全国模范人民调解员称号，中央电视台对其先进事迹进行了专题播报。

【人民调解】 2017年，区司法局创新“人民调解员+法官+警官+村官”模式，指导全区223个人民调解组织，1915个人民调解员发挥作用。全年排查纠纷1200余次，调解各类矛盾纠纷5210件、比上年减少23.12%，调解成功5150件、成功调解率98.85%。有效化解群访闹访越访事件，预防可能导致“民转刑”案件的发生。市政府办公厅第503期专报《荣昌区探索创新矛盾纠纷多元化解机制取得实效》对荣昌矛盾纠纷多元化解机制予以全市推广。

【社区矫正】 2017年，区司法局建立社区矫正工作衔接配合机制、社区矫正考核制度、刑满释放人员安置帮教工作制度，规范社区矫正执法程序、重点人员排查稳控等措施，聘请和培养心理咨询师6名，把心理咨询引入社区矫正工作。至年末，累计接收社区服刑人员2003人、比上年增加12%，累计解除1765人、比上年增加7%。在册社区服刑人员238人，其中缓刑215人、假释15人、暂予监外执行8人。接受委托调查评估71件，比上年减少38%。全年无脱管漏管现象和重大影响的案件发生。

【安置帮教】 2017年衔接刑满释放人员735人，帮教率100%，安置率94.6%。对57名重点帮教对象进行必接必控。全年为刑满释放落实责任田211人，自主创业9人，从事个体经营24人，企业和经济实体吸纳就业78人，其他安置方式363人。协助落实最低生活保障3人，落实特困人员供养1人，落实医疗救助1人，临时救助64人，落实住房救助2人，就业推荐21人。

【法律援助】 年内，区司法局配合开展荣昌区刑事案件认罪认罚从宽制度试点工作，法律援助值班律师在区法院、区检察院、区公安局、区看守所参与值班374人次，为犯罪嫌疑人、被告人提供法律帮助488人次。至年末，区法律援助中心共受理各类法律援助案件1381件，其中公检法机关通知辩护受理申请案件93件、民事行政法律援助案件 1288件；结案1110件，其中民事案件998件，刑事案件103件，行政案件9件，为受援人挽回损失1831.50万元。

【律师和基层法律服务管理】 至年末，全区有律师事务所10家，其中合伙所3家、个人所5家、分所2家，有社会律师62人、公职律师18人、法律援助律师1人，有基层法律服务所8家，基层法律服务工作者42人。全区律师事务所总业务收入1067.73万元，基层法律服务所总业务收入423.82万元。年内，开展“发挥律师正能量 助力政府依法行政”组织生活观摩会、非公党支部走访慰问贫困学生、到万灵镇喻茂坚廉政教育基地接受廉政教育等活动，发挥法律服务行业党组织在全面推进依法治国中的战斗堡垒作用。1名律师获市律协2017年度优秀共产党员称号。区委办公室、区政府办公室出台《关于深化律师制度改革的实施方案》及《任务分解》，保障律师执业权力。全年受理投诉案件1件、对1名律师给予警告的行政处罚，受理并办结网上信访件2件、司法建议1件。引导律师参与信访值班109次，担任58家党政机关、事业单位法律顾问，处理信访案件47件。

【公共法律服务体系】 2017年，区司法局优化公共法律供给方式，探索公共法律服务体系三级实体平台的推广应用实践，解决全区法律公共产品供给不均等、发展不平衡、服务不充分问题。在全市率先建立公共法律服务实体平台，基本实现全覆盖。投入66万元维修吴家、清江、观胜、昌州4个司法所，各司法所提供司法全流程业务，实现服务向基层纵深发展。创新公证服务模式，提高公证服务水平，推行“绿色继承”公证，全年办理继承权公证630余件。在重庆率先落实知识产权公证保护措施，是全市唯一将中国公证协会知识产权保护平台全功能落地的区县，办理知识产权类公证6件。全年受理各类公证3526件，办结公证3512件，提供公证援助81件。全区有司法鉴定所1家，司法鉴定人员6人，办理法医临床鉴定456件，司法鉴定所连续13年零投诉、零信访。荣昌建设公共法律服务体系做法得到司法部、市、区认可，市政府办公厅第309期专报《荣昌区探索公共法律服务体系三级实体平台建设取得阶段性成效》予以全市推广。

【法治宣传】 2017年，区司法局全面贯彻党依法治国总方略，深化“六五”普法成果，制定“七五”普法规划，大力构建“谁执法谁普法”格局，联合多部门集中开展法治宣传活动，利用法治电视栏目、手机报、荣昌报、法治长廊等新载体加强对领导干部、青少年、农民工等群体宣传，加快推进依法治区的实施进程。在三月法治宣传月、“3·8”妇女维权周、“3·15”消费者权益保护日、“12·4”国家宪法日等重要时间节点开展主题明确的集中宣传活动，全年开展集中宣传1000余场次、比上年增加60%，解答法律咨询18万余人次、比上年增加140%，发放宣传资料100余万份、比上年增加120%。

【区公共法律服务中心运行】 3月29日，荣昌区公共法律服务中心正式启用。区公共法律服务中心办公建筑总面积1400平方米，设置办公区、服务区、等候区、咨询台等功能区，布局规范醒目。安装具有联网功能的触摸式自助查询设备。区公共法律服务中心以“荣昌公共法律服务专线（46750148）、矛盾纠纷化解和困难群众维权”三大核心要素为基础，开设法律咨询、法律援助、公证服务、司法鉴定、人民调解、领导接访等服务窗口，涉及特殊人群管理服务的社区矫正、安置帮教业务设置独立区域，基本涵盖司法行政工作全部领域，实现“一站式”服务。至年末，值班律师为360余名当事人提供法律咨询；公证处接待来访群众2000余人，受理公证事项183件；区法律援助中心接待群众1600余人，通过调解、劳动仲裁、诉讼等方式为627名农民工、181名妇女、98名未成年人、76名老年人、37名残疾人共计1440人次当事人提供法律援助服务，挽回经济损失1935.79万元；司法鉴定窗口受理司法鉴定案件5件。

【吕继泽调解工作室成立】 12月19日，荣昌区昌元街道海棠社区人民调解委员会“吕继泽调解工作室”成立，标志着荣昌区首家以调解员个人名字命名的调解工作室正式成立。吕继泽调解工作室是依托昌元街道海棠社区人民调解委员会以吕继泽个人名字命名设立带有调解性质的个人工作室，运用在工作中多年总结出的多种调解方法和技巧，真正地把大小事化解在萌芽状态，通过说服、疏导等方法，化解当事人之间发生的邻里纠纷、婚姻家庭纠纷、损害赔偿纠纷等民间纠纷，在调解中宣传国家法律、法规、规章和政策，教育公民遵纪守法、尊重社会公德，切实维护基层社会的和谐稳定。成立当月就成功化解婚姻家庭、征地拆迁、财产分割等类型纠纷6件。 （牟　谈）

人民武装

【概况】　2017年，区人武部下设军事科、政治工作科、保障科、民兵训练基地及民兵武器仓库。全年区人武部以学习贯彻习主席系列重要讲话精神为主线，紧紧围绕党在新形势下的强军目标，坚决听党指挥、聚焦主业主责，牢记职责使命、敢于担当作为，始终保持稳步发展的良好势头。参与脱贫攻坚，为挂钩帮扶的铜鼓镇筹集扶贫资金5万余元。坚持重要节日走访慰问军烈属和家庭困难的退役军人，开展向军烈属献爱心、免费体检等活动。区委从2017年开始将党管武装工作纳入对基层镇街的党建工作考核。年内，区人武部被警备区表彰为安全稳定工作先进单位。

【国防教育】　区人武部把学习宣传贯彻党的十九大精神作为头等大事和首要政治任务，组织开展“读、悟、记”学习活动，原汁原味通读原文，深读细研领悟精髓，帮助干部职工深化学习理解。全年为驻地官兵、专武干部、民兵骨干、帮扶村社干部群众开展十九大精神宣讲15场，帮助大家全面把握学习重点，深刻领悟精髓实质。围绕“不忘初心、牢记使命、永远奋斗”开展主题党日活动，组织干部职工到革命烈士陵园重温入党誓词、瞻仰感悟，增强学习教育的感染力。7月，协调召开区委常委议军会，组织观看《建军大业》电影，强化地方领导干部的国防意识。将“国防教育一堂课”常态化纳入区委党校培训课程，抓实公务员群体国防教育。坚持为新兵家庭免费订阅1份《解放军画报》，浓厚拥军优属氛围。八一建军节在《荣昌日报》开设“棠城子弟兵光荣榜”专栏，公布上一年度荣昌籍立功受奖官兵先进事迹，强化公民国防观念和崇军尚武意识。结合“9·16”全民国防教育日，在城区户外广告屏上滚动播放国防教育短片和宣传口号，进一步培养和树立爱党爱国、心系国防的社会风尚。

【征兵工作】　协调区政府将征兵工作纳入地方行政督察体系，通过建立明责问责机制，从上至下传导压力，层层严实征兵责任，推动征兵工作落实，征兵“五率”（报名率、上站率、合格率、择优率和退兵率）排名靠前。会同区纪委制定下发《荣昌区廉洁征兵工作规定》，与征兵工作人员签订《廉洁征兵责任书》，向应征青年发放《廉洁征兵监督卡》，区征兵办聘用85名廉洁征兵监督员，有效遏制征兵工作中可能出现的不正之风。全年，荣昌区圆满完成征兵任务。

【军事训练】　贯彻“训战一致、突出重点、依法治训”的原则，抓实现役干部和基干民兵军事训练，提升军事素质和遂行任务能力。2017年，组织开展地震救援、应急处突等集训5期470人次参与，完成年度训练任务。在区委常委议军会上，议定将民兵训练基地与区委党校、区公安局培训基地整合建设，解决民兵训练长期无场地、难保障的问题。

（郑晓江）

人民防空

【概况】　年内，新建区内第一个现代化单建掘开式平战结合人防工程1处，2018年投入使用。至年末，全区有民防疏散基地5个，区级“两防一体化”社区2个，区级应急避难场所8个，镇街应急避难场所21个。全年征收易地人防建设费46笔2904万元。

【民防宣传教育】　5月，区人防办在大成中学开展初级中学民防教师业务骨干培训，进行民防课程试讲活动，受训人员80余人。年内开展集中执法2次，查处不按规定修建防空地下室或者随意拖欠防空工程易地建设费等违法行为5起，催缴防空工程易地建设费900余万元。（于道明）

储备物资管理

【概况】　四川储备物资管理局六七四处（简称六七四处）隶属国家发展改革委，受国家发展改革委和国家储备局直接领导，实行经济独立核算，拥有人事、财务等支配权，系全民所有制国家事业单位。六七四处占地面积53.33万平方米，分为荣昌行政生活区、双河生活区、库区及铁路专用线。秉承服务国防建设、应对突发事件，参与宏观调控、维护国家安全的宗旨，业务范围主要为国家建设和人民生活提供物资储备保障，管理国家储备物资等。2017年，六七四处围绕强化管理、确保安全，保持稳定、促进发展的工作思路，坚持稳中求进，抓好安全、物管、创收和稳定等重点工作，实现年度工作目标。年内被四川储备物资管理局授予安全管理达标单位称号。

【安全管理】 年内，对原有规章制度进行修改、完善，形成《六七四处制度汇编（试行）》，安全工作有章可循。按照党政同责、一岗双责、齐抓共管的安全生产责任体系要求，与荣昌区政府签订2017年制度平安建设暨社会管理综合治理责任书，并逐级签订安全管理责任书。组织安全法律法规及规章制度学习，发挥班前会和作业前预备会的作用，邀请重庆市国安局第五分局专家以“增强安全保密意识 筑牢反间防谍防线”为题，对全处干部职工以及民兵骨干进行全员安全保密培训。加强安全检查，年中，开展“拉网式”安全大检查12次，对发现的问题限时进行整改。投入29万余元对库区高压线路进行改造，缓解库区的用电压力；投入6万余元架设库区有线电话，确保库区通讯畅通；投入95万余元对专用线的站台库、公路和配电房、营房等进行安全改造，硬化专用线道路，将废弃场地改造成客户接待室和职工休息室，规划整饬专门的停车场地；投入近30万元更换通勤车1台，保证职工上下班路途的安全。落实联动机制，加强与所属地公安、安监、林业和村社社区的联系和走访，全年牵头组织联防联动联系会议8次，共同建立联防体系，做到信息互通、资源共享，增强处置突发事件联动能力。开展“安全生产月”和“百日安全无事故”活动，提高全员安全红线意识和安全法治观念，规范安全生产操作规程和作业现场管理。

【物资管理】 制定《六七四处达标库检查标准及奖惩办法》，深化物管创一流及对标管理工作，推进标杆库建设，每季度对库房进行物管创一流检查考核评比，合格率达100%。组织物管科人员进行业务知识学习，着重于基础业务知识和普通话库房介绍词的学习训练和考核，加强对新进人员岗前培训，提高保管员的业务素质和技能。加强对救灾物资的保管保养，做好重庆市红十字会救灾物资代管工作，较好的完成全年代储任务。

【基础管理】 建立库区职工食堂，新聘食堂工作人员，提高职工生活质量。投入资金12万余元对库区进行绿化，修建花池1600余米，绿化面积达3000平方米，打造园林式工作环境，美化库区形象。按照《党政领导干部选拔任用条例》，聘任正科级领导干部1名和副科级领导干部2名。 （吴广川）

城建　环保

城乡规划

【概况】 2017年，荣昌城乡规划坚持以人民为中心，围绕全区中心工作，服务经济社会发展大局，充分发挥规划引领和管控作用，全面推进规划编制和规划管理全覆盖。年末，中心城区建成区面积达到31.49平方公里。区规划局牵头推进黄桷树广场项目，完成黄桷树广场规划设计方案和黄桷树广场拆迁。区规划局被重庆市人民政府确定为基层立法联系点。在重庆市区县优秀规划设计及设施项目评比中，荣昌区黄桷树广场获规划设计类一等奖；荣昌区安富镇陶宝古街获规划实施类一等奖；荣昌区综合实践基地、荣昌八景、荣昌万灵镇学府路建筑立面改造、荣昌万灵镇中心小学获规划实施类二等奖。

【规划编制】 至年末，规划编制完成城乡总体规划、土地利用总体规划、生态环境保护规划"多规合一"整合工作，完成美丽山水城市规划、加油站布点规划、物流布局规划、黄金坡站前商业区城市设计以及45个村规划等编制工作，基本实现城乡总体规划、镇街总体规划、中心城区控规以及各类专业、专项规划全覆盖，规划编制体系基本完善。

【规划管理】 全年区规划局核发选址意见书174件，面积41.76万平方米。办理用地规划许可190件，面积172.20万平方米。方案审查意见函178件，建筑总面积112.40万平方米。核发建设工程规划许可证200件，建筑规模约132.07万平方米。办理规划竣工核实132件，面积约124.09万平方米。办理农村村民住宅工程规划许可58件，面积0.57万平方米。办理乡村建设工程规划许可1件，面积0.05万平方米。完成21个镇街一体化网审平台，实现镇街规划网审全覆盖。建成东邦城市花园、中华奥城、金科世界城等一批高品质居住小区。

【基础测绘】 年内重点开展全域地理国情普查、镇村信息普查、建筑物信息普查、地下管线普查与更新及平台建设工作，完成中心城区、各镇街规划区范围内1：500数字化地形图测绘全覆盖，完成放线面积71万平方米、竣工测绘面积92万平方米，1：500地形图测绘面积117万平方米。

【违法建筑整治】 全年重点开展违法建筑集中整治"百日攻坚"行动，理顺违法建筑查处的工作体制机制。出台工业园区内部违法建筑规划备案审查管理规程、违法建筑分类处置操作规程。至年末，查处违法建筑案件139件、面积约1.21万平方米，拆除存量违法建设案件204件、面积1.78万平方米，查处违法建设行为案件5件、面积0.52万平方米。

（李大根）

城区建设

【概况】 至年末，全区城市建成区面积达到31.48平方公里。年内，实施濑溪河、荣峰河综合整治工程，整治河道4.2千米、河堤4.25千米。开展池水河、荣峰河黑臭水体整治工作。完成综合整治16处，完成投资2.89亿元。牵头完成17个镇街及社区二三级管网改造工程。启动香国大道延伸段城市环线道路连接工程、虹桥片区城市次干道连接工程。

【城市道路建设】 年内，建成荣昌粉黄屋基二期市政道路并通车，道路全长291.748米。建成五洲国际西延段桥梁并通车，道路长750米，车行道宽32米，人行道面积12000平方米。建成康宁广场桥梁并通车，道路全长115米，桥长25米，车行道宽14米，投资500余万元。完成香国大道延伸段城市环线道路连接工程、虹桥片区城市次干道连接工程立项、地形图测绘、方案设计。水泥厂等3处农民安置房道路建设工程，完成投资1340余万元，完成3.1万立方米开挖回填，8100余米管沟开挖和管网安装，2100余米水稳层铺筑，1000余米电缆沟开挖。建设污水管网项目12个、雨水管网9个，补建市政消火栓122个。全面启动昌泰公司（原兴荣环保公司）为业主的17个镇街及社区二三级管网改造工程，新建二三级污水管网约59千米，安装出入户管网约38千米，新建检查井约2000个，新建化粪池84个，完成工程款拨付约7200万元。率先在全市完成二、三级污水管网所有镇街全覆盖任务，污水收集率达到80%以上。（管明娇）

村镇建设

【概况】 2017年，完成符合条件且有意愿改造危房1300户，特色小镇建设项目完成80%工作量，筹集4亿元用于农村人居环境整治，成功创建国家级绿色村庄5个，打造市级美丽宜居村庄示范点3个，万灵镇成功创建市级特色小镇。办好区级重点民生实事，投资3115万元，完成“12·27”地震灾后重建599户，城市棚户区改造320户，新安置煤矿棚户区居民866户。

【改善农村人居环境】 2017年，争取市级资金1030万元，完成万灵镇沙堡村2组、万灵镇尚书村2组、吴家镇十烈村聚居点3个市级美丽宜居村庄建设，评选整洁庭院500个，创建清流镇马草村、铜鼓镇刘驥村、铜鼓镇高山村、昌州街道办事处七宝岩村4个市级绿色示范村庄，实施万灵镇沙堡村2组1个市级亮化示范村庄创建。争取到市城乡建委从2017年起，连续5年每年补助1000万元用于万灵场镇基础设施建设。采取打造亮点、点面结合、分步实施的工作思路，推行“五项制度”，即村规民约制度、定期院坝会制度、村社干部和党员包户制度、村民定期评星制度、环境维护制度，要求镇街按照“五项制度”实施。采取整合项目资金、贷款、财政投入等方式共筹资4亿元用于改善农村人居环境整治工作，涉及24个方面，主要围绕做好修订编制1个规划（实现村域现状分析及规划指引全覆盖），改善农村6个生活条件（住房、饮水、出行、用电、信息化、防灾减灾），整治农村9项生活环境（垃圾、污水、改厕、防治养殖污染、清洁能源、生态清洁小流域、土地整治、绿化、治理脏乱差）。清江河中村、清升古佛山社区、万灵镇古镇路沿线、安富通安村等片区人居环境设施提到较大的提升。

【棚户区改造工程】 荣昌棚户区改造工程包括城市棚户区改造工程、永荣煤矿棚户区改造工程和国有企业棚户区改造。荣昌区城市棚户区改造工程主要改造范围为昌元街道玻璃厂片区，广顺街道檬梓桥社区，吴家镇吴家大院、农贸市场、三拱桥片区以及盘龙镇老街片区。2017完成改造320户、2.3万平方米，其中广顺檬梓桥片区60户、0.64万平方米，吴家镇片区81户、0.74万平方米，万灵镇片区179户、1.92万平方米。2017年，国务院住房城乡建设部办公厅随机抽查177个市、县（区），棚改政策、任务完成等信息公开情况。在抽查的177个市、县（区）当中，荣昌区信息公开主体责任落实到位、信息公开栏目设置规范、内容公开及时、全面，成为全国点名表扬的6个城市之一，也是西部地区唯一受表彰的（县）区。永荣煤矿棚户区改造工程主要改造范围为昌元街道工人村片区，广顺街道广顺片区、曾家山片区和双河街道许家沟片区，目标任务总户数4804户，其中改造棚户区居民4735户、征地动迁农民69户，新建安置房33万平方米，总投资8.89亿元。永荣煤矿棚户区改造四期安置房1~4期有安置房源共1548套，广顺曾家山矿管站片区四期工程新建安置房1236套，年内完成动员及政策宣讲培训，安置方案公示、安置户公示、入户测绘棚改旧房面积及公示、签订安置协议、公开摇号、选房及接房工作。第四期安置户应签协议1226户，已签协议941户；参加选房人员883户，接房826户。国有企业棚户区改造主要是位于双河街道的重庆嘉陵益民特种装备有限公司和位于安富街道的重庆长江特种装备有限公司，改造拆迁房屋面积22.45万平方米，涉及居民4684户。其中，重庆嘉陵益民特种装备有限公司涉及居民2728户拆迁房屋面积13万平方米，重庆长江特种装备有限公司涉及居民1956户拆迁房屋面积9.45万平方米，该棚户区改造由两个公司牵头组织实施并筹集资金。至年末，完成多种改造方式成本测算供企业选择。

【5个村被评为国家级绿色村庄】　2017年，古昌镇玉带村，万灵镇尚书村、玉鼎村、沙堡村，清江镇河中岛被国家住房和城乡建设部命名为首批全国绿色村庄。全国首批绿色村庄共有5855个，荣昌区有5个村位列其中。在绿色村庄的评定中，主要对村庄的绿化覆盖率、公共场所的绿化、公园休闲绿地的建设、村内周边的绿化和对古树古木的保护、污水的处理、旱厕的改造以及道路的硬化和节能减排等有明确的指标要求。此次被评为国家级绿色村庄的5个村同时也是荣昌区改善农村人居环境的示范点和重点村。

【万灵镇被评为重庆市特色小（城）镇】　4月，万灵镇被获评重庆市特色小（城）镇。根据《重庆市人民政府办公厅关于推进特色小（城）镇环境综合整治的实施意见》，从2017年开始，以市级35个特色小（城）镇为主要对象，以城镇建成区为工作重点，深入推进以“两加强三完善”（加强规划引领、加强风貌整治，完善城镇功能、完善园林绿化、完善人居环境）为主要内容的环境综合整治。到2020年，建成一批空间美、街区美、生活美、风景美、生态美的特色小（城）镇，创建30个左右各具特色、富有活力的中国特色小镇，示范带动全市小（城）镇建设与发展，助推全市城乡人居环境改善。万灵镇作为荣昌区首个重庆市特色小（城）镇，不断加快集镇基础设施建设，完善集镇功能，并以特色小（城）镇建设为重点，示范引领其他场镇建设。在“保护好”的前提下，利用“看得见”的资源，让小镇风貌原真性与时代性相协调。年内，对古建筑进行修缮，完成学府路建筑立面风貌整治，实施沿河建筑立面风貌整治。至年末，公园停车场、公园周边建筑暨学府路末段建筑立面改造完工并投入使用，市政公园完成基础设施建设。

（管明娇）

建设管理

【概况】　2017年，区城乡建委贯彻落实《建筑法》《建设工程质量管理条例》等相关法律法规及工程建设强制性标准和要求，加强自身建设，切实提高质量监督管理与服务的工作质量。加强对建筑施工企业建立和落实全员安全生产责任制工作的指导督促和监督检查。开展全区建筑施工安全风险分级管控与隐患“日周月”排查治理双重预防工作机制实施工作。未发生任何质量事故，工程验收合格率达100%。至年末，全区有建筑资质企业175家，其中施工总承包企业59家（一级3家、二级15家、三级41家），专业承包企业73家（一级1家、二级12家、三级9家，不分等级51家），劳务分包企业43家。新办建筑企业资质42家，其中总包11家、专包23家、劳务8家，建筑企业资质增项4家。建筑企业三级升二级1家。全年建筑业实现总产值261亿元，比上年增长25.8%。其中，区内企业产值123

亿元，比上年增长37.5%。审批办理施工许可证87个，总面积143.4万平方米，总造价22.5亿元。完成监督公开招标77项，总造价约8.2亿元。完成新办岗位专业管理人员420余人，继续教育800余人。累计受理拖欠投诉举报130起，涉及工人2500人，涉及农民工工资3300万元，协调解决农民工工资3000余万元，清欠完成比例93%。严格执行《重庆市城乡建设行政处罚裁量基准（试行）》对建设工程参建各方违法违规行为进行处理，共立案42件，下发《行政处罚告知书》42份，《听证告知书》11份，《行政处罚决定书》39份，处罚决定金额46.5万元。

【工程质量】 2017年，在监工程204个，面积约296万平方米，其中房屋建筑178个，市政项目26个，全年新监工程81个，面积约138.5万平方米。工程竣工备案74个项目，面积约132.6万平方米。工程质量验收合格率达100%。

【建筑安全】 全年开展建筑施工安全大排查、大整治、大执法等安全生产检查和专项治理17次。分别是春节后开复工安全生产大检查、“两会”期间专项检查、“建筑起重机械”专项治理检查、吸取“2·19”高坠事故教训安全大检查、深刻吸取江北区“3·28”边坡抢险坍塌事故教训大检查、“两工地”和“四不两直”随机执法专项检查、第五次党代会期间安全大排查、高温汛期安全生产检查、夏季建筑施工消防安全专项检查、吸取大渡口区“6·2”人工挖孔桩中毒窒息事故教训大检查、起重机械专项检查、油漆作业专项治理、十九大期间安全生产大检查、电气火灾专项治理、“两防”专项治理、消防专项治理、“三违”专项治理。下发安全隐患整改通知书385份，局部停工通知书34份，停工通知书106份，发现安全隐患约1900余条。新报监的建筑施工项目81个，纳入标准化考评81个，纳入考评率达100%，建筑施工企业安全生产许可证延期17个，延期前开展企业标准化考评17个，考评率达100%。

【工程档案管理】 全年审核接收上海公馆、康宁广场、东邦城市花园等103个项目工程竣工资料，共计4156卷，签订档案报送责任书46份。查阅工程档案200余个，接待档案查阅200余人次。全面清理2010年以前城建档案21000余卷，启动第一期建设工程档案数字化工作。

【建筑节能】 2017年，全区建筑节能与绿色建筑初步设计审查29个，建筑面积48万平方米，其中绿色建筑9个，建筑面积7万平方米；建筑能效测评98栋，建筑面积92万平方米，查处违规行为6起。兴荣大厦作为既有建筑节能改造示范项目通过市城乡建委专家组验收，中华奥城绿色生态小区通过市城乡建委终评。

【智慧工地建设】 为深入贯彻落实党中央、国务院、市委、市政府关于建筑业信息化发展的部署精神，切实推进信息技术与建筑工程施工现场管理深度融合，有效提升施工现代化管理水平，积极推动建筑施工行业转型升级，进一步促进建筑业持续健康发展，根据市城乡建委《关于印发城乡智慧建设工作方案的通知》等文件要求，开展“智慧”建设工作。第一阶段“智慧工地”建设技术标准，分为门禁刷卡“智慧应用”、扬尘监控“智慧应用”、远程视频监控“智慧应用”、施工升降机“智慧应用”和危大工程“智慧应用”五大技术标准。12月28日，荣府·天一城工程作为智慧工地示范项目通过第一阶段智慧工地验收。

【创新审批工作】 2017年，紧密结合全区“两集中，两到位”行政审批制度改革的要求，“四个审批”不断改进工作方式，进一步优化审批流程、简化办事手续、提高服务效率，用政府权力的“减法”换来市场活力的“加法”。设置服务窗口3+1个（3个前台，1个企业自主填报窗口）。14个行政审批事项压缩为12项，全部进入区行政服务大厅。在重庆市网上办事大厅审批系统统一办理，所有操作都在全市平台操作。由部门之间并联审批，进一步优化到科室间时间并联互动。（管明娇）

房地产开发

【概况】　2017年，全区房地产开发企业有45家，其中一级资质企业1家，二级资质企业6家，暂二资质2家；三级资质企业22家，暂三资质13家；四级资质企业1家。区外入荣开发的企业16家。在建开发项目共46个，在建总面积约220万平方米。新开工69万平方米，比上年下降25%；2017年竣工107万平方米，比上年增加44%；2017年房地产完成投资22.3亿元，比上年增长11.5%。

【房屋预（销）售】　全年批准商品房预售面积为59.6万平方米，比上年增长21%，实现商品房预售面积100.07万平方米，比上年增长37.8%；销售金额40.5亿，比上年增长50.18%。其中住宅为87.87万平方米，比上年增长29.54%，商业用房为12.2万平方米，比上年增长154%，住宅均价为3973元/平方米，商业用房均价为4595元/平方米。

【房地产重点工程建设】　2017年，房地产重点项目7个，总投资任务11.96亿元，实际完成投资12.18亿元。至年末，东邦城市花园完成四、五、六期26万方主体及附属工程；香国城·香国御景28#、30#楼主体完工。4-7#、20#、24#，25#楼竣工；康宁广场完成A、B区商业、住宅以及室外配套及道路设施；金科世界城新开工10万平方米，竣工2.9万平方米；荣府天一城新开工7万方，商业部分完工；三华荣城天街主体完工；成众上品主体完工。

（管明娇）

黄金坡新区开发建设与管理

【概况】　黄金坡新区位于荣昌城区北部，东接成渝铁路，西临濑溪河，南起成渝高速公路，北止成渝客运专线（三路一河），规划总面积6.8平方公里，由新区建设管委会负责开发建设和管理。新区建设管委会将把黄金坡新区打造成为集文化、教育、医疗、购物于一体的“高端、现代、智慧”的宜居区，成为荣昌城市发展主战场和经济社会发展的重要增长极。5月，新区建设管理委员会加挂重庆市荣昌区货运机场建设管理委员会牌子，增加新区建设管委会货运机场建设管理职责，内设综合科、规划建设科、机场管理科。新区建设管委会获评2017年度安全生产工作一类考评单位（先进单位）。

【规划设计】　新区建设管委会努力提升规划水平，增强城市规划的科学性和权威性，在城市规划过程中，考虑长远、适度超前，强化规划的法定性。11月，编制完成《黄金坡新区城市发展战略研究》，明确黄金坡新区的战略定位和功能分区，黄金坡新区总规划用地面积680.84公顷（其中含防护绿地123.69公顷），可出让居住用地面积237.33公顷，可出让商业服务业设施用地面积34.23公顷，绿地与广场用地面积为97.99公顷。12月，荣昌区第十七届人民政府第17次常务会议审议通过《黄金坡新区城市发展战略研究》，并将其成果纳入“荣昌区城乡总体规划维护修编”内容。

【征地拆迁和安置点建设】　2017年，新区完成400余户安置点群众正式用水、用电安装工作。完成林茶线、杜路线、坡许坡杜线3条10千伏高压线路搬迁。妥善处置5户拆迁遗留问题。启动玉带路西段385户群众征地拆迁工作，已拆迁199户。完成中医院扩建工程、玉带河整治工程等13个项目共218.3公顷的土地调规工作。

【工程项目建设】　坚持“基础先行、配套开发”原则，优先建设黄金坡新区范围内的“两横三纵”路网，支次干道根据开发时序适时推进建设，并配套管网等附属设施。完成玉带路、黄金坡城市休闲公园、消防应急救援指挥中心及特勤消防站建设项目、代家坡路、濑溪河路（二期）、黄果坡路（黄金大道至玉带路段）、黄金坡中学的前期工作。续建完成2号安置点小区道路。建成玉带路及玉带路下穿成渝铁路桥梁工程。黄金大道西段和濑溪河路（一期）、马鞍山路正式进场施工。

【安全生产】　8月，成立安全生产大排查大整治大执法工作领导小组，重点对黄金大道西段和濑溪河路（一期）工程、马鞍山路等2个项目关于高边坡、深基坑作业、安全用电、机械持证上岗、警示标识标牌设立、安全“三级”教育、施工机具及施工车辆运输等方面进行检查，共检查各类安全隐患2处，当场整改落实2处，整改率100%。全年共投入安全工作专项资金约36万元，开展安全生产检查93次，参与检查186人次，召开每月安全例会及专项安全生产会22次，排查安全隐患2处，隐患整改2处，整改率100%。

【国企改革】　按照区委、区政府国企改革专题会议及《荣昌区区属国有企业整合重组及分类改革总体方案》，新区建设管委会成为兴荣公司和棠城公司主管部门。制定棠城和新城公司整合重组及分类改革方案并获得区政府批复，全面完成兴荣公司整合重组及分类改革工作。探索对国企的管理模式，逐步提升独立实施融资及公共基础设施建设能力。2017年，融资到位资金约12.21亿元。

（李先进　李黄琼）

环境保护

【概况】　5月，区环保局机关内设科室及所属事业单位机构名称编制进行调整，内设机构保留5科1室，即办公室、行政审批科、环境污染防治科、生态环境保护科、辐射和固体废物科、法制与宣教科，下属事业单位区环境监察大队更名为区环境行政执法支队、区环境监测站更名为区生态环境监测站。12月，环境行政执法支队支队长和生态环境监测站站长任区环保局党组成员。3月15日，区环保局正式实行以市环保局管理为主的双重管理方式，明确上收监察和监测（部分）职能、区环保局领导由市环保局任命等事项，完成荣昌区环保机构监测监察执法垂直管理制度改革。5月10日，区环境保护委员会更名为区生态环境保护委员会。年内，区环保局获评全市环保系统先进集体、区环境行政执法支队获评市环保局2017年环境执法大练兵活动先进集体。

【环境质量】　全年，荣昌区城区空气优良天数254天，其中二氧化硫、二氧化氮、可吸入颗粒物、细颗粒物年均浓度分别为17微克/立方米、23微克/立方米、76微克/立方米、60微克/立方米。高升桥水库取水点水质达标率100%，镇街饮用水源水质达标率均值93.5%。濑溪河荣昌段出境断面高洞电站的水质达标率为54.5%，综合污染指数为1.464。清流河入境断面李家碥水质达标率为91.7%，出境断面大埂水质达标率为100%，综合污染指数为1.49。渔箭河出境断面长岭水质达标率为16.7%，综合污染指数为4.179。马鞍河出境断面天皇水质达标率为33.3%，综合污染指数为4.067。城区区域环境噪声昼间平均等效声级为52.2分贝，城区道路交通噪声平均等效声级为62.7分贝，城区功能区昼间等效声级为52.4分贝、夜间等效声级为41.2分贝。

【污染减排】　严格执行产业准入“负面清单”，落实管理减排，强化20个镇街污水处理厂、板桥园区污水处理厂日常监管，加强永荣矿业有限公司发电厂13~16号机组、建新发电有限责任公司1~2号机组脱硝设施的运维管理，以及重庆渝荣玻璃有限公司脱硫脱硝设施的稳定运行并达标排放。落实工程减排，建成投运城市污水处理厂二期工程，新增污水处理能力2.5万立方米/天，建成投运荣隆工业园区污水处理厂，推进实施荣昌电镀集中加工区（重庆市江特表面处理中心）电镀废水重金属减排工程，完成电镀废水重金属治理减排工程方案的技术评估。实现21个镇街污水处理设施全覆盖，20个镇街污水处理厂日处理能力达22000吨/天。

【生态文明建设】　根据《荣昌区2017年生态文明建设工作任务》《荣昌区2017年生态文明建设重点攻坚任务》，将环保督察整改、环境质量改善、环保重点项目等环境保护目标任务和生态文明建设任务273项分解到相关部门和镇街，年内全面完成。出台《荣昌区环保实绩考核办法》，转发《重庆市党政领导干部生态环境损害责任追究实施细则（试行）》。对照《重庆市贯彻落实中央环境保护督察反馈意见整改方案》，梳理排查出整改措施30项和具体问题55个，制定《荣昌区贯彻落实中央环境保护督察反馈意见整改方案》，完成整改措施23项、具体问题50个，年度销号率达100%。

【“五大”环保行动】 碧水行动。编制《荣昌区碧水行动（2018—2022年）实施方案》《荣昌区畜禽养殖“禁养区”划分》《荣昌区渔箭河水体达标方案》等方案，全面开展水污染防治。年内完成濑溪河流域13个镇街污水处理厂技改，新建镇街二、三级管网55公里，入户管网26公里，新建9个农村居民聚居点生活污水处理站，新建荣隆工业园污水处理厂基本完工，完成荣峰河、池水河城区段黑臭水体整治任务，基本完成高升桥水库良好湖泊生态环境保护项目。印发《荣昌区濑溪河流域综合治理实施方案》，明确全流域14项专项整治内容，1268个重点整治点位，严格实行项目化管理、打表式推进、销号式验收。蓝天行动。强力推进机动车尾气、道路扬尘、燃煤控制等污染整治。全年淘汰黄标车505辆、路检机动车2105台，建设或巩固扬尘控制示范工地10个、扬尘示范道路10条，更新和建设加油站地下油罐、防渗池29个，全面实施辖区38家烧结砖瓦企业分类整治工作，城市建成区无新建20蒸吨及以下燃煤锅炉，基本淘汰10蒸吨及以下燃煤锅炉，治理餐饮油烟11家，巩固已划定的约7.3平方公里高污染燃料禁燃区。绿地行动。编制完成《生态保护红线划定方案》《土壤污染防治工作方案》《土壤污染治理与修复规划》等内容，开展全区土壤污染状况摸底调查，调查企业30家，完成污染地块调查评估3家。田园行动。持续巩固农村环境连片整治工作，不断完善农村环保基础设施，开展农村生活污水、畜禽养殖污染专项整治，严格适养区、禁限养区审批管理。完成禁养区3家畜禽养殖场关闭搬迁工作，折算生猪当量1.964万头。宁静行动。开展夜间施工、中高考期间“绿色护考”噪声专项整治等各类专项行动，新建东邦城市花园等2.0平方公里环境噪声达标区，完成市级安静达标小区和6平方公里区域噪声达标区的复查工作。全年处理噪声污染投诉295件，整治工业噪声污染源3个。

【环境监管】 年内，完善污染物排放许可、环境影响评价、“三同时”管理等制度，强化放辐射和固体废物的监管。认真落实建设项目环评审批与规划环评、现有项目的环境管理、区域环境质量的“三挂钩”。审批环评报告110件、登记表备案1162件、豁免23件、不予环评审批项目6个。10月1日起，实行建设单位自主开展建设项目竣工环境保护验收，至年末，处罚未批先建11件、未验先投18件。荣隆工业园和85家企业编制备案突发环境事件应急预案。全年处理“12369”环保举报投诉和网络投诉1023件，处理率100%，结案率100%。

【环境执法】 年内，开展“利剑执法”交叉检查专项行动、“两会一节”等近20项环保专项执法，纠正各类环境违法行为200余起。实施按日计罚1件、停产整治1件、查封扣押3件。严格实施环境行政执法与刑事司法联动，严肃查处各类环境违法犯罪行为，全年共立案查处环境违法案件82件，实施移交江津法院强制执行案件11件，罚款331.548万元。

【环境宣传教育】 利用荣昌电视台、《荣昌报》等主流媒体和环保网站、“双微”等新媒体进行宣传引导；组织开展“绿水青山就是金山银山”“6・5”环境日、环保科普进社区、生态文明知识竞赛等系列宣传活动，组织开展了第三届“环保公众开放周”活动，邀请全区两代表一委员、环保志愿者等287名代表参观荣峰河综合整治工程和空气自动监测站等项目，主动接受代表监督。辖区内生态文明建设和环保“十进”宣传覆盖率达到100%。在全区小学5~6年级开展“生命之水”环保科普教育课，2700余人次参与体验环保实验课。举办荣昌区学习贯彻十九大精神生态环保专题宣讲培训1期、环保法律法规专题培训班2期，组织环保周末讲堂9期。年内，成功创建市级绿色学校1个，获得市级绿色园丁称号1个、绿色使者2个。

（彭　佳）

公用事业

【概况】 2017年，全区继续推进以供水、供电、供气、污水处理等为重点的基础设施建设。国网重庆永川供电公司在荣昌区投资9200万元对城农网进行升级改造和电力基础设施建设，完成31项农网升级改造工程，治理110处低电压台区，建成投运环保产业园、眼镜产业园、万灵镇等3座10千伏开闭所，改造完成广顺天常村、昌元街道螺罐村、清江镇河中村等3个中心村电力设施。市电力公司投资专项资金8000万元进行全区电力基础设施建设，启动广富工业区110千伏输变电站建设工程。年内采取办理企业变压器暂停、减容、减免临时接电费（施工保证金）、减免城市公用附加费、大用户直购等措施，减少工业企业用电成本2287万元，有24户工业企业用电大户获直接交易资格。建成页岩气井2口，新增天然气管道59.8公里，其中长输天然气管道17.8公里、城镇燃气管道41.8公里，全区天然气实现村村通。建成荣吴L-CNG加气站1座。

【供水】 荣昌区城区由重庆渝荣水务公司供水，已建成北门和黄金坡水厂2个，日供水能力达到10万立方米。2017年完成供水量1829万立方米，日最高供水量为9万立方米，供水水质综合合格率达100%，水费回收率99%，自来水漏耗率为10.25%。年内大力开展水务基础设施建设，推进南部新区、旧城区老管网改造，启动北门水厂反冲洗排泥水处理项目建设，推进黄金坡组团供水管网工程，完成成渝铁路下穿箱涵供水管道项目、沙堡应急水源工程管网施工项目。全年完成8个小区7573套房屋供水管道及一户一表的勘察设计、安装和供水工作。

【供电】 区内供电除安富街道、广顺街道部分地区由重庆永荣矿业公司发电厂转供电外，其余均由国家电网重庆永川供电公司供电。至年末，全区境内有220千伏变电站1座、总容量36万千伏安，110千伏变电站5座、总容量45.2万千伏安，35千伏变电站7座、总容量11.49万千伏安。区供电分公司管辖10千伏配网线路111条2265.68公里，其中城网线路53条240.2公里、农网线路58条2015.48公里，0.4千伏及以下低压线路11723.95公里；管辖变压器3790台、变电容量91.24万千伏安，其中城网914台、变电容量51.58千伏安，农网2876台、变电容量39.66万千伏安。2017年，全区最大负荷30.65万千瓦，比上年增长14.07%，占可供电力负荷的67.8%，总体电力充足。年内，全区全社会用电量10.21亿千瓦时，比上年增加1.11亿千瓦时，增速12.22%。其中，居民用电量3.6712亿千瓦时，比上年增加2984.31万千瓦时，增速8.85%，占总用电量比重为35.96%；商业用电量1.0697亿千瓦时，同比增加950.97万千瓦时，增长率为9.76%；工业用电量完成4.74亿千瓦时，同比增加6131.6万千瓦时，增速为14.84%，占总用电量的比重为46.47%。

【供气】 至年末，全区有终端城镇天然气经营企业6家、CNG加气站2座、L-CNG加气站2座（其中1座建成未投运）。有用户天然气用户163849户，比上年增加4929户。全区供气量1.546亿立方米、比上年增长50.69%，其中民商（集体）用气8968.74万立方米、增长30.17%，CNG用气297.36万立方米（不含中石化永川销售分公司槽车运气）、增长26.74%，工业用气6100.12万立方米、增长27.49%。储气能力10.29万立方米，增长7.89万立方米储气量。年内，中石化西南油气分公司在荣昌正式开展页岩气钻井开发工作，其有矿权面积约46.2平方千米，探明页岩气储量582亿立方米。中国石油天然气股份公司西南油气田分公司和英国碧辟勘探中国有限公司合作，在荣昌成立中国石油天然气股份有限公司西南荣昌北页岩气作业分公司。

【荣昌获批国家小康电示范县】 8月1日，荣昌区成功获批2017年度国家小康电示范县，成为全市三个获批小康电示范县工程建设区县之一。区小康电示范县工程建设，由国网重庆永川供电公司作为项目业主，负责整个工程的实施，总投资8003万元，项目分个4批次共70个项目，覆盖昌元街道、昌州街道、广顺街道、安富街道、双河街道、仁义镇、荣隆镇、河包镇、古昌镇、龙集镇、盘龙镇、清流镇、吴家镇、清升镇、远觉镇等15个镇街，将新建 10千伏线路73.37公里，其中电缆线路26.48公里，新建10千伏电缆沟2.25公里，新建0.4千伏线路245.66公里；新装配变81台，容量9760千伏安，新装10千伏环网柜12台。全部工程完工后，全区供电可靠率将提升至99.8%，电力用户平均停电时间将降低至8.1小时/年，综合电压合格率将提升至99.72%，智能电表覆盖率将达到100%。

【首个L-CNG加气站投入使用】 10月1日，荣昌区首个L-CNG加气站——迎宾L-CNG加气站投入使用，荣昌结束不能加LNG新能源车的历史。因荣昌区处于中石油蜀南气矿供气管道末端，现有的两座CNG加气站气源不稳定，且主要布局在老成渝线上（即城区的城东或城西），每到冬季加气就十分困难，常常出现公交车、出租车等长时间等候加气现象，影响群众顺利出行。迎宾L-CNG加气站位于北部新区荣昌大道中段紧邻高速公路，由重庆市荣昌区迎宾石油化工有限公司作为业主建设，总投资约3000万元，占地4613平方米，日加气能力2万立方米，内设60立方米卧式LNG低温储罐，有6台加气机24把加气枪可供使用，全天24小时营业，可为汽车加注LNG和CNG。（周继进）

城市管理

【概况】 为推进城市执法体制改革，改进城市管理工作，按照《中共重庆市委 重庆市人民政府关于深入推进城市执法体制改革改进城市管理工作的实施意见》《中共重庆市荣昌区委 重庆市荣昌区人民政府关于深入推进城市执法体制改革改进城市管理工作的实施意见》精神，10月27日，原重庆市荣昌区市政园林管理局更名为重庆市荣昌区城市管理局（简称区城管局），加挂重庆市荣昌区城市管理综合行政执法局（简称区城管执法局）牌子，为区政府工作部门。主要职能是主管全区市政基础设施维护管理、城市给排水监督管理、园林绿化管理、环境卫生管理、城市市容环境综合整治、受区政府委托对城市管理进行综合执法。2017年，荣昌城市管理工作坚持以人民群众最关心最直接最现实的问题为突破口，强化基础设施建设，依托数字化城市管理技术力量为支撑，以条块融合的网格化管理为载体，整合城市管理资源，下沉管理重心，同时调动社会力量，发动市民共同参与城市管理，形成提升城市品质合力，以全面提高城市管理水平和工作质量，打造路平、灯亮、街净、植绿、有序的良好城市环境。

【市政基础设施】 2017年，城区有市政道路455万平方米，其中车行道272.5万平方米、人行道182.5万平方米。城区已建成管网477.6公里，其中雨水管网191.6公里、污水管网230公里、雨污合流管网56公里。有停车场5个，临时占道停车位7281个，收费停车位3309个。安全管理桥梁32座，已安装车行道隔离栏1.7公里、人行道护栏12.1公里。年内维修人行道34941平方米，疏通下水管道2850米，更换水篦子1571个、井盖844个，城区市政设施完好率达98%以上。启动池水河污水管网改造工程，维修改造老城区排水管网3.8公里，安装检查井防坠网1080套，改造加固公厕4座。完成十字路口改造6处，安装人行道护栏11000米，施划交通标线2000余平方米，安装交通标牌35套。启动临时停车收费管理，新增停车位955个，安装智能计时停车收费系统3套。城区拥有公用照明和各类景观灯共19844盏，其中便民灯2160盏，公共照明亮灯率达到98%，完好率达到96%。为打造绿色环保、清洁能源的照明环境，改造LED节能灯316盏，完成老城区LED节能改造工作。全年维修路灯1591盏，更换护导线15300余米，维修更换电缆6234米，排除安全隐患580处，保持路灯设施完好率达到96%以上，道路亮灯率达到98%以上。丰富城区夜间照明，新增荣昌八景夜景灯饰、上海公馆楼房灯饰、西城天街景观照明、红星美凯龙楼房灯饰等项目。继续消灭照明盲区，改造背街小巷、老旧社区线路3360米，改造马路弯灯292套，新建路灯25盏，在城区所有安置房小区、背街小巷等区域安装便民报修信息牌140块，方便市民报修，并做到及时维修。设立督查小组2个，负责白天、夜间照明设施巡查，及时发现设施故障。划分维修小组3个，分片区管理，白天开展线路维修，晚上开展路灯维修，做到24小时保障照明设施安全。12月29日，荣昌区城市生活垃圾处理场渗滤液处理项目开工建设。

【城镇管理】 加强日常清扫保洁，实行主、次道路每天早上7点前完成普扫，早上7时至晚上10时实行错时保洁，城区主、次干道清扫保洁时间不低于15小时。主干道每天冲洗1次，洒水4次，高空降尘4次。强化道路扬尘治理，围绕“大气污染防治”“水污染防治”“城市黑臭水体综合整治”和“生态文明建设”等生态环保开展工作，调整优化洒水降尘路线和作业班次，增加洒水频次、扩大作业覆盖面，提高治理扬尘效率。每天出动高空降尘车1台、洒水车14台、清扫车8台，小型冲洗车3台，不定时对城区主次干道、背街小巷、工地周边等，实施高压降尘、道路冲洗作业，降低道路扬尘污染，全年用水量将达30万吨以上。开展以老旧居民小区、农民安置房、城乡接合部等“三无小区”生活垃圾为整治重点的卫生死角专项治理工作，减少道路环境污染。全年出动人员9707人次，清理“三无小区”360个/次，清理垃圾1263吨。加强池水河、荣峰河、濑溪河（城区段）水域清漂，出动人员220多人次突击清理水生莲白，共打捞水生莲白20多吨，确保河流水面无浮萍、水藻聚集等现象。集中力量开展露天焚烧、香肠腊肉熏制专项整治，在城区设置10个腊制品环保熏制点，杜绝露天随意熏制行为，改善城区空气质量。落实河长制牵头部门责任，制定池水河黑臭水体治理方案，排查并及时抢修濑溪河、池水河、荣峰河管网破损及污水渗漏点近30处。督促佳丽妇产医院、仁爱医院、道格汽车便利店3家单位完成污水治理设施整治工作。

【城管执法】 2017年，区城管局办理各种行政审批1359件，清理规范行政权力清单100余项。检查市政园林行业生产经营企业140家次，处罚案件15起，罚款金额13300元。开展城区违规占道经营专项治理，联合区交巡警、区交委等部门组成两组综合执法小组，采取错时执法，加大对城区违规占道经营的巡查力度。全年对城区流动摊贩共下发限改文书90份、限处文书3份、罚款200元，对城区门店（骑门摊）下发限改173份、限处文书9份、处罚金额1950元。加强城区占道经营食品及餐厨垃圾收运管理，对全区276家占道经营食品摊贩建立基础台账，引导城区餐饮服务单位自觉将每日产生的餐厨废弃物进入集中收集处置体系，对食品占道经营集中摊区进行规范管理，严格按照市政管理规定面积占道，统一设置防污垫、垃圾收集容器等，保证市容环境卫生整洁有序。加强校园周边环境综合整治，对城区12所学校开展校园周边环境综合整治，共张贴、发放宣传资料800余份，清理学校周边流动摊点70余个，规范乱停放车辆200余辆，规范骑门摊280余户。加强城区户外广告的日常监管，全年共拆除各类户外广告260处，条幅1500余平方米。联合开展城区交通综合治理，联合区公安局交巡警开展综合执法行动，对占用公共停车资源的“僵尸车”进行集中清理，共拖移僵尸车57辆。联合区公安局、区交委开展综合执法，及时发现并查处区域乱停乱放、非法营运和占道经营等违法行为，对城区投诉不断的水口寺、学院路、金科占道市场进行重点整治及日常巡逻管控。为加强人行道停车秩序管理，全年规范车辆乱停乱放行为2000余起，依法查处在人行道乱停放的车辆135辆。加强露天焚烧整治，联合区环保局、区农委开展露天焚烧专项整治行动，严厉查处违法违规的露天焚烧行为，全年共查处城乡接合部露天焚烧树叶枯草95起。加强露天烧烤整治，全年对违规占道经营烧烤下达限期改正通知书58份，限期接受处理通知书9份，罚款2000元。

【城市绿化】 2017年，荣昌建成区有公园7个，园林绿地总面积1228公顷，绿化覆盖率43.70%，管护绿化面积约170万平方米。市街绿化管护，全年更换市街草花等170万盆，在北站周边荒地、荣峰河绿地、荣河世家绿地、北环二路绿地、城区其他零星空地播种10余种草花约40671平方米，通过11月份秋季苗木补植增添各类苗木35个品种，约23万余株，逐步提升市街绿化景观品质。城区绿化日常养护，强化园林绿化工人季节性、阶段性技术培训和指导，提升工人整体养护水平，减少因工人养护水平参差不齐造成的整体绿化效果欠佳的缺陷。全年城区修剪绿篱6次，草坪约300万平方米，城区内绿化乔、灌木修枝整形约842960平方米；全年施肥约80吨，开展6次病虫防治次。全年培育佛顶珠、木槿、十大功劳、毛叶丁香等10余种苗木约13000株，加强苗圃管理，确定专人维护。在荣峰河周边绿地及新区政府周边绿地、昌州故里增植贴梗海棠、杜鹃海棠、垂丝海棠、西府海棠3190株。新区政府周边绿地增植芙蓉855株、紫薇30丛、木槿8400株。实施城区部分城市公园、景观大道和节点绿化升级改造工程，增植黄葛树、红叶杨等乡土树木以及木芙蓉、紫薇、木槿等开花树木1万余株。各节点改造后，城市绿化色彩感观更明显，更有层次感和季相变化。启动何家坡公园（海棠展示园）建设，分为知苑、识苑、品苑三个区域，打造一座集海棠历史文化、海棠品种、海棠造型等为一体的海棠大观园。

【数字化城管】　2017年，完成数字化城管系统建设并升级到4.0，实施资源共享，接入公安视频300余路，完成接入荣昌八景视频。推广信息化技术在智慧城管中的应用，建成城市照明信息化系统、城市园林绿化数字化管理信息系统，城区雨污水管网系统GIS覆盖452公里，城市照明覆盖率100%，完成安装作业车辆GPS定位20台。在城市管理中充分应用APP、微信、论坛、邮箱等多种信息渠道搜集城市管理问题。至年末，数字化城管系统有效案件19142件，结案16615件，结案率86.8%。接收12319及网络舆情转办案件231件，办结231件。

【城市管理街长制】　2017年，区城市管理探索推行街长制，提升精细化管理水平。全区设总街长1名、片区街长2名、路段街长111名。路段街长111名中，其中昌元72名、昌州39名，确保城区管理全覆盖无盲区。把17个城市管理职能部门纳入街长制管理体系，形成管理合力。年内，召开荣昌区城市工作暨街长制工作会议，启动城市管理街长制工作；开展街长培训工作会，提高街长素质。将城市管理工作人员全部分配到每个路段街长管理范围内，接受街长监督管理。细化片区街长检查考核评分标准，制作街长公示牌120余块，印发《荣昌区“我是志愿街长”城市管理文明行动工作方案》。至年末，通过路段街长协调解决各类城市管理问题200余件。

【区农村生活垃圾收运系统建设】　2017年，区财政投入1150万元推进农村生活垃圾收运系统建设。8月，购置垃圾箱2892个、垃圾桶4093个。区财政投入1126万元用于保证农村垃圾治理运行经费，落实专兼职管理人员79人，保洁、清运人员1230人，从人员、资金、体制上确保村村有收集点和清扫保洁队伍，让农村生活垃圾“收得起来、运得出去、处理得掉”。至年末，农村生活垃圾有效治理行政村比例为96.7%，覆盖行政村人口比例97.7%。

（蒋朝平）

交通　邮电

交　通

【概况】　2017年，区交委机关有行政编制12名、实有11人，有内设机构7个，下属区道路运输管理所、区公路局、区公路路政管理大队、区公路工程质量监督站、区港航管理处、区交通运行监测与应急调度中心6个事业单位。至年末，全区交通建设完成总投资16.3亿元。继续推进潼荣高速公路建设，改造国省县道51公里，建设农村公路212公里，农村公路安防工程100公里。做好G348峰高至四川界一期工程、大（足）内（江）高速公路、成渝高速扩能（永川至荣昌段）等重大项目前期工作。至年末，全区公路总里程2360.667公里。按行政等级划分，国道（高速公路）63.436公里，省道209.182公里，县道136.588公里，乡道295.921公里，专用公路10.755公里，村道1644.785公里。按技术等级分，高速公路29.8公里，一级公路25.004公里，二级公路191.904公里，三级公路79.35公里，四级公路1943.009公里，等外公路91.6公里。区内有G85渝昆高速公路过镜，设有荣昌东、荣昌、荣昌西、渝荣4个出口；有G348武汉—大理国道1条；有S209荣江路（荣昌—江津）、S302铜荣路（铜梁—荣昌）、S303铜昌路（铜梁—荣昌）、S446丁吴路（璧山—荣昌）、S448龙荣路（大足—荣昌）省道5条，分别通往江津、永川、大足、铜梁、璧山、隆昌、泸县和内江等；有县乡公路53条。年内，区交委获2017年度全市交通安全工作目标考评先进单位、重庆市2017年度公路工作先进单位。

【公路建设】　年内，区内重点工程项目S448仁义至川渝界升级改造工程、S446仁义至大足界升级改造工程、G348荣昌广顺至安富段道路改建工程、荣昌区清古路（含双千路和清远路路肩工程）改造工程相继完工通车。其中，S448仁义至川渝界升级改造工程全长约17.26公里，设计为二级公路，双向两车道；S446仁义至大足界升级改造工程全长约16公里，设计为二级公路，双向两车道；G348荣昌广顺至安富段道路改建工程全长约2.4公里，设计为一级公路，双向4车道；荣昌区清古路（含双千路和清远路路肩工程）改造工程全长约4.6公里，三级公路，设计为双向两车道。万灵古镇景区连接线工程全年完成总工程量的75%，该项目全长约10公里，总投资约1亿元。2017年，区农村公路建设项目实行分片联系制度，确定联系领导和科室，采取上门服务的方式，解决项目实施中的疑难问题，共同推进项目实施进度。至年末，完成农村公路建设212公里，实现乡镇公路通畅率100%，行政村公路通达率100%，行政村通畅率100%的公路建设目标。实施农村公路安保工程道路里程255.717公里，设置各类标志标牌1304块，安装护栏62796米。其中，实施省道S446、S209波形护栏6880米、标志标牌38块。

【交通运输】　2017年，全区完成公路客运量4361万人、比上年增长22.9%，客运周转量197613万人公里、比上年增长11.6%。完成货运量803万吨、比上年增长5.8%，货运周转量79792万吨公里、比上年增长13.5%。至年末，全区有农村客运汽车站16个，其中二级站3个、四级站5个、简易站8个；农村客运招呼站（点）242个。镇街通畅率达到100%，行政村通畅率100%，撤并行政村通达率100%。全区有城市公交车103辆、出租车220辆、客运车辆491辆（座位14791座）。有客运企业8家，其中公交企业2家、长途客运企业3家、出租客运企业3家。有客运线路136条，其中省际班线24条、市内跨区县25条、区内87条；有公交线路15条。发放城市公交IC卡29447张。年内，全区新增货运车辆966辆。至年末，有货运车辆7541辆，道路货物运输业户（企业）4391户（家），其中个体运输业户4118户。推进货运车辆技术管理和卫星动态监管，全区安装卫星定位装置的货运车辆1425辆。推进货运车辆节能减排工作，全年清理黄标车258辆。至年末，全区有机动车维修企业523家，其中一类企业2家、二类企业41家、三类企业362家、摩托维修企业118家。全年完成17835台次客（货）运车辆二级维护和汽车综合性能检测的检查、登记、录入和车辆类型等级评定（复评）工作。全区有驾校8家，有教练车420辆，教练员513人，参加道路运输从业资格培训（含继续教育）1753人，各驾校招收学员13668人，结业13267人。

【交通管理】　2017年，区交委配合区公安交通部门开展交通秩序综合整治行动，向社会发送打非手机宣传短信10万余条，查处各类非法营运车辆49辆。对辖区220辆巡游出租汽车经营权有偿使用退费717.3万元。推进货运车辆技术管理和卫星动态监管，货运车辆安装卫星定位装置1328辆。规范公路搭接边界开挖等路政许可行为，整治公路用地、公路建筑控制区内的违章设施，清理非公路标志标牌广告，排除存在的安全隐患。完善治超系统联网管理，强化路面执法力度，加大对货物运输车辆非法超限、车辆绕行、逃避超限检测等行为的检查力度，依法查处超限车辆。全年出动执法车辆1567台次，查处损坏公路路产案77件；检查车辆超限超载410570台次，其中查处超限车辆465台次、超限率为0.11%。荣昌道路养护管理由专业养护机构、社会承包单位及公路站养护等多方面参与的管理体制，全区国省县道公路公司化养护率94%以上，农村公路公司化养护率76%以上。督促万灵山游船公司落实安全管理责任，建立安全生产规章制度，健全安全管理机构，配备海务、机务专职管理人员等。加强船舶安全监管执法，治理隐患8起。加强交通安全管理，对行业重点企业、场所进行全面、细致排查，排查场所162家次，查出一般隐患210起，行政处罚30余万元。自查自纠问题8项，落实整改措施17条。至年末，全区水上交通26年无安全事故、陆上交通17年无较大安全事故。开展公路质量提升年活动，对交通重点工程、农村公路通畅工程项目的工程质量进行抽检和旁站，监督范围内建设工程质量逐步提高。全年对在建项目安全检查出动车辆106台次，巡查人员219人次，发现安全隐患24次，下达质量整改意见51份。办理6件行政处罚案件，其中简易程序2件、一般程序4件，罚款47933元。

【潼荣高速公路】　潼南—荣昌高速公路，简称潼荣高速，是重庆市高速公路规划“三环十二射七联线”中的第七联线。起于重庆市潼南区北面川渝界的楠木湾，止于荣昌区清江镇梧桐寺，与四川段相接。潼荣高速公路全长138.481公里，全线设置互通式立交12处，服务区3处，停车区1处，桥梁60座，隧道5座。荣昌区内设置仁义、开元和广富互通式立交3处，荣昌广富服务区1处，曾家山隧道1处，桥梁11座。项目于2016年7月经重庆市发改委渝发改交〔2016〕937号批准建设，总投资110.29亿元，设计时速100公里/小时，路基宽26米。采用双向四车道高速公路标准建设，于2016年年底开工建设，计划2019年底建成通车。潼荣高速公路是重庆首个全国绿色公路建设典型示范工程项目，是四川广安经重庆潼南、大足、荣昌，到四川泸州的8515国家高速公路。建成通车后，将完善西部交通网络，对地区开放合作具有重要意义。荣昌境内途经河包镇、仁义镇、荣隆镇、昌元街道、广顺街道、安富街道、清升镇、清江镇8个镇街，全长36.278公里，总投资28亿元。年内，签署房屋拆迁协议525户、拆除房屋510户；完成土地补偿、青苗附着物等补偿；提供用地226.67公顷、占总用地面积的95%以上，提供临时用地25宗、面积29.33公顷；签署低（高）压线路、通信线缆、天然气管线等搬迁补偿协议，其中长途通信线缆、众友燃气完成搬迁。全年完成投资12亿元。（康小凤）

邮 政

【概况】 中国邮政集团公司重庆市荣昌区分公司（以下简称中邮荣昌分公司）位于昌州街道昌州大道东段70号。年内，按照市分公司和片区分公司的统一部署进行机构编制调整，内设机构由“三部一室”调整为“四部一室”，即综合办公室、市场营销部、渠道平台部、金融业务部、集邮与文化传媒部，下辖包裹快递中心、机要室、生产驾驶班、库管班、内部处理班、投递部、武装押运保安班和后勤班8个班组，调整后机关人员平均年龄由37岁下降到35岁。有服务网点33个，其中金融网点31个。邮政车辆26辆，邮运线路3条，邮路总长度411公里。投递段道87个，其中城区投递段道19个。新增ATM/CRS/存折取款机10台，累计达到52台。新增人工自提点11个，累计达到55个。建成乡镇服务中心2个，村级服务站156个，开通邮掌柜156个。新增智能包裹柜13台，累计达到39台。全年实现业务总收入10313.5万元、比上年增加18.61%，其中代理金融类业务8276.7万元、增加14.72%，邮务类业务1967.5万元、增加35.79%。全年新增储蓄余额6.45亿元，至年末储蓄余额达47.98亿元，新增余额市场占有率25.59%，同比提升0.98个百分点。年初，在峰高中心小学建立的“少年邮局”被中央文明办收录在《全国乡村学校少年宫建设指导手册》中，并在全国推广。建成吴家、古昌等职工小家14个，累计达到19个。6月，各支局开展关爱留守儿童慰问活动8次、慰问儿童300余名；开展留守儿童“给父母的一封信”活动；在支局创新建立爱心家园——亲情聊天室，为留守儿童提供视频聊天工具和场所，给外出务工人员与家人建立一条“面对面”的联络线。年内，建设覆盖40余个中高档小区的阅报栏50个，推进《荣昌日报》进小区。开展“博览伴我行 书香溢棠城”全民阅读图书巡展活动，实现报刊收入33.5万元。开展纪念重庆直辖二十周年营销活动，实现业务收入21.9万元。（安 静）

电 信

【概况】 2017年，荣昌电信坚持党建统领，加快规模发展，深化改革创新，实现收入份额稳中有升、五大生态初具规模、业务结构持续优化、市场改革走向纵深、运营能力不断增强、团队打造更具活力。至年末，分公司有从业人员120人，平均年龄38 岁，其中男性 74人、女性 46人。下设5个职能个部门、下辖15个支局、服务网点101个。全年分公司主营业务收入完成10207万元，比上年增长12.24%。全区建有电信基站253个，光端口19.2万个，用户32.68万户。荣昌实现光网全覆盖，100M光宽带能力全覆盖。5月，在中华奥城小区推出1000M速率的智慧光纤宽带和全面升级后的智慧家庭服务，这是荣昌率先在全市区县中建成“1000M光纤宽带示范小区”。建成4G网络（800M频段）站245个，其中城区站104个、农村141个，4G流量占比达到93.92%。年内，荣昌电信带宽单价下降85%，流量单价下降67%。投资上亿资金打造智能化高速网络，全面取消手机国内长途和漫游费，降低中小企业互联网专线接入资费，推出量身定制、价格更优惠的商务专线，降低国际及港澳台长途通话资费。

【企业改革】 2017年，响应国家“大众创业、万众创新”号召，分公司对末梢服务划小承包，为员工创业、与企业共创价值搭建平台，全年荣昌电信解除25名合同制员工劳动合同，成立15个社会公司（或个体工商户）承包支局。推进民资引入建设光网，在网络覆盖薄弱的偏远乡村，与民资开展合作，双方风险共担、利益共享，全年引入民资2500万元，带动46个社会创业经营体，开展合作项目67个。推进三网融合，加快信息化产业发展，将用户的高清电视应用与光纤宽带上网相结合，电信电视引入党建平台，在视频应用方面发布“渝眼手机电视”产品，实现4G手机和IPTV双屏互动。

【高翔创新工作室】 高翔创新工作室2016年成立，2017年有团队成员6名，其中党员3人，研究生1人，市公司C、D级人才3人，平均年龄36岁。高翔创新工作室秉承“小善常为、点滴创新、服务企业、助推发展”的理念，用“七有”（有劳模、高技能人才领衔，有创新团队，有活动场地，有设备设施，要有工作制度，有经费保证，有创新成果）引领规范运作，重点聚焦五小“微创新”领域，大力开展“五升一降”（提升收入、提升效益、提升质量、提升效率、提升技能和降低成本）岗位创新。工作室自成立以来，提出岗位创新成果20项、金点子20条，解决疑难20多项，创经济效益120万余元。其中高翔主创的“自动装维化装维酬金分析核算模板”项目，获重庆公司2017年度技能类金奖；成员刘盛强主创的“建立基站资料库解决铁塔结算难题”获重庆公司2017年度最佳推广价值创新成果奖和基础管理类银奖，并在全市各分公司推广应用。2017年被市电信公司评为十大创新工作室，高翔被评为年度十大创新人物及2017年度岗位创新能手。

【电信普遍服务试点项目通过国家验收】 9月12日，工信部、财政部等部门组成的检查组到清流镇马草村检查验收电信普遍服务试点项目开展情况并顺利通过验收。检查组通过听取汇报、体验“渝眼”视频通话，实地检测100M光纤网速，对电信普遍服务试点项目做出高度评价，指出中国电信荣昌分公司承接的普遍服务项目推进快、效率高、效果好，是政府托付的放心工程、群众满意的惠民工程、内部管理的标杆工程。电信普遍服务试点项目是分公司在2015年11月启动，对河包镇核桃村、盘龙镇永陵村、清流镇马草村、古昌镇玉带村、观胜镇云峰村等15个偏远乡村进行村内线路升级改造，利用光纤到户技术，实现端到端的宽带接入。项目总投资567.38万元，布放光缆588.34公里，新建一级分纤箱121个、末级分纤箱862个，建设5735个端口，覆盖用户7689户。该项目的实施，实现了偏远乡村的村民用上100M光纤宽带、高清电信电视和全网通手机。

【分公司党建被市公司评为2017年年度十大创新项目】 2017年，分公司通过“六个融合”（党建工作与生产经营融合、党建工作与创业创新融合、党建工作与客户服务融合、党建工作与基础管理融合、党建工作与作风建设融合、党建工作与群团工作融合）工作法，构建“党委带动、支部推动、党员促动、党群互动”的党建工作模式，同时以“党建联盟”为创新载体，构建跨界融合大党建工作模式。至年末，分公司与近20家党政部门、镇街和企事业单位建立党建联盟战略合作关系。通过“组织结对、服务结对、文化结对”的形式，合作打造党建工作品牌，开创资源共享、优势互补、协调发展的生动局面。分公司党建工作得到区委组织部高度评价，11月，荣昌区国有企业党建工作现场交流会在中国电信荣昌分公司召开，区委组织部、区财政局、区经济信息委、区高新区管委会和国有企业负责人参加会议，区委常委、区委组织部部长王忠荣出席并讲话。分公司党建工作被重庆市电信公司评为2017年年度十大创新项目。（钟　娟）

移动通信

【概况】 中国移动荣昌分公司（简称荣昌移动）位于荣昌区昌州街道棠香南路66号，经营范围包括移动语音、集团信息化业务、数据、多媒体业务以及基于高速4G网络和高速光纤网的各类增值业务和数字化信息解决方案，具有大数据应用、数字化业务平台、物联网技术、云服务等产品研发和应用能力。2017年，分公司有员工108人，平均年龄35岁，大专及以上学历94.54%。内设销售部、集团客户部、建维部、综合部/党群纪检部、品质管理中心5个部门1个中心，下设城区、广顺、仁义、吴家4个营销中心。2017年，为满足不同层次客户的多样化需求，荣长移动以“大连接”战略为指引，以客户需求为导向，全面构建4G领先优势，不断加强4G建设和5G能力储备，提升信息化服务水平，推动互联网、大数据、数字化业务与实体经济融合，服务荣昌经济社会发展，助力实施乡村振兴战略和智慧城市建设。至年末，全区有移动用户40多万户，其中4G用户22万余户，家庭宽带用户5万余户，集团客户近6万户，累计通信服务收入超2亿元。新建4G宏站115个、室分200个，至年末，有4G基站1200余个，实现城区全覆盖、乡镇主场镇、高速、高铁、行政村区域全覆盖，全网覆盖率达到94%。响应国家提速降费号召，推出个人全国流量不限量套餐等多种流量资费，实现流量综合资费同比下降70%以上，下调企业专线价格50%。完成电子政务内网和互联网专线扩容、数字城管扩容、旅游大数据项目和背街小巷二期建设等信息化项目，引进乡村振兴综合管理平台。8月，荣昌移动获评荣昌区通信建设先进单位。（周峰宇）

联通通信

【概况】 2017年，中国联合网络通信有限公司荣昌区分公司（简称荣昌联通）有员工50余人，下设政企客户营销服务中心、城区营销服务中心、乡镇营销服务中心、销售服务支撑中心、建设维护中心5个中心1个综合部，自有营业厅3个，合作营业厅57个，代理点97 个。年内，新增联通移动用户3.26万户、固定电话网络（简称固网）用户0.55万户，至年末，有联通移动用户8.51万户、固网用户1.34万户，全年实现总收入4572万元、比上年增长0.1%。全年新建4G基站55个，累计4G基站395个，峰值速率150M；建设4G系统室分16个，累计4G系统站点136个，峰值速率达到150M；城区有光纤入户端口3.45万个，实现城区全光网络。11月，荣昌联通根据《重庆联通划小承包经营管理办法（试行稿）》，城区营销服务中心、乡镇营销服务中心开展内部承包经营，公开竞聘承包单元CEO及双向选择承包单元员工。年内，荣昌联通全面实施提速降费政策，率先推出无限流量产品，以移动网络、宽带及创新业务带动全业务发展。全年处理投诉工单3600张，其中2G1897张、3G4张、4G1223张、固网476张。（尹晓敏）

农业

综述

2017年，荣昌区坚持以“农业供给侧结构性改革”为主线，以优化供给、提质增效、农民增收为目标，积极稳妥推进农村集体产权制度改革、农业项目财政补助资金股权化改革、引导探索壮大农村集体经济、培育新型农业经营主体，着力培育新功能、打造新业态、扶持新主体、拓宽新渠道，加快推进农业转型升级，实现农村经济社会稳中向好发展。2017年年末，全区实有耕地5.9万公顷，家庭承包经营耕地5.69万公顷，土地流转率达56.6%，适度规模经营度达53.1%，农业总产值达73.60亿元，农业增加值51.68亿元，畜牧产业集群规模达136亿元，农村居民人均可支配收入达15686元。11月，在江苏苏州召开首届全国新农民新技术创业创新博览会上，荣昌区通安益农信息社、荣昌区新民益农信息社、荣昌区舌之恋果蔬股份合作社益农信息社入选全国益农信息社百佳案例，重庆农信生猪交易有限公司被农业部认定为2017年度全国农业农村信息化示范基地，荣昌生猪活体网市大数据实践案例被评为全国38个农业农村大数据实践案例之一。年内，荣昌产业融合发展示范园入选国家首批创建名单，荣昌农村便道工程获评中国十大民生决策奖。

深入推进农业农村改革。围绕“三权分置”、扶持村集体经济发展等试点，探索体制机制创新，激活农村产权要素。完成1个整村和8个组的农村集体资产量化确权改革，量化资产553.5万元。在清江镇竹林村等镇村开展“三权分置”试点，为新型经营主体颁发土地经营权证26.67公顷。在15个村（社区）实施“扶持村级集体经济发展”试点，实现试点村集体增收50万元。改革财政支农方式，完成涉农资金股权化改革3210万元。推进农村金融保险创新，“助农贷”“险资直投”累计发放贷款9520万元。全年实现农业保费总额3000万元，提供风险保障6.2亿元。

全力创建农牧高新区。2017年全区全力创建全国首个农牧特色国家高新区，力争成为西部地区乃至全国农牧创新高地。推进国家生猪市场建设，全年交易额突破370亿元，占全国生猪年流通量的8%，荣获“全国百家百亿市场”“全国农业农村信息化示范基地”“全国农业农村大数据实践案例”等荣誉。全力打造国家生猪大数据中心，通过农业部专家评审，成为全国第一个畜牧单产品国家数据平台。携手新华社发布全国首个新华（荣昌）生猪价格指数，能准确、及时监测生猪市场运行状况和发展趋势，对创新完善生猪价格形成机制、推进生猪产业供给侧结构性改革、加快构建生猪产业现代化体系具有直接的推动作用。加快生物兽药、畜牧智能装备等农牧高新产业发展，GMP兽药企业达13家，全年畜牧产业集群规模达136亿元。

做大做强优势特色产业。加强荣昌猪品种资源保护和开发利用，打造“华系”种猪育种基地。荣昌猪入选“2017中国百强农产品区域公用品牌”，品牌价值达27.7亿元。深入推进国家麻竹生物产业基地建设，实施竹笋、竹材、竹叶及加工剩余物一体化利用，大力发展林下食用菌等循环经济。全力打造“香海棠”农产品区域公用品牌，构建以企业品牌为基础、“香海棠”公用品牌为主导的“母子”品牌模式。推进全国无公害茶叶标准化示范区建设，大力发展名优茶，加快茶叶提档升级。鼓励发展白鹅、蜂蜜、生姜等特色产业，把土特产和小品种做成带动农民增收的大产业。

狠抓农产品质量安全监管。完善监管体系，在21个镇街成立食药监管机构，配齐食品安全、农产品质量安全村级协管员，建立横向到边、纵向到底的监管网络。制定生猪、麻竹、茶叶等30个农产品生产技术规程，使农产品生产标准有章可循，从源头上把好质量关。加大农产品质量安全执法力度，严厉打击违禁超限量使用农药、非法添加和超范围超限量使用食品添加剂等行为，杜绝农产品质量安全隐患。

积极培育新产业新业态。大力发展农产品加工业、休闲观光农业和农村电子商务，推动一、二、三产融合发展，成功获批创建国家农村产业融合发展示范园。鼓励发展农产品精深加工，走“小众化、精品化、定制化”路子，着力延伸产业链，提升价值链。大力发展互联网+农业，推进以国家生猪市场、“在村头”等为重点的农特电子商务产业园建设，积极争创国家电子商务示范基地。大力发展乡村旅游业，争取到市级首批农旅融合试点项目，围绕安陶小镇、古佛茶山等休闲农业与乡村旅游精品线路，打造“田园综合体”，推进产城产镇产村融合。

扎实推进脱贫攻坚。2017年，区委、区政府印发《脱贫攻坚成果巩固长效机制实施意见》，不折不扣落实中央、市委关于脱贫攻坚各项政策措施。组织2000名干部进20万农家，全面准确掌握农村社会稳定等情况，针对性地帮助他们解决实际困难和问题。加强精准医疗救助、教育资助、住房保障、饮水安全等和产业后续帮扶，整合资金1.43亿元推动脱贫户稳定脱贫。

荣昌农产品区域公用品牌“香海棠”在北京发布。9月7日，国家商标总局正式批复荣昌“香海棠”注册商标。9月9日，荣昌“香海棠”区域公共品牌发布暨优质农产品上行供应链签约会在北京人民大会堂重庆厅举行，标志着以荣昌猪肉、荣昌麻竹笋、荣昌卤鹅等为核心的全品类、全产业、全品种的农产品区域公共品牌——“香海棠”正式面世。会上，中国绿色食品发展中心主任王运浩致辞，荣昌区长李中武表示，将以贯彻落实“农业品牌推进年”为契机，强化政府引导，激发企业主体品牌意识，做大做强做响“香海棠”品牌。

荣昌基本实现农业现代化。荣昌是第二批国家现代农业示范区，农业部通过国家现代农业示范区建设水平监测评价信息系统，每年组织一次示范区建设水平监测评价工作，从物质装备水平、科技推广水平、经营管理水平、支持水平、产出水平和可持续发展水平6个一级指标和19个二级指标、84个具体指标进行百分制综合监测评价。11月，农业部公示2016年监测评价结果，2016年全国有120个示范区进入基本实现农业现代化阶段，重庆市荣昌县国家现代农业示范区位列其中。（罗晓翠）

农业开发

【概况】 2017年，全区投入农业综合开发资金4311万元，实施农业综合开发项目6个。其中，投资3659万元在清江镇、荣隆镇实施土地治理1620公顷，投资602万元实施产业化发展项目3个，投入市级专项资金50万元完善盘龙镇花椒基地基础设施。年内，重庆能农农业发展有限公司和重庆市荣昌区三重天现代农业开发有限公司承担实施的2个创新投融资模式建设高标准农田建设项目正式立项，3个产业化发展财政补助项目纳入农业项目财政补助资金股权化改革试点。开展精准脱贫干部进百家行动，2000名走访人员每人走访农户100户左右，全面准确掌握农村生产、农民生活、农村社会稳定等情况，有针对性地帮助他们解决实际困难和问题。全年全区投入资金1.43亿元用于脱贫攻坚。年内有535人脱贫，2017年年底，全区有贫困户720户1826人。

【农业综合开发】 全年全区共投入农业综合开

发资金4311万元，其中中央2217万元、市级1407万元、区级149万元、自筹538万元；实施农业综合开发项目6个，其中土地治理高标准农田建设项目1个、生态综合治理项目1个，产业化发展财政补助项目3个，市级专项资金项目1个。投资3659万元在清江镇建设高标准农田1287公顷、在荣隆镇实施生态综合治理333公顷，其中中央2049万元、市级1267万元、区级127万元、自筹216万元；共建成排灌沟9.95公里、灌溉渠3.94公里、蓄水池6口、山坪塘3口、石河堰1道、耕作道30.11公里、人行便道2.21公里、机耕道18.75公里、蓄水田坎6.03公里，平整土地50公顷、改造茶园16.7公顷。投资602万元实施由荣昌区陶然居畜牧科技发展公司、荣昌区德友茶叶专业合作社、荣昌县蓝泉蔬菜专业合作社承担的“6000头杜雅商品猪养殖基地改建项目”“年产100吨名优茶加工厂房改建项目”“100亩生姜种植基地新建项目”3个产业化发展财政补助项目，其中中央168万元、市级90万元、县级22万元、自筹322万元。3家产业化龙头的辐射带动能力增强，直接带动从事生猪、茶叶和生姜等特色种养殖业的400余农户户均增收1万元以上。投资50万元市级资金，完善盘龙镇永陵村2组的6.67公顷花椒生产基地路系、水系等农业基础设施建设。

【**农业扶贫开发**】 年内，区委、区政府研究出台《深化脱贫攻坚实施意见》《脱贫攻坚问题整改工作方案》《进一步加强脱贫攻坚责任的通知》《脱贫攻坚产业后续帮扶方案》《贫困人口精准医疗救助方案》《脱贫攻坚成果巩固长效机制实施意见》等政策措施，多次调研检查农村人行便道建设、安全饮水、危旧房改造、产业发展、贫困户患慢性病救助等扶贫专项工作。年内，开展精准脱贫保险工作，投入182万元为脱贫户和贫困户（含新识别就地农转非建卡贫困户人员）购买精准脱贫保险，理赔90余万元；开展扶贫医疗济困救助工作，设立扶贫医疗济困基金570万元，发放救助金123万元救助690人；投入1893万元改造建卡贫困户（脱贫户）危房578户；2632名贫困大学生办理生源地信用贷款1944万元，资助贫困大学生610人，资助资金197.9万元；发放助学金3366万元资助34537人次；发放农村低保金2791万元；发放贫困户节日慰问金84.58万元。全年投入资金1.43亿元用于脱贫攻坚。年内，完成贫困人口535人脱贫。至年末，全区有市级脱贫村12个、脱贫户6584户21285人，有贫困户720户1826人。

【**产业扶贫**】 2017年，采用“公司+农户”等方式，区财政安排到户帮扶资金500万元帮扶每个脱贫村培育山羊、土鸡、肉兔、生姜、花椒、柑橘等1至2个特色产业，并进行种苗统一供应、牲畜统一免费配种、统一购买保险、统一产品销售和“一对一”技术指导等精准服务。在138个村、农户聚居点建设300个益农信息社，依托“在村头”本土电商平台持续在12个脱贫村推行“互联网+农业”电商发展，先后与330户贫困户签订购销协议，帮助贫困户销售鸡蛋、家禽、蔬菜、菜籽油等60余种农产品，每户贫困村民实现增收1500元以上。

（李茂良 黎海林）

农村经营管理

【**概况**】 至年末，荣昌区有集体农用地8.76万公顷，实有耕地5.9万公顷，家庭承包经营耕地5.69万公顷。实现农业总产值73.60亿元，农业增加值50.58亿元，增加值增幅3.6%。农村居民人均可支配收入15686元，增幅9.5%。年内，新增24个村（含农村社区，下同）242个村民小组开展农村集体产权制度改革试点工作。至年末，全区有25个村250个村民小组完成产权制度改革工作。年内开展村干部全覆盖培训，全年培训人员900余人次。

【**扶持村级集体经济发展**】 2017年，获得扶持村级集体经济发展试点资金2000万元，在吴家镇双流村、清流镇马草村、直升镇荣升社区、盘龙镇长岭社区、安富街道通安村、清江镇河中村、古昌镇玉带村、古昌镇冲锋村、双河街道金佛社区、观胜镇银河村、仁义镇瑶山社区、仁义镇三奇村、清升镇古佛山社区、昌元街道白象社区、万灵镇玉鼎村开展试点。试点村结合自身产业优势、资源禀赋，探索出“整修房屋，盘活闲置固定资产”“成立合作社，购置农业机械开展社会化服务”“成立物业公司，开展物业服务和小区整治”“成立互助资金协会，为农户提供产业发展资金”“发展特色产业，带动乡村旅游”“异地购建房产，拓展集体资产”等多种模式，全年增加集体经济收益98万元。

【农业项目财政补助资金股权化改革】 2017年，荣昌区继续实施农业项目财政补助资金股权化改革。股权化改革的资金总额3210万元，涉及农业企业6个、农民合作社14个和村社区15个。年内有12个合作社、6个农业企业完成项目实施。组织15.6万元对完成项目实施的集体经济组织和流转土地农户进行分红。

【农村集体资产管理】 2017年，全区21个镇（街），137个汇总村，全部实行财务委托代理，全面落实了民主理财制度和财务公开制度。21个镇（街）农村财务代理中心已实行农村集体“三资”平台管理。年末集体资产总额3.59亿元，其中货币资金2.01亿元、长短期投资142.88万元、固定资产1.37亿元、用于经营的固定资产846.03万元、实现经营性收入133.43万元。年内7个村实现集体经营性收益，全区有集体经营性收益的村实现零的突破。2017年，全区以全国农村集体三资管理示范县为契机，进一步加强和完善农村集体资产和财务管理，年内出台《荣昌区进一步加强农村集体三资管理实施方案》《荣昌区农村集体资金资产资源管理办法》。与区财政局联合出台《关于规范村（社区）银行账户管理的通知》，撤销原来以农业服务中心开设的村社银行账户，实行一村一银行账户的管理模式。至年末，全区92个村45个涉农社区全部在银行开设单独的账户。与区国土局、区财政局联合成立督查组，对全区21个镇街从2009年到2017年集体建设用地复垦资金使用情况进行专项检查，对检查中发现的问题提出限期整改要求。

【土地承包流转管理】 全区加强土地承包流转管理，健全土地流转服务体系，调处土地纠纷，维护农村土地承包权益。2017年，依法变更、注销、补发、换发农村土地经营权证260余个。全区有10.78万户农户流转出承包地，流转土地3.22万公顷，流转率56.6%。适度规模经营面积3.02万公顷，适度规模经营度53.1%。土地流转签订规范合同8.51万份，流转合同签订率达81.60%，新增流转面积合同签订率在90%以上。全年全区受理纠纷171件，调处169件，调处率98.83%。

【农村土地“三权分置”改革】 年内，区委、区政府出台《重庆市荣昌区落实农村土地所有权承包权经营权分置设施方案》，选取土地流转较为规范且有一定规模的清江镇河中村、竹林村，双河街道高峰村进行《三权分置》改革试点。年内，清江镇河中村、竹林村完成试点任务，对新型经营农业主体重庆市荣昌区鑫稼源农业服务股份合作社、重庆市荣昌区久丰水稻股份合作社发放农村土地经营权证书，《三权分置》经营权证面积达到18.8公顷。

（黄开碧）

农业服务业

【概况】 2017年，全区实现农、林、牧、渔业服务业总产值1.37亿元，比上年增加2435万元，占农、林、牧、渔业总产值的1.86%，比上年增加0.29个百分点。年内，全区发放种粮农户耕地地力保护补贴165074户，补贴面积55550公顷，补贴金额5091.16万元；粮食种植大户补贴76户，补贴面积1253公顷，补贴金额363.25万元。2017年下拨特色效益农业资金150万元新建、扩建粮油烘干中心5个，其中龙集镇、盘龙镇、峰高街道、仁义镇、荣隆镇各1个。到年末，全区有峰高、河包、荣隆、盘龙、清江等烘干中心12个，烘干机28台，烘干能力每批次460吨。

【农业保险】 2017年，全区继续开展9大政策性农业险种（7项为自然灾害保险、2项为收益保险）的试点，投保面积13117.62公顷，比上年增长99.61%。自然灾害保险中水稻7715.82公顷、玉米2032.07公顷、油菜1258.41公顷、高粱97.2公顷、花生6.67公顷、柑橘418.59公顷、渔业116.67公顷。收益保险中水稻669.99公顷、蔬菜802.2公顷。共提供保额9666.24万元，比上年增加5709.3万元。总保费521.69万元，其中财政补贴380.04万元、农户自缴141.65万元。全区受灾报案2100多起，共赔付272.81万元，惠及3500户农户，最大单笔赔款26.4万元。

【植保服务】 推广农药减量控害技术，在蔬菜、茶叶、果树、玉米、水稻等作物上，推广使用药剂拌种、带药移栽、稻鸭共育、性诱、色诱、灯诱、捕食螨及生物农药等绿色防控技术，减少农药用量。年内，全区安装杀虫灯500余盏，使用黄板等黏虫板30余万张、性诱剂3000余套等，共实施绿色防控面积40373公顷次，绿色防控覆盖率达到29.67%，示范片比常规防控减少农药60%，节约成本20%~30%，降低农药对生态环境的污染。防控检疫性病虫害，开展柑橘非疫区18个实蝇监测点的监测工作，发现小实蝇，及时采取防控措施，并送西南大学鉴定。继续对峰高、直升等11个镇街的稻水象甲疫情进行调查监测和防控，发生面积6867公顷，与上年相当，发生程度控制在1~2级，对水稻安全生产的威胁明显降低。荣昌区昌州、昌元街道荣峰河畔公园发现的检疫对象红火蚁，疫情得到有效控制，已连续多月未监测到其活动。推广农作物病虫害专业化统防统治，全年下拨资金690余万元，购买水稻玉米统防统治服务1.16万公顷。年内，重庆果牧农业开发有限公司、重庆市荣昌区九禾农资专业合作社、重庆市荣昌区鑫稼源农业服务股份合作社被评为全市农作物病虫害专业化统防统治20强组织。

【土壤保护】 全年采购油菜籽2213公斤，利用冬闲田种植油菜压青还田，提高土壤有机质，减少化肥施用量。采购有机肥560吨，在蔬菜、水稻等大宗作物上示范有机肥替代化肥866.67公顷。采购土壤调理剂415吨，在土壤酸性较强的蔬菜基地实施，开展酸化土壤改良示范466.67公顷。

【农机服务】 通过农机购置补贴，引导农民购买农机装备，新农机新技术、高效农机具得到较好的发展，农机装备结构得到调整。全年补贴新购各类机具6816台，其中动力机械10台、耕整地机械2329台、干燥机具6台、谷物收割机51台、植保机械3579台、栽植机械13台。农机深松整地试点扩大到14个镇（街），完成农机深松整地823.07公顷，超市级下达的深松任务76.37%。至年末，全区机播面积53070公顷、机耕面积49860公顷、机收面积21310公顷，农作物综合机械化率达到53.62%，其中水稻达到71.36%，基本实现耕、种、收、防、烘干等全程机械化。

【农民培训】 全年输送雨露计划招生培训100人，市级调训青年农场主15人、美丽乡村主题培训3人、大学生村官创业和示范培训11人、农民合作社主题培训10人、家庭农场负责人8人、合作社理事长8人。围绕创“国家农产品质量安全县”和扶贫等重点工作培训监管人员、企业认证人员70余人，扶贫培训1580人，信息化进村入户项目培训信息员300人，基层服务体系改革与建设项目科技指导员240人，科技示范户引领培训2400人。开展新型职业农民培训共300人。开展实用技术短期培训，重点对水稻、经济作物、农业生产标准化、测土配方施肥技术等进行培训，召开各种培训会议40次，培训农户7300多人次。

【农业环境监测】 开展农产品产地土壤环境质量国控例行监测点位踏勘和调整工作，涉及昌元、昌州、盘龙等14个镇街、20个点位。全面推进河长制工作，成立五贵河综合治理领导小组，开展调研摸清污染源，加强河库管护治理，落实综合治理。切实履行河长职责，编制完成五贵河“一河（库）一策”方案并制作五贵河污染源分布图，落实河库管护责任，出台河长制工作方案，配套完善会议制度、联动制度、信息制度、督查制度、考核制度等

制度。（李启波）

种植业

【概况】 2017年，全区粮食种植面积53673.33公顷，总产量31.99万吨，完成市政府下达粮食生产30万吨目标任务。其中，大春粮食面积46700公顷、29.96万吨，小春粮食6973.33公顷、总产2.03万吨，花生2333.33公顷，优质高粱3333.33公顷，优质双低油菜16200公顷，优质稻14333.33公顷，高淀粉红薯1733.33公顷，专用玉米1200公顷，粮油内部结构进一步优化。全区经济作物播种面积56926.67公顷，其中油料作物18560公顷、总产4.47万吨，笋用竹种植面积6486.67公顷、产量2.97万吨，蔬菜种植面积14880公顷、产量37.60万吨。全区粮经面积107987公顷，粮经比例为47：53。全年培育粮油种植大户、家庭农场、专业合作社等新型生产经营主体181户，比上年增加32户，经营面积近2666.67公顷。果牧农业开发公司等社会化服务组织开展机耕等农机作业社会化服务16800公顷。果牧农业开发公司、鑫稼源农业股份合作社、九禾农资专业合作社被评为2017年全市农作物病虫害专业化统防统治二十强组织。2017年全区化肥、农药使用量实现零增长。

【粮油作物】 荣昌区主要粮食作物是水稻和玉米，全年水稻种植面积21333.33公顷、达到全区种植面积的98.6%，玉米种植面积6853.33公顷、占全区种植面积的95.3%。支持重点产粮镇街的基础设施建设，对清江、荣隆等17个重点产粮镇街除市级以上财政资金外，2017年区级财政配套农业综合开发资金107万元。

【特色经济作物】 笋用竹：主要分布在双河、峰高、仁义等镇街，种植面积6486.67公顷，产量2.97万吨。茶叶：全区茶园面积2800公顷、产茶3600吨、产值5000万元，比上年分别增加200公顷、300吨、500万元。全年红茶加工6500吨，比上年增加1500吨、增长30%；直接出口荣昌红茶3800吨，创汇360万美元。水果：全区水果面积5667公顷，比上年增加160公顷，产量3.35万吨。其中，柑橘2413公顷，增加260公顷，产量1.18万吨；西瓜种植面积667公顷，产量1.5万吨，产值1800万元。中药材：主要集中在直升、吴家、观胜、荣隆、安富等镇街，种植面积686.67公顷，主要品种为金银花、杜仲、白芷、枳壳、桔梗、瓜蒌、半夏。

【贡米之乡建设】 据清光绪二十二年荣昌县志记载“荣昌人间仙境——清江桃源‘宛在洲’县南50里，施济河下流，在河之中，原有田载粮千余亩，昔人绕洲种桃，春月水绿涟漪，桃红锦烂，燕舞莺啼，鸡鸣犬吠，无桃花源之名美，有桃花源之仙境，依河耕种休息，鱼肥稻香，鸡黍香糯，鲜蔬嫩笋，陈醪芳醇，沁人心脾，享‘鱼米之乡’美誉”。明正德年间，刑部尚书喻茂坚怀乡情，携“宛在洲”米，武宗南巡，赞其鲜香，遂之“贡米”，亦即“珍珠香米”。2017年，荣昌区被重庆市列为重点打造的33个“贡米”之乡。年内，荣昌在清江镇河中村规划133公顷打造贡米基地。基地海拔高度310米左右，四周河流环绕，河水清净，环境清幽，周边无工业污染，土壤肥沃，属于典型小河谷气候，较其他稻区种植气候偏早，每年新稻米上市较重庆其他区域早7~10天。基地采用一季中稻绿色有机标准化种植模式，品种为当地传承常规稻种（品名不详）和杂交稻种宜香优2115为主；以绿色有机栽培技术规程严格要求实施栽培管理，实施土壤修复处理，恢复农田生态，杜绝农业投入品污染。重庆市沃稻垣农业开发有限公司为贡米生产的龙头企业，负责稻米的烘干加工销售；重庆市荣昌区鑫稼源农业服务股份合作社负责稻米的种植技术标准及实施。贡米（珍珠香米）成功注册“宛在洲”商标并通过“无公害农产品认证”“无公害农产品产地认证”。至年末，该镇有贡米（珍珠香米）42公顷左右，单产约450千克，总产量约27万千克。2017年，珍珠香米的市场价格每千克12元多，本地农户品种和大众大米品种市场售价不超过每千克6元。本地产珍珠香米由于米质优秀、价格合理，深受广大消费者喜欢。（李启波）

渔 业

【概况】 2017年，全区渔业工作以抓苗种繁育为重点，推广稻田综合种养和智能化设施渔业，同时配套生态湿地和池塘鱼菜共生建设，大力提倡健康养殖、生态养殖，努力提升全区水产品质量的同时增加渔民收入，保持渔业经济持续健康发展。至年末，全区水产养殖面积2876公顷、比上年增加61公顷，其中池塘面积2115公顷、水库面积为700公顷。池塘养殖中有专用塘1576公顷、山坪塘600公顷。水产品总量12190吨，其中养殖产量11790吨、捕捞产量400吨，名优产品产量达4000吨，名优产品产量占水产品养殖的35%以上。全区渔业总产值26965万元。全区内自繁花白鲢、鲤鲫、草鱼、黄腊丁、翘壳、白乌鱼、泥鳅等各类水花11.8亿尾，泥鳅6.8亿尾，花白鲢、鲤鲫、草鱼数量较大，黄颡鱼、鳊鱼、翘嘴红鲌、白乌鱼、金鱼等较少。全区投放各类鱼种2546吨，比上年增加16吨。其中增殖放流150万尾。全区有传统家鱼、名优鱼、观赏鱼三类繁殖场10处，年产各类水花及规格鱼种达11.8亿尾。其中，家鱼繁殖场2处产，年产花白鲢、草鱼、鲫鱼水花3亿尾；黄颡鱼、翘壳、白乌鱼、中华鳖、泥鳅等繁殖场6处，年产水花超7亿尾；热带鱼、锦鲤、锦鲫等观赏鱼繁殖场2处。全区登记在册渔船有61艘，实施年检61艘，投保渔民120人。

【稻田综合种养工程】 2017年，全区组织实施稻田综合种养工程53.33公顷，其中，华明泥鳅养殖专业合作社开展13.33公顷稻鳅种养示范，双河街道开展13.33公顷“稻蟹”种养示范，安富街道、仁义镇开展26.67公顷稻鱼种养示范。全年发展稻田综合种养10家，其中稻田养鸭6家、稻田养鱼（虾鳅蟹）4家，建成稻田综合种养示范基地133.33公顷。

【禁渔期管理】 全区利用电视、广播、报刊等媒体对禁渔工作进行宣传报道5次，渔政组织召开渔民座谈会3次，悬挂张贴宣传标语20余幅，散发宣传单1000余份。渔政联合公安，组织人员60人次、出动执法车辆15车次对河道内的非法捕鱼网具实施集中清理。禁渔期收缴电捕鱼器8台，拆除并销毁迷魂阵网16张、抬网8张，查获非法电鱼行为7起，没收渔获物30公斤予以放生。 （杨 近）

畜牧业

【概况】 2017年，全年畜牧生产形势总体稳定，畜牧产业集群规模达到136亿元、比上年增长10%。有年出栏500头以上生猪标准化猪场105家、规模化率达65%。全年生猪出栏187.1万头，其中肥猪85.5万头、仔猪101.6万头，牛出栏9423头，羊出栏4万只，家禽出栏934.5万羽，兔出栏163.3万只。年末生猪存栏67.8万头，其中能繁母猪存栏10.6万头，牛存栏1.3万头，羊存栏2万只，家禽存栏634.5万羽，兔存栏62.4万只。年产肉类8.0万吨、奶类0.7万吨、禽蛋1.4万吨。有蜜蜂7.3万箱，蜂蜜总产量5446吨。全区有兽药GMP生产企业13家，年产值43.4亿元，出口创汇3500万美元。有饲料企业28家，设计生产能力200万吨，饲料产值35.6亿元。国家生猪交易市场累计交易额达600亿元。全年免费为能繁母猪饲养户提供良种生猪精液20.6万份，人工授精10.2万窝次，节约品种改良费200余万元。全区参保能繁母猪6万头，参保仔猪36.2万头，生猪理赔667.45万元。年内，开展荣昌猪资源保护与开发利用，选育14个奶头高产荣昌公猪，完成3000头优良荣昌母猪的鉴定推广和300头荣昌猪核心育种群的选种选育。新增无公害畜产品认证6个、养殖场（户）无公害产地认定4家。荣牧牌荣昌猪肉获评2017年重庆市名牌农产品，重庆澳龙生物制品有限公司、重庆方通动物药业有限公司、重庆永健生物技术有限公司、重庆布尔动物药业有限公司获评国家级高新技术企业，重庆方通动物药业有限公司生产的盐酸噻呋注射液、土霉素注射液、清肺颗粒，重庆永健生物技术有限公司生产的鸭病毒性肝炎精制蛋黄抗体4个产品获评市级高新技术产品。重庆西农大科信动物药业有限公司“科信”商标、重庆永健生物技术有限公司“土博士”商标、重庆方通动物药业有限公司“方通”商标获评重庆市著名商标。年内，荣昌成功创建首批重庆市荣昌区荣昌猪中国特色农产品优势区（重庆市仅2个区县入选）、全国首批畜牧业绿色发展示范（区）县、重庆市首批兽药安全使用示范县，获批畜禽粪污资源化利用整县推进试点县，组建国家级第三方畜产品质量检测中心，成功召开全国畜牧业绿色发展中国行（荣昌站）活动。“荣昌猪肉”入选“2017中国百强农产品区域公用品牌”、获全国营养猪肉奖、全国食鲜猪肉奖，荣昌猪品牌价值达27.7亿元。全年争取项目资金2274万元，成功争取到4500万元畜禽粪污资源化利用整县推进项目。“三品一标”（无公害农产品、绿色食品、有机农产品、农产品地理标志）认证总数达195个。全年未发生区域性重大动物疫情和重大畜产品质量安全事件。昌州街道畜牧兽医站职工杨兰英获重庆市屠宰检疫第一名，并获评重庆市五一劳动奖章；荣昌区兴旺种猪场场长、昌州街道养猪专业合作社理事长郭平获评全国农业劳动模范。

【动物疫病防控】 全年对家禽养殖场和活禽市场开展H7N9紧急监测5次，未在家禽中检出H7N9病毒；对民生市场和水口寺活禽交易市场开展20多天的不间断的严密消毒，确保H7N9防控工作落到实处。全面完成动物疫病春秋防控工作，严格执行一畜一标，对应免畜禽实行拉网式几种强制免疫，各类动物免疫密度、耳标佩戴率均达到100%。建立并运行“以监促防、以检计酬”管理机制，全年免疫抗体检测任务35225份，其中检测猪瘟9693份、高致病性猪蓝耳病1863份、高致病性禽流感7669份、口蹄疫15000份、新城疫1000份，免疫抗体平均合格率均达到国家要求。

【畜牧监管】 年内，建设兽药规范管理使用示范场7个、提升兽药监管单位能力建设24个。对126家兽药（饲料）经营户和养殖场开展监督巡查84次，发出整改通知17份。对40家兽药饲料生产企业监督抽样106批次，合格率98.5%。对13家兽药生产企业产品批文申报静态抽样162批次，合格率100%。对养殖场猪尿液“瘦肉精”监测36份次，结果全部为阴性，未发现非法添加“瘦肉精”违禁物质。对屠宰企业开展“瘦肉精”监督抽检和企业自检，全年监督抽检“瘦肉精”1190套，企业自检“瘦肉精”6600余头份，结果均为阴性。对屠宰环节、超市、养殖场开展畜产品质量抽检3次，抽样品150个，合格样品148个，其中不合格样品2个。对不合格样品实施处罚1个，立案查办1个。至年末，办理案件26件，其中办结25件、正在立案查办1件，处罚没款85857元。全年处理病死猪31143头，收储病死猪无害化处理率达到100%。

【畜禽养殖污染整治】 年内，区畜牧兽医局全面推进“河长制”和落实中央环保督察畜禽养殖污染整治，完成2017年市级下达的禁养区3家畜禽养殖场关闭搬迁、19640头生猪当量的畜禽污染治理任务；草拟定《荣昌区马鞍河水环境综合整治“一河一策”实施方案》，开展马鞍河天皇段水质未达到水域功能要求的整改；整治9家被市环保局认定为污染治理设施不配套养殖场；完成全区濑溪河全流域禁养区内286家养殖场（户）的关闭或搬迁；对限养区范围内的193家养殖场（户）开展综合治理，对21个畜禽屠宰场（点）的污染进行整治治理。年末，全区450个畜禽养殖场（户）进入重庆环保基础信息系统。

【成功创建畜牧业绿色发展示范县】 2016年6月，荣昌区正式申报畜牧业绿色发展示范县创建。荣昌区按照“三化”（良种化、标准化、品牌化）、“三模式”（生态循环模式、产业融合模式、现代交易模式）、“三体系”（重大动物疫病防控体系、畜产品质量安全体系、病死畜禽无害化处理体系）思路开展畜牧业绿色发展示范县创建工作。到2017年，全区有标准化畜牧兽医站21个、生物实验室3个、快速检验中心2个；有机肥生产企业4家，年生产能力达20万吨；有标准化养殖场143家，产值3.6亿元；中国（荣昌）畜牧产品交易市场有兽药、饲料品牌1000余个、品种8000余种，年交易额达30亿元以上。把养殖场、兽药（饲料）企业、屠宰企业纳入质量安全应急管理系统，全面实施兽药产品电子追溯码（二维码）标识管理，实现“养殖—屠宰—加工—交易”的全程溯源、全程监控、全程服务、全程公开；对畜禽粪便进行技术处理，发展农业循环经济模式；对病死畜禽进行无害化处理，收储病死猪无害化处理率达到100%。全区种养循环、废弃物综合利用等绿色发展模式初步形成，畜禽粪便综合利用率达到87%。2017年6月13日，荣昌被农业部认定为全国第一批畜牧业绿色发展示范县。

【重庆海大饲料有限公司建成投产】 重庆海大饲料有限公司是广东海大集团股份有限公司投资新建的大型饲料生产经营型企业。公司位于荣昌区工业园区尚书路，占地面积3万平方米，总投资人民币1.2亿元。是西南地区高端配合饲料技术研发中心、高档膨化饲料的主要生产基地和饲料研发高层次人才的集聚地。公司在生产设备上采用具有国际先进水平的大型膨化饲料生产线，在加工工艺上采用原料超微粉碎、油脂均匀喷涂，成品全熟化调制等行业内领先的生产工艺，自动化程度高。主要生产“海龙牌”系列鱼用膨化饲料和“海大牌”系列禽料。2016年9月30日公司正式注册，2017年8月正式投产，年生产饲料24万吨。公司的建成投产填补了荣昌区无中高档水产饲料产品生产的空白。

【全国畜牧业绿色发展中国行（荣昌站）活动】 10月20日至23日，畜牧业绿色发展中国行（荣昌站）活动暨第四期全国畜禽养殖废弃物资源化利用培训班在荣昌举办。农业部和北京、湖北、甘肃、广西、重庆、四川、贵州、云南8个省（区、市）畜牧站以及国家畜禽养殖废弃物资源化利用科技创新联盟有关国内外专家学者300余人参加会议。活动以“践行绿色发展理念、守护青山绿水蓝天”主题，旨在进一步做好畜禽养殖废弃物资源化利用技术推广工作，加快推进种养结合、农牧循环的可持续发展。重庆日泉农牧有限公司在活动中被授予“畜禽养殖废弃物资源化利用种养结合示范基地”称号。参会人员一致认为，荣昌畜牧产业发展优势突出，特别是在种养循环方面有特色、有亮点、有看点，经验值得全国借鉴学习推广。

（谢 平）

现代农业和畜牧业

【概况】 2017年，区现代农业畜牧业管委会以优化供给、提质增效、农民增收为目标，以农业园区、农特电子商务产业园、惠荣畜牧集团改革发展为载体，做好项目策划、储备和申报，推进国家现代农业示范区建设，推动农牧高新技术产业发展。围绕国家现代农业示范区、国家现代畜牧业示范区核心区两个主题，推进特色农业园区化发展，突出双河国家现代畜牧科技产业示范园（简称双河产业区）、古昌台湾农业园、吴家万亩绿色蔬菜产业示范园等建设，发展现代智慧农业和乡村体验式农业。双河产业园基本建成集养殖、种植、科研、旅游观光为一体的国家现代畜牧科技产业示范园。8月，委托专业公司完成《重庆荣昌国家现代农业和畜牧业示范区“十三五”总体规划》（简称《“十三五”总体规划》）环评工作，10月，修改完善《“十三五”总体规划》并重新出台。年内，新增市级农业园区1个。至年末，全区有农业园区21个，其中市级6个、区级15个。有农业企业56家，农民合作社235个，家庭农场268个。全区无公害农产品、绿色食品、有机食品、农产品地理标志（简称“三品一标”）认证191个，绿色农产品认证36个，重庆名牌农产品16个。10月，建立由国有运营平台公司、银行、担保（保险）机构组成的“政银保”合作新机制，推出助农贷、险资直投等多款融资服务新产品。至年末，助农贷发放贷款9380余万元，险资直投发放贷款900余万元，全区累计实现无抵押贷款1.5亿元。年内组织荣昌农特产品参加第十五届中国国际农产品交易会获评最佳组织奖。

【创业创新平台建设】 推进重庆国农畜牧现代化研究院建设，完成公司注册等前期准备工作，围绕生猪种业工程、荣昌猪无抗生素、无违禁药物品牌猪肉、畜牧医药研发合同外包服务机构平台、深圳—荣昌联合孵化器、畜牧高新技术产业发展基金5项重点工作开展。推进李德发院士工作站建设，同重庆日泉、汇光饲料公司合作重点开展技术成果转化落地，加快推进农牧高新技术产业发展。九峰山医用动物试验基地建设，牵头协调区水务局等相关部门解决该基地的供水、供气等制约发展瓶颈。

【国家生猪市场】 2017年，国家生猪市场覆盖31个省市，实现生猪挂单量1亿余头，占全国生猪年流通量的近30%；成交2800余万头，占全国生猪年流通量的6%左右，交易额突破340亿元。携手新华社完成国家生猪市场（荣昌）生猪价格指数编制、发布及开发利用工作。在农特电商产业园内，依托国家生猪市场等平台，初步构建具有荣昌特色的“互联网+”现代农牧服务业。（屈德维）

林　业

【概况】 2017年，全区林木面积47320公顷、林木覆盖率44%，林业产值18.42亿元、比上年增长3.25亿元。年内，推进岚峰林场改革、林权制度改革、供给侧结构改革和行政审批制度改革。培育新型经营主体73个。区林业局申报的“麻竹培育与高效利用关键技术及产业化示范”项目获国家林业局表彰的梁希林业科学技术三等奖，重庆特色林下经济关键技术集成及产业化运用项目获重庆市政府表彰的科技进步二等奖，主研的“无刺花椒嫁接繁殖方法及栽培方法”“一种在麻竹林下建立脱毒竹根姜姜种的立体栽培方法”2项技术取得国家发明专利。

【林业资源保护】 全年收取植被恢复费809.583万元。全区667公顷封山育林市里复查合格率达100%。进行古树名木普查，对现存的128株古树和1处古树群实施重点保护。完成天保工程生态效益补偿面积13867公顷，争取森林生态效益补偿资金315.5万元。完成全区陆生野生动物资源调查，建立陆生野生动物资源数据库，查处非法猎捕野生动物案件1起，没收并放养陆生野生动物300余只。

【林业综合防治】 全年全区退耕还林荒山造林333公顷，保存率、成林率均为100%。完成对2016年度森林抚育建设任务的自查，自查面积667公顷，全部合格。建立义务植树基地2处，全区干部职工全年植树10万余株。实施黄桷滩水库、观胜镇、河包镇植树造林24公顷。实施科技兴林，开展林下项目实验示范研究，推广林业加工技术，全年改造技术生产线1条，编制技术操作规范1套。查处各类涉林案件23件，其中破获刑事案件2起，打击犯罪嫌疑人2名，确保森林资源安全。

【林业科技推广】 11月，无刺花椒嫁接技术通过重庆市林木良种审定委员会审定。年内，成功申报重庆市林业重点科技攻关项目《无刺花椒良种筛选及丰产栽培技术集成研究》，无刺花椒的组培技术研究、无刺花椒座果率跟踪分析、无刺花椒果实的生理生化指标分析等研究取得阶段性的突破。探索林下经济发展新模式，在麻竹林下套种玉竹、玉簪、天冬、金线莲、三叶青等中药材试验取得初步成功，建立林下中药材试验基地6.67公顷。为改善麻竹笋口感而自主研发的麻竹笋套袋技术和麻竹开花人工授粉技术取得重大进展。麻竹用材林良种丰产栽培技术示范推广项目在荣昌推广麻竹用材林良种丰产栽培技术33.3公顷，进行麻竹的低效林改造示范基地建设33.3公顷，3月底通过国家林业局科技司的结题验收。无刺花椒扩繁嫁接技术推广面积6.67公顷。全年到镇街、林业企业、基地开展大五星枇杷丰产栽培管理、九叶青花椒矮化高产栽培、麻竹高效培育与加工等技术培训600余人次，到镇街开展科技赶场、科技下乡活动发放林业科普技术资料10余种1万余份，提供技术咨询1000余人次。

（赵　洋）

水 利

【概况】 2017年，全区水利工作把解决好群众生产生活用水摆在首位，扎实推进水利建设与改革，完成水利投资3.9亿元。其中，争取到市级及以上资金2.5亿元，世界银行、亚洲银行贷款1亿元。全年整治山坪塘1000口，新增及恢复蓄水230万立方米，新增及恢复灌溉面积1600公顷。年内，在清流、铜鼓、吴家、广顺等9个镇街实施高效节水灌溉工程，新建及改造提灌站13座，配套PE管道100公里，新增灌溉面积1333.33公顷。完成移民后扶投资1400万元，解决库区和移民安置区群众出行难和产业发展用水问题。建设安装灌溉管道59公里，整治、新建城镇堤防5公里，沿河场镇防洪达标率达80%。整治病险水库8座。建成玉滩水库至万福寺水库连通工程。完成黄桷滩水库工程竣工技术预验收。濑溪河（昌州—万灵段）防洪及水环境综合整治工程CP【1】1标段竣工，基本建成CP2、CP4标段，开工建设沿濑溪河道路及附属设施和绿化景观工程（马拉松道路及创森项目）、堡尚路、万堡路、朱家嘴桥、荷花山庄桥，万灵桥、遇仙桥主体工程完成。荣峰河综合整治工程（亚洲银行贷款项目）继续建设，打造“百竹园”景观节点；7月，玉带河5.6公里河道打造及兵马滩段景观打造再次纳入到亚洲银行贷款中期调整项目中。建设三奇寺水库、付家拱桥水库、豆腐桥水库3个水生态涵养项目，建成生态湿地11万余平方米。全年审批办结项目217件，其中开发水土保持方案审批10件、涉河建设项目审批16件、河道内有关活动的审批1件、取水许可证审批66件、水土保持验收审批2件、征收行政事业性规费122件。年内，获重庆市人力资源和社会保障局、重庆市安全生产监督管理局表彰的重庆市安全生产先进集体，荣昌区人民政府安全生产委员会表彰的2016年安全生产目标管理考评先进单位称号。

【防汛抗旱】 2月至3月，检查在建水利工程36个、水库89座、水电站2座，发现一般隐患15个并全部整改到位。5月，落实89座水库、13个沿河城镇、2座水电站、5处风景名胜区、107处山洪灾害易发区和2950口山坪塘的“防汛行政责任人、技术责任人、管护责任人”三责任人。发布山洪灾害预警信息和水雨情信息26次、预警短信5872条。修订完善县、乡、村三级山洪灾害防御预案131个，其中县级预案1个、街镇预案21个、行政村预案109个。8月，抗旱抢险队伍为铜鼓镇共和村4社、6社和刘骥村1社等受旱群众抗旱送水，黄桷滩水库渠4条提灌管渠向盘龙、吴家、清流、铜鼓、观胜5个镇无偿农田输水约87.34万立方米，666.67公顷农田旱情缓解。全年玉滩水库放水486.2万立方米、东方红水库放水14.3万立方米、万福寺水库放水11.7万立方米，有效缓解全区的旱情。全区储备防汛抢险应急车辆15辆、冲锋舟4艘、橡皮艇1艘，储备麻袋（编织袋）16500条、铁铲350把、十字铁镐105把、救生衣280件、救生圈100个、防爆应急电筒420只、探照灯13盏、LED升降工作灯10台套、铁丝0.65吨、麻绳0.5吨、复合土工膜100平方米、合成膜0.1吨、尼龙绳0.01吨、储备彩条布2件、木桩1方，应急指挥帐篷2顶，多功能工兵铲20套，叉车1辆，救援抛绳器1套，拖车式应急抢险水泵1台。

【水土保持】 2017年，全区水土保持工作坚持人与自然和谐共生纳入新时代，以保护优先，强化治理，打造绿水青山，推进水土流失防治体系和防治能力现代化建设，加强水土保持监督管理工作，结合市级下达的检查任务，对各类生产建设项目检查26个、45次，水土保持方案审批8个，发放水土保持生产建设项目水土保持工作告知书25份、监督检查意见3份，进一步明确生产建设单位对水土保持工作的任务和要求，强化水土流失防治和监测的责任主体意识，共征收水土保持补偿费16.27万元。完成2008年至2017年区级审批的134个项目水土保持方案数据的信息化录入，完成2016年至2017年区级审批的18个项目的防治责任范围矢量图入库。

【水政执法】 4月，成立荣昌区河道专项执法检查工作领导小组，设立专项执法检查组3个，开展河湖专项执法检查工作。年内查处娄底市水利水电工程建设责任有限公司及江西降龙水利水电工程建设有限公司围标串标案，查处水事违法案件14件，其中水工程案3件、河道案7件、水务案1件、招投标案2件、其他案1件，共处罚款12.6万元。加强水库流域巡查工作，严厉打击钓鱼、偷鱼、电打鱼及污染水体行为，全年现场教育偷钓人员1000余人次，收缴偷钓鱼工具900余杆（套），网具150余套。全年针对区内供水单位制水运行情况、用户偷水、损坏供水设施等行为进行执法检查，处罚供水单位1处，偷水行为4起、破坏供水设施7起。全年办理行政许可审批94件，其中取水许可证审批66件、其他28件，全年新办“取水许可证”5件。

【农村饮水安全】 2017年，在昌州街道、双河街道、吴家镇等镇街实施5个农村饮水安全巩固提升工程，完成项目总投资4500万元，累计解决47548人的集中式供水。至年末，荣昌区农村集中式供水工程人口达到25.36万人，自来水人口21.98万人，全区农村集中供水率76.5%，全区农村自来水普及率66.3%，所有指标均超过区年度任务指标。

【水利改革试点】 年内，引进重庆市兴源供水技术有限公司在24座小（一）型水库实施水利工程物业化管理试点；引进大禹节水集团有限公司在清江镇试点购买社会化服务，以水利物业化管理的模式，将农业灌溉、农村饮水、小型水利设施、河长制等工作进行一体化管理，解决水利工程“重建轻管”局面。通过改革，试点地区灌溉水利用系数由2014年的不足0.5，提高到0.85以上，是以前的1.8倍，节水灌溉效益明显。农田水利设施产权制度改革，在清江、清流、铜鼓三镇试点，颁发集体小型水利工程产权证书3824本，落实全区农村小型农田水利设施的所有权、明确使用权，构建“归属清楚、权责明晰”的农村水利工程权属制度。

【河长制工作】 荣昌区的河长制工作从2013年开始探索和试点，在组织体系、运行管理、河流治理、建立部门协调与考核督查机制等方面积累了一定经验。4月，在全市率先出台《全面推行河长制工作方案》，全区151条河流、89座水库全面推行河长制。构建三级河长体系，形成“河长—河长办—牵头部门＋联系领导”的工作模式。年内启动河库摸底调查工作，完成164个水质监测断面监测，编制“一河（库）一策”。全区整合各类资金3.93亿元实施堤防工程建设、污水处理厂改造升级、二三级污水管网建设等综合治理项目，加强综合治理。关闭或搬迁畜禽养殖企业200家、水产养殖280家，整治工业企业110家，全区水域水质得到明显改善。3月，《人民日报》《重庆日报》、新华社、重庆电视台、凤凰网等13家市级及以上主流媒体记者到荣峰河、濑溪河两岸河（段）长、河道巡逻员、市民面对面交流，实地采访荣昌区“河长制”工作。

【荣昌八景园开园】 4月30日，位于荣昌区八景桥（原5号桥）与黄金桥（原6号桥）之间的荣昌八景园正式开园。该园涉及河道长约430米，项目总投资2026万元。八景园主要以假山置石的方式将光绪二十二年县志荣昌中记载的“荣昌八景”以艺术加工的形式进行再现，并配套人行铺装、植物绿化、景观灯饰及楼、亭、廊、牌坊等仿古建筑，景观绿化面积约25000平方米，打造的总体风格为江南园林风格。荣昌八景园的建成，为荣峰河国家水利风景区增加新的观赏点，提升城市品质，拓展地方文化，为市民休闲、娱乐提供一个新的去处，市民的幸福感进一步提升。

【大型纪录片《河长故事》在荣昌完成首集拍摄】 3月，大型纪录片《河长故事》在荣昌启动拍摄。该纪录片是由中国水利水电出版社与重庆市文林影视文化传播有限公司合作拍摄，并入选中国水利水电出版社项目库。荣昌区作为全国第一批河湖管护体制机制创新试点县，重点试行“河段长制”，加强岸线管理，把实行最严格水资源管理“三条红线”放在重要位置，在水质提升达标、消除黑臭水体、畜禽粪便污染等方面下功夫，实行“一河一策”，修复水生态，铸造文化之河，让群众对河长制这项工作看得见、摸得着并从中得到实惠。《河长故事》

工作组多次到重庆调研和采风，经重庆市河长办公室推荐第一集《护水情缘》定在荣昌拍摄。以河长制工作为背景，在田野调查的基础上，归纳、提炼，编撰河长故事。技术上采用纪实拍摄，通过情节、故事，捕捉文化细节；结构上注意完整统一的时空逻辑关系和节奏轻重缓急的处理，及悬念点、兴奋点的设置。荣昌区总河长、区委书记曹清尧和多位镇（街）、村级、“民间河长”在《河长故事》中讲述他们的“护水情缘”。《河长故事》将在重庆完成6集拍摄任务。6月底，第一集《护水情缘》在荣昌完成拍摄工作。同月，全国首支“河长”歌曲《河长故事》的主题曲《房前屋后护水人》也在荣昌录制完成。

【2017年度“河长制”专题研讨会在荣昌召开】 8月24日至25日，重庆市水利学会2017年度“落实绿色发展理念、因地制宜全面推行河长制、推进水生态文明建设”专题研讨会在荣昌区召开。中国水利学会、重庆市科学技术协会、市水利局、市河长办、市环保局、各区县水行政主管部门及学会、各专业委员会、各团体会员单位负责人及优秀论文作者等近170人参加会议。 中国水利学会学术交流与科普部主任张淑华、荣昌区委书记曹清尧、市科协副巡视员牛杰、市环保局副处长何雷分别作致辞。市河长办副主任、市水利局总工程师谢飞作题为《奋力推进生态文明建设 把河长制全面落实到重庆大地》的主旨演讲。荣昌区委书记曹清尧表示，荣昌区生态环境优美、农耕文化氛围浓郁，作为全国首批、重庆唯一的“河长制”工作试点区，在先行推进“河长制”工作中做到河库、领导、责任、制度四个全面覆盖，今后荣昌区将不断思考、总结，实现水环境治理和管理模式的转变，使河长制工作获得更好的成效。

【《荣昌河长“赶鸭”记》在央视纪录片《还看今朝》播出】 纪录片《还看今朝》是为迎接党的十九大胜利召开，中央电视台携手全国省级电视机构，推出的大型全媒体特别节目，节目从9月16日起，央视新闻频道每天上午10时播放，记者足迹遍布全国31个省市自治区，300多个地区。10月5日，《荣昌河长“赶鸭”记》在《还看今朝·重庆篇》播出。《荣昌河长“赶鸭”记》主要讲述濑溪河清江镇段的河长、清江镇党委书记林丹为代表的基层河长通过长达3个月的努力，关停清江镇一家建在长江支流濑溪河旁的养鸭场的故事。故事引申出荣昌作为重庆现代农业和畜牧业核心区，如何解决畜禽排放的粪便污染源问题，反映荣昌区三级河长制共同推进濑溪河治理，加强生态文明建设的故事。

（刘 茜）

工　业

综　述

2017年，荣昌坚持以工业经济为第一支撑，坚定不移地实施“强兴工业”战略，按照“12355”工业发展思路，以市场为导向，突出比较优势，实现错位、差异化发展，促进工业经济稳步发展。至年末，全区有工业企业1189户。全年实现工业总产值726亿元，比上年增长14.8%；工业增加值208.8亿元，增长10.5%；完成工业入库税金5.94亿元，增长11.8%；工业固定资产投资364亿元，增长12.7%；全区规上工业总产值686.2亿元，增长14.7%，规上企业全员劳动生产率23.3万元。

主导产业支撑作用显著。2017年，装备制造、食品医药、轻工陶瓷、饲料兽药、环保材料五大主导产业完成规上工业总产值623.5亿元，占全区规模工业总产值的90.9%，比上年增长20.1%。装备制造业以汽摩配件、阀门、农用机械、矿山设备等配套企业为主，101户规上企业实现总产值170.3亿元，占全区规模工业企业总产值的31.1%，增长5.8%。其中，19户阀门及铸造企业发展较快，实现规模工业总产值47.2亿元，占装备制造业的27.7%，增长24.4%；矿山机械、农用机械等专用设备企业实现规模工业总产值40.8亿元，占装备制造业的24.0%，增长8.0%；汽摩配件业受博耐特关停影响，下滑严重，实现规模工业总产值40.6亿元，占装备制造业的23.8%，下降22.7%。食品医药业以农副产品加工为主的食品企业和以中药材加工与生产为主的医药企业，72户规上食品医药企业实现工业总产值151.9亿元，占全区的24.4%，增长28.4%。其中，食品规上企业62户，主要以粉条、茶叶、白酒、休闲食品等农副产品加工为主，实现规模工业总产值133.1亿元，增长30.0%；医药规上企业10户，主要以中药材加工和中成药生产为主，实现规上企业产值18.8亿元，增长18.4%。轻工陶瓷业主要以玻陶制品、纺织、不锈钢餐具等为主，67户规上企业实现工业总产值181.9亿元，增长24.2%。其中，玻陶产业增长强劲，25户规上企业实现规上工业总产值41.3亿元，增长29.9%。饲料兽药业主要是兽用药品业企业和饲料生产企业，27户规上饲料兽药企业实现工业产值64.3亿元，增长22.2%。其中，兽用药品业企业实现规上工业总产值31.2亿元，增长22.7%；饲料生产企业实现规上工业总产值33.1亿元，增长21.8%。环保材料业主要以净水材料、空心砖、管道生产为主，22户规上企业实现工业总产值55.1亿元，增长34.7%。

工业入库税金增长迅速。2017年，全区完成工业企业入库税金5.9亿元，增长11.8%，从行业看，制造业入库税金4.8亿元，增长10.8%，占全区工业入库税金的80.8%，对工业入库税金增长的贡献率74.6%；采矿业入库税金4018万元，占全区工业入库税金的6.7%；水电气供应业入库税金7391万元，占全区工业入库税金的12.5%。纳税大户对工业入库税金贡献率不断增强。入库税金1000万元以上工业企业13户，比上年增加2户，完成入库税金3.03亿元，净增税金7609万元，同比增长33.58%，占工业企业入库税金的51%；入库税金500万元以上工业企业23户（含1000万元以上），完成入库税金3.75亿元，净增税收8421万元，同比增长28.9%，占工业企业上缴税金的63.1%。

创新驱动型企业发展迅速。创新驱动对工业经济增长的贡献率不断增强。2017年，重视创新驱动的企业发展较快，33户规上高新技术企业完成产值87.8亿元，增长33.7%，对规上产值的贡献率25.2%。重点监测的20户有研发投入和新产品的规上企业实现产值61.7亿元，增长22.3%。拥有市级技术中心22户企业实现产值61.5亿元，增长31.2%。拥有区级技术中心的10户企业实现产值24.8亿元，增长34.8%。

工业经济主战场发展平稳。一区三园三基地是全区工业经济发展的主战场，2017年，一区三园三基地完成规模工业总产值468.1亿元，占全区的68.2%，同比增长16.7%，比全区平均增速高2个百分点。其中，一区三园共有169个规上工业企业，完成总产值309.6亿元，占全区规上工业总产值45.1%，增长14.9%，增速基本与全区平均增速持平。三基地完成规上产值158.5亿元，占全区规上工业总产值23.1%，增长23.1%，比全区平均增速8.4个百分点。

重点企业支撑作用显著。全区39户重点企业中，有高新技术企业20户，市级科技型企业23户，拥有市级（工程）技术中心14个。2017年，新获得专利授权19个，其中发明专利19个，新获得市级高新技术产品认定60个。全区39户重点除长江特种装备、奥福精细陶瓷、格格乐食品、凡雪服装4户未纳入规上统计，其余35户规上重点企业完成工业总产值105.5亿元，比上年增长30.8%，占全区规上产值的15.4%，对规上产值增长的贡献率达到28.2%，35户规上重点企业实现年人均工业产值59.4万元，比全区高19.5万元。产值1亿元以上企业达27家，5亿元以上3家，10亿元以上1家。39户重点企业实现入库税金40528万元，增长8.2%，占全区工业入库税金的68.2%；其中国税31752万元、增7.2%，地税8777万元、增长40.3%。税收500万元以上的16户，1000万元以上的10户，2000万元以上6户，5000万元以上2户。

全力帮助企业降本增效。引导和协调银行机构切实将基准利率上浮控制在30%以内。推广“经保银贷”及“应急转贷”等金融产品，降低企业融资。利用2000万元产业引导资金，开展“经保银贷”业务，累计为27户工业企业贷款33笔，共贷款11243万元。筹资1000万元参加市级转贷应急周转资金平台，为企业办理62笔转贷应急周转资金，使用转贷资金3.19亿元，成功续贷4.61亿元。营改增等减税降费政策红利持续释放，“四大行业”整体税负由4.48%下降到2.98%，直接减免企业税收共计3.67亿元，降低企业用电成本1400余万元，非居民用水降低成本80万元，降低企业生产用气成本2856.47万元，降低企业低劳动力成本8908.94万元。

加强电力天然气要素保障。做好综合协调服务，确保电力、天然气正常供应。迎宾大道L-CNG加气站建成并通过市经济信息委验收。邮亭至荣昌天然气输气管道工程竣工并投入使用，彻底解决冬季供气压力不足的问题。荣昌—永川页岩气项目永页3-2井和4号平台永页4井完成钻探作业。投资5000万元的城农网改造工程全面完成。工业用电量同比增长14%，工业供气量同比增长22%。

大力推进技术创新。更新完善荣昌区企业技术创新相关数据台账，推动国家、市、区三级研发机构建设，加强市、区级企业技术中心培育、申报，瑞力比等2家企业通过市企业技术中心认定，明治百通等7家企业通过市中小企业技术研发中心认定，布尔动物等2家企业通过市技术创新示范企业认定。组织16家企业成功申报研发投入补助497万元，昌元化工主导修订的工业高锰酸钾国家标准已发布公告。

大力推进信息化建设。“宽带中国”示范城市建设任务全面完成。全年新建光缆皮长4000千米，新增光纤用户8000户，新建建设4G基站377个，建设室内分布系统300个。至年末，全区光缆皮长累计达22641千米，光纤用户15.9万户，建设基站2017个，全区室分系统755个。“融信通”安装中小微企业用户1400户，全面完成“融信通”试点工作任务。推进“两化”深度融合。秋叶机械纳入市级两化融合贯标试点企业，凯歌电子启动国家级两化融合贯标试点。凯歌电子成功创建为国家级“两化融合”贯标，全区“两化融合”贯标企业达6家，完成产值58.1亿元，增长22.9%。市级信息化示范企业达9家。抓好电子制造业稳增长补助指导审核工作，全区8户电子制造企业获得市级政策补助。持续推进中新合作项目——智能耳标在养殖业大数据精准管理。支持企业开展装备智能化行动，东矩金属公司实现智能化率达90%，重庆唯美陶瓷生产线实现国内领先，华森制药三期工程、大鸿农牧二期工程全面启动智能装备应用。全年向上争取绿色智能制造资金1238万元。

积极兑现政策资金。进一步完善机关管理制度，加强对项目资金的管理，确保在兑现政策和争取项目资金工作中公开、公正、公平。区经济信息委严格项目申报制度，通过党政内网、外网、QQ群、荣昌报等，加强政策文件的宣传，企业自愿申报后，由业务科室会和纪检监察室人员会同专家共同进行真实性核查和专家评审，委领导办公会集体研究、公示等程序。加快兑现《强兴工业十五条》《推动工业经济稳增长促发展二十五条措施》等扶持政策，为148户企业落实区级政策扶持资金755.08万元。出台《荣昌区2017年民营经济发展转移支付资金实施细则》，为72户企业兑现民营转移支付资金750万元。加大项目包装和向上申报力度，指导企业积极申报工业振兴、市级民营经济项目、研发投入中小企业项目资金等项目，全年向上争取项目资金3126万元。

积极推进工业经济提档升级。推进供给侧改革，处置僵尸企业空壳公司56户，涉及资产总额76.2亿元、负债总额25.09亿元、处置资产6.34亿元、分流安置职工1464人。抓好钢铁去产能工作，去除普通钢铁冶炼产能为7.2万吨，安置职工78人。关闭烧结砖企业22家，关闭轮炉25条、窑门397门，削减产能57000万标匹。完成星火机械有限公司、荣昌玻璃厂破产终结工作。鼓励制造业+互联网，鼓励企业建设电子商务应用平台，促进网上线下市场联动发展，如黄海粉条创新产品线上交易，产品销量猛增。推进传统产业升级，夏布产业基地1.3万平方米标准厂房主体工程完工，基地招商引资加快推进，签约招商项目4个，入驻企业1个，在谈项目5个。打造阀门龙头企业，组织群建阀门申报区级企业技术中心，指导其向燃气等特种阀门生产转型。河包粉条基地建设加快推进，聘请西南大学正在编制《河包产业发展规划》。引导粉条企业以品质占领市场，促进河包粉条上档升级。

积极推进“百名干部进企业”活动。积极优化方案，精心组织，活动的重点确定为“送服务、解难题”。建立健全“企业困难问题台账管理制度”“责任单位化解困难问题情况反馈制度”“两办督查通报制度”等八个工作制度。组织25个工作组为联系服务的企业开展“百堂党课进企业”活动，采取单个企业或多个企业联合宣讲方式，将党的十九大、市第五次党代会、区第十四次党代会等精神全覆盖传达到各企业，组织宣讲党课50余场。工作组共收集上报问题399个，区委组织部、区经济信息委会同两办督查室仔细分析梳理，剔除应由企业自己解决的如收款难，以及国家有强制要求的如酒厂扩能等问题81条，对需相关责任单位协调解决的165个企业反映的318个困难问题分解到各责任部门，各责任单位和工作组千方百计地帮助企业协调解决。至年末，318个困难问题办结293个，占需解决问题的92%，其中反映水电气费高、社保费高、用工难等共性问题37个全部办结，国企改制、企业已建厂房手续办理、有效抵押物不足贷款等25个问题，相关责任单位制定解决时限。

2017年荣昌区重点工业企业一览表

表2

企业名称	所在地	企业名称	所在地
重庆华森制药股份有限公司	板桥园区	重庆包黑子食品有限公司	昌元街道
重庆明珠塑料有限公司	板桥园区	重庆市永恒玻陶工艺有限公司	安富街道
重庆嘉陵益民特种装备有限公司	双河街道	重庆洽洽食品有限公司	板桥园区
重庆长江特种装备有限公司	安富街道	重庆鸿全兴业金属制品股份有限公司	盘龙镇
重庆奥福精细陶瓷有限公司	广富园区	重庆国荣风能重工有限公司	板桥园区
重庆格格乐食品有限公司	板桥园区	重庆东矩金属制品有限公司	板桥园区
重庆安森药业有限公司	荣隆园区	重庆澳龙生物制品有限公司	板桥园区
重庆昌元化工集团有限公司	板桥园区	展望塑胶（重庆）有限公司	板桥园区
重庆凯歌电子股份有限公司	板桥园区	重庆三大伟业制药有限公司	板桥园区
重庆瑞力比燃气设备有限责任公司	广富园区	重庆市荣昌区易合纺织有限公司	龙集镇
重庆市凡雪服装有限公司	板桥园区	嘉吉饲料（重庆）有限公司	板桥园区
重庆方通动物药业有限公司	板桥园区	重庆蓝洁广顺净水材料有限公司	广富园区
重庆联荣智能模具股份有限公司	板桥园区	重庆市荣昌区美纶纺织有限公司	盘龙镇
重庆唯美陶瓷有限公司	广富园区	重庆市荣昌区特驱饲料有限公司	板桥园区
重庆都成荣锋机械制造有限公司	板桥园区	重庆利永纸制品包装有限公司	板桥园区
重庆永健生物技术有限责任公司	板桥园区	重庆灵方生物技术有限公司	板桥园区
重庆巨龙管业有限公司	板桥园区	重庆铁骑力士牧业科技有限公司	板桥园区
荣昌县九井煤业有限责任公司	双河街道	重庆秋叶机械制造有限公司	荣隆园区
重庆胜亚管道有限公司	广富园区	重庆佰嘉木业有限责任公司	广富园区
重庆协旭机械有限公司	荣隆园区		

（郭小兰）

装备制造

【概况】 2017年，荣昌装备制造业以汽摩配件、阀门、农用机械、矿山设备等配套企业为主，全区有规模以上装备制造企业101户，实现总产值170.3亿元，占全区规模工业企业总产值的31.1%，比上年增长5.8%。其中，阀门及铸造企业发展较快，19户企业实现规模工业总产值47.2亿元，占装备制造业的27.7%，比上年增长24.4%；矿山机械、农用机械等专用设备企业实现规模工业总产值40.8亿元，占装备制造业的24.0%，增长8.0%；电子信息产业发展较快，9户规上企业实现产值13.7亿元，增长31.5%；汽摩配件业受博耐特关停影响，下滑严重，实现规模工业总产值40.6亿元，占装备制造业的23.8%，下降22.7%。

【吴家阀门基地】 2017年，吴家阀门基地被重庆市中小企业局批准命名为“重庆市中小企业特色产业基地”“重庆市小企业创业基地”。年内，指导群建阀门建立区级企业技术中心，2个项目纳入市级技术创新指导性项目推荐目录，指导其向燃气等特种阀门生产转型。至年末，该基地有阀门及配套企业40家，吸纳劳动力约3000人。规模以上工业企业19户完成规上产值47.2亿元，避上年增长24.4%。

【重庆瑞力比燃气设备有限责任公司】 重庆瑞力比燃气设备有限责任公司成立于2007年10月，注册资金5000万元，厂房面积5560平方米，办公区1678平方米，从业人员112人。该公司取得家用燃气表制造计量器具生产许可证和特种设备元件组合装置制造许可证，是一家拥有国内一流的膜式燃气表生产设备，具有年产50万只膜式燃气表的生产能力，建有符合JJG 577–2005《膜式燃气表》标准要求的检定室，拥有音速喷嘴法燃气表检定装置和钟罩式燃气表检定装置等先进的膜式燃气表检测设备，膜式燃气表计量准确，符合B级表标准要求。公司设计能力达到年生产楼栋调压器箱2万台，燃气调压柜、大中型城市门站1000台。公司产品销往全国各地，有各类客户500余家，在全国20多省会城市设有专门的办事处。2017年，其产品有5项目获得市级高新技术产品认定，工业总产值达到2.17亿元，比上年增长51.9%，上缴税金312.3万元，增长206.1%。

【重庆凯歌电子股份有限公司】 重庆凯歌电子股份有限公司由凯歌电子（重庆）有限公司改制而来，注册资本7800万元，位于重庆市荣昌工业园区，是为客户提供研发及设计、印制电路板制造、SMT贴片及组装、电子元器件采购、成品装配等服务的高新技术企业。公司总投资3亿元，占地面积6万平方米，厂房面积2.8万平方米，有职工298人。2015年11月公司在新三板挂牌，同年12月完成协议转让做市。2016年公司引入SMT生产线，成立PCBA生产基地，是荣昌笔电配套产业园的骨干企业、重庆市电子重点配套企业，是中国印制电路行业百强企业，拥有重庆市认定企业技术中心，是重庆市两化融合管理体系贯标示范企业、重庆市2016年第一批拟上市重点培育企业。2017年，创建成为国家级两化融合贯标示范企业，区级精益化管理示范企业，完成工业总产值3.15亿元，比上年增长29.4%，上缴税金879万元。

【重庆东矩金属制品有限公司】 重庆东矩金属制品有限公司2014年开始在荣昌区建设生产基地，是专业从事金属冲压和组装。主要为HP、Dell及其他品牌提供笔记本金属外壳以及其他冲压件，同时又自主研发自动化冲压和自动化组装生产设备，为客户提供行业极具性价比的金属自动化成型及组装方案，并致力于打造具有完全知识产权的自动化产品。公司产品获得多项国际安规认证，通过ISO 9001:2000国际质量体系认证和ISO 14001:2004环境体系认证。2017年，公司投资固定资产2080万元实施智能化改造，其中智能设备1700万元，机器人和智能设备模具目前已在冲压、打磨、激光、雕刻、人工视觉组装上应用成功，自动化水平大幅提高，减少用工200余人，同时降低工人劳动强度，提高了生产环境，产品良率提高10%，设计产能提高40%。全年公司实现产值3.33亿元，比上年增长38.1%。

【重庆协旭机械有限公司】 重庆协旭机械有限公司是台湾协旭集团于2011年3月投资在荣隆园建设的一家外资企业，公司注册资本1500万元，公司主要生产新型造纸机械整厂设备、瓦楞纸板、纸箱机械设备、压力容器及各种零部件设计、制造、销售、维修、机电配套、机械工程整改、咨询、设备检测等专业技术及五金制造、销售、及金属表面处理。2017年，实现工业总产值3.8亿元，比上年增长21.6%，上缴税金126.6亿元，增长51.2%。

（郭小兰）

食品医药

【概况】 2017年，全区有食品医药企业310户，其中规上72户。全年实现规上工业总产值163.8亿元，比上年增长20.2%。食品产业：荣昌是中国现代畜牧科技城、是传统农业区县，在食品工业发展方面有着较好的产业基础，初步形成以洽洽食品、格格乐食品、民茂食品等为代表的休闲食品体系，以汇通、荣牧为代表的肉制品加工体系，以洋派、包黑子、黄海、怀乡等为代表的地方特色农副产品精深加工体系。至年末，全区食品规上工业企业62户，实现规模工业总产值133.1亿元，增长30.0%。其中，休闲食品规上工业企业25户实现产值50.9亿元，增长39.8%；粉条规上工业企业9户实现产值21.1亿元，增长2.3%；酒类生产企业8户实现产值12.9亿元，增长29.4%。医药产业：荣昌是国家发改委批准建设重庆国家生物医药产业基地的三大拓展区之一，是全国一流的畜牧科技城，是国家现代畜牧业示范区核心区，境内有西南大学荣昌校区、重庆市畜牧科学院、重庆市养猪科学研究院等科研院所，拥有国内一流的畜牧兽医教学、科研力量，是全国饲料兽药特色产业基地，是全国最大的良种仔猪产销基地和西南地区最大的饲料、兽药集散中心，医药产业已初具规模。是市政府确定的全市医药产业“五园七基地”之一。至年末，区内规上医药企业10户，主要以中药材加工和中成药生产为主，实现规上企业产值18.8亿元，增长28.2%。一是人药及器械制造。华森制药、灵方生物、灵方三凡制药及三大伟业4户企业，全年实现产值13.3亿元，同比增长25.7%。二是中药材加工，6户规上企业实现产值5.5亿元，增长3.8%。

【重庆华森制药股份有限公司】 重庆华森制药股份有限公司位于板桥园区，是一家集药品研发、生产、销售于一体的国家重点高新技术企业、重庆市重点医药企业、重庆市创新型试点企业，注册资金1.2亿元，现有员工1000余人，其中高级专业技术人员占11%。“华森”被评为中国驰名商标和全国重点保护品牌，被科技部列为“国家中药现代化科技产业基地”“国家生物产业基地龙头企业”等，并入选中国创新力医药企业20强。累计投入科研及技术开发费近1亿元，成功开发出产品30余个品种规格，基本形成以消化系统治疗药为支柱，心脑血管疾病用药和中药肿瘤治疗药物为辅助的产品构架体系，2017年拥有专利47件，其中发明专利30件。2017年，实现年产值4.9亿元，增长18.3%，上缴税金8595.6万元，增长7.3%。10月20日，重庆华森制药股份有限公司在深圳证券交易所中小企业板上市，股票代码是002907，是荣昌区第一家主板上市企业。华森制药公司总股数40006万股，其中首次公开发行的4006万股上市交易。12月20日，重庆华森制药股份有限公司获评2017年度国家知识产权示范企业。2017年重庆市仅有4家企业入选国家知识产权示范企业，至年末，重庆市共有国家知识产权示范企业14家，这是全国企业知识产权管理领域的最高荣誉。

【重庆洽洽食品有限公司】 重庆洽洽食品有限公司为台港澳与境内合资企业，注册资本756万美元，主要生产以香瓜子、原香瓜子、凉茶瓜子为主要产品的瓜子系列，按照以“优质的原料、严格的控制、完善的服务、一流的品质”为质量方针，打造“洽洽”品牌。公司拥有完善的生产运营体系，在新疆、内蒙古、青海、甘肃等地建立原料供应基地，保证充足的原料供应。产品销售区域日益扩大，除西南市场外，同时覆盖到华南、华中市场。2017年，实现工业总产值3.1亿元，增长16.2%，上缴税金4509万元。 （郭小兰）

兽药饲料

【概况】 荣昌是全国一流的畜牧科技城，是国家现代畜牧业示范区核心区，境内有西南大学荣昌校区、重庆市畜牧科学院、重庆市养猪科学研究院等科研院所，拥有国内一流的畜牧兽医教学、科研力量，是全国饲料兽药特色产业基地，是全国最大的良种仔猪产销基地和西南地区最大的饲料、兽药集散中心。2017年，全区有饲料兽药企业50户，其中规上企业27户。全年规上企业实现工业产值64.3亿元，增长22.2%。

【兽药产业】 荣昌畜牧科技人才优势得天独厚，区内有全国知名的西南大学荣昌校区（原四川畜牧兽医学院）、全国唯一的养猪科学研究院，兽药产业人才集聚，创新能力强，有方通动物药业、永健生物、澳龙生物、吉亨动物药业等17家兽药企业，通过GMP认证的兽药企业13家，拥有重庆市著名商标6个；有自营进出口权的企业6家，有5户国家高新技术企业，6户企业为市级科技型企业，拥有市级技术中心4个、市级工程技术中心2个。产学研管协同创新机制不断完善，科技创新供需平台逐渐完备，成立畜牧硅谷产业技术创新中心、李德发院士动物营养荣昌工作站，与兽药生产企业合作进行技术攻关，积极开发新产品、改进生产工艺等。2017年，6户兽药企业有19个产品获得重庆市高新技术产品认定，13户兽药企业实现规上工业总产值31.2亿元，增长22.7%。

【饲料产业】 荣昌猪是世界八大优良猪种、全国最优良的三大地方名猪之一。全年年产仔猪200余万头、年出栏肥猪70余万头，为全国最大的良种仔猪产销及烤乳猪加工基地，建有全国统一的生猪现货电子交易市场，被农业部授予2017年度全国农业农村信息化示范基地和农业农村大数据实践案例。依托“荣昌猪”品牌，荣昌区借梯上树，大力发展饲料加工业，饲料工业已成为荣昌区域内最具优势的支柱产业之一。2017年，荣昌拥有饲料加工企业35家，规模以上企业14家，实现工业总产值33.1亿元，增长22.2%。

【西部饲料兽药专业市场】 荣昌区境内拥有中国西部最大的饲料兽药市场——中国重庆畜牧科技城西部饲料兽药市场，是中国重庆畜牧科技城的主要载体，是由重庆市攻坚牧业有限责任公司兴建的“产地与集散地”相结合的专业批发市场。投资3亿元建成的中国（荣昌）畜牧产品交易市场，是西南地区最大和全国知名的饲料兽药集散市场，入驻商家企业300余户，经营兽药、饲料品牌1000余个，品种达8000余种，兽药年交易额12亿元。

【重庆澳龙生物制品有限公司】 重庆澳龙生物制品有限公司位于板桥园，厂区占地4.7万平方米，总投资1亿元，是一家主要从事动物用生物制品研究、开发、生产、销售和技术服务为一体的现代高新技术企业，已获得农业部兽药GMP证书和兽药生产许可证。有细菌活疫苗、羊棘球蚴（包虫）疫苗、布氏杆菌活疫苗和猪瘟活疫苗（细胞源和兔源）等产品的生产资质及其技术设备条件，年生产能力8亿头份，其中，澳龙生物研发的羊棘球蚴（包虫）病疫苗是目前世界上第一个用于预防寄生虫类人畜共患病的基因工程亚单位疫苗，获得国家一类新兽药注册证书。2017年，公司完成工业总产值2.5亿元，增长28.1%，上缴税金978万元，增长66.0%。

【重庆方通动物药业有限公司】 重庆方通动物药业有限公司是集科研、生产、销售、贸易和服务为一体的兽药生产企业，成立于 1999年年底，拥有固定资产8000万元，占地面积4万平方米，资产合计4200万元，从业人员179人，拥有教授、副教授、博士等高级专业人员近百人。设有兽药研究所，高级顾问团，营销策划中心，西南大学硕士生工作站，疫病快速诊断中心等机构。公司是西南大学、华南农业大学、中国农业大学等国内知名院校的教学科研实验基地，具有国内一流的新兽药研究、开发、生产的条件和能力。自创办以来已生产、使用的产品200多个，其中近百个是公司原地标升国标的产品，已成功研制出“金根注射液”“清肺颗粒”两个国家三类新兽药。公司拥有11大系列、200余个品种，其中“方通王注射液”“毒治天下注射液”“热毒先峰注射液”被评为重庆市著名品牌产品。公司产品还远销非洲、中东及东南亚等国家，出口产品达45个品种。2016年，创建成为国家高新技术企业，并荣获重庆市企业技术中心和重庆市兽药制剂研究中心称号，三类新兽药番泻叶颗粒研制与应用获重庆市级立项，另外获得授权得发明专利3项、适用新型专利20项、外观专利17项，6个发明转利已经进入实质审查阶段，2个产品获重庆市知名产品。2017年，公司被评为全国28家兽药“红榜”之一，5个产品被认定为重庆市高新技术产品。全年实现工业总产值6845万元，增长

20.6%，上缴税金455.7万元。

【重庆永健生物技术有限责任公司】 重庆永健生物技术有限责任公司建于2001年5月，由原四川畜牧兽医学院院长、兽医传染病学专家余永健教授及其弟子们投资创建。公司依托西南大学畜牧兽医教学科研体系，下设土博士动物药品生产厂、SPF实验动物房、现代化高免蛋鸡养殖基地、P3级标准生物实验室、动物疫病诊断中心和生物制药研究所，主要从事研究、开发和生产、销售具有自主知识产权的兽药产品，面市产品均获得国家相应的新药证书。兽药厂、SPF实验动物房、检验室、生物制品厂先后通过国家GMP认证。公司现有员工近200人，其中技术人员80余人。永健生物通过十余年的努力，土博士动物药品生产厂应用高新生物技术，包括克隆技术、转基因技术等开发、生产的兽药新产品具有高效、长效、安全、无残留等优点，尤其适合于出口养殖基地畜禽疾病的防治。现有精制卵黄抗体、水针、粉针、口服液、粉（散）剂、预混剂等各种剂型的生物、化学、中草药制剂近百种，已基本形成现代畜牧生态养殖下的畜禽（猪、牛、羊、鸭、鹅、鸡）及特种经济动物疾病的预防保健与治疗药品安全供应和养殖技术咨询服务保障平台，在全国28个省市建立起稳定的销售网络。2017年，其型鸭病毒性肝炎精制蛋黄抗体被认定为重庆市高新技术产品，公司全年实现产值4853万元，上缴税金358.2万元。（郭小兰）

轻工陶瓷

【概况】 2017年，全区轻工陶瓷企业约300户，主要以玻陶制品、夏布、不锈钢餐具等为主，其中规上企业100户。全年规上企业实现工业总产值181.9亿元，增长24.2%。

【玻陶产业】 玻陶产业以陶器生产和玻璃深加工为主。荣昌陶，即“安陶”，最早出现在汉代，素有“红如枣、薄如纸、亮如镜、声如磬”的美誉，与江苏宜兴紫砂陶、云南建水陶、广西钦州陶被国家轻工部命名为“中国四大名陶”，而荣昌安富与江苏宜兴、广东佛山石湾并称为“中国三大陶都”，荣昌陶器制作技艺是国家级非物质文化遗产。2017年，玻陶规上企业25户，规上工业总产值41.3亿元，增长29.9%，其中，陶瓷生产企业14户，规上工业总产值21.4亿元，增长55.6%，玻璃规上企业11户，规上工业总产值19.9亿元，增长10.3%。

【纺织产业】 荣昌的纺织产业主要以夏布为主，荣昌是国家农业部授予重庆市荣昌县“夏布加工基地”，是商务部批准的国家外贸转型升级示范基地，是市中小企业局认定的小企业创业基地，荣昌夏布是国家级非物质文化遗产，连续2年在北京举行夏布时装专场发布会，盘龙夏布基地1.3万平方米标准厂房主体完工。新引进尚上服饰，现已投产，员工达到了900人。2017年，18户规上纺织产业实现产值31.4亿元，增长13%，实现入库税金1371万元。

【眼镜产业】 2017年，荣昌按照“专业化、集群化、国际化”要求，“中国（重庆）眼镜产业园”一期0.33平方公里的厂房的主体工程正在建设中。全年接待来访眼镜企业197家272人次，签订正式协议8家，面积约2.7万平方米，占总招商面积的15%。其中已缴纳履约保证金企业7户，面积约1.9万平方米，占总招商面积的10%。至年末，在荣注册眼镜企业22家，完成工商注册手续的有14家，正在办理注册相关手续8家。

【重庆市永恒玻陶工艺有限公司】 重庆市永恒玻陶工艺有限公司地处享有“西部陶都”美誉之称的荣昌区安富街道，成立于2003年3月，是一家民营股份制企业。在职员工600余人，拥有高、中级专业技术人员60余人。公司主要生产乳白、精白玻璃酒瓶，高、低温烤花玻璃酒瓶，低温喷釉玻璃酒瓶，具有年产50毫升~600毫升各类高档乳白玻璃酒瓶1亿只，高、低温烤花玻璃酒瓶5000万只，彩绘喷釉玻璃酒瓶2000万只的生产能力。公司通过ISO

9001：2000质量体系认证，是国酒—茅台酒酒瓶的指定生产厂家，产品畅销四川、贵州、青海、湖南、山西、重庆等全国各地。获重庆市荣昌县民营十强单位和贵州茅台股份有限公司授予“最佳合作奖”“优秀供应商”“质量稳定奖”等。2017年，公司实现工业总产值1.99亿元，增长41.1%，上缴税金1202.9万元，增长52.3%。（郭小兰）

环保材料

【概况】 荣昌环保材料企业主要以净水材料、空心砖、管道生产为主。2017年，全区环保材料企业40余户，其中有规上企业22户。全年规上企业实现工业总产值55.1亿元，同比增长34.7%。

【重庆昌元化工集团有限公司】 公司注册于1981年12月17日，前身为重庆嘉陵化工厂，1997年6月18日全国第一家中型企业改制成职工个人持股的股份制企业，注册为重庆嘉陵化学制品有限公司，2002年搬迁至重庆市荣昌区，2009年更名为重庆昌元化工有限公司，2012年10月16日成为中外合资企业，成为世界最大的高锰酸钾制造基地，产销量居世界第一。2012年12月24日全资收购白银甘藏银晨铬盐公司，2015年11月成立重庆昌元化工集团公司，总部设在重庆荣昌，公司主营产品为高锰酸钾、高锰酸钠、铬酸酐、重铬酸钠等，专注高锰酸钾生产及销售服务30余年，集团公司拥有员工800余人，技术中心现有职工人数188人，其中技术研发人员125人，拥有中高级技术职称人员20人，高级专家14人，享受政府津贴的国家和省部级专家2人。以每年销售收入的20%作为研发经费，是国家高新技术企业、国家火炬计划重点高新技术企业，主导制定《工业高锰酸钾》《工业氢氧化钾》《工业氯乙酸》等国家标准，公司“嘉陵”商标为中国驰名商标。2017年，被工信部认定为制造业单项冠军。全年完成工业总产值14.45亿元，比上年增长48.4%，入库税金2614万元，基本与上年持平。12月14日，重庆昌元化工集团有限公司获评制造业单项冠军示范企业，这是重庆市企业首次获此殊荣。

【重庆蓝洁广顺净水材料有限公司】 重庆蓝洁广顺净水材料有限公司成立于2009年12月，位于广顺工业园。公司投资3000万元，占地2公顷，于2011年1月动工、10月投产，是一家以聚氯化铝生产为主的水处理药剂大型生产基地，主要生产聚氯化铝产品，用于饮用水、市政污水、工业废水处理，设计生产能力可达到5万吨，产品主要销往重庆、云南、贵州、四川、湖北等地。2017年，实现产值3.84亿元，比上年增长25.9%，上缴税金587.6万元，增长27.3%。（郭小兰）

煤炭工业

【概况】 2017年，全区保有2个煤矿，属地为双河街道，均为核定生产能力21万吨/年的矿井，全年实际生产原煤21.08万吨，完成税收3431万元。年内，双河煤业创建成为安全生产标准化三级矿井，九井煤业创建成为安全生产标准化三级矿井，九井煤业发生安全死亡事故1起，死亡1人，安全死亡人数控制在市、区下达的安全死亡指标以内。全区关闭的17个煤矿安置职工4325人，占应安置职工4415人的98%，未发生大的群访和集访事件，并接受4次国家部委的专项检查和审计。7月，重庆市荣昌区煤炭工业管理局被市人社局等部门推荐为全国煤炭行业先进集体。

【行业管理】 年内，在全区煤矿开展学习宣传贯彻《中共中央国务院关于推进安全生产领域改革发展的意见》活动，进一步完善煤矿企业全员安全生产责任制，推行安全生产责任保险，全年开展安全事故警示教育2次，送培煤矿企业主要负责人和安全生产管理人员52人次，新复训特种作业人员276人，班组长65人。实施“机械化减人、自动化换人”，2个煤矿有6块采煤工作面实现机械化采煤，采煤机械化率达到55%，掘进工作面全部实行装载机械化。全区2个煤矿实施安全监控系统升级改造，提升了安全预警能力。

【监管执法】　2017年，针对煤矿安全新形势，严格执行“双随机一公开”监管执法模式，采取计划检查、联合检查、突击检查、随机抽查、暗查夜查、蹲矿值守等方式，将原来的每矿每月不少于1次的执法检查提高到不少于2次，保持了勤查严管重罚的高压监管态势，严厉打击非法违法开采行为。全年对煤矿检查、巡查119次，查出隐患704条，督促完成整改704条，整改率100%。全年对煤矿企业实施行政执法处罚6.5万元，全矿停产3矿次，停采掘工作面23个，停用设备10台（套）。

【瓦斯利用】　年内，九井煤业主动承接已被关闭德隆煤业瓦斯发电站3台发电设备，成立德隆煤业有限公司九井分公司发电厂。该发电厂由3×700千瓦瓦斯发电机组组成，年发电量1512万千瓦时，年供电量1376万千瓦时，年利用瓦斯530万立方米，年节约标煤量4540吨/年，减少二氧化碳排放量1.22万吨/年，增加产值894万元/年，具有较高的经济效益。　（王先君）

荣昌高新区

【概况】　2017年，荣昌高新区下辖板桥工业园、广富工业园、荣隆工业园3个组团，规划面积17.05平方公里。年内“一区三园”完成征地报件178公顷，取得征地批文72.53公顷，平整场地206.67公顷，新建道路9.5公里，高新区建成区面积由11.0平方公里拓展到12.5平方公里。重点打造装备制造、食品医药、轻工陶瓷和农牧高新“3+1”产业。年内，28个重点项目完成总投资37.91亿元，21个项目开工建设，15个项目竣工投产。荣昌高新区累计入驻工业企业446家，投产企业325家。其中，规模以上工业企业268家，世界500强和中国500强企业9家，A股上市公司1家，上市公司子公司9家，外资企业16家，新三板挂牌2家，OTC挂牌3家，通过GMP认证企业22家，国家高新技术企业37家，市级科技型企业154家。实现工业总产值560亿元，比上年增长18%。完成工业固定资产投资180亿元，增长18.67%。高新区工业集中度达到75.38%。年内，国家高新区创建工作顺利通过科技部农村司和高新司及专家组的验收。代表荣昌区参加2017年全国农业科技大会，并围绕如何升级创建国家高新区作交流发言。成功组建装备制造、食品医药、兽药饲料、环保建材4大产业党总支，开展行政审批进企业咨询服务等100余场、律师服务进企业26家。全年在《经济日报》《重庆日报》和新华网等国家级、市级重点刊物和平台上开展专题宣传8次。开展安全生产大排查、大整治、大执法工作，检查企业890家次，行政处罚48次，罚款金额10万元，责令25家企业停产整改。受理群众信访65件次、207人次，其中上级交办件44件，办结率100%，未发生到市进京上访事件，协调解决农民工欠薪650多万元，妥善处置辖区内12家僵尸企业。

【招商引资】　2017年，全区引进一、二、三产业项目245个，其中亿元以上重大项目66个。合同资金263.18亿元，到位资金（含续建项目）202.6亿元。引进58家企业入驻空（闲）置厂房，盘活空（闲）置厂房30.68万平方米。荣昌高新区引进一、二、三产业项目36个，合同资金65.65亿元，到位资金（含续建项目）49.2亿元。重点引进紫燕食品、永诚车灯、美博尔服饰、尚上服饰、乐禾无人机等重大工业项目19个。

【唯美陶瓷正式投产】　3月21日，重庆唯美陶瓷有限公司在荣昌高新区广富园举行投产仪式。唯美集团是国内规模最大的建筑陶瓷制造商和销售商之一，位列中国工业企业500强和中国建材行业百强企业。重庆唯美陶瓷有限公司于2014年1月签约入驻荣昌高新区广富工业园，项目总投资30亿元，占地133.33公顷，主要生产抛釉砖、仿古砖、瓷片等产品。其生产线实施“机器换人”战略，在设备智能化、节能环保、产品创新等方面都达到世界先进水平。投产的1号车间日产瓷砖8000平方米，达产后可实现年产900万平方米的瓷砖产能，产值5.4亿元。至年末，唯美陶瓷产值达18362.8万元。

【渝洽会荣昌签约成果丰硕】 6月22日，荣昌在第二十届中国（重庆）国际投资暨全球采购会（简称渝洽会）期间，成功签约27个项目，引进内资290.8亿元、外资1.5亿美元。其中，康美药业股份有限公司将投资40亿元建设中医药综合物流配送基地、护理学校、兽药研发生产等项目，航天凯天环保有限公司投资30亿元打造静脉产业园项目，深圳盈田产业发展有限公司投资30亿元建设中国西部现代眼镜制造业基地项目，江苏德科电子科技有限公司投资12亿元建设汽车线束生产项目。

【天鹰乐禾无人机正式投产】 7月19日，重庆天鹰乐禾无人机有限公司在荣昌高新区正式投产，首台荣昌造农用“无人机”交付使用。重庆天鹰乐禾无人机公司是深圳天鹰兄弟集团的第14个子公司，也是该集团在西部地区布局的首个生产基地。该公司于2月13日签约落户荣昌。天鹰兄弟集团是一家专业从事农用无人机研发生产和销售的高科技企业，研发的农用无人机科技含量高，具有“高效、节能、安全、环保”的特点，领跑于各类植保无人机，广泛应用于现代农业植保。重庆天鹰乐禾无人机有限公司的投产运营，填补了西南地区农用无人机制造领域无知名品牌的空白。

【首家品牌孵化公司“落地”】 7月28日，荣昌首家品牌孵化公司——重庆易维品牌营销策划有限公司在荣昌高新区古思特创客空间“落地”。该公司是一家由归国留学生创办的新星企业，以品牌孵化、云顶设计（云顶设计包括：产品动漫形象设计、企业VI系统设计）、活动策划为主，集营销、策划、设计、制作为一体，提供中国领先品牌整体解决方案等优质服务。由重庆古思特商业管理有限公司，资深策划师及海外归国精兵强将联合组建，成为荣昌区首家以专业品牌孵化为核心的创新型公司。该公司充分利用现代科技的成果，与猪八戒网和阿里巴巴等网络交易平台进行对接，使品牌策划从传统运营方式，向网络化、信息化、国际化的方式转变，实现实体与虚拟的结合。公司采用“高校运营公司 培训教育机构企业”的商业运营模式，以“打造全国一流的营销策划整体解决方案服务机构”为目标，争做品牌营销策划专家企业。至年末，公司营业收入达50万元。

【华森制药成功上市】 10月20日，重庆华森制药股份有限公司在深圳交易所中小板挂牌上市，成为荣昌区首家、全市第五十家成功登陆A股资本市场的企业。重庆华森制药股份有限公司是一家集药品研发、生产、销售为一体的现代高科技股份制制药企业，“华森”商标被评为重庆市著名商标和全国重点保护品牌。2016年，被中国医药研发创新峰会组委会评为“中国中药研发实力50强”和“中国药品研发品牌实力50强”，被中国医药工业信息中心评为“中国医药工业最具投资价值企业”。

（陈　银）

商贸 旅游

商 业

【概况】 2017年，全年批发和零售业实现增加值23.95亿元，比上年增长11.2%，占全区生产总值的5.8%；住宿和餐饮业增加值8.6亿元，增长9.8%，占全区生产总值的2.1%；社会消费品零售总额125.45亿元，增长13.3%；批发和零售业销售额250.04亿元，增长21.2%；住宿和餐饮业营业额45.93亿元，增长18.5%。外贸进出口总值22.81亿元，下降47.7%。其中：出口22.6亿元，下降47.5%；进口0.2亿元，下降64.9%。全年实际使用外资金额4692万美元，增长6.4%，其中外商直接投资320万美元。

【市场主体培育】 滨海大酒店、荣记兴酒店、棠城饭店、西城天街、横店影院等商贸项目投入使用，康宁美食广场、红星美凯龙、太平洋广场、夏布时尚小镇、陶宝古镇、万灵福邸等大型商业设施基本建成；成立润云商贸、凡雪服饰等销售公司，年净增销售额6亿元以上；协调汇宇建材市场、五洲国际商贸城完善定位，正当竞争，加强对外宣传和招商。支持汇宇建材市场、五洲国际商贸城引进2个酒店、娱乐项目，消化专业市场商业库存2.42万平方米。3月，在荣昌区农副产品综合批发市场实现水果批发市场的培育，引进80余户水果商户入驻。2017年，完成服务业企业升规升限82个，三大专业市场交易额预计81.6亿元。

【电子商务】 2017年，电商交易额实现31.3亿元（不含国家生猪市场交易额），同比增长56.2%，其中网络零售额2.8亿元、农村电商交易额3.9亿元。全区新增电商主体30家，电商企业及个体1508家。“在村头”电商平台在12个市级贫困村实现全覆盖。支持永立百货连锁超市和一批实体零售店建立网络支付系统，建成城市末端配送网点62个；结合“香海棠”农产品区域公共品牌打造培育荣昌猪、荣昌卤鹅、脐橙、河包粉条等产业电商品牌；投入资金200万元支持重庆科牧公司建设区级电商服务中心，成功申报市级电子商务示范区，安富街道创建市级电子商务示范镇，安富通安村、洗布潭村和河包转龙社区创建市级电子商务示范村。支持国家生猪交易市场拓展市场，升级生猪交易系统2.0版本，建设生猪交易质量追溯系统，改造供应物流链，全年交易额达400亿元以上，被中央网信办确定为“网络扶贫双百企业”，被农业部确定为“互联网+农业双百企业”；引进“阿里巴巴”农村淘宝入驻荣昌；推进电商进乡村工作，“在村头”电商平台惠农增收、助力扶贫攻坚，平台在12个市级贫困村实现全覆盖，与117户贫困户签订购销协议，帮助实现销售收入120万元，每户增收1500元以上，成为重庆市电商扶贫亮点。充分运用“在村头”电商平台的优势，带动140个新村加入“在村头”平台。充分调动和发挥大学生村官、本土人才的积极性，培育解决电商人才问题。以铜鼓镇高山村电商带头人熊贵英帮助群众利用电商平台销售农产品为题材的微电影《无悔的青春》获得第五届亚洲电影艺术节“金海棠”奖。

【特色美食名城建设】 2017年，全区餐饮住宿营业额实现45.93亿元，同比增长18.5%，新增面积1000平方米以上的大中型酒店10个、特色农家乐11个；卤鹅销售额超过3亿元，其中电商销售额2000万元以上。区政府出台《关于推动餐饮业转型升级打造特色美食名城的意见》，明确了打造特色美食名城的总体思路、工作目标、重点任务和保障措施；设立餐饮业发展专项资金，为餐饮业加快发展提供政策支持；培育特色餐饮名店老店，全力打造荣昌卤鹅公共品牌。启动荣昌特色餐饮名店、老店评选创建，重点支持一批特色餐饮名店发展壮大，扩大荣昌餐饮企业的对外影响力，敖家巷羊肉汤、旱蒸牛肉获评“重庆老字号”；积极引进和培育餐饮市场主体。新引进世纪酒店、棠城酒店、光胜酒店、荣记兴、一斗鲜品火锅、重庆锅首火锅、海天盛筵等一批品牌餐饮企业入驻荣昌，西城天街开街引进餐饮企业25家。启动荣昌宴的开发和推广工作，初步形成荣昌菜的品系和荣昌宴菜谱，支持举办康宁荣昌首届美食论坛、邦德广场荣昌国际美食节、荣昌首届龙虾美食节、荣昌首届百威啤酒狂欢节等美食节会活动。加强宣传营销，拍摄荣昌美食宣传纪录片，投放荣昌美食宣传广告，拉动消费，扩大荣昌美食的影响力。支持多多指教公司打造荣昌美食营销平台，开发微信推广平台；鼓励和扶持荣牧公司在京东商城开设美食商城，全年电商销售额400万元。

【扩大消费需求】 限额以上法人企业主要商品零售额中，汽车类增长25.8%，粮油、食品类增长23.4%，家用电器、音响器材类增长25.0%，石油及其制品类增长15.4%。调整办展模式，鼓励支持企业结合市场需求办展会。全年举办展会节庆活动49个，其中展览活动9个，展出总面积11万平方米，参与人员达到42万人次；举办节庆活动26个，赛事演出活动11个，创收1.07亿元，拉动消费8.5亿元，同比增长12.1%；发展夜市促进消费。以“夜重庆·潮生活”为主题，举办了康宁广场乐堡啤酒节、首届百威啤酒狂欢节、“相约康宁·乡约美食”美食文化论坛等夜市文化节活动等7次；引导和鼓励区内各大商场超市开展打折、节日庆典、开业庆典等商业促销活动34次，为市民营造了形式多样、内容丰富的消费环境。

【外贸进出口】 2017年实际利用内资项目767个，同比下降28.5%。实际利用内资金额278.63亿元，增长20.5%，其中5000万元以上项目183个，5000万元以上项目实际利用内资252.79亿元，增长20.8%。新培育外贸企业14个，全区外贸备案企业总数达168个，常年保持进出口业绩70余个。大力促进贸易便利化，邀请市商务委、市检验检疫局、重庆海关等部门到企业现场指导，帮助企业解决出口报关、检验检疫的具体问题。重庆海关支持荣昌区依托渝西国际建设保税仓，支持昌元化工反倾销应诉取得成效，高锰酸钾产品将顺利进入美国市场并免征128.94%的惩罚性关税。努力扩大外贸出口，落实资金820万元，支持红茶、夏布、不锈钢等传统外贸企业技改升级和扩建。落实市场开拓资金55万元，组织夏布、陶器、折扇企业参加韩国、日本、美国等国际展销会和广交会、昆交会等市场开拓活动。全年自营进出口完成1.5亿美元，增长15%，除夏布外，化工、不锈钢制品、红碎茶、塑胶等产品出口均实现较大增长。支持传统产业认证，组织申报“荣昌猪”“荣昌白鹅”“盘龙生姜”生态原产地产品保护成功，为特色农产品走出去、提升附加值，提供了质量安全保障。

【商贸系统保供应急】 为了切实保障市场供应，确保广大人民群众的正常消费需求，提高商贸系统的应急保供能力，进一步完善了重要物资应急保供网络体系和粮食应急保供网点建设工作，在全区建立重点保供企业7个，粮食供应网点27个、粮食应急加工企业5个、粮食配送中心2个，区商贸系统应急保供队伍充实到30人。同时强化责任意识，细化工作措施，完善应急保供工作方案，提高应急保供能力。

【打造荣昌卤鹅公共品牌】 2017年，全区有卤鹅商家308个，卤鹅年销售量超300万只，年销售额3亿元。制定工作方案，明确责任分工。研究制定《荣昌卤鹅公共品牌建设方案》；申请“荣昌卤鹅”国家地理标志证明商标注册，收集整理相关申报资料，2017年年底前上报国家工商总局，完成正式注册申报；完成“荣昌卤鹅”公共商标VI、产品包装、广告版面规范设计；制定并出台荣昌卤鹅企业标准；开展保鲜技术研发，为荣昌卤鹅保鲜流通提供解决方案；启动“中央厨房”建设，支持重庆荣牧公司建设的卤鹅中央工厂已竣工并通过SC认证；加强行业自律，支持成立荣昌卤鹅行业协会，进一步加强行业自我管理和协同发展能力；支持荣昌美食走出去，支持区内三惠鹅府、小罗卤鹅等商家在江北机场T3航站楼、成渝高铁荣昌站开设卤鹅门店，拍摄以荣昌卤鹅为代表的荣昌美食宣传纪录片，进一步挖掘区内美食文化资源，在荣昌高铁站、成渝高速公路等交通要道投放“荣昌卤鹅”宣传广告。

【互联网+名优特产推介会】 11月2—5日，在荣昌区人民广场举办互联网+名优特产推介会。推介会云集了安岳、大足、东兴、隆昌、泸县、铜梁、潼南、永川、荣昌等区县，组织40余个部、省、市名优特产品参展。推介会以电商农产品为主，选择优质、生态、绿色农特产品参展，采取“现场体验、网上购买”等系列优惠促销活动。4天时间销售额达600余万元，其中荣昌特色美食销售额达150余万元。（陈　莹）

粮　油

【概况】 2017年，制定工作方案，开展对全区17个具备粮食收购企业的粮食许可证进行年审专项工作。对1万吨区级储备粮做好监督管理工作，做到每月巡查。完成本年度区级储备费用364.83万元拨付、400吨区级成品粮储备。全年进行安全生产、储粮安全及“大快严”检查36次，粮食企业未发生安全责任事故。

【粮食库存检查】 4月，会同农发行组织工作检查组对全区的粮食库存进行全面检查。按照“有仓必到、有粮必查、有账必核、查必彻底”的原则，检查粮食食物库存数与统计账、会计账、保管账相符，无虚报、瞒报、错报现象。全区储备粮规模能按品种、数量按时完成轮换，无超架空期轮换现象，确保了国家粮食与储备的安全。同时迎接了市相关职能部门对粮食库存的抽查，此项工作受到上级部门的好评。

【推进放心粮油工作】 督促企业参加全市放心粮油龙头企业创建及复评工作，深入推进全区放心粮油工作。指导企业成功申报粮食产后服务中心建设项目，项目总投资600万元，其中中央和市级补助300万元，企业自筹300万元。（陈　莹）

供　销

【概况】 2017年，区供销合作社在重庆艾谷农业有限公司、重庆市荣昌区农民合作社服务中心有限公司2个社有企业的基础上，9月，由重庆艾谷农业有限公司投入资金68.7万元，组建“重庆市荣昌区艾谷农资有限公司”，年末，共有3个社有企业。年内，新发展农民合作社23个（专业合作社16个，新型股份合作社7个）、联合社1个、综合服务社22个。年末，全区有基层供销社24个，农民合作社491个，核心农民合作社83个。

【基层示范社建设与改造】 按照“重塑形象、品牌引领、典型示范”的基层供销经营体系建设思路，采取统一设计标识、标牌，重塑形象。选取条件相对成熟的荣隆、仁义、清升、清江4个基层供销社进行示范社试点建设，配合示范社试点向村、社区延伸建设综合服务社22个，重点围绕乡村振兴这条主线从农村电商发展、农资供应、农业社会化服务、农业生态旅游、农村集体经济发展、村级服务功能完善、搭建工业品下乡、农产品进城的双向流通平台，提升为农服务能力，促进农业增效、农民增收等方面进行了有益探索。

【金融服务】 与重庆市土特产品交易中心合作，在荣昌开展农民合作社（涉农企业）供应链金融创新试点，为荣牧科技有限公司融资300万元。积极帮助荣富花椒、康元水果等符合融资条件的农民合作社融资500万元，有效缓解农民合作社的资金压力。

【烟花爆竹管理】 用“两结合 三严格”的方式（常年经营和临时经营相结合、专店和专柜相结合；严格控制数量、严格工作措施和严格打非执法），实施“总量控制、分类许可”的烟花爆竹零售经营布点新模式。即全区烟花爆竹零售经营布点总量不突破530户，常年经营户必须专店专柜，季节性临时零售经营户必须控制进货数量实行专柜经营的工作模式，有效防止了安全管理需要与现实脱离的矛盾。（杨春莉）

烟草专卖

【概况】 2017年，区烟草专卖局（分公司）销售卷烟2.51万箱，实现税利1.26亿元，税金1.14亿元。全区有零售客户2648人。

【专卖管理】 2017年，全区共查获涉烟违法案件313件，同比增加94件，增长42.92%；查获违法卷烟4444.2条，同比增加2482.8条，增长126.58%；总案值93.28万元，同比增加42.14万元，增长82.40%。全区烟草市场秩序进一步好转。

（刘雨佳）

盐　业

【概况】 2017年，销售盐产品5543吨，其中口盐销售1294吨。非盐销售收入1004万（通过重盐云商线上销售收入859万元），其中酒类销售141万元，调味品销售25万元，粮油销售638万元，白糖销售199万元。

【体制改革】 12月29日，按照《重庆市人民政府关于印发重庆市盐业体制改革实施方案的通知》（渝府发〔2016〕65号）和市政府办公厅《关于调整盐业监管体制改革过渡期的通知》等文件精神，决定撤销重庆市盐务管理局及其下属机构，盐业监管按新的体制运行。荣昌区盐务管理分局撤销后的盐业监管职能划归荣昌区经济和信息化委员会、荣昌区食品药品监督管理分局管理，实现政企分开。

【市场布局】 2017年，荣昌盐业深入推进“连锁网络+卓越服务”商业模式，大力推进城乡营销渠道网络建设，坚持定时、定线路、定周期配送原则，切实改进服务配送质量和服务水平。做深做实社区零售终端、便利店、乡镇市场等终端渠道，拉近与消费者的距离。有效拓展重盐云商电子商务等新型渠道，推进销售渠道扁平化管理，强化终端网点建设和乡镇市场的开发，运用赶集促销、车销、社区促销的方式，利用重盐云商线上交易配合物流优质服务提升线下终端客户的依赖性。（杨天勇）

旅游管理

【概况】 2017年，全区有国家A级旅游景区4个，其中AAAA级景区1个、AAA级景区3个，全国休闲农业与乡村旅游示范点1个，全国美丽乡村创建示范点1个；三星级旅游饭店2个（明珠、海棠），按照星级标准建设的旅游饭店3个；乡村酒店、度假村、农家乐70余个，旅行社3个，旅游服务网点20个；旅游商品生产（销售）企业24个，旅游商品3大类50多个品种。旅游直接从业人员约7000人，间接从业人员2万余人。全年接待游客480万人次，实现旅游接待收入总收入13.78亿元，过夜游客76万人次，分别同比增长40.2%、37.1%和18.8%。

【旅游宣传】　2017年，荣昌区以“融巴蜀灵气、兴天下荣昌”为主题，继续实施旅游宣传。7月，荣昌旅游宣传片亮相重庆卫视，播放时间1年。与《重庆日报》合作，完成策划服务、专题专版宣传和平面形象宣传20余次。先后在重庆解放碑、GB5渝昆高速三环高速下道处、荣昌到桑家坡收费站、北碚立交等区域设置T型户外广告宣传牌。完成成渝高铁（荣昌站）灯箱广告、桥都重庆画册护封宣传和重庆环球金融中心旅游专柜设置。

【旅游营销】　组织实施“荣昌旅游惠民季”活动。全年成功举办第三届金血橙节、第二届风筝文化艺术节、花漾万灵风车节、第三届万灵樱花节、第二届恩桃采摘节、万灵福邸“五一”系列活动、《中国新歌声》第二季全国城市海选重庆荣昌总决赛、第四届万灵古镇七夕河灯旅游文化节、首届中国（荣昌）国际艺术摄影大赛、荣昌区第二届桂圆旅游文化艺术节、首届荣昌卤鹅美食文化节、菊花艺术节等活动12场次。先后赴内江、广安、合川、隆昌、江北开展5次精准营销，以文艺演出为载体，展示荣昌丰富的非物质文化遗产。全年组织旅游企业参加了重庆都市旅游节暨城际旅游交易会、第十三届海峡旅游博览会、第五届中国西部旅游产业博览会、广安市华蓥山旅游文化节、杭州世界休闲博览会等5场展示展销会，累计发放旅游宣传资料3万余份。制定荣昌旅游专线、一日游、二日游及“99元游荣昌”营销方案，鼓励酒店、旅游商品、餐饮等商家和景区景点进行惠民优惠促销，激活市场，拉动内需。

【景区管理】　继续聘任社会各界人士为景区服务质量社会监督员，监督景区旅游经营者及从业人员的旅游经营行为和旅游服务质量。对全区涉旅企业进行了15次安全生产大检查和旅游环境集中综合整治，实现检查全覆盖和零事故。继续推进“厕所革命”，全年投资315万元，新建旅游厕所6座。

【旅行社、饭店建设】　全年新增旅行社门市部（网点）7个，新备案旅行社门市部（网点）4个，注销旅行社门市部（网点）2个。年底，全区共有旅行社3个，旅游服务网点20个，明珠宾馆、海棠大酒店三星级星级旅游饭店2个，按照星级标准建设的旅游饭店3个。

2017年荣昌区旅行社（门市部、服务网点）一览表

表3

旅行社（门市部、服务网点）名称	负责人	设立地址
真情旅行社	杨　芹	昌元街道广场路70号
绿洲旅行社	刘　建	昌元街道广场路76—78号
枫叶旅行社	叶嗣君	昌元街道玉屏街64号
重庆中国国际旅行社有限责任公司荣昌门市部（国旅）	罗晓虹	荣昌县人民路2号
重庆乐畅国际旅行社有限公司荣昌瑞尔门市部	蒋　莉	昌元街道昌龙大道37号附14
重庆市环宇旅游有限公司荣昌门市部	吴晓山	荣昌县后西街193号
中国旅行社总社（重庆）有限公司荣昌服务网点	吕奉奎	荣昌县玉屏街28号
重庆海外旅业（旅行社）旅行社集团有限公司荣昌门市部	刘　建	荣昌县昌元镇广场路78号
四川全球通国际旅行社荣昌门市部	张　霞	荣昌区昌州街道小康路109号
重庆市中国旅行社（集团）有限公司荣昌县门市部	李世艳	荣昌县昌元镇滨河中路199号
重庆旅游控股集团渝之旅国旅荣昌门市部	盘秀丽	荣昌县莲花街28号

续表3

旅行社（门市部、服务网点）名称	负责人	设立地址
重庆宝中国际旅行社有限公司荣昌门市部	吴晓山	荣昌县后西街193号
重庆紫皇程国际旅行社有限公司荣昌东大街门市部	赖文凯	荣昌区昌元街道东大街安居工程二期
重庆九州国际旅行社有限公司荣昌服务网点	张继军	荣昌昌元海棠东路4号
重庆海航乐游有限公司荣昌服务网点	刘泉	荣昌昌州街道富安南路90号
四川全球通国际旅行社股份公司	刘相兵	荣昌区昌元街道祥和二街90号
重庆乐畅国际旅游社有限公司荣昌服务网点	刘娟	荣昌区昌元街道昌州大道中段755号
中国旅行社总社（重庆）有限公司荣昌服务网点	张兰燕	荣昌区昌州街道迎宾大道14号附69号
重庆两江旅行社有限公司荣昌宝城路服务网点	张颜彬	荣昌区昌元街道宝城一段213号附61号
重庆长途汽车运输集团馨程旅游有限公司荣昌分公司	余业清	荣昌昌元街道昌州中段686号
重庆市乐畅国际旅行社有限公司荣昌后西街服务网点	黄映连	荣昌昌元街道后西街242号
四川全球通国际旅行社荣昌东邦门市部	张茂华	荣昌区昌州街道棠香北街8号5栋附19号
重庆悠程去哪儿国际旅行社荣昌门市部	杨芹	荣昌区昌元街道广场路68号

2017 年荣昌区星级及按星级标准建设的旅游饭店

表4

单位名称	类别	地址	电话
明珠宾馆	三星级	荣昌区广场路111号	46188300
海棠大酒店	三星级	荣昌区昌元街道玉屏街146号	85268166
瑞尔大酒店		荣昌区北部新区昌龙大道39号	46277777
恒荣假日酒店		荣昌区昌元街道恒荣路61号附47号	46267777
香国奥斯特国际酒店		重庆市荣昌区昌龙大道	46258888

【旅游产业运行监测及应急指挥平台试运行】 9月，按照国家旅游局和市旅游局的总体部署，荣昌区建成旅游产业运行监测及应急指挥平台并试运行。旅游产业运行监测及应急指挥平台是综合运用旅游景区、旅游企业以及公安、交通、电信、移动等运营商等数据，集基础资源管理、行业数据直报、游客统计分析、旅游团队服务管理、旅游行业监督管理、旅游经济运行分析、应急指挥管理等功能于一体的综合指挥平台。万灵古镇等具备条件的A级旅游景区的视频数据、游客数量及收入等数据已经完成接入。（代丹梅）

旅游开发

【概况】 2017年，荣昌区旅游开发紧扣“1+3”发展重点，明确发展定位、推进旅游招商，扩大宣传营销，加快项目建设，强化行业管理，全力打造成渝城郊休闲体验旅游目的地，实现旅游经济的稳步增长和旅游品质的有效提升。

【明确旅游业发展定位】 3月23日，区委书记曹清尧在清升镇主持召开全区旅游产业发展专题会，专题研究全区旅游产业发展。会议明确荣昌区旅游产业的总体定位、发展原则和主要业态。立足荣昌“两无三有”基础条件，按照“特色发展、错位发展”的原则，建设成渝特色体验性旅游目的地，集中建设“1+3”旅游景区，打造美食健康之城，农耕文明体验胜地、户外健身休闲基地、古装影视拍摄高地。明确在中心城区，重点围绕消费城市建设，布局高端美食、康养等大健康旅游业态；在万灵古镇景区，重点围绕水陆联动的移民文化，布局品牌赛事、休闲康养、古装影视等旅游业态；在荣昌陶文创园景区，重点围绕特色小镇和非遗陶文化，布局体验教育、特色购物等旅游业态；在古佛山景区，重点围绕农耕文化，布局田园民宿、运动观光、采摘等旅游业态。

【重点项目建设】 向上争取各类项目补助资金31.3万元。全区在建旅游项目54个，年底完工36个（含基本完工），按时序进度推进9个，完成旅游投资12.65亿元。7月，梦幻万灵项目一期水主题公园于驻水正式开园迎接游客；8月，万灵福邸、移民文化公园项目完成竣工验收正式对游客开放；9月，喻茂坚廉政文化景区完工并投入使用。安陶小镇古驿道、古佛山金龙湖等区级重点项目全面完成，古佛山景区接待中心、古佛禅居等项目基本完成。万灵福邸、陶宝古街相继开街。

【文旅招商】 全区推出文化旅游招商项目27个，引进项目12个，合同资金24.97亿元。其中工业类（含总部经济）项目3个，合同资金6亿元。古佛山山顶旅游综合开发、万灵影视文化体验园和万灵田园时光等项目成功签约。

【渝西旅游经济带区域协作】 3月 28日，渝西旅游协作区2016年总结会暨2017年轮值主席交接仪式在南川区举行，荣昌区被推选成为2017年渝西旅游经济带区域协作组织轮值主席单位。5月，荣昌区代表渝西地区参加第十三届海峡旅游博览会。6月，2017年渝西旅游经济带第一次区域协作会在荣召开，协作区11+2成员单位区县旅游负责人参会，会议确定了2017年渝西旅游重点工作。7月，根据市领导指示精神，荣昌区牵头编制《重庆环城全域休闲旅游带实施意见》，随后市旅游局组织召开征求意见会，修改完善后于10月报市政府审定。10月，组织渝西联盟各成员单位赴杭州开展主题营销活动，借助2017杭州世界休闲博览会的契机和平台，展示休闲旅游资源和产品，荣昌作为渝西区域旅游协作组织轮值主席单位对渝西旅游进行整体推介。 （代丹梅 万师师）

财政　税务

财　政

【概况】　2017年，全区一般公共预算收入25.92亿元，为调整预算的100.03%，比上年增长2.7%。其中税收收入14.36亿元，为调整预算的100.14%，增长3.8%；区本级一般公共预算收入21.83亿元，增长32.6%；区本级政府性基金收入15.2亿元，为调整预算的100.02%，增长8.6%。全区一般公共预算支出61.67亿元，为调整预算的101.7%，增长11.8%；区本级一般公共预算支出51.45亿元，增长10.8%；政府性基金预算支出4.65亿元，为调整预算的65.8%，下降57%；区本级政府性基金预算支出3.4亿元，下降66.9%。农林水支出7.03亿元，教育支出12.92亿元，科学技术支出0.61亿元，文化体育与传媒支出0.51亿元，旅游管理与服务支出0.15亿元，社会保障和就业支出7.07亿元，医疗卫生与计划生育支出6.68亿元，公共安全支出2.5亿元。

【财政收入平稳增长】　2017年，面对国内经济下行压力持续，经济复苏仍然乏力，以及“营改增”和煤炭关停等政策性减收因素影响，区财政局做好收入形势的预判和应对工作，加强与税务、平台公司等部门的协作联系，做到早谋划早部署；加大总部经济税源培育和欠税、欠费清缴力度，做到依法治税，应收尽收；加强收入形势分析和各区县税收信息收集力度，召集执收部门定期召开收入形势分析会，采取有效的措施克服经济下行压力带来的影响；落实综合治税工作，区政府办公室出台《关于进一步加强综合治税工作的通知》，区财政局会同国、地税成立相关机构，加快推进第三方涉税信息平台建设工作，形成全区行政事业单位全力协税护税的良好局面，确保财政收入有序入库和平稳增长，全年完成一般公共预算收入25.92亿元，为调整预算的100.03%，比上年增长2.7%；区本级一般公共预算收入21.83亿元，增长32.6%。

【支持实体经济发展】　深化供给侧结构性改革，深入推进“三去一降一补”，累计关闭和退出产能落后煤炭、钢铁企业22家，空壳和僵尸企业50家，安排专项资金3.03亿元，用于职工安置，其中，中央资金1亿元，市级资金0.22亿元，区级资金1.82亿元；落实优惠购房各项政策和房地产开发税收优惠政策，放缓综合用地出让，有效降低房地产总量，多措并举盘活一批商业地产；落实区级支持实体经济发展的各项财税扶持政策和市级新办鼓励类中小企业财政扶持政策，兑现奖补资金0.22亿元；落实微型企业扶持政策，拨付微型企业创业补助和后续扶持补助159.34万元，返还微型企业税金12万元，促进微型企业发展。

【提高资金使用效益】　开展财政监督，依法开展行政事业单位财务管理检查，履行财政部门会计监督职责，防范、控制会计信息失真，提高资源配置效率，执行财经纪律，整顿和规范财经秩序；

开展预算绩效评价，科学挑选绩效评价项目，加强评价过程联系和跟踪，邀请人大代表、政协委员参与，规范重点评价流程，提升重点评价报告质量，加强绩效评价结果运用；规范政府采购行为，进一步完善政府采购制度并严格执行，加强政府采购评审专家管理，全年年完成政府采购964批次，金额22186.77万元，较项目预算数节约资金2365.29万元，节支率为9.63%；完成政府投资预算项目评审152个，送审金额139602.11万元，评审金额130757.78万元，审减金额8844.33万元，审减率6.34%；完成国有资产处置5宗，成效金额383.89万元；完成国有资产租赁8宗，成交金额59.462万元，增幅16%。

【完成新一轮财政体制改革】 完成镇街财政体制改革。深入基层听取意见与建议，并反复修改调整方案，制定了符合镇街经济发展趋势、操作性强的新一轮镇街财政体制改革方案。部门预算改革，推行“零基预算”，制定了适宜全区财力平衡、结构调整以及预算管理需要的2018年区级部门预算编制方案，并稳步推进。深化国库集中核算和支付改革，完成全区所有集中核算单位转轨工作。启动全区电子化支付改革试点工作，选定14个预算单位、7家银行进行首批试点。（罗　琴）

国家税务

【概况】 2017年，荣昌区国税收入12.73亿元，同比增收2.39亿元，增长23.1%。分税种：增值税9.41亿元，增收2.04亿元，增长27.67%；消费税8204万元，增收565万元，增长7.4%；企业所得税1.71亿元，增收1686万元，增长10.95%；车辆购置税7877万元，增收1259万元，增长19.02%。分级次：地方级收入5.39亿元，增收1.09亿元，增长25.28%；区级收入3.74亿元，增收7301万元，增长24.25%。

【深化税收征管体制改革】 大力推进电子税务局建设。积极推行网上办税为主、自助和其他社会办税为辅、实体办税服务厅兜底的办税模式。2017年，荣昌区国税局电子税务局注册绑定纳税人11844户，绑定率达应绑定户的100%。调整机构职能，统一实施“专业化+属地”的税源管理模式。收缩整合4个偏远镇街税务所，成立2个属地管理税务所；设立风险管理和应对专业部门的2个重点税源管理所，并将人员向税源集中地转移。深化国地税合作，与荣昌区地税局在综合治税、联建办税服务厅等重要事项中密切合作，完善税收征管流程，有效防止漏征漏管；共同完成的“一票清税”试点，获得国家税务总局、重庆市国税局、重庆市地税局的好评。

【税种管理】 加强增值税管理。扎实开展行业清理，夯实税源管理基础；加强与镇街合作，形成合力，实现税源动态跟进，督促纳税人依法申报纳税。加强所得税管理。加强2016年度汇算清缴工作，逐户辅导重点企业在年度汇算清缴时调整税会差异，全年有1878户企业准期进行汇算清缴，准期申报率99.16%。落实小微企业、西部大开发、资源综合利用、新型墙体材料和出口退（免）税等各项税收优惠政策，助推企业发展。

【依法治税】 开展税收执法大督察。严格按照国家税务总局和重庆市国家税务局要求，对全局所有基层单位和7个科室开展税收执法大督察，及时整改发现的问题，规范税收执法行为。大力推行权力清单制度。按照职责法定原则，向纳税人公开税收执法权力事项及权力运行流程，严格遵循《税务行政处罚》和裁量权基准制度的处罚标准，保证权力正当使用。全年，区国税局行政处罚案件128件，其中简易处罚105件，一般处罚23件，罚款5.02万元，无一例行政复议或行政诉讼案件发生。

【纳税服务】 深入推进“放管服”改革，着力营造良好营商环境。持续开展“便民办税春风行动”，认真落实好《纳税服务规范2.3版》《国税地税合作规范3.0版》，确保各项服务工作制度化、规范化。坚持首问责任、限时办结、预约办税、延时服务、免填单、“二维码”一次性告知等办税服务制度。9月1日，区国税局办税服务厅正式搬迁到荣昌区行政服务中心企业服务厅。国地税窗口有28个，其中国税窗口15个，所有窗口全部实现“全市通办”和“一窗全办”；自助办税区配备纳税人使用电脑18台、ARM自助办税机5台，为纳税人提供便捷化办税体验。（高旭楠）

地方税务

【概况】 2017年，荣昌区地方税务局在经济增长放缓、税收基数较高、税收形势严峻等因素影响下，凝心聚力、务实担当，税费总收入27.68亿元，再创历史新高，同比增收3.37亿元，增长13.87%。其中：税收收入12.79亿元，除去“营改增”部分，增收1.18亿元，增长10.23%；非税收入14.89亿元，增收4.45亿元；社保费征缴率达98.9%。落实改善民生、高新技术、西部大开发、促进小微企业发展等各项税收优惠政策，全年减免税款2.16亿元。《地税专报》获得区领导的肯定性批示23篇次。年内，地税局成功创建“全国文明单位”“全国职工书屋”“全国百佳国税地税合作市级示范区”，纳税服务中心荣获“全国巾帼文明岗”。

【深化“放管服”改革】 简化涉税事项办理流程，将依申请类“即时办结”业务全部前移办税服务厅实现一次办结，压缩非即办事项30%的办理时限。加强事中事后监管，全年推送风险任务516个，入库税款8525万元。强化稽查职能作用，对38户企业实施自查辅导，查补各税2835万元，对24户企业立案检查，查补入库1126万元。构建现代化办税平台，着力建设全职能、全智能纳税服务中心，出台“一票清税”、网上存量房交易办理、12366二级服务热线建设等便民办税新举措，有力保障纳税服务的“最后一公里”高效畅通。

【征管体制改革】 制定《重庆市荣昌区地方税务局征管体制改革方案》，重点对400多条前后台业务重新划分，搭建与“转方式、提效能”相匹配的征管基本程序。重新调整征管机构及管理范围，实现机构、人员的“无缝对接”、地点搬迁的“即插即用”，为征管体制改革搭建精简高效的组织保障。取消分片、分行业的属地管户模式，专设基础事务、风险应对、综合事务等内部岗位，完成“一对一”管户向“专业化+团队化”转变。出台并实施风险管理制度，建立涉税风险快速响应机制，充分发挥风险管理“牵引器”作用，构建集成纳税服务、基础征管、税务稽查、风险管理有机结合的税收风险管理体系。

【强化内控】 制定《区局内控机制建设实施方案》，全方位、多方式进行风险排查。坚持推进执法督察工作常态化，每月内部单位之间交叉督察、每季与大足区局开展交叉督察、年度按照市局统一安排实施交叉督察，形成“月度+季度+年度”的全覆盖执法督察的新格局。全年开展执法督察4次，发现风险点134个，整改入库税款1668万元，在市局评查环节获得片区第四的成绩。编印《区局制度汇编》，加强对办公环境、办事言行、财务资产等规范化管理，提升内部管理水平。制定并完善依法行政相关领导小组议事规则，成立重大税费审委会，执法决策民主集中，执法行为切实规范，全年对17件重大议案进行集体审议，涉及税款共计4160万元。

【建立涉税信息交换平台】 8月，荣昌区人民政府办公室下发《关于进一步加强综合治税工作的通知》，要求通过建立涉税信息交换平台和涉税信息共享制度，实现税源信息互联互通，由地税局牵头，财政局、国税局配合共同推进涉税信息平台建设具体工作。9月，地税局、财政局、国税局召开信息平台建设工作联系会，议定平台建设的工作步骤和细节，开展招投标等相关工作。11月，地税局与平台承建单位组织财政局、建委等15个部门共同商讨平台建设中需要协助的事项，论证数据采集、上传的路径以及相关秘密保护等事宜。12月，经使用单机版进行数据比对、分析和查找涉税风险测试后，正式上线运行，国税局、地税局均可运用平台进行数据比对、分析，查找税源、强化征管。

2017年荣昌区地方税务局税费收入情况表

表5　　　　　　　　　　　　　　　　　　　　　　　　单位：万元、%

项　目	完 成	比上年同期	
		± %	± 额
各项收入合计	276795	13.87	33713
一、税收收入合计	127870	–7.81	–10837
其中：中央级	19064	6.64	1187
地方级	108806	–9.95	–12024
市级	2605	–75.97	–8235
区县级	106201	–3.44	–3789
剔除营改增因素	127086	10.23	11797
其中：中央级	18672	68.81	7611
市级	2468	33.55	620
区县级	105946	3.48	3566
1.营业税	784	–96.65	–22634
2.资源税	995	63.38	386
3.土地使用税	51264	24.40	10054
4.企业所得税	16354	–5.00	–861
5.个人所得税	13320	25.86	2737
6.固调税			
7.城建税	7434	9.55	648
8.印花税	1611	6.41	97
9.房产税	4911	–29.88	–2093
10.车船税	33	83.33	15
11.增值税	1736	159.10	1066
12.土地增值税	4913	8.22	373
13.耕地占用税	4468	–54.41	–5332
14.契税	20047	22.81	3723
二、教育费附加	3134	10.62	301
三、政府基金收入	771	9.36	66
四、税务其他罚没收入	2		–3
五、文化事业费	0		–8
六、社保费	142550	44.73	44059
七、工会经费	385	17.74	58
八、地方教育附加	2083	3.84	77

（贾五一）

金融

综述

2017年，荣昌区正式营业金融机构有33家，营业网点137个，从业人员5000余人。其中，银行机构11家，保险机构17家，证券营业部1家，担保公司2家，小额贷款公司2家。金融机构总体运行态势良好。全年全区实现金融业增加值8.86亿元，增长15.1%，占全区GDP比重为2.1%。

银行机构运行情况。至年末，全辖银行机构各项存款余额336.10亿元，比上年增加41.30亿元，增长14.01%；各项贷款余额226.88亿元，比上年增加39.45亿元，增长21.05%。全辖银行机构存贷比67.50%，比上年提升3.92个百分点。银行机构不良贷款余额15336万元，不良贷款率0.68%。

非银行机构运行情况。至年末，全辖保险机构实现保费收入7.61亿元，比上年增长9.65%。证券市场交易活跃度提升，全年实现交易额125.30亿元，比上年增长34.70%。小贷投放放缓，全年发放小额贷款585万元，贷款余额2.05亿元，比上年下降7.16%。担保公司作用有待加强，全年累计发生担保额2.05亿元，比上年下降14.43%；在保余额为2.17元，比上年下降7.77%。

搭建银企对接平台，畅通信息交流。年内，多部门联合召开银企对接会，为银企搭建产融交流平台，帮助29家企业与银行达成意向性融资金额1.87亿元。加大融资信息收集对接力度，充分利用企业融资信息报送会商机制，收集32家企业2.93亿元融资需求，搭建政银企融资信息对接平台。上门对接，主动服务，安排专人会同有关银行金融机构主动到区内39户重点企业及部分困难企业上门服务，建立融资帮扶台账，帮助企业解决融资问题。银行信贷产品推介，收集辖内11家银行所有支持实体企业贷款产品汇编成册，将产品手册发放行业主管（服务）部门和企业，并利用多种媒介对外宣传，促进项目融资信息、银行产品信息相互融合。创新搭建银企对接平台，在区财政局一楼设立金融服务大厅，免费为企业、银行间融资贷款提供相关的前端服务。

发挥财政资金增信作用，帮助企业解决融资难题。加大财政增信产品的宣传力度，充分发挥产品效用，助保贷、助农贷、经保银贷三款产品的累计贷款金额达到2.87亿元。充分运用全市中小企业应急转贷平台，累计为区内41户中小微企业解决冲贷应急资金3.25亿元。与银行、担保机构共同推进“政银担”等创新金融服务，鼓励商业银行对诚信经营、发展前景好、产品适销对路的中小微企业给予贷款支持。

打造各类金融服务平台，不断完善金融服务体系。重庆荣新环保产业股权投资基金投资重庆特瑞电池公司2000万元、重庆凯歌电子有限公司1000万元。兴荣公司首期投资1800万元，设立总规模1亿元的重庆榆荣股权投资基金揭牌，投资鸿全兴业有限公司380万元、重庆凯歌电子有限公司600万元。区政府与重庆银行签署双创基金战略合作协议，共同设立规模为10亿元的产业引导基金。出台《荣昌区引进培育银行业金融机构管理办法》（荣财办〔2017〕2号），加大工作力度，帮助哈尔滨银行加快在荣设立分支机构进程，丰富荣昌金融机构体系。

大力发展多层次资本市场，丰富企业融资渠道。组织召开助推企业“零费用”挂牌上市培训会，帮助指导企业上市挂牌；认真落实各项扶持政策，鼓励企业上市挂牌，拓宽融资渠道。加强组织领导，帮助企业解决上市融资中遇到的问题，2017年华森制药在深交所上市，实现荣昌区主板上市零的突破，新三板挂牌企业三家，其中凯歌电子、峻岭能源进入新三板创新层，重庆OTC挂牌企业共9家。

稳妥推进金融改革，增强发展内生动力。深入银行金融机构调研，修订出台《荣昌区银行机构支持地方经济发展考核办法》（荣财办〔2017〕1号），鼓励银行机构增加有效信贷投入，支持地方经济社会发展。出台《农村承包土地经营权抵押贷款试点实施方案》（荣昌府办发〔2017〕67号），推动农村承包土地经营权抵押贷款试点工作。出台《荣昌区农村信用体系建设工作实施方案》（荣昌府办发〔2017〕117号），提升农村金融服务水平，提高农村经济主体信用意识。出台《荣昌区农村信用体系建设工作实施方案》和《荣昌区信用村贷款贴息管理办法》，推动农村信用体系建设工作向纵深推进。出台《荣昌区科技和金融深度融合创新发展实施方案》和《荣昌区科技支行认定管理办法》，开展科技支行评定，积极推动科技金融工作。

优化金融发展环境，维护地方金融稳定。加强协调，定期研究金融运行情况，解决金融机构在荣发展问题，争取人行、银监等监管部门支持，促进经济金融协调发展。加强打击非法金融活动，完善区域金融风险防范和处置工作制度和工作机制。加强非法金融活动预警排查，注重源头预防；面向基层，强化宣传教育，认真开展打击非法集资集中宣传活动，加强力度，创新方式。高压打击，推进非法集资案件处理，化解维稳信访矛盾。按要求开展清理整顿各类交易场所工作。强化机构监管，防范小贷和担保公司经营风险，加强小贷和担保公司的非现场检查和现场检查。开展辖区内融资担保机构监管初评工作，针对相关问题，提出限期整改要求。约谈小贷公司高管，分析讨论问题和困难，提示风险防范。认真开展小贷公司“现金贷”清理整顿工作。积极做好民间金融活动的疏导、监测和预警，加大对恶意逃废债的打击力度，构建良好的社会信用体系，守住不发生区域性系统性金融风险的底线。

（郑若洪）

银　行

【概况】　2017年，荣昌区有银行机构11家。至年末，全区银行机构各项存款余额336.10亿元，比上年增加41.30亿元，增长14.01%；各项贷款余额226.88亿元，比上年增加39.45亿元，增长21.05%。存贷比67.50%，比上年提升3.92个百分点。银行机构不良贷款余额15336万元，不良贷款率0.68%。

2017年年末荣昌区银行机构存款情况表

表6

单位类别	人民币存款		其中				外币存款	
			对公存款		居民储蓄存款			
	年末余额（万元）	比上年增长率%	年末余额（万元）	比上年增长率%	年末余额（万元）	比上年增长率%	年末余额（万美元）	比上年增长率%
农发行	140640	4.53	122054		—		—	
工商银行	219329	10.34	66700		149091		—	
农业银行	628930	13.76	178724		450205		3	
中国银行	179461	6.63	83123		96324		2678	

续表6

单位 类别	人民币存款		其中				外币存款	
			对公存款		居民储蓄存款			
	年末余额（万元）	比上年增长率%	年末余额（万元）	比上年增长率%	年末余额（万元）	比上年增长率%	年末余额（万美元）	比上年增长率%
建设银行	293151	15.63	118732		174419		—	
农商行	1030493	14.27	147521		864600		1.45	
重庆银行	241585	28.06	144166		97419		—	
邮储银行	556709	12.25	18135		538574		—	
汇丰银行	5039	-64.06	2145		2893		—	
浦发银行	894	-47.07	647		247		—	
三峡银行	64779	70.78	39412		25367		—	
合计	3361010	14.01	921359		2399139		2682.45	

2017年年末荣昌区银行机构贷款情况表

表7

单位 类别	人民币贷款		其中				外币贷款	
			短期贷款		中长期贷款			
	年末余额（万元）	比上年增长率%	年末余额（万元）	比上年增长率%	年末余额（万元）	比上年增长率%	年末余额（万美元）	比上年增长率%
农发行	342385	20.56	—		342385		—	
工商银行	199852	49.58	7618		192234		—	
农业银行	493399	17.73	82254		410942		—	
中国银行	132483	9.95	28352		103809		—	
建设银行	205570	8.69	47760		157810		—	
农商行	491308	18.91	220681		266239		1591	
重庆银行	188393	24.66	26708		161535		—	
邮储银行	60355	4.42	9208		51147		—	
汇丰银行	3464	-37.10	3464		—		—	
浦发银行	780	-81.10	780		—		—	
三峡银行	150851	56.74	1352		149499		—	
合计	2268840	21.05	428177		1835600		1591	

（郑若洪）

【中国工商银行股份有限公司荣昌支行】 2017年，支行内设综合办公室、公司业务部、个金业务部2部1室，下辖营业室、昌州支行、广顺支行和恒荣路支行4个营业网点。有自助银行3个、自动柜员机21台。有在职职工58人。全年实现中间业务收入3704万元，比上年增加2626万元，其中对公中收2600万元，增幅420%。拨前利润10076万元，比上年增加4286万元；净利润7579万元，比上年增加3231万元。新开对公账户240户，超额完成上级行下达的任务。与工商、园区招商、经信委等部门建立定期联系和信息交流机制。全年新增代发单位32户1075人，代发额554万元。新增有效客户87341户，其中100万元至800万元客户净增25户，日均金融资产5万以上客户净增745户。个人客户金融资产较上年新增21126万元，其中私人银行客户数较年初新增1户达11户。（毕小燕）

【中国农业银行股份有限公司重庆荣昌支行】 2017年，支行内设综合管理部、运营财会部、风险管理部、公司业务部、个人金融部5个部门，下辖营业机构12个，其中营业部1个、二级支行11个。有在职员工192人。连续17年实现“零”案件目标，连续16年获评农行重庆市分行内控评价一类行。年末，不良贷款余额6668万元，不良率1.35%，低于市分行平均不良率。年内向万灵旅游、荣新环保产业园、土地储备、南大泸高速公路、兴荣公司短融等重大项目提供资金支持14.91亿元，上报审批棚户区改造、国家高新区、安陶小镇、古佛山旅游、中医院等重点项目。加大信贷支持实体企业发展力度，向永荣矿业、澳龙生物、明珠塑料、华森制药、三大伟业、易合纺织、嘉陵益民等实体企业投放贷款超6亿元。累计向个体工商户、小微企业主发放经营性贷款6000万元。联合区农委等部门及各镇街创新推出新型农业经营主体贷款评审会机制，促进解决规模农户“贷款难、成本高、风险大”的问题。在吴家镇启动医保代扣代缴业务试点，为广大农户缴纳医保提供便捷、安全、规范的渠道。加大贷款投放与创新力度，投放农村个人生产经营贷款和小额农户贷款近6000万元，发放农村宅基地抵押贷款82.5万元，农民土地承包经营权流转贷款30万元，对区内两个社区农民授信1750万元改善性住房需求。加快“四融”平台建设，成功上线30个平台服务点，92个服务点完成考察选址，30个服务点设备安装中。推进普惠金融，助力荣昌城镇化进程，全年发放按揭贷款4.06亿元，其中投放农民安家贷2.8亿元，支持1400多户农民进城买房。针对工薪阶层小额消费信贷需求，支行积极推广可在掌上银行实时申请、系统实时审批，利率优惠、还款灵活的“网捷贷”线上贷款产品，促进消费。加大网点服务质量考核，安排专人每天开展视频检查，强化问责惩处，网点服务质量在全市农行提升至第2位。在荣昌区率先上线自助银行刷脸取款服务，在方便快捷的同时保障安全性，进一步提升客户体验。积极对接生猪交易市场支付结算等金融需求，总行成立专门团队为交易市场开发“保付通”业务，支行积极向上级行、监管部门、市金融办汇报、争取支持，助力生猪交易市场规范健康可持续发展。（张肇星）

【中国银行股份有限公司重庆荣昌支行】 2017年，支行内设综合管理部、业务发展部、营业部3个部门，下辖海棠大道支行和兴荣支行2个经营性支行。有在岗员工57人。每季度开展“明星榜”员工评选和表彰，激励员工努力工作，当好表率。全年评选“文优服务明星”6人，“优秀客户经理”4人，“最美员工”4人。至年末，有各项贷款不良余额（含信用卡）448万元，较上年减少137万元。各项贷款不良率0.34%，比上年年末下降0.14%。实现营业收入5735万元，比上年增加294万元，增长5.39%。实现拔备前利润3958万元，比上年增加290万元，增长7.88%；实现净利润2617万元，比上年增加622万元，增长31%；实现非利息净收入1653万元，比上年增加89万元，增长5.69%。开展“消费金融”“ETC”“信用卡分期”、汽车分期、“大额存单”等优势业务宣传，增强广大客户对产品的认知度。开展业务现场和非现场检查，及时通报检查情况，加强违规处罚，形成“问题未整改、处罚不停止”的高压态势。全年开展各类检查50余次，处罚297人次，扣减绩效收入40976元；奖励289人次，金额28330元。排查异常交易数据16笔，涉及员工14人，受到警告处分1人。高度重视资产质量，严控不良贷款，采取上门催收、法律诉讼等多种措施，加大不良资产清收力度，降低不良率，年末，不良贷款和关注贷款均控制在市分行下达的计

划目标内。（殷君华）

【中国建设银行股份有限公司荣昌支行】 2017年，支行内设综合管理部、业务管理部、客户部3个部门，下辖营业部、昌元支行、昌州支行、金科支行4个综合营业网点。新增西南大学荣昌校区自助银行1个，离行式自助银行达到8个，自助设备达到37台。年末有在岗员工71人，其中大专学历26人、本科学历45人。在岗员工平均年龄39.5岁。普惠金融小企业贷款新增3098万元，全年实现信用卡分期14131万元。实现中间业务收入2445万元，其中个人条线实现中收2196万元、对公条线实现中收249万元。实现拨备前利润6732 万元。不良贷款余额590万元，不良率0.31%，完成全年双控目标。其中对公不良贷款286万元，不良率0.88%，个人不良贷款304万元，不良率0.19%。信用卡逾期额320万元、逾期率1.45%，不良额92万元、不良率0.42%。至年末，对公账户有2544户，比上年增加298户；个人全量客户241656户，比上年增加9317户，其中有资产客户新增11322户。（李自富）

【重庆农村商业银行股份有限公司荣昌支行】 2017年，支行有营业网点36个，贷款中心17个，农村金融便民服务点7个，自助银行3个，自助设备106台，POS机324台，实现物理网点城乡全覆盖。有手机银行用户16.36万户，网上银行用户3.2万户。年内支持实体经济贷款余额39.41亿元，占贷款总额的80.22%。其中，制造业9.95亿元，水利、环境和公共设施管理2.64亿元，电力、热力等生产3.66亿元。发放对公贷款19.62亿元，比上年增加8.24亿元。全年实现营业收入2.58亿元，缴纳税金5076.87万元。加大对支柱产业、特色农业的信贷支持，全年个人经营类贷款13.23亿元，比上年增加1.14亿元。办理近8年来首笔政府平台贷款，对“安富旅游文化建设项目”贷款授信10亿元，发放2400万元。新增昌元化工集团有限公司10万吨铬盐项目贷款2.8亿元、重庆畜牧科学院流动资金贷款1.2亿元。为78户企业及个人累计发放助农贷11645万元；开展“农保贷”，发放56笔1677万元。新增小微企业17户，发放小微企业贷款1.16亿元。为全区39个商会提供20亿元商会集群项目授信。（唐　诗）

【中国农业发展银行重庆市荣昌支行】 2017年，支行内设机构办公室、信贷业务部、会计结算部3个部室。有在职职工21人。年内，农发行荣昌支行加强业务营销、强化内部管理、深化党的建设，扎实开展“全面从严治党推进年”“内部管理基础强化年”活动，深入推进“两学一做”学习教育常态化制度化，各项工作有序推进。全年累计投放贷款126935万元。实现财务收入15050万元，实现利润6343万元，比上年增长3.73%，人均利润达302万元。资产质量继续保持优质，按期收回到期贷款本金68550万元、利息15040万元，贷款利息综合收回率100%，全行不良贷款余额持续保持为零。全年业务发展实现贷款发放额创历史新高、贷款余额创历史新高、存款日均余额创历史新高、经营利润创历史新高。农发行荣昌支行在中国农业发展银行重庆市分行2017年辖内分支机构内控评价中获一类行A级，在荣昌区第五轮安全评估中得分98.5分，名列第一。（杨　峻）

【重庆银行股份有限公司荣昌支行】 2017年，支行下辖机构网点2家，自助网点1个。有员工37人。重庆银行荣昌支行在经营工作中拓展思路，改革创新，结合荣昌经济发展特点，创新业务发展模式，积极服务区域实体经济。2月，与荣昌区政府签订双创基金战略合作框架协议，11月，以股权融资模式向政府平台公司投放10亿元，重点支持旅游产业、园区基础设施建设和城市基础设施建设。获2018年计划配置不低于2500万元银行自有资金，通过支行向50~60户小微实体企业投放支小再贷款7500万元，用于金融服务实体经济（中小微企业）转型升级专项行动，以扩大对定向支持领域小微企业的支持力度和覆盖广度。成为荣昌首家将金融IC卡应用于公交车收费领域的银行。开展关爱返乡农民工、关爱留守儿童、关爱社区老人等公益活动。全年税纳1303万元。（李　列）

【中国邮政储蓄银行股份有限公司重庆荣昌区支行】　2017年，支行有自营网点3个，邮政代理网点31个。有员工62人，其中女性44人、男性18人。至年末，票据贴现量1237万元，福费廷包买量152934万元，转卖量14700万元，年末结余量10.42亿元。经营性小额贷款放款3292万元，净增477万元，结余3124万元，年日均余额3083万元；个人商务贷款放款4397万元，净增-1025万元，结余5199万元，年日均余额5853.66万元。消费信贷放款664笔12362万元，结余46928万元，净增5652万元。小企业流动资金贷款发放5笔3400万元，结余6050万元，净增-999.2万元。为建档立卡贫困户发放贷款7笔95万元。在2017年个人经营性贷款持续下降的情况下，与农担公司合作，深入各镇街村社开展近30次金融知识宣讲活动，惠及近18个乡镇近600户农户，成功发放支农贷款52笔1460万元，支持地方三农事业的发展。11月，该项工作被共青团中央金融工作委员会授予“送金融知识下乡”优秀项目奖。全年清收不良贷款金额924万元（含信用卡收回及核销收回），核销不良贷款金额2024万元。11月，启动农房抵押贷款试点工作。新建清江镇河中村、仁义镇鹿子村等6家信用村，为当地村民提供更优惠的贷款服务。　（梅斯睿）

【重庆荣昌汇丰村镇银行有限责任公司】　重庆荣昌汇丰村镇银行是香港上海汇丰银行有限公司的全资子公司，是荣昌区首家外资村镇银行。2017年，内设营运部、公司业务部、零售业务部、信贷风险部、合规部、人事部、财务部。辖吴家支行乡镇网点1个。有高级管理人员4名，其中行长1名、业务副行长（代理）2名、营运副行长1名。有员工46人。恪守支农支小，坚持小额分散理念，在以服务“三农”、服务“小微”为战略重心的基础上，建立和完善适合村镇银行客户群体的业务模式。至年末，资产总额11616.46万元，比上年下降36.47%；负债总额7254.84万元，比上年下降49.14 %。营业净收入500.78万元，盈利342.41万元。2017年，坚持信贷投放100%用于支持当地农户、个体和小微企业经济发展，持续不断地为农村金融作出贡献。推出面向小微企业的“贷得益”贷款产品，通过更灵活的抵押方式和还款方式，更有效解决小微企业抵押物不足的问题，受到当地小微企业的欢迎。对个人无抵押贷款、个体工商户抵押贷款等贷款产品进行改良，使其更贴近三农客户的实际需求。全年发放贷款10.3亿元。　（史盛梅）

【重庆三峡银行股份有限公司荣昌支行】　2017年，支行新增公司账户61户，新增个人有效客户数4917户，新增电子渠道客户数2137户，新增POS商户数13户，新增小企业户数40户。全年实现考核模拟利润2385万元。不良率0%。支持地方基础建设，打造美丽荣昌。全年发放平台贷款9.5亿元，其中万灵山旅游开发公司贷款4.5亿用于万灵古镇影视拍摄实践基地建设、对荣昌最大平台公司授信5亿元用于荣昌区旅游道路建设。支持实体经济，助推小微企业全面发展。针对荣昌板桥工业园区、荣昌广富工业园、荣隆工业园内的实体企业进行贷款支持，将短期贷款延长期限，变更为3年期的中长期贷款；对贷款到期后资金不足的中小企业，提前给企业做“连续贷”，使企业不再需要临时在社会上筹集资金，找“冲贷”“过桥”资金，降低企业的财务成本及财务风险。与农业担保合作，采用“富农贷”产品给河包粉条产业园的粉条企业进行信贷资金支持。对荣昌主城商圈的小微企业主、个体工商户发放小额抵押贷，办理POS机，合作开展商户联盟。与重庆市总工会、中国职工保险互助会达成战略合作协议，推广重庆市职工互助保障卡（简称“惠工卡”），帮助职工领取互助金、求助金、慰问金等福利，全年办理惠工卡3571张。（梁　焱）

【重庆市首家科技支行落户重庆农商行荣昌支行】　12月13日，科技支行授牌仪式在区政府大楼4楼行政中心会议室举行。会议由副区长李皓主持，常务副区长唐毅致辞，重庆营管部、重庆市科委、人民银行永川中心支行、区国资金融办、区科委、区内11家金融机构及政府相关部门参会，昌元化工、华森制药等区内有代表性的科技性企业受邀参加。副区长李皓授牌。重庆市首家科技支行落地荣昌支行，是支行贯彻十九大精神与服务实体经济有机结合的具体实践，更是积极融入区域发展、加大支持荣昌区打造成渝城市群新兴战略支点力度的实在举措。农商行荣昌支行对市场前景好、还款来源有保障的科技型企业，将采取信用、无抵押的知识价值信用贷，执行基准利率，以解决科技型企业担保弱、融资难、融资贵的问题，并结合科技型企业的个性化需求，注重信贷产品的组合运行，切实解决科技型企业融资需求。支行全年走访区域科技型企业85户，有融资需求74户，市科委信用评价体系综合授信额度7960万元；收集授信资料企业8户，拟综合授信额度5950万元。至年末，支行支持科技型企业贷款18户，金额5.94亿元。通过支行融资的科技型企业生产总值达11.53亿元，比上年增加0.82亿元，解决就业人员近2000人。（唐　诗）

【重庆三峡银行荣昌支行开通天然气手机缴费功能】 8月，重庆三峡银行荣昌支行与重庆市众友天然气公司合作，利用手机APP“三峡付”推出天然气线上支付功能，为区域内天然气用户开通手机缴费服务。至年末，APP“三峡付”线上成功缴费7936笔42.64万元。APP缴费用户只需下载注册三峡付app或微信关注“重庆三峡银行三峡付”微信公众号，进入“缴气费”项目，按提示操作即可完成缴费。该功能支持包括中、工、农、建、交等100余家国内银行卡，绑定任意一张银行卡开通快捷支付即可在线缴费。“三峡付”手机缴费功能的推出，不仅解决了荣昌老百姓“缴费难”的问题，也助推银行业电子支付功能不断发展。（梁　焱）

保　险

【概况】 2017年，区域内有保险机构17家，从业人员3000多人。全辖保险机构实现保费收入7.61亿元，比上年增长9.65%；理赔3.25亿元，比上年增长9.10%。

2017年荣昌区保险公司经营情况表

表8

公司名称	保费收入（万元）	比上年增长率（%）	理赔支出（万元）	比上年增长率（%）
合计	76127	9.65	32533	9.10
中国人寿	24220	21.21	16127	18.46
中国人寿财险	820	–30.21	299	–9.70
人保财险	9829	9.66	4066	21.19
人保寿险	2740	–57.76	241	55.42
平安财险	9116	8.48	3403	15.29
平安人寿	11826	28.74	1621	16.34
天安保险	1640	6.77	896	0.02
太平洋人寿	3320	42.13	953	–83.40
阳光人寿	111	–20.04		
阳光财险	1532	3.76	527	2.99
泰康人寿	68	–26.88		
新华人寿	2284	37.59	3298	–0.30
太平人寿	139	361.73	15	15.38

续表8

公司名称	保费收入（万元）	比上年增长率（%）	理赔支出（万元）	比上年增长率（%）
富德生命人寿	5433	–14.80		
中华联合财险	744	–9.10	370	–47.03
安诚保险	465	21.44	177	11.18
太平洋财险	1909	139.82	540	50.42

（郑若洪）

【中国人寿保险股份有限公司重庆市荣昌区支公司】 2017年，支公司内设总经理室、综合管理部、个险销售部、银行保险部、团体业务部、教育培训部和客户服务中心，下辖14个营销服务部。有从业人员1640人，其中劳动合同制员工34人、派遣制员工6人、代理制销售人员1600人。全年实现保费收入2.42亿元，比上年增长21%。理赔支出1.61亿元，比上年增长9.1%。上缴地方税金及附加456万元，被评为“纳税信用A级纳税人”。连续两年被评为AAA级公司，获中国人寿重庆市分公司2017年度先进公司、先进单位称号，个险销售部与客户服务中心获2017年度先进集体奖，支公司总经理寇渝荣获优秀经理奖。支公司被总公司确立为全国重点发展的500家县支公司，名列第133位。积极承担社会责任，承办荣昌区精准脱贫保险、农村小额保险、银龄安康老龄保险、“金盾一号”公安民警保险等民生项目。（张　荣）

【中国人民财产保险股份有限公司荣昌支公司】 2017年，支公司内设综合部/办公室、车险业务部、商业非车险业务部、农村保险事业部、社会医疗保险事业部、理赔分部、电子商务部7个部室，下辖吴家、盘龙营销服务部2个二级服务机构。有员工78人，其中在册职工34人、派遣员工14人、营销员30人。全年实现净保费（不含税）收入9829.25万元，其中车险5728.91万元、财产险55.31万元、责任及信用保险318.74万元、意外健康险306.59万元、农业保险1630.67万元、城乡居民大病保险1725.66万元、专项健康保险60.99万元、船货保险2.38万元，比上年增长9.66%。承保保险标的175.05万个，向荣昌区个人及集团客户提供风险保障17580298.33万元。全年理赔4066万元，比上年增长21.19%。上缴税费310.19万元。年内重点抓好民生类保险的服务工作，全年民生类保险赔付2362.49万元，其中城乡居民支付大病补充保险赔款1312.9万元、农业种养殖户（企业）支付农业保险赔款1026.93 万元、“精准脱贫保”被保险贫困户支付赔款22.66万元。农业保险赔款1026.93万元中，仔猪保险赔款488.47万元、能繁母猪保险赔款209.36万元、生猪保险赔款15.69万元、生猪收益保险赔款75.54万元、牛保险赔款32.5万元、羊保险赔款0.09万元、麻竹保险赔款28.51万元、玉米保险赔款43.95万元、水稻保险赔款92.47万元、水稻收益保险赔款40.35万元。“精准脱贫保”赔款22.66万元中，贫困户学生重大疾病保险赔款1万元、农房险赔款3.77万元、贫困户疾病和意外身故赔款6.4万元、贫困户大病医疗保险赔款9.3万元、贫困户意外保险赔款2.19万元。推动探索支农支小融资新模式，全年向9户种养殖大户发放无抵押、无担保贷款975万元。（胡光建）

【中国人民人寿保险股份有限公司重庆市荣昌区支公司】 支公司位于荣昌县滨河花园帝豪新都B区1楼、2楼。2017年，公司内设个险部、银保部、互动部、综合部5个部门。有从业人员314人，其中内勤职员8人、外勤员工306人。支公司践行“人民保险，为民服务”的服务宗旨，全年实现保费收入2740.05万元，比上年减少57.76%。理赔支出241.39万元，比上年增长55.42%。其中，因意外导致的赔付104.42万元，疾病类赔付136.97万元。支公司在做好业务发展的同时，积极履行社会责任，为安富

镇鸦屿小学贫困学生送去价值5000元的书包、文具等学习用品。（刘　丹）

【中国平安财产保险股份有限公司荣昌支公司】2017年，支公司内设综合管理部、车商渠道、直通渠道、直销渠道、代理渠道、理赔渠道。从业人员33人。2017年是中国平安的“服务年”。平安推出“17服务年，平安在身边”主题活动。平安产险荣昌支公司在践行“万元以下,资料齐全,一天赔付”服务承诺的基础上承诺不变，服务再升级。利用科技手段，实现与客户非面对面、及时交互，全流程的理赔服务。小额纯车损，开启“0”等待，收集理赔新模式，赔款瞬间到账，在平安好车主APP平台中,实现快速理赔新模式。人伤门诊案件启动“现场=LCC”仅需3步即可直接完成赔付。人伤住院案件，开启合作医院绿色通道，平安客户与医院合作在就医环节中为平安客户提供医疗费垫付、主任查房、专属病房、就医绿色通道、单病种医药费限价5大特色服务。全年支公司实现保费9116万元，比上年增长8.48%。理赔案件3537件，理赔支出3403万元，其中车险赔付3354万元、财意险赔付48万元。企业上缴税金500余万元，个人所得税40余万元。（黄　娜）

【中国平安人寿保险股份有限公司重庆市荣昌支公司】　支公司位于荣昌区昌州街道昌龙大道51号2-1，公司主要承保人身保险业务，包括人寿保险、健康保险（不包括团体长期健康保险）、意外伤害保险等业务。公司内设综合管理部、综合开拓部、客服服务部、运营督导部4个部门，下辖双河营销服务部1个。有从业人员 592人，其中内勤员工13名、外勤人员579人，比上年增加133人。全年实现保费收入11826.15万元，比上年增长28.74%。理赔支出1621.04万元，比上年增长16.34%。

（周敏思）

【天安财产保险股份有限公司荣昌支公司】　2017年，支公司内设综合拓展部、理赔部、ND部、业务1部、车商部6个部室。有从业人员近90人。全年完成保费收入1640万元，比上年增长6.77%。理赔支出896万元，比上年增长0.02%。事故年已报告赔付率降至55.1%，承保年已报告赔付率降至55.1%，两项赔付指标均低于分公司平均水平。年内，在推广新型农村医疗责任险方面成效明显，该险种已覆盖区域内所有公立医院，承保医务人员约1500人，保险金额1500万元，保费收入约60万元，赔付金额近70万元。（禹　霞）

【中国太平洋人寿保险股份有限公司重庆市荣昌支公司】　支公司成立于2002年6月10日，位于荣昌区昌州街道海棠五支路16号2-7，主要办理人寿保险、建筑施工人身意外险、团体险、学生平安险、安全责任保险、公众责任保险、个人税优保险、汽车保险、财产保险、企业财产保险、雇主责任一切险等业务。2017年，支公司下设个险营销渠道、法人渠道、个法交叉渠道、产寿交叉渠道4主要业务渠道。有从业人员199人，其中内勤员工9人、外勤人员190人。全年完成保收费收入3320万元，比上年增长42.13%。理赔支出953万元，比上年减少83.4%，其中单件保单最高赔付金额15万元。

（卢远成）

【阳光财产保险股份有限公司重庆市荣昌支公司】　支公司成立于2014年8月6日，位于荣昌区昌元街道荣滨北路西段10号。2017年，支公司有在职员工11人。主要经营财产损失保险、责任保险、法定责任保险、信用保险、保证保险、农业保险及其他财产保险业务，短期健康保险和意外伤害保险，及上述保险业务的再保险业务，2017年开始承保非机动车三者保险及残联渠道残疾人代步车三者保险。全年实现保费收入1532.46万元，比上年增长3.76%。理赔案件1250件，理赔支出526.72万元，比上年增长2.99%。（彭金华）

【富德生命人寿保险股份有限公司重庆市荣昌支公司】　支公司成立于2011年8月11日成立，公司地址位于荣昌区昌州街道昌龙大道1号2幢1-6。2017年，富德生命人寿永川中心支公司在荣昌银行服务网点30多个，有从业人员120人。年内，富德生命人寿创新理赔服务方式，主要采取1天内对500元以下的简单理赔件给予赔付、2天内对及时报案的住院客户100%进行探视、3天内完成资料齐全简单理赔案件的审核、4天内向享受预付赔款的客户将预付赔款送到家。全年个险完成规保 125.76万元，人身保险理赔案件136件，理赔金额101.27万元；银保全年完成2056.08万元。 （刘华珍）

【中华联合财产保险股份有限公司重庆分公司荣昌支公司】 支公司成立于2013年8月16日，位于荣昌区昌州街道昌龙大道25号附7号。2017年，支公司内设经理室、综合部、业务部3个部门。有合同制员工10人。支公司的业务范围包括机动车辆保险、企业财产保险、家庭财产保险、工程保险、责任保险、农业保险、短期健康保险、意外伤害保险等。全年实现保费收入744万元，理赔支出369.96万元，缴纳税金37.56万元。年内，支公司开办5大类政策性农业保险产品，承保种养殖户8000余户，承担全区种养殖户风险保障近4000万元，为2000余户种养殖户提供保险赔款160余万元。为全区乡村卫生人员共351人提供“乡村医疗卫生人员医疗责任保险”的风险保障，提供582人的“乡村医疗卫生人员意外伤害保险”的风险服务。承保全区公安干警及协警的意外伤害保险。 （刘 英）

【中国太平洋财产保险股份有限公司荣昌支公司】 支公司成立于2016年2月3日，位于荣昌区昌州街道向阳路180号。有在册人员11人。支公司主要经营财产保险、责任保险、短期意外险、农业保险及各项政策性保险业务。推行以“极速、极易、极暖”的“三极”客户体验为目标的“太好赔”服务品牌，做到“人伤无忧，车损无忧”。全年实现保费收入1909万元，比上年增长140%。受理理赔案件1187起，比上年增长132%；理赔金额540万元，比上年增长50%。缴纳税金107万元，比上年增长151%。年内获中国保监会2017年保险公司服务评价最高AA级。 （李文秀）

【中华财险荣昌支公司在全区率先开展蔬菜收益保险】 2017年，中华财险荣昌支公司率先在荣昌开展蔬菜收益保险，成为全市保险主体中第二家开办蔬菜收益保险的机构。年内，支公司在吴家镇、盘龙镇承保蔬菜收益保险802.2公顷，实现保费收入115.52万元，承担风险保障1925.28万元，提供保险赔款84.49万元。 （刘 英）

证 券

【西南证券股份有限公司重庆荣昌证券营业部】 2017年，荣昌有证券营业部1家，即西南证券股份有限公司重庆荣昌证券营业部。年内，营业部把合规和安全提到新高度，把加强内部管理、严格防范风险作为营业部经营的重点，把反洗钱工作列为营业部的重点工作。在合规经营方面，营业部2017年增加经营合规性方面的自查次数、全体员工的合规培训次数，加强对全体员工的合规行为考查，并将反洗钱考核指标纳入绩效考核办法。在安全经营方面，年内聘请防火宣传人员到营业部进行防火知识现场培训，对各项制度、措施及预案进行修订并进行突发事件、供电系统、信息系统等演练，提高应急能力。7月1日，《证券期货投资者适当性管理办法》正式实施。营业部成立投资者适当性管理工作小组，专门负责投资者的适当性管理的实施，多次开展对投资者的宣传教育培训，在营业部内部设置投资者教育园地专栏并及时更新宣传内容，利用周末开展投资者权益保护、法制宣传及理性投资等专题活动，将政策、法规及时传达给投资者。2017年，营业部实现营业利润近600万元。

（陈恒刚）

综合管理

宏观经济管理

【概况】 2017年，区发展改革委紧紧围绕“思全局、谋大事、抓改革、促发展”的工作目标，抓好综合计划、推进项目建设、做好物价管理，实现经济平稳较快增长，主要经济指标稳中有升，社会事业协调发展。全区实现地区生产总值414.79亿元，同比增长9.2%，全社会固定资产投资完成561亿元，增长13.5%。荣昌区获批全国首批老工业城市和资源型城市产业转型升级示范区。荣昌区在重庆市节能减排工作领导小组2016年全市区县（自治县）节能目标责任考核中评为良好区，区发展改革委评为2016年节能工作成绩突出单位。

【政策制定】 区发展改革委代区政府编制完成《重庆市荣昌区2016年国民经济和社会发展计划执行情况及2017年计划的报告》；以区政府办公室名义印发《荣昌区政府投资项目前期工作管理办法》（荣昌府办发〔2017〕225号）。

【项目建设】 全年全区有173个重点建设项目，开工156个，开工率90.2%，完成投资135.7亿元，完成投资率88%。区发展改革委驻区行政服务中心窗口共接件604件，其中政府性投资项目504件、企业投资核准1件、企业备案登记99件。全年共争取到大宗油料基地、荣昌区安富中心小学新建教学综合楼及附属工程、操场扩建工程及荣昌区城南整体城镇化建设项目道路、桥梁及管网工程一期等10个项目中央和市级资金6690万元。

【项目稽查】 制订荣昌区项目稽察计划，稽察工作围绕全区经济社会发展中心工作，中央及市级投资重点，结合市发展改革委稽察重点，选择一批社会关注高、影响面广的卫生、教育、养老等基础设施、公益建设等领域的中央预算内政府投资项目和专项建设基金项目纳入重点稽察范围，安排稽察项目8个。

【招投标监管】 对全区进入区交易中心统一交易的213个招标项目（标段）实施现场监督，中标合同金额12.72亿元，其中公开招标项目207个、11.94亿元；邀请招标项目6个，合同金额0.78亿元；公开招投标率97%，节约财政性资金0.69亿元。

价格管理

【概况】 2017年，按照重庆市物价局价格工作要点要求，区发展改革委进一步强化价费管理、加强价格监测和农本调查，做好价费监督检查，为全区经济社会发展营造了良好价格与收费环境。扎实开展价格监测和农产品成本调查工作，向市物价局报送粮油、肉蛋禽、农户种植意向、中籼稻成本预测等统计报表207余份。区发展改革委2017年的价格监测工作被国家发展改革委评为全国价格监测工作先进单位。

【收费管理】 贯彻落实政府定价的收费项目清单制度，继续规范行政事业性收费，在政府公众网上动态公布收费项目清单，先后贯彻落实降低制度性交易成本政策规定、国家《关于降低电信网码号资源占用费等部分行政事业性收费标准的通知》《关于取消和调整一批地方批准的行政事业性收费项目的通知》等。2017年行政事业性收费减负880万元左右、经营服务性收费减负50万元左右。

【价格管理】 深入推进重点领域价格改革。5月1日起，建立了荣昌区居民阶梯气价制度，非居民用天然气价格联动机制。7月1日起，贯彻落实销售电价分类结构调整政策。9月9日起，积极稳妥推进全区公立医院综合改革，贯彻落实关于完善和扩大按病种收费等政策。继续推进全区农业水价综合改革试点工作，加强农业供水价格成本测算指导，合理确定农业水价。

【价格监督检查】 实行"双随机，一公开"，开展涉企、涉农、电力、旅游市场、房地产销售价费行为专项检查，清查单位50个，查处案件14件，涉及违法金额88.71万元；利用"12358"价格监管平台办理价格举报投诉总计97件，当场处罚7件，实施经济制裁0.17万元。建立公平竞争审查部门联系会议制度，指导部门制定公平竞争审查程序，及时审查存量、增量文件，防止出台排除、限制竞争的政策措施，逐步清理废除妨碍全国统一市场和公平竞争的规定和做法。强化重大节日期间市场价格监管调控，组织节日市场专项巡查7次，常规巡查24次，出动执法人员131人次，全力加强重点领域市场价格监管。

【价格认定】 办理刑事案件涉案物品价格认定、二手房应税价格认定和交通事故车物损失认定等各类价格认定业务840件，标的总金额1.58亿元。在全市率先开展价格争议纠纷调处工作。

（郭　辉　彭　炜）

国土资源和房屋管理

【概况】 2017年，区国土房管局切实围绕"强化资源保护、服务人民群众、助力经济社会发展"三大工作思路，以"强管理、重协调、抓收入、树形象"为切入点，认真落实耕地和基本农田保护责任制，从严控制非农建设占用耕地。完成仁义镇鹿子村等12个土地整理项目，取得新增耕地指标266.67公顷，建成高标准基本农田建设2800公顷。在渝西片区率先开展农村土地承包经营权抵押登记，强化土地房屋权属登记管理，提高权属管理质量，集体土地登记发证2570件，登记土地使用面积22.37万平方米。加强日常不动产登记管理工作，新批准商品房预售许可证58件，预售面积59.60万平方米，新建商品房住宅成交87.87万平方米，非住宅销售面积12.20万平方米。抓好保障性住房建设及管理工作，争取到保障性住房建设专项补助资金2000余万元。2017年，荣昌区住房保障工作被市国土房管局评为优秀。

【耕地和基本农田保护】 认真落实耕地和基本农田保护责任制，从严控制非农建设占用耕地，历时7年完成了全区永久基本农田保护划定工作。设立基本农田保护标志牌30块、界桩309个，完成镇、村、社基本农田保护责任书签订和农户基本农田保护明白卡发放工作。划定后全区基本农田面积从48184公顷减少为43480公顷，减少4704公顷。其中：水田面积为27627公顷，占总面积的63.54%，比划定前提高了2.69%；小于等于15度的耕地占比为88.13%，比划定前提高了2.31%。

【土地开发整理】 围绕实现"补充耕地""高标准基本农田"的目标任务，完成仁义镇鹿子村等12个土地整理项目，取得新增耕地指标266.67公顷。建成高标准基本农田建设2800公顷。古佛山土地整治大项目规划设计方案顺利通过市级评审，将作为全市农村土地整治与产业结合的示范项目来打造。为妥善解决土地整理项目成本逐年提高与耕地开垦费收费标准过低的矛盾，区国土房管局自加压力，自我担当，将开展水田整治，生产优质高等水田获得的“合格证”指标积极投入市级市场交易，以赚取的差价弥补耕地开垦费“倒挂”的不足，并有序保障了全区道路、学校、医院等配套项目和工业项目建设占补平衡的用地空间。

【土地储备交易】 为促进土地资源的高效配置和合理利用，全年完成重庆拓望实业有限公司原三中校地块、重庆渝荣水务有限公司北门水厂地块等5宗地块的收储工作，收储面积6.92万平方米。

【农村建设用地复垦】 完成复垦项目区级竣工验收18个，验收规模35.27公顷。通过市级验收复垦项目18个，验收面积46.8公顷。完成地票交易305.53公顷，交易金额8.6亿元。其中，复垦（农户）权利人补偿款5.9亿元。同时，进一步加大对农村建设用地复垦集体所有权补偿款使用的监管，为全面实施乡村振兴战略做好资金统筹。

【征地拆迁安置】 严格执行征地程序，落实征地补偿安置，充分保障被征地农民权益。全年依法实施征地389.2公顷，拆迁总量1460户，住房安置5110人，办理农转非5085人，参加社保4285人，缴纳参保费6368万元。

【矿产资源管理】 完成第三轮矿产资源总体规划和全区绿色矿山建设规划，立案查处8宗涉嫌越层越界开采矿产资源企业，收缴罚没款23.24万元。申报退还23个关闭煤矿的采矿权价款4870.341万元，并按相关文件精神将19个煤矿已退还的剩余已缴采矿权价款3809.3895万元拨付相关镇街监管。对全区关闭矿山和历史遗留矿山损毁土地进行调查，并建立损毁土地复垦数据库。每季度开展一次全区关闭煤矿巡查工作，联系相关镇街对巡查中发现的3起井口密闭损坏情况进行整改。

【地质灾害防治】 建立健全“四重网格化”地灾防治管理体系，强化地质灾害防治责任落实。严格执行地质灾害汛期“三查”制度，全年组织专项排查5次。组织开展全区地质灾害应急抢险救援综合演练1次、单点演练63次，开展应急处置6次。加大搬迁避让和工程治理的力度，先后搬迁受威胁农户12户。投入资金120余万元，实施治理工程6处。完成地质灾害应急处置信息化指挥系统建设。实现全年地灾防治“零伤亡”责任目标。

【农村产权流转】 2017年，在渝西片区率先开展农村土地承包经营权抵押登记，结合工作实际，制定出适合荣昌区发展的农村土地承包经营权抵押登记流程，融资2000万元。通过主动到镇街收集土地流转大户信息，点对点宣传政策等方式，完成农村土地流转交易鉴证1宗，涉及土地面积80.19公顷，涉及金额1078.96万元，达成进场交易意向3宗，涉及土地面积200余公顷。同时，自筹资金1300万元，全面启动农村区域不动产登记上线工作。全年办理农村房屋抵押150件，农村房屋抵押贷款融资833.48万元，为农村“三变”和加快推进我区农业农村现代化建设打下坚实的基础。

【房地产权属管理】 强化土地房屋权属登记管理，提高权属管理质量。积极推行房地产市场精准调控，全年商品房销售面积首次突破100万平方米，商品房库存去化周期大幅缩短。加强日常不动产登记管理工作，新批准商品房预售许可证58件，预售面积59.60万平方米，新建商品房住宅成交87.87万平方米，非住宅销售面积12.20万平方米。集体土地登记发证2570件，登记土地使用面积22.37万平方米。

【保障性住房建设及管理】 向上积极争取保障性住房建设专项补助资金2000余万元。牵头制订《重庆市荣昌区“公廉并轨”实施细则（暂行）》，并向社会公开发布。建成公共租赁住房电子信息系统。开展人才公寓建设和集体租赁分配，提供房源114套，为荣昌区人才引进工作提供有力保障。推进公（廉）租房分配工作，年内新增分配入住777户，累计配租1993户。全年发放租赁补贴2.5余万元，常租金归集达240余万元。做好2016年保障性住房跟踪审计整改工作，9户家庭已全部完成整改。做好保障性住安全排查整治工作，重点整治滨河中路151号居民楼和吴家糖房街居民点公房，做到全年零事故，无集访无越级上访情形发生。推进荣峰河项目扫尾，完成项目消防验收和规划验收。2017年荣昌区住房保障工作被市国土房管局评为优秀，成为全市获此殊荣的5个区县之一。

【房屋住用安全管理】　全年排查老旧危楼3804栋、建筑面积91.8万平方米，D级危房1167栋、14.05万平方米，福利机构67栋、3.4万平方米，教学宿舍楼820栋、24.4万平方米，城镇房屋及农村房屋147栋、5.2万平方米。对全区1167栋、14.05万平方米的D级危房进行数据信息采集并按照全市一张图建设总体思路上图入库，形成全市D级危房动态信息管理系统。

【物业管理】　按照“宣传+规范+提质”工作思路规范指导全区物业管理，引导全区75家企业、226个小区、1420万平方米物业管理健康有序开展。加强政策法规宣传，印发《荣昌区物业管理宣传手册》10万册。加强物业专项维修资金管理，上调物业专项维修资金交存标准，实行物业专项维修资金使用第三方审价制度。成立区物业管理矛盾纠纷人民调解委员会，开拓了人民、行政和司法调解联动的新模式。实施物业企业星级考核，树立区域优秀企业品牌，寰宇世家小区获“重庆市优秀住宅小区”称号。完成4个市属国有企业职工住房管理分离移交。对10个老旧小区消防设进行改造。

【土地房屋测绘管理】　全年实施地测面积673.33公顷，房测面积143.22万平方米。完成测绘管理系统软件，并上线运行，成为全市率先运用软件系统进行测绘管理的区县。

【规范建设工程项目招投标管理】　9月，针对国土房管建设工程项目招投标中存在的问题，出台“刷脸卡、打指纹、锁证件、强督查”等有效措施，严厉打击工程围标、串标、卖标和转包、分包乱象，切实规范建设工程项目招投标国土房管建设工程项目招投标管理。9月启动的吴家镇高峰村等2个土地整理项目，第一次开标因无投标人参与投标和未满足法定开标的投标人数量而流标，第二次开标仅有10家单位参与投标，投标单位较往年大幅减少。中标公示期满后，区国土房管局严格执行招标文件和施工合同约定，对未按招标文件约定派出项目管理人员的青海省宏星建设工程有限公司、四川省佳驰水利水电工程有限公司废除了中标资格。同时，在区公安局的协助和配合下，对提供虚假证明材料的四川省添银市政工程有限公司进行严厉查处，没收其投标保证金42万元上缴国库。

【助力荣昌高新区升级】　重庆荣昌高新技术产业开发区，2016年3月经市政府批准设立。为加快实现全面建成小康社会目标、助推“一带一路”和长江经济带发展战略、促进成渝城市群发展、增强重庆国家现代畜牧业示范区引领作用，荣昌区积极申报升级为国家级高新技术产业开发区。区国土房管局与相关单位的衔接，根据荣昌的产业、地域特点和发展潜力，具体负责申报高新区升级的用地范围和用地规模，并共同拟定了升级方案。经市级部门的升级推荐后，区国土房管局多次专程派技术人员到国土资源部等部委核对高新区四至范围。11月，争取到国土资源部单独复函科技部支持荣昌高新产业开发区升级方案，确保了17.05平方公里的用地规模。

【公租房信息公开获表彰】　1月，住房城乡建设部对全国177个市、区（县）的2016年住房保障信息公开随机抽查中，荣昌区信息公开主体责任落实到位、信息公开栏目设置规范、内容公开及时全面，成为全国点名表扬的6个城市之一，也是西部地区唯一受到表扬的城市。　（蓝天华）

审　计

【概况】　2017年，区审计局完成审计（调查）项目54个，查出主要问题金额397573万元，其中违规金额159512万元、管理不规范金额238061万元。审计发现非金额计量问题317个，损益（收支）不实金额566万元。审计处理处罚金额142944万元，其中应上缴财政123325万元、应归还原渠道资金223万元、应调账处理金额19395万元。审计促进整改落实有关问题金额117783万元，核减投资额12789万元。移送司法机关、纪检监察机关和有关部门处理事项16件，涉及金额838万元。出具审计报告和专项审计调查报告84篇，被批示和采用53篇；提交审计信息72篇，被批示和采用52篇；提出审计建议376条，被采纳376条；推动完善规章制度16项。2017年，区审计局被重庆市审计局评为审计优秀项目实施单位，实施的荣昌区19部门审计项目评为2016年度优良审计项目。

【国家重大政策措施贯彻落实跟踪审计】 重点对行业协会商会脱钩改革情况、创新驱动发展战略、行政审批制度改革推进、“涉企减负30条”贯彻落实情况、黄标车提前淘汰、清洁生产审核任务推进情况等进行了审计。

【财政审计】 组织实施了荣昌区级财政预算执行和决算（草案）审计、税收收入暨非税收入征管情况审计、12个区级部门2016年度预算执行及其他财政收支情况审计、11个镇街2016年度财政决算和其他财政收支情况审计。查出问题金额350621.15万元，实现增收节支 223974.56万元。

【经济责任审计】 根据区委组织部委托，坚持“党政同责、同责同审”，对区教委等8个单位15名党政领导干部任期经济责任进行了审计，其中同步实施了5个镇街的经责审计。同时，积极探索开展领导干部自然资源资产离任审计，核查了相关干部与行业主管部门签订的目标任务完成情况，关注自然资源和生态环境执法情况、督察结果整改落实情况。

【固定资产投资审计】 组织实施了清升镇中心小学新建教学综合楼及附属工程等35个公共投资项目的竣工结算审计，审计公共投资101721.78万元，审定公共投资88932.44万元，核减投资12789.34万元，审减率12.57%，充分发挥公共投资审计的作用。

【民生资金（项目）审计】 完成全区2016年城镇保障性安居工程跟踪审计，查出42户不符合条件家庭享受保障性住房待遇等问题。完成荣昌区2014—2016年度教育重点专项资金审计调查，查出问题40个，涉及问题金额1356.61万元。

【企业审计】 完成国有企业资产管理情况审计调查和重庆惠荣畜牧集团有限公司2016年度财务收支审计和经济责任审计，促进区政府和国资部门出台规范性文件5个。

【内部审计】 全区已设立独立内审机构4个，合署办公内审机构39个，另有47个单位授权内设机构履行内部审计职责。有专职内审人员12人，兼职内审人员265人。全年实施内部审计项目271个，审计总金额192234.43万元，促进增收节支2659.04万元，提出意见建议被采纳402条。

【审计科研与信息化建设】 归集全区200多个行政事业单位2006年以来的591个账套财务数据、32家区属国有企业2013年以来的财务数据、13个单位30余项业务数据，数据量达到1.5TB。深化财政和部门预算执行审计系统的运用，数据整理工作效率不断提高。区审计局课题组完成的《国家审计职业保障的现状及完善路径》课题被市局评为一等奖。

（胡乃元）

安全监督管理

【概况】 2017年，全区上下按照“党政同责、一岗双责”和“三个必须”安全生产责任制要求，围绕全国、全市、全区安全生产工作的总体部署，实施“三项制度”，结合安全生产“1+0”理念，强化风险研判和隐患治理，深化大排查大整治大执法，有效减少各类隐患，控制事故发生。全年发生各类生产安全事故18起，死亡18人，在市下达控制指标19人以内。全区连续91个月未发生较大以上事故，连续16年获市政府安全生产目标考核先进单位。2017年，区安监局及蒋乔荣获荣昌区委、区政府“十九大安全稳定集体”和个人三等功。

【风险研判和隐患治理】 牢固树立隐患就是事故的红线意识，深入开展问题自查和隐患整改。强化政府层面安全风险研判，召开全区性安全生产风险研判会议3次，制定各行业领域、各辖区安全风风险隐患清单，对高风险区域、部位、环节制定针对性的管控措施，坚持风险研判全覆盖、无死角，着力解决“想不到”的问题。督促企业全面排查安全风险点和隐患，严格落实“日周月”隐患排查制度，确保安全风险隐患早发现、早排查、早治理。对排查出的隐患，严格按照“五落实、五到位”要求细化整改措施。对基础薄弱、隐患和问题较多的重点行业、企业，采取隐患整改和挂牌督办等方式，认真落实防范措施。全年排查治理隐患企业3109家，排查出一般隐患2.1443项、重大隐患1项，已整改21432项，整改率达99.9%。全区共落实风险隐患治理资金1922.4万元。

【排查整治与执法】 针对企业安全意识不强、安全责任不落实、风险预控体系不完善、隐患排查治理不彻底等问题，严格按照执法“三部曲”和“五个一批”要求，在全区范围内开展拉网式安全生产大检查，重点开展建设施工、道路交通、煤矿和非煤矿山、危险化学品、烟花爆竹、消防等18个行业领域的专项整治行动。依法严惩一批违法违规行为，关闭取缔一批违法违规和不符合安全生产条件的企业，问责曝光一批责任不落实、措施不力的单位和个人，联合惩戒一批严重失信企业。全年共检查企业7842个次，发现问题7958个，下达整改指令4456份，罚款360.34万元，停产停业131个，吊销许可证456个，关闭66个，行政拘留43人，执法部门均实现执法检查“清零”的目标。

【企业安全生产标准化】 全年新报监的建筑施工项目66个，全部纳入标准化考评范围。完成工贸企业安全管理标准化创建二级6个、三级29个；工贸企业安全管理标准化复评二级5个、三级18个；工贸行业安全技术服务体系建设示范样板企业8个。完成4家危化从业单位标准化复评工作，复评率达100%。拥有20台及以上特种设备的使用单位35个，安全标准化管理全部达到B级以上，其中A级11个、B级24个。双河煤业公司创建为二级安全质量标准化煤矿。

【安全教育与培训】 加强安全生产宣传和警示教育。先后在区电视台、荣昌报社2家主流媒体开设专题专栏以及季度安委会上播放专题片，区电视台播报安全常识和公益广告以及法律法规24次72条，《荣昌日报》刊载动态新闻和法律法规26次52篇。开展安全生产月、“安全生产渝州行”、安全知识“十进”活动、“安康杯”竞赛、“青年安全生产示范岗”创建等活动。参与镇街安全生产宣传咨询日活动5次、发宣传资料8万余份。选送区安委会成员单位人员到市参训2期33人，安监干部视频培训9期、网络培训31人、资格培训60人、遴选培训10人、继教培训131人。（张自力）

统　计

【概况】 2017 年，荣昌区统计局紧紧围绕全区的中心工作，以提高统计数据质量为核心，以服务经济社会发展为目标，以深化统计改革为动力，不断加快建设现代统计体系，充分发挥统计信息、咨询、监督三大职能，积极服务全区经济社会发展。在全市区县统计综合目标考核中获城市发展新区三等奖，14项专业统计调查工作在市统计局和重庆调查总队的评比中获奖。

【统计调查】 1%人口抽样调查：将1%人口抽样调查经费纳入全年预算，并加强项目经费使用的督查，确保经费落实到位，使用到位。通过微博等网络媒体向社会各界宣传，进行宣传发动，统一思想，营造良好的社会氛围。通过业务培训会等方式，提高填报质量。分组督查、指导镇街1%人口抽样调查工作，加强对出生、死亡人口、村表等审核，督促镇街使用PDA采集、上传调查数据，确保调查工作进度和质量。全年1%人口抽样调查，共抽中14个镇街24个调查小区，登记人口共1.04万人。

常规统计调查：认真开展综合统计、国民经济核算、农业、工业、建筑业、房地产、贸易、服务业、文化产业调查等常规统计调查和报表工作，完成妇儿两纲监测、规下工业调查、限下批零住餐业抽样调查、房价和固价调查、人口变动调查、劳动力调查、工业品价格调查等常规统计调查和报表工作等专项调查工作。完成服务发展环境、创建国家森林城市、群众安全感、医疗机构满意度、镇街和部门工作满意度等民意调查。建立健全联网直报工作长效机制，指导、服务全区800多个“四上”企业按时进行“企业一套表”联网直报，直报率、上报率、数据录入准确率“三率”达100%。

农村统计调查：着力解决机构、人员、经费保障等问题，规范农村统计调查数据的使用，促进全区农村统计调查网络建设。针对城乡住户、农产量、全面农业、畜禽监测等专业调查点的工作情况，采用定期、不定期深入到调查点和调查户中检查和指导记账及调查统计业务工作。注重对全区农村社会经济统计、城乡住户、农村产量调查、全面农业、畜禽监测调查年、定报逻辑性、计算科学性审核评估，确保调查资料表种全、指标全、时间准。在城乡住户调查工作中积极推进电子（试）记账工作。

【统计数据质量】 全面完成2016年年报和2017年各项经常性统计调查和报表任务；各专业对年定报名录库进行动态更新与维护，并积极开展各月度、季度经济监测、预警，及时、全面、准确地反映全区经济社会发展状况。强化对“四上”企业统计工作的指导和督查，更好地促进统计数据质量提升；进一步建立完善各专业统计数据质量审核评估办法和部门统计数据质量评估办法，将国民经济核算、工业统计和投资统计等方面的数据作为重点评估对象；开展联网直报数据在线审核，保障联网直报数据质量，客观真实反映区域经济发展现状。严把GDP数据入口。加强对本级核算相关基础数据和核算结果的审核评估，提高评估报告质量；采取联合会审等方式，加强对基础数据的审核，确保数据的完整性、规范性、逻辑性、合理性、一致性；强化对季度GDP核算相关指标匹配性和协调性的评估，使各行业增加值与相应指标相匹配，增长趋势相协调。

【统计监测与服务】 及时进行监测，做好统计服务。认真做好主区经济运行监测，及时提供《统计月报》《领导干部手册》《统计公报》《主要指标排位》《统计分析》等统计资料，为各级党政领导和社会各界提供优质的统计服务。采取集中培训和现场指导相结合、各专业融合及大型普查相结合、个体强化指导等方式开展分层次的统计培训，全年举办业务培训36期，参训人员共计2000余人次。紧紧围绕区委、区政府提出的各项经济工作方针，充分发挥统计部门定量分析的优势，不断加强对荣昌区经济运行态势和重大问题、重要课题的分析监测，形成了一批有数据、有分析、有价值、有深度的统计分析精品。全年撰写统计分析和调研文章48篇、统计信息193条。其中，《渝西论坛》等区级以上媒体采用的统计分析和调研文章16篇、统计信息78条，荣昌统计官方微博新浪网发布628条，腾讯网发布594条。做好舆情监测和网评工作，全年报区委宣传部舆情信息41条，采用16条；7月23日—8月3日，专门开展重庆统计舆情监测10天，发布舆情监测10期共51条。

【第三次全国农业普查】 扎实开展普查现场登记工作。现场登记期间，全区共动员1374名普查指导员和普查员，逐村逐户逐单位入户普查登记。3月底数据现场采集顺利完成，全区共填报农户普查表18.03万份，农业生产单位普查表1180份；5月中旬完成行政村和乡镇普查网络在线填报，全区共上报行政村普查表138份（含村委会和涉农居委会等村级单位），乡镇普查表21份（含镇和涉农街道等乡级单位）。普查登记期间，农普办组织由普查领导小组成员单位组成的4个督查组，对全部镇、涉农街道开展督导检查，确保农业普查高质量顺利完成。认真做好普查数据处理。全区配备了753台手持智能数据采集终端（PDA）采集数据，运用包括采集、交换、处理3个中心的普查数据处理系统，全部调查数据通过PDA和网络直接上报。组织对全区上报的所有普查表的原始数据进行全面审核，从镇（涉农街道）到国家逐级把关验收，对存在疑问数据的基层普查表逐级反馈，由基层调查人员对其进一步核实修订，全区圆满完成平台审核、市级过滤公式的数据审核工作。加强普查数据质量控制。组织开展农业普查事后质量抽查工作，通过与普查数据进行逐户、逐指标对比分析，普查对象的覆盖误差、普查指标的计量误差等方面均在设计的允许范围之内，数据质量达到设计要求。

【推进城乡住户电子记账】 5—11月，认真落实国家统计局重庆调查总队推行电子记账要求，结合全区城乡住户调查入户走访所了解的实际情况，从现有城乡住户调查记账户中抽选12户推行电子记账，以点带面，纵向推进全区电子记账推广工作，推行方式为电子记账与纸质记账双轨并行，进一步提高调查质量与调查效率，为实现住户记账电子化、数据上报实时化、质量管控过程化获得了宝贵经验，为后期全市开展电子记账工作夯实了基础。

（何胜富）

公共资源交易管理

【概况】 2017年，区公共资源交易中心完成交易项目596个，成交金额33.48亿元。其中，工程建设项目213个、成交金额12.72亿元；政府采购项目214个、成交金额1.68亿元；土地出让项目62个、成交金额18.1亿元；竞争性比选项目107个，成交金额0.99亿元。与上年同期比较，项目减少46个，主要是竞争性比选项目减少70个，政府采购项目减少38个，工程建设项目增加29个，土地交易项目增加33个；成交金额增加5.67亿元，主要是工程建设项目增加4.29亿元，土地交易项目增加1.67亿元，政府采购项目增加0.03亿元，竞争性比选项目减少0.32亿元。重点项目推进顺利，入场登记的重点及民生实事项目51个，涉及子项目201个，完成191个，完成率为95.02%，成交金额15.53亿元，节约资金0.84亿元。与上年同期比较，入场项目增加9个，子项目增加50个，完成率增长1.65个百分点，成交金额增加2.73亿元。增收节资效果明显，公共资源交易业务共增收节资1.94亿元，其中，工程建设项目节资0.69亿元，政府采购项目节资0.26亿元，土地交易项目增收0.95亿元，竞争性比选项目节资0.04亿元，节资率为5.48%。与上年同期相比增收节资增加1.14亿元，增收节资率增约0.03个百分点。全年上缴财政非税收入0.04亿元，发布各类交易信息5375条，收退保证金14993笔，资金流量达39.86亿元，走访调查企业、服务对象100余人次，协助有关单位处理质疑87件。

【国有工程建设】 全年完成工程建设项目213个，成交金额12.72亿元，节资0.69亿元。至年末，共接受182个国有建设项目的入场登记，发布挂网招标公告、招标文件、补遗、答疑和中标公示信息共615条。修订完善《重庆市荣昌区工程建设项目招标业主前期准备工作参考指南》《重庆市荣昌区工程建设项目服务流程》等制度，协助区发改委修订完善《荣昌区工程建设项目招标投标实施细则》。牵头制定2017年上半年农村公路招标文件范本，固化关键性条款，提高招标质量和效率。至年末，共完成65个农村公路建设项目，成交金额1.76亿元，节约资金0.14亿元，节资率为7.16%。配合区城乡建委制定房屋建筑及市政工程标准设计和施工招标文件模本。

【政府采购】 全年完成政府采购项目214个、成交金额1.68亿元，节资0.26亿元。修订完善《重庆市荣昌区政府集中采购项目服务流程》《重庆市荣昌区政府集中采购委托代理协议》等制度。进一步完善政府采购货物类公开招标、竞争性谈判、询价范本，加强与采购单位的沟通交流、采购业务培训、事中监管、走访调研及标后跟踪服务等，把政府采购抓出新成效。全年，推送公告、公示、补遗信息1000余条，送发相关单位《公共资源交易服务手册》《政府采购法规政策汇编》1000余本。

【土地交易】 2017年受理土地竞买报名申请60份，发布土地公告信息和成交信息106条，完成土地出让项目62个、成交金额18.10亿元，增收0.95亿元。其中昌州街道2017-RC-1-25号地块使用权出让尤为明显，经过35轮竞拍报价，重庆市荣昌区东邦置地有限公司、重庆三华建筑工程集团房地产开发有限公司最终以2.915亿元联合竞得土地使用权，溢价0.85亿元，溢价率超过40%，实现公共资源利用价值最大化。

【农村公路建设项目招标首次采用经评审的最低投标价法】 5月24日，铜鼓镇铜高公路前段二期（三湾堰塘—季家镇路口）水泥路工程项目开标会在中心顺利进行，是区农村公路建设项目试行经评审的最低投标价法开标的第一个项目。评审中，选取报价最低的7名投标人进行评审，推荐出中标候选人，同时引入“低价风险担保”，当中标金额低于限价85%时，中标人向招标人提供中标价与限价85%差额作为低价风险担保金，待项目验收合格后返还。采用此投标价法，开评标时间缩短至1.5小时，节约资金74.04万元，节资率达19.97%，取得明显的效果。 （金小琴）

工商行政管理

【概况】 2017年，区工商局深化商事制度改革，强化微企发展监管，加大商标品牌培育，开展“多证合一”、全程电子化、“互联网+自助登记服务平台”取得成效。全区新发展市场主体7045户，发展微型企业380户；推进消费维权放心城区建设；建立了以工商牵头，发改委、网信办等11个部门组成的网络市场监管部门联席会议制度；推进信用信息采集、提供和归集工作，有效维护了市场经济秩序。

【商事制度改革】 稳步推进“多证合一”“两证整合”和简易注销，完善“互联网+”自助登记平台建设，积极开展企业登记全程电子化和网上登记，核发电子营业执照，推进注册登记“随地办”，提高工商登记注册便利化水平。8月，代区政府起草下发了《关于贯彻落实市政府办公厅进一步深化商事制度改革优化营商环境意见的通知》，明确各项工作的牵头和责任单位。年末，全区各类市场主体达50461户（新增7045户），其中，内资企业9693户（新增1505户）、外资企业35户（新增4户）、个体工商户40225户（新增5473户）、农民专业合作社508户（新增67户）。新登记和换发“一照一码”营业执照19163户。

【微企发展监管】 牵头做好对微企后续政策的宣传和落实，与财政局联合出台《关于做好2017年微型企业发展后续扶持资金申报工作的通知》，组织召开全区微企孵化平台工作会。和经信委、财政局联合下发《关于荣昌区2017年民营经济发展专项转移支付资金安排实施细则的通知》，对具有引领示范效应的鼓励类微型企业给予奖励。年末，全区共有微型企业4759户（新增380户），其中，享受财政创业补助资金的2992户（新增40户），累计拨付8619.1万元（新拨付108.6万元）；享受后续发展补助资金的215户、8个孵化平台（新拨付88户），累计拨付1437万元（新拨付243万元）；解决和带动就业33313人（新带动2660人）；已建成微企孵化平台14个（其中8个为市级微企孵化平台）。

【商标培育】 加大对重点领域产品商标品牌建设，积极协调推动“荣昌卤鹅”地理标志商标注册申报。深入河包粉条产业园集中开展商标品牌建设政策宣讲，对“荣昌盘龙生姜”等地理标志证明商标的使用积极开展上门指导。全区共有注册商标3483件（新增444件）、知名商标57件（新认定10件）、著名商标20件、驰名商标3件、地理标志7件；广告主体748户（新增214户）。

【事中事后监管】 在全区开展“双随机一公开”综合（不定向）抽查工作，多措并举推进2016年度市场主体年报工作，平均年报率达89.68%，其中，内资98.52%、外资96.67%、个体87.49%、农专99.77%。“双随机一公开”综合（不定向）抽查工作，共抽查市场主体1352户。依法将未按规定报送年度报告的和在“双随机”抽查中通过登记的住所或经营场所的59户企业列入企业经营异常名录、4848户个体工商户标注经营异常状态。

对全区116户投资咨询类企业进行清理，将72户自愿变更的企业提交区公安局和区金融办签署意见，公安机关立案侦查6户。定期或不定期对商品质量进行抽检，全年共抽检成品油、化肥、服装等126组，对23组不合格产品进行依法查处。认真开展打击传销规范直销，打击非法集资，打击各类产品违法行为及侵犯“雪花”啤酒、“南孚”电池、“贵州茅台”“六个核桃”等注册商标专用权，以招聘介绍工作为名从事传销活动等专项行动。紧扣民生热点，深入开展各类专项执法行动，切实维护公平市场竞争秩序。

【网络市场监管】 建立了以工商牵头，发改委、网信办等11个部门组成的网络市场监管部门联席会议制度。网络监管服务系统建库经营主体达112个（新增30个），电子标识发放率达100%。8个建库网络交易平台（网站）全部建立网络消费维权服务站。责令整改网站31个次，提请关闭网站1个，责令停止平台服务网店2个次（微信公众平台），查处涉网案件10件。

【消费维权】 推进消费维权放心城区建设，拓展消费维权渠道，使消费者合法权益得到更好保护。全区共解决消费投诉657件，为消费者挽回经济损失182.13万元，群众满意率达98%，其中，“12315”受理消费者投诉267件（次），举报82件，为消费者挽回经济损失77.43万元。

（苏惠文）

质量技术监督管理

【概况】 区政府修订《质量强区奖励办法》《荣昌区区长质量管理奖评选办法》等7个奖励文件，拨付58.5万元对质量、标准、品牌和示范项目进行奖励。全年产品质量监督抽查合格率96.3%，全区产品质量总体水平持续保持较高水平，高于全市平均水平。认真抓好重庆市民生实事“全市乡村社区医疗计量惠民工程”，为全区291家医疗机构免费检定1711台（件）医疗计量器具，免检定费27.37万元，通过市级验收。

【质量监管】 全年产品质量监督抽查合格率96.3%，全区产品质量总体水平持续保持较高水平，高于全市平均水平。全年培育6家企业7个产品评为重庆市名牌产品，3个产品评为重庆知名产品，华森制药有限公司获重庆市第6届市长质量管理奖提名奖，137个企业获得质量管理体系认证；主导或参与制修订国家标准14项，行业标准5项，获地方标准5项。开展“质检利剑行动”，加强重点产品质量安全专项执法打假工作。深入开展了电线电缆质量、打击地条钢、淘汰燃煤锅炉等专项整治，淘汰落后产能。

【计量监管】 认真抓好重庆市民生实事“全市乡村社区医疗计量惠民工程”，为全区291家医疗机构免费检定1711台（件）医疗计量器具，免检定费27.37万元，通过市级验收。对2个煤矿生产企业在用计量器具现场检查252台件，检定率100%，均在有效期限内使用。指导永荣矿业公司等2个企业开展能源计量工作，公司开展能源计量工作后节约标煤25.34万吨，获得节能证书。开展对加油加气站、销售电子衡器、集贸批发市场计量、诚信计量企业、出租车计价器等5个计量专项整治。

【特种设备安全监管】 2017年，全区共有特种设备使用单位471家，特种设备制造单位13家，特种设备3331台件，其中电梯1848台、锅炉159台、压力容器768台、起重机械423台、游乐设施8台、厂（场）内机动车125台。开展大排查大整治大执法，共计检查299个单位，检查设备2251台，发现安全隐患99条，其中，一般事故隐患77条，重大事故隐患22条，下达监察指令书54份，一般隐患整改率达100%，严重事故隐患到期整改率95.45%。深入推进特种设备使用单位标准化建设，督促区内37个使用20台以上特种设备单位按要求开展标准化管理，11个达A级，26个达到B级。清理数据库数据130余条，整理档案260份。

【认证认可工作】 对全区7个获证检验检测机构、6个强制性产品企业、43个自愿性认证企业进行全面检查，抽查检验检测报告100份以上，严查出具虚假报告和超范围检测等违法行为，对检查发现的14项问题，责令企业完成整改。对获得3C认证的电线电缆生产企业进行2次专项检查，对企业法人代表开展约谈。指导重庆渝新杰幕墙门窗工程有限公司运用《企业能耗成本控制作业指导书》后，据该企业不完全统计，实现节能降耗20余万元。

（谢宇航）

食品药品监管

【概况】 2017年，区食品药品监督管理分局以创建国家食品安全示范城市为主线，坚决落实“四个最严”（即最严谨的标准、最严格的监管、最严厉的处罚、最严肃的问责）要求，坚持问题导向，严防、严管、严控各类食品药品安全风险，切实保障辖区群众“舌尖上的安全”，全年无食品药品质量安全事故发生。

【食品安全监管】 开展食品生产经营单位风险分级监管工作，落实网格化监管责任。对全区132个食品生产企业和3419个经营单位实施风险分级管理和网格化监管，设立食品安全监督公示栏，将监管责任落到实处。扎实开展食品生产经营主体日常监管。组织执法人员2.13万人次检查生产经营单位1.1万个次，发现问题627个，现场整改312个，下达责令整改通知书169份，监督抽检1021批次，合格率99.0%，合格率比上年提升2%，快捡样品1344批次，对不合格的10批次食品均根据食品监督抽检后处理的有关规定立案查处，按时完成，后处置；重点开展了生产企业清洁消毒、肉类百日行动、粉条、调味面制品、食品和保健食品虚假宣传、农村食品、校园及周边食品安全等23个专项整治行动，立案查处9件，取缔白酒黑作坊1个；加强对食用农产品质量监管，全年抽检食用农产品318批，不合格2批，对不合格农产品均进行溯源通报农委，及时消除安全隐患。做好食品生产经营许可工作，大力推进两小登记和备案工作。全年新增食品生产企业16个，换发新证51张，食品加工小作坊新办42户，截至年底共有132个食品生产企业和96 户小作坊；全年办理食品经营许可证1652张，新办小摊贩备案卡8个，截至年底食品流通摊贩备案507个，确保持证率达95%以上。加强监督，严格执法。查处生产流通环节食品违法案件36件，以实际行动落实食品安全“四个最严”要求。有序推进食品生产环节风险管控工作。组织召开食品生产环节风险管控工作会，排查企业123个，检查出风险隐患152条，其中重点风险隐患2条，书面限期整改105个，组织约谈企业30个，责令停产整改1个，立案处罚2个，进一步落实了企业主体责任。开展法律法规和监管工作培训，提高食品生产经营主体责任意识。全年组织召开食品生产经营企业培训会及约谈会11次，培训企业负责人和管理人员378人次，召开食品生产流通监管工作培训会7次，培训监管人员97人次。强化食品生产流通环节舆论宣传。组织食品安全体验式主题活动3次，人大代表、政协委员和党代表90余人次近距离观摩了解食品生产经营情况和食药监部门的监管情况。

全区有餐饮服务单位 1657 个，监督检查餐饮单位 3597 个次、覆盖率 100%，监督量化评级且公示单位 1508 个,其中 A 级单位 110 个、B 级单位 630 个、C 级单位 768 个。重点开展了校园及周边食品安全和火锅食品专项整治，推进小餐饮整规和量化分级管理工作。出动执法人员 350 余人次，检查火锅类餐饮单位 146 个，专项抽检包括火锅底料、火锅汤料、火锅调味油 87 批次，不合格 2 批次，均已移交公安机关处理。出动执法人员 4564 人次，检查大中小学校食堂 132 个、托幼机构食堂 121 个，校园周边小餐饮单位 239 个、食品摊贩 128 个，排查和督促整改食品安全隐患 124 个，责任约谈学校负责人或食堂负责人、校园周边食品经营单位负责人 12 起。进一步加强学校食堂实施“明厨亮灶”工作，学校食堂“明厨亮灶”实施率 90% 以上。进一步巩固农村家宴备案管理和指导工作，农村家宴备案登记 6355 起，就餐人数 123 万余人。完成全市 APP 会议、高中考、畜牧发展论坛、“星光大道”重庆赛区总决赛等 38 次餐饮服务食品安全保障工作。

【保健品及化妆品监管】 全区有化妆品生产企业2个，保健食品生产企业1个，保健食品经营单位780个。从5—12月，精心组织实施，确定27个化妆品经营店（柜）作为首批示范店建设，对企业开展信用等级评定，建立监管信用档案，制定示范店的后续管理及制度建设。全面完成化妆品示范街创建工作。

全年对化妆品、保健食品生产企业开展现场检查 26 个次，检查保健食品经营单位 921 个次，责令整改 4 次，警告 1 次，立案调查 12 件，罚没款近 6 万元，移送公安案件 2 件、工商案件 2 件。完成市局化妆品流通监督抽验 47 批次，2 批次不合格，并立案查处；快检 40 批次，6 批次检测结果异常，全部抽样送检；生产企业抽样 23 批次，全部合格；保健食品流通抽样 35 批次，生产抽样 2 批次，全部合格；上报化妆品不良反应事件 75 件。

【药品和医疗器械监管】 全区有医疗机构制剂室1个，药品生产企业8个，其中化学制剂生产3个、中药饮片生产企业5个，企业全郎通过2010年版药品GMP认证检查，并获得药品GMP证书。全年开展药品生产企业日常监督检查30次，专项检查3次，参加市局跟踪检查2次，检查覆盖率达100%，处罚产品质量案件1件，约谈药品生产企业4个，全年无药害事件发生。对药品流通环节监管落实网格化监管，加强对药品使用单位、药品购销渠道、冷链管理药品、含特殊药品复方制剂和中药材中药饮片监管，及时消除药品安全各环节隐患漏洞。抽查药品检样198批，其中化学药制剂118批，中药饮片80批，报告检验不合格4批，均为中药饮片，不合格率为2%，药品生产企业合格率100%，上报药品不良反应458例。

全区有医疗器械生产企业 5 个，经营企业 332 个。其中Ⅲ类生产企业 2 个，经营企业 20 个；Ⅱ类生产企业 2 个，经营企业 312 个，Ⅰ类生产企业 1 个。加强对医疗器械生产企业的日常监管，出厂产品合格率 100%。出动执法人员 292 人次，车辆 145 台次，开展对无菌及植入类医疗器械、避孕套、打击非法经营装饰性彩色平光隐形眼镜行为、透明质酸钠等高风险产品的监督检查，责令单位改正 15 个、警告 3 个、立案调查 1 个。出动人员 196 人次，车辆 72 台次，对 6 个民营医院、4 个家二级医院个、22 个一级医院及部分诊所村卫室使用的医疗器械进行监督检查，责令改正 9 家，警告 5 家；抽验 8 批次，督促医疗机构完成药品不良反应报告 428 份。

【全面推进国家食品安全示范城市创建工作】 3月区食药安委与21个镇街、24个食药安委成员单位签订了创建国家食品安全示范城市工作责任书，完善创建责任及分工体系。4—12月组织开展“创建国家食品安全示范城市·食品安全快速检测面对面”活动，在永辉超市莲花广场店、永立生活超市点设置快检点，现场为群众提供瓜果、蔬菜、肉类等食品安全快速检测，12月份该项活动推广到全区21个镇街。全年组织召开创建工作推进会、督办会6次。此外推动打造食品安全示范商圈1个、示范食药监所2个、示范餐厅8个、放心肉菜示范超市5个，示范学校食堂10个，示范生产企业50个。年底区食安办开展民意调查，调查对象对食品安全状况满意率为98%以上，对创建工作的知晓率达到90%以上。（李志平　李大林）

住房公积金管理

【概况】 2017年，全区新增公积金缴存单位45个，共有507个单位建立住房公积金制度，24247名职工开户缴存住房公积金。全年归集公积金4.78元，比上年增长27.2%；使用公积金6.5亿元，增长51.2%，使用率为136%。

【住房公积金缴存管理】 2017年，全区新增缴存单位45个，共有507个单位建立住房公积金制度，24247名职工开户缴存住房公积金。全区行政事业单位和国有企业在编职工实现住房公积金制度全覆盖，有163个非公单位陆续建立了住房公积金制度。全年归集公积金4.78亿元，比上年增长27.2%；累计归集额26.05亿元；年末住房公积金归集余额突破10亿元大关，达到10.86亿元。

【住房公积金使用管理】 全年使用公积金6.5亿元，比上年增长51.2%，使用率为136%。批准职工提取公积金8445人次2.82亿元，增长25.5%，其中住房消费提取2.3亿元，支持职工购建房面积2.86万平方米；累计批准职工提取公积金10.02万人次14.83亿元，累计支持职工购房面积73.79万平方米。发放住房公积金个人贷款1209笔3.68亿元，增长78.5%；累计发放贷款8127笔15.02亿元。全年回收个人贷款本金1亿元，累计回收贷款本金5.38亿元；公积金逾期贷款率0.8‰，没有超出1‰的考核指标；年末贷款余额9.65亿元，存贷比为88.9%。

【住房公积金增值收益管理】 2017年取得增值收益1443万元，比上年增长35.1%，增值收益率1.47%。按照增值收益分配规定，可提取风险准备金267万元，增长105%，累计提取风险准备金3242万元；可向区财政计提廉租住房补充资金979万元，增长41.5%，累计向区财政计提廉租住房补充资金4097万元。

【住房公积金制度受益面进一步扩大】 通过公积金贷款和提取，支持荣昌9654名职工使用公积金6.5亿元解决了15.14万平方米的住房消费资金需求，比上年分别增加1240人、2.2亿元、5.74万平方米。其中，吸引众多在荣昌区外就业如深圳、成都以及重庆主城区等地的315名职工返乡申请公积金贷款8633.8万元，购买住房3.08万平方米；支持276名非公单位职工申请公积金贷款7458.8万元，购买住房2.74万平方米，充分体现住房公积金制度的公平性和普惠性。

（曾　勇）

科学技术

科技培育

【概况】 2017年，全国首个以农牧为特色的国家高新区通过科技部验收；新认定国家高新技术企业14家，新增市级科技型企业101家，新培育市级科技小巨人7家；新增国家高新技术产品67项，市级创新创业示范团队2个。争取到项目资金3800万元，比上年增2.6%。修订出台《荣昌区科技项目资金管理办法》《荣昌区科技项目管理办法》《荣昌区专利资助办法（试行）》等系列创新政策，更好地解决了荣昌创新产业不强、高端科技平台缺乏、国家高新技术企业较少、产学研协同创新融合不强、技术与资本结合不够等问题。强化科技宣传，全年在华龙网、重庆市科委网、荣昌电视台、《荣昌报》《当代科技》等媒体宣传报道科技工作动态、科技政策93条，科技新闻宣传在全市排第三位，较上年提高2个名次。

【科技活动】 4月20—26日，在人民广场开展主题为“创新创造改变生活，知识产权竞争未来”的知识产权宣传周活动。制作宣传展板10余块，宣传荣昌2017年“双打”工作情况以及识别相关伪劣产品方面的小知识。5月20—27日，开展以“科技强国·创新圆梦”为主题的科技活动周活动。活动协作单位17家，参与人员1500余人次，发放宣传资料约3500份，宣传书刊2000册，出动宣传车10台次，举办讲座7次，制作展板57块、横幅标语17条、挂图60幅，观看展板、挂图人员达1.3万人次。利用“科技活动周、赶场接访日、移动办公”等活动，组织科技特派员开展“下乡入园进企”活动。聘请54名农业科技专家赴万灵镇、盘龙镇、观胜镇、远觉镇、古昌镇等开展送科技下乡服务活动24次。围绕农业生产，特色产业，现代畜牧业等，向农民推广新品种、新技术、新成果，重点开展奶牛、肉牛、肉兔、水禽、蔬菜等技术培训及科技咨询等科技惠及民生活动。全年，开展科技下乡活动免费为群众发送各类科技宣传资料6000多份，受益群众达2.4万余人。

科技平台

【概况】 3月10日，顺利完成国家高新区专家验收，12月，科技部向国务院申请，待国务院正式批准。重庆国农畜牧现代化技术研究院有限公司、重庆大鸿农牧机械有限公司在荣昌建立具有独立法人资格的高端研发平台，均完成注册。区内孵化器孵化培育企业效果明显，全区建有4家孵化器平台，在孵面积拓展到8.7万平方米，入驻企业150家，培育科技型企业20余家。

【国家高新区通过科技部验收】 1月12—14日，科技部农村司组织专家到荣昌对高新区创建工作进行调研指导，对《战略规划》《产业发展规划》

《升级创建工作方案》进行现场指导。3月9—10日，科技部高新司组织专家对荣昌高新区升级创建国家高新区进行实地评审，充分肯定荣昌高新区创建工作。科技部于5月份拟定《关于征求对荣昌高新技术产业开发区升级为国家高新技术产业开发区的函》，向国土资源部办公厅、住建部办公厅征求意见，几大部委一致同意将荣昌高新区升级为国家级高新区，待国务院正式批准。

【科技孵化器建设】 强化孵化器企业培育功能。2017年建有重牧硅谷·星创天地、古思特创客空间、荣昌陶众创空间、荣联电商众创空间等孵化平台4家，在孵面积拓展到8.7万平方米，入驻企业150家以上，培育科技型企业20余家，争取科技部项目资金40万元。荣联电商申报国家级众创空间。

【新型研发机构建设】 依托重庆国农畜牧现代化技术研究院，争取吉林大学在荣昌建吉林大学重庆研究院荣昌分院，年末已完成前期的考查调研。大鸿农牧在工商注册成立专门从事研发的独立法人资格的大鸿农牧科技重庆有限公司。

【企业研发平台建设】 2017年，新增市级工程技术中心3家，市级企业技术中心2家，区级企业技术中心7家。至年末，累计拥有市级工程技术中心14家，市、区级企业技术中心49家。（慈辉辉）

科技人才

【概况】 2017年，对全区科技特派员进行重新选派，专家大院积极发挥引领作用，科技专家团队积极为当地产业的发展出谋划策、把脉问诊，效果显著。重新调整科技项目咨询评审专家库，遴选出58名在专业技术岗位上业绩突出、行业认可程度高的专家纳入荣昌区科技项目咨询专家库。

【科技特派员】 年内，按照“结合实际，注重适用，双方自愿，双向选择”的原则，对全区科技特派员进行重新选派，共选派科技特派员51名，全部为中高级以上职称和大专及以上学历，其中博士25名，专业主要涉及畜牧、水产、粮油、蔬菜、水果和茶叶，到21个镇街、9个科技专家大院、13个重点企业开展为期2年的科技服务。通过开展现场服务、电话咨询、网络服务、项目服务、培训服务、创业带动等加快现代农业和实体经济的发展，促进城乡统筹。全年服务人次3000余人，为服务对象解决种养殖、项目策划方面的技术问题150多项。

【专家大院建设】 全区建有农业专家大院8个，其中市级5个、区级3个。即：重庆市生姜科技专家大院、重庆市白鹅科技专家大院、重庆市肉兔科技专家大院、重庆市奶牛科技专家大院、重庆市蔬菜专家大院；渝西蜂业科技专家大院、古昌台湾农业园科技专家大院、渝西水产科技专家大院。专家团队积极为当地产业的发展出谋划策、把脉问诊，效果显著。盘龙生姜基地引入脱毒生姜试管苗新产品及繁育新技术，全镇年产脱毒优质种姜达50余吨；远觉奶牛基地筛选出国家级牧草新品种2个；观胜肉兔基地开展肉兔球虫分布调查等科研工作。年底，对8家专家大院进行考核评比，评选出优秀专家大院2家，合格5家。

【市级创新创业团队】 重庆方通药业创新兽药研发团队和市畜科院新兽药创造研发团队2个团队正式纳入重庆市2017年创新创业示范团队培育计划，获得30万元的财政经费补助及科技金融、科技服务等相关政策支持。

【“棠城英才”遴选工作】 区科委通过“宣传发动、制定评审细则、邀请专家评审、委办公会研究、征求意见”等程序，确定重庆华森制药股份有限公司刘小英、重庆澳龙生物制品有限公司曹政为荣昌区“棠城英才”（自然科学类）推荐人选。

（慈辉辉）

科技项目

【概况】 2017年，科技项目坚持“突出创新、强化服务、引领示范”的原则，重点支持企业创新、民生科技和高新技术产品开发和高新技术平台建设。争取市级农业成果转化项目资金100万元。完成科技部富民强县项目、市级“121”科技支撑示范重点项目2个，支持资金984万元。完成区级工业、农业、社会事业三类科技项目46个，支持资金204.8万元。

【区级科技项目】 区级科技项目按照工业、农业、社会事业科技项目三类进行支持。在工业项目方面重点支持农牧高新、生物医药、装备制造、节能环保和新材料开发，在农业项目方面重点支持农业特色产业科技创新，在民生科技方面重点支持创新驱动发展和高新区体制机制创新研究。全年下达区级科技项目46个，其中工业科技项目10个，项目资金121万元；农业科技项目8个，项目资金59万元；社会事业科技项目28个，项目资金24.8万元。

【市级科技项目】 争取到市级农业成果转化项目资金100万元。市级科技项目“中国畜牧科技城科技示范项目”顺利通过结题验收。项目总投资2700余万元，其中中央财政补助资金789万元。在2013—2016年，有效实现中国畜牧科技城新增销售收入300.18亿元，其中生猪电子挂牌交易平台新增成交额264.61亿元，共辐射带动受益人群35.028万人。

【国家级科技项目】 6月22日，荣昌区承担实施的国家科技富民强县专项行动计划项目“荣昌生物医药原料基地建设、产品开发与示范”顺利通过结题验收。该项目于2014年6月获科技部批准立项。项目总投资1885万元，其中中央财政补助资金195万元。项目针对荣昌生物医药产业发展的关键环节，以技术创新为抓手，开展产业关键技术集成应用，通过建设一个体系、三个平台、三个中心，带动一个原料基地建设，形成统筹城乡，以工促农，以城带乡，科技富民强县的机制和格局。项目实施以来，建成中药材规范化种植与示范基地18个、种植面积达1562.67公顷、研发新产品6个、技术服务平台3个，推广应用新技术10项，生产线、车间改建12项，实验室及相关科室建设10个；新药研发21个，制定质量标准2个，申报专利40项，授权9项；开展技术培训54期，培训各类技术人员7546人（次），发放资料10950分、培养乡土人才308人。

（慈辉辉）

知识产权保护及科技成果转化

【概况】 全年，全区企业申请专利786件，每1万人发明专利拥有量3.88件。在板桥工业园、荣隆台湾工业园和广富工业园开展专利业务培训6次，培训企业200余个、业务人员300余人。30余家企业实现专利清零。修改完善《荣昌区专利资助及奖励办法》，对发明专利授权奖励由3000元提高到2万元。科技成果登记61项。获全国打击侵权假冒工作先进集体荣誉称号。

【科技金融】 启动荣昌区科技支行建设，出台《荣昌区科技和金融深度融合创新发展实施方案》《荣昌区科技支行认定管理办法》，首选出重庆农村商业银行荣昌支行作为区内首家科技支行。荣昌区正式纳入市科技型企业知识价值信用贷款改革试点，成为全市六个试点区县之一，将组建1亿元的知识价值信用贷款风险补偿金。继续推进种子基金投放，筛选7家科技小巨人作为种子基金投放对象，投放金额300万元。知识产权融资成效明显，昌元化工凭借3个发明专利、3个实用新型专利获得重庆市农村商业银行知识产权融资1030万元；灵方生物凭借6个发明专利、62个商标在重庆富民银行贷款5000万元。

【国家知识产权试点城区】 自2015年荣昌区获批国家知识产权试点城区以来，强力实施知识产权战略，知识产权工作体系逐步健全。2017年，申请专利786件，授权905件，30余家企业实现专利清零，修订完善《荣昌区专利资助和奖励办法》，将发明专利奖励由3000元提高到2万元/件。新增国家级知识产权优势企业2家、市级知识产权优势企业2家、市级知识产权试点企业3家，新认定国家级知识产权保护规范化市场2家，培育市级知识产权试点园区1个。全年开展专利执法检查43次，查办涉及专利标注不规范、专利权未转移等假冒专利58件，市知识产权局审核通过率100%。10月26日，顺利通过市政府“双打”工作检查。获全国打击侵权假冒工作先进集体荣誉称号。（慈辉辉）

高新技术产业

【概况】 施高新技术企业培育计划，努力构建以科技型企业为支撑、高新技术企业为骨干的优质市场主体。2017年，新增市级科技小巨人7个，市级科技型企业101家，新认定国家高新技术企业14家，市级创新创业示范团队2个。高新区高新产业发展迅猛，科技创新活跃，产品出口到美国、俄罗斯、日本、韩国和东南亚、非洲等60多个国家及地区，为微软、苹果、惠普、富士康、华为、联想、奔驰、通用等50余个世界著名品牌企业提供关键零部件供应。累计拥有市级高新技术产品173个，其中、高新技术产品148个，重点新产品25个。

2017年荣昌区高新技术企业表

表9

序号	企业名称	序号	企业名称
1	重庆华森制药有限公司	20	重庆秋叶机械制造有限公司
2	重庆灵方生物技术有限公司	21	重庆大恒建筑智能化工程有限公司
3	重庆布尔动物药业有限公司	22	重庆市荣昌县群建阀门有限责任公司
4	重庆澳龙生物制品公司	23	荣昌县粤兴不锈钢有限公司
5	重庆永健生物技术有限责任公司	24	重庆鸿全兴业金属制品股份有限公司
6	重庆灵方三帆生物制药有限公司	25	重庆蓝洁广顺净水材料有限公司
7	重庆方通动物药业有限公司	26	重庆昌元化工有限公司
8	重庆泰通动物药业有限公司	27	重庆强勇强科技有限公司
9	重庆荣牧科技有限公司	28	重庆佰嘉木业有限责任公司
10	荣昌县易合纺织有限公司	29	重庆渝新杰幕墙门窗工程有限公司
11	重庆明治百通机械制造股份有限公司	30	重庆西农大科信动物药业有限公司
12	重庆瑞力比燃气设备有限责任公司	31	重庆市优合新型材料有限公司
13	重庆开确科技有限公司	32	重庆达标电子科技有限公司
14	重庆朗拓通风设备有限公司	33	重庆财信环境资源股份有限公司
15	重庆格德瑞重工有限公司	34	重庆明珠塑料有限公司
16	重庆市韵诚塑料防腐设备有限公司	35	重庆宏南科技股份有限公司
17	重庆鑫仕达包装设备有限公司	36	重庆市永恒玻陶工艺有限公司
18	凯歌电子重庆有限公司	37	展旺塑胶（重庆）有限公司
19	重庆长江特种装备有限公司		

【农牧高新产业】 形成以动物基因工程、农副产品精深加工等产业集群，建立起集“科研、育种、养殖、加工、饲料、兽药、市场”于一体的完善产业体系，聚集了美国嘉吉、美国大溪地诺丽、双胞胎、洽洽食品等一大批科技型企业。

【生物制药产业】 拥有华森制药、澳龙生物等21家制药企业，其中国家高新技术企业8家，通过GMP认证的制药企业18家，有自营进出口权的企业9家。华森制药入选中国创新力医药企业20强、产品“威地美”在国内铝碳酸镁片市场占有率超过90%、排名第1位；澳龙生物生产的羊包虫病疫苗，是全球唯一用于治疗人畜共患病的强制免疫疫苗；新引进康美药业投资30亿元打造“大健康”产业园。

【高端装备制造产业】 重点打造智能装备、特种装备、通用设备制造、汽车关键零部件等，其中，益峰高压容器是中国最大的工业钢制无缝气瓶和CNG气瓶制造企业，韵诚设备公司是全国最大的防腐设备生产企业，重庆凯歌电子股份有限公司是中国印制电路行业百强。

【节能环保及新材料产业】 节能环保及新材料产业方面，引进苏高新集团联手打造苏高新荣昌节能环保产业园，集聚昌元化工、蓝洁净水材料等现代企业46家，其中，昌元化工生产的高锰酸钾占全球市场份额70%，掌控了高锰酸钾的国际标准制定权和定价权；广东唯美陶瓷在荣昌建成投产全世界最先进的陶瓷生产线。

【现代服务业】 成功引进全国最大的农牧上市公司大北农集团，共同打造全国唯一的国家级生猪交易市场，实现“买全国、卖全国”目标。全国首家货运枢纽机场建设项目，已纳入2017年中新（重庆）战略性互联互通示范项目和重庆自贸服务区功能，引进龙浩、海航等航空物流企业，建设强大的快件运转（分拨）中心和保税物流中心。推动30平方公里核心区和50平方公里配套临港物流园区建设，扩大加工贸易、转口贸易、总部经济等现代服务业规模，全力打造高新产业为核心的“临空港”。

（慈辉辉）

气象事业

【概况】 至2017年末，全区已建成区域自动站43个、土壤墒情监测站5个、酸雨观测站1个、校园自动气象观测站1个，配备自动站现场校准设备1套、移动气象站1个、北斗通信终端1套，能实时收集全区暴雨、旱性、大风等灾害性天气的气象数据，实现荣昌气象监测的全覆盖。构建了以气象短息、气象电子显示屏、村村通大喇叭、电视天气预报等渠道的基本覆盖城乡的气象信息发布体系，预警信息发布平台手机终端为46562台，气象防灾减灾能力得到进一步提高。

【气象科普】 以科技下乡、“5・12防灾减灾日”“3・23世界气象日”“科技宣传月”等活动为契机，开展气象科普知识进社区、进场镇、进机关、进学校、进企业活动，并邀请学校师生到气象局“零距离”感受气象科技的魅力，增强全民气象防灾减灾意识。全年，接受电视台采访25次、《荣昌报》采访10次，接受电话咨询天气110余次，开展气象安全防灾减灾知识宣传8次，发放气象灾害防御等宣传资料 12000份，开展专题讲座2场，接待学校师生参观200余人次。

【气象服务】 修订完善业务制度、流程、方案12个，印发《气象业务工作手册》。加强业务技能培训，组织全体业务人员集中学习23次，汛前培训4次，应急演练3次。与四川的内江市、泸州市气象局联合签订《气象灾害联防合作协议》，同区国土房管、民政、林业、武警中队等10个单位签订《荣昌区气象灾害预警联动合作协议》，与毗邻的气象部门开展区域内气象灾害天气联防会商23次，开展区级相关部门开展会商研判11次，有效提高部门联动响应能力。新增荣昌气象微信公众号，在重庆荣昌APP中开通气象版块，初步建成传统媒体和新媒体终端相结合的气象预报预警服务信息发布系统。全年发布手机客户端信息358条、微信信息119条，微信有1739人关注；各类为农服务材料98期，决策气象服务材料654期，田间调查5次；手机短信146条，接收人数达967.44万人次。

【气象防灾减灾】 全面完成全区21个镇街的标准化气象灾害防御建设工作和全区涉及旅游景区、加油、加气、危化、民爆等多个领域的47家单位和企业的气象灾害敏感单位建设和自评工作，有效提高全区的气象灾害应急和防御能力。积极为“铁人三项·荣昌站”比赛活动、蓝天行动、人饮工作等开展增雨作业，全年出动人影火箭车57架次，发射火箭弹141枚，累计平均增加降雨量近35毫米，作业有效区内增加降水量约420万吨。深入推进防雷行政审批改革工作，优化防雷行政许可，及时修改完善行政审批流程，于1月1日将房屋建筑工程和市政基础设施工程防雷装置移交区城乡建委监管，完成843个（栋）易燃易爆、学校等建筑物的检测，全区未发生防雷安全责任性事故。

【货运机场自动气象站建成】 按照区委、区政府的工作部署和要求，区气象局于2016年9月成立重庆荣昌货运机场气象服务工作领导小组，11月23日向区政府报送《重庆荣昌货运机场自动气象观测站建设方案》，12月16日区政府领导同意建设方案，并批准了项目经费。2017年1月正式启动建设项目，经与区规划、国土房管部门协调，通过实地勘察、论证，最终将建站地选定于盘龙镇石田村七社，占地2533平方米，建设30×30米观测站。2月底完成机场气象站建设前期准备工作，4月底先后完成机场气象站主体工程建设、附属设施建设、防雷设施安装、水电工程安装、点对点通信光纤专线安装、全景无人监控系统安装和气象观测设备的安装工作。5月初，全面完成土建、场地绿化和各系统调试等工作，机场气象站进入试运行。6月1日，机场气象站正式投入业务运行。至年底，机场气象站进行了温度、湿度、气压、降水、风向、风速、地温、能见度等8个气象要素42个观测项目的观测，已采集观测数据700多万组，为荣昌货运机场各工作的推进发挥了关键性作用，其服务效果十分突出。

（李　丽）

防震减灾

【概况】 2017年，区地震局继续贯彻落实《中华人民共和国防震减灾法》《重庆市防震减灾条例》，建立健全监测预报、震害防御和应急救援三大工作体系，全面推进防震减灾工作。年末，全区有地震监测台站2个，地下流体监测台站1个。全年共记录地震事件3298次，其中荣昌区域内发生1749次，荣昌2.0级以上地震9次，最大震级地震为8月23日2.6级地震。年内建设工程项目抗震设防要求审核46个。地震安全示范社区和防震减灾科普示范学校创建取得新成绩，11月15日，昌元街道恒荣半岛小区被重庆市地震局认定为“重庆市地震安全示范社区”。仁义中学被认定为荣昌区防震减灾科普示范学校，并推荐申报市级防震减灾科普示范学校。恒荣假日酒店被认定为区级地震安全示范企业。地震监测预报基础设施得到加强，地震烈度与预警工程有序推进，地震应急指挥中心建设顺利进行。区地震局获2017年度全国地市级防震减灾工作综合考核先进单位，2017年度重庆市防震减灾目标考核优秀部门。

【区委常委会议研究地震灾后重建工作】 荣昌2016“12·27”4.8级地震发生后，在市委、市政府坚强领导下，荣区委、区政府高度重视、迅速行动，部门、镇街和村社协同配合，抗震救灾工作已转为灾后安置重建。1月4日，区委书记曹清尧主持召开区委十四届第一次常委会，专题研究地震灾后重建工作。会议研究决定成立灾后重建工作组织领导机构，由荣昌区委区政府相关领导进行“一对一包村”指导督促灾后重建，并明确了救灾工作重点、受灾群众补助标准等事项。

【荣昌区“十三五”防震减灾规划】 3月24日，区政府办印发《重庆市荣昌区“十三五”防震减灾规划的通知》。规划明确2016—2020年，荣昌区形成切实有效的防震减灾管理体系，基础设施进一步完善，信息化水平进一步提升，荣昌区地震监测预报、地震灾害防御、地震应急救援三大工作体系得到全面加强，科技引领支撑作用进一步加强，防震减灾能力得到显著提升，总体达到《重庆市防震减灾规划（2001—2020）》目标任务。是未来五年荣昌区防震减灾事业发展蓝图，也是指导荣昌区防震减灾工作的重要依据。

【召开2017年防震减灾工作联席会议】 4月27日，荣昌区政府召开2017年防震减灾联席会议，区分管领寻、区防震减灾联席会议各成员单位负责人参加会议。分管副区长徐利敏针对荣昌2016年“12·27”4.8级地震发生后暴露的问题作了重要讲话，要求各成员单位要突出灾前预防，重视风险防范，强化综合治理，不断提升全社会抵御地震灾害综合防范能力，各司其职，扎实推进荣昌区的防震减灾工作，最大限度减轻地震带来的灾害损失。重点要做好八方面工作：做好区级地震应急预案组织实施；开展防震减灾知识教育培训；强化防震减灾宣传；加强校园防震减灾教育；强化建设工程抗震设防的监管；严格地震灾情报送；开展灾害调查与评估；做好荣昌区“十三五”防震减灾规划的实施。

【防震减灾教育培训】 5月4日，荣昌区召开防震减灾助理员工作会，全区21个镇街的防震减灾助理员和区地震局全体干部职工共30余人参加会议。会议传达了重庆市2017年防震减灾工作会精神，总结荣昌2016年“12·27”4.8级地震应急工作中存在的问题，并结合荣昌区防震减灾联席会议的部署，对2017年各镇街防震减灾工作进行安排。并结合“三网一员”职能职责，做好镇街防震减灾工作进行了培训。7月4日，由区武装部组织，区应急办、区消防大队、区地震局等部门共同参与，荣昌区21个镇街武装部长、村（社区）干部100多人，在区消防大队接受地震常识暨应急知识培训。2017年，防震减灾知识纳入区委党校领导干部、中青年干部培训班学习内容。10月30日，区地震局为荣昌区2017年区管副职领导干部培训班学员开展了防震减灾知识专题培训。

【开展防震减灾应急综合演练】 5月10日，由区政府应急办牵头，区民政局、区地震局、区教委、区卫生计生委、区气象局、区公安消防支队、昌州街道办事处、区人民医院等单位参与的荣昌2017年防震减灾应急演练在荣昌初级中学举行，区政府副区长李雅洁、刘菊华等领导出席。全校5100余名师生参与演练，演练分为地震应急演练、消防灭火演示、卫生急救演示三个流程。参与演练人员行动迅速，秩序井然，演练达到了预期效果。

【中国地震局防灾科技学院专家组来荣调研】 6月30日上午，中国地震局原人事教育司司长、防灾科技学院特聘专家何振德一行到荣昌调研地震监测预报人才培养工作。区地震局就荣昌机构设置、监测预报人员情况、人才培养工作等作了汇报，并对加强监测预报知识网络教育、防震减灾法律法规培训、就地震工作针对区县政府管理方面的人才培训、地震监测新版软件使用培训、抗震设防政策执行等方面遇到的问题和体会提出了意见建议。专家组表示回去后将对收集到的意见建议进行分类，逐项落实。

【重庆市地震烈度速报与预警工程建设项目落户荣昌】 重庆市地震烈度速报与预警工程项目是重庆市“十三五”防震减灾专项规划的重点项目。为推进该项目建设，荣昌区地震局积极争取，在荣昌区直升镇新建地震烈度速报与预警工程基准站，作为全市20个地震烈度速报与预警台网的骨干监测台站之一。项目建成后，能够快速提供地震预警、地震灾害情况信息，为政府应急决策、公众逃生避险等提供地震安全服务。至年底，该项目已完成土地预审和规划选址工作。

【荣昌区地震灾害预评估完成】 为全面摸底本地区地震灾害防御能力，荣昌区地震局按照《重庆市地震局关于开展地震灾害预评估工作的通知》要求，及时成立了地震灾害预评估工作领导小组，全面收集区域地形地貌特征、交通概况、水库分布概况与数量、历史地震概况、应急救援队伍、医疗救援能力、应急物资准备等相关数据，邀请市地震局专家进行指导，利用地震灾害评估软件和到实地调研假定灾区的建筑物特征，完成《荣昌区2017年地震灾害损失预评估与处置要点工作报告》。该报告针对假定区域在震前应急准备和震后应急处置方面存在的不足提出了建议，供区政府决策参考。地震灾害预评估工作的完成，对于强化全区地震应急准备工作具有指导作用。

【地震灾害防治纳入改善农村人居环境工作计划】 2017年，荣昌区将地震灾害防治纳入改善农村人居环境工作计划，并作为对相关镇街、部门的年度考核内容之一。该工作计划对农村地震灾害防治方面提出3个目标任务。召开各镇街防震减灾助理员工作培训会议，明确该项工作的具体内容、要求；镇街结合相关工作，通过送防震减灾知识和法律法规进农村活动，提升农民防震减灾意识；各镇街结合农民新村建设，开展地震安全农居创建试点工作。

【防震减灾科普宣传】 3月15日—4月3日，区地震局发动全区机关干部、学校师生参加全市第五届防震减灾网络知识竞赛暨第二届防震减灾微信平台知识竞赛。全区29900余人参加答题。5月8—14日，是全国第九个防灾减灾日宣传周。荣昌区结合第六届“平安中国”千城大行动，开展系列防灾宣导活动。5月9—12日，分别在西南大学荣昌校区、荣昌中学等4所大、中、小学校及永立百安广场播放防灾电影5部。防灾减灾宣传周期间，通过荣昌区电视台播放防灾减灾科普教育片，面向大众普及地震灾害的相关知识。将防灾减灾科普教育片通过荣昌区教育信息网发布，供全区130多所各类学校及270多所幼儿园，开展防震减灾宣传教育使用。5月12日上午在荣昌人民广场，开展大型防震减灾宣传活动，区政府分管领导及20多个部门参与；晚上在永立百安广场开展主题为“减轻社区灾害风险，提升基层减灾能力”暨第六届“平安中国”千城宣导公益活动，并播放科普电影。5月25日《荣昌日报》专刊登载防灾减灾知识问答，向全区各机关、企事业单位和个人广泛宣传防灾减灾知识。7月25日，区地震局与区棠城爱心志愿者协会联合组织开展唐山地震纪念日系列宣传活动。11月17日，区地震局组织在职党员，深入都海龙湾、河畔名郡、荣和世家等小区，开展“红色纽带”进小区宣传服务活动。12月21日，区地震局与区气象局签订合作协议，将与群众密切相关的防震减灾知识纳入由区气象局编印的《2017年荣昌区气象防灾减灾手册》手册总共印刷3万份。 （谭明玉）

畜牧科学研究

【概况】 重庆市畜牧科学院系重庆市以畜牧业产前、产中、产后的关键技术和共性技术为主要研究领域的畜牧科学创新中心、国际合作中心和高级科技人才培养基地。设有12个研究所，4个研发中心，与武隆、南川、云阳、酉阳、黔江、石柱地方政府联合组建6个分院。拥有农业部养猪科学重点实验室等部（市）级科技研发平台25个。现有在职职工307人，具有中高级专业技术职务198人，拥有博士26人，硕士115人。

2017年，实施在研项目193项，经费1.3亿元；新增项目86项，新增经费3234万元，登记成果13项，获授权专利16项，申报成果奖16项，获重庆市科技进步三等奖1项，发表论文155篇，出版专著12部。

【研发项目取得重大突破】 人源化抗体鼠培育及抗体开发：在培育获得人源化抗体鼠的基础上，2017年培育获得中国首个单重链转基因小鼠，丰富了人源化抗体小鼠的品种系列，为纳米抗体的开发提供工具动物。

人源化抗体猪培育：成功培育中国首个出转人免疫球蛋白lambda轻链（hIgL）转基因猪。

无菌猪应用示范：建成国内目前唯一一个无菌猪培育基地并投入使用。建立了 6 个企业标准，并成功获得一批无特定病原的猪血清样品。

中兽药新药研发：完成女黄扶正口服液、颗粒剂和连梅止痢粉的工艺研究、药学研究、药理毒理研究和临床研究，获得新兽药临床批件 3 个。女黄扶正颗粒成功成果转化，正在申请新兽药证书。

荣昌猪保种选育：2017 年从保种区选择经测定，并进行遗传评估后性能优秀的 10 头种猪补充进入保种核心群。现有荣昌猪核心群基础种猪 176 头，其中成年公猪 23 头，基础母猪 153 头，血统数 11 个。年内培育测定后备母猪 92 头，测定后经过遗传评估选留 52 头，培育后备公猪 21 头，选留 12 头，测定母猪 279 头，经产总产仔数：11.01 头，出生个体重 0.89 公斤，21 日龄窝重 25.63 公斤，育成率 91.92%。

畜禽消化道微生物定植与肠道稳态及功能调控：首次成功建立了猪肠道干细胞分选培养体系。

动物福利与养猪生产：优化筛选出 1 种猪舍清洁福利型漏缝地板，研发了一种棒状构成的花朵状微球光催化材料；建立生长育肥猪柑橘渣全价料、发酵甘薯渣和发酵菜籽粕饲喂技术；筛选出以黄芪、淫羊藿、女贞子、茯苓、白术等植物提取物组方；建立生长育肥猪茶叶渣饲喂技术。

饲料中抗生素替代品关键技术研究：筛选出以黄芪、淫羊藿、女贞子、茯苓、白术等植物提取物组方，可显著改善试验猪育肥后期的生产性能和健康水平，其效果与抗生素处理组相当。

便携式猪病及霉菌毒素快速定量检测器开发：获得 3 种霉菌毒素（黄曲霉毒素 B1、玉米赤霉烯酮及呕吐毒素）胶体金免疫层析定量检测卡，2 种猪病抗体（猪瘟病、蓝耳病）胶体金免疫层析定型检测卡，研发出霉菌毒素便携式快速定量检测仪器 1 套，建立了黄曲霉毒素、玉米赤霉烯酮二合一定性快速检测技术。

荣昌卤鹅生产工艺标准化示范：建成卤鹅标准化生产线 1 条，年加工能力达到 50 万只以上，产品质量符合国家标准；形成了卤鹅加工企业标准和重庆市地方标准 5 个、生产管理规范 10 余个。

【成立畜牧科技创新创业联盟】 2017年，由畜科院发起，汇集全国60余家高等院校、科研机构和农牧企业的“重庆市畜牧产业创新创业联盟”正式成立。为加快实施创新驱动发展战略，提升畜牧产业核心竞争能力和自主创新能力做出积极贡献。

【公共研发平台建设】 实验用猪工程中心等4个研发平台建成投入使用，获批国家牧草产业技术体系云阳综合试验站。畜科院“农业部养猪科学重点实验室”等25个国家、部（市）级平台运行良好，研发条件进一步完善。年内，畜科院与重庆市荣昌区人民政府、深圳市金新农科技股份有限公司成功联合组建重庆国农畜牧现代化技术研究院有限公司，公司已正式运营。

【人才团队建设】 引进中国农业大学李德发院士及其研究团队成立了“重庆市院士专家工作站”；柔性引进日本、英国、加拿大及国内知名高校的22名知名专家来院合作研究；考核引进3名博士；培养省部级创新团队6个；选派1名博士出访美国克雷顿大学做访问学者；新晋升研究员资格3人，副研究员资格7人。全院有25 人在国际国内学术组织担任职务。

【合作交流】 成功承办“国家生猪产业体系2016年工作总结会议”“国家肉鸡产业体系2016年工作总结会议”“现代畜牧产业发展论坛暨畜牧高新产业招商洽谈会”“2017动物环境与福利化养殖国际研讨会”等国际国内的大型会议，合作交流进一步增强，提升畜科院的知名度和美誉度。

【科技服务】 在重庆城口、秀山、巫溪、武隆等21个区（县）的63个乡镇开展农技服务与成果转化示范乡镇建设，在畜禽养殖、疫病防治、家畜人工授精、养殖场建设、经济动物养殖、饲料资源开发与营养配制、养殖废弃物处理等领域推广集成技术44项，服务527人（次）。与重庆澳龙、广东康贝尔、山东百德、新疆农神等43家企业开展深度合作，技术指导267人次，协议转化成果3项，获得研发和技术服务费568万元，推广成果、实用技术109项/次，取得良好效果。积极开展实验示范基地建设、基层农技人员和农民培训。共举办技术培训班71期，培训养殖技术人员4525名，培养畜牧科技创新与成果转化科技精英 547名。扶持企业（合作社、家庭农场）50余家，对口扶持600户养殖示范户。（唐钦 曾秀）

教　育

教育管理

【概况】 2017年，全区有区属各类学校310所（公办学校149所、民办学校161所），比上年减少25所。其中，普通中学 20所（含4所高完中），中等职业学校2 所，小学 128所，幼儿园159所，特殊学校 1 所。在校学生11.2万人，在职教职工8220人，其中公办教师6164人、民办教师2056人。普通初中招生8793人，在校生23932人，毕业生7668人，入学率100%；普通高中招生4699人，在校生13512人，毕业生4443人；小学招生6934人，在校生48604人，毕业生8803人，入学率100%；中等职业学校招生1900人，在校生4790人，毕业生1334人；学前教育招生9787人，在校生20981人，毕业生8184人；特殊学校招生34人，在校生186人，毕业生11人。学校占地215.5万平方米，比上年减少7.1万平方米，减少3.29个百分点；校舍建筑面积108.8万平方米，增加1.6万平方米，增加1.49个百分点。教育经费总收入16.95亿元，增加0.67亿元，增长4.14个百分点；总支出16.76亿元，减少0.57亿元，降低3.3个百分点。

2017 年荣昌区教育事业情况表

表10　　　　单位：所、人

	学校数	毕业生数	招生数	在校生数	教职工数	
					计	其中专任教师
总计	310	30443	32147	112005	8266	6812
中等职业教育	2	1334	1900	4790	320	257
普通高中	4	4443	4699	13512	1064	1011
普通初中	16	7668	8793	23932	1900	1642
普通小学	128	8803	6934	48604	3387	3162
特殊教育	1	11	34	186	49	48
学前教育	159	8184	9787	20981	1546	692

说明：此表数据包含民办教育，数据来源于《2017—2018年学年初荣昌区教育事业统计综合报表》

2017年荣昌区办学条件情况表

表11　　单位：万平方米、万册、亿元、万GB、台

	占地面积	校舍面积		运动场地面积	固定资产值		图书		教学用计算机
		计	其中教学行政用房		计	其中教学仪器设备值	计	其中电子图书	
总计	215.5	108.8	67.5	65.42	10.37	1.82	191.78	54.38	11637
中职教育	19.4	11.5	6.4	2.80	1.04	0.46	7.37	0.72	1256
普通高中	23.8	15.5	8.1	7.67	2.11	0.24	38.71	15.76	1468
普通初中	57.0	29.5	13.7	17.25	3.29	0.51	55.04	14.08	2091
普通小学	100..5	41.7	30.4	32.37	3.93	0.61	78.83	21.91	6822
特殊教育	0.4	0.2	0.2	0.27	—	—	0.06	0.06	—
学前教育	14.4	10.4	8.7	5.06	—	—	11.77	1.85	—

说明：此表数据包含民办教育，数据来源于《2017—2018年学年初荣昌区教育事业统计综合报表》

2017年荣昌区教育经费与办学水平情况表

表12　　单位：万元、元、%、人、年

类别	数量	类别	数量
教育经费总收入	169509	每万人口在园幼儿数	247
其中：国家财政性教育经费	156574	每万人口在校小学生数	572
社会捐、集资办学经费	205	每万人口在校初中生数	282
事业收入	12678	每万人口在校高中阶段学生数	159
教育经费总支出	167615	学前三年毛入园率	88.98
其中：事业性经费支出	167592	小学适龄人口入学率	100
基本建设投资项目支出	540	初中适龄人口入学率	100
财政预算内教育经费支出占财政支出的比例	23.42	高中阶段教育入学率	96
政府教育财政拨款的增长与财政经常性收入的增长比例	6.8	小学毕业生升入初中比例	99
小学生均预算内教育事业费	13604	初中毕业生升入高中阶段教育比例	96
初中生均预算内教育事业费	15319.	教育人口占总人口的比例	20.5
普通高中生均预算内教育事业费	12881	人均受教育年限	9.95
中等职业学校生均预算内教育事业费	16714		
小学生均预算内公用经费	5088		
初中生均预算内公用经费	3929		
普通高中生均预算内公用经费	3850		
中等职业学校生均预算内公用经费	6912		

说明：此表数据包含民办教育，数据来源于《2017年全国教育经费统计报表》

【教师队伍】　制定印发《关于进一步加强校级干部队伍建设的意见》《关于开展违反师德师风行为专项治理的工作方案》《重庆市荣昌区骨干教师管理办法（修订）》《重庆市荣昌区名师评选管理办法》等系列文件，构建干部教师队伍成才的路线图。8月，完成荣隆镇初级中学、荣隆镇中心小学校长比选工作，将政治素质高、管理能力强的干部选拔到校长岗位上。11月，完成拓新玉屏小学、

盘龙镇第二中心小学校级班子配备工作。制订干部教师培训计划，培训干部教师6000余人次。暑期，选派60名中小学校长到北师大培训一周；9月，选派30名年轻校级及中层干部参加北京师范大学提高培训；10月，选派21名农村中小学校长参加国培、市培；完成2000余名教师信息技术能力提升工程培训，并注重培训效果的测评及运用。依托《荣昌区招才引智暨“百名高层次人才”引进计划》等一系列优惠政策文件，建立人才“绿色通道”。新招聘教师160名（研究生6人），引进区外优秀教师8人，重点补充到农村缺编中小学，缓解农村学校音、体、美等特色学科缺编问题。10—11月，带编到国内重点师范院校，采取直接选聘方式，新招聘高层次人才48名（研究生45人、免费师范生3人），提前完成区委区政府给予的三年招聘高层次人才目标。开展教育系统师德师风行为专项治理工作，教师节期间评选师德标兵60名，举办6场师德演讲报告会，以榜样的力量营造师德建设的良好氛围。评选荣昌区名师8名，市级骨干教师26名，市级学科名师3名。暑期开展教师交流、支教工作，参与人数450余人。

【教育督导】　巩固义务教育基本均衡区创建成果，确保相关指标达到发展巩固提高的要求，顺利通过国家义务教育基本均衡区复核。完成国家、重庆市义务教育质量监测工作。5月，对全区120所学校，11个片区教管中心开展年度办学水平督导评估；督导人员到21个镇街征求意见建议，督政工作获得镇街110万经费支持；10—11月，组建4个督导组对农村义务教育学校基本办学条件“20项底线要求”开展专项督导，完成国家督导管理系统填报提交工作。12月，组成4个督查组，围绕师德师风建设、安全卫生管理，对全区87所公办幼儿园、157所民办幼儿园“规范办园行为”进行专项督查。7月，组织荣昌区44名督学及学校督导室负责人参加由北京师范大学在贵阳举办的“全国中小学责任督学专业能力提升高级研修班”。10月底，组织3名专职督学参加为期一周的重庆市督政工作专题培训。督导室巫德军、曾利2名干部被教育部聘为专家，派到宁夏、四川省参加义务教育基本均衡区县检查验收。设立8个学区和8个督导责任区，推进学区改革，促进城乡教育一体化发展。10月20日至11月20日，开展教育满意度调查工作，在2641名学生家长、88名“两代表一委员”抽样调查，教育满意度为92.43％。

【教研教科】　荣昌区教委与南岸区教委签订《南岸区—荣昌区教育互助共享合作协议书》，结为对口联系学校。成功申报市级普通高中精品选修课程2项，普通高中教育教学改革研究课题4项。中小学教学质量评价改革与实践等4个项目获重庆市政府教育成果二等奖。组织新三科教材培训，举办小学和初中校长质量论坛。评选区职教中心等10个单位为区教育科研先进集体，评选鲁世金等30名教师为教育科研先进个人。区级人才项目“学科中心教研组人才建设项目”被评为区优秀项目。在重庆市第十三届基础论文大赛中，全区教师获得一等奖108名，二等奖251名。在重庆市语文现场论文大赛中，4名教师获得初中组一等奖；3名教师获得高中组一等奖。参加“一师一优课，一课一名师”活动，获省优113节，部优25节。

【学校德育】　组织参加重庆市第二十届全国青少年五好小公民“阳光校园 我们是好伙伴”主题教育活动，仁义中学杨新圆、肖建航和玉屏实验小学黄丽蓓3位学生参加全国主题朗诵比赛，分别获一、二、三等奖。在第七届重庆市青少年科普阅读及征文大赛中，广顺天星完全小学学生叶良波获一等奖。开展法治宣传教育活动，峰高中心小学、安富中心小学、棠香小学被评为全国零犯罪学校。开展禁毒宣传教育活动，区职业教育中心、大成中学被评为重庆市毒品预防教育示范校。开展生态文明知识竞赛、生命之水科普活动等环境教育系列活动，峰高中心小学被命名为市级绿色学校。组织开展“中华魂”（辉煌与梦想）主题教育读书活动及创建国家级森林城市主题班会、书画、演讲等系列活动。开展团队改革系列工作，荣昌中学正式成为共青团重庆市委、市团校的团干部教学培训基地。

【艺体活动】 承办全市美术、音乐、心理健康教研工作会，统计并上报全区149所中小学学生体质健康数据，对各中小学校艺术和体育工作进行评估。举办荣昌区第十二届中小学生艺术节活动，1400余名学生参与。玉屏实验小学、后西小学和荣昌中学被评为市级美育实验校，峰高中心小学（扇绘）和荣昌中学（陶艺）被评为市级学生艺术实践工作坊，峰高中心小学（折扇制作）、双河中心校（金钱板）、玉伍小学（苏家拳）和万灵中心校（缠丝拳）被评为市级传承教育基地。在重庆中小学学生艺术活动月活动中，荣昌区声乐、器乐、舞蹈等项目获集体奖17个，其中一等奖7个、二等奖6个、三等奖4个，荣昌区教委获市级优秀组织奖。组织开展荣昌区第38届中小学生田径运动会、中小学校园足球联赛和篮球、乒乓球比赛。永荣中学创建为全国青少年校园足球特色学校，棠香小学和学院路小学获评市级网球试点校，在重庆市中学生田径比赛中，荣昌区团体总分名列区组第8位。

【学生资助】 全面落实资助政策，做好教育扶贫工作。学生资助涵盖学前教育到大学教育各阶段。资助学前教育阶段家庭经济困难儿童保教费、生活费3283人次、174.21万元；发放中小学生寄宿制贫困学生生活费14957人次、1078.38万元。实施中小学生营养改善计划，投入786.24万元，惠及19656人次。中等职业教育实施免学费政策，免学费10642人次、1064.2万元；发放涉农专业和家庭经济困难学生助学金2453人次、260.65万元；发放家庭经济困难学生住宿费补助2863人次、71.58万元；建档立卡家庭经济困难学生免教科书190人、3.8万元。普通高中教育发放国家助学金7220人次、591万元；建档立卡家庭经济困难普通高中学生减免学费1078人次、90万元，免教科书333人、6.66万元。办理大学生生源地贷款2632人、1944万元，生源地贷款财政贴息20万余元，生源地风险补偿金23万余元；家庭经济困难大学新生入学专项资助72人、5万元；解困助学专项资助学生91人、25万元；泛海助学资助低保、建档立卡家庭经济困难学生67人、33.5万元。

【基本建设】 推进后西小学、万灵中心校、荣昌中学、安富中心小学、盘龙中学、特殊教育学校、永林中心校7所学校新建和改扩建工程，新建校舍3.6万平方米，计划投资1.6亿元。维修改造玉伍中心校等5所学校塑胶运动场。对全区500余幢32余万平方米校舍的房屋进行质量检测及抗震性能鉴定，进一步确保校舍安全。 投入1400余万元专项用于信息技术建设及设施设备配备。完成河包中心校、盘龙中心校、万灵中心校、荣昌中学峰高校区的教育信息化基础设施的改善，安富中心小学等30所学校计算机室补充配备计算机580台，永荣中学配备图书5.8万册，完成谢家坝小学、三星完小实验室建设，螺罐村小学、六合完小、回龙完小综合室建设，许家沟小学美术室、科技室、劳技室建设，宝城中学购置学生课桌凳、教师办公座椅、师生电脑、“班班通”设备等，桂花园小学录播室、联升小学图书室及“班班通”设备，保安初级中学、吴家中心小学、玉伍小学等3所学校补充课桌凳。

【安全稳定】 全年无校园安全责任事故发生。印发《2017年全区教育系统安全稳定工作要点》《2017年度安全生产监督检查计划》《关于进一步加强学校突发事件信息报告工作的通知》等文件。投入180余万元，为14所学校新增视频监控点位800个，全区学校视频监控的覆盖率达到80%。组织开展校园消防、安保、建筑及食品卫生等方面的专项检查，确保每所学校至少检查1次，检查学校380所次，查出并整改隐患740处。开展今冬明春、夏季消防、用电用气、防雷等专项检查，下发隐患整改通报7期，督促学校做好隐患整改。联合保安公司、公安局对校园保安开展集中培训并进行人员调整和绩效评价。召开全区校园周边环境综合治理推进会，促进88处隐患整改。联合公安、交委等部门每月对校车法人单位、驾驶员进行集中培训，同时对黑校车、校车超速超载等情况进行整治。承办渝西片区的消防安全示范课大赛。 （吕凤敏）

基础教育

【学前教育】　实施荣昌区《学前教育第二期三年行动计划》，以扩大学前教育资源为重点，大力发展公办幼儿园，引导扶持民办幼儿园普惠性发展，努力构建布局合理、覆盖城乡的学前教育公共服务体系，基本解决“入园难、入园贵”问题。制定荣昌区幼儿园等级评定办法和普惠性幼儿园认定办法。为51所民办优质普惠园发放奖补金93万元。引进民间资本新建成优贝尼、奥贝尔2所优质民办幼儿园，增加学位550余个。全区有学校159所，毕业8184人，招生9787人，在校生20981，学前三年入园率88.98%，在园幼儿普惠率86.36%。安富中心幼儿园、仁义中心幼儿园、昌元街道凯瑞幼儿园、昌州街道新鑫幼儿园被命名为重庆市首批学前教育质量评价基地园。

【义务教育】　第二期领雁工程项目顺利实施，承办重庆市渝西片区领雁项目现场会；启动领雁工程第三期项目，棠香小学的小学语文“简约课堂”等4个项目立项为重庆市第三期领雁工程教师工作坊和课程创新基地。组建首批区级农村学校特色课程工作室（仁义镇中闪光课程、双河中心小学雅竹课程、仁义中心小学育苗课程）。开展少先队“十佳少先队员”和“十佳少先队辅导员”评选活动。安富中学段云君、后西小学吕雪获评重庆市优秀班主任。中小学生科技创新能力不断提高，举办荣昌区第八届中小学生科技节活动，在重庆市第32届青少年科技创新大赛中，荣获一等奖 11个，二等奖28个，三等奖42 个。棠香小学在世界教育机器人世界锦标赛中获一等奖5个、二等奖1个。年内40名教师评为“教学质量标兵”，10所学校评为“教学质量十佳学校”。大力推动10个学科工作室建设，林晓兰班主任工作室成功创建重庆市首批中小学班主任工作室。全区有普通初中16所，普通小学 128所；小学招生6934人，在校生48604人，毕业生8803人，入学率100%，小学毕业生升入初中比例99%；普通初中招生8793人，在校生23932人，毕业生7668人，入学率100%，初中毕业生升入高中比例96%。

【普通高中教育】　继续推进普通高中发展促进计划，荣昌中学普通高中美术课程创新基地顺利推进。探索实施高中办学模式改革，荣昌中学和峰高初级中学实现融合发展。推进高中6个学科工作室建设，高考目标全部完成。全区有普通高中4所，招生4699人，在校生13512人，毕业生4443人。高考重本上线人数为600人，比上年增加37人；本科上线人数1987人，上线率49.28%。

【特殊教育】　继续贯彻落实《荣昌区特殊教育提升计划实施方案》，新建2000余平方米教学综合楼，学校设施设备不断完善。在重庆市第十九届中小学生书画大赛（绘画类）比赛中，特殊教育学校学生尹吉鑫、李卓越荣获市一等奖，唐诗杰获二等奖。全区有314名残疾儿童少年入学就读，其中特殊教育学校就读186名，随班就读107名，送教上门21名，入学率87.9%。　（吕凤敏）

职业教育

【区职业教育中心】　区教育部门主管的中等职业教育学校有1所，即重庆市荣昌区职业教育中心。开设有建筑工程施工、畜牧兽医、汽车制造与检修等19个专业。有教职工304人，在校学生4790人，2017届中职毕业生就业率达98%。完成民族工艺品制作（陶艺）、工业机器人、无人机应用与维修、新能源汽车等4个专业的开设论证、教学计划、教学大纲的制订和专业申报工作。教师获重庆市教学成果奖二等奖1项、三等奖2项，获全国信息化教学竞赛二等奖1项，全国“创新杯”信息化教学竞赛一等奖1项，二等奖3项，重庆市信息化教学竞赛一等奖1项，二等奖3项，三等奖2项，重庆市技能大赛一等奖1项。

【区教师进修学校】　围绕电大转型、创建进修学院开展工作，争取到名师培养工程——国培项目。成立荣昌教育学会，开展小学校长论坛及千名教师赛课活动。参与市教委高中课改课题6项、市规划办课题8项。年内，荣昌电大分校被重庆电大评为电大教育工作先进单位；学校教师获市级一等奖5人次、二等奖2人次；获区级一等奖1人次、二等奖2人次；教师阮小林荣获全国首届教育类专业教师技能大赛学前教育专业最佳网上教学设计奖，刘波获重庆电大开放教育数据统计工作“先进个人”。

（吕凤敏）

社会教育

【成人高考】 10月，成人高考在荣昌初级中学设考点1个，考场16个，其中文科考场10个、理科考场3个、专升本考场3个，参考考生439人，其中专升本考生70人、高中起点升专科考生369人（文科284人，理科85人），比上年增加1.6%，录取392人，录取率89.29%。

【自学考试】 4月，高等教育自学考试报考2128科次，实考1908科次，科次实考率89.66%；10月，报考2642科次，实考2250科，科次实考率85.16%。全年自考毕业人数6人，其中本科毕业5人。

（吕凤敏）

高等教育

【概况】 2017年，有全日制在校本科学生4441人、硕士研究生210人，网络和继续教育学生4313人。在职教职工378人，其中教授13人、副教授77人，具有博士学位69人、硕士学位146人，研究生导师47人，国家高等教育教学指导委员、国务院特殊津贴专家、农业部兽药审评委员、重庆市学术带头人、突出贡献专家等30余人。

5月8日，西南大学印发《西南大学荣昌校区办学体制改革方案》，在荣昌校区设置党工委、管委会和相应的管理服务机构，统筹负责校区办学和日常管理工作；在荣昌校区设置动物科学学院、商贸学院、基础教学部（简称“两院一部”）等教学机构。7月17日，学校在荣昌校区召开干部会议，宣布了荣昌校区组织机构设置和干部任命文件，干部配备和人员调整平稳到位。“两院一部”及时完善了学院（部）班子分工、内设机构、制度建设等。经过一学期运行，荣昌校区各项工作进展顺利，事业平稳发展，基本形成“校区统筹、两院一部办学”的格局。

【本科和研究生培养】 深化教育教学改革，以卓越农林人才培养模式改革为引领，继续实施“博新实训”等特色人才培养，积极探索校企、校地、校院及国际化等协同育人模式，逐步构建创新人才、高素质复合应用型人才等多样化人才培养体系。加强创新创业教育，完成重庆市高校“养殖+”众创空间调查、评估和创意室的建设。坚持以学生为本开展“影绘青春·我的大学”“喜迎十九大·共筑中国梦”“寻找最美校园”“忆流年·明责任·担使命”等主题教育，注重加大学生的实践能力培养，全面提高学生综合素质。学生获得全国动物科学技能大赛一等奖，全国大学生第四届水族造景大赛获二等，第三届中国“互联网+”大学生创新创业大赛获重庆赛区金奖，“信达杯”商务谈判竞赛全国一等奖，全国大学生数学建模竞赛重庆赛区一等奖2项、二等奖10项，美国数学建模竞赛一等奖1项、二等奖3项、三等奖10项。2017年，实际录取本科新生1270人，新生入学报到1195人，报到率为94.09%，比上年提高0.5个百分点，创近年新高，招收全日制研究生76人。本科毕业生就业率93.56%，高出学校平均就业率2个百分点，高出重庆市高校平均就业率4个百分点，签约率达到73.02%；出国留学或升学毕业生233人，考研率20.55%（动物医学等传统优势专业达42%）；75名研究生毕业并获得硕士学位，研究生就业签约率95%。荣昌校区荣获西南大学2017年度就业工作先进集体。

【学科和队伍建设】 按照学校“双一流”（世界一流大学和一流学科）建设的要求，荣昌校区深化学科专业调整改革，打造“养殖+商贸”特色学科群，畜牧学科进入学校第一期“双一流”建设行列。兽医学、水产学获批一级学科博士授权点。重庆市肉牛工程技术研究中心获批为市级研究平台。大力实施“两工程三计划”（聚贤工程、英才工程、保障计划、提升计划、高峰计划），加大师资队伍建设。新进博士3人、硕士5人（非在编），在职人员取得博士学位返校1人、出国留学返校3人。完成专业技术职务评审推荐工作，晋升正高专业技术职务1人、副高3人。

【科研和社会服务】 组织申报国家自然科学基金、重庆市科技项目、重庆市民生项目、高校基本科研业务费等，获得国家自然科学基金项目1项、重庆市民生项目4项，到账科研经费927万元。成功转让专利3项。完善《荣昌校区科技服务指南》，积极实施“走出去”战略，为地方经济发展助力，重点解决地方在畜牧产业发展、环境保护、乡村振兴等方面的问题。先乍组织专家100余人次到重庆市和四川省的17个区县开展社会服务。组织专家参加人社部组织的“万名专家宜宾行”科技扶贫活动。举办绵竹市现代养殖技术高级培训班。承办重庆市新型职业农民培训100人和重庆市农校师资培训30人。与荣昌区人民政府紧密合作，开展“一校一院一地协作”工作，协助完成渝西川东经济协作会的相关工作，派出3名博士参加荣昌区畜牧兽医局、科委、清流镇挂职科技副职。

【条件保障建设】 组织筹集各项资金，全年收入总额2.13亿元，从经费上保障各项工作的正常开展。进一步推行一体化管理和信息化建设，启用西南大学统一的财务查询、学生网上缴费、网上采购、网上竞价、资产管理系统。截至年底，新建教学实验大楼完成主体结构工程，进入装饰和设备安装阶段，累计完成投资8191万元，已申报评选2017年重庆市建筑施工扬尘控制示范工地和重庆市市级文明施工工地；学生活动中心建设已完成主体结构工程，累计完成投资约550万元；运动场地翻修工程9月完成主体结构施工，于11月竣工投入使用，投资457万元。学生宿舍AB幢9月更新安装家具，投资210万元；学生活动中心家具购置，12月到货验收，投资96万元。与荣昌区水务公司合作，12月招标实施荣昌区污水处理厂中水利用工程。

【举办生猪产业发展与双创人才培养论坛】 6月17—18日，由中国畜牧兽医学会和重庆市农业委员会指导、北京大北农科技集团股份有限公司大力支持、西南大学主办的“生猪产业发展与双创人才培养”高峰论坛在荣昌校区举行。论坛举行了5场专题报告会、圆桌会议和研究生学术交流，行业专家、企业家、高校及科研院所代表等100余人围绕“健康养殖、协同创新、共育英才”主题，进行深入交流、广泛探讨，共同发表了《健康养殖西大宣言》（以下简称《宣言》），以对人民对社会高度负责的态度做出四点承诺，倡导增强健康养殖使命意识和社会担当，发挥高校科技人才优势引领健康养殖，校企协同培养健康养殖创新人才，校企共同恪守健康养殖行业自律。《宣言》的发表，对贯彻落实国家创新发展战略，加强校地协同创新、协同育人，推进畜牧业供给侧结构性改革，引领健康养殖具有重要而深远的意义。论坛期间签订了18个校企合作协议。 （文 武）

文化 体育

群众文化

【概况】 2017年，实施区文化馆、图书馆、美术馆、规划展览馆“四馆”项目、区全民健身中心和濑溪河体育文化公园建设，建成村社综合文化服务中心64个，文化中心户60户。全年围绕重大纪念日、民族传统节日、重要节庆、重大事件等开展文化活动142场次。21个镇街综合文化站常年免费开放，服务群众25万人以上，到站11万余人次。实施文化惠民活动，共举办送演出、送培训、送展览、送电影等文化惠民活动2000余场，受益群众20万余人次。全年开展送流动文化进村活动368场次，其中送演出185场，送图书阅览52次，送展览讲座46次，送辅导培训43次，送法规政策宣讲42次，受益群众达19.6万人。年末，区内有影院4家，放映32531场，票房收入1481.1万元，营业总收入达2515.1万元。放映农村（社区）惠民电影2050场次。

【宣传《公共文化服务保障法》】 3月1日，《中华人民共和国公共文化服务保障法》正式施行。区文化委通过荣昌日报、区广播电视台、区城管局过街屏、广场LED屏等传统媒体和区文化委网站、微信公众平台、手机报等新媒体开展集中宣传和跟进报道；在区文化馆、区图书馆、各镇街综合文化服务中心摆放相关图书和宣传手册，制作普法专栏；利用镇街赶场日和送流动文化进村等活动向群众发放宣传资料等方式进行宣传。全年开展集中宣传活动21场次，发放宣传资料12300余份，举办法治讲座3场次，公益广告投放90余次，市政LED屏投放宣传广告10余处循环播放15万余次，21个镇街各办专栏1期，利用农家书屋续配图书机会组织宣讲20余场。

【区直播卫星“户户通”通过国家广电总局检查验收】 9月7日，荣昌区直播卫星“户户通”代表重庆市接受国家广电总局的检查验收。国家新闻出版广电总局验收组到荣昌峰高街道五马村直播卫星“户户通”用户家中，通过察看农户的收视效果、现场询问群众相关情况等方式，对用户满意度进行评价，荣昌区“户户通”顺利通过验收组验收。荣昌区直播星“户户通”工程25375户，分两期完成。2015年完成一期12635户，由南京熊猫电子公司提供的设备；2016年完成二期12740户，由四川九州电子有限公司提供的设备。重庆广播电视信息网络有限公司荣昌分公司提供3年免费维修，在21个镇街设立直播星“户户通”维修点，在城区设立用户维修中心。

【广场故事会】 4月至11月，每月底周一晚上，由区文化馆主办的广场故事会在区文化中心广场举行。参与人员为各镇街推荐成人故事讲解员3名，内容涵盖古今中外、传统与现代、典型人物、弘扬社会主义核心价值观等正能量故事。每月评选优秀故事员3名，年终参与总决赛，由区文化委颁发奖品和证书。全年开展广场故事会8场，总决赛定在2018年举行。至年末，累计开展广场故事会70余场，演讲故事500多个，4万余名群众观看。累计评选故事大王7名，为上级推荐故事员20余名，报刊发表故事150余个。

【小康中国·富美乡村——2017年“金鸡之春电影”放影活动】 1月至2月，区文化部门到21个镇街开展“小康中国·富美乡村”——2017年欢度元旦春节“金鸡之春电影行”放影活动，活动影片由惠民电影院线、各城市影院安排。在元旦、春节期间，农村惠民电影放映片名28部，放映场次154场，其中行政村放映68场、社区广场72场、固定点14场，观影人数达到39420人次。金太郎等4家城市影院放映34部562场，票房人数达到55638人次。

【送文化进基层活动】 1月17日至2月17日，区文化馆流动舞台车组织香国演艺队30多名演职人员到吴家、峰高、盘龙、昌元、昌州、双河、仁义、安富、荣隆、广顺10个街镇开展“贯彻全会精神·推动荣昌发展”送文化进基层活动。活动采用文艺演出与六中全会精神知识问答穿插进行，活动中发放六中全会精神宣传资料1000份。4月7日至14日，由中共重庆市委宣传部、重庆市文化委员会主办，区委宣传部、区文化委、相关镇政府承办，重庆杂技艺术团有限责任公司为实施单位的“奉献人民　放歌巴渝”——渝州大舞台城乡文化互动工程春季送演出进基层活动到仁义、吴家、盘龙等15个镇演出，重庆杂技艺术团的28名演职人员表演了歌舞、高空杂技、弹球、肩上芭蕾、骑独轮车、魔术、晃管等14个节目。

【建党96周年庆祝活动】 为庆祝建党96周年，6月29日至7月1日，由区委组织部、区委宣传部、区直机关党工委、区文化委主办，荣昌在海棠广场成功举办大型文艺演出、第六届消夏音乐会、第二届声乐大赛决赛庆祝活动3场。系列活动大型文艺演出由重庆两江艺术团和区文化馆表演了歌舞《不忘初心》《美丽中国走起来》、独唱《党旗更鲜艳》《中国心 中国梦》、杂技《晃管》、魔术《奇幻》、谐剧《电话铃声响过之后》等13节目。第六届消夏音乐会由万盛群众管弦乐团和荣昌区文化馆海棠民乐团、春天合唱团、秋韵舞蹈队近180名演职人员，分别带来民乐合奏《吹吹打打闹荣昌》《瑶族舞曲》、管弦乐合奏《欢庆》《红色娘子军》等16个节目。

【重庆少年街舞精英挑战赛举行】 8月20日下午，由区文化馆、派克潮流文化传媒主办的“舞门遁甲”重庆少年街舞精英挑战赛，在荣昌区棠香小学艺体馆举行。来自重庆主城、渝北、北碚、南川、大足、永川、璧山、荣昌等10区县近200名选手参加比赛。比赛特邀街舞明星导师TFboy组合裤子老师和重庆Breaking元老小赖老师做评委，比赛分Breaking1vs1、Freestyle2vs2海选晋级，32进16、16进8，最后进行8强晋级决赛。决赛后由现场评委老师评出冠亚军，齐舞按打分制评出冠亚军。最终大足的舞蹈工作室获得齐舞冠军，荣昌嘻帝酷酷“Superking夜行者”获得齐舞亚军，重庆两路的燃燃获得单人冠军，荣昌嘻帝酷酷的周伯珏获得单人亚军。（刘小华　吕文成　王远洪）

文化遗产保护

【文物保护】 年末，荣昌区有市级文物保护单位9处、区文物保护单位16处、历史文化名镇1处、重庆市历史街区1处，年内，区文物保护管理所完成与责任单位签署责任书75份，完成全区市、区级文物保护单位责任书的签订工作；定期开展文物安全检查，强化日常巡查，区政府办公室出台《关于全区开展文物安全状况大排查行动的通知》，开展文物安全大排查专项行动。火神庙内部造像完成安装工作，争取到市文物局维修经费130万元，其中三圣宫30万元、天主堂100万元，完成三圣宫及天主堂修缮方案及预算编制工作。完成万灵镇核心区刘刚清民居排危方案的设计方案审批工作。配合重庆文化遗产研究院，完成潼荣高速荣昌段35公里过境区域内文物资源调查，发现窑址3处，宋明清时期的古墓葬14处。安富瓷窑里窑山坡发掘出完整陶瓷器100余件、残缺件300余件，均以实用器为主，其中一个大碗中还有残留的酒渍，北宋时期的瓷器和窑器的发现形成具有荣昌特色的陶文化系列。完成荣昌机场选址区域内盘龙镇及龙集镇的文物资源的初步调查工作，其中盘龙镇普通文物点36处、区级文物保护单位1处，龙集镇普通文物点5处。协助完成区八景公园建设，协助打造百竹园、濑溪河生态体育公园及玉带河沿岸生态文化长廊，参与喻茂坚陈列馆建设工作并加入喻茂坚研究会，配合区规划局对全区的古村落、特色建筑进行调查。（李晓杰）

【非物质文化遗产】 年末，荣昌区累计获命名非物质文化遗产（简称非遗）项目104项，其中国家级非遗项目3项（荣昌夏布织造技艺、荣昌折扇制作技艺、荣昌陶器烧制技艺）、市级14项（尝新、金钱板、杀年猪习俗、民间道教绘画、河包肉龙、卤白鹅制作技艺、荣昌角雕、清江黄氏杂技、缠丝拳、小洪拳、苏家拳、万灵镇游艺系列、烧酒房传统酿造技艺、传统书画装裱与修复）、区级87项；现有非遗项目代表性传承人303人，其中国家级5人、市级23人、区级275人。区内有国家级文化产业示范基地1处（壹秋堂夏布公司）、市级文化产业示范园区1处（荣昌陶文化创意产业园）、市级文化产业示范基地4处（天运麻艺、美纶纺织、加合夏布、壹秋堂）、市级生产性保护示范基地6处（鸦屿陶瓷、易合夏布、双龙夏布、安北陶瓷、海棠麻纺、金扇子工艺品）、市级非遗传承教育基地7处、区级非遗传承教育基地14处。投资7.1亿元打造陶文化创意产业园，建设以荣昌陶文化为主题建筑风格的游客接待中心和展示体验荣昌陶制作技艺的青少年综合实践基地；投资6亿元打造安陶小镇，实施陶宝古街、陶宝水巷子等创意项目；投资4亿元打造夏布小镇，建设夏布博物馆、技术研发中心、古文化体验街和夏布旅游商品街。全区有陶瓷企业30余家，年产值约35亿元的，夏布企业20余家，年产值约31亿元，其他非遗企业折扇、卤白鹅、角雕、酿酒、粉条制作等企业产值达40余亿元。年内非遗代表性传承人获各类奖项20余人次。荣昌夏布、荣昌卤白鹅在第二届重庆非遗暨老字号博览会活动中获“重庆市最受市民欢迎非遗产品50强”荣誉。组织陶艺、角雕、夏布传承人20余人参加中国非遗研修班培训，组织非遗企业参加重庆第二届非遗博览会、重庆巴渝工匠展览会、重庆湖广会馆十月展览、第二届长江非遗大展等各类非遗文化展览9次。

【梁先才获评重庆市十佳非遗手工技艺传承人】 12月，荣昌陶器国家级代表性传承人、重庆市工艺美术大师梁先才入选重庆市十佳非遗手工技艺传承人。该活动由重庆市文化委、中国国际广播电台国际在线、华龙网、中华手工杂志社主办，重庆市非物质文化遗产保护中心、重庆市非物质文化遗产保护协会、中国国际广播电台国际在线重庆频道承办。梁先才从小受祖辈陶艺熏陶，9岁开始帮父母制陶，1966年开始到重庆市荣昌区安富街道下兴窑陶厂学习手拉坯制陶技艺，1973年起，先后到四川省内江小河口陶厂、贵州省习水县陶器厂作技术指导。1978年回到荣昌工艺陶器厂工作，先后培养学徒60余人。2013年，成立陶瓷技能专家工作室，专业从事陶瓷艺术品的研发与制作。他技艺精湛、注重传承。2014年10月，成立重庆市鸦屿陶瓷荣昌陶制作技艺传习所，并任所长，致力于荣昌陶制作技艺的传承和发展。他创作的手拉坯制品造型美观大方，品质上乘，作品深受业内同行好评；他自行设计的往复式燃气小截面隧道窑节能、环保、高效，为企业提高经济效益做出贡献；创作的陶艺作品《刻花微型菜坛》获重庆工艺美术行业协会、第七届中国（重庆）国际工艺品、旅游商品及家居饰品博览会组委会金奖；陶艺作品《缘》《陶器金马瓶》在中国工艺美术精品博览会和中国传统工艺美术精品展组委会上分获银奖和金奖。

【以荣昌陶文化为主题的小说《烧王》首发】 12月，在荣昌陶首届文化艺术节暨安陶小镇开街仪式活动中，由区文化委具体承办的《烧王》新书首发仪式在安富街道荣昌示范性综合实践基地内举行。该书由作家雷平创作，东方出版社出版，以荣昌陶文化为主题，讲述了辛亥革命至新中国成立前夕为荣昌陶文化发展做出贡献的几代人物的心路历程，诠释和弘扬了荣昌区悠久的陶文化。

（蒋兴宇　王远洪）

文化产业管理

【概况】　2017年，荣昌区有文化市场经营单位345家，其中网吧90家、演出经营单位20家、影院4家、出版物零售82家、印刷企业39家、电子游戏经营单位73家、歌舞娱乐场所37家。全年新增注册文化企业和个体230余户，至年末全区达到2200余户文化经营个体。新增注册资本逾1亿元，规模以上文化企业总产值45亿元，比上年增长24%，新增从业人员近1000人，6万余人从事文化产业。3月，引进横店影视股份有限公司荣昌分公司“横店电影城”项目。4月，在重庆市首届惠民文化消费季活动“双百佳文化消费新领地”评选中，加合夏布、倪牛角工艺、万扇堂、壹秋堂夏布、天运麻艺夏布、鸦屿陶艺入选20佳“匠心手艺”、荣昌陶文化产业园入选20佳“文创空间”、荣昌欢迪娱乐城、荣昌鑫朝歌城入选40佳“新潮娱乐”、壹秋堂夏布网入选15佳“文创网站”。9月，荣昌选送的刺绣《游来三峡》在“工艺美术大师作品暨国际艺术精品‘工匠杯’”评奖活动中获金奖。11月，壹秋堂夏布获批第四批重庆市文化产业示范基地，形成以荣昌陶文创园、荣昌夏布文创园、中国夏布时尚小镇、安陶小镇为载体的“两园两镇四基地”的文化产业集聚地。11月，荣昌陶参加首届中国四大名陶展，获2金4银6铜。由中国时装设计师张义超设计的荣昌夏布系列作品参展北京国际时装周，获得业内人士高度评价。

【文化市场管理】　年内，区文化部门开展“扫黄打非”五大专项行动，严厉打击网上、网下文化市场违法行为。全年，文化市场管理累计出动执法人员2067人次、开展执法检查13次，检查网吧、歌舞厅、出版物、印刷企业等文化经营单位712家次，收缴各类非法出版物120余册，收缴擅自经营游戏机33台，当场处罚简易程序案件9件。立案17件，办结案件26件，罚款10.72万元，吊销网络文化经营许可证1家，整治安全隐患58处。

【《荣昌区公益电影管理办法（试行）》出台】

年内，区文化委针对群众反映观影人少、宣传不到位、村社区组织不到位等问题进行调研。7月，拟定初稿发放各镇街收集意见建议。9月17日，《重庆市荣昌区公益电影放映管理实施（试行）办法》正式出台。《重庆市荣昌区公益电影放映管理实施（试行）办法》目的是促进电影产业健康繁荣发展、精神文明和物质文明建设，规范文化市场秩序，坚持以人为本、服务大众，着眼于保障人民群众基本文化权益、满足人民群众多层次、多方面、多样性精神文化需求，着力丰富产品、提高质量、改善服务，积极开拓和培育农村电影放映市场，引导群众共建和谐、健康的精神家园，自觉抵制“红白喜事”中出现的“三俗”（即低俗、媚俗、庸俗）演出现象，用弘扬社会主义正能量的电影，占领全区的文化市场，传播社会主义核心价值观。　　（王远洪）

文化阵地建设

【概况】　年内，启动区文化艺术中心建设，该中心集文化馆、图书馆、美术馆、规划展览馆、老干部活动中心（老年大学）、荣昌夏布保护利用设施为一体。工程建筑总面积约4.3万平方米，总投资4.3亿元。完成76个基层综合文化服务中心和60个文化中心户建设，区村（社区）综合文化服务中心建设按“五个一”标准进行建设，即1个图书室（农家书屋）、1个党员远程教育室、1个多功能会议室、1个文体广场、1个科普文化宣传橱窗，有条件的村（社区）可建一个简易戏台。文化中心户房屋面积在25平方米以上，按照“两室一场”（一个图书室、一个文化娱乐室、一个室外健身活动场地）

的标准进行建设。

【区图书馆】　区图书馆位于昌元街道桂花园社区广场路52号，建筑面积3498平方米，有外借室、报刊室、老年刊室、残障室、自习室、少儿阅览室、低幼综合阅览室、电子阅览室、碟片室、工具书地方文献室、古籍室、报告厅、多功能室13个，有藏书194161册。年内，新购纸质图书28324册、收到捐赠图书80册，订购报刊400种。全年接待到馆读者83130人次，纸质图书外借读者67316人次、152447册次，办理借书证2034个。年内，开展各类活动152场53924人次。其中，“做智慧女人享幸福人生”“大学生志愿者夏布讲座”“隔代教育讲座”等讲座15场1885人次，“少儿科技培训”“玩转绘本”“世界真奇妙”等辅导培训43场2681人次，“光与影”“文津图书奖”“建军90周年”“热烈庆祝十九大胜利召开——决胜全面建成小康社会夺取新时代中国特色社会主义伟大胜利”等对外展览40场33719人次，“鸡年新春送春联”“春节书谜活动”“4·23世界读书日活动”“庆6·1趣味活动”“你阅读我买单”“红岩少年讲故事”等阅读推广活动54次、参与读者15639人次。编印《信息参考》4期、联合编印《重庆区域性公共图书——联盟汇刊》6期。年内完成安富、万灵、双河、清江、盘龙等镇街分馆建设，对已建分馆进行图书回溯建库，与区图书馆保持使用统一系统、统一采购、统一分编、统一制度等通借通还“一卡通”服务。7月，投入3000册图书建立重庆唯美陶瓷有限公司分馆；在唯易蛋糕店建立免费借阅图书服务点，在区行政服务中心建立职工图书室，在区司法局建立职工图书室，所有图书纳入区图书馆统一分类编目。11月，区图书馆建立24小时幸福自助图书馆。在市文化委、市财政局“三馆一站”绩效评价检查中，区图书馆获“二等奖”。在全市“三馆一站”免费开放绩效评价工作中，区图书馆被评为二等馆，双河、安富、万灵、吴家综合文化站被评为一等站。

【区文化馆】　荣昌区文化馆位于荣昌区昌州街道昌龙大道162号，占地面积1453平方米，其中馆舍建筑面积达到4548平方米。有舞蹈排练厅、图书阅览室、器乐培训室等各类厅室15个，全部免费开放。全年为单位部门、团体免费提供场馆培训、排练700余次，2.8万余人。接待来馆人员14万余人次。开展培训102场，举行培训班57期，文化专干业务培训1期，培训学员1600余人。其中，文化馆送文化进基层辅导培训30场，峰高舞之韵培训基地和双河街道曲艺培训基地共开展培训8期，四馆联盟、国学研究会系列讲座10场，其他培训5场。文艺演出142场，观众10万余人。举办书画摄影展19场，普及性讲座13次。在第五届重庆市社区文化节上，荣昌9幅社区生活摄影作品获优秀奖，1幅作品获三等奖，在“中国梦·巴渝风”2017重庆市群众广场舞展演中，广场舞《希望的田野》获三等奖。在重庆市第四届“安全伴我行”岗位安全文艺创作比赛上，区文化馆职工蒋泽光获三等奖。残疾人文化创意金钱板项目大赛，图书馆获优秀奖。在第十八届重庆市美术书法摄影联展上，选送的10幅摄影作品、6幅美术作品、4幅书法作品入选摄影展，其中选送的美术作品获二等奖1个，三等奖1个，“网络人气”奖1个。金钱板《金鸡报晓》、金剧《古佛山》入围重庆市第二届民间艺术之星。在全市“三馆一站”免费开放绩效评价工作中，区文化馆被评为二等馆，区美术馆被评为三等馆。

【清江镇河中岛村农家书屋获全国示范农家书屋称号】　12月，清江镇河中岛农家书屋获文化部授予的全国示范农家书屋称号。2017年，河中岛村按照农家书屋建设要求，把农家书屋建设作为加强农村思想文化阵地建设最重要一环来抓，在领导、财力、物力等方面加大投入，同时整合资源，提高图书利用率，把农家书屋与党员远程教育室、多功能会议室、村民体育健身广场相配套，满足农民群众丰富多样的科普、文化、体育、娱乐活动需求。该村通过兴办农家书屋，开展全民学习和阅读，提高农民的文化科技素质，进一步推进该村新农村建设美丽乡村的全面健康发展。该村通过盘活村集体闲置资源，发展河中岛旅游，解决上百名农村劳动力的就业问题。至年末，清江镇河中村有农户585户3049人，耕地159公顷，党员77人。农家书屋面积有120多平方米，藏书9种5860多册、光盘18种748张、报刊12份。 （杨 毅 陈 晨 王远洪）

文学艺术

【概况】 2017年，区文联根据区委办《荣昌区文联专项改革实施方案》（荣委办发〔2017〕96号）文件，开始各项改革，指导9个文艺家协会换届工作和解决协会领导兼职问题。各协会组织机构健全，有区级会员840名，市级会员155名，国家级会员40名。各文艺家协会相继开展进基层、培训、采风、展览、展演等各类文艺活动117次。1—2月，举行送春联活动16次，为广大市民送出春联3000余幅。文艺爱好者共创作文艺作品4000多件。11月20日，区文联召开第二次代表大会，修改了《章程》，选举产生了第二届委员会。11月24日，成立荣昌区文艺小分队，并开展“贯彻十九大 踏上新征程”文艺宣讲活动启动仪式，以文艺的形式宣讲党的十九大精神，让十九大精神深入人心。完善文艺志愿者分队结对子制度。指导各文艺家协会开展“深入生活 扎根人民”主题实践活动和“中国梦”主题创作活动。命名仁义镇、清流镇、荣昌区夕瑞提琴工作室、荣昌夏布会馆为区级第三批文艺创作基地。

【文艺创作】 区文联加强对全区文艺创作的领导，年初召开文艺创作工作会，对文艺创作提出要求，各协会积极开展文艺采风创作活动。先后开展“中国梦”“深入生活 扎根人民”主题创作、第五届海棠香国美术作品展创作、学习贯彻党的十九大精神主题创作。7月，在“重庆作家网”“重庆荣昌APP”、《荣昌日报》上刊发《海棠文艺——英雄徐前凯特辑》征稿启事，共收作品收到182件，择优选入95件，总字数近10万字，编印发行后获得社会广泛关注。王雨长篇小说《开埠》获得重庆市第十四届精神文明建设“五个一工程”奖，电影剧本《无人接听》《阿依河之恋》、电视剧本《南泥湾》《辛亥烧酒坊》4件作品获得重庆市2017年度重点文艺项目资助。出版长篇小说《碑》《铜鼓山剿匪记》《学耘山房诗草》《鸣泉吟稿》。与中央电视台合作拍摄大型纪录片《记住乡愁》之《万灵古镇：守本心、行正道》，于2月24日在央视4套国际频道播出。对《海棠文艺》进行改版，由季刊改为双月刊，全年编辑出版6期，刊登文艺作品近300件。选送20多件美术、书法、摄影作品参加重庆市文化委举办的第十八届重庆市美术书法摄影联展，有15件作品入选或获奖。有100多件作品参加各类征文、展览活动，50多件作品入围或获奖。落实《荣昌区优秀文艺作品创作扶持办法》，全区46名文艺工作者的174件作品获扶持。

【协会活动】 2017年，各文艺家协会相继开展进基层、培训、采风、展览、展演等各类文艺活动117次。文艺类活动。荣昌夏布时装秀走进澳洲，并与荣昌夏布折扇一起走进重庆卫视2017年春晚。组织承办央视“星光大道”重庆总决赛、中国当代诗歌奖颁奖盛典（2015—2016）；举办庆“七一”大型文艺演出、荣昌八景之夜音乐会、第二届风筝文化艺术节、第二届香草汇旅游节、第二届古佛山樱桃采摘节、第二届声乐大赛、广场故事会、消夏音乐会等特色文化活动。大力推广第四批中国梦歌曲，开展“中国梦·巴渝风”百姓大舞台、文化进万家、棠城大舞台等主题文艺活动196场次。充分发挥万灵镇等市级文艺创作基地作用，开展文艺培训、文艺采风活动13次。区川剧协会开展走进安富中学开展教学活动等。文学类活动。区作协2月举行了第五届“香国之魅”文学赛表彰大会；3月，举行《春天诗聊》诗歌讲座；5月，举行致敬母亲——母亲节朗读会、走进西南大学荣昌校区“寻找青春”活动；7月，创作《海棠文艺·英雄徐前凯特辑》作品105件，入选48件；10月，举行党的十九大报告学习会、喜迎十九大诗歌朗诵会；11月，举行荣昌作家学习党的十九大精神作品创作讨论会。区诗联学会1月组织开展义务写春联送春联活动；3月，组织创作16副楹联镌刻于八景园，组织到仁义镇采风，创作诗词100余首；5月，参加在北碚举行的渝蜀黔毗邻地区诗词研讨会；6月，举行李相民诗词联赋集《龙葵轩吟稿》研讨会；8月，举行庆祝建党九十周年诗歌朗诵会。书画摄影类活动。区美协举行古佛山采风创作及文艺志愿者进基层、书画进校园活动等。区书协举行书画进校园、楷体书法创作讲座活动等。1月，区摄协召开第三次会员大会，大会选举产生了新一届理事会，陈兴志当选主席；2月，组织会员参加荣昌区第二届风筝文化艺术节活动，向清升镇政府提供了100多幅精美图片；4月，与昌元街道办事处联合举行“爱我昌元”摄影比赛，创作摄影作品500多幅，评出优秀以上奖项72名；6月，组织10余人参加重庆日报社、重庆市报业协会、重庆市新闻摄影学会主办的“我爱重庆·睛彩一日——百万市民拍重庆”主题摄影活动，参加重庆市文化委举办的“第十八届重庆市美术书法摄影联展”，10幅作品入选；7月，邀请市摄协副主席李文勇到荣昌举行《全天候拍人文》讲座；10月，协助商业局开展“荣昌美食”主题摄影比赛，收到参赛作品70多幅，评出优秀以上奖项16名；9—11月，与昌州街道办事处联合举办“喜看身边变化　礼赞发展成就”摄影活动，评出优秀以上奖项64名。9月，选派4名骨干会员参加渝西摄影联盟组织的“美丽大沙河·中国傩城”文化旅游摄影创作活动，4人5幅作品入选；10月，参加渝西川东经济社会发展协作会，活动期间创作42幅作品入选画册《繁荣昌盛之地》；12月，选派4名骨干会员参加“发现乐和乐都之美”摄影创作采风活动。民间工艺类活动。1月，区民协副主席邱高利扇骨雕刻作品《鹦鹉樱花》参加重庆市第四届巴渝民间艺术节金奖，另有《国色天香》等多件陶器作品获得银奖；3月，召开第二次会员代表大会，选举产生新一届理事会，邹朝文当选主席；秦长锋创作的校园安全短剧《土豆风波》获荣昌区玉屏实验小学校园网络短剧大赛最佳剪辑奖；5月，邹朝文参加中国（徐州）国际武术大赛获1金1铜奖牌，荣昌代表队荣获4金、6银、9铜奖牌。

【召开荣昌区文艺工作推进会】 4月25日，区委宣传部、区文联召开荣昌区文艺工作推进会。学习习近平总书记在中国文学艺术界联合会第十次全国代表大会、中国作家协会第九次全国代表大会上的重要讲话；总结近年来全区文艺工作发展情况；观看电影《返乡》片花、纪录片《记住乡愁》之《万灵古镇：守本心、行正道》片段、家风家训歌曲《海棠流香》片段；为荣昌区第三批文艺创作基地（仁义镇、清流镇、荣昌区夕瑞提琴工作室、荣昌夏布会馆授牌）授牌；表彰2015—2016年度重庆市重点文艺扶持项目代表、2016年度荣昌区优秀文艺创作扶持项目代表、荣昌区十佳文艺创作者；举行长篇军事小说《铜鼓山剿匪记》首发式并向区委党史地方志办、铜鼓镇、区图书馆、荣昌中学、荣昌初级中学赠书。

【电影《古镇情缘》开机仪式】 2月27日，荣昌区举行电影《古镇情缘》开机仪式暨媒体见面会，安富街道介绍了旅游文化发展概况，电影《古镇情缘》出品单位——万灵山旅游开发集团有限公司介绍公司及项目合作情况，制片人介绍剧情、主要演员、拍摄计划等情况。摄制组在荣昌拍摄时间为15天。

【2017星光大道重庆选拔赛总决赛】 6月17日，由中央电视台综艺频道、重庆广电集团（总台）、央视网共同主办的2017中央电视台《星光大道》重庆选手选拔活动总决赛在荣昌区广播电视台演播厅举行。2017中央电视台《星光大道》重庆选手选拔活动辐射重庆38个区县及周边地区，各行各业、各种年龄阶层的文艺爱好者积极参与，共吸引3000余名选手报名参赛。重庆选手选拔活动共设立13个赛区，各大赛区层层选拔出100名优秀选手晋级重庆半决赛，半决赛选手由100名进30名，最终脱颖而出的重庆十强选手代表重庆登上央视《星光大道》全民梦想的舞台，成为宣传重庆及荣昌城市形象的新名片。

【中国当代诗歌奖（2015—2016）颁奖盛典在荣举行】 5月25—27日，在荣昌区大成中学举行中国当代诗歌奖（2015—2016）颁奖盛典暨“全国著名诗人作家看大成”采风活动。该活动由《中国当代诗歌导读》编委会、国际诗歌翻译研究中心（IPTRC）、混语版《世界诗人》杂志社主办、重庆大成教育集团承办。主要内容有《双年诗经·中国当代诗歌导读暨中国当代诗歌奖获得者作品集（2015—2016）》首发式，百年新诗再出发理论研讨会，“全国著名诗人作家看大成”采风活动及座谈会，“文学与人生”主题报告会暨大成学子拜师全国著名诗人作家仪式，中国当代诗歌奖（2015—2016）颁奖盛典暨大成诗歌朗诵文艺晚会等。来自全国各地的40余位著名诗人作家参加了首发式和研讨会，18位优秀诗人获得表彰。　（郭凤英）

广播电视

【概况】　2017年，区广播电视台主要负责全区广播电视新闻宣传、广播电视节目播出、广播电视事业建设与发展。至年末，区广播电视台播出《荣昌新闻》栏目365期，《新闻周刊》栏目53期，播发消息3241篇，其中播发通讯员新闻643篇，《荣昌故事》52期、《玩转荣昌》52期、《科普天地》52期、《快乐出发》52期、《大成教育》18期（10月停播）、《人大之窗》6期、《荣昌政协》6期、《荣昌党建》12期、《廉政讲坛》12期、《荣昌好味道》4期（12月开播）。完成外宣任务191条，其中上《重庆新闻联播》110条，中央电视台新闻21条。全年直播《“春满棠城”荣昌春晚暨荣昌区首届“棠城工匠”颁奖晚会》，录播《旅游故事大赛颁奖活动》《“德耀棠城　榜样力量”荣昌身边典型人物颁奖活动》等10场活动节目，配合完成“星光大道”重庆赛区荣昌片区选手选拔赛活动。制作《渝西川东协作记》《灵秀荣昌　尚武福地》《千年传承 历史弥新》《提升畜产品质量 确保舌尖上安全》《河长守护一方清流 棠城碧水万家共享》《一江碧水绕棠城》等宣传片10部，拍摄《成长 触动》《有爱就有希望》《早日回到爱你的人身边》《毒品一日不绝 禁毒一日不止》公益广告4个。年内，通过专用光缆和有线网络将重庆卫视、重庆新闻、荣昌综合、荣昌文化4套电视节目接入中央地面无线数字化覆盖系统进行无线发射，提高本土广播电视节目覆盖率。2月15日，电视台制定《2017年优秀节目生产扶持计划》，要求领导带头，组建项目组，鼓励全台人员参与节目创作，调动大家的创作积极性。全年获奖节目9件：微电影《无悔的青春》获第五届亚洲微电影艺术节“金海棠”奖。纪录片《陶》获2016年度重庆广播电视新闻类一等奖。《荣昌故事》栏目获2015—2016年度“重庆广播电视优秀作品”十佳栏目。《稻客》作品获2015—2016年度重庆广播电视文艺类二等奖。《匠心筑梦》作品获2016年度第十二届重庆新闻奖（电视系列）二等奖、2016年度重庆广播电视新闻类二等奖。纪录片《土陶》获2015—2016年度“重庆市广播电视文艺类优秀作品”三等奖。《千年圆梦再创辉煌（2016荣昌春晚）》作品获2015—2016年度重庆广播电视文艺类优秀作品三等奖。公益广告《毒品一日不绝　禁毒一日不止》作品获首届全国禁毒微视频大赛优秀奖。

【新闻报道】　重点围绕党的十八届五中、六中全会精神，重庆市委第四届七次全委会精神，区委第十三届六次全委会精神，区人代会、区政协会等一系列重要会议进行采访报道，侧重报道各级、各部门、各镇街、各行业认真学习贯彻会议精神，推动荣昌新发展、新跨越的建设情景、新时代荣昌人的新梦想。在《荣昌新闻》栏目中，围绕宣传重点连续报道，开辟专栏《记者新春走基层》《撸起袖子加油干》《学习贯彻市第五次党代会精神》《党风廉政看棠城之镇街行》《高温下的劳动者》《把总书记讲话精神落实在重庆大地上》《实干树形象实绩惠民生——“两学一做”特别关注》《渝西川东协作记》《我在岗位过节日》《喜迎十九大》《十九大时光》《把党的十九大精神全面落实到重庆大地上》12个，播发消息152条。

【纪录片拍摄】　2017年，区广播电视台专题部拍摄制作播出纪录片3部。纪录片《穿越千年的荣昌夏布》以夏布为题材，片长20分钟，该片经过一年的跟踪拍摄，记录颜坤吉父子、李关兰、李俭康等典型人物和夏布之间的故事，讲述荣昌夏布的前世今生，夏布人的坚守与传承。纪录片《守望》以农村留守老人和儿童为题材，该片长25分钟，它真实记录农村留守老人、儿童的现状，老人守住这个家与土地，期盼儿女归来，给孩子企盼父母打工回来，用纪实的手法反映村民的坚强与乐观。纪录片《手艺人》以钟表师与修鞋匠为题材，片长21分钟，该片记录黄维双修鞋匠数十年如一日坚守本分，传承技艺；黄登勇钟表师少年学艺，精益求精，讲诚信，传承手艺的优秀品质。

【新媒体】 9月，电视台制定《荣昌手机台运行管理、考核办法》，明确任务，提出要求，规范发稿流程。全年发布新闻消息114篇，对外宣传用稿389篇，位居全市新媒体外宣前五名。手机台直播《2017荣昌春晚》《西南大学生运动会》《古佛山樱桃节》《旅游故事会颁奖晚会》《梦起航 心飞扬》《师恩难忘 起航大成》《德耀棠城 榜样力量》《老干部艺术节》《渝西川东特色产品展示展销》《星光大道荣昌赛区选手选拔赛》等18场活动。荣昌广播电视台手机台发展会员4357人，访问量达到313万人次。公众微信平台有粉丝24124人，发布微信新闻935篇，单条新闻最高点击量129600次，成为全区具有传播影响力的一个平台。

【高清改造】 全年投资453.3万元对标清电视节目升级高清系统进行改造。电视台按照重庆市“二级广播电视台建设标准”进行规划设计，招标施行，对制作播出系统、媒资管理系统、摄录系统、外场转播系统、演播室系统进行升级高清改造。4月项目动工，7月底竣工，经过三个月的试播测试，10月底验收合格。为保证高清节目内容和播出质量，对频道进行高清包装，与重庆音像出版社签订全高清片源供应合同，对所有人员进行高清技术培训，11月初电视台综合频道和文化生活频道实现高标清同步播出，同步播出率达100%，内容高清格式生产基本实现100%。（达永明）

报　刊

【概况】 2017年，荣昌报社坚持以习近平新时代中国特色社会主义思想为指导，认真学习宣传贯彻党的十九大精神，贯彻落实习近平总书记系列重要讲话精神，特别是在党的新闻舆论工作座谈会上的重要讲话精神，坚持正确的政治方向，坚持党性原则，牢牢把握正确舆论导向，力求体现党媒的“高度、宽度、厚度、深度”，为荣昌建设成渝城市群新兴战略支点，高水平全面建成小康社会营造良好的氛围。全年，《荣昌日报》共出版247期，992个版面，刊登新闻7500余篇，民生类新闻占82.6%，民生类稿件比上年同期增加1.5%，《荣昌手机报》共发送150期，发送各类稿件5300余条。《荣昌日报》微信平台推送288期，推送稿件及视频3000余条，及时有效传递党委政府的声音。2017年，《荣昌日报》获评重庆市优秀区县报。

【媒体管理】 2017年，荣昌报社加强权威、公信、可读的媒体建设，提升办报水平。严格执行“政治家办报”理念。努力践行马克思主义新闻观，在政治上，始终坚持党性和人民性的高度统一，坚持正确舆论导向，对纷繁复杂的社会现象保持高度的敏感性和鉴别力，大事面前不糊涂，关键时刻不动摇，以对人民高度负责的态度，坚守党和人民利益，弘扬社会主义核心价值观。严格执行编委会工作制度。进一步完善编委会及其工作制度，严把稿件质量关，对新闻作品的真实性、正确性和导向性做出严格管理。严格执行“三审三校”制度，继续开展相互校对、AB校对，严格执行“三审三校”制度程序，减少报纸的差错率。利用每周五选题会，对上周宣传报道点评和总结，围绕当前热点、重点，策划本周宣传主题，要求每位编辑记者报送两条以上新闻报道重点和线索。

【《荣昌日报》】 为不断巩固壮大党的宣传舆论阵地，占领新闻宣传、信息传播制高点，提高主流媒体传播力、公信力、影响力和舆论引导力，根据荣昌区委的要求，从2017年1月起，《荣昌报》更名为《荣昌日报》，扩刊为周五刊大报，每周二、三、四、五、六出版发行。围绕中心，做好新闻报道。围绕区“三会”精神确定的中心工作，及时捕捉和挖掘新闻源，重点加强全区重点工作、重点工程、民心工程等工作的宣传报道。充分发挥报社所属媒体“两报一平台”的作用。开设“学习贯彻区第十四次党代会精神”“贯彻落实区‘三会’精神”专栏，重点以评论和访谈的形式展现全区干部群众良好奋进的精神状态和干事创业热情，凝聚全区人民的智慧，为打造成渝城市群新兴战略支点贡献力量。紧扣主题，策划栏目。围绕贯彻落实十八届六中全会精神和迎接党的十九大、学习宣传贯彻党的十九大精神、贯彻落实市第五次党代会及区“三会”精神，精心策划开设系列栏目：“把总书记重要讲话精神落实在重庆大地上·荣昌篇”“学习贯彻党代会精神迎接十九大胜利召开”“喜迎十九大”“把党的十九大精神全面落实在重庆大地上·荣昌篇”“贯彻党代会我们加油干”。特别党的十九大期间，做到会前、会中、会后有方案、有策划。同时，荣昌报社还策划“两学一做特别关注”“党风廉政看棠城”等栏目，“同绘五年辉煌共圆小康梦想”特别报道，“聚焦‘荣昌造’”“荣昌重点工程巡礼”等系列栏目，报道全区工业经济、城市发展、农业产业、商贸旅游等工作，为全区经济社会发展营造良好的舆论氛围。特别是大力宣传报道荣昌召开的“渝西川东经济发展协作盛会”，《荣昌日报》从11月2日起，连续三期5个版，采编文字、图片稿件近100余篇，充分展示了东道主的热情和形象。关注民生，搞好引导。围绕广大群众关注的社会民生问题，开设了“关注三农”“法制故事”“改革聚焦”“非公党建提升年”“村镇溯源”“园丁颂”“百岁老人的幸福生活”“吃在荣昌”等栏目，把目光聚焦三农、教育、法治、党建等社会民生方方面面，让报道的内容更丰富、更鲜活、更接地气。注重发行，扩大影响力。扩大《荣昌日报》的覆盖面，根据读者的需求，在主城46个小区设置免费阅报栏50个，及时张贴当天的《荣昌日报》，方便市民阅读，扩大社会影响力，及时有效传递党委政府的声音。继续在主城38条城市公交线路车上免费投放《荣昌日报》，在21个镇街商业门面设置《荣昌日报》免费赠阅点，还在区内大部分酒店投放《荣昌日报》。是给荣昌籍在外成功人士181人及曾任区“四大家”实职退休干部35人寄送《荣昌日报》，使《荣昌日报》发行范围更广，社会影响力更大，党委、政府的声音及时有效得以传递。

【《荣昌手机报》】　《荣昌手机报》做“精度”，打造荣昌最大的新媒体。其内容丰富，每周二、四、六定时发送，每期10～12帧。设有“纵览全球”“荣昌新闻”“基层动态”“本周美图”“娱体沙龙”“好书悦读”“外媒看荣昌”“生活贴士”等10多个栏目，成为宣传荣昌的重要载体，党委、政府服务群众的重要平台，群众获取信息的重要渠道。全年共发送150期，发送各类稿件5300余条，用户数达到14.9万户。

【《荣昌日报》微信平台】　《荣昌日报》微信平台做“鲜度”，打造最贴心的阅读平台。平台内容非常丰富，涵盖经济、社会、民生的方方面面，设有“新闻视界”“民生实事”“旅游文化”“荣昌经济”“有声读报”“影像视频”“新闻互动”“健康养生”等10余个栏目。信息传播实现了“影、声、图、文”的结合，传播更加生动、更加直观、更加轻松、更加接地气。《荣昌日报》微信平台每周6期，全年共发送288期，推送稿件及视频3000余条。微信平台关注用户已超过万余户，单条新闻阅读量最高达数万次。

【荣昌十大新闻评选】　2017年，为充分展示全区改革发展的巨大成就，讴歌新时代下的荣昌精神，全力打造成渝城市群新兴战略支点，建设宜居宜业的秀美荣昌，由区政府新闻办、荣昌报社、区广播电视台联合主办开展2017年度“荣昌十大新闻”评选活动。华森制药在深交所成功上市、救人英雄徐前凯、荣昌供给侧改革催生“畜牧城”新业态、荣昌区农村便道工程获“中国十大民生决策奖”、荣昌建国家生猪大数据中心方案通过专家论证、川渝

13市区县齐聚荣昌共谋区域协调发展、荣昌区全面推行河长制、中国“铁三项”联赛重庆荣昌站开赛、荣昌抓住振兴实体经济“牛鼻子”、首届荣昌陶文化艺术节暨安陶小镇开街获评“荣昌十大新闻”。（郭双梅）

体 育

【概况】 2017年，区体育局坚持“群众体育扩面、竞技体育抓点、体育产业增效”工作思路，全力推进体育事业、产业发展，打造全民健身新热点、体育发展新引擎、体育消费新时尚。年内，全区新增体育设施面积约19.9万平方米。其中，文体广场6处、健身步道3条、农民体育健身工程30处、健身路径9处，面积约9.2万平方米；社会公共体育设施增加93处，面积约6.2万平方米；荣昌中小学建设田径运动场6片，面积约4.5万平方米。全区21个镇街167个村（社区）农民体育健身工程实现全覆盖，建成6处乡镇健身广场、17处乡镇体育健身中心、105条全民健身路径、9条总长80余公里的登山步道和5条总长50余公里的沿河健身步道。至年末，全区体育场地有956个，基本形成布局合理、种类齐全、衔接配套的体育场地设施体。全区有老体协、篮协、自行车协会等17个体育协会组织，有注册会员约7万人。有羽毛球、乒乓球、篮球、门球、腰鼓、武术、广场舞等健身队伍1000余支。有体育专业人才400余人，社会体育指导员1200余人，健身活动达到每万人18名指导员标准。全年承办国家级赛事4次、市级赛事2次，开展职工运动会、篮球联赛、“全民健身日”武术展演等大型赛事18次，各单项协会开展健身操舞、武术、门球、网球、羽毛球、游泳、自行车、棋牌等260余次，参与群众超过30万余人次。荣昌输送运动员肖芸获2017年东亚青年暨青少年柔道公开赛女子57公斤级冠军，是重庆市柔道代表队唯一一枚金牌；荣昌输送运动员何俊航在2017年全国男子自由式摔跤冠军赛中获男子60公斤级铜牌，突破重庆市摔跤队历史成绩。

【青少年体育】 至年末，荣昌有柔道、摔跤和跆拳道3个项目的市级单项训练基地，国家级青少年体育俱乐部4个。区青少年体育运动学校开展训练项目有柔道、摔跤、跆拳道、田径、举重、网球、乒乓球、武术散打8个。年内，荣昌向重庆市专业队输送队员17人，其中市柔道队3人（2人已成正式队员），市运摔跤队11人（1人已成正式队员），市跆拳道队3人。区体校安富柔道摔跤跆拳道训练基地参加全国体育单招考试31名学生中，被北京体育大学、山西师范学院、山东体育学院、成都体育学院等高校录取26名。1月，在荣昌举行的2017年重庆市青少年摔跤锦标赛上，荣昌运动员获10个第一名、12个第二名、28个第三名、22个第五名，区代表团获甲组团体第一，区青少年体育运动学校获乙组团体第二。5月，在黔江区举行的2017年重庆市青少年柔道锦标赛上，荣昌运动员获13枚金牌、10枚银牌、6枚铜牌，区代表团获甲组团体第一，区青少年体育运动学校获得乙组团体第一名。

【群众体育】 全年举办区级大型群体活动赛事16次，参加市级群众体育赛事3次，指导镇街、协会体育活动268次。1月13日，组织2017年重庆市迎新年登高健身大会荣昌区分会场登山比赛，100余名运动员参赛；1月7日，在区体育馆举行重庆市荣昌区创建全国武术之乡暨2017年迎新春缠丝拳展示会；1月19日，在区体育馆举行2017年重庆市荣昌区武术协会喜迎新年武术非遗展示；1月31日至2月5日，在区神州宾馆举行2017年迎新春棋牌比赛；3月8日，在清升镇古佛山举行2017年荣昌区文化委庆“三八”妇女节健步走活动；3月25日，在安富世外陶园山庄举办荣昌区庆“三八”第七届女子钓鱼邀请赛；4月15日，在清升镇古佛山举行登山比赛，34支代表队170余名运动员参加；4月21日，在棠香小学体育馆举行2017年庆“五一”职工第九套广播体操比赛，52支队伍1000余人参加；4月25至28日，在启迪健身会所举行2017年荣昌区税法杯羽毛球邀请赛，16支代表队160余名运动员参赛；5月27日至28日，在广顺街道高瓷村3社举行重庆市15届女子钓鱼比赛和21届老年人钓鱼比赛，全市30

支代表队160余人参赛；7月10日，在体育场举行荣昌区金秋九月2017百城千人太极拳展演；8月8日，在体育场举行“全民健身日”健身展示活动，全区1000余名太极拳爱好者参加；10月25至30日，在体育馆、棠香小学等地举行2017年荣昌区“重粮杯”篮球联赛，全区45支代表队600余名运动员参赛；11月11日，在清升镇古佛山生态休闲旅游区举行2017重庆荣昌古佛山迷你马拉松赛，1000多人参赛；12月2日，在清流镇举行荣昌区第三届冬泳邀请赛，川渝黔地区20支代表队500人参赛；12月22至24日，在区启迪运动中心羽毛球馆举行荣昌区第三届羽毛球公开赛，220余名运动员参赛。5月9日，组队参加重庆市第七届全民健身运动会，获团体第七名；8月8日，组队参加在石柱县黄水镇举行的2017年重庆市公开水域游泳比赛，获团体第七名；11月4日，组队参加在长寿湖举行的2017年重庆长寿湖国际铁人三项赛，获区县组团体第五名。

【竞技体育】　2017年，荣昌参加各级各类竞技体育比赛16次，其中市级比赛8次、国家级比赛5次、国际级比赛3次。获得奖牌167枚，其中在市级比赛中获奖牌95枚（金牌25枚、银牌28枚、铜牌42枚）、并获柔道和摔跤两个项目甲组团体第一名，在国家级比赛中获奖牌43枚（金牌10枚、银牌13枚、铜牌20枚）、并在2017年第二届中国·徐州国际武术大赛上获体育道德风尚奖代表队称号、2017年中国中学生柔道锦标赛并获得道德风尚奖和团体操第一名，在国际级比赛获奖牌29枚（金牌18枚、银牌4枚、铜牌7枚）。年内参加的市级比赛有2017重庆市青少年柔道、摔跤、武术散打、举重、网球、跆拳道锦标赛和2017年重庆市柔道、摔跤冠军赛等。国家级比赛有2017年第二届中国·徐州国际武术大赛、2017年中国中学生柔道锦标赛、2017年全国道馆俱乐部柔道锦标赛。国家级比赛有2017年第六届澳门国际武道大赛、第六届武当国际演武大会、第七届世界传统武术锦标赛。

【体育彩票】　全年新增体育彩票网点15个，淘汰网点5个。至年末，全区有在售网点52个，比上年同期增加9个。为提升体育彩票销售网点形象，对区域所有网点进行整改，现100%的网点均达到中心形象标准。对区域销量员开展竞彩、高频、乐透、即开等玩法分类培训30余场，区域销售员业务水平得到进一步的提升。至年末，全区体育彩票实现销售2377万元，其中电彩型玩法2297万元、即开型玩法80万元；比上年销售总量5394万元下降3502万元，降幅147%。

【中国铁人三项竞赛——重庆·荣昌站】　9月9日，由中国铁人三项运动协会、荣昌区人民政府主办，荣昌区文化委员会承办的2017年中国铁人三项联赛重庆·荣昌站在荣昌区万灵镇开赛。本站赛事设置大师组、全程分龄组、半程分龄组、体验组、骑跑两项组5个组别，全国57个俱乐部300余名运动员参赛。赛前一晚，一场秋雨消解了川渝的暑气，26℃的气温，24.5℃的水温，让运动员们可以惬意地享受竞技之趣。经过激烈的角逐，来自威海市铁人三项运动协会的李郴以2分06分13秒的成绩获得男子大师组的冠军，南京市铁人三项运动协会的武昊田和天津TUBRO铁人三项队的魏臣分别夺得男子大师组的亚军和季军。临时会员的于姝珺以2小时22分43秒的成绩获得女子大师组桂冠，成都铁人三项运动协会的王文君和南京市铁人三项运动的胡燕分别获得女子大师组第二名与第三名。中国铁人三项联赛重庆·荣昌站是联赛首次在西南地区举行。联赛在2017赛季打造全新的积分体系，设立大师组，建立梯度选拔制度，对接国家亚运及奥运战略。通过体系化、规范化的赛事体系，整合西南地区俱乐部及协会，将西南地区的铁人三项爱好者纳入赛事体系中，促进西南地区铁人三项运动发展。

【2017年全国武术套路冠军赛（传统项目）】　9月19日至22日，由国家体育总局武术运动管理中心主办，重庆市体育局、荣昌区人民政府承办，重庆市武术运动管理中心、荣昌区体育局、重庆市第四体育运动学校、北京荣盛汇智国际体育文化发展有限公司协办，重庆市荣昌县易驰博锐体育文化发展有限公司运营的2017年全国武术套路冠军赛（传统

项目）在荣昌区体育馆开赛。来自全国的46支代表队599名运动员参赛。在拳术、单器械、双器械、软器械等中国传统拳术和器械项目展开激烈角逐。全国武术套路冠军赛，是全国武术项目年度最高级别赛事。

【2017年全国道馆俱乐部柔道锦标赛】 9月25至29日，由国家体育总局举重摔跤柔道运动管理中心主办，重庆市体育局、重庆市荣昌区人民政府承办，重庆市荣昌区体育局、北京荣盛汇智国际体育文化发展有限公司协办的2017年全国道馆柔道锦标赛在荣昌区体育馆开赛，是荣昌区连续第8年承办全国柔道比赛，来自全国各省市的42支代表队450名领队、教练员和运动员参加。参赛运动员根据年龄分为甲、乙两组。18岁（含18岁）以上的为甲组，18岁以下的为乙组，参赛最小年龄为16岁。本次比赛设置男女甲组、乙组各7个级别的28个冠军。荣昌获1金、2银、4铜和体育道德风尚奖。

【2017年全国女子自由式摔跤冠军赛】 11月18至20日，由国家体育总局举摔柔中心主办，重庆市体育局、荣昌区人民政府承办，荣昌区体育局协办的2017年全国女子自由式摔跤冠军赛在荣昌区体育馆举行。该比赛是女子自由式摔跤年度最高水平单项比赛，来自北京、火车头体协、武汉体育学院等省区市、行业体协、高校的36支代表队217名运动员参加。本次比赛设置48公斤级、53公斤级、55公斤级、58公斤级、60公斤级、63公斤级、69公斤级、75公斤级8个级别，最终决出8个级别的8个冠军、8个亚军和16个季军，获奖选手所得积分将计入个人年度总成绩，并将有机会获得参加奥运选拔赛的资格。广西、广东、江苏代表队分别以31分、25分和23分的总成绩获得团体前三名，辽宁、云南、江苏、广西代表队获体育道德风尚奖。

【2017年重庆市青少年摔跤锦标赛】 1月22日至24日，由重庆市体育局、重庆市教委主办，荣昌区体育局、荣昌区教委承办的“中国体育彩票杯2017年重庆市青少年摔跤锦标赛”在荣昌区体育馆开赛。来自万州、江北、璧山、潼南、云阳、开州、荣昌等区县17支代表队384名运动员参加。参赛者为1998年至2004年段的青少年运动员，根据年龄段分为甲、乙、丙3个组别，分别进行男子古典式、自由式20个级别和女子自由式17个级别的比赛，采用中国摔跤协会最新竞赛规则进行比赛，最终角逐出各个单项和团体名次。荣昌代表队获10个第一名、12个第二名、28个第三名、22个第五名和体育道德风尚奖。

【2017年重庆市青少年跆拳道锦标赛】 3月18日至22日，由重庆市市体育局、重庆市教委主办，荣昌区体育局、荣昌区教委承办的“中国体育彩票杯2017年重庆市青少年跆拳道锦标赛”在区体育馆开赛，来自合川、綦江、永川、荣昌等区县的35支代表队550余名运动员参加。参赛者为2000年至2005年年龄段的青少年运动员，按年龄分为男女甲、乙、丙6个组别，甲、乙组按体重各设8个级别的比赛，丙组设6个级别的比赛。荣昌区代表队获得3个第一名、7个第二名、9个第三名。团体总分获得男子丙组第一名、女子丙组第一名、女子乙组第一名、男子乙组第三名的成绩。

【重庆市武术段位制考试（第七期）】 12月16日，由重庆市武术运动管理中心、重庆市第四体育运动学校主办，荣昌区体育局、重庆市武术协会承办，荣昌区武术协会协办的2017年重庆市武术段位制考试（第七期）在区体育馆举办。重庆市武术运动管理中心副主任、重庆市第四体育运动学校副校长王技铭到荣昌指导考试工作，重庆市武术运动管理中心干部黄怡担任总考评长，荣昌区武术协会主席邹朝文担任考评长。有355人参加本次武术段位考试，年龄最小的5岁，最大的65岁。设置太极拳、传统拳、段位拳、器械等考试项目，全部通过本次考试。（罗富玉　周　亮　王远洪）

卫 生

医 疗

【概况】 2017年，全区有各级各类卫生机构442个（含村卫生室）。其中，医院11个，乡镇卫生院15个，社区卫生服务中心5个，诊所（门诊部、医务室）136个，村卫生室271个，疾病预防控制中心1个，卫生监督局1个，中心血库1个，卫生计生培训学校1个。医院卫生机构有床位4246张。有卫生技术人员4292人，其中，执业医师和执业助理医师1851人，注册护士1852人。

全区医疗机构（未含企业医院、民营医院）总诊疗163.52万人次，较上年增长14.61万人次，增长9.81%。其中公立医院108.16万人次，增长11.08万人次，增长11.42%；基层医疗卫生机构55.35万人次，增加3.52万人次，增长6.79%。全年出院9.87万人次，增加9922人次，增长11.17%，其中公立医院出院6.61万人次，增加8323人次，增长14.41%；基层医疗卫生机构出院3.26万人次，增加1599人次，增长5.15%。实际开放83.49万床日，其中公立医院开放47.64万床日，基层医疗卫生机构开放35.85万床日；实际占用70.14万床日，其中公立医院45.73万床日，基层医疗卫生机构24.41万床日，床使用率为84.01%，其中公立医院95.98%、基层医疗卫生机构68.1%。10月，区区人民医院、区中医院通过了二级甲等综合医院复评。

【医疗队伍】 全区卫生系统有职工5311人（卫生医疗机构+村卫生室+诊所），其中，政府办医疗卫生机构定编2089人（实有职工1754人），企业医院450人，民营医院916人，个体诊所276人，乡村医生549人。有卫生专业技术职称人员4292人，其中：医疗人员1851人、护理人员1852人，有高级职称185人、中级职称487人；有硕士以上54人、本科797人、大专2276人、中专及以下2184人。2017年，区编委同意用编180个，实际用编82人。通过公开考核、招聘、进校园现场考核招聘等方式，从上级医院引进副主任医师5名、硕士研究生40余名。60名卫生计生管理干部参加长达半年的培训。举办卫生计生管理干部、中医理论提升、中医适宜技术和“西学中”培训班，共培训330人；区级单位派到上级进修59人，基层到区级医院免费学习37人。

【医疗基础设施建设】 2017年，区人民医院应急中心已完成内外装修及安装工程90%，完成投资1150万元。区妇幼保健院智能化、污水处理入场，重点部位完成招标，二次装修完成40%，完成投资2500万元。区中医院建设项目设计方案已通过规委会审定，正进行场地平整。广顺街道社区卫生服务中心迁建项目正在办理建设用地许可证，进行预算评审、施工招标文件审查。棠城医院扩建项目启动拆迁工作。区卫生信息中心机房、基层HIS系统、公共卫生系统、村卫生室系统、基层LIS系统均完成。完成全民健康信息平台人员基本信息录入，累计建立电子健康档案62.26万份。投入近30万元对全区医改监控视频保障系统进行建设，实现临时指挥部对7家公立医院的视频会议分会场和相关医改视频监控点位的全覆盖。完成7家公立医院医疗服务项目价格调整目录和医疗保险报销信息对接。中迪医疗公司投入3000万元资金，建设荣昌区区域医疗（远程）诊断平台，完成8个基层医疗机构DR设备和区中心机构IT设备的安装调试。10月10日，由区卫计委、区人民医院、中迪医疗共同主办的“荣昌区区域（远程）诊断平台建设暨营运合作协议”签约仪式在区人民医院举行，区域（远程）诊断平台正式启动。全年，通过远程影像诊断平台，完成远程会诊539例。

【公立医院改革】 8月16日，区召开全面推进公立医院综合改革启动会，传达全市全面推开公立医院综合改革动员部署会议精神，提出全区改革面临的风险并对下一步工作提出了安排。从9月9日零时起，全面推开公立医院综合改革，7家参改医院全部取消药品加成（中药饮片除外），实行药品零差率销售，取消药事服务费，完成医疗服务项目价格调整，并将便民门诊、导医和自助服务系统等便民措施固化，二级医院普通号源占59.2%，公立医院重点任务指标达标。

区级医院与三甲医院组建医联体 2 个，组建专科联盟 2 个，开展新技术 20 余项，诊疗 2056 人次，基层医疗机构上转危重病人 481 人次，乡村医生向基层医疗机构上转 3600 人次；区级专家到各基层坐诊 366 人次，指导查房 349 人次，手术 17 例，举办讲座 26 次，培训基层医务人员 622 人次。统一医联体内药品目录，解决了下转患者用药问题。开展家庭医生签约服务，组建家庭医生团队 106 个，签约服务 24.2 万人，重点人群签约 15.25 万人。年内，承办市级学术会议 4 次。纳入创建的市级特色专科 4 个，市级重点专科 1 个。区人民医院在心脏起搏植入术方面取得重大进展，区中医院率先将膏方制剂应用于临床治疗，区妇幼保健院乳腺外科取得良好效果。

【中医事业发展】 区中医院与7家基层医疗机构组建了医疗联合体，形成区、镇、村三级中医服务网络体系。中医院引进高层次人才8人。安富街道社区卫生服务中心中医科获得市级创建基层中医特色专科资金补助10万元，用于精品中医馆打造。基层医疗机构全面打造中医药综合服务区，辖区内能提供中医基本医疗和基本公共卫生服务的社区卫生服务中心5个，占总数的100%，镇卫生院14个，占总数的95%，村卫生室195个，占总数的72%。社区卫生服务中心和镇卫生院的中医类别医师占医师总数的25%。提供中医服务的医疗机构均配置了必备的中医诊疗设备，并能运用中药饮片、针灸等6种以上中医药技术方法。基层医疗机构的中医药服务量占总服务量的34.7%，较上年同期提高1.4%。中医人才队伍与2014年相比，硕士研究生由2人增加到6人，高级职称人员由19人增加到40人。区中医院设置脾胃、肝胆、脑病、消渴等专科门诊，由25名副高级职称坐诊（3名市、县级名中医），并参与临床住院科室中医查房和中医传承工作。医院重点、特色专科总床位有130张（针灸科50张，儿科40张，骨伤科40张），占全院总开放床位的39.39%。重点、特色专科中医类别执业医师占执业医师的比例平均为64%。举办“西学中”培训班、中医业务技术骨干提升班、中医适宜技术培训班，共计培训270人。开展师带徒工作，遴选13名中青年中医骨干跟师6名老中医学习并全部考核合格。开展“中医药法”“中医文化进社区”“中医健康知识”宣传义诊活动。区中医院与东阿阿胶共建全国胶类中药合理使用继续教育基地。发挥中医“治未病”预防保健的作用，开展中医药预防保健、中医体质辨识、优生优育、生殖保健、重点人群健康保健、慢性病健康管理服务。全区各医疗机构共计派出医务人员200余人次，义诊9500余人次，适宜技术体验200余人，赠送药品1万余元，发放《中医药法》《养生保健知识》等宣传资料3万余份。全年全区65岁以上老人和0～36个月儿童中医药健康管理服务率达71.54%和78.43%。

【医疗市场整顿】 全区应监管对象1206个，监督覆盖率100%。全年完成监督抽检250件，其中实验室检测209件，合格186件，合格率89%，现场快速检测41件。查处各类行政处罚案件152件，其中，公共场所卫生处罚35件、生活饮用水卫生处罚7件、学校卫生处罚1件、放射卫生处罚3件、传染病防治处罚31件、餐饮具集中消毒处罚2件，无证行医处罚6件、医疗卫生处罚67件，处罚金额341950元。

【医疗质量安全管理】 区卫计委组织对全区34个医疗机构进行1次医疗质量督查和2次专项督查。从2017年起，区政府每年预算300万元用于卫生管理及专业技术人员培训。全年，卫计委利用周末举办为期半年的卫生计生管理干部培训班，聘请华中科技大学附属同济医院、重庆工商大学、中国卫生法学会、重医附一院、西南医院、市中医院等市内外知名专家教授授课。举办医政管理干部等各类培训班5期，每期培训结束后组织考试，并将考试结果在系统内通报。在各级各类医院继续开展抗菌药物专项整治、同级医疗机构检验检查结果互认活动；在二级医疗机构开展处方集中点评活动，区人民医院将处方点评与高价药品跟踪相结合，严控高价药品，规范合理用药，并在手术科室开展手术安全核查制度落实情况大检查，确保手术安全。

【医德医风建设】 全区卫生系统主动参与行风建设的积极性、主动性，开展“优质服务创建”“最美医务工作者评选”“行风建设月”“新入职医护人员宣誓”等文明创建活动。开展医德医风专项检查活动，通过明察暗访，针对单位存在的问题建立台账，对台账按照定期销号管理。对新入职医护人员进行医德医风教育培训。开展形式多样的法律法规培训，做到法制培训全覆盖，对涉及医疗领域的关键法律法规、行业规范、行业纪律开展法制教育培训。

对辖区内6家民营医疗机构开展依法执业、医疗质量管理、医疗废物处置专项检查，给予暂停部分科室执业2家，核减诊疗科目1个，并与人社部门联动，暂停医保支付。对全区320家各级各类医疗机构开展专项检查，对68家机构的违法违规行为进行立案查处。根据《重庆市医疗卫生单位不良执业记分管理实施办法》和《重庆市医务人员不良执业记分管理指导意见》要求，对医疗机构和医务人员开展计分管理，并将计分与医疗机构校验和医务人员职称晋升等挂钩。依法对2名严重违纪医务人员予以暂停执业半年处罚。对执业医师超范围、跨专业执业、未佩戴胸牌上岗、超出登记范围开展诊疗活动和个体医疗机构擅自变更执业地点等违法违规行为予以查处，全年查处违规行为为36起，受理群众信访79件，办结率100%，受党纪处分2人，政纪处分15人。

计划生育

【概况】 规范计划生育药具发放管理服务工作，合理布局药具发放点，全区设有药具发放点189个，其中设免费自助发放机31台。推进民生工程国家免费孕前优生健康检查项目，全年共投入50余万元为3460人进行免费检查，目标人群覆盖率达95.1%，发现风险人群617人，随访617人，随访率100%，早孕随访2677人，随访率100%。开展病残儿鉴定及手术并发症人员的鉴定工作，有7人进行病残儿医学鉴定，16人进行计生手术并发症鉴定，44人纳入计生手术并发症特别扶助管理。投入102余万元开展育龄妇女免费生殖健康检查。为7133对夫妻进行生育登记、审批发放再生育服务证。其中，一孩生育登记2673对，二孩生育登记4129对，再生育审批331对。发放奖、特扶资金10315人，1685万元；独生子女父母一次性奖励3226人、97万元；补助奖、特扶对象参加合作医疗8119人、113万元；为计划生育特殊家庭父母购买住院护理保险980人、17万元。建立“就医绿色通道”，落实结对帮扶、社会关怀等联系人制度。累计出动卫生监督人员110人次，执法车辆24车次，检查医疗机构260个，未发现“两非”案件。开展人口理论进党校活动4次。补助镇街5.3万元，更新规范计划生育的政务、村务公开，全区开展计生赶场活动151场次，受惠群众达9万余人。在万灵镇沙堡村建人口文化园1个，在区级以上媒体刊发人口计生新闻177条。结合“7·11世界人口日”开展宣传活动，组织机关全体党员开展党员进社区服务，到镇街向群众面对面宣传全面二孩政策，营造良好的舆论环境。

疾病预防与控制

【概况】 2017年，全区无甲类传染病报告。报告乙类传染病13种1431例，发病率每10万人202例，死亡30例，死亡率10万人4.23例。乙类传染病报告发病率居前三位：肺结核 10万人61.12例、肝炎10万人58.16例、梅毒10万人48.14例。丙类传染病报告5种2519例，发病率10万人355.58例，无死亡病例。丙类传染病报告发病率居前三位的是手足口病10万人199.88例、其他感染性腹泻10万人78.63例、流行性腮腺炎10万人48.98例。

【免疫工作】 全年常住人口出生6571人，免疫建卡6891人、建证7015人。一类疫苗接种14.39万针次，二类疫苗接种8.87万针次。全区国家免疫规划疫苗基础免疫报告接种率：卡介苗99.92%（7271/7277），脊灰疫苗99.7%（22367/22433），百白破疫苗99.67%（20902/20972），含麻疫苗99.47%（7119/7157），乙肝疫苗99.77%（21578/21627），乙肝疫苗首针及时率99.59 %，乙脑疫苗99.7%（7555/7578），流脑疫苗99.61%（13305/13357）甲肝疫苗99.47%（7311/7350）。加强免疫接种率：脊灰疫苗99.64%（6825/6850），百白破疫苗99.61%（6188/6212），含麻疫苗99.59%（7031/7060），乙脑疫苗99.61%（6872/6899），流脑疫苗 99.55%（11186/11237）；白破疫苗99.31%（5346/5383）。

【结核病防治】 全区可疑肺结核患者就诊2537例，可疑者就诊率为10万人298.5例，其中活动性肺结核患者（包括结核性胸膜炎）401例。全年非结防机构报告可疑肺结核患者追踪转诊总体到位率89.3%（本报本），TB/HIV双重感染检测率为70.8%，结核菌/艾滋病毒双重感染活动性肺结核患者6例；高二学生结核病筛查累计筛查学生4157人，未发现肺结核患者。

【地方病防控】 在安富、昌元、双河街道，万灵、吴家镇共采集300户家庭食用盐，碘盐覆盖率92.67%，比上年下降7.33%；碘盐合格率93.28%，上升1.62%；合格碘盐食用率92.67%，上升了1.62%；非碘盐率0.67%，碘盐中位数27.60毫克/千克。对8个疟疾项目单位进行执行情况督导16次、镜检质控督导16次，其中复查血片20张，合格血片18张，合格率为90%；在区人民医院和7个镇级卫生院开展“三热”病人血检工作，共完成“三热”病人血检800人，未发现血检阳性病人；完成消除疟疾评估验收工作，并通过市级评估验收。对13个麻风病病例疫点进行家庭成员及周围人群调查100余人，未发现可疑病例；针对疑似病例开展流行病学调查，累计调查可疑病例200例，未发现可疑病例；对现有2例治疗病例给予关怀，定期送药、随访；撰写完成《重庆市荣昌区麻风病防治简史》。对4个固定监测点和4个流动监测点的兽医、饲养牲畜交易、屠宰和皮毛加工及昌州街道的大型超市肉类销售、涉牛、羊肉餐厅屠宰、乳肉加工人员等6类进行随机抽样检测，共采集检测血清样本207人，检出3例阳性血清，检出1例疑似性血清，3例感染者均无布病临床症状。完成367份饮用水抽样工作，对水碘中位数超过标准的3个镇街进行重新采样检测。完成5个镇街1000人寄生虫病监测工作。

【慢性病防控】 全年死因网络直报5788例，粗死亡报告率8.26‰，医疗机构死因网络报告覆盖率达100%；肿瘤登记报告846例；心脑血管事件报告2342例。老年人健康管理6.04万人；累计管理高血压病人4.81万人，规范化管理3.41万人，规范化管理率达70.81%；累计管理二型糖尿病患者1.81万人，规范化管理1.29万人，规范化管理率达71.04%。开展慢病链式服务项目，签约管理2000名慢病患者。全区设立自助健康小屋/健康指标自助检测点86个、智能一体化健康小屋1个、健康膳食宝塔50个，创建健康单元81个，其中健康社区50个、健康单位7个、健康餐厅9个、健康食堂8个，建设健康步道3条，打造健康主题公园2个，建设健康知识一条街2条。12月18日，国家卫生计生委办公厅下发《关于公布2016—2017年度国家慢性病综合防控示范区建设评估和复审结果的通知》，荣昌区被确定为第四批国家慢性病综合防控示范区。《计工分，强考核——重庆市荣昌区量化管理村医公共卫生服务》入选《中国慢性病防控最佳实践案例》，被评为中国慢病防控工作中最具特色又具成效的做法之一。

【精神卫生】　对辖区内诊断明确、在家居住的重性精神疾病患者，纳入规范化管理。全年发现重性精神病患者3620人，其中死亡317人，在册患者3303人，居家健康管理2810人，规范管理2571人，规范管理率77.84%，最后一次随防病情稳定人数2500人，病情稳定率90.84%。

妇幼保健

【概况】　2017年，全区常住人口育龄妇女15.31万人，3岁以下儿童总数1.71万人，7岁以下儿童3.49万人。有助产机构15个，从事孕产妇保健和儿童保健工作的74余人，专兼职妇幼卫生人员54人，妇幼卫生信息人员34人。孕产妇系统管理6650人，系统管理率93.60%，发放母子健康手册681册，母子健康手册儿童篇1825册；孕产妇7062人，活产7105人，产后访视6709人，访视率 94.43%，新生儿访视6734人，访视率94.78%。 听力筛查人数6497 人，筛查率 91.44%；0～6岁儿童3.49万人，健康管理3.23万人，健康管理率92.41%；3岁以下儿童 1.71万人，系统管理人数1.54万人，系统管理率90.06%；7岁以下儿童3.49万人，健康管理3.23万人，健康管理率92.41%。5岁以下儿童死亡37例，死亡率5.07‰；婴儿死亡24例，死亡率3.38‰，新生儿死亡13例，死亡率1.83‰。孕产妇死亡1人，死亡率10万人14.07例。完成“宫颈癌”检查1.2万人，乳腺癌检查5019人，产前唐氏综合征免费筛查3790人，孕期胎儿缺陷筛查4208人。完成孕优检查3464人，目标人群覆盖率达95%，发现风险人群585人，随访率100%，早孕随访2634人；完成免费生殖健康检查47601例。农村孕产妇住院分娩补助2144人，81.76万元，叶酸发放人数6443人，服用率90.33%，依从率80.18%，知晓率95.05%；孕期艾滋病、梅毒、乙肝检测6424人，检测率99.98%。农村孕产妇住院分娩补助2144人，81.76万元。

供血用血

【概况】　全年共采集献血者5515人次，采集血液177.23万毫升，其中个人自愿无偿献血6703个单位，占采血量的75.8%，团体献血2158个单位，占采血量的20.6%，互助献血269个单位，占采血量的3.6%。全年临床供血9161个单位，其中去白红细胞悬液8943个单位，新鲜冰冻血浆7540个单位，洗涤红细胞110个单位，RH（—）血23个单位，机采血小板76个治疗量，临床成分用血率达99.9%。组织单位团体献血1345人次，献血量达26.9万毫升，卫生计生系统共组织献血602人次，献血量达16.04万毫升。区中心血库与大坪医院、新桥医院、重医附二院、市血液中心、合川中心血站以及大足、璧山中心血库等建立了友好合作关系，全年外调红细胞类血液542个单位、新鲜冰冻血浆294个单位、冷沉淀2175个单位。

农村卫生

【概况】　全区有村卫生室271个，在岗乡村医生549人。万灵镇卫生院、清升镇卫生院被国家卫计委评为2016—2017年度全国群众满意乡镇卫生院。峰高街道社区卫生服务中心成功创建全国优质服务示范社区卫生服务中心。棠城医院评为全国诚信民营医院。区人民医院荣获2016年度全国医疗服务价格和成本监测工作先进单位，列为国家级慢性病综合防控示范区。区法院等3家单位评为市级优秀卫生单位，峰高街道评为市级卫生镇。

【医疗卫生机构考核】 开展2017年度卫生计生系统综合目标管理考核，峰高街道社区卫生服务中心、安富街道社区卫生服务中心、仁义镇中心卫生院、万灵镇卫生院、龙集镇卫生院、清江镇卫生院、区疾控中心7个单位评为优秀。基层医疗卫生事业单位主要负责人绩效考核评为优秀7名。

（李　岚）

人力资源和社会保障

人事人才

【概况】 2017年，区人力社保局围绕全区中心工作和重点产业发展，抓好人才队伍建设、管理和服务工作。在区行政服务中心成立“一站式”人才服务窗口，派专人入驻该窗口，负责宣传和落实全区“招才、引才、留才”等政策。开展全区首批高层次人才认定，35人被认定为B、D、E类高层次人才。抓好社会技能人才培养，继续推进职业技能鉴定、企业和生产一线岗位技师培训等工作。加强专业技术人员队伍建设，开展好岗位竞聘、职称制度改革、博士后科研工作站管理等工作，落实好享受政府特殊津贴待遇人员和其他专家的管理和服务。加强公务员管理，人事调配、职务晋升、公务员平时考核等工作有序开展。开展机关事业单位公开招聘录用工作，全年公开招录公务员76人，招聘事业单位人员314人，赴高校招聘2018年应届毕业生52人，教育、卫生类紧缺人才得到补充。落实工资收入分配制度改革有关要求，有序开展法检两院工资制度改革后续工作，继续执行职务与职级并行、农林水利第一线科技人员浮动、固定工资、乡镇工作补贴等政策。完成区属国有企业薪酬制度改革工作。防治“吃空饷”长效机制建立取得良好成效。

【技能人才培养】 开展技能大师工作室申报评选，评为国家级技能大师工作室1个、市级技能大师工作室2个。开展机关事业单位工勤人员技术等级（职务）考评工作，取得高级工资格2人、技师资格3人。开展首批高层次人才认定工作，认定为B、D、E类高层次人才35人，其中1人入选第三批国家“万人计划”（国家高层次人才特殊支持计划）。开展“中国梦·劳动美”荣昌区第三届职业技能大赛，评选出“荣昌区技术能手”4人，通报表彰优秀选手32人。开展企业和生产一线岗位免费技师培训，取得技师资格53人，自2016年开展此项工作以来，已有204名企业和生产一线岗位工人通过免费培训取得了技师资格。做好人事代理工作，办理社会人才职称申报和评审办证195人。推进职业技能鉴定和证书核发工作，开展等级鉴定3345人，核发等级证书3201人。加强对技工学校和职业培训机构的管理，进一步规范办学行为。

【专业技术人才管理服务】 按《荣昌区中青年学术技术带头人考核办法》，对61名学术技术带头人进行了考核。按渝人社办《关于做好春节期间走访慰问专家工作的通知》精神，开展对33名正高专家的慰问工作。与工业园区管委会共同做好博士后科研工作站管理和服务工作，和西南大学联合培养博士后科研工作人员1名。办理高、中、初级专业技术职称申报937人，经评审合格取得相应职称资格741人。组织专业技术人员继续教育9090人，组织2016年新取得高中级人员岗前培训669人，组织2017年事业单位新进人员岗前培训472人，组织单位参加各类高研班学习100余人。事业单位岗位竞聘工作有序开展，全区竞聘岗位管理67人、专技1560人、工勤19人。深化中小学教师职称制度改革，全区教师高中初级职称晋升465人，高中级教师教学水平考核297人。进一步完善事业单位信息化系统，实现对事业单位机构和人员信息的精确管理、实时掌握和资源共享。

【公务员队伍建设】 按要求开展公务员非领导职务晋升等工作，全年晋升副主任科员149人，科级领导职务备案37人，办理公务员（参公人员）登记92人，公务员平时考核、年度考核工作平稳推进。落实好表彰奖励推荐上报工作，全区获市级部门表彰先进集体6个，个人16人次；省部级表彰先进集体2个，个人3人次；市局奖励二等功个人2人次，集体1个；区委区政府奖励个人三等功178人次，集体三等功20个，个人嘉奖424人次。开展全区人民满意公务员示范单位和示范岗位评选活动，评选出人民满意公务员示范单位3个、示范岗位5个。开展新录用公务员初任培训、内设机构负责人培训、“互联网+政务服务”培训等各类公务员培训，接受培训人员近200人次。2800余名公务员完成市公务员局组织的“创新驱动发展战略”主题公需科目培训。认真开展军转安置工作，安置团职以下军转干部4人，接收自主择业军转干部7人。

【工资收入分配】 完成机关事业单位工资正常调整工作，落实法检两院工资制度改革后续工作，继续执行职务与职级并行、农林水利第一线科技人员浮动、固定工资、乡镇工作补贴政策。严格规范机关事业单位带薪年休假制度和年终一次性奖金执行。严把连续工龄认定政策和程序关。严格津补贴审批发放。全年纳入工资统发的单位有205个，1.10万人，实发工资7.36亿元。完成区属国有企业薪酬制度改革工作，出台《荣昌区深化区管国有企业负责人薪酬制度改革实施方案》《荣昌区国有企业工资总额预算管理暂行办法》，核定兑现了2016年度国企负责人薪酬，健全区属国有企业收入分配调控机制。防治“吃空饷”问题长效机制建立取得良好成效，得到国家和市督察组肯定。

就业创业

【概况】 2017年，继续实施就业优先战略和更加积极的就业政策，全年城镇新增就业1.8万人，城镇登记失业率控制在3.09%。人力资源基础台账、贫困人员台账、化解过剩产能失业职工信息等实现动态管理。返乡人员就业创业服务举措更加丰富，除每周四在人力资源市场举办招聘会外，还开展新春系列招聘活动，召开创业成功人士座谈会，全年开展各类招聘70余场，提供就业岗位3万余个。继续推进去产能职工安置工作，落实好终止劳动关系指导、就业创业补助金发放和职工就业安置等工作。通过开展“高校毕业生专场招聘会”，开发公益性岗位，发放就业补贴等方式，着力抓好高校毕业生、农村贫困人员、就业困难人员等重点群体就业。认真实施就业技能培训，将荣昌区传统特色产业纳入培训专业，对化解过剩产能企业职工、贫困人员等重点群体分类开展差异化培训。多举措助推创业创新，积极组织参加创业创新比赛，落实创业补贴政策，并成立首个以“互联网+”为核心的创客空间，全年发放创业担保贷款1.01亿元。认真落实失业保险政策。着力加强对重点行业、重点企业的失业动态监测。

【重点群体就业】 春节期间召开创业成功人士及高技能人才座谈会。2月3日在区人民广场开展了新春大型招聘及企业形象展示活动，吸引了企业105家，提供就业岗位近7000个。以开展“高校毕业生专场招聘会”“关闭煤炭钢铁过剩产能企业分流职工招聘会”“就业援助月”等专场招聘活动和周四固定招聘日相结合，全年组织各类招聘70余场，1900余家企业参与，提供就业岗位3万多个。通过开展一对一帮扶、就业援助、落实补贴政策、开发公益性岗位等举措，促进就业困难人员、农村贫困人员等群体就业。全年新开发公益性岗位174个，安置农村建卡贫困人员、高校毕业生、残疾人等就业困难群体就业。发放公益性岗位补贴、公益性岗位社保补贴138.32万元。发放灵活就业社保补贴1037.46万元，促进2002名困难人员就业。发放低保就业补贴0.74万元，促进3户低保家庭就业脱贫。

【职业技能培训】 围绕全区重点产业发展优化调整专业培训，除开设紧俏专业培训外，还将荣昌区传统特色产业夏布编织和畜牧兽医2个专业纳入培训。培训课程注重电子商务和互联网+理念的融入，如在SYB创业培训中融入电商知识，引导线上线下同步发展的创业新模式。全区有创业培训讲师3名，社会精英创业培训师10名。通过组织现场观摩、教学研讨、示范授课等方式提高教师业务素养，区职教中心教师获得2017年中国创业培训讲师大赛（重庆）课程设计作品一等奖。针对化解过剩产能企业职工、贫困人员等重点群体，根据文化层次、技能水平等不同情况分类开展差异化培训，着力提高培训针对性，增强培训实用性。

【创业创新】 推荐项目参加“渝创渝新”“泛海扬帆”等创业大赛，启动评选荣昌区2017“创业创新精英”“企业发展标杆”影响力人物。成立首个以“互联网+”为核心的创客空间“古思特”创客空间，至年底，已有50余家微企入驻该创客空间。“古思特”创客空间、荣昌农特电商产业园被评为市级创业孵化基地。落实创业担保贷款政策，进一步扩大贷款人群和贷款项目范围，将网络商户、建档立卡贫困人员等纳入贷款范围，推出“政策贷款+商业贷款”组合贷款模式，个人最高可贷30万元、小企业最高可贷200万元。全年创业担保贷款1.01亿元。

【落实失业保险政策】 分发挥失业保险稳定就业岗位的作用，为220户符合条件企业发放稳岗补贴300.64万元，稳定就业岗位1.3万个。为1800名失业人员发放失业保险金1160万元。落实失业人员一次性创业就业补助政策，为72名失业人员发放一次性创业就业补助78万元。加强对82家涉及重点行业、重点企业岗位流失情况的失业动态监测。同时，加强与可能出现较大规模岗位流失的行业和企业沟通，提前采取应对措施。

劳动维权

【概况】 2017年，以构建和发展和谐劳动关系为目标，坚持执法与服务相结合，积极开展维权和维稳工作。基层调解组织得到进一步健全，在全区21个镇街和12家大中型企业建立劳动人事争议仲裁调解组织。仲裁办案立足调解为主，对分歧较大的争议开展前探调解，努力促成双方和解，尽可能将矛盾化解在开庭前，全年处理劳动争议案件805件，调解率64.3%。劳动保障监察以治理拖欠农民工工资工作为重点，结合“双随机一公开”工作要求，对企业开展经常性检查和专项检查，全年主动监察用人单位196家，协调处理拖欠工资案件150件。

【保障农民工工资支付】 落实保障农民工工资支付“两金三制”制度（工资保证金、应急周转金，农民工实名制管理制度、农民工工资专用账户管理制度、银行代发农民工工资制度），全区筹备应急周转金1000万元，农民工工资保证金累计余额5622.36万元。推行落实农民工实名制管理制度、农民工工资专用账户管理制度和银行代发农民工工资制度。十九大期间，集中精力做好全区拖欠农民工工资问题矛盾化解和预防排查，对排查出的项目全部实行区领导包案负责制。全年协调处理拖欠农民工工资案件150件，立案处理投诉案件14件，移送公安机关2件，处理信访举报案件45件。全年为农民工追讨工资7723.30万元，涉及农民工5409人。

【劳动人事争议仲裁调解】 在21个镇街建立劳动人事争议仲裁调解委员会，在12家大中型企业成立劳动争议调解组织。建立了全市统一的基层调解组织工作模式。立足调解为主，在事实明晰的基础上，对双方争议进行前探调解，尽可能将矛盾化解在开庭前，尽力促进当事人双方劳动关系和谐。平稳处理集体劳动争议案件，采取情绪安抚、政策宣传等方法，引导和疏导集体上访投诉者进行协商或走法律程序，避免重大信访安全事故的发生。坚持“阳光仲裁”，以程序公正透明来保证案件处理结果的公正，弱化仲裁员个人作用，强化案件集体研究、集体决定。坚持首问首接服务制度，特别是对涉及下岗职工、女职工、因工致残等人员的劳动争议案件做到快立、快调、快审、快结。全年处理劳动争议案件800余件，调解率64.3%，终局裁决率56.3%，结案率100%。

【劳动保障监察】 开展清理整顿人力资源市场秩序专项行动，检查用工企业217个，对存在违法行为的2个用人单位依法作出处理。开展用人单位遵守劳动用工和社会保险法律法规情况专项检查，检查企业100个，督促21个单位办理社会保险登记，督促缴纳劳动者养老保险50余万元。开展2017年度企业薪酬调查，参与调查企业47个。开展企业劳动保障守法诚信等级评价，为企业建立守法诚信评价档案，将欠薪企业纳入劳动保障监察重点对象（C级）管理。认真落实“双随机一公开”工作，随机抽取被监察企业和执法人员，不定期开展检查，全年随机检查用人单位196个，涉及劳动者1.5万人，检查结果定期向社会公布，接受监督。

社会保障

【概况】 2017年，全区各项社会保险参保138.16万人，基金征收11.15亿元。生育保险和职工基本医疗保险合并实施全面完成，合并实施后，随单位参加职工基本医疗保险的在职职工同步参加生育保险，生育保险费并入职工基本医疗保险费统一征缴。机关事业单位养老保险制度改革取得新进展，退休人员养老金调整、在职人员缴费补差等工作顺利完成，全区机关事业单位养老保险3月起正常运行。加强对医保资金的监管，以专项检查、联合检查、网审监控等方式加强对各类医疗机构的管理，对违规行为加大处罚力度，全年追回医保基金154万元，处违约金208万元。继续落实社保减负降费政策，把阶段性降低社保费率政策，小微企业、困难行业企业社保降费政策落到实处。继续配合相关部门实施关闭煤矿工作，做好社保欠费清缴和工伤保险统筹费用计提等工作。改革医保支付方式，积极推进总额付费、单病种结算和医保异地联网结算，区人民医院实现全国医保异地联网结算服务。

【机关事业养老保险制度改革】 按全市统一部署，对全区6685名机关事业单位退休人员养老金进行了调整，补发养老金949.1万元。初步完成退休中人（2014年10月前参加工作，2014年10月后退休人员）信息核定表收集。完成机关事业单位建国初期参加革命工作退休干部2017年生活补贴调资。完成在职人员2017年度缴费基数补差。完成在职人员2014年10月至2016年12月养老保险缴费清算和2017年1、2月养老保险补缴，自2017年3月起，养老保险缴费正常运行。

【医保支付方式改革】 推行医保付费总额控制，召集医院及相关部门协商，确定了2017年医保总额分配方案。推行医保单病种结算，按渝社险发《关于完善和扩大按病种收费的通知》精神，荣昌区已增加单病种个数至106个（含特病门诊单病种结算6个）。推进职工医保和居民医保异地联网结算，办理异地就医登记手续776人次，办理联网异地结算362人次，区人民医院实现全国医保异地联网结算服务。

【社保费率调整】 继续实施小微企业、困难行业企业社保降费政策，享受政策的小微企业370家、困难行业企业387家，分别减免社保缴费2448万元、8486.90万元，从2015年1月执行此项政策以来，全区小微企业和困难行业企业累计分别减免社保缴费8231万元、21596.90万元。继续实施阶段性降低社保费率政策，下调各险种费率，全区企业减免社保缴费2664.50万元，从2016年5月执行此项政策以来，全区企业累计减免社保缴费4897.50万元。

【医疗机构监管】 2017年为全市“医保监管强化年”，荣昌区先后开展医保、工伤、生育保险协议医疗机构专项检查和渝西片区医保联组检查，特病门诊超量开药清理行动。在医疗机构开通实时监控系统，将异常住院实时预警情况及时向市局报告。

结合监控系统预警信息和群众举报投诉线索，及时对医疗机构开展现场检查，涉及违法行为的移交公安机关立案处理。全年开展现场检查400多次，网审近300次，追回医保基金154万元，处违约金208万元。对4个民营医院和1个卫生室进行暂停医保网络结算处理，处理结果通过文件通报、媒体曝光等形式向社会公开。

【落实关闭煤矿政策】 依据《中华人民共和国社会保险法》《工伤保险条例》等法律法规，做好关闭煤矿职工社会保险、职业病救治等政策解释工作。配合相关部门落实社保欠费清缴和工伤保险统筹费用计提等工作，督促17个关闭煤矿完清部分欠缴社保费近612万元，3个煤矿提缴工伤保险统筹费用354.2万元。（张议平）

社会民生

民政事务

【概况】 2017年，荣昌区民政局全年支出民政资金2.46亿元，惠及受益群众16.6万人次。新设立许可6所养老机构，整治社会养老机构18所。开展长期滞留人员DNA采集和托养工作。支出流浪专项资金150万元，救助流浪人员387人次、流浪精神病人75人次。对154名襄渝铁路矽肺人员发放补贴184万元、229名精简定救人员发放补贴100万元。下拨21个镇街冬春救助款392万元、倒房重建款549万元。

【救济救助】 城乡低保。年内，市政府、区政府、区民政局下发文件进一步规范社会救助工作。加大低保公示力度，定期开展低保家庭经济状况信息核查工作，落实扶贫低保兜底工作，将符合条件的扶贫对象及时纳入低保兜底。农村和城镇低保标准线分别由300元/人·月、460元/人/月提高到350元/人·月、500元/人·月。全区有7589户13334人享受城乡低保待遇，比上年增加370户216人，全年支出城乡低保金5713万元，比上年增加1027万元，增长22%。其中，城镇低保户3691户5883人，占全区非农人口1.41%，发放城镇低保金2922万元；农村低保户4268户7667人，占全区农业人口1.77%，发放农村低保金2791万元。医疗救助13.89万人次，支出医疗救助金2700万元。

城乡医疗救助。年内，印发《关于重庆市荣昌区济困医疗基金管理使用办法的通知》、区民政局、区财政局、区人力资源和社会保障局、区残疾人联合会《关于做好资助困难群众参加基本医疗保险工作的通知》，推行医疗救助“一站式”服务，加强医疗救助监管力度，全面落实协议管理制度。全年累计实施医疗救助 13.89 万人次，支出医疗救助金 2700 万元。

临时救助。年内，对因遭遇突发事件、意外伤害、重大疾病等特殊原因导致基本生活陷入困境的困难群众提高临时救助标准，最高救助金额 3 万元。全年救助临时困难家庭 2387 人次，支出临时救助金 731 万元。

孤儿救助。在全区建立城乡孤儿及艾滋病病毒感染儿童基本生活费发放制度，切实保障孤儿及艾滋病病毒感染儿童基本生活。全年为 59 名孤儿发放孤儿基本生活费 121.96 万元。

特困供养及敬老院建设。全区共有特困供养对象 5510 名，全年支出特困供养金 4322 万元。全区有特困供养服务机构 17 所，新设立许可 6 所养老机构。

按照每人每年 6000 元、每人每年 4800 元标准为 269 名计划生育特殊家庭老年人发放特别扶助金，共发放资金 151.08 万元；中秋节走访慰问了 269 人计划生育特殊家庭老年人，每人发放慰问金 150 元，共发放慰问金 4.035 万元。 中秋慰问特困人员、城乡低保对象、优抚对象等 1.54 万人，发放慰问金 68.6 万元。

【慈善事业】 全年接收捐赠款物71.1万元。组织开展“慈善情暖万家”“一帮一助学”和慈善日常助医等活动。对全区240户困难群众进行慰问，发放爱心卡6万元，为20名困难学生发放助学金3.6万元。联合嘉兴锦昌仓储有限公司、荣昌易视眼科医院对200名贫困眼疾患者进行救助，救助大病患者45例，发放救助金16.38万余元。

【婚姻和儿童收养登记】 全年办理婚姻登记11678对，其中结婚登记5785对、离婚登记2813对、补发结婚证2782对、补发离婚证297对。依法办理收养登记3例。

【社会工作】 2017年年底，组织21人报名参加社会工作者职业水平考试，5人通过考试取得社工资格证，其中中级3人、初级2人。至年末，全区有社会工作者36人，其中中级7人、初级9人、员级20人。6月，向市局申报社工项目5个，区民政局开展的婚姻家庭辅导服务项目、吴家镇双流村开展社会工作服务示范社区项目、吴家镇人和社区开展社会工作服务示范社区项目、吴家镇燕子坝社区开展社会工作服务示范社区项目、清升镇火烧店社区开展社会工作服务示范社区项目5个项目获批。

【殡葬管理】 全年全区火化遗体1756具，减免113名特殊困难群众（城乡低保33人、特困人员77人、重点困难优抚3人）火化及基本丧葬费用16.95万元，对5户公益性公墓安葬对象优惠0.62万余元。处理违规治丧行为2起。（汤　强）

【优抚安置】 全区有优抚对象3.2万人，享受国家定期抚恤和生活优待补助的优抚对象5464人，享受“三属”优待金的158名。全年发放抚恤和生活优待补助金4516.95万元，“三属”优待金192.04万元，重大节日慰问257万元。对符合条件享受优抚抚恤和生活优待补助待遇的180名对象及时纳入保障范围。落实义务兵家庭优待政策，城乡义务兵家庭优待金统一标准为每户8000元，全年为485户义务兵家庭发放优待金390万元。

全年接收城乡退役士兵221人，其中选择自主就业218人、由政府安排工作3人。发放退役士兵自主就业一次性经济补助金749.6万元，推荐退役士兵就业4人，帮助1人创办微型企业。组织134人参加免费职业技能培训或学历教育，培训，合格率和就业率均达100%，发放职业技能培训费（学历教育费）、生活补助费69.99万元。军休干部（士官）有12人，其中年内接收2名退休士官，均落实了政治、生活待遇。

【双拥活动】 春节、“八一”、国庆期间，区四大班子主要领导分别对驻荣部队、重庆预备役高炮师第二团和部分烈属、在乡老复员军人、残疾军人进行走访慰问，全年发放慰问品（金）257万元。为458户现役军人家庭发放了“光荣军属”牌匾。9月30日，由区委办、区政府办主办，区民政局承办，在荣昌区海棠公园烈士陵园举行了烈士公祭活动。区四大家领导、区级各单位和镇街负责人、优抚对象代表、师生代表、社区居民代表等社会各界200余人参加烈士公祭活动。（易　勇）

【地名勘界】 全区境内有边界线304.1公里，其中省界4段154.3公里、区界2条149.8公里；沿线埋设界桩8颗，其中省界界桩3颗、县界界桩5颗。年内组织实施了重庆市与四川省行政区域界线第三轮联合检查工作和荣昌区与大足区行政区域界线联合检查工作，完成了渝川线荣昌安岳段、渝川线荣昌安岳段、渝川线荣昌泸县段3段省界和县界大足荣昌线的联检任务，更换大足荣昌线界桩1颗。深入开展“平安边界创建活动”，结合界线联合检查工作，落实边界管理维护责任制，与周边区县订立共建平安边界协议，定期开展联检、互访、联防、联调等形式的活动，建立边界联席会议制度和边界纠纷应急处理机制。完成边界纠纷隐患排查任务。

第二次全国地名普查。1—3月，组织地名专家组专家、技术人员开展成果回头看，对成果进行再查漏，再补充、再修改、再完善，从组织管理、地名调查、地名标志、检查验收、普查档案上做好普查资料审验准备，从国家区划地名数据库数据和数据库建设上做好普查技术审验准备，从成果表、标准化处理上做好地名属性信息审验准备，从地名的真实性、准确性上做好实地核验准备，通过精心组织、认真准备，确保通过市级初验。5—7 月，通过市级初审后，再次开展成果回头看，逐一对成果的地名历史文化属性信息进行深入挖掘和审查，并申报市级复验。7—8 月，参加全市集中审核，通过市普查办专家组对地名成果的文字审核和修改，达到语言流畅，文字表述准确全面，层次脉络清晰，并进一步对地名文化进行挖掘补充，集中审核后申报国家初验。9—12 月，组织实施各镇街成果实地复验审核，迎接国家复验抽查。取得的地名普查成果有：国家地名和区划数据库；第二次全国地名普查地名目录共 7655 条；第二次全国地名普查地名成果表 7655 条，其中陆地水系 57 条，陆地地形 65 条，行政区域 49 条，群众自治组织 529 条，非行政区域 53 条，居民点 3690 条，交通运输设施 1494 条，水利、电力、通信设施 339 条，纪念地、旅游景点 142 条，建筑物 79 条，具有地名意义的单位 1158 条；成果图 21 幅，地名标志登记表 226 条，第二次地名标准化处理统计表 3 条，11 大类 7655 条地名成果数量明细表，历史文化地名目录，跨界自然地理实体目录等。转化运用普查成果，撰写《中华人民共和国标准地名词典》（重庆市荣昌篇）81 条地名释文。全年完成道路命名 8 条。其中，仁义镇 4 条（三奇路、红旗路、东门街、希望路），广顺街道 4 条（顺兴路、龙兴路、永顺路、永旺路）。（李长江）

【社会组织管理】 全区登记的社会组织有436个，其中民办非企业单位287个、社会团体法人149个。全年办理社会团体成立登记9个，社团法人变更登记14个，注销登记2个；办理民办非企业登记8个，民办非变更登记25个，注销登记2个；登记合格率100%。全区128个社团应参加年检，实际年检112个，年检率87.5%；民办非企业单位应年检268个，实际年检255个，年检率95.1%。下半年，为促进农村经济发展，成立登记村级农村经济发展扶持组织6个。

2017 年荣昌区新核准社会团体登记表

表13

序号	社团名称	地址	法人代表
1	重庆市荣昌区陶商会	荣昌区安富街道安陶路199号	梁先才
2	重庆市荣昌区肢残人协会	昌元街道宝城路90号	唐盛明
3	重庆市荣昌区马草村产业经济发展协会	清流镇马草村10组49号	敖晓刚
4	重庆市荣昌区河中村产业经济发展协会	清江镇河中村一社	陈　欢
5	重庆市荣昌区银河村产业经济发展协会	观胜镇银河村12组	唐名位
6	重庆市荣昌区长岭社区产业经济发展协会	盘龙镇长岭社区6组	李　钢
7	重庆市荣昌区直升商会	直升镇民兴街6号	司永华
8	重庆市荣昌区舞蹈家协会	昌州街道昌龙大道162号	张　娅
9	重庆市荣昌区铜鼓镇用水协会	铜鼓镇铜鼓大道2号	肖　伦
10	重庆市荣昌区高新产业商会	昌州街道灵方大道19号	龙水维

2017年荣昌区新核准民办非企业单位表

表14

序号	社团名称	地址	法人代表
1	重庆市荣昌区昌州街道芳尼教育培训中心	荣昌区昌州街道国泰路126号，106号2-3，2-4	肖　锋
2	荣昌中科林康门诊部	昌元街道广场北路41号	黄　石
3	重庆益民医院	荣昌区双河街道	龚义明
4	重庆市荣昌区青少年体育俱乐部	荣昌区海棠大道2支路2号	杨　勇
5	重庆市荣昌区通安村经济发展扶持服务中心	荣昌区安富街道通安村便民服务中心	王圆元
6	重庆市荣昌区棠城社工服务中心	荣昌富安南路11号附1-2	廖丹秋

（颜家辉）

基层政权与社区建设

【概况】 年末，全区有92个行政村、75个社区（包括16个矿属社区）。年内，有序推进第十届村（居）民委员会换届工作后续工作，继续开展农村社区示范培育，积极加强农村社区建设工作，进一步巩固落实社区减负，扎实抓好村（居）务公开，深入推进城乡社区建设，基层社会治理成效明显。

【农村社区建设】 继续开展农村社区示范培育，加强农村社区基础设施和公共服务平台建设，探索农村社区的“组织”“制度”“服务内容”的规范化建设，积极促进人员、资金、机构向基层倾斜，确保农村社区建设在基层落实到位。双河街道高丰村被民政部确定为首批全国农村幸福社区建设示范单位。

【城乡社区民主协商】 落实中办、国办《关于加强城乡社区协商的意见》和民政部《关于深入推进城乡社区协商工作的通知》精神，指导各镇街研究制定城乡社区协商事项清单制度，细化协商内容，规范协商程序。坚持村（居）民会议、村（居）民代表会议制度，规范议事规程。尽量形成协商主体广泛、内容丰富、形式多样、程序科学、制度健全、成效显著的城乡社区协商新局面。解决好村（社区）公共事务和涉及群众切身利益的实际问题，实现公共利益的基层民主治理。（廖雪红）

老龄工作

【概况】 年末，全区户籍总人口84.97万人，其中，60岁以上老年人口18.03万人，占总人口21.2%；65岁以上10.04万人，占总人口11.8%；70岁以6.23万人，占总人口7.3%；80岁以上1.71万人，占老龄人口的9.5%。人口老龄化、高龄化、空巢化日益呈现。全区有27所养老机构，其中政府公办敬老院17所、民办养老机构10所。年内新增9个社区养老服务设施，共有43个社区养老服务设施、60个农村幸福院。27所养老机构都与医疗单位签订了服务协议，签约率达100%，实现医养结合。区老年大学、区老年人体育协会、万灵镇敬老院被全国老龄工作委员会授予第二届全国“敬老文明号”称号，区民政局贺长秋、沈虹评为全国“敬老爱老助老模范人物”。

【养老服务体系不断完善】 全区有27所养老机构，其中政府公办敬老院17所、民办养老机构10所。年内新增9个社区养老服务设施，共有43个社区养老服务设施、60个农村幸福院。27所养老机构都与医疗单位签订了服务协议，签约率达100%，实现医养结合。按照“统一领导、属地管理、分类施策、分步实施”的原则，区政府调整成立荣昌区养老机构安全整治工作领导小组，由分管公安、民政的副区长分别任组长、副组长，民政、公安、工商等13个部门和民办养老机构涉及镇街主要负责人为成员，下设3个综合执法整治工作组，强力推进全区养老机构安全整治，进一步规范养老机构管理运营。区政协专题调研养老服务市场化运营情况及健康养老情况。民政部中西部养老体系现状与对策调研组到我区进行专题调研。区老龄委办推荐的《农村贫困老年救助和精准扶贫衔接机制》获全市老龄问题主题政策研究二等奖。

【老年维权服务】 区民政局、区法院创新建立老年人维权调解机制，建立了区、镇（街）、村（社区）3级法律援助网络。全年发放法治宣传资料2000余份，提供法律咨询服务55人次。2016—2017年区法律援助中心为132名老年人提供法律援助，避免损失258.36万元。组织实施“孝老安康工程”，为全区50岁及以上特困老人购买老年人意外伤害保险，每人每份30元，支出14.8万元。

【养老服务保障】 为2.89万名75岁以上老年人发放保健费289.14万元。为36名百岁及以上老人每月发放300元营养金，共计12.96万元。为60周岁以上符合条件的城乡低保、农村五保、城市“三无”对象，每人每月发放200元养老服务补贴。为1000名经济困难高龄失能老年人（经济困难的高龄老年人748名，经济困难的失能老年人252名），发放养老服务补贴261.06万元。走访慰问百岁老人，并上门为百岁老人进行健康体检。全区的百岁老人家庭医生签约率100%，服务率100%。组织全区老干部开展了钓鱼、门球、棋牌、定点拍球等文体竞赛活动；文艺表演12场次，参与人数1000余人；开展“感谢党、颂党恩”主题征文活动、摄影比赛、讲故事比赛，收集到征文36篇、摄影作品68件、故事演讲稿10篇。

2017年荣昌区百岁老人基本情况表

表15

序号	姓名	性别	民族	出生年月	家庭住址	农村（城镇）人口	备注
1	申德贵	女	汉	1914—12—10	河包镇经堂村10组41号	农村	
2	周祖隆	男	汉	1914—09—09	河包镇海月村2组112号	城镇	
3	陈德轩	女	汉	1916—12—10	河包镇黄檀村9社	农村	
4	蒋洪伦	女	汉	1917—12—21	河包镇白塔社区1社	农村	
5	周维轩	女	汉	1913—03—15	古昌镇冲锋村2驵170号	农村	
6	杨学康	女	汉	1914—01—06	盘龙镇云台村3组106号	农村	
7	张仁贞	女	汉	1915—07—29	盘龙镇长岭社区7组	农村	
8	肖中容	女	汉	1916—01—25	昌州街道杜家坝村13组115号	城镇	
9	黎树珍	女	汉	1917—10—12	昌州街道黄金坡4组14号	城镇	
10	刘昭诗	女	汉	1913—05—21	昌元街道桂花园街121号	城镇	
11	陈顺容	女	汉	1915—11—19	昌元街道人民路七支路10号	城镇	
12	王世容	女	汉	1916—03—18	昌元街道玉屏社区	城镇	
13	毛世成	女	汉	1916—01—14	昌元街道武城社区	城镇	
14	郭锡武	男	汉	1916—10—24	昌元街道螺罐村4组	城镇	
15	左大海	男	汉	1917—08—29	昌元街道兴隆街48号1幢2单元6－2	城镇	
16	周太宣	女	汉	1917—10—27	昌元街道后西一街143号7幢4单元2－2	城镇	
17	黄兴明	男	汉	1917—11—18	昌元街道昌州大道中段770号4幢2单元3-2	城镇	

续表15

序号	姓 名	性别	民族	出生年月	家 庭 住 址	农村（城镇）人口	备注
18	罗金玉	女	汉	1917—02—01	广顺街道黄家冲村8组	城镇	农转城
19	江沛然	男	汉	1917—04—24	广顺街道李家坪路225号3–3	城镇	
20	张明秀	女	汉	1914—09—25	远觉镇狮子桥村1组	农村	
21	张桂容	女	汉	1916—08—10	远觉镇白家寺村1组	农村	
22	刘华玉	女	汉	1914—12—11	安富街道斑竹村6组	农村	
23	罗世莲	女	汉	1916—12—02	安富街道沙河村3组	城镇	
24	黄世玉	女	汉	1917—08—16	安富街道红庙村1组81号	农村	
25	蒋相珍	女	汉	1917—07—08	仁义镇仁和社区西门巷29号	城镇	
26	陈学书	男	汉	1917—02—26	仁义镇红梅社区4社	农村	
27	杨树珍	女	汉	1917—10—22	峰高街道金银村4组	农村	
28	刘秀祯	女	汉	1917—10—07	峰高街道东湖5组110号	城镇	
29	蓝志芳	女	汉	1916—12—29	峰高街道峨嵋社区10组	城镇	
30	秦兴书	女	汉	1917—12—23	峰高街道唐冲村7组	农村	
31	吴相成	男	汉	1916—12—17	吴家镇玉峰村9组	农村	
32	李素祥	女	汉	1917—09—19	观胜镇睡佛社区7组	农村	
33	古乾凤	女	汉	1917—01—28	荣隆镇葛桥社区	城镇	
34	张果清	男	汉	1915—12—27	荣隆镇燕山村2组38号	农村	
35	李淑芬	女	汉	1917—03—27	清江镇塔水村4组	农村	
36	覃仁菊	女	汉	1916—12—17	万灵镇玉鼎村8组	农村	

（沈 虹）

关心下一代工作

【概况】 2017年，全区有镇街关工委组织21个，部门关工委30个，直属中小学关工委14个。区关工委认真贯彻落实习近平总书记关于关心下一代工作的重要指示精神，坚持围绕中心、服务大局，急党政所急、想青少年所想、尽关工委所能，创新落实区委、区政府和市关工委安排部署的工作任务，各项工作取得了新进展、新成效。区关工委被中国关工委、教育部关工委、全国“中华魂”主题教育活动组委会评为“全国中华魂（遵纪守法 从我做起）主题教育活动先进集体”，在中国关工委、司法部、中央综治办联合主办的第三届“关爱明天、普法先行”青少年普法教育活动中被评为先进单位。

【“中华魂”主题教育读书活动】 切实把“中华魂”主题教育活动作为关工委的第一品牌来抓，精心组织活动开展。全年共派发了4.2万册“中华魂”（辉煌与梦想）主题教育读本，覆盖全区8个学区和14所直属中小学，9万余名中小学生参与活动。邀请市中华魂读书活动辅导团团长余业君到荣昌作专题辅导，指导200余名中小学师生从读书、写作等方面提高参赛水平。11月初，举办区级“中华魂”演讲比赛和征文比赛，313名中小学生在区征文、演讲比赛上获奖，200余名辅导教师被评为优秀辅导员。其中，区级演讲比赛小学一等奖8名、二等奖20名、三等奖15名，中学一等奖4名、二等奖7名、三等奖10名。12月下旬，推送36名优秀选手参加市级征文、演讲比赛，获得市级一等奖6名、二等奖11名、三等奖19名；区关工委被重庆市关工委评为“中华魂”（辉煌与梦想）读书活动先进集体，办公室副主任安琳被评为优秀组织者。7月选送3名优秀师生代表，参加中国关工委在北京举办的2016年度全国“中华魂”（遵纪守法，从我做起）主题教育活动总结表彰大会暨夏令营活动。12月选送3名优秀师生代表，参加重庆市关工委组织的2017年度“中华魂”（辉煌与梦想）主题教育读书活动冬令营。

【青少年法治教育】 持续深入开展第三届“关爱明天、普法先行”青少年普法教育活动，做好全国法律知识竞赛相关工作和开学第一堂法制教育课。区关工委走进双河、荣隆、清流等镇街，开展法制安全教育，播映法制安全教育专家讲座，把法制教育抓实在基层、抓实在学校。全区129所中小学校、90808名中小学生，参与到系列普法活动，实现普法教育100%覆盖，青少年犯罪率明显下降，全区青少年的法律意识明显提升。经过三年的务实推进，全区第三届“关爱明天、普法先行”青少年普法教育活动取得圆满成功。区关工委被评为全国先进单位，区教委被评为全国优秀组织单位，峰高中心小学、棠香小学、安富中心小学被评为全国零犯罪学校，荣获全国先进个人3名、优秀辅导员6名、优秀学生14名。

【青少年革命传统教育】 高度重视青少年革命传统教育，组织30余名优秀选手、优秀辅导员及读书活动辅导团成员赴广安开展红色革命传统教育夏令营活动。开展革命传统教育进校园活动，广泛组织广大“五老”深入学校，开展革命传统故事进校园活动。先后组织思想道德教育报告团，深入直升小学、仁义中学等50余所学校作思想道德专题报告。分发挥荣昌红色家园革命传统教育资源，12月荣昌区关工委青少年革命传统教育基地正式在直升镇红色家园挂牌，全年组织开展集中教育3次。

【关爱活动】 开展形式多样的关爱活动，大力为青少年办实事做好事。认真落实《荣昌区加强农村留守儿童关爱保护实施方案》，多次开展节日慰问、关爱留守儿童及“三百工程”活动。5月，区关工委先后到昌州联升中心校、清升中心校、双河金佛中心校等学校开展关爱活动，为留守儿童和学校送去《荣昌统战故事》以及羽毛球、篮球、跳棋等“六一”礼物。7—9月，区关工委对“三百工程”活动开展形式不断创新，主办了“暑期公益书法培训班”。邀请重庆市书法家协会会员林之彬、区老年书画协会会员赵忠秀等现场教授书法的基础知识，并免费提供学习所需的笔墨纸砚、练习册、字帖。充分发动和积极争取社会力量，共同关爱青少年成长，开展了“关爱祖国未来，呵护心灵之窗”大型公益活动，覆盖全区大多数镇街中小学校，走进吴家中学、双河中学、荣隆中学等学校，为800名学生捐赠价值34万元的近视眼镜，永立百货超市有限公司积极支持区夏令营活动开展。深入基层调研，切实了解农村留守儿童的实际困难。通过实地走访、问卷调查、座谈交流等多种形式，在昌州街道八角井村、双河街道、清升镇、荣隆镇等单位，开展关爱农村留守儿童工作调研活动，召开全区农村留守儿童关爱保护工作联席会。

（古方慧）

民族宗教事务

【概况】 荣昌区有佛教、伊斯兰教、天主教、基督教4大宗教，设有佛教协会、天主教爱国会、基督教三自爱国运动委员会宗教团体3个。经批准开放的宗教活动场所10处，其中佛教6处、伊斯兰教1处、天主教2处、基督教1处。为贯彻落实全国 、全市宗教工作会议精神，3月区委成立以区委书记任组长的民族宗教工作领导小组；4月区委办公室、区政府办公室印发《荣昌区贯彻落实〈中共重庆市委重庆市人民政府关于加强和改进新形势下宗教工作的实施意见〉重要举措分工方案》，细化宗教工作目标任务，形成职责明确、针对性强的责任清单，建立与区委民族宗教工作领导小组相衔接的民族宗教工作联席会议制度和民族宗教工作“三级网络两级责任制”，形成上下联动、相互配合、协调有力的民族宗教工作机制。

【民族事务】 2017年争取到民族类资金121.5万元，其中少数民族发展资金101.5万元，民族教育及卫生补助资金20万元，修建水泥公路280米，泥结石公路2300米，改善了仁义镇、远觉镇基础设施条件，促进了河包镇民族教育和铜鼓镇卫生事业发展。从自有资金中安排1万元，支持远觉镇司法所创建少数民族维权服务站和引导昌元街道白象社区发挥民族团结进步模范单位作用，促进各民族交往交流交融。配合市政、公安等职能部门，依法加强对城市流动少数民族人口政策引导和服务管理工作，依法处置涉及少数民族的矛盾纠纷，切实保障少数民族的合法权益，年内共协调解决少数民族矛盾纠纷3起。配合统战、公安等部门，做好新疆驻渝工作组来荣开展走访新疆籍务工经商人员活动2次。针对昌元清真宰牲场环境污染问题，先后提请区委、区政府领导召集相关部门负责人会议4次，广泛征求意见，反复调研协商，稳妥推进昌元清真宰牲场环保问题整改。编印民族基本知识宣传折页2万余份，加大民族政策及法律法规宣传。

【宗教事务】 2017年争取到寺观教堂维修经费75万元，对云峰寺、龙兴寺、白马寺、天主堂实施排危整治。围绕以“规范”为主题，指导吴家经山寺开展和谐寺观教堂创建工作，建立完善安全、财务、宗教活动管理、宗教教职人员管理等制度，推动宗教场所管理制度化、规范化，提高场所管理水平。安排资金1.6万元，对部分宗教界代表人士开展走访慰问和交心谈心活动，掌握宗教界人士思想动态。选送10名宗教活动场所负责人及优秀教职人员，参加市民族宗教委举办的全市宗教工作会议精神培训班学习。帮助、指导10处开放宗教活动场所完成了统一社会信用代码赋码工作并更换了宗教活动场所登记证。在宗教节气、重大活动、传统节假日等关键节点，对宗教活动场所开展安全检查、督查近60次，排查一般安全隐患7项，督促责任场所整治7项，整治率100%。编印宗教基本知识宣传折页4万余份，加大宗教政策及法律法规宣传。

【召开全区宗教工作会议】 4月1日，全区宗教工作会议在区行政中心四楼会议室召开，是2005年民宗部门成立以来首次召开的全区宗教工作会议。会议由区委常委、区委统战部部长秦启光主持，参会人员有区领导、区委民族宗教工作领导小组成员单位主要负责人、有关部门和镇街分管负责人等110余人，区委书记曹清尧作了重要讲话。会议传达重庆市民族宗教工作会议精神，安排部署2017年全区民族宗教工作，区政府与各镇街签订年度民族宗教工作目标责任书。（张　凡）

人民生活

【概况】 2017年，全区常住居民人均可支配收入2.44万元，增长11.8%。城镇常住居民人均可支配收入3.22万元，增长8.8%。其中，人均工资性收入1.91万元，增长8.4%；人均经营净收入3524元，增长10.7%；人均财产净收入2310元，增长8.3%；人均转移净收入7310元，增长9.1%。城镇居民恩格尔系数32.89%，下降0.91个百分点。城镇居民人均住房面积41.06平方米，增加3.96平方米。农村常住居民人均可支配收入1.57万元，增长9.5%。其中，人均工资性收入5415元，增长10.5%；人均经营净收入5421元，增长8.1%；人均财产净收入218元，增长6.3%；人均转移净收入4632元，增长10.2%。农村常住居民人均生活消费支出1.04万元，增长7.1%。其中，衣着647元，增长15.3%；居住1951元，增长6.4%；生活用品及服务941元，增长9.9%；交通通信1178元，增长9.2%；教育文化娱乐959元，增长8.0%；医疗保健805元，增长21.3%。农村居民恩格尔系数36.66 %，下降1.64个百分点。农村居民人均住房面积45.72平方米，减少0.08平方米。（肖富荣）

镇 街

昌元街道

【概况】 昌元街道位于荣昌中部偏南，东南邻昌州街道，西连广顺街道、荣隆镇，北接仁义镇、古昌镇。辖区面积67.2平方公里，城区面积20平方公里，是中共荣昌区委、区人民政府所在地，全区政治经济文化中心和交通枢纽。辖8个社区居委会、91个居民小组，2个行政村 、22个村民小组。街道办事处驻滨河东路84号。年末户籍人口13.6万人，实际居住人口18.9万人，其中城市居民15.3万人，人口密度2068人/平方公里。

境内地貌以浅丘为主，兼有少量低丘，海拔高度一般在 300 ~ 400 米之间，最高海拔螺罐山山顶 455 米，最低海拔虹桥社区刘家坝 300 米。有螺罐山、天主堂、云峰寺景观。成渝铁路、成渝公路、成渝高速公路和成渝高速铁路从境内穿过。濑溪河、新峰河、荣峰河、池水河从境内流过。

2017 年，地区生产总值 70.84 亿元，比上年增长 10.6%；农村常住居民人均可支配收入 17300 元，增长 10.7%。财税收入 9932.14 万元，其中，国税收入 4055.29 万元，地税收入 5876.85 万元。工业固定资产投资 12.01 亿元，增长 27.25%；工业总产值 21.13 亿元，增长 7.33%，工业增加值 6.85 亿元，增长 8.09%。限额以上批零企业销售额 45.93 亿元，增长 26.9%，规上服务业销售 1.04 亿元，增长 50.7%。街道荣获荣昌区委、区政府“十九大安全稳定集体”三等功，桂花社区被市妇联评为“优秀妇女之家”，白象社区获“重庆市巾帼文明岗”。

【经济发展】 2017年，新增规模以上工业企业1个。工业固定资产投资12.01亿元，增长27.25%；工业总产值21.13亿元，增长7.33%，其中规模以上工业产值实现14.93元，增长14.72%；工业增加值6.85亿元，增长8.09%。

农业农村工作。开展第三次全国农业普查，对辖区内 9100 户农户的人口、土地、牲畜、生产生活等进行全面的入户登记普查。开展红火蚁防控工作，共投入 35000 元购置防控装备、诱饵原材料、制作宣传资料，投入人工 360 个，进行 32 次诱杀防控监测，收集样品 3500 余个。以发展特色农业产业为重点，培育虹桥黄金梨产业基地，种植面积达 80 多公顷，亩产 500 公斤，全年产量约 600 吨，产值约 600 万元。新建的 13.3 公顷刺梨基地开始接纳游客观光。从浙江引进鲜可达草莓大棚种植一期 3.3 公顷,特色水果种植 13.3 公顷。完成新增黄金梨、草莓和花卉栽植面积 20 公顷，10 公里海棠花观赏长廊步行道修建完成 5 公里。新增家庭农场 4 个、跃友种植专业合作社 1 个，创建市级示范家庭农场 1 个，建成农家乐 2 个。完成农业油菜保险 86.6 公顷，玉米 100 公顷，水稻保险 286.7 公顷，森林保险 93.3 公顷，为 2660 公顷耕地发放农业支持保护资金 264 万元，入户核实农业机械购机补贴 109 台。提供农业技术宣传服务 30 次，农机安全检查服务 113 次。

城乡建设。依法审批新建、扩建、改建农房310户，建筑面积37282平方米，验收房屋244户，验收面积27158平方米。接待群众来访457起，调解因房屋建设出现的各种纠纷22起。完成农村危旧房改造42户，补助资金169万元。开展2016年12月27日地震受灾农户的调查摸底和恢复重建工作，因灾受损C级危房273户、D级危房155户的危房改造已经完工。为解决虹桥社区、螺罐村、方家坝村附近数万名群众出行难，共修建人行便道38公里，道路泥改油3公里，整治山坪塘5口。筹资近1000万元修建农村公路5条，共计12.51公里。投资126万元，将街道62.31公里公路纳入重庆市业昌建筑有限公司养护。

城镇管理。探索试点“街长制”，按照“1街道2片区6社区72街区”管理模式，稳步推进“街长制”。在协助市政管理局市容市貌、市场秩序管理的基础上，完善街长收集社情民意，化解矛盾纠纷等功能。组织玉屏、白象、桂花、海棠4个社区对所管辖的小区物业情况进行全面摸底，4个城市社区有老旧小区楼院共571个，占地面积164.46万平方米，居民户数22636户，有物业企业的小区楼院共54个，有业委会的小区楼院共77个，三无小区楼院共484个。安置房小区16个点，建筑面积约50万平方米，占地面积21.6万平方米，居民户数4293户，全部安置小区均无业委会、无物业企业。处理涉及环境卫生、物业纠纷的信访问题，检查辖区内小区物业安全20余次，受理关于反映物业矛盾纠纷的来访人员3070余人次。

商业贸易。新增限额以上商贸企业6个、共有56个；新增规模以上服务业企业3个，共有16个；全年限额以上批零企业销售额45.93亿元，增长26.9%，规上服务业销售10425万元，增长50.7%。在虹桥、海棠社区各建立1个电商服务站示范点，建立10个社区、村级电商服务站，创建10个电商示范网店，培训30名电商骨干。

【社会发展】 社会综合治理。全年办结初信初访件92件，完成领导包案6件，办结交办的群体信访突出问题2件，办结率100%。在推进精准脱贫干部进百家行动中及时就地化解矛盾纠纷89起。推进人民调解工作，全年共调解矛盾纠纷282件，其中村社调委会调解203件，街道调解委员会调解79件，调解成功率达99%。全年共排查突出信访问题13件。开展反邪教斗争，对135名在册邪教人员逐一建立台账，对22名重点人员建立工作专班。深入开展“渝安2号”专项行动，严厉打击违法犯罪。共查处治安案件1315件，其中黄赌毒案件86件，行政拘留吸毒人员43人、强制隔离戒毒21人、社区戒毒17人，行政拘留卖淫嫖娼人员54人。刑事案件发案1171件，比上年同期下降38.2%，其中侵财类案件733件，八大类案件1件，涉毒案件7件，破案176件，比上年同期上升2.5%，打击82人，在侦在办6人。建立1支共12人的专职巡逻队伍。在桂花社区试点开展网格员专职化建设工作，重新整合网格24个，选聘专职网格员24名。

城管、交通安全。全面落实安全生产“党政同责、一岗双责”、安全监管及企业主体三级责任。党的十九大召开前成立5个工作组，对辖区48个重点企业进行蹲点指导检查，另成立9个工作组对辖区200余栋高层建筑进行消防安全检查。全年开展安全执法检查899次，检查企业1196次，其中安监办开展执法检查161次，检查企业424次，发现安全隐患194条，下达整改指令41份，整改完成194条，行政罚款5.82万元，其中企业2.8万元，道路交通3.02万元。开展食品药品日常监管，全年完成抽样156批次，快速检测310批次。受理群众投诉举报（含“12331”）72件，办结72件。加强对农贸市场、超市的食用农产品日常监管，完成专项抽检17批次，辖区内4个大型超市争创“放心肉菜超市”。查处食品药品案件11件，罚款3万余元。开展农村食品市场专项整治，加强农村宴席食品安全管理，全年无一起食品药品安全事故发生。

教育发展。辖区有小学11所，教学班44个，在校学生8885人，教职工110名。社会力量办学机构12所，民办幼儿园31所，在园幼儿5214名。学龄前儿童入学率100%、享受普惠性幼儿园的达24所，有一级园5所。普通中学1所（荣昌区宝城中学），在校学生2739人，升学率92%。

公共文化服务。图书室和阅览室免费开放，拥有专用书柜 12 个，藏书 6000 余册，常年订有各类报纸杂志 10 余种，电子阅览室拥有电脑 10 台。投入 5 万余元开展“促三创构和谐展新貌”大型文艺演出活动。投入 4 万元开展摄影比赛，收到作品 812 幅,评选出优秀以上作品 72 幅。有篮球场 11 个，室内外公共健身设施 92 处，面积 49.93 万平方米，均为免费开放。创建重庆市社区健身点 2 个，上级补助资金 10 万元安装健身器材。

社会保障。全年系统登记一孩二孩生育证 986 个，办理独生子女父母光荣证 110 个，新增计生奖励扶助 104 例，一次性奖励扶助 395 例，新增特殊奖励扶 21 例，参合补贴 845 例，100% 落实计划生育利益导向各项政策。城镇新增灵活就业 3303 人；城镇登记失业人员就业 889 人，其中就业困难对象就业 418 人办理就业失业登记证 689 人，审核失业登记证 12360 人；发布企业招用信息 6305 条，职业培训 952 人。为 153 户自主创业初审贷款 1504 万元。初审就业困难人员社会保险补贴 1200 余人次，复审合格人数 800 余人次，补贴金额 430 余万元。城乡居民合作医疗保险参保 86219 人，征收基金为 1390.55 万元；办理职工医疗保险 635 人次，办理社会保障卡 4180 张。城乡居民社会养老保险参保扩面人数为 24804 人；基金征收 188.43 万元，办理职工养老保险 878 人次，停保 487 人次，养老金资格认证人数为 12150 人。

【生态环境建设】 完成高铁临时用地复垦工作，协调近6公顷用地转租给兴荣环保公司绿化，高升桥库区绿化项目租用地13.33公顷。改善农村人居环境，建立农村环境连片整治固定资产台账，农村居民聚集点生活垃圾得到有效治理。完善“河长制”、黄标车取缔、赖溪河流域清漂等工作。落实水资源保护，建立“河长制”和河库“一河一档”制度，定期组织党员或志愿者对河库清漂保洁、沿河拾捡垃圾，对水库大坝进行除草保洁，清理溢洪道的淤泥和枯枝。加强对河库的巡河工作，巡河记录达528次。

【开展“红色纽带”活动】 2016年年初建立非公企业“红色纽带”党员服务队，由当初的50余人，发展到辖区内159个党组织，有近1000名党员参与。按每个党员的特长和从事的工作，分别成立书画、艺术、夜间巡逻、医疗及环保等服务队，每月组织进社区、小区为居民开展义务除螨虫、维修电器、健康义诊、政策宣传等系列服务活动，促进党员干部转变作风，架起党员与群众之间的连心桥。“红色纽带”党员服务队建立后，已开展248次服务活动。 （杨远坤）

昌州街道

【概况】 昌州街道位于荣昌城区东南部，西邻昌元街道、广顺街道，北接古昌镇、万灵镇，南靠双河街道，东连峰高街道、直升镇。辖区面积66.93平方公里。辖4个行政村、5个城市社区、1个农村社区，101个村（居）民小组。街道办事处驻昌龙大道160号。年末户籍人口8.6万人，常住人口14万人。有党支部104个，其中非公企业和社会组织党支部51个，党员1789人。

辖区有高升桥、万福寺 2 座小（一）型水库，李家岩、仰山庙等 5 个小（二）型水库，濑溪河、荣峰河、池水河穿境而过。交通便捷，迎宾大道、昌龙大道、荣昌大道、黄金大道等城市主干道纵横交错，成渝高速铁路专线、成渝高速公路、成渝铁路、成渝公路贯穿全境，拥有成渝城际铁路荣昌北站和 2 个成渝高速公路口。商贸物流活跃，拥有中国（荣昌）畜牧产品交易市场、汇宇建材市场、五洲国际市场、红星美凯龙、渝西国际等一批专业市场。工业经济发达，依托荣昌高新技术产业开发区板桥工业园、杜家坝工业园、红岩坪返乡创业园，有工业企业 442 个、规上企业 133 个，工商户 8800 余个。街道荣获荣昌区委、区政府“十九大安全稳定集体”三等功，板桥社区获全国科普示范社区，宝城寺社区获重庆市防邪先进集体，八角井村被重庆市妇女联合会评为重庆市农村留守妇女“百优”互动组。

2017 年，地区生产总值 84.8 亿元，比上年增长 17.5%；区级公共财政收入 1.629 亿元，同口径增长 39.17%；有 83 个规模工业企业，工业总产值 167.45 亿元，增长 13.5%；全社会固定资产投资 110 亿元，增长 9%，其中，工业固定资产投资 56.25 亿元，下降 0.8%；社会消费品零售总额 34.2 亿元，增长 18.9%；住宿餐饮业营业额 1.9 亿元，增长 35.7%；规上服务业营业额 0.91 亿元，增长 95.9%；利用内资 4.85 亿元，增长 14.9%；农村常住居民人均可支配收入 16669 元。

【经济发展】 2017年，粮食生产面积3255.33公顷，粮食产量18637吨；经济作物977.4公顷；存栏生猪29513头、牛147头、羊413头、犬2707只、鸡29402只、鸭26357只、鹅2976只，有蜜蜂养殖户107忻、15507群；实施政策性农业保险试点59.76公顷，上缴保费4033.62元；推广新技术2项、新品种3个，完成土地流转17.02公顷，创建家庭农场1个，申报扶持村集体经济发展项目4个。完成营造林166.67公顷，退耕还林直补230.7公顷，森林资源管护534.33公顷，兑付各类直补资金、林业项目土地租金105万元。农药化肥使用量685吨，比上年减少85吨。加强农机安全监理，开展路检路查12次，出动人次56人次，检查农用车38台次；完成农机购置补贴118台，兑现补贴资金24.27万元。完成各类资金审计11984.3万元，并对审计中发现未及时兑付的土地补偿资金46.97万元全额收缴，确保资金使用安全。新增贫困户7户15人，家庭成员自然增加9人，自然减少9人。标注稳定脱贫不在享受帮扶政策42户123人，扶贫对象192户447人达到稳定脱贫，给188户脱贫户购买精准“脱贫保”，无返贫和上访贫困户。新增低保兜底3户，共实施低保兜底78户183人；投入资金17.3万元，给予贫困户88户、脱贫户2000元/户的到户帮扶资金，用于产业扶持、教育资助、医疗救助；实施贫困户、脱贫户D级危房改造11户。涉及畜禽养殖污染及屠宰行业污染专项整治任务28个，其中关闭或搬迁11个、整治17个；水产养殖污染源整治5个，按进度做好整改的指导工作。认真落实惠农政策，完成2017年农业支持保护补贴申报工作，共申报面积2760公顷，兑付资金253万余元；完成13.33公顷土地深耕工作；实施“重庆市平安渔业示范乡镇”创建工作；红岩坪村新建人行便道22公里；石河村实施群防群治50公顷，完成深耕整地、全程化服务15.67公顷；开展外来生物红火蚁诱集工作，全年诱集红火蚁13次、布点4160个、送样1553个。继续开展基层农技服务体系改革与建设，对八角井、红岩坪、石河村的50户科技示范户进行科技指导与示范，深入示范户指导大春育苗技术、测土配方施肥技术、农作物病虫害防治及田间管理技术、小春管理等技术、生猪养殖技术及疾病防疫技术；通过对示范户的技术指导，带动示范户周边500余户农户进行科学种植和养殖，提高农作物的产量和生猪疾病的防控。

城乡建设。完成高新区南拓片区征用地 88.53 公顷，拆除房屋 309 栋，征地农转非 184 户 256 人；黄金坡新区花园麻柳片区征地 80 公顷，签订协议 233 户，拆除房屋 287 栋，安置人口 755 人；玉带路西段征地 9.6 公顷，临时用地 33.33 公顷，拆迁范围 166.8 公顷，验收 385 户，签订协议 161 户，安置人口 407 人；濑溪河生态体育公园项目征用地 21.47 公顷，万灵景区连接线用地 10.93 公顷；濑溪河堤岸工程征用地 8.67 公顷，万福寺水库连通工程项目用地 12.33 公顷。完成恒峰、泰和搅拌站搬迁用地及高新区 17 个居民小组的迁坟补差兑付等工作。严格依法审批新、扩、改建房屋 138 户，占地面积 12742 平方米，建筑面积 17938.65 平方米；集体土地使用权登记发证 167 宗，办理注销 3 件；办理符合居住公租房 48 户；D 级危房改造 16 户，已完成 13 户 D 级危改户资金兑付和 22 户地震受灾户恢复重建工作。制止违法建设 13 起，调解处理建房纠纷 20 余次。落实地质灾害防治措施，制定《昌州街道 2017 年地质灾害防灾预案》，完善对各个地质灾害隐患点的监控和防治工作。关闭濑溪河流域养殖场 1 个，整改 2 个。完成石金路、石金支路、石佐路、沿石路水泥路，蔡高路、高柒路、联谢路泥改油 7 条农村公路建设，里程 16.5 公里，总投资 1600 万元；高新路、高沙路、高沙支路、陈古路、杜黄路、高吴路、金黄路 7 条高铁沿线公路硬化，里程 9.3 公里，总投资 580 万元。四蒋路、四蒋支路、石河中心校 3 条学校道路硬化，里程 3.7 公里，总投资 355 万元；杜家坝社区、黄金坡社区、海螺社区高铁沿线 5 条人行便道建设，里程 23.25 公里，总投资金额 232 万元。安装农村道路安全防护标识标牌 65 块、波形护栏 2770 米，投资 40 万元；对 17 条 31.6 公里的农村公路进行常态化管理养护；新建农村客运招呼站 18 个，总投资 45 万元。

商业贸易。街道以荣昌打造成渝城市群新兴战略支点城市为契机，利用特有的区位和人才优势，努力推动以汇宇建材市场、五洲国际商贸城、红星美凯龙生活广场和中国（荣昌）畜产品交易市场为代表的一批专业市场的建设，加快培育新区商圈步伐，全年社会消费品零售总额 34.2 亿元，增长 18.9%；住宿餐饮业营业额 1.9 亿元，增长 35.7%；规上服务业营业额 0.91 亿元，增长 95.9%。

【社会发展】 2017年，街道社会治安排查整治工作成效显著。建立10支村（社区）兼职群防群治巡逻队，配合主城区2支专职群防群治巡逻队伍，与交巡警平台和派出所形成“点、线、面”三位一体的巡防工作格局，有效遏制治安案件发生，提升群众安全感；完善信访稳定信息收集、分析研判和应急处置工作机制，积极稳妥地做好污水处理场、垃圾处理场、昌元化工厂等老百姓反映强烈的环境污染问题。完成社会稳定安保工作23次，出动安保人员1000余人次，确保了渝西川东经济协商会、全国畜牧业国际研讨会等重大活动开展。加强62个商住小区和31个征地拆迁安置小区的管理和服务，调解征地拆迁、物业管理等各类矛盾纠纷292件，处理各类信访案件194件。加大对煤矿、非煤矿山、农村道路交通、烟花爆竹等重点行业领域排查整治力度，检查企业180个次，查处隐患82处，下达整改通知书17份，行政处罚2万元。

创建昌州街道官方微信公众号，编辑发送公众号文章 104 余篇。书报借阅服务 1280 人次；组织大型公益性群众文化活动 4 次、单项文体活动 3 次、展览 2 次、讲座和培训 8 次、提供科普资料 4 次、编办文化专栏 8 期，购买公共文化演出到村、社区 11 次，对街道。举办“喜看昌州变化 礼赞发展成就”摄影比赛，评出优秀以上奖项 64 名，奖金总额 12800 元。摄影作品真实反映近 10 年昌州街道的巨大变化，得到辖区群众的好评和喜爱。板桥社区健身点申报成功，对小康路和海棠四支路两个健身点进行健身器材的安装。

城镇新增就业人员 3966 人，城镇登记失业人员就业 1263 人，就业困难对象就业 436 人；为 613 人办理就业失业登记证，对 4152 人次的失业证进行年审，组织失业人员培训 1254 人次。统计农村贫困人口就业情况 449 人，核实 2017 届市内外重庆户籍离校未就业高校毕业生就业情况 68 人。办理再就业小额贷款 160 个，发放贷款 1655 万元。发放 4050 人员办理社会保险补贴 442 人，受理城乡居民养老保险申报和办理信息维护 5171 人次，以个人身份参加职工养老保险人员的新参保 143 人次，续保 812 人次，停保 541 人次，信息维护 918 人次，并进行系统和电子台账的录入；完成 1342 人次的征地农转非人员养老保险的接件、初审以及电子台账和档案装订；打印参保人员接续卡 468 人次。核查城乡居民养老保险疑似死亡人员 163 人，采集指纹 12421 人次，上门采集指纹 238 人次，核实 163 名贫困人员的养老保险和医疗保险参保情况。收取城乡医疗保险保费 1332.17 万元，新办卡 3367 张，补办卡 1521 张。办理城镇职工医疗保险新参保 175 人次，续保 161 人次，暂停职工医疗保险业务 124 人次。为 1755 名持证残疾人免费购买城乡居民合作医疗，333 名贫困残疾人发放贫困补贴 19.60 万元；为 694 名重度残疾人发放护理补助 43.9 万元，30 名精神、智力和重度肢体残疾、发放 900 元 / 人的居家托养补助，8 名重度残疾人购买残疾人日间照料服务；完成 14 户残疾人家庭无障碍改造、农村贫困残疾人危房改造 6 户。为 52 名贫困白内障患者免费施行复明手术，27 名听力残疾人配备助听器、14 名视力残疾人配备助视器。

【生态环境建设】 濑溪河流域污染综合治理。全年共关停搬迁濑溪河200米范围内畜禽养殖户10个，整改200～500米范围内畜禽养殖户16个，关停整改家禽居宰场2个。建立濑溪河流域清漂和垃圾清运长效机制，打捞漂浮物2000余吨，清理水域面积54万平方米。完成5个临时生鲜蔬菜占道经营点的雨污整治工作，配备垃圾箱体215个，垃圾清运车4辆，保洁员69人。定期组织人员对饮用水源和次级河流开展巡查工作，确保辖区水质得到改善。在高升桥水库和李家岩水库周边设置垃圾箱体，定期对垃圾进行收运，改善周边居民生活环境。大气污染综合治理。街道完善了环境保护三、四级网格建设，共出动巡查人员1000余人次，宣传车辆200余次，加强对重点区域、重点领域的日常巡查和现场检查，有效制止露天焚烧行为。在黄标车淘汰行动中，共淘汰黄标车59辆，完成率100%。对“12369”环保举报投诉和各类信访投诉及时进行处理，保证不重复投诉和集访。

【拆除违法建筑“百日攻坚”行动】 6月19日，街道启动违法建筑集中拆除“百日攻坚”行动。重点针对沿街门面后侧、商住小区楼顶、拆迁安置小区公共地带和“低散弱”企业集聚区等区域。重点整治道路两侧、安置小区内的违法搭建和广告牌，“低散弱”企业集聚区内存在各种安全隐患的违法建筑、违法搭建及彩钢棚，商住小区楼顶、室外露台和采光井内的乱搭乱建、乱开乱挖等。经过100天的集中攻坚，共拆除违章建筑130处2.1万平方米。

【街长制顺利推进】 街道共划分为2个责任片区、6个街道网格，确定了荣昌大道、昌龙大道、富安南路等大道和支次干道的39名街长，实现“街长”全覆盖，做到每一条街道定点定岗、定人定责。“街长”的责任明确为负责每条道路沿线的环境卫生、市容秩序、广告店招、园林绿化、设施维护、市政安全等日常管理工作，确保各条街道环境优美、功能完善、秩序井然。

【城市基层党建工作推进会在昌州街道召开】 10月26日，荣昌区委城市基层党建工作现场推进会在昌州街道油榨社区召开。会议深入学习党的十九大精神，传达贯彻全国城市基层党建工作经验交流座谈会、全市城市基层党建工作推进会精神，安排部署全区城市基层党建工作。（廖　飞）

广顺街道

【概况】 广顺街道位于荣昌区城西7公里处，北依螺罐山，南临濑溪水，东北部与昌元街道相邻，南接双河街道、清升镇，西北部与安富街道、荣隆镇接壤。辖区面积39.26平方公里。辖3个社区、6个行政村、83个村居民小组。年末户籍人口5.2万人，常住人口4.7万人，农业人口1.9万人。

2017年，街道地区生产总值47.84亿元，比上年增长5.58%；工业固定资产投资32.76亿元，增长25.32%；工业总产值55.56亿元、增长4.16%，总收入62.82亿元、增长4.46%，利润总额5.12亿元、增长11.92%，实缴税金4.06亿元，下降8.64%；工商税收调整任务征收体制后完成1797.48万元。街道被评为危险化学品、烟花爆竹打非治违先进集体、荣获荣昌区委、区政府“十九大安全稳定集体”三等功。

【经济发展】 2017年年末，街道共有企业111个，从业人数13831人，工业总产值55.56亿元，增长4.16%；总收入62.82亿元，增长4.46%；利润总额5.12亿元，增长11.92%；实缴税金4.06亿元，下降8.64%。其中规上工业17个，完成工业产值50.8亿元，下降28.95%；销售收入50.17亿元，下降29.97%；利润总额3.99亿元，增长32.81%；上缴税金3.88亿元，下降20.08%。荣昌县金益铸业有限公司评选为市中小企业技术研发中心，重庆永荣机械制造有限责任公司评为“全国煤矿行业质量领军企业”、获“亚洲名优品牌奖”；重庆蓝洁广顺净水材料有限公司获重庆市科学技术奖，重庆胜亚管道有限公司、重庆蓝洁广顺净水材料有限公司、重庆黎冠食品有限公司等7个企业已建立门户网站。培育唯美陶瓷公司、重庆佳利乐包装公司和旭阳水泥制品公司规模以上工业企业3个。招商引资新签约工业项目3个、商贸企业2个、餐饮业1个、总部经济2个，合同总投资2.74亿元，8个重点项目年度计划投资2.3亿元。

农业农村工作。大春生产耕地深松耕87公顷，水稻栽插685公顷、玉米213公顷。完成油菜60公顷、108.44公顷水稻保险任务。培育天常村徐久氏榨菜种植股份合作社、王洪根家庭农场和朱红家庭农场3个新型经营主体。义务植树20公顷，实施天然林资源保护工程563.8公顷，其中国有林304.7公顷、地方林259.1公顷，巩固退耕还林管护42.87公顷。完成23公顷茶叶改良，工农社区新建优质茶园4.67公顷。种植瓜果类大棚蔬菜24公顷，天常村、工农社区栽种九叶青、无刺花椒60公顷，天常村订单榨菜种植33.33公顷。龙虾养殖5.33公顷，特种鱼养殖3.33公顷。

完成70口山坪塘整治、24.67公顷花椒基地节水工程，16.7公里人行便道和6.3公里的农村公路硬化等。有序推进沿河村、天常村、柳坝村3080户自来水安装，高瓷村、工农茶叶产业社区、柳坝村未安自来水住户的管网设计工作。年内，投资4100万元的陈家河、檬梓河堤防整治项目及配套污水管道建设项目完成挂网招标。完成投资845.14万元成渝过境段北区二、三级污水管网改造，入户管网已近尾声。新建公共停车场2处。全面推进河长制，环境污染综合治理工作年度销号率及累计销号率全区排名第一，挂图作战法在全区推广。

【社会发展】 广顺街道社区卫生服务中心、永荣矿业有限公司总医院广顺和曾家山分院坐落于街道，病床数和卫生技术人员数分别为60个、78个、50个，39人、70人、55人，广顺街道社区卫生中心新建项目已完成征地拆迁并开始平场施工。年末育龄妇女1.21万人，已婚育龄妇女7333人，户籍出生373人，死亡582人，自然增长率为-4‰，政策生育率为98.16%。

有高完中（含初中）1所，高中45个教学班、初中16个教学班，高中生2398人、初中生607人，教职工278人。完小以上学校4所，46个教学班，学生1754人，教职工118人；村小2所，12个教学班，学生167人，教职工13人；社会力量办学小学1所，6个教学班，学生189人，教职工21人。公办幼儿园1所，5个教学班，学生170人，教职工17人；小学附属幼儿园3所，3个教学班，学生62人，教职工6人；社会力量办学幼儿园11所，25个教学班，学生756人，教职工67人。小学升初中100%，初中升高中97.8%。标准化幼儿园建设正与教委、规划局会商选址依据和是否调规等事项。

有贫困户159户、400人实现稳定脱贫，贫困户4户、10人达到“一达标、两不愁、三保障”标准全部脱贫，动态调整新增19户、36名建档立卡贫困户。完善力帆敬老院消防整改工程、柳坝村农村幸福院建设。全面落实社会保险补贴政策、社保补贴78.3万元，职工医保新增48名、续保45名、停保15名；收缴城乡居民医保基金725万元、城乡居民养老保险基金280万元。有序推进剥离市属国有企业办社会职能工作，累计发放创业担保贷款资金532万元，公益性岗位招聘7人。新增低保80人，调增34人、调减21人、停保53人，发放低保金280万元、临时生活救助11.68万元。综合危房改造、民政、残联、农业补助资金共计54万元，33户农村危旧房改造工作，补助资金83.5万元。

【广富工业园建设】 广富工业园北部片区已建成1、2、3、4、5、6号市政骨干道路，形成了2.5平方公里的北部核心建设区，建成区的水、电、气、路、讯“五通”及道路绿化基本完成。交通便利，成渝公路跨境而过，在建的南大泸高速公路将在园区内建设1个服务区及下道口，计划在2018年年底建成通车，将有力地促进广富工业园的大力发展。年内征地拆迁项目6个，面积1.68平方公里，856户，已签订协议813户，拆除房屋709户。安置农转非人员485人，发放安置费1286.74万元。入驻企业40余家，全部建成投产年产值可达40亿元以上。

【唯美项目正式投产】 3月21日，总投资约15亿元、占地97.33公顷唯美项目一期（含堆料场1.5期）1条生产线正式投产，年末实现工业总产值1.84亿元。项目一期计划建设8条生产线，预计日产量12万平方米，年产值18亿元；3个生产车间，占地

面积约22万平方米；仓库占地约5.6万平方米，可存放成品瓷砖360多万平方米。（罗 秀）

峰高街道

【概况】 峰高街道位于荣昌城区东部，距城区5公里，东临大足区邮亭镇，南临永川区红炉镇及区内直升镇，西临直升镇、昌州街道办事处，北临万灵镇及大足区珠溪镇。辖区面积61.17平方公里，耕地面积30.06平方公里。辖8个行政村、3个社区居民委员会、76个村居民小组、14095户，年末总人口40833人。街道办事处驻阳光社区文化路59号。有18个基层党组织、1241名党员。

2017年，街道地区生产总值15.42亿元，工商税收1014.62万元，其中国税收入604.04万元，地税收入410.58万元，非税收入28.81万元。工业总产值55亿元、规上工业总产值29亿元；全社会固定资产投资完成19亿元。农业总产值3.6亿元，农业增加值1.8亿元。粮食总产量19480吨，蔬菜24054吨，水果894吨，茶叶400吨，肉类2979吨。

【经济发展】 2017年，街道有规模工业企业14个，从业人员600余人。新增重庆德沃木制品加工有限公司、重庆鑫炬塑胶制品有限公司、重庆海润化工有限公司3个规模工业企业。重庆荣熙贝尔儿童用品有限公司童车类产品生产加工项目、投资额10000万元。全年工业总产值55亿元、规上工业总产值29亿元、增长18%。引进5个项目，招商引资协议资金3.26亿元，到位资金3.4亿元，其中新项目到位资金2.5亿元。全社会固定资产投资完成19亿元，增长17%。

农业总产值3.6亿元，其中农业1.62亿元、林业0.18亿元、牧业1.44亿元、渔业0.36亿元，农业增加值1.8亿。水稻种植1345公顷、玉米370公顷，机耕作业面积达3410公顷，机插秧207公顷，推广收割机2台及耕整机等其他农用机械共200多台套。粮食总产量1.95万吨、蔬菜2.41万吨、水果894吨、茶叶400吨、肉类2979吨。存栏生猪2.07万头、增长2.44%，存栏母猪3200头、下降11.06%，家禽存栏15.94万只、下降23.95%。2017年春秋畜禽防病普查2.22万户，普查家畜4.05万头、家禽32.41万只；免疫猪3.5万头、牛248头、羊1291只、鸡19.82万只、鸭11.87万只、鹅7188只、犬6612只；消毒圈舍4.47万个，清洁无疫。发展林下中药材7.5公顷，涉及黄栀子、半夏、黄荆等多个品种。培训竹农1500余人次，为竹农送化肥300余吨。年内新发展家庭农场4个、农民合作社2个，农民参合率提高5个百分点。顺利助推荣昌区稻逸种植股份合作社成为区级示范合作社，成功申报种粮大户18个。

城乡建设。2017年，重庆峰高仓园坝乡村旅游项目、杨家老房子安置点建设项目、玉带路安置点建设项目等3个区级重点项目，投资额分别为1400万元、2700万元、1200万元。投入1000余万元进行污水管网改造、园林绿化等项目建设；投入1069万元，完成桃峰公园建设；实施美化亮化工程，峰高河流域建筑立面改造全面完成，更换120盏新型LED路灯。扎实推进“河长制”工作,建立健全“一河一档”“一河一策”，提请区水务局对峰高河11处拦河坝、石龙桥至橡胶坝河段的堤防工程进行联合整治。对辖区内工业企业、畜禽养殖、生活污染源进行全面排查、整治；抓好生活垃圾收运处置，配备垃圾筒65个、集中转运垃圾箱157个、垃圾中转站1个；加大黄标车整治力度，淘汰20辆黄标车；出动1000余车次、2000余人次，开展禁止违规露天焚烧秸秆专项整治行动。

农村基础设施建设。投入4200余万元，建设油路、水泥路14条、40.3公里，建设高铁便道17.5公里，安装公路防护栏4000余米。投入38万余元，新安装3台堤灌站变压器，维修6台堤灌站线路或机组；争取小型水利维修资金9万元，对猫儿沟、白虎岩、苦竹林水库渗漏进行维修。

【社会发展】 社会综合治理。街道11个村（社区）均配备有1名综治专干，设立2个警务室、11个报警点和警民联系户，75个联防小组。整合综治、信访、安全、警务、调解、治保、刑释解教帮教组织、社区矫正、民兵“九位一体”的运行机制。全年各级调委会调解纠纷372件，调解成功356件，调解成功率95.6%。严重肇事肇祸精神病人36人，居家患者管理36人，全年随访472人次。深化阳光社区网格化管理、峰高中学门口道路交通重点地区整治等重点工作，全年未发生重大政治事件、暴恐事件和极端恶性事件及人员死亡的安全生产事故。

辖区有中学1所，小学5所、含2所村小，中学在校学生931人，小学在校学生2097人。幼儿园9所，其中民办幼儿园4所，在园幼儿860人。学龄儿童入学率100%，小学升初中率100%，初中升高中率68.9%。划拨5万元专项资金用于支持教育发展。

有卫生院1个、医疗诊所4个，卫生院病床50个，专业技术人员70名，含从事专业技术临床工作43人。全年生育率8.6‰，政策生育率98.89%，计划生育奖励政策兑现率100%。为930名农村妇女进行宫颈癌和免费生殖健康检查。完成1017户残疾人数据动态更新。对辖区内企业、小作坊、餐饮、食杂店、药店和诊所、学校食堂等开展全覆盖的食药品日常监管巡查和专项检查，出具责令整改通知书13份，处理群众投诉1件，立案2件，罚款3715.6元。完成21批次抽检和80批次快检工作，未发现不合格产品。

投资约7万元，为街道文化服务中心进行简单装修、村（社区）文化室添置文化体育器材、订阅报纸杂志62份。组织各类公益文化宣传活动23次，开展读书活动2次，借阅图书1200人次，文化资源共享工程服务532人次，村（社区）放映电影140场次、街道文化站免费放影10场次，观众1.08万人次。新增体育场地面积约1000平方米。

年末，职工养老保险参保为349人、农转非养老保险336人，全年征收居民养老保险基金286万元，办理“4050”（女性40岁以上，男性50岁以上的下岗失业人员）困难人员社保补贴107人。征收合作医疗基金615万元、发放医保卡1440张。新增灵活就业920人，城镇登记失业人员就业216人，就业困难人员就业110人，发放小额贷款625万元。开展职业培训145人。

【桃峰公园竣工验收】 10月，峰高街道桃峰公园竣工验收。桃峰公园位于峰高街道凤凰村，于2017年1月动工修建，总投资1069万元，占地3.4公顷，景观面积2.67万平方米，绿化面积1.71万平方米。园内主要栽种有海棠树、柳树、黄桷树、香樟树等各种乔木180余株，建有广场、凉亭、器械区、羽毛球场、健身步道、室内活动区等，是一个集休闲、娱乐为一体的综合性公园。桃峰公园的建成对于提升峰高形象，丰富当地群众的文化生活，提高群众的生活品质具有重要的意义。

【修建单跨拱桥】 为方便居民出入桃峰公园散步、休憩，2017年峰高街道投资70万元修建1座单跨拱桥，连接桃峰公园和顺河街座，9月初开工，12月完工。全桥长30米，宽4米，净跨径18米，抗震烈度达到7级。（张　潇）

双河街道

【概况】 双河街道位于荣昌区南部，荣昌城区9公里，辖区面积88平方公里。辖9个社区和行政村，总人口6.6万。双河街道是荣昌老工业基地，基础设施完善，生产要素齐备；是市级现代农业园区和国家现代畜牧业科技产业示范园所在地，产业集群效益突出；是“重庆市麻竹笋之乡”，麻竹栽种面积2333.33公顷；是岚峰森林公园所在地，生态环境好，全街道森林覆盖率48%；是“东方梵高”国画大师陈子庄的故里，也是金钱板非物质文化传承基地，历史底蕴厚重，文化氛围浓厚。先后获得全国计划生育依法行政先进集体、全国安全社区、国家园林城镇和市级卫生城镇、商贸强镇、市容市貌整洁示范街道、五一劳动奖状等荣誉。2017年，街道被评选为市级产业融合示范街道、三产扩面试点、社区戒毒社区康复示范点。大石堡社区评选为市级美丽乡村示范点和绿色新村。

【经济发展】 2017年，街道工业总产值66.9亿元，其中规上工业总产值完成56.39亿元；全社会固定资产投资完成30.73亿元；工业固定资产投资完成26.57亿元；利用内资完成4.43亿元；工商税收累计完成1923.23万元；农民人均纯收入达15644元，区域经济平稳增长。年末有各类企业150余个，其中规模以上企业28个。年内新签约益优源机械制造、益新达汽车零部件公司、李让君洁具生产销售等8个项目，合同资金4.4亿元，到位资金3.27亿元，以采矿为主的单一工业结构逐步改变。开展“实体经济振兴年”主题活动，结合“百名干部进企业”“一企一组”等专项活动，进行综合协调服务120余次，解决厂地矛盾、项目包装、资金申报等问题100余个，为企业排忧解难；妥善安置5个关闭煤矿职工1624人，安置率99%，严格监管关闭退出煤矿企业转产奖补资金，顺利通过国家审计部门财政资金专项审计。

农业农村工作。日泉农牧盈丰猪场、畜科院九峰山畜牧营养学科研基地、昊王粮油2期、荣牧3号猪场工程等4个重点农牧项目已按要求完成。以日泉四季果园、桃之夭夭、巍业茶叶、包黑子猪沼竹、大石堡林下经济、肉鹅养殖等为特色的28个产业基地已初具规模，成功打造大石堡、金佛2处麻竹林下循环经济示范点。新建农民合作社5个、家庭农场4个、农村科技示范户50个、种养殖大户20个、麻竹收购技术服务点15个、“公司+集体+农户”股份制经营实体6家。申报三产融合项目资金300万元、村级集体经济试点项目资金130万元、400公顷粮油基地基础设施建设项目资金900万元，立项编报特色效益农业项目15个，获批项目资金64万元。投资450余万元，建设山坪塘63口。小春、大春粮食播种面积3000公顷。兑现生态效益补偿16.3万元，退耕直补197.22万元，申报森林保险计划400公顷。流转土地500余公顷。

商贸旅游。以白玉农贸市场、步行街和子庄广场为构架的荣昌南部中心商圈初步形成。以日泉农牧乡村嘉年华、岚峰田园综合体项目建设为重点的现代农业观光体验旅游效果初显，成功举办“四季双河·果然不同”第二届清凉夏日绿色生态水果采摘节。以岚峰—古佛山为整体的旅游开发进入实质性阶段，景区管网、水利、观景台、公共厕所建设、停车场建设等基础设施已基本完成，着手“岚峰—古佛山国家森林公园融资项目”编制。

城乡建设。投资3500万元，实施金沙水岸、下河街片区二期工程等项目；投资1020万元，新建公路4条、10.3公里，养护公路55条、128公里，新建公共汽车招呼站6个、招呼点10个，安装波形护栏10千米；投资200万元，新建鱼苗社区和高丰村人行便道17公里。创新实施环卫服务外包制，启动“街长制”工作，推进城乡管理工作标准化、规范化和精细化。整治辖区农贸市场5个；聘请专职保洁员84名，投资200万元，实施村庄连片整治，实现农村垃圾收运干道全覆盖。全面落实“河长制”，聘请30名河道巡护保洁员，对街道80.17公里河流进行日常管护。维护提灌站及管道24处，大灌区管网建设延伸7公里，实施二三级污水管网工程。完成濑溪河流域污染和大气污染综合治理专项任务，80个涉水污染源和28个涉气污染源全部按期销号；继续加强对农村周边工业“三废”排放和矿区生活垃圾堆放监管治理；严格辖区畜禽养殖场的审批和巡查，杜绝污染源。

【社会发展】 社会治理全面提升。坚持“领导接待日”、领导包案解决民生诉求等制度，全年领导接访下访203件次，办理转交办件52件，无群众到市重复集访和进京非正常上访。充分发挥综治网格员作用，全年排查化解矛盾纠纷204件，化解192件；社区戒毒社区康复工作“四三五”工作模式在全区推广；率先在全区启动公共法律服务体系建设试点工作，为村（社区）聘请法律顾问11名，打通农村法律服务“最后一公里”。扎实开展食品药品安全监管，高质量完成食药监办规范化建设，代表全区接受市食药监局检查。全面落实安全生产党政同责、一岗双责、失职追责的责任机制；实行24小时值班及领导带班制度，做到紧急情况及时上传下达；牢固树立安全生产“1+0”理念，成立36个专项工作组，层层落实责任，对48家煤矿及非煤矿山等重点行业企业、60条农村公路、8个交通安全劝导站以及场镇内楼宇开展大排查大整治大执法专项工作，集中力量除隐患、打非法、压事故，圆满完成十九大安全稳定“百日攻坚”行动，实现“七个坚决防止”目标；全年安全检查2140人次，排查隐患1025条，整改隐患1025条，行政处罚10起。

全年筹集资金 4300 万元，实施民生项目 22 项。对 187 户脱贫户和 27 户新增档外调查贫困户，发放产业扶持资金 43.4 万元、慰问金 1.5 万元；改造农村 CD 级危旧房和“12·27”地震房屋倒塌 52 户；630 名残疾人享受就业、免费白内障手术、护理补贴等政策；“两代表一委员”、工青妇等群团组织共慰问贫困党员、困境儿童、贫困妇女等 600 余人次，发放慰问金 20 余万元。58 名老人入住全区规划最大、基础设施最完善、配套功能最齐的新天年公寓；新建河坝社区养老服务中心并投入使用。城镇新增就业人员 630 人，发放小额贷款 520 万元；城乡居民合作医疗保险参保资金达 619 万元，发放低保金、救助供养金、优抚金等共计 990 余万元。整合资金 230 万元，对 3 所学校教育基础设施进行提档升级。开展免费孕前优生医学健康检查、中老年人健康检查等活动，受益群众 2 万余人。开展文化进万家活动等大型公益群众文化体育活动 12 次；完成街道 7 个村（社区）文化中心和 6 个中心户建设任务；实施非物质文化遗产缠丝拳进校园项目，成功申报骨痛和烫伤烧伤疗法为区级非物质文化遗产名录。

（周国华）

安富街道

【概况】 安富街道位于荣昌区西部，距荣昌城区10公里，辖区面积61平方公里，城镇面积3.4平方公里，城镇化率为47%。辖6个行政村、5个社区。年末总人口5.83万人，其中城镇人口2.76万人。安富盛产陶器，与广东佛山石湾、江苏宜兴并称为中国三大陶都，安富荣昌陶、广西钦州陶、云南建水陶、江苏宜兴紫砂陶是中国四大名陶。是重庆市政府命名的第一批市级中心镇、亟待抢救的传统风貌镇、历史文化街区，以及国家六部委确定的重点镇等。

【经济发展】 2017年，街道地区生产总值18.61亿元；规上工业总产值32.84亿元，比上年增长28.5%；全社会固定资产投资35.7亿元，增长23.96%；农民人均纯收入16335元，增长9.9%。招商引资新签约项目7个，合同引资4亿元，实际到位资金2.8亿元。农业总产值6.52亿元，增长2.99%。

全年粮食播种面积 2800 公顷，粮食总产量 1.65 万吨。村级集体经济发展试点工作有成效，通安村集体产权制度改革试点完成股权配置，成立通安村文化旅游发展有限公司，通过利用集体资产改造建成下街子伴手礼销售点、陶艺工坊、知青点特色民宿 3 处特色产业基地，组织村开展各类培训 6 次，全年纯收益 12 万元。全年发展专业合作社 26 个，其中核心专业合作社 1 个、家庭农场 25 个，无公害农产品认证 2 个。全街道有科技示范户 98 个，推广粮油、多经优质新品种 32 个，“两杂”种子 1.55 万吨，水稻规范化栽培 800 公顷，机插秧示范 73.33 公顷，机收水稻面积 1000 公顷，种植再生高粱 13.33 公顷，种植黑花生 6.67 公顷，综合防治作物病虫害 1866.67 公顷，稻田专业化养鱼 180 公顷，池塘养鱼 57.33 公顷。改良茶叶品种 33.33 公顷，协助棠香茶叶有限公司打造安富茶叶品牌。推广新型农机具 307 台，落实农机补贴资金 23.02 万元；完成水稻、玉米、高粱等农作物保险 433.33 公顷；投入 670 万元启动斑竹、通安村口粮田基础设施项目；投入 154.3 万元，共整治山坪塘 36 口；维修电力提灌站 8 处 12 台 /345 千瓦；投入 850 万元改造升级农村公路 9.2 公里，投入 160 万元修建人行便道 18 公里。

特色小镇建设成效显著，大力提升“陶都”形象。投资 9800 余万元，完成安陶小镇古驿道、陶宝水巷子、十字路口风貌改造等 13 个文化旅游重点基础设施建设项目，景区初显规模。投资 400 万元，进行陶都公园绿化景观提档升级。投资 360 万元，实施陶都河沿岸绿化景观工程。完成洗布潭村、垭口村 2 个市级试点村村规划。12 月 30 至 2018 年 1 月 1 日，首届荣昌陶文化艺术节暨安陶小镇开街活动期间，安陶小镇累计接待游客 23 万人次，人民网、新华网等媒体发布新闻 30 余条。6 月 13 日，举办以“中国梦·劳动美”为主题的荣昌区第三届职业技能大赛，176名从业者和爱好者同台竞技，比拼手上功夫。

【社会发展】 年内投入近50万元，建成红庙社区“一站式”便民服务中心，同时对11个村（社区）便民服务中心进行规范化建设。全面搭建“三级便民服务”平台，投入近10万元继续规范了党务、村（社区）务公开、市县“党建示范点”创建等。脱贫攻坚工作扎实推进，全年发放帮扶资金22.4万元，协助8户贫困户申报医疗保险，完成27户贫困户D级危旧房改造，年内稳定脱贫4户，新增贫困户33户。帮助7名新入学贫困大学生，获得5000元/人的教育资助金。全年发放特困人员供养金251.12余万元，城镇低保金133.22万元、农村低保金143.91万元，临时救助金及医疗救助金12.51万元，定补、伤残抚恤金、烈属生活补贴等定补资金251.98万元，75岁以上老人保健金19.14万元。新建安富街道敬老院，位于古桥社区安清公路，2月份开工，总投资385万元，占地面积1575平方米，有25个设有独立卫生间和阳台的房间，可同时入住50人。全年组织开展各类群众性文体活动30余次，其中“文化进万家”下基层活动12次，直接参与、享受的群众近4万人。完成街道文化中心三室一橱一场的功能区建设，并全部免费向群众开放，月开放时间220多小时，参与群众300多人次。11个村和社区文化室月免费开放时间2000多小时，年参与群众近万人。

【生态环境建设】 濑溪河流域综合治理实行“双重责任制”，及时有序开展各类专项整治。对辖区河道两岸200～500米以内的畜禽养殖、流入河内的工业污染、农业面源污染、涉河相关构筑物、河道内100米的居民生活污染和小（二）型水库的水源进行全面调查整治。投资30余万元，组织清理打捞濑溪河流域（安富段）7.7公里、通安河2公里、洗布潭河3公里水面漂浮物共100吨。整治涉水工业污染13个、畜禽养殖污染27个、屠宰行业污染 1个、水产养殖污染 9个、餐饮行业（含食品加工小作坊）污染 25个、污水处理厂（站） 2个、镇街雨污截流2处、农贸市场1个，河面清漂 4个，河岸垃圾治理 27个。通过发放宣传单、“村村通”广播、悬挂横幅等广泛宣传大气污染防治和环境保护，深入开展露天禁烧秸秆工作，建立长效巡查机制，加大惩处力度。建筑工地和道路扬尘、餐饮油烟得到有效治理，完成黄标车淘汰任务。

【举行首届陶文化艺术节暨“安陶小镇”开街活动】 12月30日至2018年1月1日，以“千年古驿镇，一品荣昌陶”为主题的首届荣昌陶文化艺术节暨安陶小镇开街活动，在安富街道举办。期间举行了荣昌夏布精品时装秀、荣昌艺术摄影作品暨诗书画展、四大名陶优秀作品展暨拍卖、安陶小镇茶文化交流品鉴会、新年灯谜、安陶小镇变迁图片展、国际柴烧艺术家协会荣昌创作交流、安陶小镇巡游表演、荣昌陶亲子体验赛、荣昌陶城市邀请赛、特色市集类活动等，呈现国际、文化、旅游三大元素，累计接待游客23万人次。人民网、新华网等媒体发布新闻30余条，宣传报道荣昌陶文化产业发展动态，推介荣昌陶文化产业资源，充分扩展信息渠道和影响效度，提升文化产业园影响力和知名度，吸引文化产业相关项目投资。 （肖俊宏）

直升镇

【概况】 直升镇位于荣昌区城东南，与荣昌高新区、荣昌板桥工业园区、昌州街道、双河街道、峰高街道和永川区永荣镇、红炉镇接壤，距荣昌城区6.8公里。辖区面积29.5平方公里，耕地面积1757.8公顷，森林覆盖率36%。辖4个行政村、1个社区、36个村居民小组。年末有户籍6356户，人口16857人，其中非农业人口2988人。

2017年，直升镇按照“生态立镇、产业强镇、特色兴镇、和谐稳镇”的发展思路，突出“依靠主城、服务主城”，坚持稳中求进总基调，各项工作取得较好成绩。全年地区生产总值5.6亿元，比上年增长12%；一、二、三产业增加值分别为1.71亿元、2.96亿元、0.93亿元；工业总产值12.5亿元，增长16.5%，其中规模以上工业总产值12.1亿元，增长 16.3%；全社会固定资产投资 19.2 亿元，年增长 139%，工业固投 16.2 亿元，增长 170；财政一般预算收入 1420.2 万元；工商税收 432.45 万元，为全年计划的 129.57%，其中，国税收入 283.45 万元，地税收入 118.88 万元；总部经济税收收入 96.88 万元；人均可支配收入达到 15983 元，增长 9.7%。

【经济发展】 2017年，全镇有企业177个，其中工业企业21个。工业总产值12.5亿元，增长16.5%，其中规模以上工业总产值12.1亿元，增长16.3%。招商引资签约项目8个，协议资金2.5亿元，到位资金1.52亿元。年内新增重庆玖和食品工业有限公司、重庆市泉优酒业有限责任公司规模以上工业企业2个，重庆市枣儿商贸有限公司、重庆市荣昌区辰丰餐饮有限责任公司限额以上商贸企业2个。有限额以上商贸企业9个，其中，批发业2个，收入11016万元，增长17%；零售业3个，收入3751万元，增长36%；餐饮业4个，收入2942万元，增长28%；白酒营业额1480万元，增长17%。新引进果牧农业开发有限公司，网上交易额200万元。中石化西南油气分公司在直升镇黄坭村新建永页2井、永页3井，永页4井3个页岩气井，占地约6.67公顷。

农业农村工作。荣升社区在全区率先开展股权量化确权试点工作；开展扶持村集体经济发展试点工作，荣升社区投入 140 万元入股重庆地泰房地产有限公司修建车站及周边房地产开发。在万宝村、荣升社区、燕儿村建立高粱生产基地，发展红高粱种植核心示范片。推广金糯粱 1 号高粱，完成镇级高产示范片 15 公顷。水稻工厂化育秧 0.5 万盘、水稻机插秧 15 公顷，机耕 1140 公顷、机收 733.33 公顷。完成农业政策性保险 449 公顷、水稻收益险 19.13 公顷，受灾理赔 11.2 公顷、理赔金额 1.52 万元。投入 84 万元，整治山坪塘 26 口，黄桷林水库进行升级建设，新建园宝山提灌站和工程水管网。租用土地 15.33 公顷，协助区水务局实施玉滩水库与万福寺水库连通工程直升段建设项目。

镇村建设。12 月 31 日，投资 320 万元、新建总面积 5000 平方米、占地面积 1600 平方米的思源广场竣工投入使用。完成荣昌高新区南拓区直升镇道观村 2 社和 7 社境内征地 4.67 公顷，拆迁 11 户，新取得征地批文 31.33 公顷。启动直升加油站、四级汽车站、142 套 16400 平方米拆迁安置房及商品房建设。全年审批办理农村建房 68 户，8289 平方米。投入 85.52 万元，完成万宝村便民服务中心建设。投入 265.2 万元修建 815 米市政大道。投入 560 余万元修建油路 4.45 公里。投入 50 万元对场镇过境段实施通讯杆线下地改造工程。投入 50 万元对场镇电网进行改造。投入 300 万元实施场镇污水管网进行改造，日处理量可达 400 吨 / 天，工业企业全部实现达标排放。对场镇水厂实施升级改造，日供应量可达 1000 立方米。新建广场旅游厕所 1 处。在荣升社区、燕儿村、黄坭村、万宝村实施农村饮水安全小康目标二期工程，实现全镇农村安全饮水全覆盖。投入水库后扶资金 25 万元，修建园宝山库区人行便道 3 公里；投入 100 万元，修建万宝村人行便道 11.14 公里；投入 220 万元，修建泥结石生产便道 6.44 公里。万宝村便民服务中心建成并投入使用。成功申报荣升社区为区级美丽乡村示范村，完成万宝村规划编制，合理布局产业和建设规划，打造美丽乡村。

【社会发展】 有中心校1所，教师41人，在校学生546人，小学巩固率100%。投入35万元，进一步改善学校办学条件，乡村学校少年宫开设的美食组和沙画组通过全区创建义务教育基本均衡区国家级验收。“红色家园”被命名为荣昌区青少年革命传统教育基地和区级爱国主义教育基地。有卫生院1个，医师6人，病床20张。有综合文化服务中心1个、文化中心户1户。开展政府购买公共文化下乡演出11场，免费放映电影60场次。投入320万元，新建休闲便民广场1个，新增体育场地2060平方米，新建村级文化中心1个，广播电视直播卫星户户通工程安装600户。精准识别档外人员和脱贫户收入，新增贫困户7户，比对列入“四类人员”确定稳定脱贫户34户，全年13户22人如期脱贫。完成农村D级危旧房改造23户。办理城乡居民医疗保险基金征缴 241万余元。为残疾人、特困人员和优抚人员等792人发放资金241.47万元；为40户（96人）

困难家庭发放临时救助金7.79万元，为120户（197人）城乡低保户发放低保金79.32万元。计划生育奖励政策兑现421户。

【生态文明建设】 全面落实“河长制”，3条区级河流、4条镇级河流、6个水库均由镇党政班子成员担任河库长。开展濑溪河流域综合整治及大气污染综合治理工作，关停（搬迁）畜禽养殖13个，整治畜禽养殖15个、水产养殖10个。按期淘汰11辆黄标车。农村人居环境整治，新增150个垃圾箱、有39人常态化保洁和清漂工作，全镇约400吨的生活垃圾全部实现无害化处理。在道观村实施植树造林工程3.33公顷，全镇新增绿化面积53公顷。

【全市玉米实割实测现场会在直升举行】 7月25日，市农委、市统计局，在直升镇万宝村召开全市农产量抽样调查——玉米实割实测现场会，来自全市33个区县、70余名从事农产量抽样调查工作和农作物面积遥感测量的人员参会。其间，对万宝村的3个样方中玉米进行抽样和实割实测，通过测实验，玉米亩产为510公斤。 （朱学美）

万灵镇

【概况】 万灵镇位于荣昌区东北部，东与峰高街道相邻，南与昌州街道接壤，西与古昌镇相连，北与大足区珠溪镇相依，距荣昌城区8公里，距重庆主城区94公里，毗邻世界文化遗产大足石刻。辖区面积24.82平方公里。辖3个行政村，1个社区，31个村居民小组。年末总户籍5858户，户籍人口16608人。

万灵镇交通便捷，紧邻成渝高速公路和成渝城际高铁荣昌北站，有万灵至荣昌城区、峰高、古昌、大足珠溪镇4条主要公路。濑溪河流经全境，全长19公里。万灵镇以丰厚的历史文化底蕴和旖旎的水乡风光闻名遐迩，是湖广填四川的集散地，誉为“移民水乡”，是中国历史文化名镇、全国特色景观旅游名镇、国家AAAA级旅游景区。明代刑部尚书喻茂坚、革命先驱赵宗楷、抗日英雄柳乃夫等名人享誉古今。杀年猪、赛龙舟、缠丝拳等非物质文化遗产传承至今。2017年，万灵镇获评“全国美丽宜居小镇”“重庆市特色小镇”“重庆十大最美小镇”，荣获荣昌区委、区政府“十九大安全稳定集体”三等功。万灵镇敬老院荣获第二届全国“敬老文明号”，沙堡村评为第五届“全国文明村镇”。

【经济发展】 2017年，全镇地区生产总值2.855亿元，比上年增长16.39%；全社会固定资产投资17.7亿元，增长15%；工业固定资产投资5.2亿元，增长79%；工业总产值1.98亿元，其中规模工业企业总产值0.94亿元，增长13.75%，增速在小镇中名列第一。工商税收收入614万元；农民人均纯收入1.69万元，增长16%。企业总数到45个，其中工业企业19个，规上工业企业2个，年内新增规上工业企业1个（重庆椿林聚业食品有限公司）。招商引资项目5个（总部经济3个），合同资金1.98亿元（总部资金0.38亿元），到位资金1.44亿元。成功签约重庆市荣昌区雨蝶农业开发有限公司的中药材文化旅游观光体验园和重庆沛绮生态农业发展有限公司的玫瑰特色产业园建设项目。续建项目万灵福邸、万灵影视主题旅游度假景区（梦幻万灵）等项目顺利推进。

农业农村工作。开展村级集体经济发展试点，玉鼎村成立重庆市荣昌区潆泓农业观光专业合作社，引导入社农民开展观光农业开发。首期流转土地38.13公顷，交与重庆雨蝶农业开发有限公司、重庆沛绮生态农业发展有限公司从事观光农业开发。盘活原巷子小学村级集体经济资产，改建冻库，采取承包、租赁等形式进行资产经营。遴选科技推广示范户20个，重点推广再生高粱种植、旱育秧、配方施肥等技术。推广农机57台，其中微耕机26台、动力喷雾机19台、割草机2台、深松机2台、沼液沼渣抽排设备8台，完善农机售后补贴。推广配方施肥技术达2473.33公顷，良种水稻种植626.67公顷。农业保险324.28公顷，其中，油菜11.12公顷、水稻233.24公顷、玉米79.92公顷。发放农业支持保护补贴116.53万元，涉及农户3978户；退耕还林粮食补助33.4万元，直补农户2157个。发展规模养殖户21个，其中，养猪户15个，生猪存栏2000余头；家禽养殖户6个，养殖2500余只。全年存栏生猪0.81万头，外销生猪仔猪1.6万头，养殖蜜蜂3万箱、年产蜂蜜350余吨。

完成沙堡村、尚书村美丽宜居村庄示范点建设。投资210万元新建、改建山坪塘48口，完成大灌区渠道节水、三道水电排改造工程和强夏农业观光股份合作社滴灌工程，维修和养护渠道10公里。投入530万元，改造升级农村公路5.68公里，新安装公路防护栏4.42公里，设立标志标牌156块；投资100万元，修建大荣寨社区、尚书村、玉鼎村、沙堡村共计11公里人行便道。投入20万元，完成大荣寨社区养老服务站建设。

商贸旅游。加强对外宣，2月24日，纪录片《记住乡愁——万灵镇：守本心、行正道》在央视中文国际频道播出；3月，纪录片《记住乡愁——万灵镇：风清气正》中央电视台多个频道滚动播放；7月18日，《重庆日报》第8版专版刊载《活在时光里的万灵古镇》；11月8日，由台湾中国电视和中央电视台国际频道联合拍摄的《探秘重庆特色小镇——万灵古镇》纪录片在央视中文国际频道《海峡两岸》栏目播出；充分运用荣昌旅游、荣昌微旅游、荣昌微发布等微信公众号推送图文消息；到内江、大足等周边区市县进行旅游推介。成功举办“万蝶飞舞·樱约而来”荣昌区第三届樱花文化节、“看特色风貌，来万灵古镇”庆“五一”暨特色风貌街开放活动、“第四届万灵古镇七夕河灯旅游文化节”、中国新歌声比赛、旅游故事大赛、万灵古镇宣传语征集和摄影大赛、中国铁人三项联赛荣昌站体育赛事和“国庆”“中秋”首届荣昌卤鹅美食文化节、“渝洲大舞台”等大型节庆、赛事活动。其中，万灵古镇宣传语征集和摄影大赛活动，外地到荣昌游客参与上万人次，征集到如“水墨万灵，烟雨古镇”等宣传语214条，收到摄影作品500余份，起到了较好的宣传效果。全年接待游客230万人次，比上年增长28%，旅游总收入6.4亿元，增长81.3%。艾粑制作、清蒸鳜鱼、荣昌刨汤评选为区级非物质文化遗产保护项目。

【社会事业】 社会治理。坚持接访日领导坐班接访制，信访案件办结率和及时率均达到100%。建立疑难信访案件台账，坚持每月定期排查村（社区）不稳定因素，排查调处矛盾纠纷97件。辖区群众安全感满意率连续两年达100%；基层干部和政法干警解决问题及时率100%；群众对基层干部和政法干警的满意度100%；群众对重点地区整治效果满意率100%均列全区第一。完善公共（便民）服务中心功能，深化三级服务体系建设，全年受理事项685件，按时办结率100%。开展安全生产大排查大整治大执法，查出各类隐患612起，整改率100%，查处非法销售烟花爆竹经营店3家，关停非法生产搅拌厂1家。

镇内有镇中心卫生院1个、村卫生室6个。有中心小学1所、完小2所，在职教师59人，在校学生840人；幼儿园4所、在园幼儿325人。投入2000余万元，新建万灵中心校投入使用。完成二郎完小综合楼建设，高店完小校舍、操场、花台、围墙和校门整治维修，修建阳光幼儿园和沙堡幼儿园消防楼梯，消除安全隐患。学校积极参加各类教科研活动，在第三十一届重庆市青少年科技创新大赛实践活动中，《魅力古镇·美丽传说》获一等奖；获市二十届师生书法绘画艺术大赛一等奖8名、二等奖12名、三等奖11名。全面启动市级卫生镇创建工作。镇卫生院整体搬迁，引进彩色B超和“经颅，多普勒”，开设中医馆，开展签约家庭医生服务2478户、健康咨询12次。

扶贫工作。产业帮扶49户、帮扶资金6.9万元；医疗救助47户、资金4.4万元；教育资助11户、资金1.6万元；贫困户危房改造3户。4户贫困户稳定脱贫，新增贫困户7户。发放城镇低保金53.64万元、农村低保金110.88万元；临时救助金及医疗救助金15.1万元；伤残抚恤金、烈属生活补助等定补资金99.6万元；75岁以上老人保健金7.44万元。

【生态环境建设】 建立河长制，编制“一河（库）一策”方案，实化、细化六项工作任务，认真开展巡查工作，镇级河长每半月巡河1次，村级河长巡查每周1次。对影响濑溪河流域水质的餐馆、畜牧养殖业、企业进行逐一登记，分类治理。实行“双重责任制”开展专项整治，污染源定时定责逐一销号。完成涉水工业污染销号3个，畜禽养殖污染及屠宰行业污染销号30个，水产养殖污染销号5个，餐饮行业（含食品加工小作坊）污染销号23个，污水处理厂（站）综合治理销号4个，镇街雨污截流综合治理销号3个，农贸市场综合治理1个，河面清漂综合治理销号7个，河岸垃圾治理销号6个，年度任务销号率达100%。开展辖区流域河面漂浮物打捞及河岸垃圾清理，保证水源清洁安全。改建场镇区域内二、三级排污管道建设，场镇水污染明显改善。

【成功创建市级特色小镇】 按照全域旅游发展思路，统筹文旅、商旅、农旅资源开发，综合利用濑溪河生态体育文化公园设计方案，开展“一河、三桥、一环线”片区规划，实现古镇核心区1.95平方公里控制性规划及景区3平方公里总体规划编制。完成场镇立面改造、移民文化公园建设工程，喻茂坚廉政文化景区和“梦幻万灵”水主题乐园建成投用，全力支持和推动濑溪河生态体育公园、万灵大桥、景区连接线等项目建设。明清老街添植绿色植物300余株，改造绕镇路支路二、三级管网1900米，实现污水管网全部入户，完成绕镇路片区人行道铺装、绿化和灯饰工程建设，投资1300万元，建设场镇市政公园。年内成功创建市级特色小镇，沙堡村获评第五届“全国文明村镇”。（胡云雀）

清升镇

【概况】 清升镇位于荣昌区南端，距荣昌城区15公里。东邻双河街道办事处，南接泸县石桥镇，西连清江镇和安富街道办事处，北抵昌元和广顺街道办事处。辖区面积32.14平方公里，耕地面积1613公顷。辖2个行政村，2个社区，39个村民小组。年末有户籍6611户，户籍人口19691人，其中非农业人口2435人。

2017年，清升镇围绕“生态休闲环境保护区”功能定位，建设“生态旅游名镇”的发展思路，突出“做强工业、做实特色、做靓场镇、做大旅游”四项重点工作。全年地区生产总值12亿元，比上年增长10%；一、二、三产业增加值分别为1.41亿元、9.23亿元、1.36亿元；固定资产投资30亿元，增长3.2%；财政一般预算收入1370.3万元，增长32.1%；工商税收225.9万元，减少12.6%；农村居民可支配收入17500元，增长10%。年内，清升镇评为重庆市最美养生小镇、荣获昌区委、区政府“十九大安全稳定集体”三等功。

【经济发展】 2017年，全镇有企业71个，其中工业企业32个。新增重庆市荣昌区凤鑫木业有限公司规模以上工业企业1个、重庆市禅林酒业有限公司限额以上商贸企业1个。工业总产值26.36亿元，比上年增长24.1%，其中11家规模以上工业企业总产值24.55亿元、增长27.4%。招商引资签约项目5个，协议资金2.15亿元，到位资金1.6亿元。4月15—25日，举办第二届“恩桃”采摘节暨登山比赛。活动当天游客上万人，共接待游客5万余人。11月11日，“绿水青山间 乐跑古佛山”2017重庆荣昌古佛山迷你马拉松赛在古佛山景区举办，并同步举行美食文化节。有1100名跑步爱好者参与，其中外籍人士32名。

农业农村工作。完成古佛山社区土地整理大项目规划编制和评审，进入招标程序。完成南大泸高速公路征地面积12公顷，签订征地拆迁安置合同27户，支付补偿金590.18万元。以漫水桥特色农业园区为平台，流转土地26.67公顷，全镇耕地总流转面积261公顷。新成立古佛山生态旅游股份合作社、红半边女子专业合作社等2家合作社，合作社总数14个；新培育种养大户2个，种养殖大户共有9个；新发展家庭农场1个，家庭农场共存10个。新建冷藏库1个。完成水稻、玉米、果树保险800公顷，母猪、生猪、仔猪保险25000头。全年外销仔猪1.6万头，粮食产量10238吨。

镇村建设。投资3000万元，新建通畅公路13公里、生产便道6公里、人行便道30公里；整治山坪塘42口、新建山坪塘2处5万立方米；改造邓河坝、叶家河坝大灌区支管13公里。机械化育秧66.67公顷，机械收割面积90%以上，统防统治面积166.67公顷。完成6000余平方米的新农贸市场建设。加强镇村市政执法和监管，新增镇村专职市政管理人员12名。投入80余万元完成场镇环境卫生整治1处，改建场镇停车场1处，新增园林绿化600平方米，修缮路灯22盏，提档升级人行踩板430平方米，增设场镇垃圾箱12个。完成污水处理厂技改、国家环保部PM2.5监测站的建设。投入资金280万元实施场镇二、三级管网雨污分流改造工程，改造污水管道2700米；投入45万元改造和绿化火烧店街人行步道340米。投入150万元绿化农村道路2300米，新建农村垃圾收运点156处；投入100万元完善古佛山2社田家院子、古佛山5社张家院子环卫整治，修建人工湿地和房前屋后绿化等整治项目。建立镇、村两级河长体系，投入35万元进行清漂工作，取缔整治污染源48处。

【社会发展】 开展综治网格员专职化试点工作，建成综治工作平台，完成网格员招录工作。开展法律服务三级体系建设、矛盾纠纷排查化解和防范与处理邪教工作。全年接待群众696人52件，化解52件，化解率100%；网上及区转办的信访件29件，办结29件，结案率100%。强化食品药品监督管理，组织开展药品、小食品等专项检查，完成市检任务6件，快速抽检48件。投入91.75万元完善道路交通波形护栏、标志标牌、公路及桥梁排危整治、安全宣传工作。

推动实施精准脱贫，开展机关干部进百家行动。对167户建卡脱贫户进行村（社区）民主评议，清理统计“四类”（有成员拿财政工资、经商办企业、购有商品房、购买摩托车以上车辆）人员及稳定脱贫人员54户，全面落实帮扶责任制。加强精准医疗救助和精准居住帮扶，完成15户贫困户D级和12户困难农户C级危房改造。为患病困难对象、残疾人、特困人员和优抚人员等734人发放资金235.6万元；对50名残疾人开展实用技术培训，建立留守儿童档案365份。新增就业428人，城镇登记失业率控制在3.5%以内。

全镇有中学1所、小学1所、完小2所、村小3所，在校学生1724人，教师122人。小学巩固率100%，初中巩固率98%。有卫生院1个，医师5人，病床20张。镇卫生院被评为全国2016—2017年度群众满意的乡镇卫生院。有基层文化服务中心2个、文化中心户1个，开展政府购买公共文化下乡演出9场。建成古佛山社区美丽乡村市民健身广场1227平方米、清升镇综合性市民健身广场2606平方米。

【古佛山景区建设】 年内，新建及改建古佛山景区大道6公里、登山步道16公里、彩色环湖步道7公里，实现条条步道通顶峰；完成古佛山水源工程建设并实现294米蓄水目标，形成金龙湖水体景观；完成景区接待中心、景区大门、古佛禅居、百佛园、罗汉堂、三圣洞、佛缘路、连心桥、龙门桥等旅游景点建设；完成金龙湖上大堰口、石秋坎2座人行桥建设、古佛禅居改建、美丽乡村建设、景区银杏树栽植、景区游道美化亮化。

【举行迷你马拉松赛】 11月11日，由区体育局、区旅游景区管委会、万灵山公司、清升镇政府主办，重庆山鹰体育文化推广有限公司承办的“绿水青山间 乐跑古佛山”2017重庆荣昌古佛山迷你马拉松赛在清升镇古佛山景区举行。比赛设男子个人组（10千米）、女子个人组（10千米）、情侣组（10千米）和亲子组（5千米），奖金总额5万元。有跑步爱好者1100名参与，其中外籍人士32名。经过角逐，来自贵州省遵义市的严伟和山东省潍坊市的半马“颜值女王”李文杰分获男子、女子个人赛冠军，重庆市长寿区的王宋国、东清华获情侣组冠军、荣昌区谢怀奎家庭获亲子组冠军。迷你马拉松为“运动+旅游+美食文化”的创新模式，与马拉松赛同步举行美食文化节，展销荣昌卤鹅、黄凉粉、猪油泡粑等荣昌特色美食。（钟崇鹤）

清江镇

【概况】 清江镇位于荣昌区西南端，距荣昌城区20公里、东接清升镇，北连安富街道，西南与四川泸县毗邻。辖区面积19.2平方公里，耕地694.73公顷。全镇辖3个村1个社区，37个村（居）民小组，年末总人口1.55万人。

辖区内交通便捷，安清公路、双清公路、福清公路、已开工建设的南大泸高速公路穿境而过，通村到组公路网发达。实现农村饮用自来水、农业生产提灌自流水、农村天然气、4G 网络全覆盖，场镇贸易繁荣。境内自然资源丰富，濑溪河沿边境流经 2 村 1 社区，长达 13.5 公里，河面宽约 50 ~ 100 米，在境内形成渝濑溪河流域唯一的占地 53.33 公顷的独特自然景观——河中岛，曾于 2008 年入选全市 100 个乡村旅游景点之一。屈义林故居及狮滩庄园文化底蕴厚重，清江粉蒸“豆豉鱼”“清江黄氏杂耍”久负盛名。

2017 年，全镇地区生产总值 3.56 亿元，增长 9.9%；工业总产值 12.36 亿元，增长 59.93%，规上工业总产值 11.6 亿元；社会固定资产投资 14.9 亿元，增长 20.84%；农村居民人均可支配收入 15783 元，增长 9.5%；一般公共财政收入 1128.72 万元，其中工商税收 342.04 万元；城乡居民存款余额 3.43 亿元，增长 13.2%，其中农商行 2.4 亿元、邮政储蓄 1.03 亿元。粮食产量稳定在 8800 吨以上。扶贫工作接受了国家扶贫交叉检查，荣获荣昌区委、区政府“十九大安全稳定集体”三等功。河中村创建为全国第一批绿色村庄，分水社区申报为区级美丽乡村项目。

【经济发展】 2017年，牢固树立“兴工强镇”战略，坚持“抓小不放大”的工作思路，坚持不懈抓招商引资，引进工业企业8个，工业类合同金额完成2.8亿元，完成任务的280%，位居全区各镇前列；工业固定投资完成1.9亿元，占任务的237.5%。引进总部经济企业1个。重庆市荣昌区金粟源米业有限公司和重庆市宇坤木业申报为规上企业。年末，全镇有企业37个，其中工业企业25个。工业总产值12.36亿元，增长59.93%。其中，规上企业8个，规上工业总产值11.6亿元，实现镇级税收82.05万元。成功举办以“龙眼承百年，文化游清江”为主题的荣昌区第二届桂圆采摘旅游文化节活动，接待游客10万人次，带动群众增收近100万元。

农业农村工作。全力打造现代农业特色小镇，利用土地整治、农业综合开发等项目和资金，集中成片整治高标准农田 200 公顷。进一步培育新型经营主体，发展种粮适度规模 5 户，新增种植面积近 33 公顷，新增花椒种植面积近 46 公顷。进一步探索稻田循环综合利用，发展稻鸭种养循环模式 33 公顷。新增鑫稼源西瓜绿色品牌 1 个，绿色品牌累计达到 6 个。全力推进水稻全程社会化服务，创新设立“粮食银行”，切实减少粮食贮存、加工、流通成本，进一步提高产出效益。积极培育清江香米“宛在洲”品牌，实行标准化生产、品牌化营销，创新大米个性化定制，提升了“宛在洲”的品质和品牌效应。

镇村建设。新建牛咀、川祖庙、久丰村公路 3 条、5 公里，新建农村公路桥梁 2 座，维修桥梁 1 座。安装农村公路波形护栏 2068 米、标志标牌 36 块，建成双清公路 8 个客运招呼点。投入 100 万元，新建人行便道 11 公里（竹林村 5 公里，塔水村 3 公里，分水社区 3 公里）。完成潼荣高速公路清江段征地拆迁 21.73 公顷，启动 280 人征地农转非安置工作。实施土地深松旋耕整地项目 46.67 公顷，完成高标准农田宜机化 33.3 公顷，推广小型耕作机械 119 台。率先将无人机渗入农业植保产业链，在鑫稼源基地试用无人机植保 66.67 公顷，全镇水稻全程机械化作业基本实现。完成高效节水试点工程，久丰农业股份合作社投入 300 多万元，分别在狮滩庄园、河中岛、久丰和鑫稼源基地建高效节水灌溉项目。投入 300 多万元，建成河中岛桂圆基地和鑫稼源西瓜基地滴灌 53.33 公顷、狮滩蔬菜基地喷灌 6.67 公顷，久丰农业园光伏提灌站 1 个；大禹水利物业管理实行智能化管理平台。修建山坪塘 8 口，加强堤防工程、泵站、管道阀门维护，完善大灌区配套设施建设。投入 232.5 万元，改造农村 C 级危房 5 户、D 级危房 65 户。完成 2012 年农村建设用地复垦 5 个项目的地票交易，兑付权利人剩余补偿款 1379 万元。

完成河中村电网改造，为1000户农村居民安装安全用电保护装置。

【社会发展】 社会治理。进一步推进“雷锋号护平队”和专职巡逻队规范化建设，新安装视频监控12个，新建塔水村、分水社区交通安全劝导站2个，开展义务消防队伍人员培训2次、应急救援队员演练4次。与泸县方洞镇、清升镇、安富街道毗邻3个镇街达成边际联防协作协议，成功处置了“6·30”溺水死亡等5起治安案件。开展安全生产大排查大整治大执法，重点对50余个单位进行了排查，查出安全隐患81条，整改率100％。集中宣传食品药品安全6场次，开展大排查、联合执法4次。农村家宴申报备案89场次，立案查处食品安全违法行为2起，没收违法食品10公斤，收缴罚没款2500元。

动态调整新增建卡贫困户9户23人。加大扶贫户走访力度，全年走访贫困户脱贫户212户。为扶贫对象户建立家庭情况台账，发放扶贫政策明白卡及宣传资料250余份。继续加强148户脱贫户和55户建卡贫困户跟踪帮扶工作，扶贫工作迎接了国家扶贫交叉检查。

全镇有小学1所，完小2所，教师53人，在校学生605人，小学巩固率100%。9月，因全区整合教育资源，清江初级中学合并到安富初级中学，清江初级中学被撤销。有基层文化服务中心2个、文化中心户1个，开展政府购买公共文化下乡演出活动10场。新增城镇就业278人，发放创业担保贷款15人、120万元。发放优抚抚恤金83万元，冬春生活救助和大病医疗救助585人次，发放救助金14.19万元，城乡低保全镇115户、224人，发放低保金95.91万元。特困人员现有141人，全年发放供养金105.79万元。投入22.8万元，惠及残疾人共240人次。享受家庭奖励扶助354人，发放奖励扶助金42.12万元。完成27户、44人独生子女父母一次性奖励，发放奖励金13200元。办理生育服务证114个、审批照顾生育三孩以上3人，开展孕前优生健康检查64人、两癌筛查838人。组织65岁以上老年人免费体检1256人。开展分水社区、河中村全国慢性病非传染性疾病综合防控示范区健康社区创建工作。

【生态环境建设】 投入400余万元开展场镇二三级污水管网改造，实施雨污分流。投入25万元，投放93个垃圾箱，聘请26名义务保洁员对全镇行政村生活垃圾全清运。清理濑溪河等4条河流（水库）的“水白菜”“水葫芦”等漂浮物近3000吨。严格落实“河长制”，完成一河一档、一河一策编制工作，加大巡查力度，及时处理问题。绿化河中岛广场近3000平方米，亮化河中岛环境，安装太阳能路灯40盏，河中村创建为全国第一批绿色村庄。分水社区申报区为级美丽乡村项目。在全镇开展“五星级文明卫生户”评比工作，40农户被区上评为整洁庭院。 （何金贵）

荣隆镇

【概况】 荣隆镇位于重庆市荣昌区西北部，东临荣昌区昌元街道，南接荣昌区广顺街道、安富街道，西连荣昌区龙集镇、四川内江隆昌市渔箭镇，北抵荣昌区仁义镇。辖区面积67平方公里，耕地面积3373.33公顷，森林覆盖率44%。辖7个行政村2个社区，83个村（居）民小组，年末总人口4.3万人。

荣隆镇区位独特，交通运输网络完善，成渝高速公路与正在建设的潼荣高速路在此交汇，S46和S48两条省道穿境而过。英雄文化厚重，是辛亥革命先驱蜀军都督张培爵，国际主义战士、抗美援朝特等功臣吕玉久等革命先烈故里。是西南地区最大的红碎茶加工出口基地，猪油泡粑名特小吃享誉全国的。“一区三园”之一的荣隆工业园，形成了以机械制造、食品药品生产为主的产业群。先后获评全国安全社区、重庆市文明镇、重庆市最佳宜居小城镇。

2017年，全镇地区生产总值21.28亿元，比上年增长11%；企业总产值67.89亿元，增加值27.24亿元；工业总产值54.93亿元，增长20%，增加值17.03亿元，增长35%；全社会固定资产投资40.47

亿元，增长5%；地方预算内财政收入725.7万元；工商税收661.39万元；农村居民人均可支配收入1.62万元，增长10%。荣获荣昌区委、区政府“十九大安全稳定集体”三等功，隆兴湿地公园评为区级爱国主义教育基地。

【经济发展】 2017年，全镇有11个重点建设项目，总投资7.05亿元，完成投资2.77亿元，完成投资计划的103.9%。年末，有企业84个，从业人数1.39万人，总产值67.89亿元，增加值27.24亿元，总收入66.46亿元，利润总额6.51亿元，实缴税金5.24亿元。其中工业总产值54.93亿，增长20%；增加值17.03亿元，增长35%。规上工业企业总产值51.08亿元，完成目标任务的106.87%。工业固定投资39.88亿元，完成目标任务的104.96%。新增规上工业企业5个，新开工（装修）企业8个，新增投产项目12个，新解决就业近1000人。引进项目11个，合同资金14.15亿元，到位资金14.35亿元。新增内资企业11个，累计达到323个，完成利用内资5.74亿元。新增限额以上贸易业企业3个；新发展个体工商户125个，累计达到1909个。5月，重庆秋叶机械制造有限公司被认定为重庆市两化融合管理体系贯标试点企业；9月，重庆协旭机械有限公司被认定为重庆市中小企业技术研发中心；11月，重庆东恩工业控股（集团）有限公司被认定重庆荣隆楼宇产业园。

农业农村工作。全年粮食种植面积3400公顷、粮食产量2.03万吨，分别增长0.04%、0.98%；生产脐橙300吨，猕猴桃6吨，茶叶400吨；养猪大户10个，年出栏8500头；养鸡大户10个，存栏蛋鸡2万只；养鹅大户2个，年出栏1万只，养羊大户1个，年存栏量50只。争取项目支持，投入1226.76万元维修建泵站18座、渠道16处，自流渠清淤13公里，整治山坪塘53口，建设管网2.8公里，实施高田村等3个村水库后扶项目。以打造荣隆“两园、三基地”产业发展为抓手，争取农业项目资金145万元，扶优扶强新型经营主体，年内实施茶叶改造23.33公顷，新发展家庭农场7个、供销合作社网点7个，培育新型主体2个，实施农产品加工示范基地建设33.33公顷，积极探索先锋村和沙坝子村集体经济发展。社会化服务深松整地86.67公顷、绿色防控1266.67公顷、农业保险600公顷，盘式育秧39600盘、机插秧133.33公顷、水稻生产全程机械化示范266.67公顷，示范区耕种综合机械化水平超过85%。新民社区、先锋村创建为农机平安村。

镇村建设。投资2473万元，实施荣隆三圣花园二期房地产开发和东城农贸市场建设；投资489万元，完成荣隆镇2016年度市级中心镇建设项目——荣隆场镇主干道综合整治项目；投入98万元，实施农村危房改造42户；投资60万元，新建隆兴湿地公园文化廊亭。完成“12·27”地震灾后5户C级危房加固及24户D级危房拆除重建。协助完成潼荣高速公路、省道448荣隆段建设相关工作；投入780万元，完成环湖路后段、沙溪路、千担秋路、大柏路、吕培路等8.9公里公路硬化，新建7.75公里泥结石公路；投资37.54万元，对辖区90余公里公路实施养护；投入380万元，新建农村和高铁沿线人行便道40公里；实施2.5公里的安全生命防护工程、600余米高铁沿线安全防护工程、增设112块公路沿线的安全标志、标牌。推行市容环卫网格化、精细化管理，开展农贸市场等整治活动10次，清运卫生死角垃圾10余吨，纠正违规车辆80余次，规范摊点摆放300余处。投放移动垃圾箱体106个，配备垃圾收运车4辆、农村保洁员83名。

【社会发展】 社会治理。年内共排查、调处矛盾纠纷418件，调处成功率为100%。办理信访件56件、主要领导干部包案6件，信访事项受理率、办结率、满意率均达100%。实施群防群治网格化网格化服务体系，建立9个村社综治中心，9支村社群防群治队伍，配备网格员83名。实施雪亮工程建设，辖区各村社已建点位59个，新增点位规划布点335个。深化重点行业领域安全专项整治，年内开展各类巡查检查400余次，查处非法经营烟花爆竹2起，下达整改通知书89份，立案查处食品药品违法案件4件；设置农村交通劝导站9个，规范化建成和运行9个。

脱贫攻坚。全年投入48.6万元，对226户脱贫户、22户贫困户从教育、医疗、产业等方面实施精准帮扶，实现脱贫户稳定增收，年内新增贫困户22户70人（含区级下达贫困人口减贫计划任务5户），标注稳定脱贫42户，脱贫户人均纯收入在4000元以上，贫困户达到脱贫标准4户，未出现返贫现象，实现“两不愁、三保障”。

全镇有中学1所，在校生人数1032人，比上年下降5.67%；小学5所，在校生1827人，下降12.32%；幼儿园12所，在园幼儿635人，下降18.9%。学龄儿童入学率达92.5%，增加5.6%；小学升初中100%；初中升高中率90.16%，增加1.56%。年内撤并豆腐坳等5所小学。有卫生院1家、卫生室15家，病床60床，卫生技术人员31人。常住人口全年政策内生育率97.57%，增加0.2%；计划生育奖励政策兑现率100%，发放总金额增加8.15%。免费两癌筛查1200人、孕优检查150人。新民等3个社区创建为健康社区，成立镇村红十字会。协助区级部门开展科技活动3场次。举办送电影进村社活动108场、各类文化演出16场、全民阅读活动2次，各类文化方面培训6次。成立葛桥社区等6个基层文化服务中心和玉久村等3个基层文化中心户。新增体育场地面积1000平方米以上，组建11名体育志愿服务人员。发放167户困难户各类救助金60.86万元，496户919人低保金324.73万元，359名优抚对象抚恤优待金305.59万元，360人特困供养金279万元。办理初审36人小额贷款268万元。

【生态环境建设】 全面落实环保“大气十条、水十条、土十条”，积极推进荣昌区创森工作，开展禁止露天焚烧秸秆专项整治，全面推行河长制，建立镇、村河长体系。全年投入近100万元，实施濑溪河、渔箭河等河流整治工程，清理保洁河库内水葫芦、白色垃圾等面积达27万平方米，对3座水库集中饮水源和11条次级河流进行监管，巩固境内高升桥水库流域231公顷肥水养鱼取缔成果，未出现反弹现象。加强辖区内濑溪河、渔箭河等7条干支流7大类50项的污染源整治，依法关闭或整治500米范围内畜禽养殖场22家、屠宰点2个、治理水产养殖场4个。全年造林380公顷，淘汰黄标车15辆，空气质量优良天数达253天以上，双龙湖水库、龙滩子水库等地处高升桥水库上游饮用水源的水质达标率100%。辖区50余家涉水工业企业生产废水处理率100%，生活污水处理率98%，城镇生活垃圾无公害化处理率100%。（张　静）

龙集镇

【概况】 龙集镇位于荣昌西北部，距荣昌城区27公里，距渝昆高速公路桑家坡出入口8公里。西与四川省隆昌市周兴镇接壤，与荣隆、盘龙、仁义镇相邻。辖区面积21.46平方公里。辖3个行政村，1个社区居委会。镇政府驻人和路15号。年末，户籍人口1.68万人。

2017年，全镇地区生产总值4.08亿元，增长9.7%；镇综合可用财力1002.41万元，工商税收244.87万元，增长10.7%；社会固定资产总投资6.6亿元，增长29.42%；招商引资新签约项目10个，合同资金2.97亿元；居民可支配收入预计达到16217元，增长13%。

【经济发展】 2017年，全镇工业总产值7.6亿万元，规模以上工业企业总产值7.2亿元；工业固定资产投资4.94亿元；实际利用内资完成2.42亿元。引进项目10个，合同资金2.97亿元，到位资金1.6亿元。粮食种植面积1440公顷，推广优质水稻826.67公顷，粮食产量达9025吨。2个家庭农场稻谷成功申报“三品一标”认证农产品。葡萄种植面积23.33公顷，其中有高端葡萄近2公顷，销售总产值50万元。新增种粮大户1个、家庭农场1个、专业合作社16个、新增入社会员350户，新建6.67公顷的生姜产业高产示范点1个。土地流转面积23.33公顷。开展现代农业技术培训7场、200余人次，发放新型农业科普宣传资料200份。修建山坪塘26个，16000米主支渠道的排灌畅通。

镇村建设。投入380万元，对场镇过境段进行“白改黑”；投入74.35万元，改造人行道路面5413平方米；投入22.26万元安装1100米人行护栏；筹资32.87万元，安装127盏太阳能路灯；投入18万元，新建全民健身广场1个，新增停车位11个；新建树池233个，新安装路沿石1175米；实施1500米场镇污水管网改造和雨污分流项目。投资2000多万元，新建农村公路6条、14公里，人行便道36公里。办理乡村规划建设许可证104件，新改扩建占地面积1.1万平方米，建筑面积1.58万平方米，总投资1106万元，竣工验收85户，验收面积1.32万平方米，场镇新建房面积32000平方米。危旧房改造23户，其中建卡贫困户16户，面积2100平方米；“12·27”地震灾后重建一般户4户，面积460平方米。

【社会事业】 社会治理。全年开展“交安”行动9次，上路检查109次，出动交通安全劝导员184人次，查处201起，劝导站劝导交通违法160余人次。联合派出所开展打击非法营运、销售烟花爆竹专项行动4次，5个烟花爆竹销售点正在实施搬迁。充分发挥派出所、司法所的职能作用，对涉稳人员进行稳控，对重点人员做到了“一人一策”，确保党的十九大期间安全稳定，排查化解矛盾纠纷113件。办理食品经营许可证54个，开展监督执法检查66余次，对检查发现22家有问题经营主体进行了整改。

投入10万元，新建80米“幸福龙集”文化长廊、龙集广场新增固定宣传展板4张，镇机关新增文化宣传板20张。利用镇中心小学搬迁契机，新增1000余平方米体育场地及相关基础设施。组织大型公益性群体文化活动15次，开展文化讲座和培训4次，惠及人数6000余人。

开展人口与计生各项工作，全年符合政策生育率达98.7%，政策多孩率1.3%，人口自然增长率2.7‰；全员人口信息准确率达98%，流动人口服务对象婚育信息查验率达80%。组织干部进百家，继续对全镇已脱贫119户、434人进行帮扶。全年新增贫困户8户、23人，退出贫困户6户、18人。新增低保户17户，停发5户，调减3户，为低保对象176户、409人，发放低保金133.03万元。优抚对象125人，发放优抚金89.87万元。改造残疾人危旧房6户、无障碍改造3户，配备辅助器具包括轮椅、拐杖等20件。医保基金征收251.21万元，完成率93%。养老保险基金征收224.84万元，完成率128.48%。

【生态环境建设】 开展场镇环境卫生整治工作，对场镇乱摆摊点、乱停乱放、乱搭乱建、乱贴乱画、乱倒垃圾等“五乱”行为进行集中治理。开展农村生活垃圾治理工作，硬化垃圾承载台81个，在原投放设施设备基础上，农村生活垃圾收运箱体增至170个，垃圾桶增至300个，垃圾转运勾臂车3辆、手推车30辆。开展河长制工作，建立起“一河一档”“一河一策”的综合整治方案，并于6月5日“世界环境日”和隆昌周兴镇共同举行了荣昌龙集——隆昌周兴共治渔箭河启动仪式。（曹思肖）

仁义镇

【概况】 仁义镇位于荣昌区城西北，距荣昌城区17公里，东北部与观胜镇、河包镇相邻，南与昌元街道、荣隆镇毗邻，东南与万灵镇相接，西北与盘龙镇、龙集镇接壤。辖区面积81平方公里。辖5个行政村，4个社区，92个村（居）民小组。年末有户籍1.72万户，户籍人口5.37万人，常住人口3.86万人。

2017年，全镇地区生产总值11.35亿元，比上年增长10.8%；镇级财政收入7273.78万元，增长79.47%；工业总产值52.2亿元，增长22%；社会固定资产投资16.9亿元，增长10%；农村常住居民人均可支配收入15901元，增长11%。荣获荣昌区委、区政府“十九大安全稳定集体”三等功。

【经济发展】 2017年，全镇规上工业企业总产值40.5亿元，增长21%；规上工业企业增加值12.15亿元，增长21%。新增规上工业企业1个、限上贸易业及规上服务业企业17个，平均增速30%。招商引进项目8个，合同协议资金3.55亿元，固定资产到位2.82亿元，办理总部经济企业3个，实现税收230万元。其中新引进的重庆玖来食品有限公司，总投资6000万元，预计产值1亿元，可解决400余人就业。

成功举办“香草文化节”“菊花艺术节”等特色活动，活动期间累计吸引游客6.3万人次。三奇湖被评为汽车自驾运动营地。

农业逐步向规模化、集约化、产业化发展，有荣杰农产品合作社、鑫联肉牛养殖、丁贵桃园等一批现代农业企业，年内新发展种植大户9个，初步建立起“水稻+肉牛+果树”主导产业和农牧循环发展模式。全年粮食总产量2.03万吨，蔬菜产量2.52万吨。开展种粮大户直补、退耕还林直补、生态林补贴等申报工作。签订水稻统防统治协议1313.3公顷，水稻、玉米、油菜保险9664公顷。推广农机490台，完成14547户农户的农业普查工作。

镇村建设。成功申报国家级标准化气象服务站，各村（社区）对应设立专人负责的气象服务点。成功申报中央财政资金360万元的200公顷油料生产基地建设项目。公路建设推进顺利，潼荣高速仁义境内5.6公里建设，已完成90%的路基平场工作；大隆路（省道S488）建设基本完成，仁义段已实现试通车；完成仁义法庭至绕城路路基建设和仁北新城至绕城路泥青路面铺设。新修人行便道41.3公里，新建山坪塘43口、维修和改造提灌站18个。运用“资金入股”“土地入股”两种模式，重点推进2个村（瑶山社区乡村旅游、三奇村桃树种植）集体经济改革试点工作。瑶山社区入选市级本土人才培训村集体经济示范点、参观点。启动总投资1600余万元的三奇湖环湖11.1公里公路建设项目，已完成招投标工作。

完成红梅社区和永灵村共计572.8公顷的土地整理工作，瑶山社区产权交换房基础设施建设。完成仁义畜牧站、河包调气站、永灵页岩气站的征地和兑付工作。改造C、D级危房62户。解决国有土地产权遗留问题办证156户，启动政府出售公产房未办理产权证12宗地68户的摸底调查。全面推进街长制，重点整治了农贸市场片区、桂花街、背街小巷等重点区域。开展“农村垃圾百日清扫”活动，建立农村垃圾“户集、村收、镇运、区处理”管理模式，农村垃圾清运率和生活垃圾无害化处理率均达100%。完成污水处理厂（站）建设运维专项整治3处。投入资金39万元，完成五贵河、新峰河河面漂浮物专项整治。出动1866人次、1026车次宣传巡逻禁止露天焚烧行为，处理露天焚烧行为139起，完成禁限养区51户畜禽养殖户的关闭搬迁和整治，淘汰黄标车26辆。

【社会发展】 社会治理。开展以“德善仁义·你我同行”为主题 的“平安仁义，健康仁义，文明仁义，绿色仁义”建设。建立起325人组成的4支安全巡逻队伍，常态化开展巡逻，累计巡逻432次，发现并处置突发事件21件。加大群体上访、重大不稳定纠纷、治安安全隐患等排查力度，全年排查各类矛盾纠纷172件，调处168件，化解率达98.82%。重点开展道路交通、烟花爆竹安全隐患排查，消防、食品药品、建筑、道路交通等方面的安全专项检查236次，有效消除安全隐患46处。对家宴承办实行备案管理，办理备案24件。投资3万余元，设立“农村交通安全劝导站”8个，查处道路交通违法行为360起。

加大扶贫帮扶力度，切实把“两不愁，三保障”扶贫政策落到实处。通过结对帮扶、因户施策、产业扶持、就业转移等措施，落实帮扶资金30.6万元，帮助贫困人口39户、108人成功脱贫。投入资金21万元建成瑶山社区养老服务站。新增农村低保89人，新增特困人员30人。发放城乡低保金259.9万元，发放特困人员供养金和慰问金344.48万元；发放残疾人补贴资金45.77万元。养老保险基金征收417.56万元，合医基金征收668.7万元；发放创业担保贷款514.5万元，“4050”社保补贴16万元。开展“仁义镇向日葵市民学校四点半课堂”活动，强化留守儿童关爱和教育。推进“文化进万家”活动，开展送文化进基层演出13次、放映惠民电影98场次，流动文化进村22次。不断强化公共卫生意识，开展健康讲座5期，受益人数600余人；组织育龄妇女参加免费生殖健康检查4270人，65岁以上老人免费体检2369人；家庭医生签约13619人，重点人群签约覆盖率达100%。发放计生特扶资金33.5万元，慰问新增失独家庭8户4万元。仁和、瑶山、红梅3个社区成功创建健康社区。

【举办第二届仁义文化旅游活动】　仁义镇香草汇旅游园区始建于2012年，紧邻三奇湖畔，占地333公顷。园区建设以仁义镇本土历史底蕴为基础，打造了独具仁义风情的观光人文旅游基地，主要有农耕文化陈列室、农耕文化体验区、百米忠孝文化观光长廊以及二十四节气林等基础设施，实现了乡村观光旅游与人文要素的紧密结合。2015年，高标准完成环湖路1期5.55公里建设项目。2017年，投资1600余万元，启动环湖公路11.1公里建设项目，现已完成招投标工作，成功举办“香草文化节”“菊花艺术节”等特色活动，期间累计吸引游客6.3万人次。三奇湖被评为汽车自驾运动营地。（郭以筑）

河包镇

【概况】　河包镇位于荣昌区西北部，辖区面积5552.71公顷，耕地面积4005.38公顷。辖3个行政村，3个社区。年末，总户籍13726户，户籍人口42822人。河包镇是全国著名的粉条之乡，打造的“中国粉条生产基地”先后被重庆市中小企业局命名为市特色产业基地、市中小企业基地、市农产品加工基地，被农业部命名为全国农产品加工示范基地。

2017年，全镇地区生产总值11.07亿元，比上年增10.05%；财政收入7654.28万元；工商税收861.70万元；全社会固定资产投资9.25亿元；农村常住居民人均可支配收入16674.2元。

【经济发展】　2017年，招商引资项目9个，协议投资4.65亿元，实际到位2.73亿元。累计流转土地333.33公顷，集中种植绿色水稻、高淀粉红薯、花椒200公顷，取得3个绿色水稻商标认证和1个高淀粉红薯绿色基地认证。大力支持种养结合模式发展稻田养鸭1万余只、养鱼20公顷。培育和扶持种养大户、家庭农场、专业合作社等新型农业经营主体，全年新增家庭农场2个、农民专业合作社2个、种植养殖大户12个。

完成“荣233H”页岩气井前期土地协调和基建工程。完成潼荣高速公路在境内8公里的建设征地、临时用地协调和房屋拆迁等工作，共拆迁101户、征地40公顷、临时用地8公顷。开展大隆公路建设中的拆迁和用地协调工作，实现省道大隆路河包段提前竣工通车。新建人行便道60公里、新修山坪塘102口、拦河堰2处，硬化农村公路15公里，新修泥结石公路35公里，安装波形护栏9129米、标志标牌170块，延伸12米宽的市政大道500米。投资3000万元，启动经理部片区（金凤家园）和新农贸市场（金凤福邸）房地产项目一期工程建设。投资40万元，对场镇部分店招店牌、人行彩砖、花台进行更换和维修，在主要街道安装固定护栏。投资72万元绿化场镇段河包水系和金凤山公园，投资30万元对金凤山下30户农户实施庭院美化、靓化工作。投资155万元，新建垃圾台226个、增设垃圾箱230个和垃圾桶120个，新增保洁员58名。对境内3条区级河流和13条镇级河流，实行“一河（库）一策”河长制，投入100余万元，对20多万平方米河道清漂。在濑溪河流域综合治理工作中，取缔搬迁畜禽养殖场点23处，整治畜禽养殖和水产养殖场点79处。投资764万元，完成转龙社区到场镇二、三级污水管网改造工程，实现转龙所有粉条企业污水全部接入镇污水处理厂。开展大气污染防治工作，实施企业煤改气工程，严禁秸秆露天焚烧，淘汰黄标车11辆。

【社会发展】　全年改造贫困户危旧房27户，发放大病医疗救助41户、8万元，教育资助28户、5.5万元。751户脱贫户中没有返贫户，31户贫困户脱贫28户，新增贫困户77户。投入产业帮扶资金25万元，帮扶对象321户。切实解决517户、788名困难群众的最低生活保障。发放各类救助金43.9万元、补助金317.5万元。农村医疗保险参保33514人，城乡养老保险参保9806人，基本实现“两险”全覆盖。投资130万元，建设敬老院消防工程，新建社区养老服站1个。投资110万元新建转龙社区便民服务中心。完成中心小学扩建和教学楼搬迁工作。开展职业介绍、就业培训、创业扶持等服务，累计转移农村劳动力15000人。

【粉条产业提档升级】 年内推广种植高淀粉红薯200公顷。与西南大学食品学院合作，提升传统粉条生产工艺，解决湿态粉条保鲜等一系列问题。完成湿态粉条标准制定，正在申报相关单位进行发布。建立食品质量检验中心。“河包粉条”获得“中国名小吃”称号，自主品牌“潘幺妹”“煌宴”“薯老二”“转龙村”市场的知名度和美誉度进一步提高，全年传统粉条销售量比上年提高40%，“湿态酸辣粉”月销量突破300万份。

【真原堂列为重庆市优秀历史建筑】 真原堂位于河包镇郑家湾，是迄今为止重庆地区保存最完整的唯一一座砖木结构的双钟楼式哥特建筑，具有历史研究价值。真原堂1905年由外国传教士建造，1930年加建哥特式建筑。其外形虽具有异国风格，但却是用中国元素的砖木构筑建成，整个墙体砖块间的连接是用本地特有的糯米浆拌合石灰粘接而成。从山脚到大门有3层230梯石阶梯，建有2座高45米的双钟楼，主要房屋面积1500多平方米，圣堂大厅能容纳1000人以上，大厅正面是若瑟圣母、耶稣的塑像，整个大厅只有6根砖柱鼎立，大厅两侧是意大利式的条形半圆弧大窗。教堂周围有近3米高的原古石墙，西、南方向的2道石柱山门上有石刻花卉，墙内有宽阔的花园，整个建筑至今保持了建筑时期的原风格面貌。年内，河包真原堂被列为重庆市优秀历史建筑。（卢林锦）

古昌镇

【概况】 古昌镇位于荣昌区城北郊，距荣昌城区8公里，东邻大足区龙石镇、珠溪镇和荣昌区万灵镇，南接昌州、昌元街道，西接仁义镇，北靠河包镇。辖区面积38平方公里，耕地面积1288.32公顷。镇辖5个行政村、1个社区、37个村民小组。年末总户籍8537户、户籍人口23842人，常住人口0.77万人。场镇建成区为0.6平方公里，森林覆盖率39.6%。镇内商贸繁荣，生态宜居，是城郊型经济发展适宜区。基础设施完善，实现村村通柏油路，天然气、电力和通信全覆盖。有清远鸡、高架草莓、草莓浆、甘蔗汁、薯条、红心柚、早姜、条粉、绿竹等特色农产品。玉带村被评为“全国美丽乡村示范村”“重庆市绿色新村”。

2017年，全镇地区生产总值10.83亿元，比上年增长14%；规上工业企业总产值8.17亿元，增长13.16%；全社会固定资产投资13.41亿元，其中工业固定资产投资6.01亿元，增长13.8%；工商税收262.84万元，增长32.3%；农村常住居民人均可支配收入16431元，增长10%。

【经济发展】 2017年，古昌镇以台湾农业园为主体申报高升湖生态产业市级农业科技园区，现已进入专家评审阶段。新引进九龙科技，投资300万元建成6.67公顷智能化连栋蔬果大棚；引进欣业食品，投资2000万元建成欧盟标准化工厂1个。以“花漾万灵”景区为抓手推动乡村旅游发展，全年举办各类节庆活动5次，吸引游客观光超过10万人次，实现产值50万元。依托“古昌土猪肉”品牌，销售生态猪肉995吨，产值3950万元。新发展专业合作社1个、家庭农场3个、种养大户20个，农业经营主体培育取得成效。投资638.76万元，新建田家河、古金、喻川公路总长6.46公里，安装农村公路安防设施7公里，投资103万元建成人行便道11公里，整治山坪塘41口。投资500余万元，实施场镇二、三级雨污分流改造工程，建成污水管网近3000米、化粪池5个，95%的污水得到有效处理。投资近10万元修建垃圾收运台103个。

【社会发展】 全年受理信访案件29件，办结29件；有效化解市级信访积案1件、区级信访积案2件。受理各种矛盾纠纷191件，调解成功率100%。开展安全检查513次，下达限期整改通知22份，治理安全隐患25项，查处交通违法违章765起。

全镇有卫生院1个、村卫生室9个，中学1所、小学5所、民办学校1所，在校学生人数1537人。开展“精准扶贫干部进百家”行动，新增建卡贫困户56户140人，完成稳定脱贫户28户。城乡居民医疗保险参保18693人，征汲基金343.76万元。发放低保、临时救助、五保、特困人员、优抚、奖励扶助等资金 642.28 万元。城镇新增就业 330 人，完成小额贷款 252 万元。妇女孕前优生健康检查 109 人次，出生人口 237 人，自然增长率为 3.73 ‰。落实基本公共卫生服务，新建健康档案 479 份，家庭医生签约服务 7024 人。建成社区健身广场，新增体育场地面积 1200 平方米、体育健身器材 16 个，开展文化体育活动 38 场次。

【**生态环境建设**】 落实区政府关于加强高升桥水库水环境保护的通告，召开院坝会宣传42场次，开展入户宣传2000次。统筹推进濑溪河流域污染、大气污染综合治理、畜禽养殖污染专项整治，完成畜禽养殖污染、工业废水等治理任务71个，关闭或搬迁养殖户35户，综合治理16户。建立健全河长制，新峰河、五贵河流入高升桥水库水质稳定达到Ⅲ类标准。建立禁止露天焚烧秸秆常态化巡查机制，淘汰10辆黄标车。 （刘作坤）

吴家镇

【**概况**】 吴家镇位于荣昌区西北部沱江支流清流河畔，距荣昌城区37公里、大足城区38公里、四川省内江市区40公里、安岳县城70公里。东邻铜鼓镇，南邻观胜镇，西邻清流镇、盘龙镇，北邻四川省安岳县努力乡，东北接大足区铁山镇，西北与内江市东兴区石子镇接壤。辖区面积92.2平方公里，城镇建成区面积2.2平方公里。辖5个行政村、3个社区。年末总人口5.9万人，城镇常住人口2.1万人。

吴家镇交通便捷，省道 206、省道 309 省际旅游专线横贯全境，距离成渝复线高速公路三驱出入口 25 公里，有公交线路 7 条，村级油路 100 余公里。吴家镇是成渝边际的交通枢纽、荣昌区北部物资集散中心。

【**经济发展**】 2017年，工业总产值89亿元，其中规模以上工业产值86.4亿元，工业增加值17亿元；工业固定资产投资25亿元；社会消费品零售总额8.8亿元；公共财政收入929.13万元，增长34.83%。完成合同资金9.7亿元，实际到位资金4.84亿元。紧紧抓住“市级小企业创业基地”“重庆市中小企业特色产业基地”两块牌子，着力调整结构，加强经营管理，推动技改创新，支持提档升级，促进阀门产业获得长足发展。荣昌群建阀门有限公司实现马钢球阀智能化升级改造，同时将产品列入政府采购目录；盘活并升级改造荣昌区张氏阀门有限公司工艺设备和车间厂房，实现现代化管理；全力推进阀门特种许可准入的协调，帮助阀门企业拓展市场和业务，荣昌万民机械公司成功承接汽车变速箱零部件的铸造业务。年内吴家镇获批重庆市中小企业特色产业基地、重庆市小企业基地。

坚持发展特色农业，着力打造蔬菜、苗木、经果林等特色产业，促进农民持续增收。在万亩蔬菜园区新建大棚蔬菜 2.07 公顷，修建 660 立方米的冻库 1 个；在高峰村、玉峰村培育猕猴桃、柠檬、脐橙 166.67 公顷；依托荣昌区永熙中药材种植股份专业合作社，积极拓展荣昌区吴家白芷 GAP 药材基地，种植面积 266.67 公顷；投入 140 万元，实施现代农业服务体系，发展壮大村集体经济；培育家庭农场 4 个、核心农民合作社 1 个、社会化服务组织 1 个。全年累计存栏母猪 2300 余头，外销仔猪 3.6 万余头，出栏商品肉猪 1.6 万余头，蛋鸡规模化养殖户 12 个，养鱼水面 3.33 公顷以上的 9 个。

镇村建设。完成 4.6 万平方米的商品房建设；实施 8000 平方米棚户区改造；实施 4400 米排污管道建设；完成 S206 复线路灯的安装；实施棠城步行街和人行彩砖的修缮；新栽和补栽人行道树 20 余株、贴梗海棠 600 余株。投入 85 万元，新建泥结石公路 2600 米；投入 270 万余元，新建人行便道 30 公里；投入 600 万余元，新建生产便道 11.2 公里；投入 1172 万余元，改造水泥砼公路 11.8 公里。投入 340 余万元，整治山坪塘 79 口；投入 50 万元，维修含珠桥村石河堰 1 处；投入 12 万元，整治维修泵站、渠道 16 处，渠道延伸 500 米。投入 500 万元，实施农村饮水安全工程；投入 300 万余元，实施农村电网改造；投入 262 万元，改造 C 级危房户 3 户、改造 D 级危房户 74 户。实施十烈社区美丽宜居示范村建设。

【社会发展】 社会治理。继续实施镇村组三级综治队伍及立体防控网络体系，与渝西川东九乡镇签订平安边际共创协议，治安案件发案率得到明显下降，结案率得到明显上升，群众安全感进一步增强。全年综治信访维稳中心共受理群众信访件24件，22人次，办结信访件24件，成功调处矛盾纠纷24件，组织矛盾纠纷排查16次。年内无到市进京非正常上访和群体性事件发生。开展安全大检查30余次，安全单项检查40余次，纠正安全违章40余人次，处罚安全违法行为100余次；开展“安全生产月”和“消防演练”等活动。完成食品快检70批次，强化农村家宴审批管理。

巩固扶贫攻坚成果。对新增171户、375人建档立卡，明确帮扶对象和制定帮扶规划，落实产业帮扶资金34.2万元；投入21万元，实施70户贫困户卫生改厕；组织贫困户参与雨露计划培训，实施贫困生资助，实施精准脱贫保险。同时为了防止因学、因病返贫，积极推行产业扶贫，引进专业农产品开发公司，确保农户养得出，卖得出，能致富，保证被帮扶对象有稳定的收入来源。至年末已有707户、2406人脱贫。

全镇有中心文化站、广播电视网络传输站各1处，村级文化活动中心8处，各类文化专业户20户，推出群众文化简报12期；开展文化活动演出13场次，观看人数上万人次。有各类图书室40个（包括图书外借点、农家书屋、学校图书室），藏书30余万册，建立开放式图书室1个，农家书屋8个。有幼儿园11所，小学6所，初级中学1所。初中适龄人口入学率、小升初升学率、九年义务教育覆盖率均为100%。全年投入711万余元，实施校舍维修改造、广场建设、运动场建设、水管网改造、教师周转房建设等工程，改善办学条件。继续完善中小学、幼儿园视频监控系统，配齐“一校一警”专兼职保安及内保人员。有中心卫生院1个，门诊部（卫生室）13个，床位130张。专业卫生人员106名，其中执业医师37人，执业助理医师16人，注册护士35人。吴家卫生院成功挂牌荣昌区第二人民医院，新引进CT、DR以及胃镜等较为先进的医疗设备。有广播电视网络传输站1个，有线电视用户8500户，入户率80%。

城乡居民养老保险、城乡居民医疗保险，保障率达95%以上，农村合作医疗参保40097人，城乡低保对象做到应保尽保、动态管理。全年发放城乡低保金583万元，特困供养金240万元，优抚金270万元，残疾帮扶金20余万元。为下岗失业人员提供创业无息贷款1195万元，带动就业近821人。开展生殖健康检查5000余人次，开展家庭保健服务，惠及8000余人。

【生态环境建设】 继续开展“蓝天、碧水、绿地、宁静、田园”五大行动和环保“四清四治”等专项行动。投入20万元，对辖区内13条河流实施管护；加大对黄桷滩水库、大小清流河为重点的城镇饮用水源整治力度；投入1600万元，实施二、三级污水管网改造；推广应用新能源和可再生能源，加快淘汰落后产能；投入120万余元，实施农村垃圾生活治理，购买垃圾箱体338个和垃圾桶420个；投入资金近36万元，购买小型勾背车2辆，垃圾转运箱60个；聘用环卫清洁工45人实行全天候保洁；市政清洗车每周坚持对场镇清扫3次以上，坚持每天清理生产、生活垃圾，场镇的亮化、美化、绿化进一步提升。

【荣昌吴家脆莲白】 荣昌吴家脆莲白产自重庆市荣昌区吴家镇双流村，属本地自留品种，已有60余年的种植历史。产区土地平坦，土壤肥沃，土质为沙壤土，有大、小清流河流在产区会合，自然环境优越。荣昌吴家脆莲白品种纯正，未经过杂交选育，在白露节前后育苗，生长周期比一般莲白长，要经过秋分、寒露、霜降、立冬、小雪、大雪、冬至七个节气，保留了最原始的品质和口感，特别是霜打之后采收的莲白，颜色更加翠绿，口感更加脆甜，清香味浓。2017年，全镇栽种脆莲白350公顷，总产量2万吨，产值2000余万元，农民的收入进一步增加。（文　勇）

观胜镇

【概况】　观胜镇位于荣昌区北部，距荣昌城区27公里，东临河包、铜鼓镇，南接仁义镇，西连盘龙镇，北靠吴家镇。辖区面积42.52平方公里，耕地面积2393.63公顷，有效灌溉面积1077.73公顷。辖3个行政村、2个社区、58个村（居）民小组，年末总户籍7291户，户籍人口19714人。

2017 年，全镇地区生产总值 3.67 亿元，比上年增长 13.1%；工业总产值 8.79 亿元，增长 5%，其中规上工业企业总产值 8.68 亿元，增长 17.8%；工商税收 465.88 万元，增长 13.1%；农村居民人均可支配收入 17021 元，增长 12.46%。

【经济发展】　2017年，全镇工业总产值8.79亿元，增长5%，其中规上企业产值8.68亿元，增长17.8%。引进秀珍建材公司等总部企业7个，引进重庆秒度科技有限公司等6个企业落户高新区。培育重庆更尚科技有限公司等规模以上工业企业3个。观胜镇生态肉兔草食畜牧养殖循环经济项目和永世光电设备有限公司生产车间建设项目纳入荣昌区级重点建设项目。

发展水果、中药材、肉兔三大主导产业。全镇种植柑橘总面积 200 公顷、其中，春见、沃柑、血橙柑橘 53 公顷，李子 33 公顷。成立曲塘枇杷专业合作社。观胜枇杷通过无公害认证。立体种植芍药、丹参等兼具观赏和食药两用中药材，建成 13 公顷中药材高产示范基地，引进日加工能力超过 10 吨的让君中药材加工公司。升级改造废旧兔笼 1200 个，新增兔笼 4420 个、种兔 4000 只。“观胜肉兔”被评为区级知名商标。农作物保险投保 597.47 公顷，公益林保险投保 1300 公顷。退耕还林直补 457.53 公顷、森林补偿 1055.4 公顷。开展农机安全整治 30 余次，消除事故隐患 10 处，查处农机违章 100 余次，补贴 340 台农机购买资金 28.75 万元。整合资金 2000 万元，安装农排 PE 管道 20 公里，新增农排 3 处、蓄水池 5 个，新建山坪塘 34 口、银河村双龙桥石河堰 1 处，修复凉坪社区铁索桥。硬化新吴路、陈仁路等 8 条公路、19.2 公里，修建人行便道 20.5 公里，安装自来水管道 55 公里，安装凉坪社区卫生室至镇文化站公路沿线太阳能路灯 22 盏。补助资金 72 万元，改造农村危旧房 22 户，其中 C 级 2 户、D 级 20 户。

【社会发展】　完善三级服务体系建设，开展矛盾纠纷排查化解、防范与处理邪教工作。强化群工系统运用宣传，有效解决群众反映问题790个，满意率96%。接受网络问政21次，回复率100%。

全镇有中心小学 1 所、完小 1 所、民办小学 1 所、村小 3 所，教师 67 人，在校学生 1166 人。年内观胜小学建设排污管网 200 米、凉坪小学修建水泥路 140 米。筹集资金资 9 万元，支持学校开展公益活动。开展学校及学校周边食品安全专项整治，完成 40 件快速检测。购买公共文化演出服务进村 6 次，区级送文化下乡 3 次，渝州大舞台到镇演出 2 次。新建银河村、许友村 2 个基层文化中心，确定 2 个文化中心户。

全镇有 505 户 1574 人实现稳定脱贫，新增贫困户 27 户 42 人脱贫。享受低保待遇 125 户 193 人，累计发放低保金 39.8 万元。发放救济款物 12 万元、大病救助金 9.45 万元。为 12 名残疾人员配备辅助器具，将 13 名贫困精神病患者纳入服药补贴对象。投入资金 48.34 万元，改造敬老院消防设施，新建睡佛社区养老服务站。

【生态环境建设】　推行河长制，落实镇内13条河流、3座水库三级责任制。排查污染隐患点78处，沿河设置公示牌10块。投入20万元，打捞河流水葫芦、垃圾等漂浮物。强制拆除黄桷滩水库淹没区非法鱼塘2处。清除河中非法设网拦网21处。搬迁养殖场地1个，督促养殖场限期整改3个，完善适养区内8个养殖场环保设施。投入资金300余万元，新建污水处理厂，升级改造场镇污水主管网600米、配套二三级管网1056米、检查井54个，实现场镇二、三级管网总覆盖率、生活污水收集率均达到90%以上。筹资70万元用于全镇垃圾收运工作，新建垃圾平台150个，配备垃圾收运箱体317个、垃圾收运桶300个，新增垃圾转运车2辆、农村保洁员34人，全镇58个社垃圾收运全覆盖。投入资金20万元，在原市级贫困村许友村、银河村实施无害化卫生厕所改造，65户群众的人居环境得到改善。

【黄桷滩库区生态绿化】 投入资金550万元，绿化黄桷滩水库河岸线及天际线。重点打造观胜河双河口核心区，李子生态涵养圈、柑橘中药材生态涵养圈和观胜河谷笋竹生态产业带。栽植雷竹35公顷、李子树35公顷，完成核心区地面整形。

【银河村发展集体经济试点】 银河村为区发展集体经济试点村，获得资金130万元。探索建立产业经济协会、建设集体兔场和中药材高产示范片。引进全国兔业龙头企业山东嘉实集团，新建全区自动化程度最高、规模最大的达生兔业种兔场，年出栏肉兔10万只。全年银河村集体增收6.1万元，试点工作取得初步成效。（杨高炉）

铜鼓镇

【概况】 铜鼓镇位于荣昌区东北部，距荣昌城区34公里，与河包、观胜、吴家，大足区的铁山、季家等镇相邻。辖区面积38.77平方公里，耕地面积22.47平方公里，场镇面积0.3平方公里。辖1个社区、3个村、33个村（居）民小组。年末总户数5857户、人口16764人，其中农业户5376 户、人口16043人。有付家拱桥、小万福桥2座小（一）型水库，小溪河3条，电力提灌站14个。铜观、铜河、铜季、铜铁等公路穿境而过。全镇以农业为主，主产为水稻、玉米、油菜、花生、水果等农产品。

2017 年，全镇财政收入 115.2 万元；工业总产值 8.1 亿元；社会固定资产投资 8.23 亿元；税收 240.13 万元，占任务数的 159%，其中国税 193.13 万元，地税 47 万元；农民人均纯收入达到 1.43 万元。

【经济发展】 工业总产值8.1亿元，新培育2000万以上规模工业企业1个。引进项目8个，协议资金3.26亿元，到位资金2.75亿元。引进总部经济企业2个，引进内资项目3个，内资投资项目2个，全年利用内资2.29亿元。上缴区级财政115.2万元。

推进农业特色经济规模发展，开展村集体产权制度改革试点。清理核实高山村资产总额 758 万元，其中村级资产总额 253 万元。适合量化的资产总金额 1407 万元，其中村级适合量化资产金额 6.4 万元，组级适合量化资产总额 1400 万元。新发展家庭农场 3 个、核心农民专业合作社 1 个，培育标准化蛋鸡养殖场 1 个。建立“首席专家 + 技术团队 + 新型经营主体”的农技服务体。蛋鸡常年稳定在 20 万余只，生猪常年稳定在 2 万头；发展花椒产业 200 公顷，种植莲藕蔬菜 20 公顷，养殖观赏鱼 86.66 公顷。有粮油产业大户 5 个，种植面积 200 多公顷，全面完成农作物保险。加强农产品质量安全监管，按照区农委的对农产品安全产地检测的要求认真开展产地抽检，并实时联网上传数据，全年未发生农产品质量安全事故。

镇村建设。投资近 1740 万元，修建水泥砼路面 18 公里，人行便道 20 公里。强化黄桷滩水库配套水利工程的管理与使用；完成付桥水库、小万福桥水库电排建设和付家拱桥水库水生态修复 13.33 公顷，整治山坪塘 8 口。完成农村 22 户 D 级危房改造。推动新城花园二期复工，强化安全检查与质量控制，化解民工工资及材料款项 255 万元；协调完成香国花园 168 户及车站一排 5 户正式供电。完成河堤两岸绿化美化工程，绿化率 100%。强化市政的“精细化”管理，规范市场经营主体行为，做到坐商归店、行商归市；重新规划，合理布局，增设临时停车位至 150 个、摩托车停放点 25 个、摊位 48 个。

【社会发展】 坚持“赶场接访”常态化，及时解决群众诉求，全年发放惠民政策、法律法规宣传资料2万余份，接待群众来访咨询452起，涉及591人，解决实际困难72件、重点难点问题35件，化解历史遗留信访问题2件。实施网格化管理及治安防控体系建设，加强治安巡逻守护，查处治安案件250件，行政拘留27人。开展反邪教专项行动，登门入户走访6人次。对辖区49名精神病患者的严格管控，及时将7名重症患者送医院治疗。开展马蜂窝取缔专项治理，制作宣传警示标牌66个，并摘取马蜂窝 75个。开展道路交通安全劝导142次，劝导车辆3000余辆，现场纠改2000余。进行各类安全检查265次。开展“打非治违”专项行动，查处非法储存烟花爆竹1户、非法经营烟花爆竹4户。开展国家食品安全示范城市创建工作，进行专项安全检查36次，举办各种宣传活动6次，发放宣传资料1600余份，完成40多件快检工作，对其中3个快检不合格餐饮店及时进行整改。全年无安全事故发生。

全镇 2 个贫困村有建档立卡贫困户 428 户 1561 人，现已全面脱贫。投入资金 28.6 万元，继续强化攻固脱贫户及新增贫困户帮扶。培育壮大贫困村特色产业，坚持因地制宜、因户施策，全年帮扶贫困户 39 户 95 人，发展安全、优质、高效的现代种养殖业。

全镇有中心小学 1 所、完小 1 所、高山村小学 1 所，卫生院 1 个、村级卫生室 6 个。年内投资 300 余万元，新建维修校舍、购置教学设备设施、安装学生食堂天然气及购置食堂设备。全年户籍出生人口 141 人，人口自然增长率 3‰。符合政策生育率 98.4%，新增奖特扶对象 12 人。对独生子女死亡家庭 2 人发放一次慰问金 0.5 万元、一次性养老保险金补贴 1 万元；特扶对象 5 人享受住院保险补贴 0.97 万元；为 18 户计生贫困家庭发放慰问金 4800 元。发放冬春生活救助金 10 万元、临时救助 21.85 万元、义务兵家属优待金 6.72 万元、优抚对象医疗补助金 11.52 万元、城乡低保金 63.54 万元。为 455 名残疾人缴纳医保金；投入 7.2 万元为农村贫困残疾人改建危房 6 户，投入 3 万元实施 7 户残疾人无障碍改造；发放助听器及其他辅助器具 58 人次；居家托养 15 人，补助 1.35 万元。城乡居民医疗保险参保缴费 13565 人，养老保险基金征收 110 万元。创业就业培训 35 人，申请小额贷款 208 万元。建立健康档案 13376 份。对育龄妇女免费生殖健康检查 2258 人，免费孕优健康检查 78 人，完成任务数的 104%。完成 65 岁以上老人健康体检 1256 人次。对 46 名精神病人进行规范管理。

【生态环境建设】 实施城乡环境治理工程，新增加垃圾箱113个、垃圾桶80个，现有垃圾箱200个、垃圾桶280个，新建垃圾坪台113个。实施“河长制”，落实镇村两级河长18人。坚持定期巡河制度，抓好汛前、汛中和汛后的安全检查，对安全隐患及时整改。关闭或搬迁河流直线距离200米以内的14个养殖场。对童江河、铜鼓河、付桥水库、小万福桥水库的水面漂浮物进行全面清除，水体水质明显改善。将用水总量控制目标、用水效率、农田灌溉有效利用系数、水功能区水质达标率等控制指标落实到单位和人。大力推广节水农业技术和推进节水型社会建设，加强水资源管理、开发、利用和保护，完成农村集中饮用自来水3000人。农村卫生改厕68户，淘汰黄标车5辆。（刘相国）

清流镇

【概况】 清流镇位于荣昌区西北角，西南与四川省内江市东兴区平坦镇接壤，东北与吴家镇相连，东南毗邻盘龙镇、远觉镇，距荣昌城区46公里，距四川省内江市35公里，是荣昌的边陲小镇。辖区面积26平方公里，耕地面积1498.78公顷。辖1个社区、3个村、35个村居民小组。镇政府驻园丁路173号。年末，总人口15433人，其中农业人口13258人。

2017 年，镇党委、镇政府结合清流实际，以“打民族牌、错位发展”为主线，着力打造“国家级旅游景区、民俗风情小镇、四季花果之乡”3 张名片，继续打造万亩海棠香橙种植园区、万头肉牛养殖基地、万亩油菜基地和千亩中药材基地四大产业基地。

【经济发展】 2017年，全镇工业总产值8.7亿元；固定资产投资7.02亿元；工商税收375.36万元，其中国税273.38万元，地税101.98万元。招商引资签约项目11个，合同金额4.21亿元，占目标任务的210%，实际到位资金3.26亿元，占计划到位资金的217%。签约总部经济5个，完成全口径税收511万元。

清流镇因地制宜发展特色农业，万亩海棠香橙种植园区规模已发展 480 公顷，是重庆市无公害农产品生产基地，并获得绿色食品认证。渝西万头肉牛养殖基地已纳入全区10个特色种养殖园区建设项目，年出栏肉牛达8000余头。万亩油菜基地全面建成，与景区发展相融合。千亩中药材基地，药材种植面积已有100公顷。新发展了春莧、椪柑、长叶香橙等新品种柑橘533.33余公顷、糯玉米73.33公顷、黄精33.33公顷、食用荷花6.67公顷。引进市中药材研究院来镇开展世界各地决明子优选试验科研项目。全年兑付2016年大户支持保护补贴65.33公顷。新发展合作社3个，家庭农场2个；商标注册成功1个。“十三亿粮油种植专业合作社”水稻、油菜籽无公害认证申报成功。

推进壮大集体经济试点工作，投入140万元资金，在马草村开展“实体＋金融”集体经济发展模式的探索。创办“十三亿粮油种植专业合作社”，购买旋耕机2台、收割机1台，并为农户提供机耕机收等农业社会化服务。半年时间，机耕收入9.4元，水稻机收入1.7万元，纯利润7.15万元。成立产业发展协会，投入70万元，为种养殖户、贫困户和残疾人家庭提供（信用担保）产业发展互助资金，全年共办理9户，互助金27万元。10月全区壮大集体经济现场会在清流镇召开。

旅游发展。1月21日—3月31日，举办荣昌区第三届金血橙节，3万余人到镇游玩，销售血橙60万公斤，销售金额600万元。2月25日，举办荣昌区第二届风筝文化艺术节活动，游客7万余人，旅游收入1050万元。12月2日，荣昌区第三届“皓沧杯”冬泳邀请赛，重庆、贵州、四川相关区县冬泳协会共20支冬泳队140名选手参加比赛，吸引游客5万余人。

镇村建设。完成民俗新村一期收尾及二期建设，开展清流汽车站征地拆迁安置及建设工作。投入22万元完成社区养老服务机构建设，投入24万元完成民族广场改造工程。投入250万元改造场镇二三级污水管网。投入33.6万元用于场镇增加场镇环卫设施和外包服务，保障场镇整洁干净。完善农村生活垃圾收运体系，投入15余万元用于179个清运点垃圾清运，投入21万元用于农村生活垃圾保洁工作。投入27万元完成灵龟岛草坪种植、滨河花带波斯菊栽种，民俗街区四季鲜花摆放。投入21万余元修建水保公园旅游厕所。投入58万元改造农村危旧房C级2户，D级16户。完成清流社区、龙井庙村6、7社国土整治项目和清流社区、马草村土地整理工作。投入1050万元改建扩宽3条农村水泥公路，总里程10公里，投入30万元用于公路养护，完成唐家湾公路验收工作。配合做好省道吴家至盘龙段、“大内”高速的规划设计工作。新建人行便道12公里、巡河步道2.5公里、花池400米，解决群众“出行一百米”问题。美丽乡村项目、柑橘冻库和粮油晒坝建设全部完工。投入132万元建成25个小型山坪塘和2个大型山坪塘，投入250万元完成抗旱应急工程。投入90万元实施水冲水库与水厂联通工程，确保人饮安全和沿途农田灌溉。投入4.4万元维修农排8处。罗家桥中型灌区新建长山岭、黄家河2个提灌站及管网。

【社会发展】 全镇有学校2所，卫生院1个。投入5.8万元增加学校设施，全年无医疗事故发生。投入9.9万元农村卫生改厕33户，清流社区成功创建“健康社区”。完善镇村公共文化设施设备，购买公共文化演出服务6场次和流动文化进村6场次。

继续开展脱贫攻坚工作，投入25万元扶贫资金，完善整村脱贫村（龙井庙村）基础设施建设；开展“十进百家”活动，对新增贫困户23户75人，建卡脱贫户289户、1056人因户施策，重点帮扶。开展二孩政策宣传，发放计划生育奖励扶助金8.4万元；对计划生育特殊困难家庭3户4人，发放补助金2.4万元。实施五保老人集中供养，累计投入340万元完成民族敬老院建设，已有12人入住。对享受低保人员进行动态管理，为231户城乡低保户338人，发放低保金131.77万元、临时救助金8万元。发放困难群众生活救助资金10万元，救助人数568人次。为优抚对象106人发放优抚金64.42万元。城乡居民养老保险参保7084人，征收养老保险基金121.93万元；城乡居民医疗保险参保12616人，征收医保基金179.08万元。发放创业担保贷款260万元。

（陈曼曼）

盘龙镇

【概况】 盘龙镇位于荣昌区西北部，距荣昌城区32公里。辖区面积126平方公里。辖12个村、4个社区，年末总人口8.3万人。

盘龙农业特色明显，有市级现代农业示范园、万亩生姜基地、黑花生基地、生态鸭基地，辖区内有猕猴桃、柑橘、花椒、龙虾、观赏鱼等特色种养殖，培育了“盘龙黑花生”“盘龙仔姜”“盘龙白乌鱼”“盘龙黑提”等特色农副产品优质品牌。盘龙有客家人口3万人，是重庆市最大的客家方言岛。建有客家文化广场、客家商业步行街、客家新村及祠堂等特色建筑，是一个充满着客家风情的魅力中心镇。盘龙盛产夏布，以全手工编制著称夏布出口韩国、日本，是农业部授予的“中国夏布之乡”。兴业不锈钢制品远销世界各地，是全区的出口创汇大镇。

2017年，全镇一般公共预算收入完成1128万元，完成任务数的109.5%；工商税收1068万元，其中国税收入完成584万元，地税收入484万元，非税收入60万元。

【经济发展】 全镇工业总产值任务66亿元，完成67.21亿元，其中规模以上工业总产值62.64亿元；全社会固定资产投资28.28亿元；工业固定资产投资25.86亿元；利用内资4.54亿元。新增规模以上工业企业2个、国家高新技术企业2个，新引进夏布企业5家，合同总金额4亿余元，自营出口夏布企业达10家。协助鸿全兴业公司开展证券交易，对接中新战略合作，加工一批新加坡定制“香炉”；扩大夏布生产规模，支持企业“走出去”参会参展；新培育重庆知名品牌2个。完成园区1.3万平方米标准厂房建设，草拟《荣昌夏布创业基地发展扶持办法》，明确招商主体、入驻条件、优惠政策等内容。荣丰食品扩建、乾源食品新建项目已完成征地平场并进场施工。

农业农村工作。全年新增家庭农场8个、新成立专业合作社2个、申报核心专业合作社1个。开展长岭社区集体经济产权制度改革试点工作，完成长岭社区及其7个村民小组集体经济量化确权，并分股到户。投入140万元实施集体经济产业融合发展项目，建成2000平方米生姜批发交易市场；组建双巷农资销售公司，打造销售品牌；探索农用物资统购统销、种植技术培训交流等社会化服务机制。完成全镇2万余农户、78户规模户、104个单位、16个村（居）委的第三次农业普查；在昌州村6社开展第二轮土地确权颁证试点工作；完善基本农田保护资料，建立巡查台账，切实守住耕地“红线”。投入457万元，在合靖、骑龙、永陵、禾苗、龙王、白鹤、三合7个村（社区）新建人行便道41.9公里、泥结碎石公路7.6公里；投入500万元，延伸农村饮水管网80公里；新建山坪塘45口。开展水果、蔬菜等农产品农药残留速测工作，检测样品300余个；完成玉米、水稻等农业保险1066.67公顷。

镇村建设。全年完成新华街片区和文卫街片区296户、建筑面积3.11万平方米棚户区前期摸底、评估测算、征求意见等前期准备工作。新建住宅小区建设1.4万平方米；农民建房竣工559户，推广使用《荣昌区农村住宅通用图集》45户，建筑面积7.5万平方米。投入1535万元，对云台路、大坪 、双元 、石油局 、盘龙 、杨楠 、盘长7条总长25.158公里农村公路进行提档升级。投入400余万元，完成合靖场镇的污水管网改造，对老旧自来水管网进行全面升级；投入1000余万元，完成盘龙场镇二三级污水管网建设，增设和替换垃圾箱105个。处理违章案件10件、整改固定门面20余户、流动摊点500余人次。

【社会发展】 扶贫攻坚全力推进。配齐配强驻村工作队和帮扶干部力量，实施到户帮扶304户，落实财政专项扶贫到户资金60.4万元；针对建卡贫困户、脱贫户实施危旧房改造44户；在全镇范围内开展精准脱贫干部“进百家”活动，对贫困户实行动态调整，新增识别贫困户26户。

盘龙中学连续八年被荣昌中学录取人数超过100人，连续七年被评为荣昌区教学质量十佳学校；投入650万元新建中学教学综合楼，盘龙第二中心小学完工投入使用。开展群众性文化活动36场次，受益群众5.8万余人次。实现城镇新增就业人数856

人，发放小额贷款492万元。城乡居民合作医疗保险参保6.42万人，征收医保基金910万元；享受低保395户、733人；发放日常临时救济金1300余户、40余万元；大病临时医疗救助165户、46万元。投入93万元对昌龙敬老院进行安全改造。积极推进二孩生育政策和生殖健康服务，举行计生系列宣传活动8次，发放各类资料2万余份。免费孕前优生健康检查260人，免费为婚育龄妇女生殖健康检查和农村妇女“宫颈癌”筛查1463人，送药、送健康服务3000余人次。

【生态环境建设】 实施环保执法检查企业48家次，督促企业办理排污许可；实施水资源涵养及水生态修复，取缔肥水养殖2.67余公顷，租地6.67公顷种植美人蕉等绿化植物；实行河长制，强化环境污染的调查治理，对辖区12个水库和19条河流进行排查，取缔畜禽养殖26户；开展农村生活垃圾治理，配备农村保洁员队伍，严格考核逗硬，清理垃圾总量达3500余吨。在永陵、禾苗村实施无害化卫生厕所改造48个。（曾南江）

远觉镇

【概况】 远觉镇位于荣昌区西北部、重庆市的最西端，距荣昌城区44公里，与四川省隆昌市、内江市东兴区接壤。辖区面积27平方公里，耕地1482.59公顷，森林覆盖率58.67%。辖4个行政村、1个社区、37个村（居）民小组。年末总户籍4904户，总人口14773人，其中农业人口12311人，非农业人口2462人。有汉族、回族、佤族、哈尼族、苗族、彝族、土家族、拉祜族、傈僳族、白族等17个民族，其中以久居狮子桥村和高观音村的回族为最多，是荣昌区少数民族三大聚居地之一。全镇有公路55条，总里程89.26公里，其中区级2条6.6公里、镇村公路42条64公里，其余为泥结石路。有小（一）型水库1个，库容35.33公顷、畜水量560万立方米，山坪塘133口，石河堰10处，电力提灌站7个，水渠23000米。有自来水厂1个、日供水能力1000立方米，污水处理厂1个、日处理能力300吨。有小学1所，教学点1个，教职工47人；镇卫生院1个，村卫生室（含医疗点）8个，个体诊所3个，医务人员16人。

【经济发展】 2017，全镇地区生产总值3.16亿元，比上年增长13.72%；工业产值10.7亿元，增长17.24 %，其中规模以上工业企业产值8.85亿元，增长20.22%；全社会固定资产投资14.51亿元，增长10.21%；镇级财政收入2726.94万元，增长32.3%；税收309.56万元，增长28.2%；农民人均纯收入15419元，增长11.4%。招商引进项目9个（含总部经济4个），合同引资3.16亿元，到位资金2亿元；

农业农村工作。全年粮食种植面积1277.33公顷，粮食产量7096吨，其中小春粮食产量547吨，大春粮食产量6549吨。油菜产量871吨，花生958吨，辣椒3468吨。坚持走特色现代农业发展道路，整合资源着力打造标准化牛场1个。因地制宜，实施新技术新品种推广，发展高粱新品种“金糯粮1号”100公顷，增加村民收入200万元。大力培育新型农业经营主体，发展大棚蔬菜种植4.67公顷、甜茶配套种植中药材10公顷、砂糖柑33.33公顷。支持专业合作社申请“三品一标”认证，成功申报无公害水产品2个。

镇村建设。投资670万元的场镇污水二三级管网改造工程正式竣工运行，管网工程的运行使场镇污水收集率达到了80%以上；对场镇老街和场镇远清过境段，进行道路“白改黑”，铺设沥青混凝土8730平方米，铺设大理石地砖2256平方米，主管网4300米、支管网6012米。投入200万元修建4G基站3个。投入300万元、安装饮用水管道100公里，实现全镇全覆盖；投入400万元，新建泵站2处、维修泵站4处、安装PE管道22公里；投入200万元整治山坪塘504，投入26万元完成陈家桥石河堰改造；投入600万元新建庵堂、新桥、田家大冲、菜籽湾4条农村公路5.7公里，投入110万元修建人行便道11.2公里。

【社会发展】 建立完善镇村两级安全生产监管体

系，开展安全隐患大排查和大整治大执法行动，全年无较大安全事故发生。提升社会治安整体防控效能。构建综治网格员专职化试点39个，配备网格员39个。在重要路段、路口安装监控视频15个，“雪亮工程”布点165处。全年排查矛盾纠纷170件、化解168件，化解率达98.8%；干部接访132件，处理129件，化解率97.7%。

巩固扶贫成果，持续改善贫困农户生产生活条件。投入92万元，完成27户建卡贫困户危旧房改造；组织农村技能培训4次、1200人次，贫困及脱贫人口参加各类培训后实现转移就业人数228人；继续开展“扶贫帮困”结对帮扶活动，300户脱贫户（四类人员除外），26户新增贫困户落实“一对一”结对帮扶；投入40万元扶贫资金，分别对产业、基础设施进行帮扶，使帮扶资金、政策精准落实到每一名贫困村民；加强脱贫攻坚档案资料规范化和信息化建设，在稳固实现“两不愁、三保障”全覆盖的基础上，通过发展产业及就业实现持续稳定增收。投入450万元，进一步改善办学条件，加强师资队伍教育管理，全面提高教学质量。着力发展卫生事业，继续抓好各类重大传染病防控工作，不断增强突发公共卫生事件应急处置能力。举办9场次送文化下乡和节庆文艺演出，吸引万名人次群众观看，丰富了群众文化生活。全年发放城乡低保金151万元，其中，发放城镇低保金73万元、农村低保金77万元；各类救助资金15万元，662户833人。征收城乡居民医疗保险基金174万元、城乡养老保险缴费97万元，参保率和参合率达到95%以上。申请受理小微企业政策性贷款13件，申请贷款金额130万元。

【生态环境建设】 全面落实“河长制”，建立“一河（库）一档”制度，重点加大对马鞍河和罗家桥水库污染问题的治理力度，全面开展河道巡查和河流水库清漂。结合村庄连片整治对辖区内马鞍河天皇断面沿途的垃圾进行集中整治，沿河两岸合理设置垃圾倾倒箱，定时定点清运。依法取缔畜禽养殖污染源，关闭和搬迁9个畜禽养殖场。和内江市东兴区平坦镇、隆昌市界市镇开展跨省边界河流协作共治联席机制，共同保护马鞍河沿岸生态环境和水体不受污染。完成场镇污水二三级管网改造工程。投入10万元改厕30户，投入50万元，继续做好农村生活垃圾治理和巩固村庄环境连片整治。开展确保蓝天行动，制定禁止露天焚烧秸秆实施方案，以院坝会、种养殖培训、赶集、干部进百家等形式开展宣传活动、并有专人巡逻，取得良好成效。淘汰黄标车6辆。 （李劲鹏）

人物　先进集体

新闻人物

张　雪

女，1986年4月出生，重庆永川区人，研究生，中共党员。荣昌区安富街道组织委员。全国优秀党务工作者、全国三八红旗手。

2009年毕业于重庆师范大学经济学专业。2009年7月至2013年7月，先后任荣昌区仁义镇鹿子村主任助理、村主任，2013年8月调安富街道通安村任党总支书记。在安富街道的大力支持下，2014年年底建立“在村头”电商平台，解决群众“致富难”问题。2015年，与426户农户签订销售协议（其中贫困户117户），农产品累计销售额280万元。其中，为贫困户销售农产品总价值120万元，实现电商扶贫的新成效。2016年，“在村头”农业电商孵化平台以行政村为点，建立全国村官联盟，重点挖掘文化村、地标村、特产村，建立各村“在村头”电商平台，全区已建设“在村头”实体店和网店300个。“在村头”农村信息化模式得到社会各界的广泛关注，张雪先后到6个区县、3个市级部门交流农村电商工作思路，为近2000名农村电商人员授课近40次。安富街道通安村成为2015年全国农业信息化工作现场会的示范点。张雪创建了“荣昌县大学生村官专业合作社”并担任第一任理事长，通过“合作社+基地+农户”的发展模式，“以点带面”发展订单产业，为荣昌村官创业提供平台，产品年销售额700余万元。所在村先后获得重庆市先进基层党组织、重庆市民主法治示范村、重庆市生态文明示范村、重庆市巾帼示范村等市级荣誉称号。张雪先后获得重庆市优秀共产党员、重庆市农村电商带头人、重庆市现代农业建设贡献奖先进个人等市级荣誉称号，2012年10月当选为重庆市第四届人大代表、2016年1月当选为共青团中央十七届候补委员、2016年12月当选为重庆市第五届党代表。2015年9月，被中国科学技术协会评为全国科普兴村工作先进个人；2016年7月，被中共中央评为全国优秀党务工作者；2016年10月，入选“中国好人”榜；2017年3月，被全国妇女联合会评为“全国三八红旗手”。

（安富街道办事处）

张家勋

男，1968年12月出生，重庆荣昌人，大学学历，中共党员。重庆市荣昌区司法局峰高司法所所长。全国司法行政先进个人、全国模范人民调解员。

1988年参加工作，1997年通过公招进入原荣昌县司法局工作。20年来，他先后在河包、广顺、万灵、昌元、峰高司法所工作，走千家、进万户，息诉讼、止纷争，其间他虽身患尿毒症，却始终以“宁可干死，不愿等死”的无畏精神，顽强地与病魔较量，始终如一坚守在基层司法行政战线上，尽职尽责地履行着人民调解、法治宣传、法律援助、社区矫正等工作职责，创新过渡性安置机制，构筑起具有地方特色的平安法治“人民防线”。他1988年参加工作以来，坚持一边工作一边学习，以坚强的毅力完成了法律专业专、本科自学考试科目，先后获得法律专科、本科学历证书；为提升自身法律专业素养，更好地服务群众，于2009年顺利地通过曾让多少科班出身的学子望而却步，却让这位身患重疾的所长“攻克”下的被称之为天下第一考的全国司法考试。在20年的司法行政工作岗位上，他成功调处民间纠纷1600余件，调解成功率达98%以上，防民转刑案件50件58人，处置突发性事件30余起，防群体性事件40余件，为农民工、残疾人、孤寡老人、青少年等提供法律援助200余件，挽回直接经济损失300多万元，上法制课150余场次，真情帮扶多名社区矫正人员和刑释解教人员。随着镇街经济不断发展、城镇规模不断扩大，针对房地产开发、拆迁安置、土地流转、小煤窑整顿等方面的矛盾纠纷日益凸显，他不断调整工作思路，2000年他带领广顺司法所率先在全县实现规范化建设，同时建立标准化调解庭；2017年又在峰高司法所率先建立起公共法律服务站，以特有的机制解决大量社会热点、难点问题，真正起到为群众解难、为党政分忧的目的。按照“欲安其身先安其心”工作思路，他建议给予经济困难的刑满释放人员过渡性生活补助，降低此类人员重新犯罪的风险，2000年年底，荣昌县在重庆市率先通过民政途径解决两劳安置人员的过渡性生活补助款，这一机制在全市推广。2012年5月28日，重庆市用群众工作统揽信访工作第三次推进会在荣昌县隆重召开。作为全县三个现场观摩点之一，路孔司法所接受了重庆市委副书记张轩，市委常委、市政法委书记刘光磊等240余名市、(县)领导的检阅，得到与会领导的充分肯定。2016年7月，被重庆市委授予“重庆市优秀共产党员”称号；2016年12月，被司法部授予“全国司法行政先进个人”称号；2017年6月，被评为“全国模范人民调解员”。

（区司法局）

梁远平

女，1969年5月生，重庆荣昌人，中共党员，重庆师范大学中文秘书专业毕业，区法院审判委员会专职委员。全国三八红旗手、全国维护妇女儿童权益先进个人、全国优秀法官。

1992年参加工作。在法院工作26年，专注做好妇女儿童维权工作。在与区妇联对接的“妇女儿童维权信访代理员制度”上开启妇女儿童维权新模式，指导“梁远平工作室”专职从事维护妇女儿童权益相关案件的调解工作。近五年指导和参与调处涉妇女各类权益纠纷3000余件，协同区妇联处理800件，接待妇女咨询2923人次。2017年办理案件555件，参加区妇联组织召开的6期荣昌区妇联干部能力提升活动培训会，为21个镇街151个村社的338名妇联主席进行维权工作培训，为妇女儿童撑起一片蓝天。她总结出梁远平调解工作“五法”，即“巧”字到位的“比喻法”“近”字贴心的“亲情法”“稳”字当头的“降温法”“信”字打底的“现场办案法”“破”字入口的“切入点法”。在一次农民工集体讨薪案件中，成功运用调解工作“五法”，平复双方当事人的激动情绪，最终包工头一次性支付所欠薪资，19次讨薪未果的疑难复杂案件终获圆满解决，起到了良好的社会反响。2013年3月，她住院进行腹部手术，术后三天就开始电话指导工作；按照医嘱应卧床休息，但突发的案件却让她回到案件现场。梁远平以高度的责任心和饱满的工作热情，认真做好每天的工作。她常说，她的幸运在于把有限的生命，融入无限的司法工作中去，因为自己始终在用真情为百姓解忧，自己的内心就是充实和满足的。她带领的团队区综合调处室被重庆市政法委命名为“干部教育培训现场教学基地”，获评“全国巾帼文明岗”。2017年2月，她带领的团队维护妇女儿童权益业绩突出，区法院获评“全国维护妇女儿童权益先进集体”。7月，梁远平被最高人民法院授予“我最喜爱的好法官”提名奖；11月，获评全国优秀法官。

（温兴玲）

郭　平

女，1973年8月出生，汉族，大专学历。重庆市荣昌区兴旺种猪场场长、荣昌区昌州街道养猪专业合作社理事长。全国农业劳动模范。

2007年5月，郭平放弃重庆主城一家品牌服装店做了10年的销售主管职务，回到家乡用房产做抵押贷款7万元开始了她的养猪生涯。由于缺乏饲养技术，加之市场价格的波动，开始几年并未赚到钱。她积极研究市场营销，主动地参加养猪科技培训班，系统学习并掌握科学养猪技术，逐渐成为养猪能手并建设15000平方米的国家标准化养殖场。2017年，郭平的仔猪销量突破12万头，年产值达到1.1亿元，带动周边5000余户养殖户增收致富。郭平养猪10年，与周边老百姓和土地出租户关系融洽，没有一起投诉。在仔猪购销过程中，她热情服务，诚实守信，顾客满意度达100%。《荣昌日报》、荣昌电视台《荣昌新闻》《重庆商报》《重庆晚报》、华龙网、重庆七台、重庆卫视《重庆新闻》《我为家乡代言》、中央电视台11频道《味道》栏目、中央电视台1频道《生活圈》栏目、中央电视台7频道《致富经》栏目等媒体先后宣传报道她的养猪致富经历和先进事迹，她多次作为地方优秀农民代表到北京参加养猪研讨会，她积极宣传荣昌猪、荣昌猪的养殖以及荣昌猪产业的发展，提升荣昌猪和荣昌国家现代农业畜牧业示范区的知名度，为荣昌畜牧产业的发展和荣昌顺利建设成为国家现代农业畜牧业示范区做出了突出贡献。她先后获评重庆市百名农村妇女科技致富能手、重庆市养猪大王称号。2017年12月，郭平被评为全国农业劳动模范，受到习近平总书记、李克强总理、汪洋副总理等党和国家领导人的亲切接见。（周晓林）

徐前凯

徐前凯，男，汉族，1987年12月出生，中共党员。成都铁路局重庆车务段荣昌车站值班员。获评中国好人。

2008年9月参加工作。2017年7月6日15点49分，徐前凯在荣昌火车站进行调车作业时，为救一位横穿铁轨的老人，从运行的列车上跳下，在5秒时间内将老人拉出危险区域，他自己却滑入铁轨被轧断右腿。他用奋不顾身的英雄壮举诠释了一名优秀共产党员的责任与担当。8月20日人民日报头版《今日谈》栏目也对徐前凯的英雄事迹表示赞扬。他的事迹经媒体报道后在社会各界引起了强烈反响。市委宣传部、市文明办第一时间发出倡议向徐前凯学习，荣昌区委也授予徐前凯“区优秀共产党员”称号。事件发生后，《人民日报·今日谈》刊发评论文章，新华社内参《国内动态清样》头条报道徐前凯救人先进事迹。年内先后被中国铁路总公司党组授予“中国铁路总公司优秀共产党员”称号、中华全国铁路总工会授予火车头奖章、市政府授予“见义勇为先进个人”称号。2017年7月，徐前凯荣登“中国好人榜”。（邓克翔）

邓龙彬

男，汉族，1963年出生，重庆荣昌人，大专学历，中共党员。荣昌区古昌镇冲锋村党支部书记。重庆省部级劳模。

1985年7月至1994年9月在荣昌武兴煤矿工作，1994年至今，扎根于古昌镇冲锋村，先后担任团支部书记、党支部副书记、村委会主任、村党支部书记。邓龙彬对工作认真负责，带领村支两委制定“五个一”发展目标，明确发展方向，所领导的基层党组织获重庆市先进基层党组织、重庆市基层党建示范点等荣誉。建成全区一流的标准化村级公共服务中心和镇村级健身广场，完善泥结石公路改造、人行便道、生产便道等基础设施建设，引进台湾农业园，建成花漾万灵景区，发展乡村旅游，为村民提供就业岗位，增加收入。1988年获团市委“新长征突击手”称号，2001获年度荣昌县文明市民，2002年获荣昌县年度优秀共产党员，2010年获荣昌县“农民万元工程”优秀村干部，2010到2012年连续三年荣获荣昌县优秀共产党员，2012年获荣昌县十佳“雷锋式市民”称号，2016年获重庆市优秀党务工作者称号，2016年12月当选为重庆市第五次党代会代表。2016年7月获重庆市委表彰的优秀党务工作者称号。2017年5月获市委、市政府颁发的省部级劳模称号。

（周 群）

张希良

男，汉族，1965年出生，重庆荣昌人，高中，中共党员。荣昌区龙集镇清河村党支部书记，农技师，专技七级。重庆省部级劳模。

张希良任职期间改善村级公路、人行便道近70公里。成立全区首个妇女培训中心、农民电脑培训中心。打造“为农四园”，利用水稻制种、农村电子商务等发展集体经济，引进花卉苗木、水禽养殖、名贵鱼养殖等产业，调整当地产业结构。清理整治撂荒地，进行规模化种植20余公顷；及时化解矛盾纠纷，全村无治安刑事案件发生。先后获得重庆市优秀党务工作者、荣昌县2008—2010年度先进人民调解员、2009年度综合调处暨便民诉讼网络建设先进个人、十佳人民调解员、农民万元工程工作优秀村干部、2010—2012年度优秀共产党员的给你荣誉称号。2017年5月获市委、市政府颁发的省部级劳模称号。

（周 群）

何雪梅

女，汉族，1982年出生，重庆荣昌人，大学本科，中共党员。重庆市荣昌区委组织部干部科（公务员科）科长。重庆省部级劳模。

何雪梅从事干部工作近10年，在本职工作岗位上，认真细致，刻苦钻研，勤勉敬业，公道正派，乐于奉献，甘为人梯，从一名干部工作“门外汉”逐步成长为单位的业务骨干。干部科工作任务繁重，她经常加班加点，以部为家。历经荣昌撤县设区和2次区镇换届工作，干部推荐、提名、考察、选举，她全程参与，都交上了满意的答卷，为荣昌干部选拔任用工作规范有序做出积极贡献。2012年被县委县政府评为2011年度法制建设工作先进个人，2016年被区委评为优秀共产党员，2013年、2014年被县委县政府给予嘉奖，2016年被区委区政府给予嘉奖。2017年5月获市委、市政府颁发的省部级劳模称号。

（周 群）

梁先才

男，汉族，1950年出生，重庆荣昌人，初中学历，中共党员。荣昌区鸦屿陶艺工作室技术部工艺美术师，陶器烧成二级技师，重庆市工艺美术大师，国家级非物质文化遗产项目荣昌陶制作技艺重庆市级代表性传承人。重庆省部级劳模。

梁先才擅长各种釉色配制和手工雕刻，精通陶器手雕花瓶、仿铜陶、各种美术彩绘陶制作。近20年来，他设计、研发的酒瓶、工艺陶作品上千，创作的作品多次获各级博览会、展销会、设计大赛奖项。他设计、改进的窑炉和陶器自动生产线，集节能、环保、高效于一体，大幅提高了企业经济效益。他被荣昌陶制作技艺传习所聘为所长，致力于荣昌陶制作技艺的发展和传承，为荣昌陶的发展和传承做出了突出贡献。2017年5月获市委、市政府颁发的省部级劳模称号。

（周 群）

王 瑛

女，汉族，1962年出生，重庆垫江人，副教授，执业药师。重庆华森制药股份有限公司营销部经理。重庆省部级劳模。

王瑛爱岗敬业、锐意进取，在创新企业营销模式、药品上市后再评价、诚信经营等方面做出重要贡献。带领营销团队在激烈的市场竞争中，实现企业从年产值不足10万元到销售收入达20.1亿的飞跃发展。帮助公司发展成为国家重点高新技术企业、中国医药制造业100强、最具有投资价值的企业、全国质量管理先进单位和国家中药现代化示范企业、国家生物产业龙头企业，为公司的发展和重庆市经济建设做出突出贡献。工作期间先后获得华森制药公司卓越贡献奖、重庆市人民政府科技进步三等奖、中国专利优秀奖、汶川地震抗震救灾优秀志愿者。2017年5月获市委、市政府颁发的省部级劳模称号。（周　群）

王德山

男，汉族，1962年出生，河北沧州人，中专，中共党建。重庆明珠塑料有限公司总经理，工程师。重庆省部级劳模。

王德山自参加工作以来勤勤恳恳，在重庆明珠建厂初期先后主管公司注册建立及新建工程项目建设，实现当年签约、当年建设、当年投产的目标，被荣昌区委、区政府誉为“明珠速度”。2015年、2016年主管和领导生产经营管理工作，2016年完成销售额3.26亿元、比上年增长33.6%，实现利润6120万元、增长169%，上缴税金1721万元、增长348%。2016年被荣昌区评为“科技人才”，2017年获荣昌区“优秀企业家”称号。2017年5月获市委、市政府颁发的省部级劳模称号。（周　群）

2017年荣昌区获市委、市政府及以上表彰先进集体一览表

表16

获奖单位	荣誉称号	授予单位	获奖时间
荣昌区委	2017年度中国十大民生决策	中国全面小康论坛组委会	2017—12
荣昌区	全国畜牧业绿色发展示范县	农业部	2017—06
荣昌区	荣昌猪中国特色农产品优势区	农业部等	2017—12
区检察院	全国检察机关“基层民事行政检察工作推进年”专项活动先进基层检察院	最高人民检察院	2017—11
区人武部	安全稳定工作先进单位	重庆警备区	2017—12
区法院	全国维护妇女儿童权益先进集体	全国妇联	2017—02
区法院	人民法院司法宣传工作先进集体	最高人民法院政治部 人民法院新闻传媒总社	2017—08
区畜牧兽医局	农业部第一批畜牧业绿色发展示范县	农业部	2017—06
区畜牧兽医局	重庆市荣昌区荣昌猪中国特色农产品优势区	农业部、国家林业局	2017—12
区畜牧兽医局	2017年中国百强农产品区域百强品牌	第十五届中国国际农产品交易会委员会	2017—09
区发展改革委	全国价格监测工作先进单位	国家发展改革委价格监测中心	
荣昌区新民村益农信息社	益农信息社百佳案例	农业部	2017—11
区地震局	全国地市级防震减灾工作综合考核先进单位	中国地震局	2017—12
区教委	第三届全国“关爱明天、普法先行”优秀组织奖	全国青少年普法教育活动办公室	2017—08
区教委	第二十届全国青少年五好小公民“阳光校园我们是好伙伴”主题教育活动优秀组织奖	教育部关委员、教育部关工委全国青少年“五好小公民”主题教育活动组委会	2017—07

续表16

获奖单位	荣誉称号	授予单位	获奖时间
区老年大学	第二届全国“敬老文明号”	全国老龄工作委员会	2017—03
区老体协	第二届全国“敬老文明号”	全国老龄工作委员会	2017—03
万灵镇敬老院	第二届全国“敬老文明号”	全国老龄工作委员会	2017—03
区工商联	全国“五好”县级工商联	全国工商联	2017—12
区信访办	信访工作先进集体	市委、市政府	2017—05
区林业局	梁希林业科学技术奖三等奖	国家林业局	2017—04
区林业科学技术推广站	科技进步奖二等奖	市政府	2017—07
区妇联	全国巾帼建功先进集体	全国妇联	2017—04
区地税局	全国职工书屋示范点	中华全国总工会	2017—12
农行荣昌支行	复查合格，继续保留“全国文明单位”	中央精神文明建设指导委员会	2017—11
区关工委	全国“中华魂”（遵纪守法 从我做起）主题教育活动先进集体	中国关工委、教育部关工委、全国“中华魂”主题教育活动组织委员会	2017—07
区关工委	“关爱明天、普法先行”青少年普法教育活动先进单位	中国关工委、司法部、中央综治委办公室	2017—08
动物科学学院	全国动物科学技能大赛一等奖	教育部动物生产类专业教学指导委员会	2017—10
动物科学学院	全国大学生第四届全国水族造景大赛二等奖	教育部水产类专业教学指导委员会	2017—10
商贸学院	第三届中国“互联网+”大学生创新创业大赛重庆赛区金奖	教育部高等学校经济与贸易类专业教学指导委员会	2017—12
万灵镇沙堡村	全国文明村镇	中央文明办	2017—09
万灵镇	重庆市特色小镇	市政府	2017—05
铜鼓镇武装部	先进基层武装部	重庆警备区	2017—12
古昌镇武装部	先进基层武装部	重庆警备区	2017—12
荣昌图书馆	“2017全国少年儿童阅读年”——“我最喜爱的一本书”藏书票设计大赛获优秀组织奖	中国图书馆学会、国家图书主办，首都图书馆	2017—10
荣昌图书馆	2017全国少年儿童阅读年系列活动——全国“亲子绘本阅读推广月”活动中获一等奖	中国图书馆学会	2017—10
荣昌图书馆	“2017年全国少年儿童阅读年”——“童声读经典”全国少儿诵读经典绘本音频大赛活动”获优秀组织奖	中国图书馆学会	2017—10
荣昌图书馆	2017年全国少年儿童阅读年系列活动——全国少年儿童绘本创作大赛中获优秀组织奖	中国图书馆学会	2017—10
荣昌图书馆	“2017年全国亲子绘本阅读推广月活动——妈咪宝贝演绘本”一等奖	中国图书馆学会	2017—11
荣昌图书馆	“2017年全国少年儿童阅读年”——创意书签设计大赛优秀组织奖	中国图书馆学会	2017—12

2017年荣昌区获市委、市政府及以上表彰先进个人一览表

表17

姓名	荣誉称号	授予单位	工作单位	获奖时间
郭　平	全国农业劳动模范	人社部、农业部	荣昌区兴旺种猪场	2017—12
张　雪	全国三八红旗手	全国妇联	安富街道	2017—03
张家勋	全国模范人民调解员	司法部	区司法局	2017—05
梁远平	“我最喜爱的好法官”提名奖	最高人民法院	区法院	2017—07
梁远平	全国优秀法官	最高人民法院	区法院	2017—11
黄小勇	2016年全国法院十大执行案件	最高人民法院 新华社	区法院	2017—03
卞立跃	第五届全国行政审判优秀业务成果评选裁判文书类二等奖	最高人民法院办公厅	区法院	2017—12
徐前凯	中国好人	中央文明办	荣昌火车站	2017—07
徐　蓉	全国知识产权系统和公安机关执法工作成绩突出个人	国家知识产权局 公安部	区科委	2017—09
贺长秋	全国“敬老爱老助老模范人物”	全国老龄工作委员会	区民政局	2017—03
沈　虹	全国“敬老爱老助老模范人物”	全国老龄工作委员会	区民政局	2017—03
陈胡燕	先进个人（表扬信）	农业部畜牧业司	区畜牧兽医局	2017—12
吕凤明	2017年度省级地震应急指挥中心先进个人	中国地震局	区地震局	2017—11
黎忠玲	2017年度全国市县防震减灾人员考核先进工作者	中国地震局	区地震局	2017—12
吕玉奎	梁希林业科学技术奖三等奖	国家林业局	区林业局林业科学技术推广站	2017—04
王　玲	梁希林业科学技术奖三等奖	国家林业局	区林业局林业科学技术推广站	2017—04
杨文英	梁希林业科学技术奖三等奖	国家林业局	荣昌区林业局林业科学技术推广站	2017—04
李微波	全国食品药品监管系统食品安全标准技能竞赛二等奖	国家食品药品监督管理总局	区食药监分局	2017—11
梁先才	重庆省部级劳模	市委、市政府	荣昌区鸦屿陶艺工作室	2017—05
邓龙彬	重庆省部级劳模	市委、市政府	古昌镇冲锋村	2017—05
张希良	重庆省部级劳模	市委、市政府	龙集镇清河村	2017—05
王　瑛	重庆省部级劳模	市委、市政府	重庆华森制药股份有限公司	2017—05
何雪梅	重庆省部级劳模	市委、市政府	区委组织部	2017—05
王德山	重庆省部级劳模	市委、市政府	重庆明珠塑料有限公司	2017—05

续表17

姓名	荣誉称号	授予单位	工作单位	获奖时间
左　利	先进个人	市委、市政府	区信访办	2017—05
张　燕	生态文明先进个人	市政府	区生态环境监测站	2017—12
张裕贵	重庆市2012—2016年度生态文明建设先进个人	市政府	区水政监察大队	2017—12
谢明建、谭友利、陈　云、申群友、刘　刚、赖安秀、鲜恩赋	重庆市教学成果奖普通中、小学校（含幼儿园）教学成果二等奖	市政府	区教委、区教师进修校	2017—12
曹礼静、冷长友、段佐华、程依林、杨　勇、郑尚海、廖开燕	重庆市教学成果奖中等职业技术学校、其他学校和学术团体以及其他社会组织教学成果二等奖	市政府	区职业教育中心	2017—12
曹礼静、段佐华、廖开燕、常献贞、李　斌	重庆市教学成果奖中等职业技术学校、其他学校和学术团体以及其他社会组织教学成果三等奖	市政府	区职业教育中心	2017—12
徐前凯	五一劳动奖章	市总工会	中国铁路成都局集团有限公司重庆车务段荣昌站	2017—09
杨兰英	五一劳动奖章	市总工会	昌州街道畜牧兽医站	2017—09
陈　逾	五一劳动奖章	市总工会	荣昌区玉屏小学	2017—09
凡时建	五一劳动奖章	市总工会	区质检中心	2017—10
刘相勇	全国第三届“关爱明天、普法先行”青少年普法教育活动先进个人	中国关工委、司法部、中央综治委办公室	区关工委	2017—08
安　琳	全国“中华魂”（遵纪守法从我做起）先进个人	中国关工委、教育部关工委、全国“中华魂”主题教育活动组织委员会	区关工委	2017—07
唐　宇、赵彧曦、杨李波	2017年全国职业院校技能大赛（中职组）二等奖	教育部、工业和信息化部、人力资源和社会保障部等国家36个部委和单位	区职业教育中心	2017—12
冷万群	第二十届全国青少年五好小公民“阳光校园·我们是好伙伴”主题教育读书活动先进个人	教育部关工委、教育部关工委全国青少年“五好小公民”主题教育活动组委会	区教委	2017—07
锻　炼	《青少年校园足球活动价值研究》课题获得科研成果一等奖	中国管理科学研究院素质教育研究所科研重点课题《足球运动在学校中发展模式与实践研究》总课题组	荣昌中学	2017—06
黎中原	《第六单元—多角度描写景物》课例评为2015—2016年度“一师一优课、一课一名师”活动“优课”	中央电化教育馆	荣昌中学	2017—01
曹　政	获四川省科学技术成果完成者证书	四川省科学技术厅	重庆澳龙生物制品有限公司	2017—06
彭　涛	指导学生参加美国数学建模竞赛获得全国1等奖	美国数学及其应用联合会	西南大学荣昌校区基础部	2017—04
梁　斌	指导学生参加美国数学建模竞赛获得全国2等奖	美国数学及其应用联合会	西南大学荣昌校区基础部	2017—04

续表17

姓名	荣誉称号	授予单位	工作单位	获奖时间
黄玉梅	指导学生参加美国数学建模竞赛获得全国2等奖	美国数学及其应用联合会	西南大学荣昌校区基础部	2017—04
陈熙德	指导学生参加美国数学建模竞赛获得全国2等奖	美国数学及其应用联合会	西南大学荣昌校区基础部	2017—04
陈熙德	指导学生参加美国数学建模竞赛获得全国3等奖	美国数学及其应用联合会	西南大学荣昌校区基础部	2017—04
黄玉梅	指导学生参加美国数学建模竞赛获得全国3等奖2个	美国数学及其应用联合会	西南大学荣昌校区基础部	2017—04
梁　斌	指导学生参加美国数学建模竞赛获得全国3等奖4个	美国数学及其应用联合会	西南大学荣昌校区基础部	2017—04
陈　群	指导学生参加美国数学建模竞赛获得全国3等奖	美国数学及其应用联合会	西南大学荣昌校区基础部	2017—04
李昌先 汤番番	“2017全国少年儿童阅读年”——“童声读经典”全国少儿诵读经典绘本音频大赛活动”中获优秀组织个人奖	中国图书馆学会	荣昌区图书馆	2017—11
廖　鹏	优秀专武干部	重庆警备区	昌州街道	2017—12
唐其富	优秀专武干部	重庆警备区	清升镇	2017—12

2017 年荣昌区正高级技术人才一览表

表18

姓名	专业技术职务	工作单位
蒋　庆	研究员	荣昌区畜牧兽医局
刘世伟	主任技师	区疾病预防控制中心
黄俊霞	主任医师	区妇幼保健计划生育服务中心
薛　均	主任护师	区人民医院
吕玉奎	正高级工程师	区林业科技术推广站
曹礼静	研究员	荣昌区职教中心
黄成华	主任护师	区人民医院
廖化梅	主任医师	区人民医院
郭永全	主任医师	区人民医院
阮流刚	主任医师	区人民医院
邓正国	主任医师	区人民医院
李章白	主任医师	区人民医院
向宽鸣	主任护师	区人民医院
杨　萍	主任医师	区人民医院
郑　斌	主任医师	区人民医院
喻　蓉	主任医师	区人民医院
张安元	主任医师	区人民医院
邓定建	主任中医师	区人民医院

续表18

姓名	专业技术职务	工作单位
李承碧	主任医师	区人民医院
周　中	主任医师	区人民医院
罗泽彬	主任医师	区人民医院
廖雪梅	主任医师	区人民医院
罗利敏	主任中医师	区中医院
张运明	正高级教师	永荣中学
林安学	正高级教师	荣昌中学
李启波	研究员	区农委
熊开菊	主任医师	区人民医院
郑彬武	主任医师	区人民医院
谢继勇	主任医师	区人民医院
傅要武	主任医师	区中医院
诸兴桂	主任技师	区人民医院
江中才	正高级工程师	区环保局
游洪涛	正高级工程师	华森制药股份有限公司
陈烈春	正高级工程师	华森制药股份有限公司

统计资料

2017年荣昌区国民经济和社会发展统计公报

重庆市荣昌区统计局

2018年2月28日

2017年，面对错综复杂的宏观经济环境，荣昌区委、区政府以习近平新时代中国特色社会主义思想为指导，坚持稳中求进工作总基调，积极推进供给侧结构性改革，统筹推进“五位一体”总体布局，协调推进“四个全面”战略布局，围绕实现“三高五新”宏伟蓝图，坚持“说了算、定了干、马上办”，全区经济实现了持续稳定增长，经济发展质量和效益提升，各项社会事业取得全面进步，经济社会发展呈现持续健康发展的良好态势。

一、综合

全年实现地区生产总值4147947万元，比上年增长9.2%。按产业分，第一产业增加值505771万元，增长3.6%；第二产业增加值2638346万元，增长10.4%；第三产业增加值1003830万元，增长8.9%。第一产业增加值占地区生产总值的比重为12.2%，比上年下降1.1个百分点；第二产业增加值比重为63.6%，比上年上升1.3个百分点；第三产业增加值比重为24.2%，比上年下降0.2个百分点。

按常住人口计算，2017年全区人均生产总值达到58657元，比上年增长8.5%。

年末全区常住人口71.00万人，比上年增加0.57万人。其中城镇人口38.92万人，增加1.64万人，城镇化率54.82%，比上年提高1.89个百分点。

年末全区户籍人口849562人，比上年减少1053人。其中城镇人口398937人，乡村人口450625人。分性别看，男性人口433368人，女性人口416194人，人口性别比（以女性为1，男性对女性的比例）为1.04。户籍户数310873户。全年出生人口11685人，出生人口性别比为1.03，出生率为13.7‰；死亡人口10356人，死亡率为12.2‰；自然增长率为1.6‰。

2017 年人口数及其构成表

表19

指标名称	年末数	比重（%）
常住人口（万人）	71.00	100
其中：城镇人口（万人）	38.92	54.82
农村人口（万人）	32.08	45.18
户籍总人口（人）	849562	100
其中：城镇人口（人）	398937	47.0
乡村人口（人）	450625	53.0
其中：男性（人）	433368	51.1
女性（人）	416194	48.9

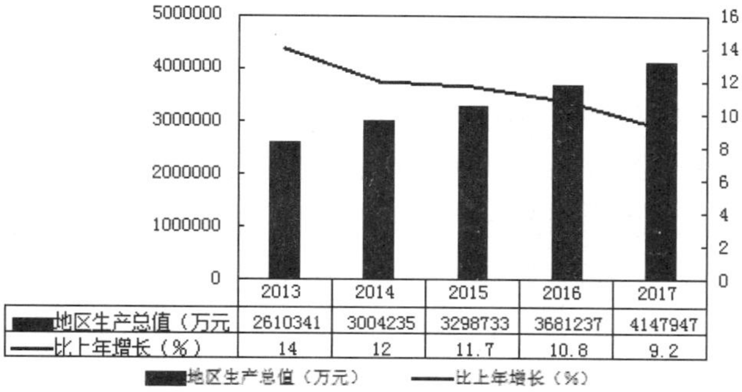

图1 2013-2017年地区生产总值及其增长速度

就业形势良好。2017 年城镇新增就业人员 17952 人，比上年增长 3.6%。新增转移农村劳动力 1173 人。年末城镇登记失业人数 3570 人，比上年增长 6.5%。城镇登记失业率 3.09%，比上年上升 0.08 个百分点。

经济活力增强。截至 2017 年，全区共有各类市场主体 50374 户，比上年增长 15.1%。其中内资企业 9690 户，外资企业 35 户，个体工商户 40141 户，农民专业合作社 508 户。2017 年新发展微型企业 384 户，年末微型企业达 4763 户。

财政收支保持平稳。全年一般公共预算收入 259166 万元，比上年同口径增长 5.0%；其中税收收入 143613 万元，同口径增长 7.0%。一般公共预算支出 616713 万元，增长 11.8%。其中，城乡社区支出 44432 万元，下降 11.9%；社会保障和就业支出 70722 万元，增长 9.9%；教育支出 129246 万元，增长 6.3%；一般公共服务支出 78784 万元，增长 8.8%；医疗卫生与计划生育支出 66778 万元，增长 12.6%。

二、农业

全年完成农林牧渔业总产值 736037 万元，比上年增长 3.6%。全年粮食播种面积 47398.2 公顷，比上年下降 1.2%；油料播种面积 11860.4 公顷，增长 1.5%；蔬菜播种面积 18546.7 公顷，增长 3.2%。

全年粮食产量 310249 吨，比上年下降 0.2%。蔬菜产量 527953 吨，增长 4.5%。肉类总产量 73922 吨，增长 0.7%。

2017 年主要农产品产量及其增长速度表

表20

产品名称	单位	2017年	比上年±%
粮食播种面积	亩	710973	-1.2
粮食产量	吨	310249	-0.2
#小麦	吨	1336	-27.1
稻谷	吨	183679	0.3
玉米	吨	37412	2.5
高粱	吨	13527	-2.5
油料产量	吨	26140	0.9
蔬菜面积	亩	278200	3.2
蔬菜产量	吨	527953	4.5
肉类产量	吨	73922	0.7
#猪肉	吨	54430	0.3
#禽肉	吨	16091	0.8
生猪出栏	头	726345	-1.2
羊出栏	头	14742	5.6
家禽出栏	万只	1050.51	1.1
禽蛋产量	吨	10872	0.2
牛奶产量	吨	3550	4.6

三、工业和建筑业

全年实现工业增加值 2087645 万元，比上年增长 10.5%；规模以上工业增加值增长 10.5%；规模以上工业企业实现总产值 6862071 万元，同比增长 14.7%。

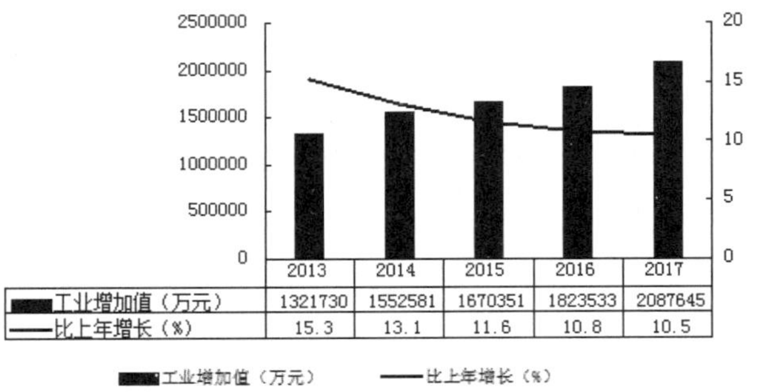

图2 2013-2017年工业增加值及其增长速度

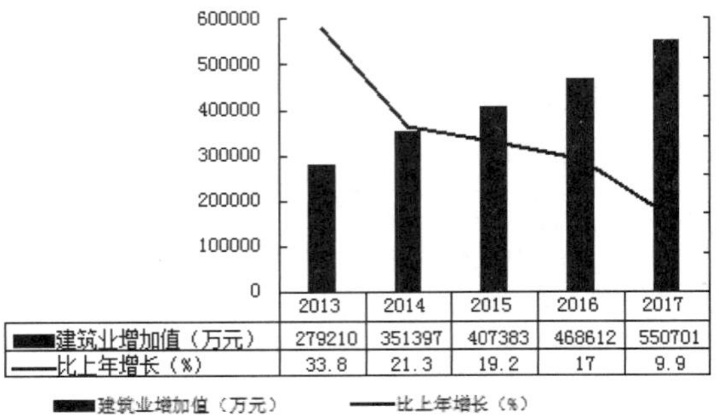

图3 2013-2017年建筑业增加值及其增长速度

2017 年规模以上工业企业主要产品产量及其增长速度表

表21

产品名称	单位	产量	比上年增长（%）
原煤	吨	1235659	−46.2
洗煤	吨	2043060	−29.7
发电量	万千瓦时	13055.32	−22.2
饲料	吨	794530	22.4
鲜、冷藏肉	吨	66951	17.2
精制茶	吨	84024	9.4
苎麻布（含苎麻≥55%）	万米	4291.36	2.1
纸制品	吨	266816	−14.0
不锈钢日用制品	吨	17237	13.4
阀门	吨	177507	−2.9
电子元件	万只	355870	64.6
印制电路板	平方米	633605	20.3
兽用药品	吨	1443	−8.3
日用玻璃制品	吨	46468	−19.1

全区建筑业实现增加值 550701 万元，比上年增长 9.9%。年末在荣昌注册具有资质等级的总承包和专业承包的独立核算建筑业法人企业 47 家，实现建筑业总产值达到 131.00 亿元，增长 34.8%。全年建筑企业房屋施工面积 567.1 万平方米，比上年下降 0.7%；房屋建筑竣工面积 361.1 万平方米，比上年增长 22.7%。

四、固定资产投资

固定资产投资较快增长。全年固定资产投资完成 5612499 万元，比上年增长 13.5%。其中基础设施建设投资 1512712 万元，增长 53.4%，占全区固定资产投资的 27.0%。从投资主体看，国有投资 1113316 万元，增长 28.1%；民间投资 4480482 万元，增长 10.2%，占全区固定资产投资的比重为 79.8%。从三次产业投资看，第一产业投资 144614 万元，增长 18.8%；第二产业投资 3640000 万元，增长 12.7%；第三产业投资 1827885 万元，增长 14.9%。

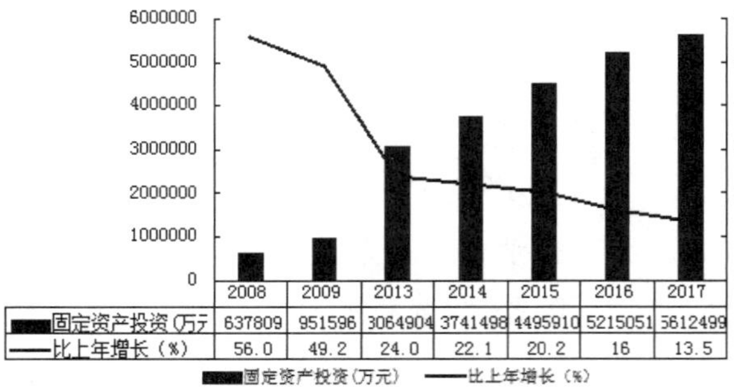

图4 2013-2017年固定资产投资总额及其增长速度

全年工业投资 3640000 万元，增长 12.7%，占全区固定资产投资总额的 64.9%。房地产开发投资 222527 万元，增长 11.5%，占全区固定资产投资总额的 4.0%。其中住宅投资 163558 万元，增长 26.7%。

全年商品房施工面积 361.9 万平方米，比上年下降 10.3%；商品房竣工面积 88.5 万平方米，增长 8.9%。商品房销售面积 109.44 万平方米，增长 9.1%。其中住宅销售面积 98.19 万平方米，增长 6.9%。商品房销售额 45.79 亿元，增长 19.8%。

完成城市棚户区改造 8.65 万平方米。完成农村危旧房改造 10.68 万平方米，下降 63.3%。

2017 年固定资产投资及其增长速度表

表22

指标名称	2017年	比上年增长（%）
投资总额（万元）	5612499	13.5
按投资类别分		
建设与改造	5389972	13.6
#基础设施	1512712	53.4
房地产开发	222527	11.5
按登记注册类型分		
#国有投资	1113316	28.1
#民间投资	4480482	10.2
按三次产业分		
第一产业	144614	18.8
第二产业	3640000	12.7
#工业投资	3640000	12.7
第三产业	1827885	14.9
#房地产业	409639	2.7

2017 年房地产开发和销售主要指标完成情况及其增长速度表

表23

指标名称	2017年	比上年增长（%）
商品房施工面积（万平方米）	361.9	-10.3
#：住宅	259.5	-13
新开工面积（万平方米）	44.5	1.6
#：住宅	29.9	12.4
商品房竣工面积（万平方米）	88.5	8.9
#：住宅	61.8	-6.4
商品房销售面积（万平方米）	109.44	9.1
#：住宅	98.19	6.9
商品房销售额（万元）	457866	19.8
#：住宅	401178	21.5

五、国内贸易

全年批发和零售业实现增加值 239495 万元，比上年增长 11.2%，占全区生产总值的 5.8%；住宿和餐饮业实现增加值 85960 万元，比上年增长 9.8%，占全区生产总值的 2.1%。

消费品市场平稳增长。全年实现社会消费品零售总额 1254487 万元，同比增长 13.3%。限额以上法人企业主要商品零售额中，汽车类增长 25.8%，粮油、食品类增长 23.4%，家用电器和音响器材类增长 25.0%，石油及其制品类增长 15.4%。

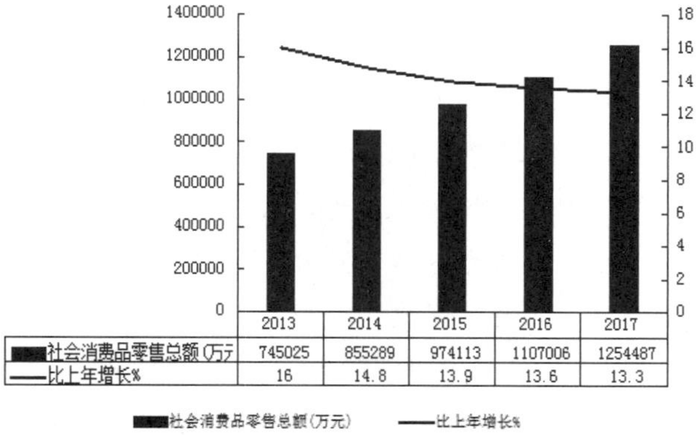

图5 2013-2017年社会消费品零售总额及其增长速度

全年批发和零售业实现销售额 2500449 万元，增长 21.2%；住宿和餐饮业实现营业额 459388 万元，增长 18.5%。

六、对外经济

全年实现外贸进出口总值 228068 万元，下降 47.7%。其中，出口 226039 万元，下降 47.5%；进口 2029 万元，下降 64.9%。

全年实际使用外资金额 4692 万美元，增长 6.4%。其中，外商直接投资 320 万美元。全年实际利用内资项目 767 个，同比下降 28.5%。实际利用内资金额 278.63 亿元，增长 20.5%，其中 5000 万元以上项目 183 个，5000 万元以上项目实际利用内资 252.79 亿元，增长 20.8%。

七、交通、邮电和旅游

全年交通运输、仓储和邮政业实现增加值 140851 万元，比上年增长 10.4%，占全区生产总值的比重为 3.4%。

全年公路客运量完成 4361 万人，比上年增长 22.9%；公路旅客周转量 197613 万人公里，增长

11.6%；公路货运量完成 803 万吨，增长 5.9%；公路货物周转量 79792 万吨公里，增长 13.5%。

年末全区拥有营运汽车 7626 辆，其中货车 6812 辆、客车 594 辆（含公交车）、出租汽车 220 辆。全区民用车辆拥有量 127286 辆，比上年末增长 12.0%，其中私人汽车拥有量 57089 辆，增长 19.1%。民用轿车拥有量 28993 辆，增长 18.8%，其中私人轿车 28990 辆，增长 18.8%。

年底全区公路总里程 2360.667 公里。按行政等级划分：国道（高速公路）63.436 公里，省道 209.182 公里，县道 136.588 公里，乡道 295.921 公里，专用公路 10.755 公里，村道 1644.785 公里。按技术等级分：高速公路 29.8 公里、一级公路 25.004 公里、二级公路 191.904 公里、三级公路 79.35 公里、四级公路 1943.009 公里，等外公路 91.6 公里。

全年完成邮电业务总量 48528 万元，比上年增长 10.4%。其中，邮政业务收入 10314 万元，增长 18.6%；电信业务总量 38214 万元，增长 8.3%。年末固定电话用户数 7.64 万户，比上年下降 10.9%；移动电话用户 63.93 万户，比上年增长 10.2%。固定互联网宽带接入用户 13.69 万户，比上年增长 45.8%；手机上网用户 50.29 万户，比上年增长 12.3%；互联网用户 57.44 万户。

旅游业加快发展。全年接待游客 492 万人次，比上年增长 34.6%；实现旅游总收入 13.78 亿元，比上年增长 40.2%。年末全区拥有 A 级旅游景区 4 个，其中 AAAA 级景区 1 个，AAA 级景区 3 个。

八、金融

金融市场稳健运行。全年金融业实现增加值 88614 万元，比上年增长 15.1%，占全区生产总值的 2.1%。不良贷款率为 0.68%。

金融市场规模进一步扩大。年末全区金融机构各项存款余额达到 3361010 万元，比年初增加 412951 万元，增长 14.0%。其中，住户存款余额 2399139 万元，比年初增长 11.9%。年末金融机构贷款余额达到 2268840 万元，比年初增加 394542 万元，增长 21.1%。其中，个人消费贷款 850571 万元，增长 92.2%。

2017 年末金融机构存贷款余额表

表24

指标	年末数（万元）	比年初 ± %
金融机构存款余额	3361010	14
#企事业单位存款	921359	22.4
住户存款	2399139	11.9
金融机构贷款余额	2268840	21.1
#短期贷款	428177	0.3
中长期贷款	1835600	30.8
#个人消费贷款	850571	92.2
#不良贷款	15336	25

保险业稳定发展。全年保险机构实现保费收入 76127 万元，增长 9.7%。理赔金额 32533 万元，增长 9.1%。

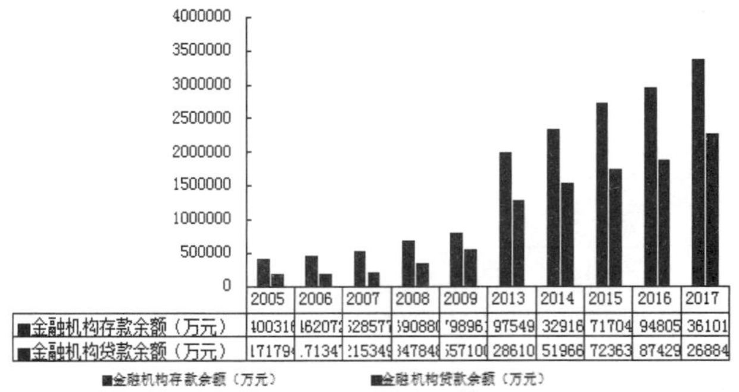

图6 2013-2017年金融机构存贷款余额

九、人民生活和社会保障

居民收入持续增加。全区常住居民人均可支配收入 24443 元，比上年增长 11.8%。

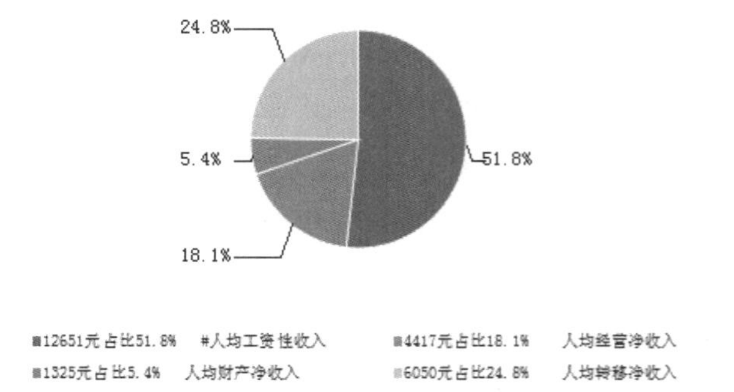

图7 按收入来源分的全区常住居民人均可支配收入及占比

城镇常住居民人均可支配收入 32230 元，增长 8.8%。其中，人均工资性收入 19086 元，增长 8.4%；

人均经营净收入 3524 元，增长 10.7%；人均财产净收入 2310 元，增长 8.3%；人均转移净收入 7310 元，增长 9.1%。城镇居民恩格尔系数 32.89%，比上年下降 0.91 个百分点。城镇居民人均住房面积 41.06 平方米，比上年增加 3.96 平方米。

农村常住居民人均可支配收入 15686 元，增长 9.5%。其中，人均工资性收入 5415 元，增长 10.5%；人均经营净收入 5421 元，增长 8.1%；人均财产净收入 218 元，增长 6.3%；人均转移净收入 4632 元，增长 10.2%。农村常住居民人均生活消费支出 10442 元，增长 7.1%；其中，衣着 647 元，增长 15.3%；居住 1951 元，增长 6.4%；生活用品及服务 941 元，增长 9.9%；交通通信 1178 元，增长 9.2%；教育文化娱乐 959 元，增长 8.0%；医疗保健 805 元，增长 21.3%。农村居民恩格尔系数 36.66 %，比上年下降 1.64 个百分点。农村居民人均住房面积 45.72 平方米，比上年减少 0.08 平方米。

2017 年常住居民人均可支配收入表

表25

指标	全区常住居民		城镇常住居民		农村常住居民	
	绝对量（元）	比上年增长（%）	绝对量（元）	比上年增长（%）	绝对量（元）	比上年增长（%）
人均可支配收入	24443	11.8	32230	8.8	15686	9.5
工资性收入	12651	13.4	19086	8.4	5415	10.5
经营净收入	4417	7.4	3524	10.7	5421	8.1
财产净收入	1325	14.8	2310	8.3	218	6.3
转移净收入	6050	11.3	7310	9.1	4632	10.2

社会保障建设稳步推进。全区城镇企业职工基本养老保险参保人数为 98826 人，比上年增长 7.5%。参加城乡居民社会养老保险人数 34.24 万人，比上年下降 0.3%。城镇职工基本医疗保险参保人数 86122 人，增长 4.6%；城乡居民合作医疗保险参保人数 680812 人，下降 1.2%，全年城乡居民合作医疗基金总支出 40609 万元。工伤保险参保人数 88326 人，增长 21.1%；生育保险参保人数 45619 人，增长 18.4%。领取失业保险金人数 1778 人，增长 6.6%。

十、教育、科学技术和文化

全区共有区属各类学校 310 所。其中，普通中学 20 所（含 4 所高完中），中等职业学校 2 所，小学 128 所，幼儿园 159 所，特殊学校 1 所。普通初中招生 8793 人，在校生 23932 人，毕业生 7668 人；普通高中招生 4699 人，在校生 13512 人，毕业生 4443 人；小学招生 6934 人，在校生 48604 人，毕业生 8803 人；中等职业学校招生 1900 人，在校生 4790 人，毕业生 1334 人；学前教育招生 9787 人，在校生 20981 人，毕业生 8184 人；特殊学校招生 34 人，在校生 186 人，毕业生 11 人。2017 年全年全区初中入学率为 100%，小学的入学率为 100%。

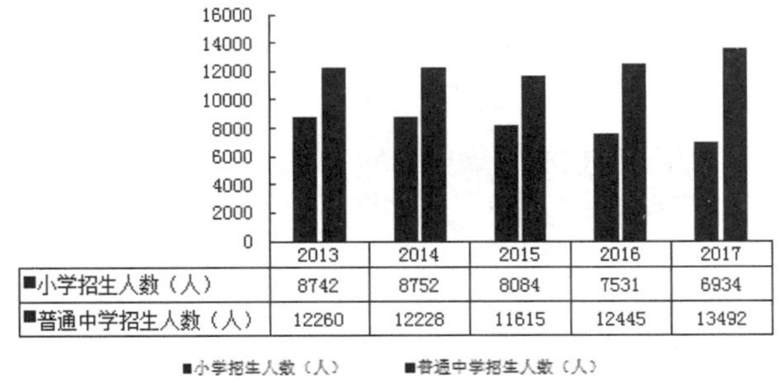

图8　2013-2017年中小学教育招生人数

全年高新技术企业 37 家；高新技术产品 173 个。全年受理专利申请 767 件，下降 69.1%。获得专利授权 905 件，增长 7.4%。

全区共有中国驰名商标 3 件，与上年持平。著名商标 20 件、地理标志量 7 件。

全区共有文化馆 1 个，图书馆 1 个。有线电视用户 13.33 万户，其中数字电视用户 9.89 万户。乡镇文化站 21 个。

十一、卫生和社会服务

年末全区共有各级各类卫生机构 442 个（含村卫生室），其中，医院 11 个，乡镇卫生院 15 个，社区卫生服务中心 5 个，诊所（门诊部、医务室）136 个，村卫生室 271 个，疾病预防控制中心 1 个，卫生监督局 1 个，中心血库 1 个，卫生计生培训学校 1 所。共有医院卫生机构床位数 4246 张。全区共有卫生技术人员 4292 人，其中执业医师和执业助理医师 1851 人，注册护士 1852 人。

年末全区共有 7959 户 13550 人享受城乡居民最

低生活保障，比上年增加216人，增长1.6%，其中城镇居民最低生活保障人数为5883人，比上年增加106人，城镇居民最低生活保障3691户，比上年增加198户；农村居民最低生活保障人数为7667人，比上年增加110人，农村居民最低生活保障4268户，比上年增加172户。全年共救助城乡低保对象13550人，发放低保金5713万元，其中农村低保发放2791万元，城镇低保发放2922万元。农村特困人员救助供养人数5510人。

城市居民最低生活保障标准为500元/月，农村居民最低生活保障标准为350元/月，分别比上年增长8.7%和16.7%。

十二、资源、环境和安全生产

当年降水量757.5毫米，比上年下降19.0%。全年用水总量1.7322亿立方米，比上年下降1.1%。

全年空气优良天数254天。濑溪河、大清流河出境断面水质稳定达到Ⅲ类标准，酸雨频率19.4%，空气中二氧化硫年日均值17微克/立方米，空气中二氧化氮年日均值23微克/立方米，空气中可吸入颗粒物年均浓度76微克/立方米，地表水达标率62.5%。

全区森林面积38719.5公顷，森林覆盖率35.9%。

建成区园林绿化覆盖面积1376公顷，建成区绿化覆盖率43.34%。

全年全区全社会用电量102085万千瓦时，增长12.2%；城乡居民生活用电36712万千瓦时，增长8.9%。

全年生产安全事故死亡人数18人，比上年增长38.5%。其中，工矿商贸企业事故死亡人数8人，营运车辆交通事故7日内死亡10人。

注：

1. 本公报中2017年的数据均为初步统计数，最终数据以《2018荣昌统计年鉴》为准。肉产量、蛋、奶产量为上报数。部分数据因四舍五入的原因，存在着与分项不等的情况。

2. 地区生产总值、人均生产总值、各产业增加值绝对数按现价计算，增长速度按可比价计算。

3. 规模以上工业、有资质的建筑业、限额以上批发零售业、限额以上住宿和餐饮业、全部房地产开发经营业、规模以上服务业等行业统计标准：

规模以上工业：年主营业务收入2000万元及以上的工业法人企业。

有资质的建筑业：有总承包、专业承包和劳务分包资质的建筑业法人单位。

限额以上批发和零售业：年主营业务收入2000万元及以上的批发业、年主营业务收入500万元及以上的零售业法人单位。

限额以上住宿和餐饮业：年主营业务收入200万元及以上的住宿和餐饮业法人单位。

房地产开发经营业：全部房地产开发经营业法人单位。

规模以上服务业：一定规模以上的服务业法人单位。包括：交通运输、仓储和邮政业，信息传输、软件和信息技术服务服务业，租赁和商务服务业，科学研究和技术服务业，水利、环境和公共设施管理业，居民服务、修理和其他服务业，教育，卫生和社会工作，文化、体育和娱乐业，物业管理、房地产中介服务等行业。

4. 基础设施投资指用于电力、燃气及水的生产和供应业，交通运输和邮政业，电信和其他信息传输服务业，水利、环境和公共设施管理业等的投资。

5. 常住人口 是指在本乡镇（街道）居住半年以上的人口，或虽居住不满半年但离开户口登记地半年以上人口以及户口待定人口。

6. 户籍人口 是指公民依照《中华人民共和国户口登记条例》，已在其经常居住地的公安户籍管理机关登记了常住户口的人。这类人口不管其是否外出，也不管外出时间长短，只要在某地注册有常住户口，则为该地区的户籍人口。户籍人口数一般是通过公安部门的经常性统计月报或年报取得的。

7. 可支配收入 是指调查户在调查期内获得的、可用于最终消费支出和储蓄的总和，即调查户可以用来自由支配的收入。可支配收入既包括现金,也包括实物收入。按照收入的来源,可支配收入包含四项,分别为：工资性收入、经营净收入、财产净收入和转移净收入。计算公式为：

可支配收入 = 工资性收入 + 经营净收入 + 财产净收入 + 转移净收入

其中：经营净收入 = 经营收入 – 经营费用 – 生产性固定资产折旧 – 生产税净额（生产税 – 生产补贴）

财产净收入 = 财产性收入 – 财产性支出

转移净收入 = 转移性收入 – 转移性支出

8. 经国务院批准，我国对城乡住户调查实施了一体化改革，在现行统计制度下的城乡居民收支指标，在口径和内涵上与原有制度相比均有一定差别，其增减变动幅度亦是根据现行统计制度按同口径计算所得，对此，使用时须加以斟酌和区别。重庆市居民可支配收入数据于 2014 年按照新口径正式发布。荣昌区发布可支配收入数据执行新口径时间延后 1 年，于 2015 年正式执行。

9. 恩格尔系数 是指居民食品消费支出占全部消费支出的比重。

10. 公报中水资源数据为初步数据。

11. 教育数据中没有包括西南大学荣昌校区、益民技校、永荣技校。

12. 部分数据由于计量单位取舍不同而产生的计算误差未作机械调整。

13. 资料来源：

本公报中户籍人口、汽车保有量、交通运输事故死亡数据来自区公安局；就业、失业、社会保障数据来自区人力社保局；各类市场主体、商标数据来自区工商分局；财政、金融、保险数据来自区财政局；教育数据来自区教委；农村危旧房改造、城市棚户区数据来自区城乡建委；进出口、利用外资数据来自区商务局；交通运输数据来自区交委；邮政数据来自区邮政管理局；用电量、通信数据来自区经信委；旅游数据来自区旅游景区管委会；科技、专利数据来自区科委；文化数据来自区文化委；卫生数据来自区卫计委；最低生活保障标准数据来自区民政局；水资源数据来自区水务局；林业数据来自区林业局；空气监测、环境数据来自区环保局、区城市管理局；安全生产事故数据来自区安监局；其他数据来自区统计局。

2017 年荣昌区地区生产总值一览表

表26

指标名称	计量单位	完成数	同比（±%）	比重
地区生产总值	万元	4147947	9.2	100
第一产业	万元	505771	3.6	12.2
第二产业	万元	2638346	10.4	63.6
#工业	万元	2087645	10.5	50.3
建筑业	万元	550701	9.9	13.3
第三产业	万元	1003830	8.9	24.2
交通运输、仓储和邮政业	万元	140851	10.4	3.4
批发和零售业	万元	239495	11.2	5.8
住宿和餐饮业	万元	85960	9.8	2.1

续表26

指标名称	计量单位	完成数	同比（±%）	比重
金融业	万元	88614	15.1	2.1
房地产业	万元	83599	5.1	2.0
营利性服务业	万元	113303	12.1	2.7
非营利性服务业	万元	241026	2.4	5.8
农林牧渔服务业	万元	10982	24	0.3

2017年荣昌区农林牧渔业总产值和增加值一览表

表27

指标名称	计量单位	完成数	同比（±%）	比重
农林牧渔业总产值	万元	736037	3.8	100.0
农业	万元	431996	3.5	58.7
林业	万元	24352	16.3	3.3
牧业	万元	244450	2.8	33.2
渔业	万元	21523	4.2	2.9
农林牧渔服务业	万元	13715	17.1	1.9
农林牧渔业增加值	万元	516754	3.9	100.0
农业	万元	335045	2.8	64.8
林业	万元	18796	17.0	3.6
牧业	万元	135544	4.5	26.2
渔业	万元	16386	–0.6	3.2
农林牧渔服务业	万元	10982	24.0	2.1

2017年荣昌区规模以上工业总产值一览表

表28

指标名称	计量单位	完成数	同比（±%）	比重
月末企业数	个	368		
工业总产值	万元	6862071	14.7	100
#园区经济	万元	3011935	14.4	43.9
#板桥园	万元	2264459	12.9	33
广顺园	万元	360361	2.9	5.3
荣隆园	万元	387115	40.1	5.6
#大中型企业	万元	2648635	3.7	38.6
#重点企业	万元	1054555	30.8	15.4
#轻工业	万元	3668117	22.6	53.5

续表28

指标名称	计量单位	完成数	同比（±%）	比重
重工业	万元	3193954	6.9	46.5
#采矿业	万元	406420	-32.3	5.9
制造业	万元	6345288	20.2	92.5
水电气生产和供应业	万元	110363	10.4	1.6
#文化产业	万元	458727	24.1	6.7
#五大主导产业	万元	6193546	19.7	90.3
#食品医药	万元	1519058	28.4	22.1
轻工陶瓷	万元	1517119	23	22.1
装备制造	万元	1639025	4.6	23.9
饲料兽药	万元	643311	22.2	9.4
环保材料	万元	875032	31.8	12.8
股份制及股份合作企业	万元	4840	-5.6	0.1
有限责任公司	万元	409274	-13.5	6
私营企业	万元	6120019	16.6	89.2
外商及中国港澳台商投资企业	万元	302978	30.4	4.4
其他经济类型企业	万元	24960	26	0.4

2017年荣昌区规模以上工业企业主要产品产量一览表

表29

指标名称	计量单位	完成数	同比（±%）
原煤	吨	1235659	-46.2
洗煤	吨	2043060	-29.7
发电量	万千瓦时	13055.32	-22.2
饲料	吨	794530	22.4
鲜、冷藏肉	吨	66951	17.2
精制茶（吨）	吨	84024	9.4
苎麻布（含苎麻≥55%）	万米	4291.36	2.1
纸制品（吨）	吨	266816	-14
不锈钢日用制品	吨	17237	13.4
阀门	吨	177507	-2.9
电子元件	万只	355870	64.6
印制电路板	平方米	633605	20.3
兽用药品	吨	1443	-8.3
日用玻璃制品	吨	46468	-19.1

2017年荣昌区社会消费品零售总额及批零住餐业销售（营业）情况表

表30

指标名称	计量单位	完成数	同比（±%）
一、社会消费品零售总额	万元	1254487	13.3
#限额以上单位	万元	696325	14.1
#限额以上法人企业	万元	571948	24
二、批发和零售业销售额	万元	2500449	21.2
三、住宿和餐饮业营业额	万元	459388	18.5

2017年荣昌区全社会固定资产投资完成情况表

表31

指标名称	计量单位	完成数	同比（±%）	比重
投资总额	万元	5612499	13.5	100
按投资类别分	万元			
建设与改造	万元	5389972	13.6	96
#基础设施	万元	1512712	53.4	27
房地产开发	万元	222527	11.5	4
按登记注册类型分	万元			
#国有投资	万元	1113316	28.1	19.8
民间投资	万元	4480482	10.2	79.8
按三次产业分	万元			
第一产业	万元	144614	18.8	2.6
第二产业	万元	3640000	12.7	64.9
#工业投资	万元	3640000	12.7	64.9
第三产业	万元	1827885	14.9	32.6
#房地产业	万元	409639	2.7	7.3

2017年荣昌区居民收入情况一览表

表32

指标名称	计量单位	完成数	同比（±%）
全体居民人均可支配收入	元	24443	11.8
其中：工资性收入	元	12651	13.4
经营净收入	元	4417	7.4
财产净收入	元	1325	14.8
转移净收入	元	6050	11.3
城镇常住居民人均可支配收入	元	32230	8.8

续表32

指标名称	计量单位	完成数	同比（±%）
其中：工资性收入	元	19086	8.4
经营净收入	元	3524	10.7
财产净收入	元	2310	8.3
转移净收入	元	7310	9.1
农村常住居民人均可支配收入	元	15686	9.5
其中：工资性收入	元	5415	10.5
经营净收入	元	5421	8.1
财产净收入	元	218	6.3
转移净收入	元	4632	10.2

（蒙淑文）

附　录

文件目录

2017年中共荣昌区委部分文件目录

表33

发文时间	文　号	文 件 标 题
1月9日	荣委发〔2017〕2号	关于印发《中共重庆市荣昌区委常委会工作规则》《中共重庆市荣昌区委常委会会议规则》的通知
3月13日	荣委发〔2017〕4号	关于深入推进农业供给侧结构性改革加快培育农业农村发展新动能的实施意见
3月13日	荣委发〔2017〕5号	关于认真学习贯彻《重庆市实施〈中国共产党问责条例〉办法》的通知
4月5日	荣委发〔2017〕7号	关于推进价格机制改革的实施意见
5月12日	荣委发〔2017〕8号	关于印发《重庆市荣昌区法治政府建设实施方案（2017—2020年）》的通知
7月11日	荣委发〔2017〕10号	关于授予徐前凯同志“荣昌区优秀共产党员”称号的决定
7月25日	荣委发〔2017〕11号	关于印发《中国共产党重庆市荣昌区委员会工作规则》的通知
7月25日	荣委发〔2017〕12号	关于印发《中共重庆市荣昌区第十四届委员会常务委员会工作规则》《中共重庆市荣昌区第十四届委员会常务委员会会议规则》的通知
9月29日	荣委发〔2017〕17号	关于深入推进城市执法体制改革改进城市管理工作的实施意见
9月30日	荣委发〔2017〕18号	关于深化脱贫攻坚的实施意见
11月3日	荣委发〔2017〕20号	关于印发《荣昌区濑溪河流域综合治理实施方案》的通知
11月3日	荣委发〔2017〕21号	关于印发《荣昌区大气污染综合治理实施方案》的通知
11月17日	荣委发〔2017〕25号	关于印发《“健康荣昌2030”规划》的通知
12月15日	荣委发〔2017〕28号	关于印发《荣昌区大清流河（含市级小清流河）水环境综合整治“一河一策”实施方案》的通知
12月29日	荣委发〔2017〕29号	关于印发《中共重庆市荣昌区委常委会贯彻落实中央八项规定精神实施意见》的通知

续表33

发文时间	文　号	文 件 标 题
1月6日	荣委办发〔2017〕7号	关于印发《荣昌区2017年返乡人员就业创业服务活动方案》的通知
2月15日	荣委办发〔2017〕21号	印发《关于加快构建现代公共文化服务体系的实施意见》的通知
3月2日	荣委办发〔2017〕29号	关于进一步落实国内公务接待管理相关规定的通知
3月9日	荣委办发〔2017〕34号	关于印发《荣昌区党委（党组）意识形态工作述职述责办法（试行）》的通知
3月9日	荣委办发〔2017〕35号	关于印发《荣昌区意识形态巡察工作办法（试行）》的通知
3月13日	荣委办发〔2017〕43号	关于印发《重庆市荣昌区脱贫攻坚责任制实施办法》的通知
3月13日	荣委办发〔2017〕50号	关于印发《重庆市荣昌区全面推行河长制工作方案》的通知
4月12日	荣委办发〔2017〕58号	关于印发《荣昌区生态环境保护综合督查工作实施方案》的通知
4月13日	荣委办发〔2017〕59号	关于印发《荣昌区群体性事件应急预案》的通知
4月19日	荣委办发〔2017〕61号	关于印发《中共重庆市荣昌区委领导班子成员落实全面从严治党责任清单（试行）》等三个责任清单的通知
4月19日	荣委办发〔2017〕62号	关于印发《重庆市荣昌区加强和规范基层党的组织生活十条规定（试行）》的通知
4月21日	荣委办发〔2017〕66号	关于印发《重庆市荣昌区环保机构监测监察执法垂直管理制度改革实施方案》的通知
4月27日	荣委办发〔2017〕67号	转发《中共重庆市荣昌区委组织部重庆市荣昌区人力资源和社会保障局关于机关事业单位公开考调区内人员暂行办法》的通知
5月4日	荣委办发〔2017〕69号	转发《关于推进“两学一做”学习教育常态化制度化的实施方案》的通知
5月5日	荣委办发〔2017〕70号	印发《关于在推进国有企业改革发展中落实全面从严治党的实施意见》《重庆市荣昌区国有企业党建工作责任清单（试行）》的通知
5月8日	荣委办发〔2017〕72号	关于印发《荣昌区政治安全和社会稳定风险隐患防控化解工作方案》的通知
5月9日	荣委办发〔2017〕73号	关于印发《荣昌区各类利益诉求人员“三个排查”工作方案》的通知
5月10日	荣委办发〔2017〕75号	关于印发《荣昌区贯彻落实中央环境保护督察反馈意见整改方案》的通知
5月10日	荣委办发〔2017〕76号	关于印发《重庆市荣昌区加强干部队伍纪律和作风建设“十不准”》的通知
5月15日	荣委办发〔2017〕83号	印发《关于完善矛盾纠纷多元化解机制的实施意见》的通知
6月1日	荣委办发〔2017〕87号	印发《关于加强文化领域行业组织建设的实施意见》的通知
6月3日	荣委办发〔2017〕88号	关于印发《荣昌区濑溪河综合整治方案》的通知
6月15日	荣委办发〔2017〕90号	关于印发《荣昌区意识形态工作责任制考核办法》的通知
6月17日	荣委办发〔2017〕92号	关于印发《荣昌区2017—2021年审计项目五年轮审规划》的通知
6月21日	荣委办发〔2017〕95号	关于印发《中共重庆市荣昌区委党的群团工作联席会议制度（修订）》的通知
7月12日	荣委办发〔2017〕101号	关于印发《荣昌区创建国家卫生区实施方案》的通知
7月21日	荣委办发〔2017〕103号	关于印发《重庆市荣昌区落实农村土地所有权承包权经营权分置实施方案》的通知
7月28日	荣委办发〔2017〕107号	关于印发《荣昌区提升教育发展水平实施方案》的通知

续表33

发文时间	文　号	文 件 标 题
7月28日	荣委办发〔2017〕108号	关于印发《荣昌区提升医疗卫生服务能力工作方案》的通知
8月1日	荣委办发〔2017〕105号	印发《关于深入践行“五个坚持”争做合格党办人的实施方案》的通知
8月8日	荣委办发〔2017〕114号	关于印发《首届荣昌惠民文化旅游消费季总体方案》的通知
8月11日	荣委办发〔2017〕116号	关于印发《重庆市荣昌区高层次人才“一站式”服务工作实施方案》的通知
9月15日	荣委办发〔2017〕135号	关于开展精准脱贫干部进百家行动的通知
10月26日	荣委办发〔2017〕156号	印发《关于加强新的社会阶层人士统战工作的实施意见》的通知
11月6日	荣委办发〔2017〕159号	印发《关于进一步把社会主义核心价值观融入法治建设的实施方案》的通知
11月17日	荣委办发〔2017〕167号	关于印发《重庆市荣昌区“小六长”作风建设“八不准”》的通知
12月1日	荣委办发〔2017〕171号	印发《关于全面加强城市基层党建工作的十条意见》的通知
12月15日	荣委办发〔2017〕177号	关于印发《荣昌区河长制工作规定（试行）》的通知
12月20日	荣委办发〔2017〕179号	关于进一步规范外出参观学习考察活动的通知
12月21日	荣委办发〔2017〕180号	关于印发《重庆市荣昌区深化国家监察体制改革试点工作实施方案》的通知

（区委办公室）

2017年荣昌区人民政府部分文件目录

表34

发文时间	文　号	文 件 标 题
1月19日	荣昌府发〔2017〕3号	关于印发荣昌区“十三五”工业发展规划的通知
2月5日	荣昌府发〔2017〕7号	关于印发重庆市荣昌区“十三五”科技发展和技术创新规划的通知
2月15日	荣昌府发〔2017〕9号	关于推动餐饮业转型升级打造特色美食名城的意见
2月15日	荣昌府发〔2017〕10号	关于对获得国家科技进步二等奖及杰出青年农业科学家荣誉单位和个人进行奖励的通知
2月10日	荣昌府发〔2017〕13号	关于印发重庆市荣昌区突发事故灾难专项应急预案的通知
2月21日	荣昌府发〔2017〕15号	关于印发重庆市荣昌区岚峰林场改革实施方案的通知
2月27日	荣昌府发〔2017〕18号	关于扶持建筑业企业做大做强的实施意见
2月27日	荣昌府发〔2017〕19号	关于印发荣昌区加快推进“互联网+政务服务”工作方案的通知
3月15日	荣昌府发〔2017〕20号	关于印发荣昌区人民政府办理人大代表建议政协提案工作规定的通知
3月30日	荣昌府发〔2017〕23号	关于印发荣昌区消防事业发展“十三五”规划的通知
4月16日	荣昌府发〔2017〕24号	关于创建国家现代农业产业园的意见
4月21日	荣昌府发〔2017〕25号	关于印发重庆市荣昌区综合交通运输“十三五”发展规划的通知

续表34

发文时间	文 号	文 件 标 题
5月16日	荣昌府发〔2017〕28号	关于印发重庆市荣昌区城市公共交通“十三五”发展规划的通知
5月18日	荣昌府发〔2017〕29号	关于印发重庆市荣昌区国家森林城市建设总体规划（2016–2025年）的通知
6月27日	荣昌府发〔2017〕31号	关于进一步加强困境儿童保障工作的实施意见
6月26日	荣昌府发〔2017〕32号	关于印发荣昌区土壤污染防治工作方案的通知
7月20日	荣昌府发〔2017〕33号	关于印发重庆市荣昌区人民政府工作规则的通知
7月20日	荣昌府发〔2017〕34号	关于取消和调整部分区级行政审批事项的决定
8月3日	荣昌府发〔2017〕35号	关于印发重庆市荣昌区“十三五”加快残疾人小康进程规划的通知
8月14日	荣昌府发〔2017〕37号	关于做好2017年学校网点布局调整工作的通知
8月29日	荣昌府发〔2017〕39号	关于印发重庆市荣昌区2017年深化简政放权放管结合优化服务改革工作方案的通知
10月17日	荣昌府发〔2017〕42号	关于进一步健全特困人员救助供养制度的通知
10月24日	荣昌府发〔2017〕43号	关于调整和完善区对镇街（管委会）财政管理体制的通知
11月20日	荣昌府发〔2017〕45号	关于优化建设工程防雷许可的实施意见
12月26日	荣昌府发〔2017〕47号	关于公布重庆市荣昌区2017年行政审批事项清单的决定
1月23日	荣昌府办发〔2017〕1号	关于印发《荣昌区万灵古镇“万灵福邸”商业特色街培育办法》的通知
1月3日	荣昌府办发〔2017〕4号	关于命名第三批核心农民合作社的通知
1月12日	荣昌府办发〔2017〕8号	关于印发《重庆市荣昌区特种设备安全事故应急预案》的通知
1月19日	荣昌府办发〔2017〕9号	关于印发重庆市荣昌区气象事业发展“十三五”规划的通知
1月19日	荣昌府办发〔2017〕10号	关于认真组织实施天然林资源保护工程（2016—2020年）的通知
1月23日	荣昌府办发〔2017〕11号	关于印发《重庆市荣昌区“十三五”体育事业发展规划（2016—2020年）》的通知
1月25日	荣昌府办发〔2017〕13号	关于印发重庆市荣昌区健康扶贫工程实施方案的通知
2月3日	荣昌府办发〔2017〕14号	关于印发荣昌区区属国有企业融资及对外投资管理暂行办法的通知
1月19日	荣昌府办发〔2017〕15号	转发《重庆市人民政府办公厅关于进一步规范国有资金投资项目招标投标活动的通知》的通知
2月9日	荣昌府办发〔2017〕16号	关于开展“创建消防安全社区”活动的通知
2月10日	荣昌府办发〔2017〕17号	关于印发《重庆市荣昌区文化（体育）发展“十三五”规划》的通
2月13日	荣昌府办发〔2017〕18号	关于印发2016—2020年最严格水资源管理制度实施方案的通知
3月2日	荣昌府办发〔2017〕25号	关于贯彻实施重庆市企业信用信息管理办法的通知
2月27日	荣昌府办发〔2017〕28号	关于印发《重庆市荣昌区建设领域民工工资专户管理办法》的通知
2月27日	荣昌府办发〔2017〕29号	关于转发重庆市公益林管理办法的通知

续表34

发文时间	文　号	文 件 标 题
3月9日	荣昌府办发〔2017〕33号	关于印发重庆市荣昌区土地开发整理项目申报管理制度的通知
3月9日	荣昌府办发〔2017〕34号	关于进一步规范农村建设用地复垦工作的通知
3月10日	荣昌府办发〔2017〕35号	关于印发荣昌区工程建设项目招标文件会商暂行办法的通知
3月14日	荣昌府办发〔2017〕39号	关于印发重庆市荣昌区创建国家级慢性非传染性疾病综合防控示范区实施方案的通知
3月17日	荣昌府办发〔2017〕42号	关于印发重庆市荣昌区“十三五”防震减灾规划的通知
3月24日	荣昌府办发〔2017〕43号	关于进一步推进全区养老机构安全整治工作的通知
3月21日	荣昌府办发〔2017〕46号	关于印发突发性地质灾害应急专项预案的通知
3月27日	荣昌府办发〔2017〕49号	关于印发荣昌区“十三五”节能和控制能源消费总量重点工作的通知
3月28日	荣昌府办发〔2017〕52号	关于印发荣昌区工程建设项目招标投标实施细则的通知
3月31日	荣昌府办发〔2017〕56号	关于印发荣昌区财政资金审批管理暂行办法的通知
4月5日	荣昌府办发〔2017〕58号	转发重庆市人民政府办公厅关于印发重庆市公共资源交易平台管理和交易监督暂行办法的通知
4月4日	荣昌府办发〔2017〕59号	关于印发《重庆市荣昌区清升镇古佛山土地整治大项目实施方案》的通知
4月5日	荣昌府办发〔2017〕60号	关于印发《重庆市荣昌区2016—2020年地方志书编修规划》的通知
4月10日	荣昌府办发〔2017〕63号	关于印发荣昌区深化区管国有企业负责人薪酬制度改革实施方案的通知
4月13日	荣昌府办发〔2017〕67号	关于印发重庆市荣昌区农村承包土地经营权抵押贷款试点实施方案的通知
4月19日	荣昌府办发〔2017〕68号	关于印发荣昌区分散式供水工程建设管理办法的通知
4月12日	荣昌府办发〔2017〕69号	关于印发荣昌区街长制实施办法的通知
4月17日	荣昌府办发〔2017〕70号	关于印发重庆市荣昌区饮用水源地名录的通知
4月26日	荣昌府办发〔2017〕76号	关于加强国有资金投资项目招标投标信息集中统一公开的通知
5月3日	荣昌府办发〔2017〕83号	关于印发重庆市荣昌区林业有害生物灾害应急预案的通知
5月12日	荣昌府办发〔2017〕85号	关于印发《重庆市荣昌区科学技术进步奖奖励办法》的通知
5月12日	荣昌府办发〔2017〕86号	关于印发城区交通综合治理工作方案的通知
5月18日	荣昌府办发〔2017〕92号	关于印发重庆市荣昌区林业“十三五”发展规划的通知
5月22日	荣昌府办发〔2017〕95号	关于建立土地矿产卫片执法监管长效机制的通知
5月22日	荣昌府办发〔2017〕96号	关于印发《重庆荣昌国家现代农业和畜牧业示范区“十三五”总体规划（2016—2020年）》的通知
5月22日	荣昌府办发〔2017〕97号	关于印发重庆市荣昌区水利发展“十三五”规划的通知
6月1日	荣昌府办发〔2017〕102号	关于印发荣昌区区属国有企业资金计划安排监管暂行办法的通知
6月2日	荣昌府办发〔2017〕105号	关于印发荣昌区行政权力清单动态管理试行办法的通知

续表34

发文时间	文　号	文件标题
6月13日	荣昌府办发〔2017〕110号	关于印发荣昌区路内临时停车服务收费管理办法的通知
6月13日	荣昌府办发〔2017〕112号	关于印发重庆市荣昌区打击非法金融活动工作机制的通知
6月23日	荣昌府办发〔2017〕117号	关于印发荣昌区农村信用体系建设工作实施方案的通知
6月28日	荣昌府办发〔2017〕118号	关于印发荣昌区路内临时停车收费管理办法的通知
6月29日	荣昌府办发〔2017〕119号	关于印发荣昌区2017年环境保护重点项目的通知
7月5日	荣昌府办发〔2017〕124号	关于印发荣昌区路内临时停车收费管理实施方案的通知
7月5日	荣昌府办发〔2017〕125号	关于印发重庆市荣昌区危险化学品安全综合治理实施方案的通知
7月7日	荣昌府办发〔2017〕126号	关于印发《重庆市荣昌区"十三五"农业和农村经济发展规划》的通知
7月17日	荣昌府办发〔2017〕130号	关于印发重庆市荣昌区旅游环境集中综合整治工作实施方案的通知
7月17日	荣昌府办发〔2017〕131号	关于印发重庆市荣昌区城市黑臭水体整治工作方案的通知
7月20日	荣昌府办发〔2017〕133号	关于印发重庆市荣昌区人民政府常务会会议规则的通知
7月24日	荣昌府办发〔2017〕136号	关于印发重庆市荣昌区人民政府常务会议议定事项督查办理工作实施办法的通知
8月4日	荣昌府办发〔2017〕138号	关于印发荣昌区区域医疗联合体建设工作方案的通知
8月2日	荣昌府办发〔2017〕140号	关于印发荣昌区"彭年光明行动"工作方案的通知
8月11日	荣昌府办发〔2017〕144号	关于印发荣昌区医疗机构设置规划（2016—2020年）的通知
8月15日	荣昌府办发〔2017〕145号	关于印发荣昌区政府性债务风险应急处置预案的通知
8月15日	荣昌府办发〔2017〕146号	关于印发荣昌区全面推开公立医院综合改革实施方案的通知
8月17日	荣昌府办发〔2017〕148号	关于印发《全区高层建筑消防安全综合治理工作方案》的通知
8月22日	荣昌府办发〔2017〕153号	关于印发重庆市荣昌区教育事业发展"十三五"规划的通知
8月25日	荣昌府办发〔2017〕154号	关于贯彻落实市政府办公厅进一步深化商事制度改革优化营商环境意见的通知
7月30日	荣昌府办发〔2017〕155号	关于印发荣昌区"多规合一"工作方案的通知
8月25日	荣昌府办发〔2017〕156号	关于印发重庆市荣昌区食品安全突发事件应急预案的通知
8月28日	荣昌府办发〔2017〕157号	关于印发荣昌区促进畜禽养殖粪污资源化利用实施方案的通知
8月24日	荣昌府办发〔2017〕158号	关于印发落实属地属事调处物业小区矛盾职责的通知
9月15日	荣昌府办发〔2017〕167号	关于印发重庆市荣昌区人民政府购买棚户区改造服务管理办法（试行）的通知
9月15日	荣昌府办发〔2017〕169号	关于印发荣昌区卫生计生人才中期发展规划（2017—2020年）的通知
9月22日	荣昌府办发〔2017〕171号	关于印发荣昌区濑箭河水体达标方案的通知
9月26日	荣昌府办发〔2017〕172号	关于印发荣昌猪、荣昌白鹅、荣昌盘龙生姜生态原产地产品保护标志使用管理办法的通知

续表34

发文时间	文　号	文 件 标 题
9月28日	荣昌府办发〔2017〕173号	关于建立荣昌区公平竞争审查工作部门联席会议制度的通知
9月29日	荣昌府办发〔2017〕175号	关于印发荣昌区畜禽养殖污染专项整治方案的通知
10月10日	荣昌府办发〔2017〕185号	关于印发重庆市荣昌区最低生活保障条件认定办法的通知
9月13日	荣昌府办发〔2017〕189号	关于印发荣昌区集中式饮用水水源地安全保护工作方案的通知
11月07日	荣昌府办发〔2017〕197号	关于印发荣昌区企业国有资本经营收益收缴管理暂行办法的通知
11月30日	荣昌府办发〔2017〕204号	关于印发《荣昌区陶瓷土资源保护利用管理办法（试行）》的通知
12月04日	荣昌府办发〔2017〕205号	关于转发进一步加强新形势下老年人体育工作实施意见的通知
12月11日	荣昌府办发〔2017〕209号	转发重庆市人民政府办公厅关于印发进一步加强招标投标活动监管工作方案的通知
12月21日	荣昌府办发〔2017〕210号	关于印发荣昌区农村土地承包经营权确权登记颁证工作方案的通知
12月22日	荣昌府办发〔2017〕212号	关于印发荣昌区烧结砖企业削减现有产能关闭工作实施方案的通知
12月28日	荣昌府办发〔2017〕219号	关于调整全区物业专项维修资金交存标准的通知
12月27日	荣昌府办发〔2017〕221号	转发重庆市人民政府办公厅关于全面放开养老服务市场提升养老服务质量的实施意见的通知
12月28日	荣昌府办发〔2017〕222号	关于印发荣昌区自然灾害救助应急预案的通知
12月29日	荣昌府办发〔2017〕223号	关于印发重庆市荣昌区公共机构节约能源资源“十三五”规划的通知
12月29日	荣昌府办发〔2017〕227号	关于印发《重庆市荣昌区建设领域分段式并联审批实施细则（试行）》的通知
12月29日	荣昌府办发〔2017〕228号	关于优化行政审批流程促进行政审批提质增效的通知

（区政府办公室）

组织机构及其领导名录

区级领导班子

中共重庆市荣昌区委员会

书　记：曹清尧

副书记：程晓阳（4 月离任）

李中武（4 月任职）　黄　晏（女）

常　委：唐成军　赵天智　童　飞

王忠荣　秦启光　唐　毅　常晓勇

周维颖（挂职 12 月任职）

重庆市荣昌区人大常委会

主　任：李君成（1 月离任）

艾亚军（1 月任职）

副主任：龙银玖（1 月离任）

阮维佳（1 月离任）

潘　英（女　1 月任职）

刘著江（1 月任职）　石世清

邓启才　谢业林

重庆市荣昌区人民政府

代理区长：李中武（4 月任职）

区　　长：程晓阳（4 月离任）

李中武（6 月任职）

副 区 长：唐　毅

潘　英（女　1 月离任）

李雅洁（1 月任职）

程昌耀　徐利敏（11 月离任）

李劲渝（1 月任职）

刘菊华（女　1 月任职）

李　皓（1 月任职）

张春燕（女　挂职 4 月离任）

中国人民政治协商会议重庆市荣昌区委员会

主　　席：颜三林（1 月离任）

陈　震（1 月任职）

副主席：向元武　刘治中　段先明

陈德明　王　宏　肖建东

杨作芳（女　1 月任职）

区属机关及各部门

一、综合机关

中共重庆市荣昌区纪律检查委员会

书　记：童　飞

副书记：粟　扬（女）　黄家能（8 月离任）

王正常

常　委：张南清　朱　江　邓　华

蒋贵军　米国好

重庆市荣昌区人民法院

院　长：向　前

副院长：魏　东　黄滟滨（女）

政治处主任：曹文全

纪 检 组 长：黄建伟

执行局局长：甘　云

执行局教导员：张　忠

重庆市荣昌区人民检察院

检 察 长：欧　彬

常务副检察长：苏承涛

副检察长：张　莉（女）　陈世革

政治处主任：龙林贤

纪检组长：王然富

职侦局局长：吴从波

检委会专职委员：朱玉萍（女）　江　涟

钟永芳（女）

重庆市荣昌区人民武装部

部　　长：郭继勇（7月离任）

罗吉中（7月任职）

政治委员：江　涛

副 部 长：余　立

二、区委机构

中共重庆市荣昌区委办公室

主　任：邹光武

副主任：陈静黎（女）

谢开智（8月离任）

张志刚（1月任职）

雷　勇（兼12月任职）

纪检组长：黄昌顺（女）

中共重庆市荣昌区委督查室

主　任：陈启轩

中共重庆市荣昌区委全面深化改革领导小组办公室

专职副主任：黄　勇

副主任：严勋奇（7月任职）

中共重庆市荣昌区委组织部

部　长：王忠荣

常务副部长：郭永雄（3月离任）

黄成涛（女　3月任职）

副部长：罗　明（女　兼）　钟绍智（女）

纪检组长：刘纲清（女）

专职巡察员：雷　霞（女　9月任职）

中共重庆市荣昌区委非公有制经济和社会组织工作委员会

书　记：钟绍智（女　2月任职）

副书记：钟绍智（女　2月离任）

中共重庆市荣昌区委宣传部

部　长：赵天智

常务副部长：刘　强

副部长：殷贤华　王　峰（女）

纪检组长：代广文

重庆市荣昌区精神文明建设委员会办公室

主　任：王　峰（女）

副主任：王增辉（7月离任）

陈先平（女　9月任职）

中共重庆市荣昌区委统一战线工作部

部　长：秦启光

常务副部长：潘世君（7月离任）

邓万友（7月任职）

副 部 长：林志华（兼）　吕文玉（女　兼）

纪检组长：蒋晓莉（女）

中共重庆市荣昌区委台湾工作办公室、重庆市荣昌区政府台湾事务办公室

主　任：潘世君（8月离任）

邓万友（8月任职）

重庆市荣昌区人民政府侨务办公室

主　任：潘世君（8月离任）

邓万友（8月任职）

中共重庆市荣昌区委政法委员会

书　记：唐成军

常务副书记：张　凯（3月离任）

江寿建（3月任职）

副书记：江寿建（3月离任）

刘纲宏（3月任职）

李　强　周文成（挂职）

罗孝智（8月挂职）

政治处主任：田道兵（7月任职）

重庆市荣昌区社会治安综合治理委员会办公室

主　任：江寿建（3月离任）

刘纲宏（3月任职）

副主任：田道兵（7月离任）

刘兴涛（7月任职）

中共重庆市荣昌区委防范和处理邪教问题领导小组办公室

主　任：李　强

副主任：李廷坤

重庆市荣昌区机构编制委员会办公室

主　任：张志刚（1月离任）

秦锦英（女　1月任职）

副主任：甘光文

中共重庆市荣昌区直属机关工作委员会

书　记：王忠荣

常务副书记：余龙华

副书记：李　旭

纪工委书记：敖　然（女）

中共重庆市荣昌区委机要保密局

局　长：张志刚（1月任职）

副局长：吕　忠

中共重庆市荣昌区委老干部局

局　长：罗　明（女）

副局长：王正友（9月离任）

黄　荣（9月任职）

中共重庆市荣昌区委党校

校　长：黄　晏（女　兼）

常务副校长：张发明

副校长：陈学军　廖　奕

重庆市荣昌区行政学校

校　长：唐　毅（兼）

常务副校长：张发明

副校长：陈学军　廖　奕

重庆市荣昌区社会主义学院

院　长：秦启光（兼）

副院长：张发明（兼）陈学军

中共重庆市荣昌区委党史地方志办公室

主　任：刘宗田（12月离任）

副主任：陈朝权（12月主持工作）

三、区人大工作机构

重庆市荣昌区人大财政经济委员会

主任委员：唐铀镧（1月任职）

副主任委员：李廷成（1月任职）

盘晓燕（女　1月任职）

海　敏（9月任职）

重庆市荣昌区人大财政经济委员会办公室（挂预算工委牌子）

主　任：唐铀镧（3月任职 兼预算工委主任）

副主任：李廷成（3月任职）

重庆市荣昌区人大法制工作委员会

主任委员：陈克轩（1月任职）

副主任委员：黄万忠（1月任职）

重庆市荣昌区人大法制工作委员会办公室

主　任：陈克轩（3月任职）

副主任：黄万忠（3月任职）

重庆市荣昌区人大城乡建设环境保护委员会

主任委员：赖文礼（1月任职）

副主任委员：张志元（1月任职）

重庆市荣昌区人大城乡建设环境保护委员会办公室

主　任：赖文礼（3月任职）

副主任：张志元（3月任职）

重庆市荣昌区人大常委会办公室

主　任：吕玉珊

副主任：罗富菊（女　12月离任）

魏　艳（女）

重庆市荣昌区人大常委会农业工作委员会

主　任：彭　锐

副主任：刘　萍（女　10月离任）

重庆市荣昌区人大常委会教科文卫工作委员会

主　任：代　昂（女）

副主任：苏荣洲

重庆市荣昌区人大常委会人事代表工作委员会

主　任：郭清先（女）

副主任：刘志炜

重庆市荣昌区人大常委会信访办公室

主　任：张先兵

副主任：谭　立（女）

纪检组组长：李廷明

四、区政府机构

重庆市荣昌区人民政府办公室

主　任：黄　伟

副主任：谭涵之（8月离任）　薛小军

李景富　方　勇（9月任职）

纪检组长：赵石澜

重庆市荣昌区人民政府督查室

主　任：喻　鸿

重庆市荣昌区人民政府法制办公室

主　任：黄　伟

重庆市荣昌区人民政府应急管理办公室

主　任：黄河锡

重庆市荣昌区发展和改革委员会

主　任：蒋　胜（3月任职）

副主任：刘　文　郭礼琼（女）

傅　诚（4月离任）

廖　军（8月任职）

重庆市荣昌区财政局

局　长：李　洪（9月离任）

唐志强（9月任职）

党委书记：李　洪（8月离任）

唐志强（8月任职）

副书记：周廷孝

副局长：杨昌华（8月离任）　王　斌

高鹏飞

纪检组长：周小敏（女）

重庆市荣昌区经济和信息化委员会

主　任：黄忠新

副书记：李书均（女）

副主任：陈　杰　蒋成龙（8月离任）

邹　奎

纪检组长：李西江

重庆市荣昌区教育委员会

主　任：陈龙英（女　3月离任）

郭永雄（3月任职）

工委书记：吉建华（4月离任）

郭永雄（4月任职）

副书记：徐　泉（12月任职）

副主任：朱祥国（12月离任）　周远鹏

徐　泉（12月离任）

盘晓燕（女　12月任职）

纪检组长：张　鼐

重庆市荣昌区科学技术委员会

主　任：徐　蓉（女）

党组书记：郑国荣（3月离任）

高　翔（6月任职）

副主任：王仕彪

重庆市荣昌区城乡建设委员会

主　任：竹林村（3月离任）

曾德富（3月任职）

副书记：林贤益（4月任职）

副主任：唐卫平　翁文波　尹珞苹（女）

纪检组长：唐　军

重庆市荣昌区交通委员会

主　任：彭文树

副书记：黎　明

副主任：夏定文　郑天友　刘　秀（女）

纪检组长：周海波

重庆市荣昌区农业委员会

主　任：谢　勇

工委书记：秦锦英（女　1月离任）

谢　勇（3月任职）

副书记：张义君（9月任职）

副主任：罗　雄（援藏）

朱明华（12月离任）

陈　杰　段佐华（女　12月离任）

李建华（12月任职）

黎忠玲（女　12月任职）

纪检组长：秦华君

重庆市荣昌区农业综合开发办公室

主　任：谢　勇

重庆市荣昌区商务局

局　长：蒋　胜（3月离任）

刘志亮（3月任职）

党委书记：蒋　胜（1月离任）

刘志亮（1月任职）

副书记：杨　毅

副局长：刘振玲（女）　敖之贵（9月离任）

胡仲堃　张　宇（9月任职）

重庆市荣昌区公安局

局　长：李雅洁
副书记、政委：殷建中
专职副书记：冉士洪
常务副局长：吴修远
副 局 长：曾　骑　李东文
纪检组长：丁树奎
刑侦支队支队长：杨坤银
政治处主任：梁险峰

重庆市荣昌区监察局

局　长：粟　扬（女）
副局长：张南清　杨品容（女）

重庆市荣昌区民政局

局　长：贺长秋（9月离任）
　　　　李　洪（9月任职）
副局长：陈修才（8月离任）　刘君秀（女）
　　　　钟远芳　王正友（9月任职）

重庆市荣昌区司法局

局　长：张　谦
副局长：柏远新　魏　强　林　飞
纪检组长：段绪莲（女）

重庆市荣昌区人力资源和社会保障局

局　长：刘友明
副局长：吴　军（8月离任）　刘佑军
陈天堃　朱祥国（12月任职）
党委委员：邓　辉（女）
　　　　　林仕雄（9月任职）
纪检组长：祝良全

重庆市荣昌区国土资源和房屋管理局

局　长：张　凯（1月任职）
副局长：钟世国（10月离任）
　　　　陈　颖（女）　唐开元
　　　　刘骑康（10月任职）
纪检组长：陈　越

重庆市荣昌区环境保护局

局　长：吕林成
副局长：叶广彬　唐洪耀
纪检组长：潘长华
党组成员：曾朝德（12月任职）

重庆市荣昌区规划局

局　长：唐志强（9月离任）
　　　　杨大志（9月任职）
副局长：胡　斌　杨大志（8月离任）
　　　　赵　耀　李　成（12月任职）

重庆市荣昌区城市管理局

局　长：袁　铨
副局长：陶富利（女）　刘　彬　贺　亮
纪检组长：罗真禄

重庆市荣昌区城市管理综合行政执法局

局　长：袁　铨（12月任职）
副局长：贺　亮（12月任职）
　　　　李东文（兼12月任职）

重庆市荣昌区水务局

局　长：雷　建
副书记：吉建华（4月任职）
副局长：朱　洋　吕凤全　曹　莉（女）
党委委员：何可仁
局长助理：邓祥君（5月挂职）

重庆市荣昌区文化委员会（重庆市荣昌区体育局）

主任（局长）：李　春（3月离任）
　　　　　　　邬德德（3月任职）
副主任：唐　震　张辉文
　　　　郑本益（8月任职）

重庆市荣昌区卫生和计划生育委员会

主　任：陈元林（3月离任）
　　　　竹林村（3月任职）
副书记：冉茂合（3月任职）
副主任：黄　章（女）　张　俊（女）
　　　　郑　波（9月任职）
纪检组长：陈　斌

重庆市荣昌区审计局

局　长：刘定朝
副局长：杨　勇　杜冬梅（女）
纪检组长：邓文成
经济责任审计联席会议办公室主任：李晓燕（女）

重庆市荣昌区民族宗教事务委员会

主　任：吕文玉（女）

副主任：赖长军

重庆市荣昌区安全生产监督管理局

局　长：彭昌权

副局长：李　钢　严加利　周汝明

重庆市荣昌区统计局

局　长：邓贤凤（女）

副局长：林荣娟（女）　黄璟博　李　萍（女）

重庆市荣昌区林业局

局　长：杨亿玖

副局长：刘振亮　邓元兵　张先凤（女）

中共重庆市荣昌区委 重庆市荣昌区人民政府信访办公室

主　任：张　凯（3月离任）
　　　　刘纲宏（3月任职 12月离任）
　　　　雷　勇（12月任职）

副主任：雷　勇（12月离任）　胡　嵩
　　　　杨　韩（9月任职）
　　　　冯前君（女　12月任职）

重庆荣昌高新技术产业开发区管理委员会

党工委书记：常晓勇

主　任：邓万友（8月离任）
　　　　常晓勇（兼 8月任职）

常务副书记：何成义（7月离任）

副书记：李　皓（兼 7月任职）
　　　　李德伟（兼 7月任职）
　　　　唐昌祥（7月任职）

副主任：唐昌祥（8月离任）
　　　　李德伟（8月任职）
　　　　郑尚建　徐良志

重庆市荣昌区新区建设管理委员会

党工委书记：刘著江（1月离任）
　　　　　　傅　诚（11月任职）

主　任：张保平（12月离任）
　　　　傅　诚（12月任职）

副书记：林贤益（4月离任）
　　　　傅　诚（4月任职 11月离任）

副主任：王显鉴　蓝红荣　张厚德

工委委员：张　冰（女）
　　　　　杨昌华（8月任职）

重庆荣昌国家现代农业和畜牧业示范区管理委员会

党工委书记：徐利敏（12月离任）

主　任：林仕文

常务副书记：罗天军

副主任：周邦玉（女）　张义君（9月离任）

纪检组长：陈远辉

重庆市荣昌区旅游景区管理委员会

主　任：谢家平

副书记：吴　强（7月离任）
　　　　李洛曼（女　7月任职）

副主任：王媛媛（女　8月离任）　黎明鑫

重庆市荣昌区畜牧兽医局

局　长：杨　锟（3月离任）
　　　　陈元林（3月任职）

副书记：黄　彬

副局长：蒋友东　梁家彬　赵　敏

重庆市荣昌区地震局

局　长：吕凤明

副局长：黎忠玲（女　12月离任）
　　　　贺长荣（女　12月任职）

重庆市荣昌区档案局（重庆市荣昌区档案馆）

局（馆）长：刘　彬（12月离任）
　　　　　　吕咏权（12月任职）

副局（馆）长：郑国澄

重庆市荣昌区供销合作社联合社

主　任：冉茂合（3月离任）
　　　　杨　锟（3月任职）

副主任：蒲帮权　贺长荣（女　12月离任）
　　　　朱明华（12月任职）

五、政协重庆市荣昌区委员会工作机构

秘书长：张　兵

政协重庆市荣昌区委员会办公室

主　任：代义岚（女）

副主任：贺盛昆　罗伦涛

政协重庆市荣昌区委员会提案社法办公室

主　任：沈治鹏

副主任：徐文惠（女）　刘作彬

政协重庆市荣昌区委员会经济科技办公室

主　任：屈贵平

副主任：但由成　曹　颖（女）

政协重庆市荣昌区委员会社事学习文史办公室

主　任：唐玉萍（女）

副主任：王文润（女）　吕金表

政协重庆市荣昌区委员会委员联络专门委员会办公室

主　任：何志乾

副主任：王官俊　刘 红（女）

政协重庆市荣昌区提案委员会

主　任：沈治鹏（兼）

副主任：刘作彬（兼）

政协重庆市荣昌区学习及文史委员会

主　任：杨康燕（女）

副主任：王文润（女　兼）

政协重庆市荣昌区经济委员会

主　任：屈贵平（兼）

副主任：曹　颖（女　兼）

政协重庆市荣昌区农业委员会

主　任：雷作伟

副主任：但由成（兼）

政协重庆市荣昌区人口资源环境建设委员会

主　任：何向东

副主任：王官俊（兼）

政协重庆市荣昌区科教文卫体委员会

主　任：唐玉萍（女　兼）

副主任：吕金表（兼）

政协重庆市荣昌区社会和法制委员会

主　任：梁堂林

副主任：徐文惠（女　兼）

纪检组组长：李　文（女）

六、民主党派

中国民主同盟重庆市荣昌区总支部委员会

主　委：程昌耀

副主委：曾仁权　周远鹏　向　钊

冯前君（女）

中国民主促进会重庆市荣昌区委员会

主　委：徐　蓉（女）

专职副主委：刘　敏（女）

副主委：左福元　叶贤军

刘明兰（女　9月任职）

中国农工民主党重庆市荣昌区委员会

主　委：刘治中

副主委：刘　涛（女）　李章白

李廷成　唐　震

中国致公党重庆市荣昌区支部

主　委：杨作芳（女　8月任职）

委　员：刘安芳（8月任职）

曾有权（8月任职）

七、社会团体

重庆市荣昌区总工会

主　席：潘　英（女）

常务副主席：万中先（女　8月离任）

罗树年（8月任职）

副主席：李　斌　李一洁（女　8月任职）

共青团重庆市荣昌区委员会

书　记：兰秋爽（9月任职）

副书记：兰秋爽（9月离任）

吕　芬（女　9月任职）

重庆市荣昌区妇女联合会

主　席：蒋　虹（女）

副主席：赵　艳（女　8月离任）

徐代琼（女　8月任职）

陈　璐（女　挂职）

吕玉荣（女　兼）

赵景丽（女　兼）

重庆市荣昌区科学技术协会

主　席：罗树年（8月离任）

万中先（女　8月任职）

副主席：尹有利（女　8月离任）

王增辉（8月任职）

李晓兰（女　10月挂职）

秦兆华（10月兼职）

重庆市荣昌区归侨侨眷联合会

主　席：杨宏庆（12月离任）

刘　彬（12月任职）

重庆市荣昌区工商业联合会

主　席：肖建东

常务副主席：林志华

副主席：段洲平　杨　莉（女）　胡孝彬

陈　杰　黄　介　黄　翼

于天元　郭荣宽　赵景丽（女）

蒋远彬　黄秀英（女）　袁红宝

邓兴智　庄礼光　李　刚

杨　健　蔡标武　姚景雄

秘书长：杨　莉（女）

重庆市荣昌区总商会

会　长：肖建东（兼）

常务副会长：林志华（兼）

副会长：段洲平　陆龙海　周其建

吕玉荣（女）　张朝君　胡怀亮

陈朝军　李弟权　刘清云

杜东海　谭顺明

秘书长：杨　莉（女）

重庆市荣昌区残疾人联合会

理事长：周林春

副理事长：古家兰（女）

纪检组长：祝良全

重庆市荣昌区文学艺术界联合会

主　席：殷贤华

专职副主席：满选东

重庆市荣昌区社会科学界联合会

主　席：李英洲

副主席：黄　海（7月任职）

重庆市荣昌区关心下一代工作委员会

主　任：黄　晏（女　3月离任）

王忠荣（3月任职）

常务副主任：罗守玉（女）

副主任：刘显华　罗　明（女）　胡德锌

杜德辉（3月任职）

秘书长：胡德锌（兼）

八、区级部门管理事业单位

重庆市荣昌区行政服务中心管理办公室

主　任：桂小高

副主任：徐代琼（女　8月离任）　叶朝盛

段佐华（女　12月任职）

重庆市荣昌区公共资源交易中心

主　任：杜永清

副主任：林兴庶（女）　刘　洋

重庆市荣昌区机关事务管理中心

主　任：陈静黎（女）

副主任：巫德玲（女）

陈　胜（12月任职）

荣昌报社

社　长：周世中

副社长：黄　海（7月离任）

重庆市荣昌区煤炭工业管理局

局　长：吕咏权（12月离任）

张保平（12月任职）

副局长：张德逊　阮流平

重庆市荣昌区广播电视台

台　长：胡高彬

副台长：荣山红（女）　廖祥荣

重庆市荣昌区旅游发展中心

主　任：吴　强（8月离任）

李洛曼（女　8月任职）

副主任：刘　洪　刘　平

重庆市荣昌区高新技术产业开发区发展促进中心

主　任：海　敏（8月离任）
　　　　蒋成龙（12月任职）
副主任：田世彬（8月离任）　杨正森
　　　　蒋成龙（8月任职12月离任）

中共重庆市荣昌区委对外宣传办公室（重庆市荣昌区人民政府新闻办公室）

主　任：朱芸锋

重庆市荣昌区社会保险局

局　长：林仕雄（9月任职）

重庆市荣昌区就业和人才服务局

局　长：邓　辉（女）

重庆市荣昌区文化市场行政执法大队

大队长：莫其富
教导员：闫红君（12月离任）

重庆市环境监察大队

教导员：黄列军（9月离任）

其他单位

一、市级部门直属机构

重庆市荣昌区国家税务局

局　长：全登安
副局长：邱位军　蔡　军（5月任职）
　　　　彭先菊（女　5月任职）
纪检组长：蔡　军（5月离任）
　　　　　余　多（8月任职）
总经济师：彭先菊（女　5月离任）
总会计师：吕玉龙（4月任职）

重庆市荣昌区地方税务局

局　长：石治华
副局长：任龙明　廖位彬　王　昆
纪检组长：温万辉
局长助理：侯渝乐（挂职）

重庆市工商行政管理局荣昌区分局

局　长：龚　繁（女）
副局长：胡孝彬　冯乾友
　　　　龙远跃（4月任职）
纪检组长：罗昌松（4月任职）

重庆市荣昌区质量技术监督局

局　长：杨　鸿
副局长：吕林英（女）　郭先国
　　　　何　杰
纪检组长：吕林英（女）

重庆市食品药品监督管理局荣昌区分局

局　长：池　一
副局长：秦淑勇　晏　蓉（女）
　　　　李　健（9月任职）
纪检组长：贾太祥

重庆市荣昌区气象局

局　长：胡长金（5月任职）
副局长：胡长金（5月离任）
　　　　蔡建华（8月离任）
　　　　邱　鹏（8月任职）

重庆市住房公积金管理中心荣昌区分中心

主　任：殷　剑
副主任：曾　勇

二、驻荣部队

重庆市荣昌区公安局消防支队

支 队 长：罗献红
政治委员：张　晖
副支队长：唐　力（2月任职）

四川储备物资管理局674处

处　长：肖俊良（11月离任）
　　　　戴晓宇（11月任职）
副处长：刘　刚　师素容（女）

三、在荣市属企事业单位

西南大学荣昌校区

党工委书记：卢跃进

管委会主任：左福元
党工委副书记、纪工委书记：周国安（7月离任）
魏培修（7月任职）
管委会副主任：朱汉春（3月离任） 赵智华
谢和芳（女 3月任职）
刘 娟（女 7月离任）

西南大学动物科学学院

党委书记：朱汉春（7月任职）
院 长：刘 娟（女 12月任职）
党委副书记、纪委书记：段 彪（7月任职）
党委副书记：黄庆洲（7月任职）
副院长：刘 娟（女 7月任职 12月离任）
周克勇（7月任职）
宋振辉（7月任职）
郑宗林（7月任职）

西南大学商贸学院

党委书记：周国安（7月任职）
党委副书记、纪委书记：兰 英（女 7月任职）
副院长：熊海灵（主持行政工作 10月任职）
罗先文（7月任职）
胡继宽（7月任职）

重庆市畜牧科学院

院 长：刘作华
党委书记：唐德荣
副院长：黄 勇 梁大超 唐德荣
周建英（女） 王启贵
纪委书记：宋 刚

重庆农村商业银行荣昌支行

行 长：荣增富
副行长：曾 实 毛定荣（11月离任）
衡国全（11月任职）

中国农业银行股份有限公司荣昌支行

行 长：冯 靖
副行长：黄小成 孙 彤
王 欣（4月离任） 陈 科
周 卿（4月任职）
纪委书记：黄小成

中国农业发展银行荣昌区支行

行 长：王显春（4月离任）
曹 芹（4月任职）
副行长：何荣平

中国工商银行荣昌支行

行 长：刘高华
副行长：蓝 荣
行长助理：毕小燕（女）

中国银行股份有限公司重庆荣昌支行

行 长：周世伦
副行长：王鹏飞

中国建设银行股份有限公司荣昌支行

行 长：刘奎云
副行长：廖 涛 吕 霜（女） 高文国

中国邮政储蓄银行有限责任公司重庆荣昌区支行

行 长：曹 勇
副行长：雷 珏

重庆银行股份有限公司荣昌支行

行 长：周建川
行长助理：王 煜 王 冲

重庆荣昌汇丰村镇银行有限责任公司

行 长：周峻峰
副行长：彭建勤 姚高源

重庆三峡银行股份有限公司荣昌支行

行 长：周 毅
行长助理：张 力

中国邮政集团公司重庆市荣昌区分公司

副总经理：屈景勇（3月主持工作）
文 斌（3月任职）

中国电信股份有限公司荣昌分公司

总 经 理：刘宇经
副总经理：唐 斌 田 荷

重庆移动通信有限责任公司荣昌分公司

总 经 理：谭旭方（3月离任）
闫火艳（3月任职）
副总经理：钟昌义

中国联合网络通信有限公司重庆市荣昌分公司

总 经 理：付庭超
副总经理：龙 华（12月离任）

蒋　伟（12月任职）
施海峰（12月任职）

中国烟草总公司重庆市公司荣昌区分公司

局　长（经理）：江　山（9月任职）
副局长：张仕川
副经理：魏　国

中国人寿保险股份有限公司荣昌区支公司

总 经 理：寇　渝
副总经理：蹇世恒　罗　明

中国人民人寿保险股份有限公司荣昌区支公司

总 经 理：江　锐（3月离任）
钟　灵（女　5月任职）

中国人民财产保险股份有限公司荣昌区支公司

总 经 理：邓　勇
副总经理：黄柯瑜

中国平安财产保险股份有限公司荣昌支公司

经　理：张正红

中国天安保险股份有限公司荣昌区支公司

经　理：吴　刚
经理助理：禹　霞（女）

太平洋财产保险股份有限公司荣昌支公司

总经理：徐　建

阳光财产保险股份有限公司荣昌支公司

负责人：苏祖伟

西南证券股份有限公司重庆荣昌证券营业部

总经理：李　戟

重庆市盐业（集团）有限公司荣昌分公司

经　理：陈　丁
副经理：刘　猛　晏　伟（8月任职）

镇　街

昌元街道

党工委书记：唐　敏（女）
办事处主任：李　刚
人大工委主任：文立坤
副书记：王利亮（8月离任）
纪工委书记：向本清
人大工委副主任：唐道均
副主任：李建华（12月离任）
温成才　张莉娜（女）　王锡铭
政法书记：刘永建
人武部长：王赐铭
组织委员：蒋剑锋
宣传委员：唐道均
统战委员：唐道均

昌州街道

党工委书记：雷华初
办事处主任：刘百正
人大工委主任：殷宗富
副书记：宾泽兰（女　8月离任）
纪工委书记：刘梦洁（女）
人大工委副主任：刘奠生
副主任：李正兵　吕玉修　廖　鹏
蒋玲霞（女　9月离任）
黄列军（9月任职）
政法书记：廖俊波
人武部长：廖　鹏
组织委员：李向阳
宣传委员：刘奠生
统战委员：刘奠生

广顺街道

党工委书记：邬德德（3月离任）
袁家荣（3月任职）
办事处主任：刘　冬
人大工委主任：邓祯顺
副 书 记：郑　斌
纪工委书记：张志容（女）
人大工委副主任：李承有
副 主 任：郭荣光　高　勇
王昌能（12月任职）
政法书记：于道金
人武部长：郭荣光

组织委员：蒋　霞（女　9月任职）
宣传委员：李承有
统战委员：李承有

峰高街道

党工委书记：何　逸
办事处主任：刘　勇（8月离任）
　　　　　　高德山（8月任职）
人大工委主任：陈时富
副书记：周述芳
纪工委书记：姚安辉
人大工委副主任：王大富
副主任：罗泽勇　谢明生　林　文
　　　　谢金桃（女　1月任职）
政法书记：于道彬
人武部长：罗泽勇
宣传委员：王大富
统战委员：王大富

双河街道

党工委书记：罗国建
办事处主任：苏荣洲（1月离任）
　　　　　　黄家能（9月任职）
人大工委主任：张先勇
副书记：罗　勇
纪工委书记：黄成菊（女）
人大工委副主任：周泽明
副主任：叶兆勇　杨玉镇　廖小洪（女）
政法书记：唐智华（11月任职）
人武部长：杨玉镇
组织委员：赵世荣
宣传委员：周泽明
统战委员：周泽明

安富街道

党工委书记：黄成涛（女　3月离任）
　　　　　　陈龙英（女　3月任职）
办事处主任：张尚和
人大工委主任：钟世国（10月任职）
副书记：皮荣刚（8月离任）
纪工委书记：余　芳（女）
人大工委副主任：廖革生（9月离任）
副 主 任：易守洪　曾　伟　敖永刚
　　　　　胡大琼（女）
政法书记：艾席勤
人武部长：曾　伟
组织委员：文　彬
宣传委员：廖革生（7月离任）
统战委员：廖革生（7月离任）

直升镇

书　　记：龚　霞（女）
镇　　长：张存友（9月离任）
　　　　　郑修兵（9月任职）
人大主席：杨能建
副 书 记：伍瑞华
纪委书记：李恭书（女）
人大副主席：张永高（8月离任）
副 镇 长：刘　林　唐远举　陈根福
人武部长：陈根福
政法书记：刘　林
组织委员：张志秀（女）
宣传委员：张永高（8月离任）
统战委员：张永高（8月离任）

万灵镇

书　　记：王媛媛（女）
镇　　长：王媛媛（女　9月离任）
　　　　　皮荣刚（9月任职）
人大主席：陈三富
副 书 记：杨大志（挂职8月离任）
　　　　　张杰菊（女）
纪委书记：张在君
人大副主席：叶　红（女）
副 镇 长：杨大志（挂职8月离任）
　　　　　黄昌雄　刘　丰
　　　　　张兆友（12月离任）
政法书记：刘　丰
人武部长：张兆友（12月离任）
组织委员：张　宇（9月离任）
宣传委员：叶　红（女）

统战委员：叶　红（女）

清升镇

书　　记：李万全（8月离任）
镇　　长：刘　沛
人大主席：李万全（9月离任）
　　　　　宾泽兰（女　9月任职）
副 书 记：唐　笑
纪委书记：蒋子胜
人大副主席：郭永秀（女）
副 镇 长：曹远学　马光政　邹言波
政法书记：曹远学
人武部长：邹言波
组织委员：钟崇鹤
宣传委员：郭永秀（女）
统战委员：郭永秀（女）

清江镇

书　　记：袁家荣（3月离任）
　　　　　林　丹（4月任职）
镇　　长：林　丹（8月离任）
　　　　　王利亮（9月任职）
人大主席：屈小强
副 书 记：黄成辉
纪委书记：卢明芳（女）
人大副主席：蒋吉学
副 镇 长：黄洪兴　丁言礼　李建容（女）
政法书记：黄洪兴
人武部长：丁言礼
组织委员：焦敏亮
宣传委员：蒋吉学
统战委员：蒋吉学

荣隆镇

书　　记：张俊光
镇　　长：朱　希
人大主席：兰来章
副 书 记：唐泽辉
纪委书记：叶嗣兰（女）
人大副主席：袁成武
副 镇 长：童　伟　宾　魏　黄　宏
　　　　　廖　军（7月离任）
政法书记：龚富国
人武部长：黄　宏
组织委员：张智勇
宣传委员：袁成武
统战委员：袁成武

龙集镇

书　　记：陈根廉（7月离任）
镇　　长：廖顺全
人大主席：祝万华
副 书 记：彭　明
纪委书记：于　静（女）
人大副主席：黄昌新
副 镇 长：诸世禄　吕　见
政法书记：诸世禄
人武部长：诸世禄
组织委员：周　浩
宣传委员：黄昌新
统战委员：黄昌新

仁义镇

书　　记：何志友
镇　　长：李洛曼（女　8月离任）
　　　　　吴　军（8月任职）
人大主席：胡桂林
副 书 记：刘　辉（8月离任）
纪委书记：曾道光
人大副主席：叶兆明
副 镇 长：阳建平　覃世均　舒树章
　　　　　冯前君（女　12月离任）
政法书记：敖　兵
人武部长：阳建平
组织委员：谢加碧（女）
宣传委员：叶兆明
统战委员：叶兆明

河包镇

书　　记：唐贤辉
镇　　长：黎　源（2月任职）
人大主席：高德山（9月离任）

陈修才（9月任职）

副 书 记：黄元章

纪委书记：张　波

人大副主席：吕治莲（女）

副 镇 长：吕　勇　潘洪军　李元章

政法书记：李元章

人武部长：吕　勇

组织委员：吕　芬（女　9月离任）

郑昌明（12月任职）

宣传委员：吕治莲（女）

统战委员：吕治莲（女）

古昌镇

书　　记：林世波

镇　　长：李辉雄（2月离任）

谢开智（9月任职）

人大主席：郑修兵（8月离任）

陈兰芳（女　9月任职）

副 书 记：何　德

纪委书记：朱贤华

人大副主席：张俊莉（女　）

副 镇 长：李玉春（女）　卢明伦　周世国

政法书记：卢明伦

人武部长：周世国

组织委员：赵　勇

宣传委员：张俊莉（女）

统战委员：张俊莉（女）

吴家镇

书　　记：曾德富（3月离任）

唐传中（4月任职）

镇　　长：唐传中（9月离任）

刘　辉（9月任职）

人大主席：朱光雄

副 书 记：周光辉（8月离任）

刘　辉（8月任职）

纪委书记：刘　杰

人大副主席：罗小惠（女）

副 镇 长：兰志奎　廖　伟　周　敏（女）

政法书记：杨　韩（9月离任）

人武部长：廖　伟

组织委员：刘道武

宣传委员：海　鸥（女）

统战委员：海　鸥（女）

观胜镇

书　　记：刘志亮（1月离任）

李辉雄（1月任职）

镇　　长：罗　龙

人大主席：蒋成洪

副 书 记：沈治东

纪委书记：李仁懿（女）

人大副主席：蒋光鑫

副 镇 长：李　刚　叶言盛　刘　蕾

政法书记：李　刚

人武部长：刘　蕾

组织委员：李一洁（女　7月离任）

宣传委员：蒋光鑫

统战委员：蒋光鑫

铜鼓镇

书　　记：刘纲宏（3月离任）

刘作佳（4月任职）

镇　　长：刘作佳（9月离任）

周光辉（9月任职）

人大主席：黄　荣（9月离任）

副 书 记：何长军

纪委书记：唐佑水

人大副主席：周　延（女）

副 镇 长：吕凤荣　晏礼旗　刘德军

政法书记：吕凤荣

人武部长：晏礼旗

组织委员：邓向平（女）

宣传委员：周　延（女）

统战委员：周　延（女）

清流镇

书　　记：李德伟（7月离任）

王光旭（8月任职）

镇　　长：王光旭（8月离任）

谭涵之（9月任职）

人大主席：陈兰芳（女 8月离任）

刘 萍（女 11月任职）

副 书 记：宋 键

纪委书记：周 林

人大副主席：唐开贵

副 镇 长：郭 勇 杨 华 李国荣

政法书记：郭 勇

人武部长：杨 华

组织委员：马礼才

宣传委员：唐开贵

统战委员：唐开贵

盘龙镇

书 记：张 荣

镇 长：郭晓波

人大主席：张先奎

副 书 记：秦友平

纪委书记：易 波

人大副主席：赵纯金（12月离任）

副 镇 长：李景高 秦 湧

林仕雄（10月离任）

政法书记：吕建锋

人武部长：林仕雄（10月离任）

组织委员：胡大惠（女）

宣传委员：张成万

统战委员：张成万

远觉镇

书 记：肖建军

镇 长：王昌林（女）

人大主席：廖立新

副 书 记：曹让兴

纪委书记：敖 敏（女）

人大副主席：郭汝莅

副 镇 长：陈美福 张 建 严 奎

政法书记：陈美福

人武部长：张 建

组织委员：潘蓝岚（女）

宣传委员：郭汝莅

统战委员：郭汝莅